동아시아 마제석기론

동아시아 마제석기론

시모죠 노부유키(下條信行) 지음
석기연구회 옮김

서경문화사

이 책 『동아시아 마제석기론』은 2008년 3월 일본에서 간행된 나의 논문집 『大陸系磨製石器論』 중 대륙계마제석기에 대한 기본적인 논문과 중국이나 한반도에 관련된 논문을 한국어로 번역하여 출판한 것이다.

『대륙계마제석기론』은 'Ⅰ장 대륙계마제석기의 계보, Ⅱ장 대륙계마제석기의 전개, Ⅲ장 마제석기의 생산, Ⅳ장 석기와 야요이 사회'라는 네 개의 장으로 구성되어 있는데, 본서는 이 가운데 Ⅰ장과 Ⅱ장에 해당한다.

필자의 연구 절차나 사고 과정과는 순서상 약간의 차이가 있지만, Ⅱ장에서는 대륙계마제석기 연구의 광범위한 전개를 위한 기초 작업으로 일본열도에서 출토된 개별 대륙계마제석기를 형식학적으로 분석하였다. 그리고 Ⅰ장에서 이러한 성과를 바탕으로 일본열도와 중국, 한반도 석기 문화의 연속과 비연속을 비교함으로써 그 계보 관계를 파악하고자 노력하였다. 한국어판에서 이 두 개의 장을 선택하여 번역한 것은 한반도 청동기시대 석기 연구에 조금이나마 기여할 수 있는 부분이라고 인정하였기 때문이라 생각한다.

내가 대륙계마제석기를 연구 주제로 삼게 된 것은 규슈대학 학부 3학년에서 4학년으로 올라가는 1965년 3월 방학 때부터이다. 당시 규슈대학 고고학 연구실 조교수였던 오카자키 다카시(岡崎敬) 선생님이 야요이시대의 반월형석도 생산 유적으로 널리 알려져 있던 이이즈카(飯塚)시 다테이와(立岩)유적의 발굴 현장에 데려가 주었던 것이 계기가 되었다. 이후 졸업 논문에서 다테이와유적을 중심으로 반월형석도에 대해 다루고자 하였는데, 이를 위해서는 반월형석도에 대한 정밀한 형식학적 연구가 반드시 필요하였다. 그 당시에는 모리모토 로쿠지(森本六爾) 선생과 모리 테이지로(森貞次郎) 박사의 북부 규슈 출토품에 대한 선행 연구를 바탕으로 논문을 작성하였지만, 일본열도 전체 규모의 지역 단위별 반월형석도를 대상으로 한 정밀한 형식학적 연구는 존재하지 않았다. 그래도 반월형석도에 대한 연구는 양호한 편으로, 대륙계마제석기의 중심이라 할 수 있는 석부 등은 기능에 대한 논의만 이루어지고 있었다. 일본열도에서 대륙계마제석기의 연구가 활발하게 전개되기 시작한 것은 1920년대부터이지만, 논농사의 유무와 관련되어 다루어졌기 때문에 '주상편인석부는 공구인가, 농구인가?'와 같은 석기의 기능을 밝히는 문제가 주된 관심사였다. 이러한 논의는 1970년대까지 계속되어 체계적인 형식론과 같은 주제는 연구의 주요 대상으로 인식되지 않았다.

반월형석도로 시작된 나의 연구는 나이와 조사 경험이 늘어가고 또 당시의 일본열도 개발에 수반된 발굴 증가로 정확한 연대를 알 수 있는 양질의 자료가 검출됨에 따라, 다양한 종류의 대륙계마제석기에 대한 형식학적 연구로 이어질 수 있었다. 특정 지역을 단위로 설정한 형식학적 연구는 해당 지역에서 대상 석기 형식의 강화, 쇠퇴, 이완 등 그 변용과 혁신을 통하여 석기의 질적 전개 방향을 밝혀준다. 토기의 형식학적 연구는 지역성이나 시간성에서는 좀 더 치밀하지만, 거기서 얻을 수 있는 생활·생산

2010년 12월 중국 쓰촨(四川)성
청두(成都)평원 핑러(平樂) 야철지 조사

의 질적 전개에 대해서는 석기만큼 유효하지 않다. 이렇게 얻어진 형식학적 연구 성과를 다시 인접 지역과의 비교로 확대해 보면, 해당 지역이 가진 개성이나 파행성 혹은 보편성 등 그 지역의 생생한 문화상을 부각시킬 수 있다. 이 방법을 통하여 연속 또는 단절로 이야기되었던 한반도와 일본열도 간 문화 관계의 중층성(重層性)에 대한 파악이 처음으로 가능하게 된다.

이와 같은 형식학적 연구가 한반도의 자료에도 적용되어 신석기시대와 청동기시대의 단절과 연속, 청동기시대 북방지역과의 연속과 단절, 한반도 내부에서 지역성의 추출과 상호 관계 등 청동기시대의 다양하고 중층적인 문화 관점과 지역 관점의 창출로 연결되기를 기대해 본다.

마지막으로 책의 번역을 계획하고 전체적인 진행을 맡아준 손준호 선생, 매끄럽지 않은 문장을 고생스럽게 한국어로 번역해주신 석기연구회의 모든 분들께 진심으로 감사드린다. 고희를 앞두고 있는 나에게는 무엇보다 큰 선물이 아닐 수 없다.

"정말 감사합니다!"

2011년 2월 7일
에히메(愛媛)현 마쓰야마(松山) 자택에서
에히메대학 명예교수 시모죠 노부유키(下條信行)

　한국어판 서문에 시모죠 선생님께서 언급한 바와 같이 이 책은 일본에서 출간된『대륙계마제석기론』의 Ⅰ장과 Ⅱ장을 번역한 것이다. 대륙계마제석기란 일본열도에서 출토된 한반도 계통의 마제석기로, 중국이나 한반도 등 동아시아 대륙에서 출현하여 논농사와 함께 야요이시대에 일본열도로 전파된 새로운 석기를 뜻한다. 따라서 대륙계마제석기의 계보와 전개 양상을 밝히기 위해서는 반드시 한반도와 중국 동북지역 자료에 대한 이해가 선행되어야 하는데, 이러한 내용이 Ⅰ장과 Ⅱ장에 주로 담겨있기 때문에 해당 부분만을 번역하여 그 제목을『동아시아 마제석기론』으로 변경하였다.

　석기는 기본적으로 토기나 금속기와 같은 고고 자료에 비해 기능적 측면이 강하여, 상대적으로 급변하는 문화상을 제대로 반영하지 못하는 경향이 있다. 따라서 세부적인 편년 연구나 지역상을 설명하기에 좋은 대상이라 할 수 없으며, 이로 인해 보조 자료로서 활용되는 경우가 대부분이다. 하지만 민감한 변화상이 관찰되지 않는 점은 오히려 커다란 변화의 획기를 상정하거나 혹은 보다 광범위한 지역의 문화상을 비교할 때에는 유효한 장점으로 작용된다. 즉, 동아시아와 같이 비교적 넓은 지역의 문화를 상호 비교하는 경우, 토기나 금속기의 연구에 앞서 석기에 대한 검토가 선행되거나 최소한 동시에 다루어질 필요가 있다. 이러한 이유 때문에 한반도라는 지역적 한계를 벗어나 동아시아의 통합 고고학을 지향하는 최근의 연구 경향에서 이 책의 역할이 작지 않을 것으로 기대된다.

　번역 작업은 석기연구회의 회원 여러분들이 각자 관심 있는 부분을 맡아 진행하였다. 석기연구회는 전공 시기에 관계없이 석기에 관심이 있는 연구자들의 공동 연구를 목적으로 2007년 11월에 결성된 연구 소모임이다. 공동 연구로 2008년 약 1년 간 석기 제작 실험을 실시하였으며, 그 결과를 청동기학회 분과 모임에서 발표하기도 하였다. 이러한 실험과 함께 필자가 제안한 것이 바로 본 책의 번역 작업이었다. 필자는 2004년 9월부터 약 6개월 간의 에히메대학 연수를 통하여 시모죠 선생님과 처음으로 인연을 맺을 수 있었다. 그 당시 시모죠 선생님의 책이 출간되면 꼭 번역해서 한국에서 출간하겠다고 말씀드린 적이 있는데 그때의 약속을 지키는 것과 함께, 개인적인 번역보다는 여러 시대를 전공하는 석기 연구자들의 공동 작업이 좀 더 뜻깊은 일이 될 것이라 생각하여 석기연구회의 이름으로 번역이 이루어지게 되었다.

　역시 번역은 쉽지 않은 작업임을 다시 한 번 절감하였다. 대다수 회원 여러분들의 적극적인 참

2008년 4월 반월형석도 제작 실험을 마치고
(좌로부터 고종원, 정준상, 류지환, 배진성, 오창희, 손준호, 박준범, 황창한, 유병록)

여와 노력이 있었음에도 불구하고, 번역문을 통일성 있게 다시 편집하거나 문장에 담겨있는 숨은 의미를 올바르게 파악하는 데에 상당한 시간이 소요되었다. 이에 따라 번역 작업이 시작된 이후 약 3년이 지나서야 마침내 책의 출간을 맞이하게 되었다. 일부 회원의 비협조적인 태도가 전혀 없었던 것은 아니지만, 책의 출간이 늦어진 데에는 전체적인 편집을 맡은 필자의 게으름에 일차적인 원인이 있다. 시모죠 선생님과 석기연구회 회원 여러분들께 머리 숙여 사죄드린다.

마지막으로 책의 번역을 허락해 주신 시모죠 선생님께 다시 한 번 깊은 감사를 드리고 싶다. 정년 퇴임 이후에도 활발한 활동을 하고 계신 선생님의 모습을 앞으로도 오랫동안 뵐 수 있기를 바라며, 항상 건강하시기를 진심으로 기원한다. 그리고 소중한 인연을 맺을 수 있도록 에히메 연수를 보내주시고 번역서의 학술총서 출간을 허가해 주신 이홍종 선생님, 부족한 어학 실력을 메워준 나카무라 다이스케(中村大介), 쇼다 신야(庄田愼矢) 선생님, 어려운 여건 속에서도 매번 연구소의 책을 출간해 주시는 서경문화사 김선경 사장님 이하 직원 여러분들께도 감사의 인사를 전하고 싶다.

2011년 2월 14일
번역자를 대표하여
한국고고환경연구소 손준호

_ 목차

• 한국어판 서문

• 옮긴이의 말

1부 마제석기의 계보

1장 규슈에서 대륙계마제석기의 생성과 전개 … 11
　－석기의 조합 · 형식의 연관성과 문화권의 설정－
　1. 머리말 11 / 2. 야요이시대 전기의 마제석기 12 / 3. 새롭게 만들어진 석기 31 /
　4. 각 시기의 석기 분포와 문화권 설정 32 / 5. 맺음말 43

2장 일본 반월형석도의 원류 … 47
　－弧背弧刃系 석도의 전개－
　1. 연구의 성과와 문제점 47 / 2. 弧背弧刃系 석도의 검토 52 / 3. 정리 67

3장 동아시아의 찰절기법에 대하여 … 73
　－야요이시대 찰절석기의 계보－
　1. 머리말 73 / 2. 일본의 대륙계마제석기에서 관찰되는 찰절석기 74 /
　3. 한반도 남부의 사례 80 / 4. 한반도 북부의 사례 86 / 5. 중국의 사례 89 /
　6. 동아시아 찰절기법의 전개 94

4장 遼東形 벌채석부의 전개 … 103
　1. 머리말 103 / 2. 遼東形 벌채석부와 그 특징 104 / 3. 遼東形石斧의 분류와 형식전개 107 /
　4. 분포와 지역적 전개 110 / 5. 맺음말 122

5장 편인석부의 형식관계를 통해 본 초기 벼농사 단계 한일관계의 전개 … 127
　1. 머리말 127 / 2. 한국과 일본에서 유구석부의 변천 128 /
　3. 한국과 일본에서 편평편인석부의 전개 135 / 4. 편인석부의 분포에 대하여 141

6장 북동아시아 벌채석부의 전개 … 149
　－중국 東北 · 한반도 · 일본열도를 연결하는 문화회로－
　1. 머리말 149 / 2. 북동아시아 벌채석부의 형식분류와 배열 150 / 3. 山東의 벌채석부 153 /

4. 遼東半島의 벌채석부 156 / 5. 한반도 서북부의 벌채석부 160 /

6. 한반도 서부의 벌채석부 162 / 7. 한반도 중 · 남부의 벌채석부 165 /

8. 일본열도 벼농사 수용기의 벌채석부 168 / 9. 맺음말 174

2부 마제석기의 전개

1장 일본 벼농사 수용 시기 대륙계마제석기의 전개 … 181
－宇木汲田 패총 1984년도 조사 출토 석기의 보고를 겸하여－

1. 머리말 181 / 2. 宇木汲田 패총 출토 석기 182 /

3. 대한해협 연안의 여러 유적에서 확인된 대륙계마제석기의 검토 190 /

4. 초기 대륙계마제석기의 분류와 변천 201 / 5. 맺음말 209

2장 벌채석부(대형 합인석부) … 217

1. 縱斧로서의 벌채석부 217 / 2. 벌채석부의 계보와 변천 218 /

3. 중기 벌채석부의 평가와 철부 221

3장 편평편인석부에 대하여 … 225

1. 머리말 225 / 2. 소형편인석부와 편평편인석부의 분류 227 /

3. 편평편인석부의 보급 232 / 4. 각 지역 편평편인석부의 동향 235 / 5. 맺음말 242

4장 주상편인석부에 대하여 … 245

1. 머리말 245 / 2. 기존 연구의 분류 기준 247 / 3. 일본 출토 주상편인석부의 분류 248 /

4. 주상편인석부의 전개 256 / 5. 맺음말 262

5장 대형 반월형석도에 대하여 … 265

1. 머리말 265 / 2. 대형 반월형석도와 대륙계마제석기 266 / 3. 형식분류와 배열 268 /

4. 분포와 지역성 275

6장 서일본 제 I 기의 석검과 석촉 … 279

1. 머리말 279 / 2. 석검 280 / 3. 유경식석촉 285

7장 석과론 … 293

1. 머리말 293 / 2. 규슈 출토 석과의 특징과 출토 실상 297 / 3. 석과의 분류 302 /

4. 석과의 편년 306 / 5. 석과의 분포 308 / 6. 석과의 제작 312 /

7. 세형동과와의 관련 315 / 8. 석과의 용도론을 위한 정리 318 /

9. 關西, 關東 출토의 석과 320

8장 무기형 석제품의 성격 … 329

　　－석과 재론－

　1. 머리말 329 ／ 2. 규슈형 석과 형식의 재검토 330 ／

　3. 규슈형 석과 각 형식의 시기 335 ／ 4. 규슈형 석과의 분포 341 ／

　5. 긴키형 석과와 분포 349 ／ 6. 석과의 본질 352 ／ 7. 무기형 제사용기의 계보 359 ／

　8. 맺음말 363

9장 石矛의 제창 … 369

　　－나뭇잎 모양 석제 무기에 대해서－

　1. 머리말 369 ／ 2. 출토 사례370 ／ 3. 특징과 용도 376 ／ 4. 시기와 분포 379 ／

　5. 맺음말 381

• 찾아보기

1부

마제석기의 계보

1. 규슈에서 대륙계마제석기의 생성과 전개
2. 일본 반월형석도의 원류
3. 동아시아의 찰절기법에 대하여
4. 遼東形 벌채석부의 전개
5. 편인석부의 형식관계를 통해 본 초기 벼농사 단계 한일관계의 전개
6. 북동아시아 벌채석부의 전개

규슈에서 대륙계마제석기의 생성과 전개
―석기의 조합·형식의 연관성과 문화권의 설정―

01

번역 : 장용준

1. 머리말

일본 야요이시대 사회의 성립이 동아시아 대륙, 특히 한반도로부터 영향을 받은 것이라는 사실이 최근 계속 입증되고 있다(岡崎敬 1964; 1968; 西谷正 1969; 1974). 그 영향이란 논농사를 중심으로 한 새로운 농경 사회의 성립으로, 근대까지 일본 사회의 기본 바탕으로서 지속되어 왔다.

논농사의 전파는 단순히 벼만 단독으로 전해진 것이 아니며, 재배 복합으로서 논농사를 영위하기 위한 생산·생활 공구, 생활의 외적 표상인 분묘 부장품 등과 조합을 이루면서 전래된다. 이러한 도구들은 일본으로의 전래 초기(夜臼·板付 Ⅰ기)에 수용 지역의 문화 발전 정도와 역사적 진보 상황에 규제되면서 우선 석제품으로 등장하였다.

석제품으로는 마제의 반월형석도, 대형 합인석부, 유구석부, 편평편인석부, 석검, 석촉이 있다. 이 유물들은 중국, 한국, 일본 등 동아시아에 넓게 분포하고 있으며, 그 연원이 대륙에서 찾아지고 있기 때문에 일본에서는 이러한 석기들을 대륙계마제석기라 부르고 있다.

제2차 세계대전 이후 조직적·층위학적 발굴조사의 진전에 따라 대륙계마제석기(이후 특별한 설명이 없는 한 '석기'로 약칭)의 실체, 특히 토기 편년에 대응하는 석기의 편년과 조합이 밝혀지게 되었다(森貞次郎 1966; 關俊彦 1969; 佐原眞 1975; 下條信行 1975a). 이러한 문제의 정리와 성과는 야요이문화 발생기에 한반도와의 관계, 그리고 각 지역에 파급되어 형성된 석기 문화권의 설정과 깊이 관련되어 있다.

본고에서는 야요이 전기의 석기 조합상과 형식적 특징을 우선 파악하고, 이를 한국의 석기와 비교하여 관련성과 차이점을 도출하고자 한다. 그리고 석기상이 전기 말~중기 이후에 어떻게 변화하였는가와 함께, 규슈 각 지역에서 어떠한 석기 문화권을 형성하였는가를 동시에 살펴봄으로써 야요이문화의 여러 양상 가운데 일부나마 밝혀보고자 한다.

2. 야요이시대 전기의 마제석기

1) 초두 석기의 조성

夜臼·板付 Ⅰ기에 선행한다고 생각되는 夜臼式 단순기의 석기 조성은 잘 파악되지 않는다. 唐津市 宇木汲田 패총에서 夜臼·板付 Ⅰ층보다 아래쪽에 위치하면서 돼지 머리뼈와 공반된 탄화미, 다수의 夜臼式 토기 등이 출토된 층이 夜臼式 단순기에 해당할 가능성이 높지만, 이 층에서는 명확한 마제석기가 확인되지 않았다. 福岡縣 遠賀郡 夏井浜의 夜臼 단순기 층에서는 전복으로 만든 貝庖丁이 포함되어 있지만, 역시 마제석기는 출토되지 않았다(小田 富士雄 1973a; b). 그러나 전자의 경우 층의 상부만이 조사되어 하층에서 보다 다수의 유물이 출토될 가능성이 있으며, 후자는 층이 얇아 당시 상황의 전모를 반영한다고 볼 수 없기 때문에 모두 결론을 내리기에는 성급한 단계라 할 수 있다. 福岡市 諸岡遺蹟 F구 4층의 흑색점질토층에서도 대부분 夜臼式 계통의 토기가 출토되어, 단순기에 가까운 양상을 보이고 있다(澤皇臣 外 1976). 동일한 층에서 출토된 약간 배부른 편평편인석부 1점과 합인석부로 보이는 편을 해당 시기 석기 양상의 일면을 보여주는 자료로 상정할 수 있지만, 야요이식 토기가 소량 혼입되어 있으며 조사 지역도 제한적이기 때문에 단정적으로 자료를 위치시키기에는 무리가 있다. 문제가 미묘한 만큼 앞으로 양호한 유적의 조사를 기대하며, 현 시점에서 이 시기 석기의 존재 여부에 대해서는 결론을 유보하고 싶다.

대륙계마제석기의 출현을 확실하게 살펴볼 수 있는 시기는 夜臼·板付 Ⅰ식기가 되면서부터이다. 이 시기에 논농사가 이루어졌다는 사실은 佐賀縣 宇木汲田(九州大學 1966; 岡崎 敬 1968), 板付(森貞次郎·岡崎敬 1961), 有田遺蹟(森貞次郎 外 1967) 출토 탄화미, 토기 저

〈표 1〉 夜臼·板付 Ⅰ기에 해당하는 대륙계마제석기

종류 석기 유적명	수확구	공구			무기형 석제품	
	반월형석도	합인석부	유구석부	편평편인석부	석검	석촉(유경)
板付	○	○	○	○	○	○
有田	○	○				○
宇木汲田		○	○			○

부에 찍힌 볍씨자국을 볼 때 의심의 여지가 없다. 이러한 벼를 포함하여 복합적으로 전래된 것이 대륙계마제석기로, 출토된 석기와 그 조성을 나타내면 〈표 1〉과 같다.[1]

板付·有田遺蹟에서는 환호의 포함층, 汲田 패총도 포함층에서 夜臼·板付 Ⅰ기의 토기와 공반 출토되었다. 이들은 모두 북부 규슈의 대한해협 연안에 접한 唐津(汲田), 早良(有田), 福岡(板付)의 각 평야를 대표하는 유적으로, 바다를 사이에 두고 한반도와 직접 연결된 위치에 자리한다.

板付遺蹟에서는 반월형석도, 합인석부, 유구석부, 편평편인석부, 석검, 석촉 등 모두가 갖추어져 있는데, 이 유물들이 동일한 유구에서 발견되는 것은 석기들이 서로 분리되지 않고 처음부터 조합을 이루면서 유기적 관련성을 전제로 전파되었음을 강하게 뒷받침해주고 있다. 有田遺蹟에서도 수확구, 공구, 무기가 갖추어져 있으며, 汲田의 경우 일부 빠진 유물이 있지만 발굴·정리가 진행되면 동일한 결과를 얻을 수 있을 것으로 확신한다.

이러한 석기들은 이후 시기가 지남에 따라 형식적 변화가 발생하기는 하지만, 야요이시대의 기본적인 석기로서 계속 이어진다. 출발은 夜臼·板付 Ⅰ기 단계에 시작되는데, 이 시점부터 조합을 이루며 하나의 석기도 파행성을 보이지 않고[2] 완전히 갖추어진 상태로 북부 규슈 연안 지역에 전래된다.

계보에 대해서는 유구석부가 한반도 남부 지역에 주로 존재하고 일본에서 출토된 이 시기의 석검이 有光敎一(1959)의 BⅠb·BⅡ식이며 그 주요 분포지 역시 한반도 남부 지역이라는 점 등을 통하여, 한반도의 남부로부터 조합을 이루면서 논농사 재배 기술과 함께 유입된 것으로 추정된다.

---

1) 표에서 板付遺蹟의 내용은 森貞次郎·岡崎敬(1961)과 下條信行(1970)의 보고문을 합하여 만든 것이다.
2) 松原正毅(1971)는 유구석부가 야요이 초두보다 늦게 출현하여 한반도로부터의 이차적 파급에 의한 것으로 생각하였지만, 이에 대해서는 이미 佐原眞(1972)에 의해 문제점이 지적된 바 있다.

2) 야요이 전기 석기의 특징(도 1)

이러한 계보를 바탕으로 등장한 석기는 결국 논농사의 확대와 더불어 야요이 전기 단계에 남쪽은 鹿兒島, 동쪽은 畿內地方까지 형식 변화 없이(예를 들면 외만인 반월형석도, 유구석부) 전파되었다. 특히 규슈에서 이 석기들은 조합을 이루며, 형식상 동일한 규격성과 공통성을 가지면서 분포한다. 여기서는 우선 어떠한 공통적 특징을 갖는가를 살펴보는 것부터 시작하고자 한다. 이는 뒤에서 언급할 한반도 마제석기와의 비교, 중기 마제석기와의 비교, 혹은 농촌형 문화권과 산촌형 문화권이라는 상호 대치적 문명 형태의 설립을 상정하기 위한 기초 작업으로서 유효한 역할을 담당하기 때문이다.

(1) 수확구

석도(도 1-1 · 2 · 3) : 夜臼 · 板付 I 기부터 전기 말까지 동일한 재질과 형태의 규격적인 석도가 존재한다. 재질은 혈암질 사암이 많고(森貞次郎 · 岡崎敬 1961; 下條信行 1975b), 점판암제가 그 다음을 차지한다. 어형도 드물게 확인되지만(도 1-3) 대부분이 외만인 반월형으로,[3] 날이 직선인 것은 없다. 날은 양인이며 편인은 확인되지 않는다. 규슈의 중기 반월형석도도 동일한 형태에 재질만 바뀌지만, 이것에 비해 전기의 석도는 일반적으로 대형이며 상하 폭이 넓고 크게 휘는 둥근 날을 이룬다. 또, 두께는 얇고 단면 형태는 직선적이다. 2개의 큰 구멍이 중앙에서 약간 위쪽으로 치우쳐 뚫려 있다. 확인하기 쉬운 형태적 특징을 지닌 석도이다. 남쪽으로는 熊本(緖方勉 1974), 鹿兒島(河口貞德 1965), 동쪽은 遠賀川 유역에 분포하는데, 거의 板付 I 식 토기의 범위와 중복된다.[4]

(2) 공구

대형 합인석부(도 1-5~8) : 夜臼 · 板付 I 식과 板付 II식 시기에 공반하는 특징적인 형태

---

3) 반월형석도의 형식은 森本六爾(1942)의 분류안을 따른다.

4) 필자는 이전의 논고에서 전기 반월형석도의 사례를 제시한 바 있는데(下條信行 1975b), 이밖에도 佐賀縣 三養基郡 干塔山, 熊本縣 玉名郡 中道(田辺哲夫 1952), 熊本市 江津湖 苗代(緖方勉 1974) 등에서 주로 전기에 해당하지만 일부 成 ノ 越期까지 내려가는 석도가 있다. 규슈 동부에 접해서는 이러한 종류의 석도가 발견되지 않는다.

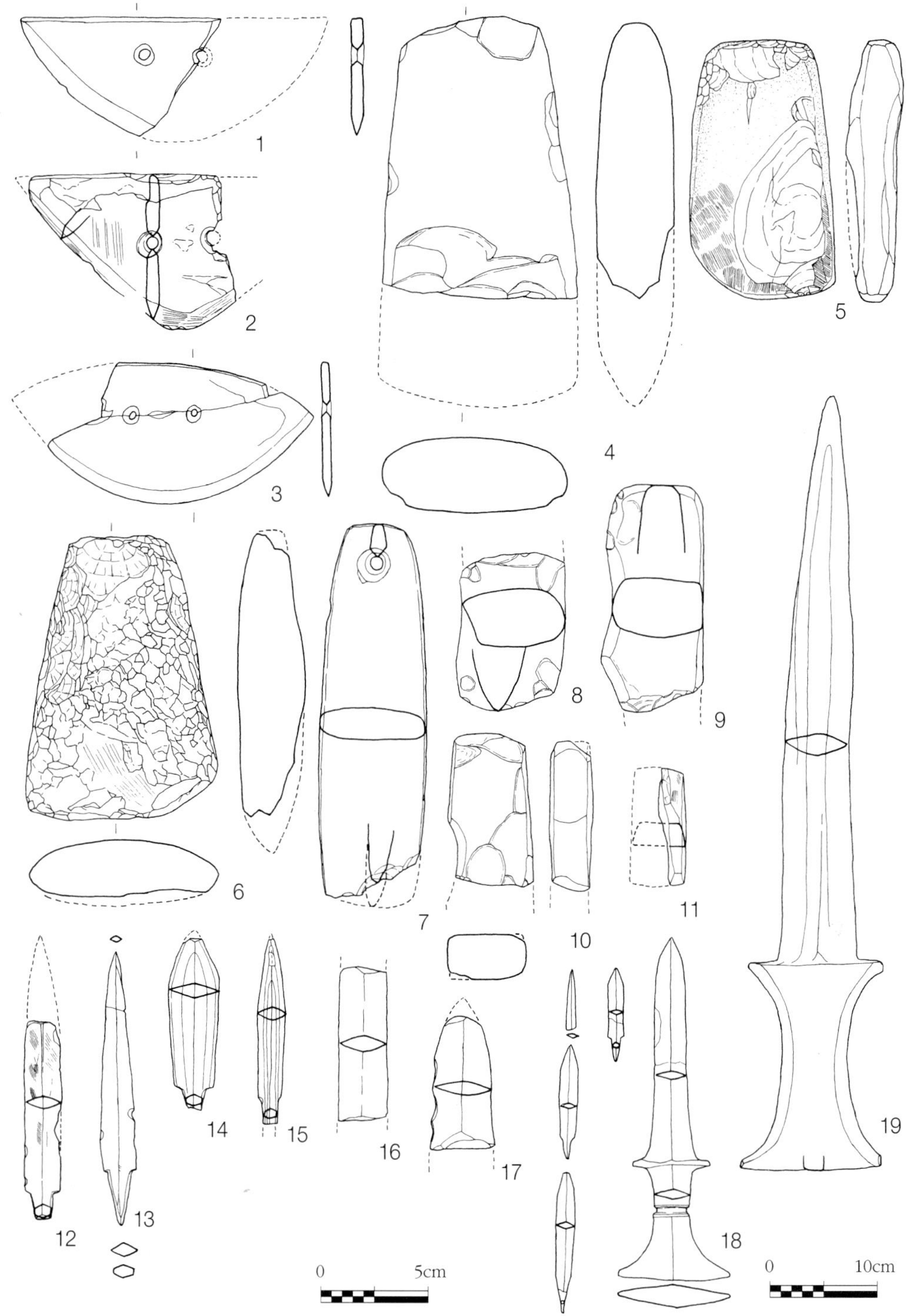

1 福岡 長浜, 2 熊本 江津湖, 3・5・6・7・11・12・14・16・17 福岡 板付, 4・15 福岡 有田, 8・9 佐賀 宇木汲田,
10 對馬 井手, 13 福岡 蒲田, 18 福岡 垣生, 19 對馬 加志々

〈도 1〉 夜臼・板付 Ⅰ~板付 Ⅱ식 시기의 대륙계마제석기를 보인다. 복원된 길이가 20cm의 대형품(도 1-4)과 12.3cm 정도의 소형품(도 1-5 · 6) 두 종류가 있지만, 중기에 비해 두께가 얇은 편이다. 횡단면은 타원형이 아닌 얇은 장타원형을 이루어, 중기의 현무암제 석부와 대조적이다. 평면은 인부가 넓고 위쪽이 상대적으로 좁다. 대형의 경우 가로 폭이 넓어 납작한 느낌이 든다. 경사암 등이 사용된다.[5]

이밖에 대형 석부로는 편평한 세장방형이면서 위쪽에 자루를 끼우기 위한 구멍이 뚫려 도끼로 사용된 유공석부(도 1-7)와,[6] 죠몽 계통 北古賀式의 특징이 남아 있는 사례(도 1-8) 등이 있다.

유구석부(도 1-9 · 10) : 夜臼 · 板付 Ⅰ식에 속하는 가장 이른 사례는 宇木汲田(九州大學 1966), 板付遺蹟(下條信行 1970)에서 출토되었으며, 유사한 형식이 上縣郡(對馬) 峰村井手(眞野和夫 1974)와 高橋 패총(지표채집)에서 확인되고 있다. 모두 결입부를 가진다. 夜臼 · 板付 Ⅰ식기에는 결입부가 없는 형식이 확인되지 않는다. 결입부는 1단 또는 2단(汲田)으로 형성되어 있다. 형식적 특징은 결입부의 상 · 하단 모두 동일한 폭과 두께를 갖는 단면 장방형이라는 점, 인부에서 위쪽으로 직선적인 신부를 이루며 윗부분은 신부와 직각으로 평탄하게 제작되어 있는 점 등을 들 수 있다. 또, 신부의 횡단면은 약간 배부른 말각방형을 이룬다. 혈암, 점판암 등 퇴적암 계통의 재료를 이용하고 있다.

편평편인석부(도 1-11) : 평면 장방형, 횡단면은 편평한 장방형 또는 사다리꼴을 이룬다. 길이와 두께는 다종다양하여 일괄로 규정할 수 없다. 각 면과 능은 뚜렷하게 형성되어 예리한 편이다.

(3) 무기형 석제품

마제석촉(도 1-12~15 · 18) : 유경식의 마제석촉으로 夜臼 · 板付 Ⅰ기~중기 초두 무렵에 해당한다. 夜臼 · 板付 Ⅰ기에 속하는 宇木汲田, 有田, 板付 출토품은 단면 능형의 긴 신부와 육각형의 경부를 가져, 확실히 한반도에서 전래된 것이라 할 수 있다(도 1-12 · 13). 板付 木

---

5) 출토 사례로 佐賀縣 宇木汲田, 福岡市 有田(森貞次郎 外 1967), 板付(森貞次郎 · 岡崎敬 1961; 下條信行 1970; 後藤直 1976), 福岡縣 成ノ越(鏡山猛 外 1961) 등이 있다.

6) 福岡市 板付(森貞次郎 · 岡崎敬 1961), 筑後 三瀦地方 등에서 확인되는데, 구멍이 없는 사례도 朝倉에서 출토된 바 있다(高山明 1969).

日에서 출토된 폭이 약간 넓은 석촉(도 1-14)도 경상북도 청도군 풍각면 송서동(有光敎一 1959)에서 ＢＩb식 석검과 공반 출토된 사례가 있어 수입품이라 하겠다.

전자와 유사한 석촉은 이밖에도 下縣郡 豊玉町 加志々(상자식 석관)(渡辺明夫 1974), 福岡縣 前原町 高野(상자식 석관), 前原町 志登(지석묘 4기)(鏡山猛 外 1956), 春日市 伯玄社(토광묘 6기)(松岡史 1968), 粕屋郡 江辻(포함층?)(中山平次郎 1917), 福岡市 蒲田(토광묘 2기)(日高憲雄 外 1975), 中間市 垣生(ＢＩb식 석검과 공반), 熊本市 健軍町 廣木에서 출토되어, 전기의 분묘와 관련하여 확인되는 경우가 많다. 아마 전기 중에서도 이른 시기에 해당할 것이다. 福岡市 湯納(要原和彦 外 1976), 春日市 門田(井上裕弘 外 1979), 筑紫野市 野黑坂(松岡史 外 1970), 三井郡 太刀洗町, 小郡市 津古內畑(副島邦弘 外 1971), 熊本縣 傳小國町(乙益重隆 1960b) 등에서도 확인할 수 있다.

세장유경촉이지만 대형에 신부의 폭이 넓어지면서 단면의 능이 없어지고 전체적으로 얇아 렌즈형을 이루며, 경부의 단면도 육각형에서 말각방형 또는 원형으로 변화하여 약간 퇴화된 형태를 보여주는 사례가 있다. 시기도 내려와 전기 후반~중기 초두에 해당하는데, 長崎縣 福岡市 岐宿 패총(부장품)(鏡山猛 1964), 唐津市 柏崎 패총(九州大學 1966), 福岡市 板付(下條信行 1970), 筑紫野市 野黑坂(松岡史 外 1970), 夜須町, 小郡市 津古, 橫隈山, 遠賀郡 立屋敷(杉原莊介 1943) 등에서 확인되었다. 이들 중에는 일본에서 자체 제작된 제품이 포함되어 있었을 가능성도 있다.

이밖에 신부가 짧고 폭이 넓은 편평형에 경부가 붙어 있는 형식이 존재하지만, 이들에 대한 시기나 계보 관계는 분명하지 않다. 對馬 2점, 板付 1점, 遠賀郡에서 1점의 사례가 확인되지만 양적으로 소수에 불과하다.[7] 지금까지 유경촉은 53개 유적에서 67점의 출토품이 알려져 있는데, 그 분포는 對馬, 長崎, 佐賀, 福岡, 山口, 熊本, 鹿兒島에 이른다.

석검(도 1-16~19) : 마제석검이 夜臼·板付 Ⅰ식 초기부터 출현한다는 사실은 板付遺蹟에서 알려진 바 있지만, 신부만 출토되어 석검의 형식을 정확히 파악하기에는 무리가 있다(도 1-16·17). 그러나 석검과 공반된 석촉이 유경식에 경부 단면이 능형이기 때문에, 이러한 석촉과 공반 관계에 있는 中間市 垣生 출토 석검(도 1-18)이 참고가 된다. 이 석검은 ＢＩb식에 해당한다. 한편, 垣生 출토품을 제외하면 對馬에서 확인된 일본 전래 유병식 석검은 모두 B

II(도 1-19)식이다. 대부분이 채집품이므로 시기를 명확히 알 수 없지만, 대체로 앞서 언급한 마제석촉과 중복되는 분포를 보이며 수량적으로도 양자가 함께 존재하는 양상이 확인되기 때문에 두 유물은 공반 관계를 이루는 것으로 생각된다. 따라서 板付遺蹟의 석검은 BⅠb식 또는 BⅡ식으로 상정되며, 야요이 전기에는 BⅡ식이 주체를 이룬다고 할 수 있다. 이들의 대부분은 한반도에서 전래된 것으로 생각해도 좋다. 이와 달리 福岡市 西區 今宿下에서 출토된 미제품, 같은 계통에 속하는 福岡市 宇田川原의 사례 등은 모방품이라 판단되는데, 이러한 형식은 한반도에서도 존재하지 않는다. 역시 유경의 마제석촉과 공반되며, 주로 전기에 해당된다.

BⅠb·BⅡ식의 유병식 석검은 長崎(對馬), 佐賀(鳥栖), 福岡, 大分(日田), 熊本에 분포하는데, 유경식 석촉과 공통된 분포권을 형성하고 있다.[8]

3) 한반도 출토 석기와의 비교 - 유사성과 비유사성

최근 일본 야요이시대와 병행하는 한반도 무문토기시대 편년에 대한 연구가 한일 양국의 학자들에 의해 적극적으로 시도되고 있다. 그리고 이는 다시 지역 단위의 세부 편년으로 이어지며(李白圭 1974; 後藤直 1971; 1973; 西谷正 1975), 본고와 관련된 남한 지역 무문토기의 편년에 대해서도 예외는 아니다. 後藤直(1973)의 논문은 일본인 학자가 저술한 남한 무문토기 연구의 대표작 중 하나이다. 무문토기를 3군으로 나누고 제1군에 공렬토기를 주체로 하는 경기도 파주군 옥석리유적, 교하리유적, 서울시 역삼동유적, 제2군에 서울시 가락동유적을 대표로 하여 경기도 삼거리, 선유리유적, 제3군에는 점토대토기, 흑도, 우각형파수를 표지유물로 하는 경기도 수석리, 대전시 괴정동, 서울시 응봉 A지점, 아차산 등의 유적을 포함시켰다. 이를 다시 1·2군과 3군으로 양분하고, 3군이 1·2군보다 늦게 등장하는 것으로 보았다. 3군 석기의 특징으로는 1·2군 이후 반월형석도와 석부에 더하여 유단석부가 형식 변화한 유구석부의 등장을 들고 있다. 또한 무경식의 편평 마제석촉이 출토되는 데 반해 유경식 마제석촉, 석검이 확인되지 않는 이유를 주거지·유물 산포지라는 유적의 성격에 기인한 것으로 파악하였다. 즉, 동일 시기의 분묘로 지석묘를 상정하여 이러한 유물들이 부장품으

---

8) 有光敎一(1959)의 저서 이후에 추가된 자료로는 對馬(小田富士雄 1974), 鳥栖市 田代(小田富士雄 1959), 日田市 吹上浜(小田富士雄 1970), 粕屋郡 古賀町 鹿部 출토품이 있다.

로서 존속할 가능성을 지적하였으며, 이와 함께 해당 지석묘에서 출토된 호형의 적색마연토기도 제3군에 속한다고 생각하는 것 같다. 제3군의 시기는 尹武炳(1966)의 동검 제Ⅱ형식에 해당하기 때문에, 기원전 4세기 이후로 보았다.

다음 해 李白圭(1974)는 경기도의 무문토기와 마제석기를 정리·연구하여 그 결과를 발표하였다. 그는 남한 무문토기를 전·중·후의 3기로 나누고, 옥석리, 교하리, 역삼동, 삼거리, 선유리를 전기에, 서울시 가락동과 혼암리유적을 중기에, 수석리, 응봉유적을 후기에 위치시켰다. 총체적 문화상으로 보면 크게 전·중기와 후기로 양분되는데, 전자를 A군, 후자를 B군으로 명명하였다. 먼저 A군은 공렬토기, 가락동식 토기, 적색마연토기 등을 표지유물로 하여, 반월형석도, 무경식 석촉, 석부 이외에 이 시기의 독특한 석기로서 다두석부, 환상석부, 유경식 석촉, 마제석검이 공반된다. 이 시기의 묘제로는 지석묘가 상정되었다. 다음 B군은 점토대토기, 흑색마연토기 등을 대표적 토기로 하며, 석기는 A군 이후의 반월형석도에 더하여 새로운 기종인 유구석부, 석제 검파두식을 들고 있다. 분묘는 지석묘 대신 토광묘, 옹관묘, 석관묘가 주종을 이루게 된다. 구체적인 시기는 A군이 기원전 7세기~5세기 중반, B군은 기원전 5세기 중반 이후로 보았다.

두 연구자의 분류는 각 소그룹 간, 혹은 개별 유적의 시간적 위치에 약간의 차이가 있지만, 기본적인 대분류에 있어서는 일치하고 있다. 즉, 後藤直의 1·2군은 李白圭의 A군에, 3군은 B군에 각각 해당한다. 그리고 유구석부가 3군(B군)에 특별히 존재한다는 점 또한 일치한다. 하지만 지석묘와 여기에 자주 부장되는 적색마연토기, 마제석검, 유경식 석촉 등의 위치에 대해서는, 後藤直이 3군,[9] 李白圭는 A군에 각각 소속시켜 완전히 반대의 결론을 제시하고 있다.

일본에서 초기(夜臼·板付Ⅰ기) 논농사에 공반하는 한반도 계통 문화의 전래는, 분묘에 있어서 지석묘, 유물에 있어서 반월형석도, 합인석부, 편평편인석부, 유구석부, 석검, 유경식 석촉이 조합을 이루는 것이 특징이라 할 수 있다. 따라서 유구석부와 석검, 유경식 석촉을 시기적으로 분리하여 다룰 수 없고, 동일 시기의 조합으로 보아야만 한다. 이 조합을 한반도에서도 성립시키려면 제3군에 다양한 마제석기와 유구석부, 마제석검, 유경식 석촉의 조합이 완성되어있었다는 입장을 취할 수밖에 없다. 그러나 적색마연토기, 석검, 유경식 석촉과 지석묘의 조합이 李白圭가 이야기한 A군의 시기에 존재한다는 사실도 부정할 수 없다. 경기도

---

9) 현재 後藤直은 반드시 그러하다고 생각하지 않는다. 즉, 1·2군부터 존재하였음을 인정하고 있다.

파주군 옥석리 주거지 출토 B I a 유병식 석검, 유경식 석촉, 흔암리 1호 주거지 출토 유혈구식 석검, 혹은 역삼동, 교하리, 흔암리에서 출토된 유경식 석촉의 존재가 이러한 사실을 말해주고 있다.

무문토기 후반기(3군・A군)의 시기 세분을 李白圭는 '수석리→응봉 A'로 상정하고 있다. 後藤直도 거의 동일하게 '수석리・괴정동→응봉 A・아차산→연암산・양동리'로의 이행을 생각하였는데, '수석리→응봉 A'로 변화하는 점에서 양자는 동일한 입장이라 할 수 있다.

이와 같이 한반도 무문토기의 편년이 아직 불충분한 편이지만, 일단 여기서 일본의 夜臼・板付 I 식기가 남한 지역 무문토기와 관련하여 어떠한 시기에 위치시킬 수 있는지를 살펴보자.

최근 북부 규슈에서 한반도 계통의 무문토기가 계속 확인되고 있으며, 이미 對馬, 壹岐, 福岡, 佐賀, 山口, 熊本 등 각지에서 실물 자료가 출토되어 13개 유적 이상이 알려지게 되었다. 야요이 토기와 공반되기 때문에 일본에서의 무문토기 편년을 상정하는 것도 가능하게 되었다. 이 가운데 최근 무문토기 연구의 효시가 되었던 福岡市 諸岡遺蹟 출토 무문토기는, 일본에서 발견된 것 중에서 가장 이른 형식에 해당한다. 구연에 단면 원형의 점토대를 돌려 붙이고, 배부른 동체부와 평평한 저부로 이루어져 있는데, 이 형식은 한반도의 무문토기 가운데 수석리, 괴정동 출토품과 가장 가깝다(橫山邦継・後藤直 1975). 이 토기들 사이의 관계가 성립된다면, 諸岡 출토 무문토기는 板付 II식 말기에 해당하기 때문에 일본 夜臼・板付 I 식 단계는 더욱 올라가 한반도의 수석리, 괴정동 형식과 병행하던가 아니면 좀더 이른 시기로 설정할 수 있다. 즉, 한반도 무문토기시대의 B군, 3군 등의 점토대토기 초기 전후에 병행할 가능성이 생각된다.

따라서 석기도 수석리, 괴정동 형식의 토기와 공반되는 자료들이 일본 야요이 초기 마제석기와 가장 유사할 것이다. 한일 양국의 석기 비교는 우선적으로 이러한 양 시기에 대하여 시도해야만 한다. 그렇지만 한반도에 있어서 점토대토기 초기 토기와 석기의 공반 사례가 소수에 불과하여 수석리의 석부와 괴정동의 편평무경식 마제석촉만이 알려진 현재 상황에서 양자를 비교・고찰하는 것이 쉽지 않다. 이 점은 앞으로의 발굴조사 성과를 기다릴 수밖에 없지만, 차선책으로 수석리, 괴정동 형식에 가까운 시기의 석기 혹은 가장 보편적인 형식의 석기를 대상으로 비교를 시도해 보겠다.

한반도에서는 야요이시대에 관찰되지 않는 석기도 존재하여 일본에서 어느 정도의 선택적인 유입이 이루어졌음을 알 수 있지만, 여기서는 양국 공통 석기의 비교로부터 시작하고자 한다.

석도(도 3-1 · 2) : 일본에서는 외만인 반월형이 대부분이며, 이밖에 어형이 일부나마 확인된다. 남한 지역에서는 시기적으로 늦게 출토되는 삼각형을 제외하면 주류 형태는 외만인으로(崔淑卿 1960) 양국이 유사하다. 날은 양인도 약간 존재하지만, 편인이 대부분으로 주류를 차지하고 있다. 이에 반해 일본에서는 편인이 관찰되지 않고 모두 양인으로 전혀 다르다. 전체적으로 한반도 출토품이 약간 소형에 날이 작고 몸통이 두꺼워, 일본 야요이 중기 석도와 유사한 편이다. 일본의 석도는 형태가 비슷하지만 얇은 몸통에 대형으로 세부적인 차이가 있다. 외만인이라는 평면 형태 이외에 날의 부착 방식, 크기, 두께 등 세부적인 형태를 달리한다.

그러나 제작 기법에 있어서는 충분히 관련성을 엿볼 수 있다. 구멍 뚫을 부위에 2개의 구멍을 연결하는 방향으로 찰절에 의한 홈을 만들고 그 홈에 투공하는 방법은 이미 중국 河南省 廟底溝遺蹟의 仰韶 · 龍山期에 확인할 수 있다(中國科學院考古研究所 1959). 이와 동일한 기법을 사용한 반월형석도는 전라남도 함평군 초포리(崔夢龍 1975), 경상북도 경주(崔淑卿 1960; 石毛直道 1968)에서도 발견된다. 이와 같이 석기 제작에 찰절기법을 이용하는 방법은 다른 마제석기에서도 확인되는데, Aa · BⅠa 석검의 혈구를 만들 때에도 동일한 수법이 사용된다. 또, 마제석촉 반제품인 장방형의 소형 판재를 제작할 때에도 찰절에 의한 구획 · 절단이 이루어져(崔夢龍 1973), 이러한 기법이 한반도의 보편적인 석기 제작 방법임을 짐작할 수 있다.

찰절기법은 일본의 반월형석도 제작에도 전승되었으며, 규슈에서는 다음과 같은 유적에서 확인되고 있다(도 2).

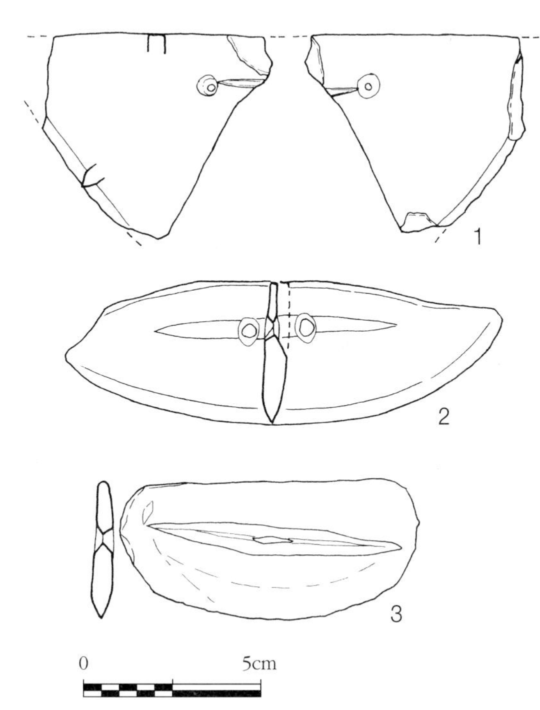

1 福岡市 鶴町遺蹟(약측), 2 鹿兒島市 玉利, 3 宮崎縣 西鄕村 峰の前

〈도 2〉 찰절기법이 관찰되는 일본의 반월형석도

① 福岡市 西區 今宿 東松原 : 전기(下條信行 1975b)

② 福岡市 西區 鶴町 : 전기(力武卓治 1976)

1·2·7·8·13·15 경북 경주(1/3)(齊藤忠 1937), 3 전남 고흥군 과역리(약 2/5)(崔夢龍 1976), 4 서울 역삼동(李白圭 1974), 5 경기 여주군 흔암리 1호 주거지(1/2)(李白圭 1974), 6·14 전남 담양군 재월리(약 2/5)(崔夢龍 1973), 9 경기 월암리(약 3/5)(李白圭 1974), 10 경기 인창리(약 3/5)(李白圭 1974), 11 경기 응봉 A(약 3/10)(橫山將三郞 1930), 12 대구 연암산(尹容鎭 1969)

〈도 3〉 한반도 남부의 마제석기

③ 鹿兒島市 玉里 : 중기(麻生孝行 1952)

④ 宮崎縣 東臼杵郡 峰の前(横山邦継 1973)

①은 석도의 원재료에 찰절기법으로 재단을 시도하여 적합한 크기의 소재를 얻으려 했던 것이다. 이 기법은 앞서 언급한 마제석촉의 소재를 다루는 방식과 동일하며, 충청남도 천안에서 출토된 소형 석도(尹武炳 1963)에서도 같은 기법이 관찰된다.

②~④는 투공이 이루어지는 부분에 찰절 홈을 만든 석도이다. ②와 ③은 2공, ④는 1공을 뚫었으며, 앞서 언급한 경주 출토품과 동일하다. ①과 ②는 전기, ③은 중기로 전~중기에 걸쳐 이러한 기법이 채용되고 있다. 대한해협 연안뿐만 아니라 宮崎, 鹿兒島의 규슈 전체에서 확인되어, 한반도와의 강한 기술적 연관성을 나타내고 있다.

대형 합인석부(도 3-4~10) : 점토대토기와 공반된 자료가 적고 대부분이 채집품이기 때문에 시기를 한정하여 비교하기는 어렵지만, 크게 두 종류의 형식을 인정할 수 있다. 하나는 이른바 합인을 이루는 것으로 공렬토기가 출토된 역삼동(도 3-4), 흔암리 1호 주거지(도 3-5)와 점토대토기가 공반된 수석리, 아차산에서 확인되고 있다. 길이는 12~13cm에 폭은 그 절반 정도이며, 횡단면 타원형을 이룬다. 몸통은 두꺼운 편이다. 종단면은 거의 좌우 대칭에 가깝다. 수석리 출토품은 약간 편인에 가까운 편이다. 평면형은 위쪽의 폭이 좁고 중앙부에서 최대를 이루다가 인부에서 다시 약간 좁아진다.

이에 반해 야요이시대 초기의 석부는 윗부분이 좁고 아래쪽으로 내려갈수록 넓어져 인부에서 최대 폭을 이룬다. 또한 두께가 얇아 단면도 약간 편평한 장타원형이다. 길이도 길고 인부의 폭도 넓어 일반적인 한반도 석도에 비하여 대형이라 할 수 있다. 경주 출토품 가운데(齊藤忠 1937) 긴 것이 존재하지만(도 3-6), 이 또한 신부가 두꺼워 야요이 전기의 석부보다는 중기의 今山型과 유사하다.

李白圭(1974)가 무문토기 후기에 사용되었다고 본 '양인편평석부' (도 3-10)의 경우 평면형은 앞서 언급한 형식에 가깝지만, 문자 그대로 편평하다는 점에 특징이 있다. 이에 반하여 夜臼·板付Ⅰ식기에도 편평한 종류의 석부가 존재하며, 크기도 이들과 유사하다. 두께가 얇은 점이 공통되어 용도와 기능의 유사성을 생각할 수 있지만, 일본 출토품은 위에서 이야기한 야요이시대의 대형 석부를 소형화한 것으로 형식적으로는 차이를 보인다. 결국 석부에 있어서도 석도와 마찬가지로 용도·기능은 동일하지만, 평면형이나 단면형에서 차이가 나타난다.[10]

유구석부(도 3-11~15) : 유단석부로부터의 전환(後藤直 1973) 과정에서 형식적 규제를 남기기 위함인지 결입부에서 인부 쪽으로 내려가면서 폭과 두께가 모두 두껍게 만들어지는 제작의 강화가 확인된다. 위쪽이 얇고 인부가 두꺼운 것이 일반적인 형태이다. 위에서 아래쪽으로 갈수록 폭이 넓어지다가, 인부가 시작되는 경사 전환점에서 최대 두께를 이룬다. 등 부분의 폭은 그다지 변화가 없으며, 단면은 사다리꼴 또는 반원형이다. 점토대토기와 공반하는데, 응봉 A지점(橫山將三郎 1930)에서 반원형, 연암산(尹容鎭 1969)에서는 양자 모두가 확인된다.

이와 달리 일본에서 가장 이른 시기(夜臼·板付 Ⅰ기)에 해당하는 유구석부는 폭에 대한 두께의 비율이 뒤에 등장하는 석부에 비해 크다는 점에서 한반도 출토품과 유사하지만, 위쪽과 아래쪽의 폭이 직선적으로 병행하고 폭과 두께의 변화가 뚜렷하지 않다. 이에 따라 횡단면도 사다리꼴을 이루지 않고, 배부른 말각 장방형을 띤다. 또, 하반부의 크기가 특별히 강조되는 경우도 없다.

편평편인석부 : 소형의 석기로 기능이 동일하기 때문인지 특별히 지적할만한 특징의 차이가 뚜렷하게 관찰되지 않는다. 굳이 말하자면 일본 출토품의 경우 전체적으로 정밀하게 마연되어 능선이 명확하게 드러나 있다.

유병식 석검·유경석촉 : 유사성이 가장 강한 석기이다. 완전히 동일하다고 말할 수 있어, 일본의 사례는 수입품의 성격이 강하다. 다른 생산 공구와 달리 실용성보다 분묘 부장을 주된 목적으로 하기 때문에, 새삼스럽게 변형을 가할 필요가 없었던 것으로 생각된다. 夜臼·板付 Ⅰ기에는 이러한 석기의 미제품이 확인되지 않기 때문에 일본 제작품의 존재 여부가 명확하지 않지만, 모방품이 있었다 하더라도 용도를 생각할 때 그대로 복제하는 데 큰 문제는 없었을 것이다.

이와 같이 한반도의 석기가 야요이시대 석기의 조형이라 하더라도, 반드시 그 형태 그대로 직접적인 전파가 있었던 것은 아니다. 여기서 한반도에서 관찰되지 않는 독자적인 형태·특징을 가지는 경우와 그 독자성이 반드시 강화된 방향은 아니라는 점을 지적할 수 있다.

물론 일본에서 원재료의 질과 조건에 따라 보다 적합한 방향으로의 조정이 끊임없이 이루

---

10) 대형 석부의 사례는 주 5)에 제시하였다. 소형은 板付(森貞次郎·岡崎敬 1961; 下條信行 1970), 高橋 패총(河口貞德 1965) 등에서 관찰된다.

어졌을 것임은 말할 필요도 없다. 하지만 그렇다 하더라도 전래의 최초 시기인 夜臼·板付
I 기에는 일본적 변형으로 정착할 때까지의 일정 기간 동안 한반도의 특징을 포함하는 것이
당연하다. 한편, 야요이시대에 관찰되지 않는 형식의 석부가 한반도 무문토기시대에 존재하
여 특정 요소가 제외되어 일본에서 보이지 않는 경우도 확인되는데, 이러한 사례를 통하여
석기의 선택이 존재하였음을 짐작할 수 있다.

　이상의 현상들은 수입된 석기를 그대로 사용하지 않고, 독자성이 강하고 지역적 특질을
잘 알고 있는 인간 집단이 적어도 생산의 차원에서 사회의 주요 구성원으로서 확고히 자리
잡고 있었음을 말해주는 것이 아닐까?

4) 전기 말~중기 초두 이후의 석기(도 4 · 5)

　야요이문화의 발생 초기부터 갖추어져 있었던 관련 석기의 특성은, 전기 말을 지나면서
하나의 전환기를 맞이하게 된다. 그 내용은 첫째 생산의 구조에 관한 것, 둘째 형식·형질적
전환을 의도한 것, 그리고 마지막으로 새롭게 창조된 것의 세 가지로 정리할 수 있다.

　첫 번째 생산의 구조적 변화란 지금까지 취락 단위에서의 자급자족적 석기 생산에서, 원
재료의 유리한 확보를 기본으로 일정한 시장성을 전제로 한 석기의 집중적 생산과 관련된
집단의 등장을 의미한다. 飯塚市 立岩의 반월형석도, 福岡市 今宿 今山의 합인석부 등 일정
한 전업적 생산 체제의 출현이 이에 해당한다. 그 시작은 전기 종말기부터이며, 이후 중기에
이르러 본격적인 전개를 보이는 점에 대해서는 이미 여러 논문에서 다루어진 바 있어 여기
서는 더 이상 언급하지 않겠다(下條信行 1972; 1973; 1975c).

　두 번째 전환에 대해서는 아래에 기술한다.

(1) 수확구

석도(도 4-1~4) : 일부에서 중기 초두까지 남는 경우도 있지만, 전기 말이 되면 혈암질 사
암의 크게 휘어진 석도는 거의 사라진다. 중기에는 외만인 반월형석도가 주류를 이루며 계
속되지만, 어형이나 소수의 직선인 반월형 혹은 삼각형 등이 나타나(森貞次郎 1942; 西谷正
1973) 다양성이 풍부해진다. 재질은 점판암, 휘록응회암 등으로 바뀌며, 크게 휘는 것이 소
멸하여 약간 소형이 된다. 그러나 몸통을 두껍게 하여 단면이 직선이 아닌 배부른 형대로 변

화시킨 점은 강화의 흔적으로 볼 수도 있다. 대다수 석기는 중기에 소멸하지만, 석도는 등 부분 양쪽 끝이 약간 아래로 내려온 외만인 반월형으로 모양이 변화하여 후기 마지막에 철제 낫이 출현할 때까지 보편적인 석기로서 존속한다. 규슈 일원에 분포하는데, 특히 북쪽과 서남해 연안에서 밀집도가 높다.

大分, 宮崎와 熊本의 일부에서는 방형의 석도가 중기 이후 번성하여, 북부 규슈 계통의 문화와는 다른 문화권을 이루고 있는데, 이에 대해서는 뒤에서 다시 언급하겠다.

대형 반월형석도 : 소위 '매우 큰(ばかでかい - 보통 ばか로 약칭) 석도' 라 불리는 것으로, 기능에 대하여 주방용 칼(原田大六 1954), 풀을 베는 낫 등의 견해가 있다. 따라서 수확구라 하기에는 무리가 있지만, 관례에 따라 편의상 여기에 포함시키고자 한다. 이러한 刀의 발생이 夜臼·板付 I기까지 소급되는지는 현재 확실하지 않다. 가장 이른 시기로 확인된 사례는 福岡縣 城ノ越 패총의 城ノ越 II식(전기 후반)기이며(鏡山猛 外 1961), 성행하는 시기는 전기 말~중기 전반이다. 반월형석도와 재질·형식에 있어서 가까운 계통으로, 같은 재질의 석재가 사용된다. 발생의 계보는 명확하지 않지만 대형 반월형석도 모양의 석기가 중국 동북의 遼東半島(森修 1941)나 한반도의 경기도(橫山將三郎 1930), 전라남도(崔夢龍 1976) 등에 존재하여, 대륙 계통이라면 그 기원지를 양쯔 강 유역보다(石毛直道 1968) 남한 지역에서 찾는 편이 자연스럽다. 遠賀川을 경계로 하여 형태를 달리하는데, 서쪽 지역에서는 외만인 반월형에 구멍을 뚫던가 양측에 홈을 넣는 형식이 번성한다(도 4-5). 이 형식은 전기 반월형석도와 동일하게 혈암질 사암이 자주 이용되며 형태적으로도 유사하다. 福岡, 佐賀의 해안평야 지역에서 출토된다. 遠賀川 동쪽에서는 외만인 형태의 위쪽에 손잡이가 달린, 가로로 긴 모양으로 제작된다(도 4-6). 周防灘 연안의 山口縣 綾羅木, 京都郡 勝山町에서부터 남쪽으로 宮崎市까지 발견된다. 遠賀川을 따라 北九州, 鞍手, 嘉穗 등은 양 형식의 혼합지대라 할 수 있다.

석겸(도 4-7·8) : 山口縣 熊毛郡 岩田遺蹟(潮見浩 外 1974)에서 멋진 석겸을 죠몽시대 만기에 관찰할 수 있지만, 이와 연속되는 夜臼·板付 I기를 주체로 하는 야요이 전기의 층에서는 이러한 석기가 거의 확인되지 않는다. 확실한 사례는 전기 말부터 대형품으로 등장하며(藤田等 1964; 塩屋勝利·折尾學 1975), 중기에 성행하다가 후기에 소멸된다. 북부 규슈 초기(전기 말)의 대형 석겸은 석도, 대형 반월형석도와 동일하게 혈암질 사암을 사용하며(도 4-7), 立岩에서는 휘록응회암을 이용한다. 전기에 박리성이 강한 편평한 석겸이 중기 이후 두꺼운 몸통으로 변화한다(도 4-8). 佐賀, 福岡, 鹿兒島, 山口에 주로 분포하지만, 遠賀川 동

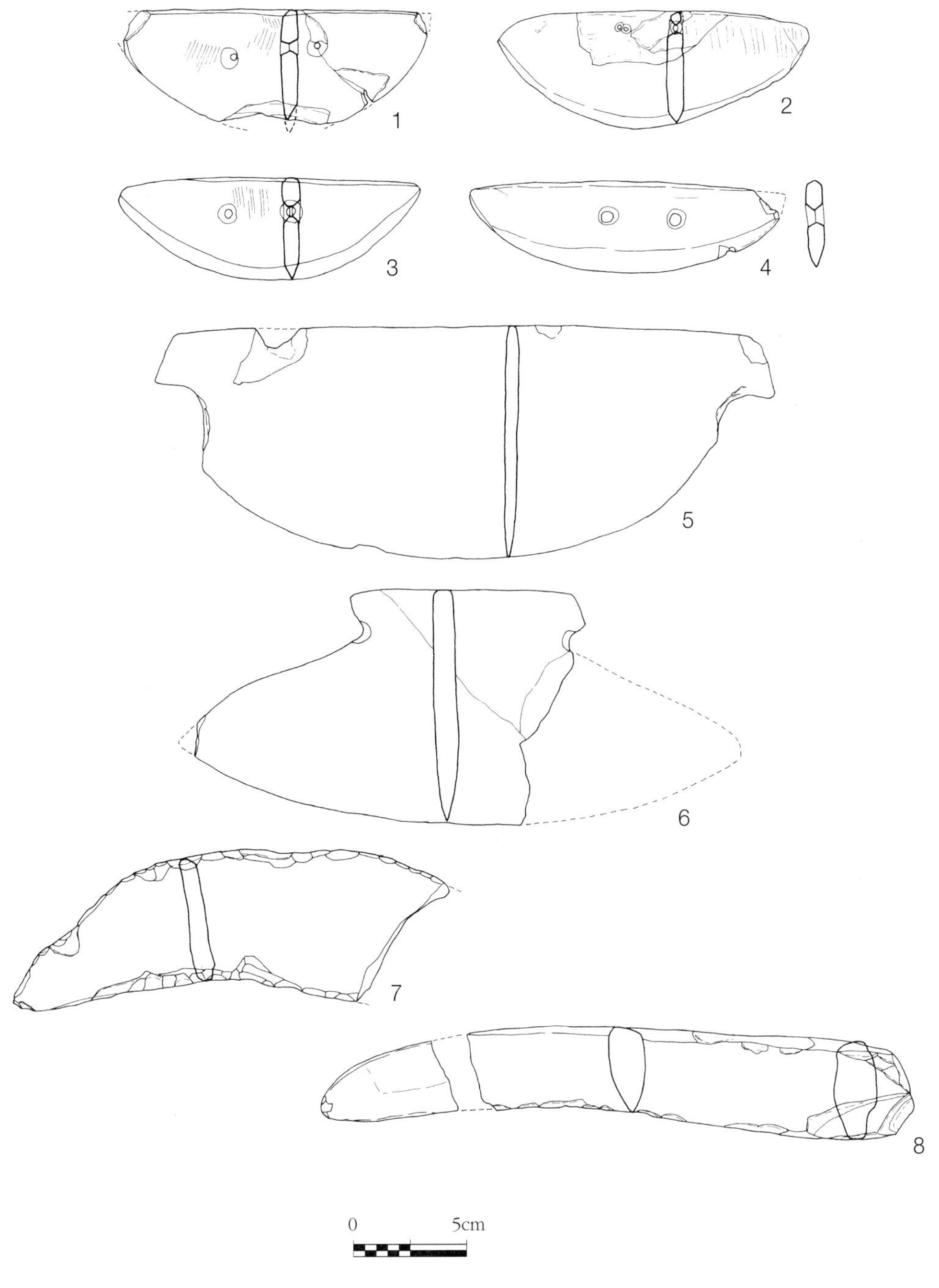

1 福岡 須玖, 2・3 福岡 平塚, 4 福岡 板付, 5 佐賀 德須恵, 6 福岡 古月, 7 福岡 警彌郷, 8 福岡 朝倉

〈도 4〉板付 II식 말・중기 초두~중기의 대륙계마제석기쪽 지역의 유적에서 밀집도가 높다(藤田等 1964; 橫山邦継 1976).

　대형 반월형석도와 석겸이 대륙계마제석기에 포함되는지는 출현 시기의 확인과 함께 좀 더 확실한 검토가 요구되며 그 결과에 따라 한반도와의 관계를 다시 생각할 여지도 남아있어 앞으로의 과제라 할 수 있지만, 이 시기부터 뚜렷하게 증가하는 점은 여러 유적에서 분명하게 확인되고 있다.

(2) 공구

　합인석부(도 5-1~3) : 今山에서의 석부 제작은 전기 말부터 시작되는데(下條信行 1973), 이 무렵부터 석부 형태가 변화한다. 전기 초두부터 존재하였던 편평하거나 약간 얇은 석부가 소멸되고 두꺼운 형태로 통일된다. 폭이 약간 좁아지지만, 단면은 두꺼운 타원형이 되며 합인을 이룬다. 기능적으로도 강화된 흔적을 살필 수 있다. 今山에서 생산된 제품은 길이 20cm, 폭 7cm, 두께 5cm의 수치가 보여주는 바와 같이, 이 시기 합인석부 가운데 대형품에 해당된다(도 5-3). 전통적인 형식도 동일한 합인석부로서 신부가 두꺼워져 강력해진 흔적을 보이지만, 今山 제품에 비하면 소형이다. 가끔 이 양자에 속하지 않는 편평한 장방형의 석부도 확인되지만 예외적인 것이라 할 수 있다.

　今山 생산품은 福岡, 佐賀, 熊本에 다수 분포하며, 소형 석부도 현지 생산품으로서 넓게 분포하지만 今山에 비하여 소량이다. 나머지 지역에서는 今山에 비해 소형 석부가 주체를 이룬다.

　유구석부(도 5-4 · 5) : 이제까지 직선적으로 제작되었던 등 부분(날이 부착된 면)과 배 부분(결입부가 확인된 면)이 활모양을 이루기 시작한다. 등 부분은 어느 정도 직선적이지만 배 부분은 휘어지는 경향이 뚜렷하다. 특히 결입부에서 위쪽에 걸쳐 경사 혹은 활모양 곡선이 두드러진다. 이에 따라 윗부분의 폭이 좁아지게 된다. 단면형은 전기의 말각 장방형에서 반원형으로 변화한다. 두께는 이전 것에 비하여 약간 얇아진다. 결입부가 없는 주상편인석부도 몇 개 정도 확인되는데, 전체적인 형태는 유구석부와 동일하다.

　편평편인석부 : 전 · 중기 모두 형태상의 변화는 없다. 공구에 해당하는 세 종류의 석기 가운데 양적으로 가장 많은 것이 합인석부이고, 유구 · 편평편인석부는 상대적으로 소량이다. 또, 중기 중엽 이후 시기가 내려감에 따라 유구 · 편평편인석부는 다시 양적으로 감소하는 경향이 있지만, 합인석부는 크게 변하지 않아 다수를 차지한다.

(3) 무기형 석제품

석검(도 5-16~18) : 유병식 석검은 기본적으로 자취를 감추기 시작하며, 그 대신 유경식 석검이 등장한다. 각각에 대해서 구체적인 식별은 곤란하지만, 소량의 수입된 유경식 석검이 존재할지도 모른다. 남한 지역에서 C식(경상남도 동래군 북면 장전리)(有光敎一 1959)·E식 석검(경상남도 창원)과 함께 석제 검파두식이 출토되는데, 이들과 동일한 종류가 북부 규슈에서도 확인된다.[11] 이 검파두식이 전래될 때 조합을 이루어 E식 석검이 長崎, 佐賀, 福岡에 유입되었을 가능성이 있다.

한편, 유경식 석검의 일본 자체 제작은 전기 말에 시작되며(도 5-16) 양적 증대도 뚜렷하여, 분명하게 이 형식이 석검의 주류가 되고 있다. 전기 말의 유경식 미제품 출토 유적으로 福岡市 淨泉寺(村岡和雄·松村道博 1974), 北九州市 原(小田富士雄 外 1973), 直方市 感田(中島豊 外 1969) 등이 알려져 있으며, 중기에 걸쳐 규슈 전역에서 山口 방면으로 광범위하게 분포하여 석과와 함께 대표적인 무기형 석제품을 이루고 있다. 뒤에 등장하는 사례 중에는 미늘이나 경부에 구멍이 뚫려있는 경우도 있다(도 5-18).

마제석촉 : 긴 유경촉의 모방품으로 신부와 경부가 얇고 편평한 말기적 형식(西谷正 外 1970)이 중기 초두까지 남아있지만 수량은 적다. 이 형식을 대신하여 삼각무경식 편평촉이 등장한다(도 5-8~12). 이등변삼각형을 기본형으로 하면서 양 측면을 따라 날을 세우고 있다. 기부가 오목한 형식이 다수를 차지하며, 능이 가운데를 지나다가 신부 중앙에서 기부 쪽으로 갈라지는 경우도 있다. 또, 세장형과 오각형에 가까운 형식, 편평한 기부 형식도 있어 종류가 다양하지만, 무경·편평에 넓은 의미에서 삼각형을 이룬다는 점은 동일하다. 전기 말에 출현하며 미제품도 거의 같은 시기부터 출토되기 때문에(中島豊 外 1969; 小田富士雄 外 1973), 일본에서의 자체 제작이 강한 석기라 할 수 있다.

한반도의 삼각무경식 편평촉에서 관찰되는, 기부에 화살대 장착을 위한 홈이 새겨진 사례는 출토되지 않는다. 유엽형의 유경촉이 주로 분포하는 북부 규슈에서의 삼각무경촉은 좌우 폭이 강조되어 타제석촉에 가까운 형식을 이루고 있기 때문에, 타제석촉을 모델로 제작되었

---

11) 석제 검파두식은 長崎縣 里田原(正林護 外 1974), 佐賀縣 神埼町 荒樫目·三田川町 二本黑木(志佐輝彦 外 1976), 福岡縣 志摩町, 福岡縣 栗田(馬田弘稔 1975)의 5개 지역에서 알려져 있다. 시기는 전기 말~중기 초에 해당하는 경우가 대부분이다.

1 大分 宇佐(전기 말), 2・4 福岡 城ノ越(城ノ越 II・III식), 3・9・13・16 福岡 板付, 5 福岡 大井, 6・8 佐賀 柏崎(전기 말),
7・11 福岡 小田, 10 福岡 三澤(전기 말), 12 大分 臺の原, 14 福岡 三瀦, 15 福岡 瀨高, 17 福岡 月隈, 18 福岡 姪浜,
19 福岡 潤野, 20 福岡 絲田

〈도 5〉板付 II식 말・중기 초두~중기의 대륙계마제석기다고 보고 싶다.

삼각무경촉은 일반적으로 규슈 전역부터 山口에 걸쳐 분포하는데, 북부 규슈의 평야 지대에는 상대적으로 적고 大分, 熊本, 宮崎, 鹿兒島의 화산재 분출 지대에서 다량 확인된다. 전자에서는 전기 말부터 중기에 걸쳐 존속하며, 후자에서는 중기~후기, 특히 후기에 성행한다.

3. 새롭게 만들어진 석기(도 5-19 · 20)

한반도로부터 유입된 세형동과를 모방해서 제작한 석기로 석과가 있다. 한반도에서 출토되지 않는 석기로, 일본의 독자적인 기종이다. 세형동과의 최초 등장과 같은 시기인 전기 말부터 제작되기 시작하여, 중기에 성행하면서 중기 후반까지 존속한다. 이른 형식이 보다 세형동과에 가깝고(도 5-19), 시기가 내려감에 따라 형식화 · 간략화된다(도 5-20). 세형동과가 전래되지 않은 遠賀川 유역에서 발생하여, 넓은 의미의 須玖式 문화권에 분포한다. 현재 福岡, 山口, 大分, 宮崎, 壹岐, 佐賀, 熊本에서 확인되고 있다. 자세한 내용은 다른 논문에서 다룬 바 있어(下條信行 1976), 더 이상의 언급은 피하고자 한다.

이상을 정리하면 다음과 같다.

- 질적 강화를 포함하여 형식이 변화된 석기 : 반월형석도, 석겸, 합인석부, 유구석부
- 변화가 뚜렷하지 않은 석기 : 편평편인석부
- 수입에서 모방으로 대체되며 형식이 변화된 석기 : 마제석검, 마제석촉
- 새롭게 만들어진 석기 : 석과

이처럼 야요이시대 전기 말 · 중기 초두를 경계로 하여 규슈의 마제석기는 몇 번의 변화된 모습을 보인다. 반월형석도, 석부 등의 생산 용구는 재질의 전환까지 이루어지면서, 농경 도구로서의 성능을 높이는 방향으로 형식적 · 질적 강화를 모색하고 있다.

그리고 개별 석기의 질적 향상뿐만 아니라 이들을 다량으로 제작 · 공급할 수 있는 생산 체제, 즉 今山, 立岩遺蹟에 관찰되는 일정한 분업적 체제 또한 만들어지기 시작한다.

한편, 이제까지 한반도에서의 수입에 의존하였던 석검 · 석촉 등은 형식을 변화시켜, 자체 제작을 통해 공급하는 국내 생산 체제로 교체되고 있다. 이러한 흐름 속에서 석과와 같이 새

로운 석기를 만들어낸 것이라 할 수 있다. 석기 제작의 새로운 획기를 이 시기에 두는 것이 가능하다.

4. 각 시기의 석기 분포와 문화권 설정

1) 전기적 석기의 분포(도 6 · 7)

전기의 반월형석도는 출토 사례가 많고, 형식과 성질의 식별이 용이하기 때문에 분포를 파악하기 위한 좋은 재료 중 하나이다(도 6). 佐賀縣 唐津地方부터 早良, 福岡 등 대한해협 연안에서 양적으로 다수 확인되며, 이와 인접한 遠賀川 유역, 嘉穗平野, 朝倉平野, 筑後地方 부터 佐賀 남부에도 넓게 분포하고 있다. 해당 지역은 주로 충적 지대를 이루고 있는데, 이러한 특징을 가진 지역에 전기 반월형석도가 흩어져 분포한다.

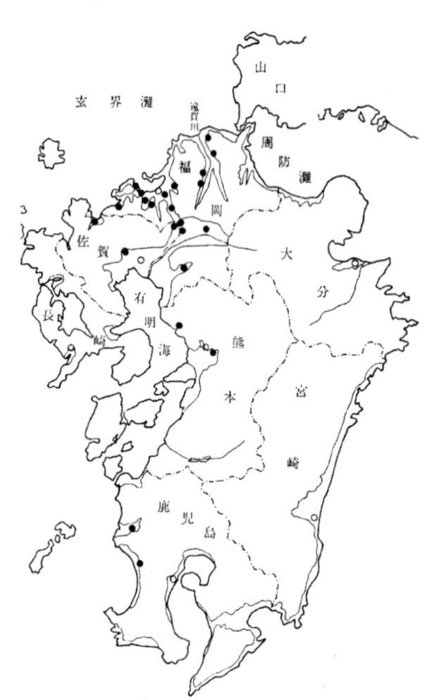

○현청 소재지

〈도 6〉 전기 형식 석도 분포도

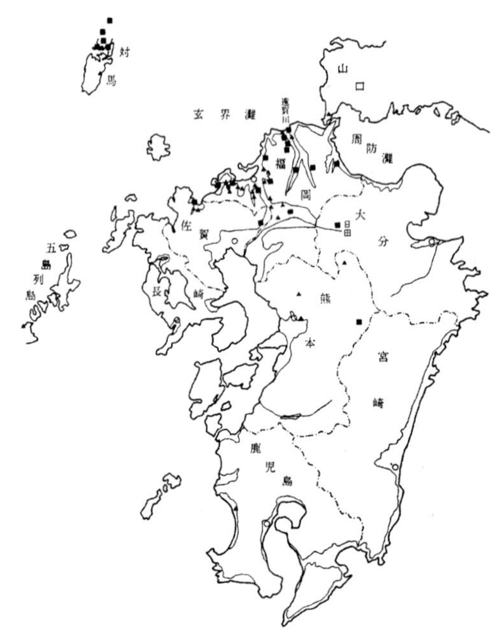

■유병식 석검 ▲유경식 석촉 ○현청 소재지

〈도 7〉 유병식 석검 · 유경식 석촉(단면 능형 · 장방형) 분포도 또한 규슈 남서쪽 연안부에도 확산되어 玉名市 中道 패총, 熊本市 江津湖 苗代津, 鹿兒島縣 川內市 五代, 日置郡 高橋 패총 등 여러 유적에서 유사한 사례가 관찰되지만, 이 지역은 북부 규슈에 비해 출토 빈도가 약간 떨어져 징검다리식 분포를 보인다. 해안에 비해 내륙으로의 유입은 많지 않고, 비교적 연안부에 한정되고 있다. 이러한 분포는 板付 Ⅰ식 토기의 분포와 일치한다. 규슈 동부에 대해서는 현재 명확하게 알 수 없지만, 일반적으로 비슷한 사례는 드문 편이다.

전기의 형태를 지닌 합인석부도 주로 대한해협 연안부에 많고 高橋 패총에서도 확인되어, 동일한 분포를 나타내는 것으로 보인다. 유구석부는 현재 수량적으로 적은 편이며 對馬, 唐津(宇木汲田), 福岡(板付) 등 북부 규슈에 이른 형식이 집중되어 있지만, 앞으로 반월형석도, 석부와 동일한 분포 범위를 나타낼 것으로 기대된다.

유병식 석검, 유경식 석촉은 반월형석도와 더불어 전기적 석기의 분포를 파악하는 데 양호한 자료이다(도 7). 유병식 석검(BⅠb, BⅡ식)은 對馬의 다수 사례를 시작으로 唐津, 絲島, 福岡, 粕屋, 遠賀郡의 대한해협 연안, 鳥栖, 朝倉, 日田, 田川 등의 내륙 평야부, 그리고 遠賀川을 넘어 周防灘 연안을 따라 京都平野에까지 이르고 있어, 板付 Ⅰ식 토기가 출토되는 지역과 대응 관계에 있다. 熊本縣 上益城郡 淸和村의 산악 지대 출토품도 1에 확인되지만, 북부 규슈의 평야부에 주로 분포하여 논농사의 선진적 전개 지대와 밀접한 관련을 이룬다.

단면 능형의 유경식 석촉도 동일한 분포 경향을 보인다. 對馬에서 唐津, 絲島, 早良, 福岡, 粕屋, 遠賀川 하류역의 대한해협 연안부터 내륙 평야부의 朝倉, 小郡, 直方에 다수 분포하며, 五島 열도의 福江島 岐宿, 熊本縣 菊池, 熊本市 健軍, 鹿兒島縣 日置郡 高橋 패총, 下關市 綾羅木 등 福岡, 佐賀, 長崎, 熊本, 鹿兒島에서 山口縣까지 이르고 있다. 阿蘇郡 小國町의 산악 지대와 福江島의 해안 지대 출토품도 존재하지만, 주로 논농사 지대와 관련하여 출토되는 것이 일반적이다. 주요 분포 지역은 福岡, 佐賀 지역이며 熊本, 鹿兒島로 내려오면서 줄어드는데, 해안 평지 쪽에서 다수 확인되는 편이다. 야요이 전기의 토기 분포와 일치한다.

이상 각 석기의 분포를 개괄적으로 정리하면, 唐津부터 遠賀川까지 대한해협 연안에 펼쳐진 여러 평야, 이들과 연결된 佐賀平野 동부, 朝倉, 日田, 嘉穗, 田川의 내륙 평야 및 周防灘 연안의 下關, 京都平野를 둘러싼 북부 규슈지역과 이곳에 남쪽으로 접하는 熊本, 鹿兒島의 규슈 서남부 연안 지역이 전기적 석기의 주요 분포 지대라고 할 수 있다. 이 지역은 板付 Ⅰ·Ⅱ식 토기의 선구적 분포 지대이며, 지형적으로 크고 작은 평야가 펼쳐진 충적 평야 지역에 해당한다. 따라서 논농사의 전개와 밀접한 관련을 가진다.

2) 중기적 석기의 분포와 소문화권의 성립

중기에 이르러 그때까지 명확하지 않았던 규슈 동부에도 기타큐슈와 같은 양상의 석기가 확인된다(이 지방에도 전기의 유적이 존재하지만 토기, 분묘 이외에 그 실체는 불분명하다). 宇佐市 臺の原, 佐伯市 下城 패총, 宮崎縣 東臼杵郡 西鄕, えびの市 飯野, 鹿兒島市 玉里에 외만인 반월형석도가 알려진 것 이외에, 遠賀川系 대형 석도(宮崎市), 유구석부(石川恒太郞 1968)와 편평편인석부(鈴木重治 外 1973)가 출토되어, 후술할 瀨戶內系의 방형 석도와 병립하면서 기타큐슈 계통의 문물이 유입되고 있다. 이밖에 삼각무경식 마제석촉, 석과(宮崎市 阿波岐ヶ原), 유경식 석검(宮崎市 大淀川 지역) 등 일본에서 자체 생산된 무기형 석제품도 유입된다. 고유 토기와 병존하면서 須玖系 주머니형 구연 장경호가 宮崎와 鹿兒島의 大隅半島에 확산된 것도 중기이다. 그러나 규슈 동부에 전면적으로 확대된 것이 아니라, 해안부를 따라 뒤쪽에 약간 펼쳐진 사구 지대나 충적지에 주로 흩어져 분포한다.

이렇게 대륙계마제석기는 야요이시대 중기 단계에 久住, 阿蘇, 櫻島의 화산 분출물 산포지를 제외한 평야 지대에서 주로 확인되며, 밀도의 차이는 있지만 규슈 전체를 포함하는 형태로 확산되어 분포권을 완성시킨다.

(1) 북부 규슈 석기 문화권 - 遠賀川의 동과 서

중기가 되면 遠賀川을 경계로 동쪽과 서쪽이 토기 문화상에 있어서 다른 문화권을 성립하게 되지만, 논농사라는 공동의 생활기반에 근거하고 있기 때문에 원래는 동질의 사회라 할 수 있다. 사실 양 지역은 석기 문화상으로도 공통의 요소가 강하다. 飯塚市 立岩에서 제작된 휘록응회암제의 반월형석도나 福岡市 今宿 今山에서 산출된 현무암제 대형 합인석부가 양 지역에 분포하는 것을 시작으로, 유구석부, 편평편인석부, 삼각무경식 마제석촉, 유경식 석검 등 같은 종류, 공통 형식의 석기가 확인되는 지역에 해당된다.

하지만 몇 개의 석기에 대해서는 형식이나 출토량의 집중도를 달리하며, 양자 사이에 몇 가지 차이점도 지적할 수 있다. 이러한 석기들을 통하여 양 지역 간 문화상의 차이를 살펴보고자 한다. 대상 석기로 ① 대형 반월형석도, ② 석겸, ③ 석과의 3종을 채택할 수 있다.

①과 ②는 그 등장 시기가 어디까지 올라가는지 분명하지 않지만, 전기 말부터 두드러지기 시작하여 중기에 널리 보급된 석기다. ③은 전기 말에 나타나 역시 중기에 성행한다. ①, ②, ③은 성행 시기가 거의 동일하다.

<사진 1> 북부 규슈 출토 반월형석도 · 편인석부 각종

이들의 분포는 遠賀川 서쪽에서는 佐賀, 福岡, 熊本까지 포함되어, 소위 북부 규슈의 야요이 전~중기 문화의 중심지 및 여기에 인접한 지역, 즉 북부 규슈 문화의 중심 지역이라 할 수 있다. 동쪽 지역은 嘉穗, 鞍手, 遠賀의 遠賀川 수계로부터 동으로 下關 주변, 豊前의 周防灘 연안 지역을 포함한다. 遠賀川 수계 연안은 양 문화의 접촉 지역이 되지만, 본질적으로는 동쪽 지역에 해당한다. 아래에서는 개별 석기에 대하여 살펴보고자 한다.

대형 반월형석도(도 8a) : 遠賀川 서쪽 지역의 대형 반월형석도는 이삭을 따는 용도의 석도를 대형화한 것으로 直背外灣刃을 기본 형태로 한다. 구멍은 반월형석도와 마찬가지로 2개이며, 1개인 경우도 있다. 이렇게 구멍이 뚫린 형태와 양 측면에 끈을 걸기 위한 결입부가 존재하는 형태로 구분된다. 사용되는 석재는 혈암질 사암이나 점판암 등의 퇴적암 계통이 많다. 양적으로는 하나의 평야에서 1~2개 정도만 출토되어 많지 않은 편이다.

동쪽 지역에서는 어형의 몸통 위에 손잡이가 부착되어, 죠몽시대의 긁개(스크레이퍼)를 크게 만든 것 같은 형식이 확인된다. 전자를 I형, 후자를 II형이라 하며, 그 출토지를 살펴보면 다음과 같다.

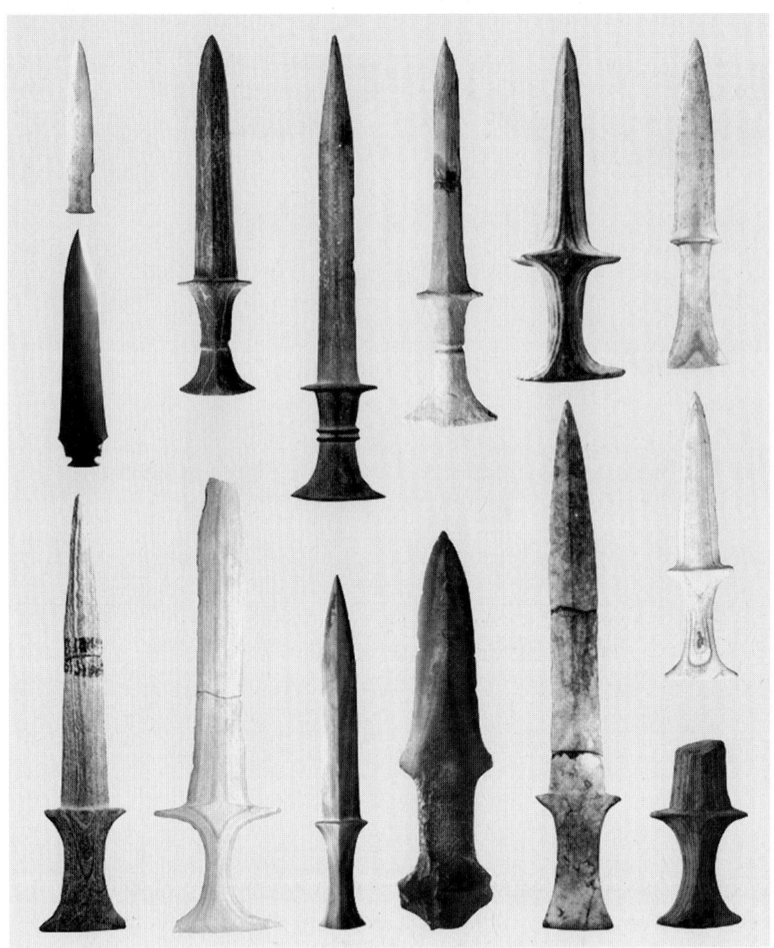

<사진 2> 북부 규슈 출토 마제석검 각종

I 형 : 佐賀縣 東松浦郡 北波多村 德須惠(결입부), 福岡縣 絲島郡 志摩町 御床松原(구멍 2
　　　　개), 福岡縣 絲島郡 二丈町(구멍 1개), 前原町 志登, 小郡市 三澤(구멍 2개), 柳川市
　　　　西蒲池(구멍 2개), 日田市 山田原(구멍 2개), 宗像郡 津丸, 桂川町 壽命(구멍 2개),
　　　　飯塚市 下の方(결입부), 飯塚市 立岩 甘木山
II 형 : 嘉穗郡 庄内町, 飯塚市 甘木山, 直方市 感田上原, 鞍手郡 三笠, 鞍手郡 古月, 遠賀郡
　　　　城ノ越, 北九州市 高槻, 京都郡 勝山町, 宮崎市 住吉, 下關市 綾羅木, 下關市 辻

　　I 형과 II형은 遠賀川을 경계로 하여 분포 지역을 달리한다. 이밖에 下關市 綾羅木, 宮崎
縣 延岡市 平田에서는 직선적인 날에 구멍이 뚫린 형식이 출토되는데, 周防灘에서 규슈 동

쪽 해안부를 따라 분포하고 있다. 보통의 석도도 방형이나 직선인 반월형 등으로, 일반적으로 규슈 동부 연안에 직선적인 날이 많다. 이러한 현상의 원인으로는 瀬戸内 문화의 영향이 짐작되며, 대형 반월형석도도 이와 관련하여 생각해 볼 수 있다.

석겸(도 8b) : 석겸은 長崎縣 壹岐島부터 佐賀, 福岡, 山口, 鹿兒島까지 넓게 확인되지만, 佐賀, 福岡, 山口 서부에 집중 분포한다. 이 가운데 중기가 되면 遠賀川 동쪽 지역에 주로 분포하게 된다. 横山邦継(1976)의 지명표에 의하면 전체의 약 2/3가 동쪽 지역에 존재하며, 서쪽으로 갈수록 점점 줄어드는 경향이 있다. 下關 주변은 반월형석도가 다수 출토되지 않는

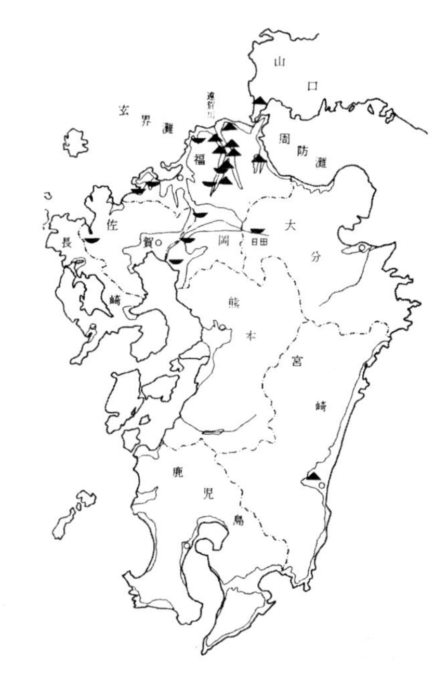

▼외만인 반월형(Ⅰ) ▲손잡이 부착형(Ⅱ) ○현청 소재지

〈도 8a〉 대형 석도 분포도

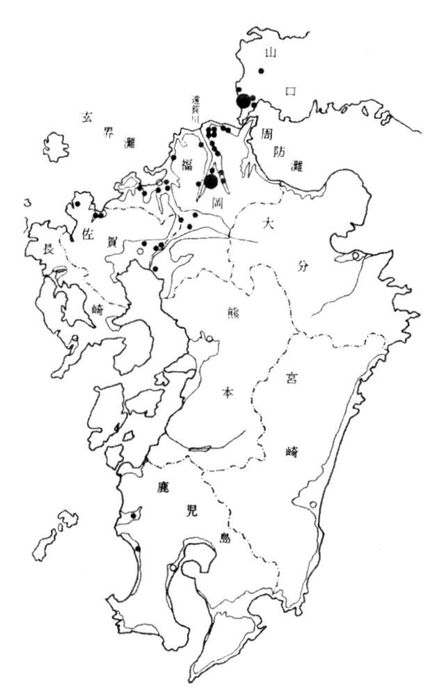

○현청 소재지

〈도 8b〉 석겸 분포도

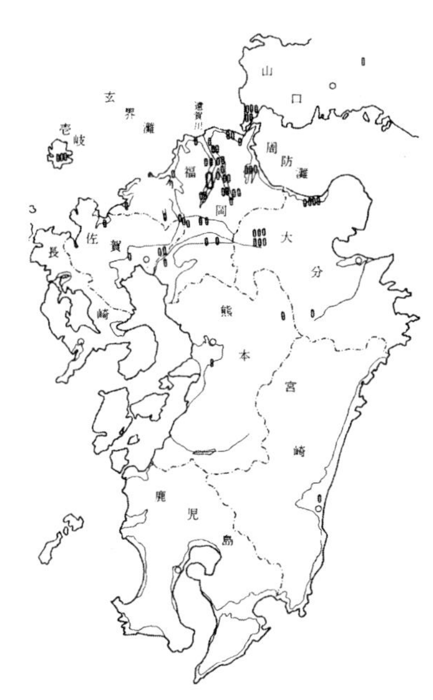

○현청 소재지

〈도 8c〉 석과 분포도

대신 석겸이 많이 확인된다. 동쪽 지역에서는 출토 유적의 숫자뿐만 아니라 한 유적에서의 출토량도 많다. 飯塚市 立岩과 下關市 綾羅木鄕遺蹟이 대표적이다. 석겸의 기능이 자르고 베는 것임은 분명하지만, 무엇을 대상으로 사용되었는지는 알 수 없다. 대상물의 차이와 관련하여 동쪽 지역에 석겸이 많다고 볼 수도 있으며, 혹은 藤田等(1964)이 이야기한 바와 같이 서쪽에 비하여 동쪽 지역에 철이 부족하여 철겸을 모방한 석겸으로 이를 보완하였을 가능성도 생각할 수 있다. 이는 앞으로의 해결 과제라 하겠다. 형식적으로 동서 양 지역의 차이는 없다.

석과(도 8c) : 석과의 발상지는 遠賀川 유역으로 동과의 부족을 보완하기 위하여 발생하였다. 따라서 석과의 분포는 당연히 동과가 출토되지 않는 지대가 중심이 되며, 동과 출토 지역에서 확인되는 사례도 주변 지역에 치우친 경우가 많다. 동쪽 지역은 동과와의 관계로 볼 때 동과가 출토되지 않는 지역에 해당하기 때문에, 이 지방에서는 석과의 출토 예가 많다. 동·서의 출토량을 비교해 보면 55 : 25로 2/3 이상이 동쪽 지역에 집중되어 있다. 遠賀川 수계로부터 田川, 北九州市, 下關市, 京都郡, 宇佐市의 周防灘 연안 지역까지 분포한다.

이와 같이 遠賀川 수계에서 周防灘 연안까지의 동쪽 지역은 하나의 문화권이 형성되고 있었다고 할 수 있다. 이 지역은 토기 문화로부터 보면 구연부가 급하게 꺾인 토기의 주요 분포지에 해당된다. 그러나 이러한 석기 문화의 발생을 생각할 때 서쪽 문화의 영향을 완전히 배제할 수는 없다. 이 석기 문화는 동쪽 지역에서 독창적으로 만들어진 것이 아니라, 서쪽 지역의 대형 반월형석도, 석겸이 遠賀川 유역에 도달한 후 이차적 번영과 함께 성행한 문화라 할 수 있다. 청동과→석과에 있어서도 동일한 과정을 지적할 수 있다.

이러한 동쪽의 문화는 미약하지만 다시 한번 파급되어, 그 영향이 규슈 동부 연안 宮崎地方에까지 이르게 된다. 대형 반월형석도의 경우 宮崎市 住吉에 손잡이가 부착된 II형이 존재하며, 宮崎市 阿波岐ヶ原에서는 석과가 출토되고 있다. 소수에 불과하지만 분명히 동쪽 지역의 문화가 파급되었다고 할 수 있다. 또, 최근 주머니형 구연의 장경호가 출토되어, 서쪽 문화의 유입도 알려지게 되었다. 한편, 석겸 등은 山陰을 경유하여 京都府까지 이르고 있다.

(2) 중앙 산악 지대의 문화권(도 9·10)

지금까지 소위 '平地型'이라고 할 수 있는, 충적지를 주요 생활 기반으로 한 유적의 마제석기에 대하여 언급하였다. 이는 마제석기가 전래 초기부터 논농사와 깊은 관련을 가지면서, 논농사를 기반으로 전개·발전해 왔기 때문이다.

그런데 이러한 유형에 속하지 않는, 매우 대조적인 유적과 유물의 군집이 확인된다. 이들은 久住, 阿蘇, 櫻島 등 화산재 분출 지대에서 조사된 유적으로, 중부 고지대의 문화, 즉 산악 문화 지대에 해당된다. 筑後川, 大野川에 접하는 산지를 북쪽 한계로 하여 서쪽은 阿蘇 外輪山, 동쪽은 大野川 유역에서 宮崎 해안 주변의 저지대로 이어지며 남쪽은 鹿兒島까지 이른다. 阿蘇, 始良의 화산 분출물이 퇴적된 지대이다. 이 지역은 모두 高地·臺地로, 생업상 논농사는 어렵지만 오늘날에도 밭벼, 메밀, 보리 등 밭농사 작물이 재배되는 경우가 많다. 지역 개발도 늦어져 유적의 실체가 불분명한 부분이 많지만, 최근 다양한 재개발 사업으로 인하여 유적의 양상이 점점 밝혀지고 있는 실정이다.

大分 쪽에서는 야요이시대 중기~후기에 걸쳐 이러한 지역에 위치한 유적들이 확인되며, 특히 후기에 폭발적으로 유적의 수가 증가한다. 大野川 하류역의 雄城臺, 守岡遺蹟을 시작으로 大野郡의 大野町·三重町·緒方町, 直入郡의 荻町, 竹田市에서 이와 유사한 사례가 계속 발견되고 있다(後藤宗俊 1976). 宮崎의 발굴조사에서도 후기의 주거지, 포함층에서 출토된 사례가 많다. 五ヶ瀬川 유역부터 상류의 高千穗, 또는 持田, 西都原 등의 낮은 구릉에서 동일한 성격을 지닌 유적이 알려지고 있다. 熊本에서는 阿蘇 外輪山이 위치하는 阿蘇郡 西原村 谷頭遺蹟(후기 초두) 등의 外輪山이나 上·下益城郡의 산악 지역 인근 및 球磨川 상류역이 해당된다. 이 지역들의 개발이 시작된 시기에 대해서는 다시 논의가 필요하지만, 대부분은 중기에 시작되어 후기에 성행하였다고 볼 수 있다.

이 산악 지역에는 평지 문화와 다른 형식, 역할, 용도를 지닌 석기가 존재한다. 방형 석도, 마제석촉, 타제 팽이에 있어서 이러한 양상이 확인되는데, 각각의 석기에 대하여 자세히 언급하면 다음과 같다.

방형 석도(도 9-1~12) : 원래 야요이시대 중기가 되어 瀬戸內, 특히 四國 북부 지역의 영향을 받아서 성립된 형식의 석기이다. 大分(後藤宗俊 外 1975), 宮崎(橫山邦継 1973), 熊本에서 양 측면에 결입부가 있는 타제 석도가 출토되고 있는데, 이 형식은 香川을 서쪽 경계로 岡山, 兵庫 서부를 포함한 지역에 주로 분포하여 이러한 지역과의 관련이 짐작된다. 마제의 양측 결입부, 구멍 뚫린 형식에 대해서 최근 愛媛과의 관련이 지적되어(池畑耕一 1976), 방형 석도의 기원이 四國 북부에 있다는 점이 분명해졌다. 방형 석도는 북쪽으로 遠賀川 동쪽 문화권에서 기원한 대형 반월형석도와 석과가 확인되는 周防灘 연안 남부의 宇佐平野(宇佐市 臺の原遺蹟), 남쪽으로 日南의 사이에 분포하여 규슈 동부 연안부터 宮崎縣의 대지와 산지에

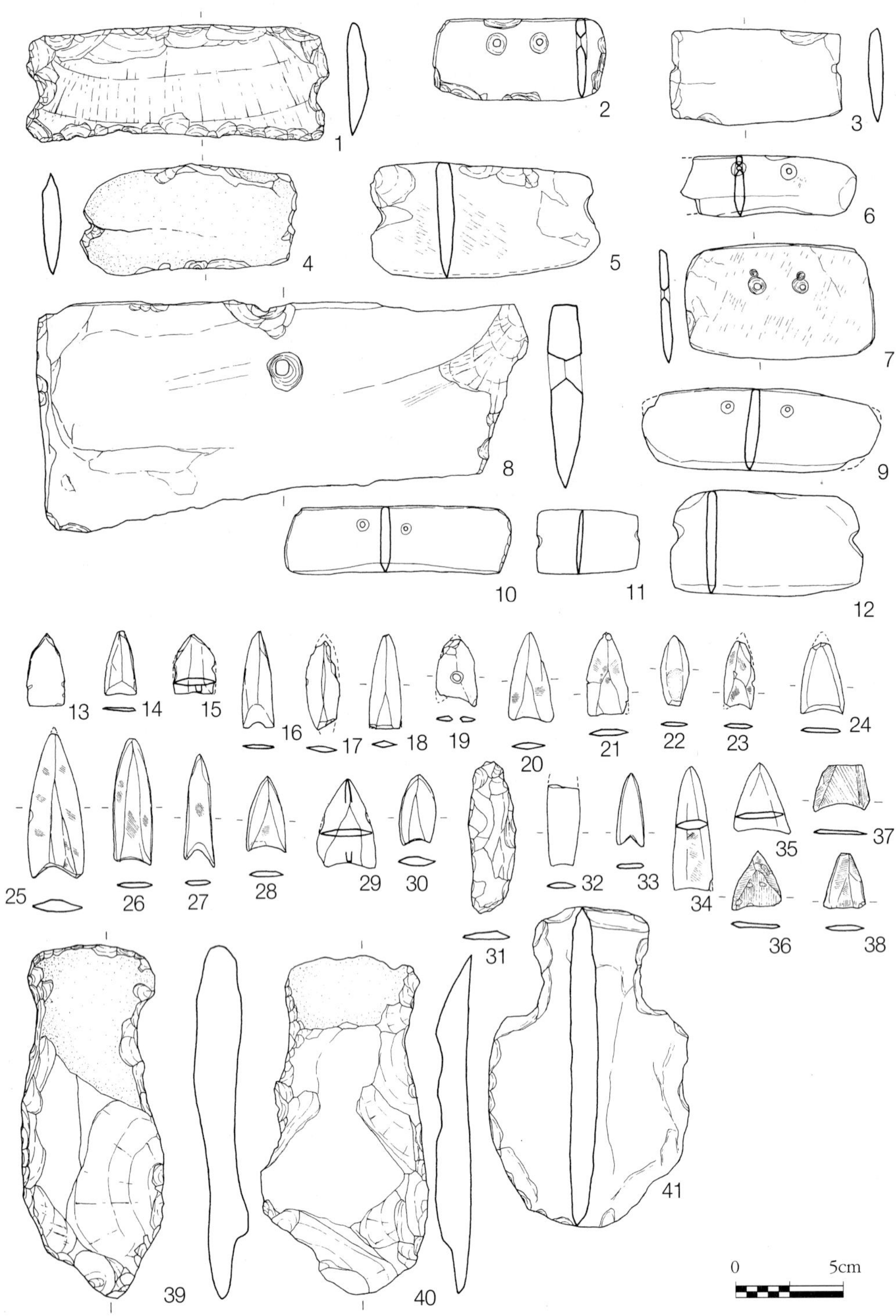

1 宮崎 日向, 2 大分 安國寺, 3 宮崎 西都, 4 · 39 · 40 宮崎 持田, 5 宮崎 曾位, 6 宮崎 高千穂, 7 宮崎 木城, 8 宮崎 延岡,
9 · 10 熊本 西原, 11 熊本 黑肥地, 12 熊本 人吉, 13~18 大分 大野川 유역, 19~24 宮崎 五ケ瀬川 유역 · 高川穗,
25~30 宮崎 남부, 31~35 熊本 阿蘇外輪山, 36~38 鹿兒島 出水(池畑耕一 · 牛之浜修 1976), 41 熊本 多良木

〈도 9〉 동 · 중부 규슈의 중 · 후기 석기

퍼져있다. 시기는 야요이 중기부터 후기에 해당한다.

물론 북부 규슈 계통의 외만인 반월형석도도 알려져 있고(東臼杵郡 田代, えびの市 飯野), 직선인 외만형 석도(東臼杵郡 西鄕)도 존재하지만, 기본은 방형 석도로 五ケ瀨川이나 目良 등의 수계·산간을 경유하여 규슈 중앙의 가장 높은 곳을 넘어 熊本까지 이른다. 이 루트는 高千穗를 경유하여 阿蘇郡 西原村, 菊池臺地, 下益城郡 矢部町, 砥用町에 도달하며, 남쪽으로 돌아서 球磨郡 黑肥地 등의 球磨川 상류로 이어진다. 球磨地域에는 宮崎와 마찬가지로 방형의 양측 결입부 마제 석도가 확인되며, 阿蘇에서는 방형에 2개의 구멍이 있는 형식이 분포한다. 또, 외만인 반월형석도가 阿蘇 外輪으로 유입되어 혼재하는 양상도 관찰된다.

북부 규슈의 평야부에서도 때때로 2개의 구멍이 있는 방형 석도가 출토되기는 하지만 산발적이며, 외만인 반월형이 주류를 점하고 있다. 瀨戶內海에 접한 규슈 동쪽 해안의 대형 석도가 방형 직선인(綾羅木鄕·延岡市 平田)(도 9-8)을 이루는 것은 이 지방의 석도 형식과 유사하다. 북부 규슈의 대형 반월형석도가 외만인으로 이제까지 석도의 형식과 동일하다는 점은, 석도와 대형 반월형석도의 형식이 관련되어 있음을 짐작케 한다.

삼각무경 마제석촉(도 9-13~38) : 야요이시대 중기 이후 마제석촉은 삼각무경식이 일반적인 형식이 되어 규슈 전체에 분포한다. 평지에서는 중기에 성행하며, 앞서 언급한 산악 지대에서는 중~후기에 주로 이용된다. 평지와 산지는 성행 시기를 달리할 뿐만 아니라, 이전부터 乙益重隆(1960a; b)이 지적한 바와 같이 산악 지대에서는 세장한 삼각형 마제석촉이 출토되어 석촉의 형식도 달리한다고 말할 수 있다. 乙益重隆은 阿蘇 外輪山, 綠川 유역, 高千穗부터 大野川 지역을 주요 분포 지대로 생각하였으며, 賀川光夫(1971)도 大野川 유역에서 마제석촉의 풍부함을 지적한 바 있고, 최근에는 賀川光夫·橘昌信(1976), 淸水宗昭(1976), 坂本嘉弘(1976a; b) 등에 의해 大野川 유역의 조사가 진전되면서 마제석촉이 출토되는 유적의 정확한 발굴이 비약적으로 증가하고 있다. 宮崎, 鹿兒島에서 마제석촉의 분포나 형태에 대하여 小田富士雄(1962)의 소개가 있고, 鹿兒島에서는 池畑耕一·牛之浜修(1976)에 의해 최근 마제석촉의 지명표가 만들어졌다.

산악형과 평지형의 석촉은 다음과 같은 점에서 차이가 있다.

① 평지형 석촉은 이등변삼각형에 오목한 기부를 이루며, 짧고 작은 것이 비교적 많다. 산악형 중에도 이 형식이 다수 포함되는데, 전반적으로 형식의 다양성이 풍부하다. 乙益重隆이 지적한 세장형, 기부부터 평행한 신부에 끝이 뾰족한 형식, 길이 5cm를 넘는 대형 석촉 등 기형, 크기가 다양하다. 기부가 편평한 깃도 많다. 능도 양측에 있는 깃과 중심에 위치하는

것, 그리고 중간 지점에서 좌우로 나누어지는 것 등 다양한 편이다.

② 평지에서는 타제석촉이 주류이며, 마제석촉은 소수에 불과하다. 산지에서는 마제가 주류를 이룬다. 후기가 되면 철촉과 혼재한다. 평지에서는 한 유적의 출토량이 1~3개 정도이지만, 산지에서는 10개 이상인 경우가 보통이며 개별 주거지에서 다량 출토된다.

③ 평지에서 마제석촉은 옹관, 특히 소아의 부장용으로 사용되는 사례가 많다. 따라서 석재는 활석 등의 연질재가 이용되는 경우가 많고, 부장품 중에는 날을 무디게 하거나 마연이 충분하지 않아 조잡하게 만들어진 사례도 있다. 성격적으로는 전기 유경식 석촉의 계보를 잇는 것으로 볼 수 있다. 산지에서는 분묘 부장품보다 지표 수습품이나 주거지에서 출토되는 경우가 많아, 실용품으로서의 성격이 강하다. 熊本縣 谷頭遺蹟에서는 주거 지역에서 미제품을 포함하여 상당량의 석촉이 확인되며 大野川 유역에서도 석촉과 미제품이 주거지에서 다량 출토되어, 주거지 단위에서의 제작이 추정된다. 출토량이 많은 것을 볼 때 소모성이 강한 일상용구임을 알 수 있다.

이러한 차이를 바탕으로 지역권을 살펴보면, 산지형은 동쪽으로 大野川 유역부터 高千穗, 阿蘇의 산악 지대, 남쪽으로 내려가서 宮崎에서 鹿兒島의 고원 지대에 분포하여 방형 석도와 기본적으로 분포권을 같이한다. 단, 宮崎市 石神(鈴木重治 外 1973), 鹿兒島縣 山の口(河口貞德 1960; 小田富士雄 1962), 成川(文化廳 1973) 등의 해안부에서는 제사나 분묘 부장품으로서 사용된 사례도 있어, 평지에 가까운 곳에서는 북부 규슈 등의 평지형과 공통된 성격을 가진 것으로 보인다.

타제 괭이(도 9-40 · 41) : 이러한 지역에서 복합될 공산이 큰 석기로 타제 괭이가 있다. 有肩打製石斧라 불리는 것으로, 화산재 지대에서 다수 출토된다. 아직 분포와 시기 등이 명확하지 않지만, 熊本의 산지(乙益重隆 1937; 1957), 鹿兒島, 宮崎의 대지, 大野川 유역의 대지에서 확인되며, 중기에 시작되어 후기에 출토되는 경우가 많다(石川恒太郎 1967).

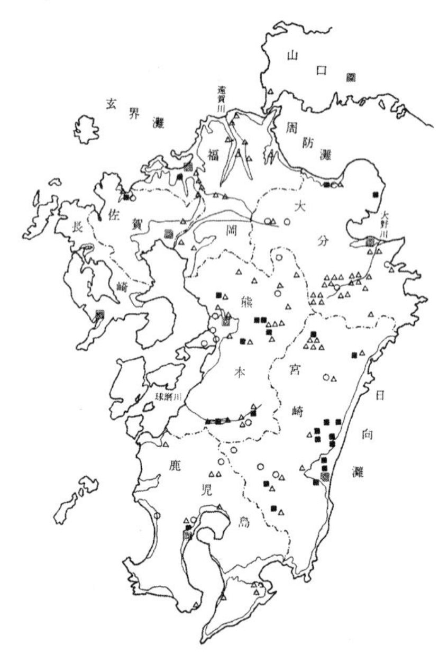

〈도 10〉 방형 석도 · 삼각무경 마제석촉 분포도

이상 3종의 석기를 종합해서 생각할 때, 산악 지대의 거주민은 타제 괭이, 석도를 사용하여 아마도 밭농사 계통의 작물 경작으로 생계를 꾸려나갔을 것이다. 주요 재배 작물이 무엇인지는 현재 이루어지고 있는 발굴조사로부터의 발견을 기대한다. 한편, 마제석촉의 존재는 광범위한 산악형 주민의 특징으로서 각종 수렵 활동을 전개하고 있었음을 짐작케 한다. 이에 따라 산지형 주민 상호 간의 교류도 활발해지며, 이 왕성한 행동력은 평지 정주민과의 교류를 발생시켜 규슈의 서쪽과 동쪽 문화를 연결시키는 전도자, 매개자의 역할도 담당하였을 것이다. 산악민의 상호 교류는 동일한 석재로 제작된 마제석촉의 광범위한 분포가 확인되는 것을 통해서도 추측할 수 있다.

이와 같이 야요이시대 중기 이후가 되면 종래 평지에 정주하면서 고정적인 논농사를 운영해왔던 북부 규슈나 해안 주변의 농경민과, 이와 성격을 달리하는 산지형의 주민이 각각의 문화권을 형성하고 있었음을 알 수 있다. 이렇게 성격을 달리하는 야요이인들이 서로 어떠한 관계를 형성하고 있었는가는 다음 문제로 다루어져야 할 것이다.

5. 맺음말

대륙계마제석기를 대상으로 하여 이것이 발생 초기부터 남한 지역 석기와 어느 정도 차이를 가지면서, 전진 또는 후퇴 방향의 일정한 독자성을 기반으로 시작되었음을 지적하였다. 그 후 중기라는 획기를 거치면서 지금까지와 다른 형질·체제가 창출되었으며, 곧 그 내부에서 석기의 형식·종류·수량을 달리하는 문화권이 성립되기 시작하였다. 이 중 논농사를 기반으로 한 사회는 遠賀川을 중심으로 서쪽 지역과 동쪽 지역으로 나누어진다. 서쪽 지역 가운데 다시 작은 문화권이 발생하였는가에 대한 문제는 앞으로의 과제이지만, 서쪽과 동쪽의 관계는 토기 분포권의 차이와도 일치하고 있다. 한편, 이와 대조적으로 阿蘇, 櫻島의 산악 지대에는 논농사를 주체로 한 평지형과 다른 문화 지대가 중기 이후에 등장한다. 이들은 타제 괭이, 방형 석도, 다량의 삼각무경식 석촉으로 대표되며 중~후기에 성행한다. 구체적인 생활 내용에 대해서는 앞으로의 조사 성과를 기대할 수밖에 없다.

이와 같은 주제가 성립된다면 앞으로의 연구에 의하여 산악과 평야와의 교류, 평지 상호 간을 연결시키는 산악민의 역할 등 석기뿐만 아니라 토기나 그밖에 다른 문화와의 관련을 구체적으로 살펴볼 수 있는 실마리가 확인될 것으로 기대된다.

(원전 : 1977, 「九州における大陸系磨製石器の生成と展開」 『史淵』 114, 九州大學文學部)

참고문헌

尹武炳, 1963, 「天安 斗井里의 竪穴住居址」『美術資料』8.

尹武炳, 1966, 「韓國 靑銅短劍의 型式分類」『震檀學報』29・30.

尹容鎭, 1969, 「琴湖江流域의 先史遺跡研究(Ⅰ)」『古文化』5・6.

李白圭, 1974, 「京畿道 出土 無文土器・磨製石器」『考古學』3.

崔夢龍, 1973, 「潭陽齊月里의 石器文化」『湖南文化研究』5.

崔夢龍, 1975, 「全南地方에서 새로이 發見된 先史遺物」『湖南文化研究』7.

崔夢龍, 1976, 「榮山江流域에서 새로이 發見된 先史遺物」『湖南文化研究』8.

崔淑卿, 1960, 「韓國摘穗石刀의 研究」『歷史學報』13.

岡崎敬, 1964, 「コメを中心にしてみた日本と大陸」『古代史講座』13.

岡崎敬, 1968, 「日本における初期稲作資料」『朝鮮學報』49.

鏡山猛, 1964, 「岐宿貝塚」『五島遺跡調査報告』.

鏡山猛・杉原莊介・渡辺正氣・大塚初重, 1961, 「福岡縣城ノ越遺跡」『日本農耕文化の生成』.

鏡山猛・齋藤忠・森貞次郎 外, 1956, 『志登支石墓群』.

高山明 編, 1969, 『埋もれていた朝倉文化』.

關俊彦, 1969, 「彌生時代の編年」『新版考古學講座』4.

九州大學, 1966, 『北部九州(唐津市)先史集落遺跡の合同調査』.

渡辺明夫, 1974, 「唐洲加志々遺跡」『對馬』, 長崎縣文化財調査報告 17.

藤田等, 1964, 「大陸系石器 - とくに磨製石鎌について」『日本考古學の諸問題』.

力武卓治, 1976, 『鶴町遺跡』, 福岡市埋文報告 37.

鈴木重治・野間重隆 外, 1973, 『石神遺跡』, 宮崎市文化財調査報告書 1.

麻生孝行, 1952, 「有溝の石庖丁」『鹿兒島考古紀要』2.

馬田弘稔, 1975, 『栗田遺跡』, 三輪町文化財調査報告書 2.

文化廳, 1973, 『成川遺跡』, 埋藏文化財發掘調査報告 7.

副島邦弘 外, 1971, 「V字溝」『津古内畑遺跡』2, 小郡町教育委員會.

森本六爾, 1942, 『日本考古學研究』, 桑名文星堂.

森修, 1941, 「滿州石庖丁攷」『人類學雜誌』56-6.

杉原莊介, 1943, 『遠賀川』.

森貞次郎, 1942, 「古期彌生式文化に於ける立岩文化期の意義」『古代文化』13-7.

森貞次郎, 1966, 「九州」『日本の考古學』Ⅲ.

森貞次郎・岡崎敬, 1961, 「福岡縣板付遺跡」『日本農耕文化の生成』.

森貞次郎 外, 1967, 『有田遺跡』.

西谷正, 1969, 「朝鮮半島における初期稲作」『考古學研究』16-2.

西谷正, 1973, 「三角形石庖丁について」『考古學論叢』1.

西谷正, 1974, 「考古學からみた古代日朝關係」『古代朝鮮と日本』.

西谷正, 1975, 「會寧五洞の土器をめぐる問題」『史淵』112.

西谷正 外, 1970, 『津古內畑遺跡』, 小郡町敎育委員會.

緒方勉, 1974, 『江津湖苗代津遺跡』, 熊本縣文化財調査報告 15.

石毛直道, 1968, 「日本稻作の系譜」『史林』51-5・6.

石川恒太郎, 1967, 「高鍋町持田の遺跡調査報告」『第2次日向遺跡總合調査』2・3.

石川恒太郎, 1968, 『宮崎縣の考古學』.

小田富士雄, 1959, 「佐賀縣田代發見の石劍と土器」『九州考古學』7・8.

小田富士雄, 1962, 「九州の扁平磨製石鏃(上)」『九州考古學』16.

小田富士雄, 1970, 「古代の日田」『九州文化史研究所紀要』15.

小田富士雄, 1973a, 「彌生式土器 - 九州2」『考古學ジャーナル』77.

小田富士雄, 1973b, 「貝庖丁と鐵庖丁」『考古學論叢』1.

小田富士雄, 1974, 「磨製石劍」『對馬』, 長崎縣文化財調査報告 17.

小田富士雄・黑野肇, 1960, 「筑前垣生遺跡發見遺物(1)」『古代』34.

小田富士雄 外, 1973, 『原遺跡』.

松岡史, 1968, 「福岡縣伯玄遺跡調査槪報」『福岡縣文化財調査報告』36.

松岡史・前川威洋 外, 1970, 「野黑坂遺跡」『福岡南バイパス關係埋藏文化財調査報告』1.

松原正毅, 1971, 「彌生式文化の系譜についての實驗考古學的試論」『季刊人類學』2-2.

塩屋勝利・折尾學 編, 1975, 『山陽新幹線關係埋藏文化財調査報告』, 福岡市埋文報告 32.

要原和彦 外, 1976, 『今宿バイパス關係埋藏文化財調査報告』4.

原田大六, 1954, 「石庖丁の使用法」『私たちの考古學』1.

有光敎一, 1959, 『朝鮮磨製石劍の研究』.

乙益重隆, 1937, 「南九州に於ける特殊石器」『上代文化』15.

乙益重隆, 1957, 「原始時代」『熊本縣の歷史』.

乙益重隆, 1960a, 「高千穗の先史文化」『高千穗・阿蘇』.

乙益重隆, 1960b, 「小國の遺跡と遺物」『高千穗・阿蘇』.

日高憲雄 外, 1975, 『蒲田遺跡』, 福岡市埋文調査報告 33.

田辺哲夫, 1952, 『中道貝塚調査槪要報告』.

正林護 外, 1974, 『里田原遺跡略報』II, 長崎縣文化財調査報告 18.

井上裕弘 外, 1979, 『山陽新幹線關係埋藏文化財調査報告』11.

齊藤忠, 1937, 「慶州附近發見の磨石器」『考古學』8-7.

潮見浩・川越哲志 外, 1974, 『岩田遺跡』, 山口縣平生町敎育委員會.

佐原眞, 1972, 「彌生時代」『考古學ジャーナル』68.

佐原眞, 1975,「農業の開始と階級社會の形成」『岩波講座日本歷史』1.

中國科學院考古研究所, 1959,『廟底溝と三里橋』.

中島豊 外, 1969,『感田上原遺跡』, 直方市敎育委員會.

中山平次郎, 1917,「先史原史兩時代中間期間の遺物に就て」『考雜』7-10・11.

池畑耕一, 1976,「石庖丁にみられる瀨戶內地方と宮崎縣の關係」『宮崎考古』2.

池畑耕一・牛之浜修, 1976,『牟田尻・カラン迫遺跡』, 鹿兒島縣埋文調査報告 3.

志佐輝彦 外, 1976,「縣下の新考古資料」『寺浦發寺跡』, 佐賀縣文化財調査報告 34.

眞野和夫, 1974,「井手遺跡」『對馬』, 長崎縣文化財調査報告書 17.

清水宗昭, 1976,『大野原始地の遺跡』, 大野町敎育委員會.

村岡和雄・松村道博, 1974,『淨泉寺遺跡』.

澤皇臣 外, 1976,『板付周辺遺跡調査報告書』3, 福岡市埋文報告 36.

坂本嘉弘, 1976a,『荻臺地の遺蹟』, 荻町敎育委員會.

坂本嘉弘, 1976b,『野津川流域の遺跡』, 野津町敎育委員會.

坂田邦洋, 1975,『對馬の遺跡』.

河口貞德, 1960,「山之口遺跡」『鹿兒島縣埋文調査報告』7.

河口貞德, 1965,「鹿兒島縣高僑貝塚」『考古學集刊』3-2.

下條信行, 1970,『福岡市板付遺跡』, 福岡市埋文報告 8.

下條信行, 1972,「九州考古學諸問題-彌生時代」『考古學研究』19-1.

下條信行, 1973,『今山遺跡』, 福岡市歷史資料館調査研究報告 1.

下條信行, 1975a,「石器の製作と技術」『古代史發掘』4.

下條信行, 1975b,「未製石器よりみた彌生時代前期の生産体制」『九州考古學の諸問題』.

下條信行, 1975c,「北九州における彌生時代の石器生産」『考古學研究』22-1.

下條信行, 1976,「石戈論」『史淵』113.

賀川光夫, 1971,『大分縣の考古學』.

賀川光夫・橘昌信, 1976,『ネギノ遺跡』, 大分縣文化財調査報告 35.

横山邦継, 1973,「石庖丁出土地名表(宮崎縣)」『速見考古』4.

横山邦継, 1976,「石鎌出土地名表」『板付』, 福岡市埋文報告 35.

横山邦継・後藤直, 1975,『板付周辺遺跡調査報告書』2, 福岡市埋文報告 31.

横山將三郎, 1930,「京城府外鷹峰遺跡調査報告書」『史前學雜誌』2-5.

後藤宗俊, 1976,「大分縣下における近年の緊急發掘調査」『九州考古學』51.

後藤宗俊・清水宗昭・小倉正五・眞野和夫 外, 1975,『臺の原遺跡』, 大分縣文化財調査報告 33.

後藤直, 1971,「西朝鮮の「無文土器」について」『考古學研究』17-4.

後藤直, 1973,「南朝鮮の「無文土器」」『考古學研究』19-3.

後藤直 編, 1976,『板付』, 福岡市埋文報告 35.

일본 반월형석도의 원류
―弧背弧刃系 석도의 전개―

02

번역 : 손준호

1. 연구의 성과와 문제점

일본 반월형석도의 계보를 추적하는 것은 다음의 두 가지 문제를 해결하는 길이기도 하다. 하나는 직접 문제이고 또 다른 하나는 淵源 문제인데, 직접 문제란 북부 규슈에 직접 반월형석도를 전해준 지역의 상정과 그 지역과의 관계에 대한 문제를 의미한다. 연원 문제는 직접 문제에서 결정된 지역의 반월형석도에 대하여 그 연원이 되는 지역의 상정과 이를 통한 문화전파의 과정 문제를 뜻한다.

만약 북부 규슈의 반월형석도가 한반도에서 전래된 것이라면, 한반도 남부와 일본의 관계가 직접 문제가 되고 한반도 남부 출토 반월형석도의 조형(proto-type)이 형성된 지역에 대한 것이 연원 문제이다. 이와 달리 중국 양쯔강 하류의 江南地域에서 전파되었다고 한다면, 이 지역이 직접 문제에 해당되며 반월형석도가 발생한 지역을 결정하는 것이 연원 문제가 된다.

일본의 고고학은 한반도 남부와의 직접 문제 해명에 큰 성과를 거두어왔다. 森貞次郎·岡崎敬(1961), 岡崎敬(1964), 下條信行(1977), 小田富士雄(1986) 등의 연구가 대표적인데, 그 근거는 한반도 남부의 반월형석도, 유구석부, 유병식석검, 유엽형석촉의 조합과 북부 규슈 초기 논농사 단계의 유물 조합이 동일하다는 大陸系磨製石器 組成論에 기초한 것이었다. 또

〈사진 1〉 한반도 출토 반월형석도 각종

한 有光敎一(1959)의 유병식석검, 노혁진(1981)의 유구석부에 대한 연구 등도 직접 문제의 해명에 큰 도움을 준 성과라 할 수 있다.

한국 고고학자들의 연구에서도 조성론적 방법이나 입장으로부터 직접 문제의 해명을 시도하고 있다(沈奉謹 1979; 全榮來 1987). 일본에서는 한반도 남부에서 일본으로의 단순한 전파론부터, 한반도 마제석기와 일본 죠몽 석기의 비교를 통하여 야요이 문화의 질을 규정하는 연구까지 진행되고 있다(下條信行 1986).

그러나 이러한 석기 조성론에 의한 성과의 축적에도 불구하고 반월형석도에 대한 형식론적인 접근은 선학의 발표 이후 15년 정도가 지났지만 크게 진보되지 않고 있는 실정이다.

형식론으로서의 반월형석도에 대한 연구는 선천적으로 형식 배열의 전개를 통하여 이루어지기 때문에, 먼저 최초의 형식이 결정되면 나머지 형식은 하나의 계통으로 다루어져 왔다. 그 결과 일본으로의 반월형석도 전파론은 '중국 中原→중국 東北→한반도→일본' 또는 '중국 江南→일본'의 2가지 설이 성립되었던 것이다.

두 가지 설 모두 문제점이 존재하는데, 토기를 공반하는 반월형석도의 양호한 자료가 부족하다는 점과 형식 설정에서의 애매함을 들 수 있다. 전자에 대해서는 최근 遼東半島, 한반도, 북부 규슈 각지에서 출현기 반월형석도의 양상이 점차 밝혀져 객관적 조건이 진전되고 있다. 후자는 한반도와 북부 규슈의 반월형석도를 直背 석도로 단순하게 인정할 수 있는가에 대한 형식론에서의 검토와 관련된 문제이다. 아래에서 선학의 연구성과를 살펴보는 것으로부터 이와 관련된 이야기를 시작하고자 한다.[1]

동아시아 반월형석도의 기원이 되는 중국의 석도를 집성하고 형식분류, 형식 배열의 형성, 분포 등을 최초로 언급한 것은 安志敏(1955)이다. 安志敏은 중국 中原에서 출현한 兩側帶缺口打製方形石刀(安志敏의 110형)를 가장 이른 형식으로 보고, 이후 兩側帶缺口磨製方形(120형)→有孔磨製長方形(200형)→磨製直刃圓背形(310형)→磨製凸刃圓背形(330형)→磨製凸刃直背形(340형)으로의 변화상을 상정하였다.

분포에 대해서는 310~340형이 중국 東北地方에서 확인되며, 이 가운데 330·340형은 중국 東北地方에서 파생하여 한반도·일본으로 확산되었음을 지적하고 있다. 즉, 安志敏은 중국 中原에서 발생한 석도가 형식 변화를 거치면서 東北地方에 이르고, 이보다 동쪽의 한반도·일본까지 하나의 계통을 이룬다고 보기 때문에 이를 中原 一元論이라 할 수 있다. 중국 東北에서 한반도·일본으로의 전개는 받아들인다 하여도, 中原 일원론에 입각한 중국 東北地方 반월형석도의 형식 규정은 東北地方의 반월형석도가 周代까지 내려올 수 있다는 연대관과 함께 오늘날 재검토를 요한다.

최근 중국 東北地方의 발굴성과를 보면 해당 지역의 신석기시대 연대관이 크게 수정되고 있다. 또 공반 출토되는 반월형석도의 여러 형식이 中原 일원론에 부합되지 않는 독자성을 나타내고 있어, 새로운 東北地方 반월형석도 연구의 필요성이 제기된다.

安志敏의 논지를 수용한 石毛直道(1968)는 중국뿐만 아니라 한반도·일본의 석도를 집성하여 일본 반월형석도의 계보 관계를 논하였다. 石毛는 동아시아의 석도를 A·양측에 타제 결입부가 있는 것(安志敏의 100형), B·長方形磨製(200형), C·半月形直線刃(310형), D·半月形外灣刃(340형), E·紡錘形(330형)의 다섯 종류로 알기 쉽게 구분하였다.

石毛의 계보론을 요약하면 다음과 같다. 중국 東北地方의 遼東半島에는 신석기시대에 E·방추형이 확산되며 貌子窩 高麗寨의 예를 볼 때 周代 말까지 존속한다. D·반월형외만인도 존재하지만 E에서 파생된 예외적인 것이다. 한반도는 남과 북에서 형식을 달리하는데, 북쪽은 B·마제장방형과 C·반월형직선인, 남쪽은 D·반월형외만인이 나타난다. 한편, 중국 江南의 양쯔강 하류 델타지대 湖熟文化期에는 C·D가 확산되며, D·반월형외만인이 대다수를 차지한다. 일본의 북부 규슈는 D의 분포지대이다. 이상으로부터 D가 다수를 차지하

---

1) 본고에서는 주로 일본 반월형석도의 전래 관계를 문제로 삼기 때문에, 일본 반월형석도와 형식적으로 연결되지 않는 방형이나 弧背直刃 석도, 그리고 이들의 주요 분포지역에 대해서는 다루지 않는다.

는 지역은 양쯔강 하류 델타와 한반도의 남부 및 규슈이며, 그 중에서 가장 이른 D가 출현한 것은 양쯔강 하류이기 때문에 이곳으로부터 한반도 남부와 규슈에 각각 전파된 것으로 파악하였다.

그러나 이는 논지 전개의 방법과 사실 여부에 있어서 문제를 포함하고 있다. 가장 큰 문제점은 遼東半島를 E, 한반도 북부를 B·C, 한반도 남부를 D의 분포지대로 규정함으로써, 세 지역의 반월형석도에서 관찰되는 일련의 연속성을 인정하지 않았다는 점이다. 遼東半島의 대표 형식을 E로 설정하는 것은 타당성이 있지만, 한반도 북부를 B·C로 대표시키기에는 무리가 있다. 한반도 북부에서 B·C로 대표되는 지역은 石毛의 분포도에서도 확인되는 바와 같이 동북부의 함경도 지방이다. 이 곳은 오히려 연해주 등과 관련될 가능성이 높은 지역으로, 遼東과의 관계에서 한반도 북부를 대표하지 못한다. 遼東半島와의 관계에서 한반도 북부를 대표하는 곳은 압록강이나 청천강이 위치한 서북지역이며, 다음으로 대동강·재령강을 포함한 한반도 서부가 해당된다. 이러한 지역은 石毛가 언급한 반월형석도 형식 규정에서 '背部·刃部 모두 외만하는' E의 주요 분포지대이기 때문에, 遼東半島의 E와 연접된 지역이라 할 수 있다.

한편, 石毛는 한반도 남부가 D로 대표되며 북부와 형식을 달리한다고 보았으나, 과연 이 지역의 반월형석도를 D로 다룰 수 있는가는 의문이다. 石毛의 D는 '직선상의 背部'를 형식 규정의 기준으로 삼았지만, 실제 D로 설정된 자료 가운데에는 배부가 외만된 것이 상당수 포함되어 있다. 형식 인정에 있어서 의미가 적은 부분을 제외하였을 수도 있지만, 필자에게는 이들이 背部 外灣度가 약한 E에 해당하는 것으로 생각된다. 즉, 필자의 입장은 외만도의 강약에 관계없이 외만하는 것은 모두 弧背弧刃形(방추형)으로 인정하기 때문에, 이러한 관점에서 보면 한강 이남 반월형석도의 대다수가 外灣背라 할 수 있다. 북부 규슈의 반월형석도도 외만배와 直背形이 유사한 비율로 공존하고 있어, 한반도 북부와 남부 및 북부 규슈의 반월형석도는 일관된 연속성으로 파악하는 것이 가능하다. 우선은 충실한 자료의 확인이 요구된다.

중국 江南地方과 북부 규슈 반월형석도의 관련성에 대해서 필자는 일찍이 부정적인 견해를 발표한 바 있다(下條信行 1980). 湖熟文化의 반월형석도 중에는 반월형외만인뿐만 아니라 반월형직선인이나 有側帶翅支(날개)形 등 다양한 종류가 존재하면서 그 지방 특유의 석기가 조합되는 것과 달리, 북부 규슈에는 반월형외만인만이 전래되었다는 주장의 문제점을 지적한 것이었다. 즉, 석기 조성으로부터의 비판이었다. 본고의 입장에서는 당연히 중국 江南地方과 북부 규슈 출토 반월형석도를 형식적으로 정밀하게 비교해야 하지만, 湖熟期 혹은 그 이후 江南地方의 반월형석도 자료는 도면과 사진을 모두 합하여도 소수에 불과하며 대부분은 보고자의 이야기에 의존할 수밖에 없다. 이러한 상황에서 형식론에 입각한 정확한 결론에 이르기를 바라는 것은 불가능하다.[2] 석기 조성론으로부터의 검토만이 가능한 상황이다.

김원용(1972)은 石毛의 견해를 비판하면서 새로운 반월형석도의 변화상을 주장하였다. 그 기본적 입장은 한반도·일본의 반월형석도가 遼東에서 남하하였다는 것이다. 결론에 대해서는 필자도 동의하지만, 방법적으로는 약간의 문제가 있다. 김원용은 최숙경(1960)의 분류를 바탕으로 한반도의 반월형석도를 1·長方形, 2·櫛形(安志敏의 310형, 石毛의 반월형 직선인), 3·魚形(330형, 방추형), 4·短舟形, 5·長舟形(340형, 반월형외만인을 長幅比로 양분), 6·三角形의 여섯 형식으로 구분하였다. 문제점은 어형이 즐형에서 변화한 '남만주~압록강 지방에서 발생한 遼東型式'이며, 어형에서 주형으로의 형식 변화는 '압록강을 포함한 남만주~북한지역에서 이루어졌다'고 하는 데 있다.

遼東에서 즐형→어형으로 변화하였다는 견해는 安志敏의 中原 일원론과 마찬가지로 현재 遼東에서의 발굴성과와 부합하지 않는다. 어형을 遼東型式으로 하고 그 분포를 遼東地域에 고정시킨 점은 石毛와 같다. 다른 점은 石毛가 한반도 남부에서만 주형의 존재를 인정하여 남북의 대립 형식을 주장한 데 반하여, 김원용은 주형의 분포범위를 남만주에서 북한지역까지 북상시켜 한반도 내에서 반월형석도 형식의 대립은 존재하지 않는다고 본 것이다. 그렇지만 遼東半島의 최근 발굴성과를 보면 어형에서 주형으로의 변화상이 관찰되지 않고, 또 압록강에서도 주형은 출현하지 않는다. 김원용이 주형으로 규정한 '直背外灣刃形'을 엄밀하게 적용하면, 한반도 서부에서는 소수의 사례만이 확인될 뿐이다. 한반도 서부는 石毛에 의하면 반월형외만인의 분포지대이기 때문에, 주형과 반월형외만인의 분포는 일치하게 된다. 이렇게 두 연구자는 같은 자료를 사용하고 있지만 石毛는 그 기원을 江南地方에서, 김원용은 남만주에서 각각 구하고 있어 해석의 차이가 있다. 동일 자료를 기본으로 하면서 이와 같이 다른 결론에 이른 것은, 弧背度가 약한 석도를 무리하게 주형·반월형외만인에 포함시켜 어형·방추형과의 형식적인 연속성을 단절된 것으로 보았기 때문이라 생각된다.

이러한 혼란을 피하기 위해서는 우선 背部弧度의 강약에 관계없이 배부가 灣曲하면 弧背,

---

2) 양쯔강 하류 델타지대의 반월형석도로 공개된 도면과 사진은 매우 적어, 한반도나 일본의 자료와 비교할 단계에 이르지 못하고 있다. 1987년 난징 박물원에서 직접 관찰한 반월형석도에 한해서는 한반도나 일본의 석도와 크기, 長幅比, 背部弧度 등에서 큰 차이가 있었다.

직선인 것만을 直背로 파악하는 자료의 인정이 필요하다. 물론 이러한 인정도 양호한 일괄 유물을 중심으로 하여야 한다.

지건길 · 안승모(1983)도 한반도의 반월형석도에 대하여 논한 바 있다. 이 논문에서는 한반도 서북지방의 압록강 하류에는 어형, 이보다 아래쪽의 대동강 · 재령강유역에는 어형과 장주형, 중부 한강 이남에는 단주형, 남서부지방에는 삼각형으로 석도의 형식별 지역성을 검토하였다. 그리고 이러한 지역과의 관련에 의해 어형→장주형→단주형의 형식변화를 좀 더 명확하게 파악하였다.[3]

여기서 주목되는 것은 지건길과 안승모가 김원용의 형식명을 차용하면서도 형식 인정에서는 다른 인식을 보인다는 점이다. 특히 주형이 그러한데 直背뿐만 아니라 弧背도 주형으로 인정하며, 반월형석도의 縱線(刃과 背를 수직으로 연결한 선)과 양끝을 연결한 橫線이 교차하는 지점의 위치를 양자의 구분 기준으로 제시하였다. 이와 같이 어형과 주형이 비율에 따라 나누어지는 것은, 양 형식이 그 명칭과 같이 절대적으로 구분되지 않고 상대적인 차이만이 존재한다는 점을 나타낸다. 遼東半島에서 한반도로 전개된 반월형석도의 분포를 보면 어형과 주형이 대체적인 범위를 달리하여 대립하는 문화범위를 형성한 것처럼 보이지만, 이상의 사실은 양자가 상대적 차이의 연속으로 전개되었다는 시점을 가질 수 있게 한다. 아래에서 필자는 선학의 연구성과를 참조하여, 이러한 관점으로부터 遼東半島-한반도-북부 규슈에서 반월형석도의 연속성을 추구하고자 한다.

2. 弧背弧刃系 석도의 검토

앞에서 언급한 바와 같이 지금까지의 연구, 특히 한반도 반월형석도에 대한 연구에서는 背部가 만곡하는 것을 자신의 형식 규정과 달리 直背로 다루어 강하게 만곡하는 것과 다른 형식으로 상정하였기 때문에 혼란이 야기되었다. 필자는 이러한 문제를 고려하여 背가 만곡하는 것은 강약에 관계없이 弧背形으로 인식하고자 한다.[4] 이 경우 背의 灣曲度는 큰 것부터

---

3) 김원용(1972)도 어형→장주형→단주형의 변화를 상정하였지만, 필자는 장 · 단을 형식변화의 문제가 아닌 각 지역에서 다양한 크기의 병존으로 생각한다.

4) 이러한 입장에서 보면, 石毛와 김원용의 直背外灣刃形은 대부분 어형이 된다. 명칭의 혼란을 피하기 위하여 背가 만곡한 것은 강약에 관계없이 모두 弧背弧刃이라 하였다.

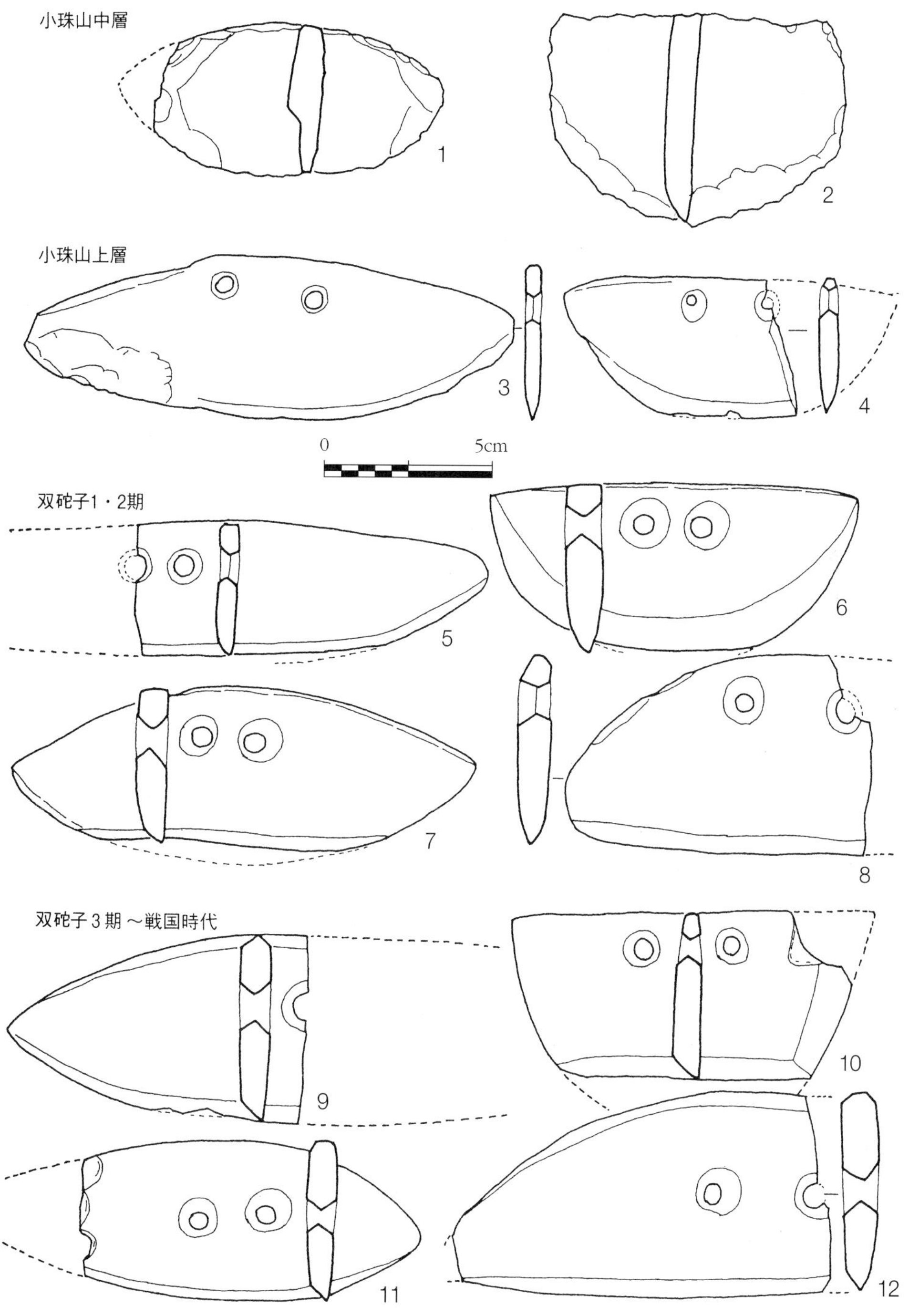

1~2 長海縣 吳家村, 3 長海縣 小珠山, 4 大連市 郭家村, 5~7 新金縣 單砣子, 8 旅大市 雙砣子, 9~12 新金縣 高麗寨

〈도 1〉 遼東半島(중국 遼寧省)의 반월형석도

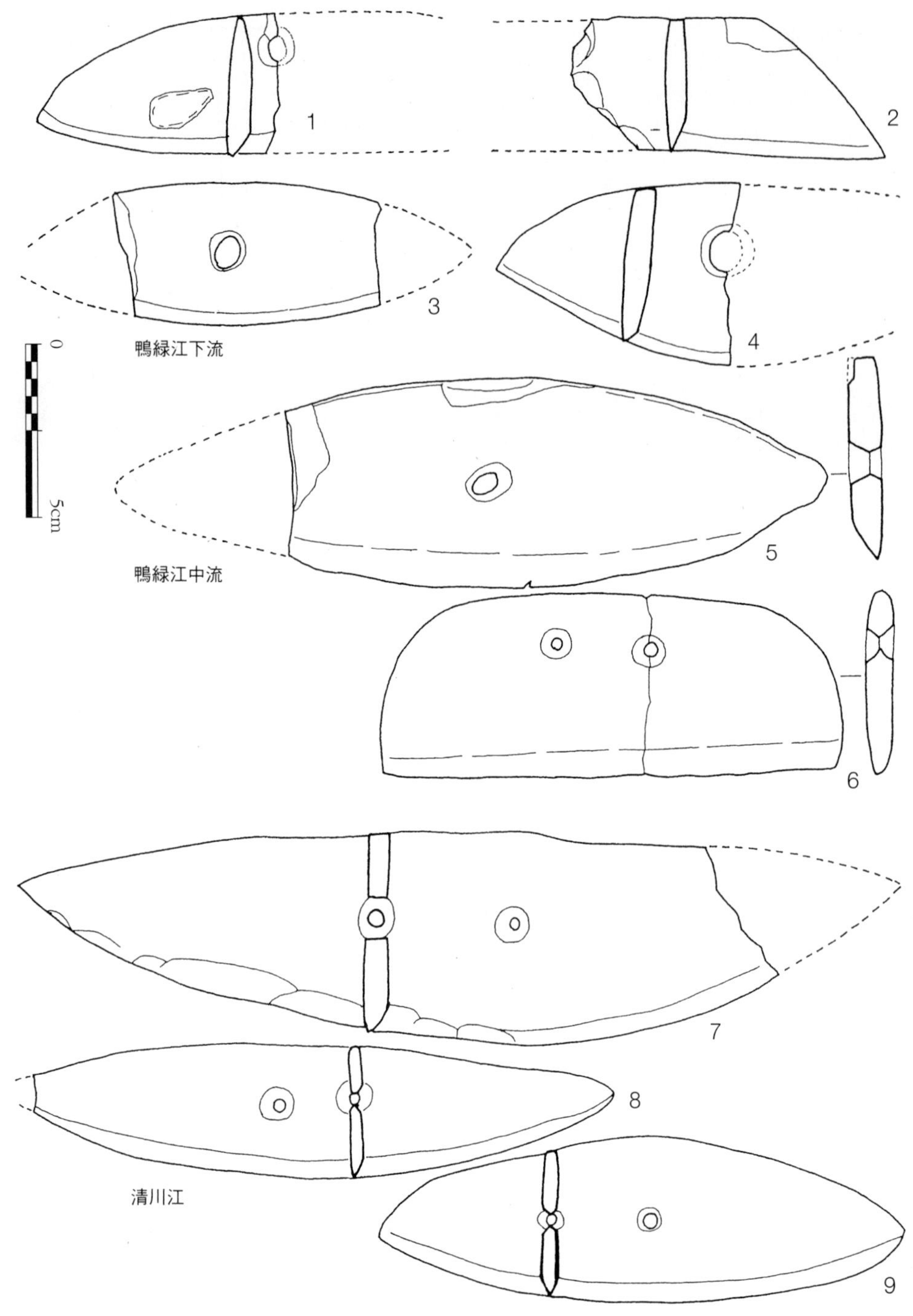

1~4 평안북도 용천군 신암리, 5 · 6 자강도 강계시 공귀리, 7~9 평안북도 영변군 세죽리

〈도 2〉 한반도 서북부의 반월형석도

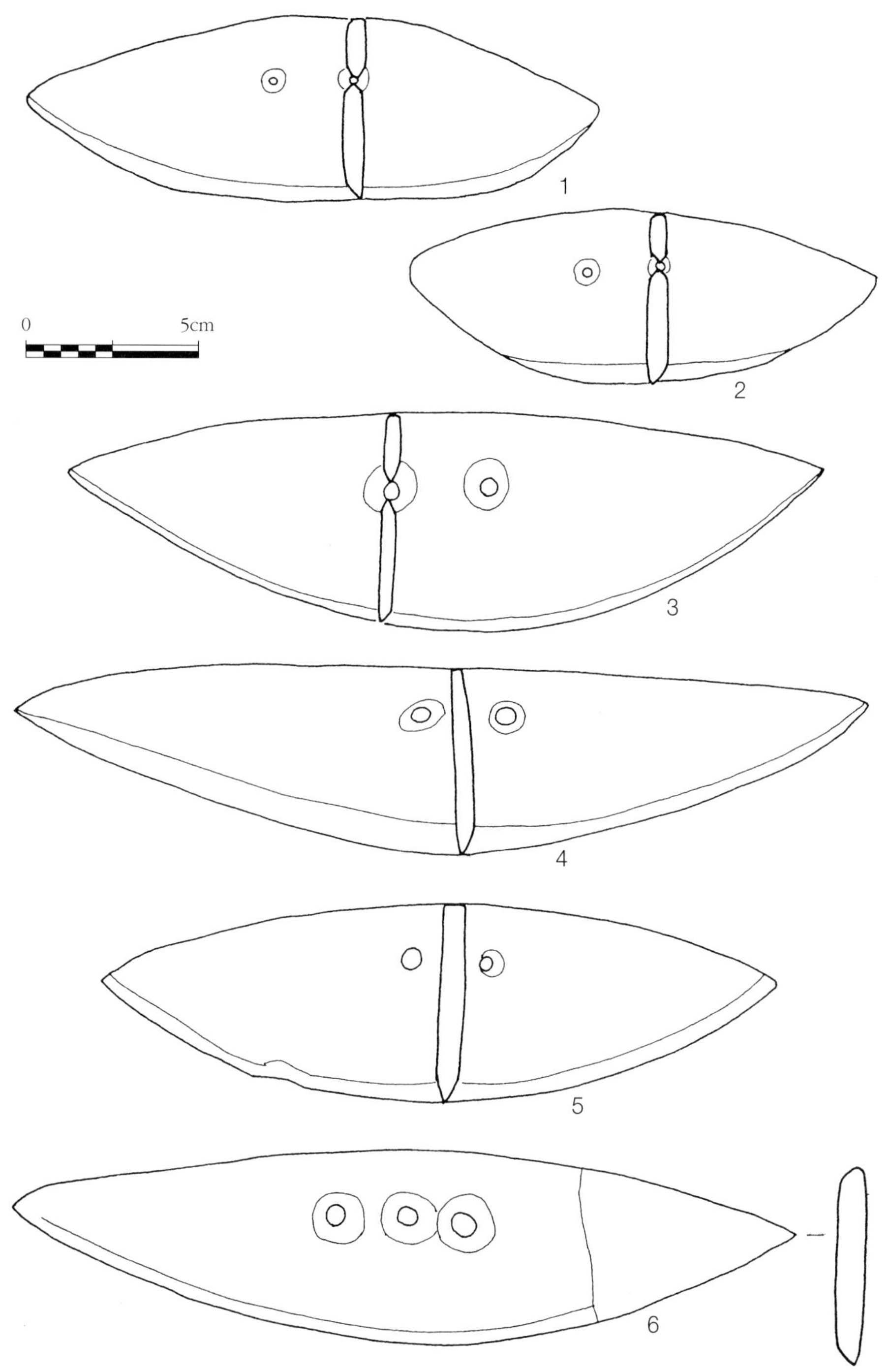

1 황해북도 봉산군 신흥동, 2 황해북도 송림시 석탄리, 3 평양시 금탄리, 4 · 5 황해북도 황주군 심촌리, 6 평안남도 강남군 원암리

〈도 3〉 한반도 서부의 반월형석도(1)

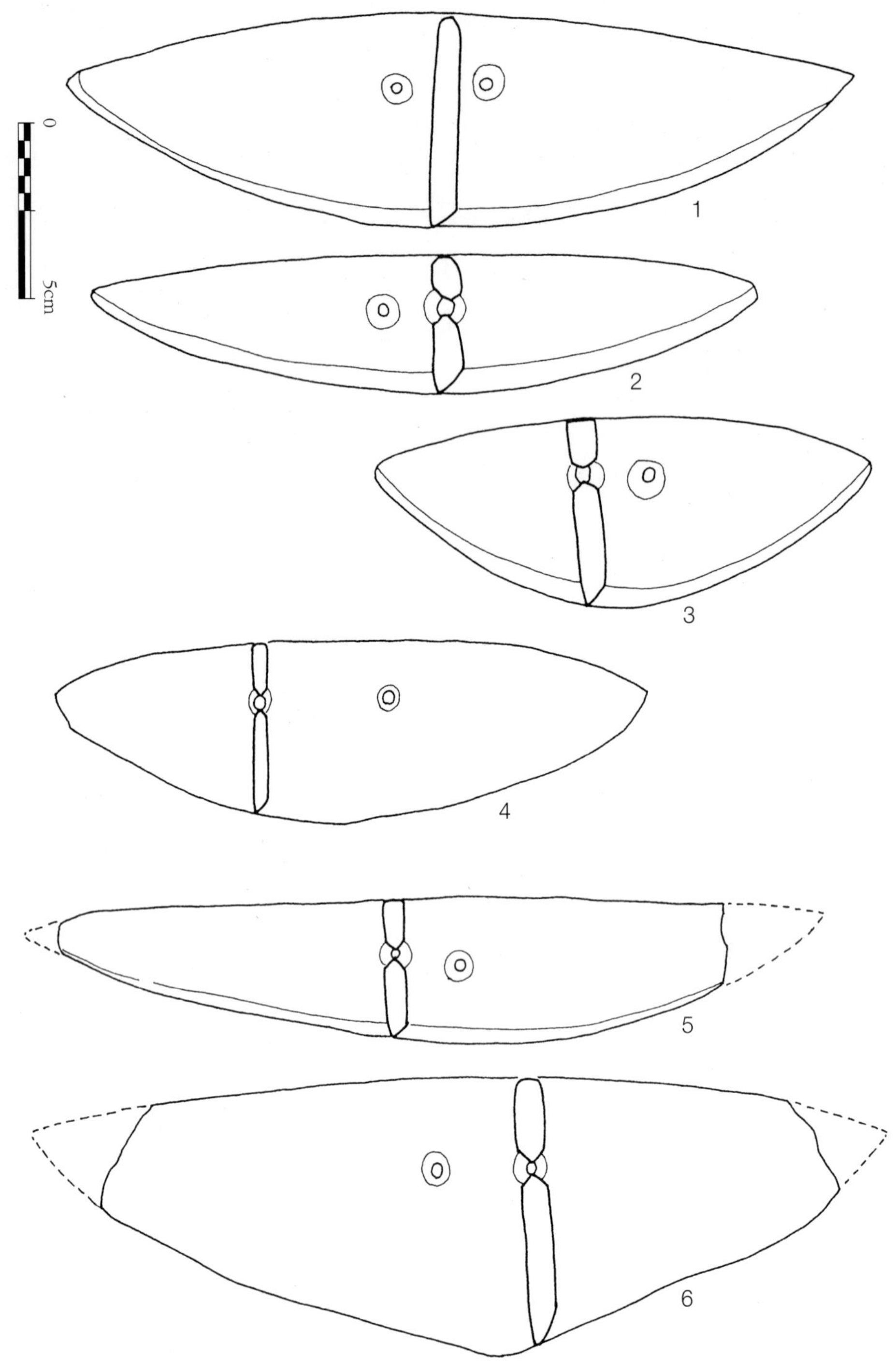

1~3 평양시 남경, 4 평양시 립석리, 5 · 6 평안남도 강서군 태성리

〈도 4〉 한반도 서부의 반월형석도(2)

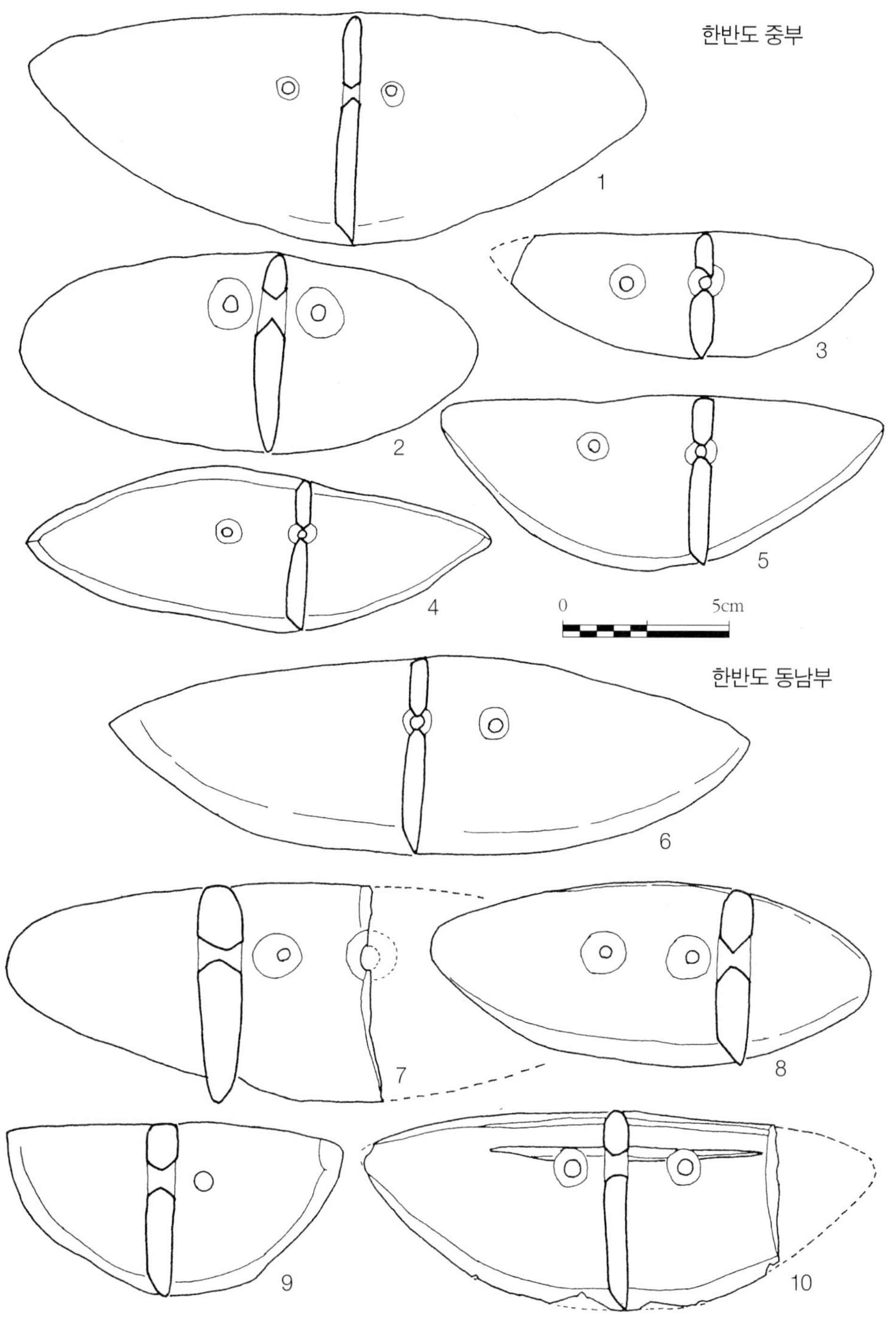

1~3 경기도 여주군 흔암리, 4 경기도 양주군 인창리, 5 경기도 양수리, 6 경상북도 경주 구정리, 7~10 경상북도 경주 부근

〈도 5〉 한반도 중부 · 동남부의 반월형석도

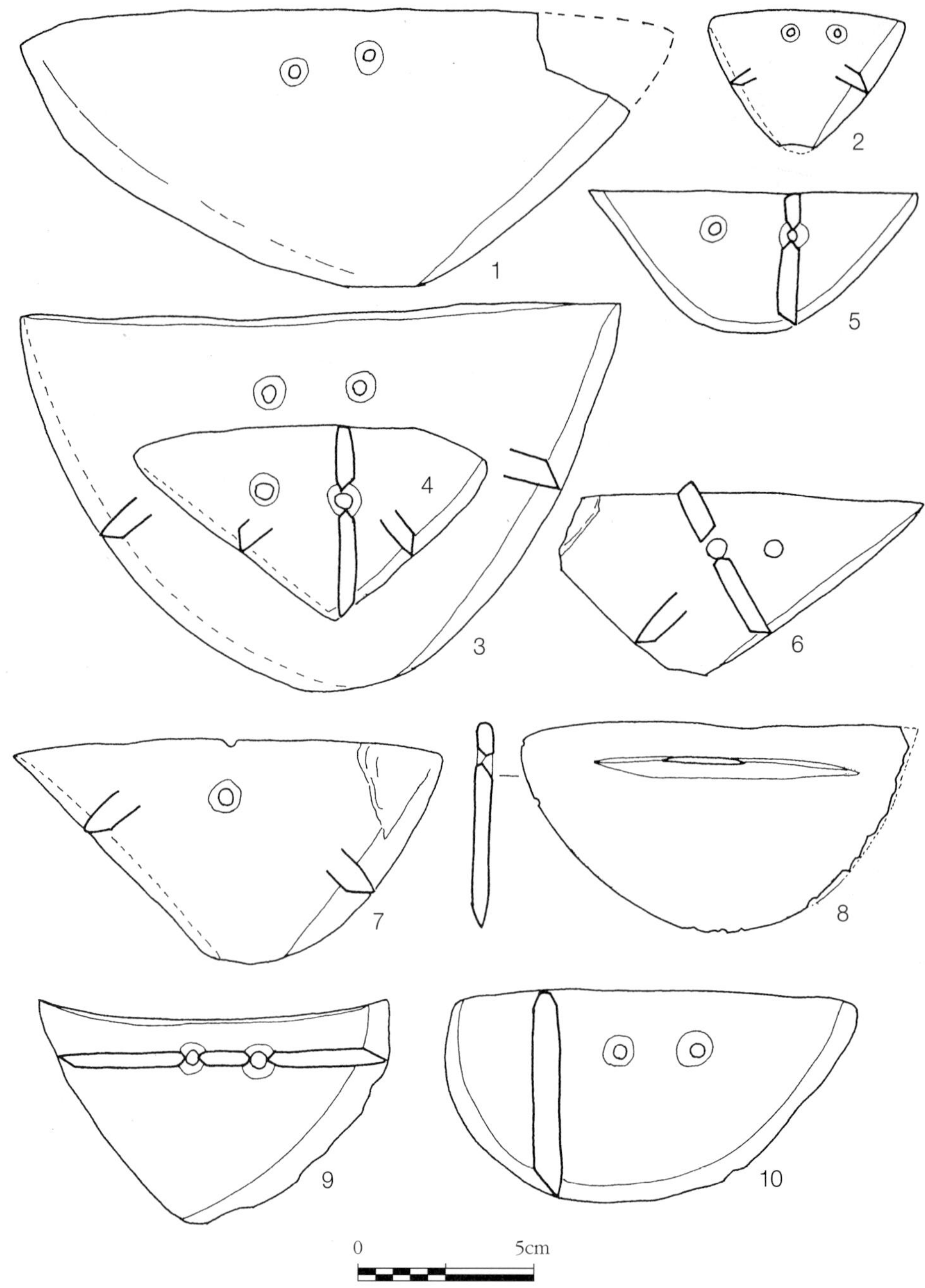

1 전라북도 정읍 가정, 2 전라남도 강진군 파산리, 3 전라북도 임실 청웅면, 4 전라남도 영암 월송리,
5 · 6 · 9 충청남도 부여 송국리, 7 · 10 경상남도 진주 대평리, 8 경상남도 삼천포시

〈도 6〉 한반도 서남부의 반월형석도

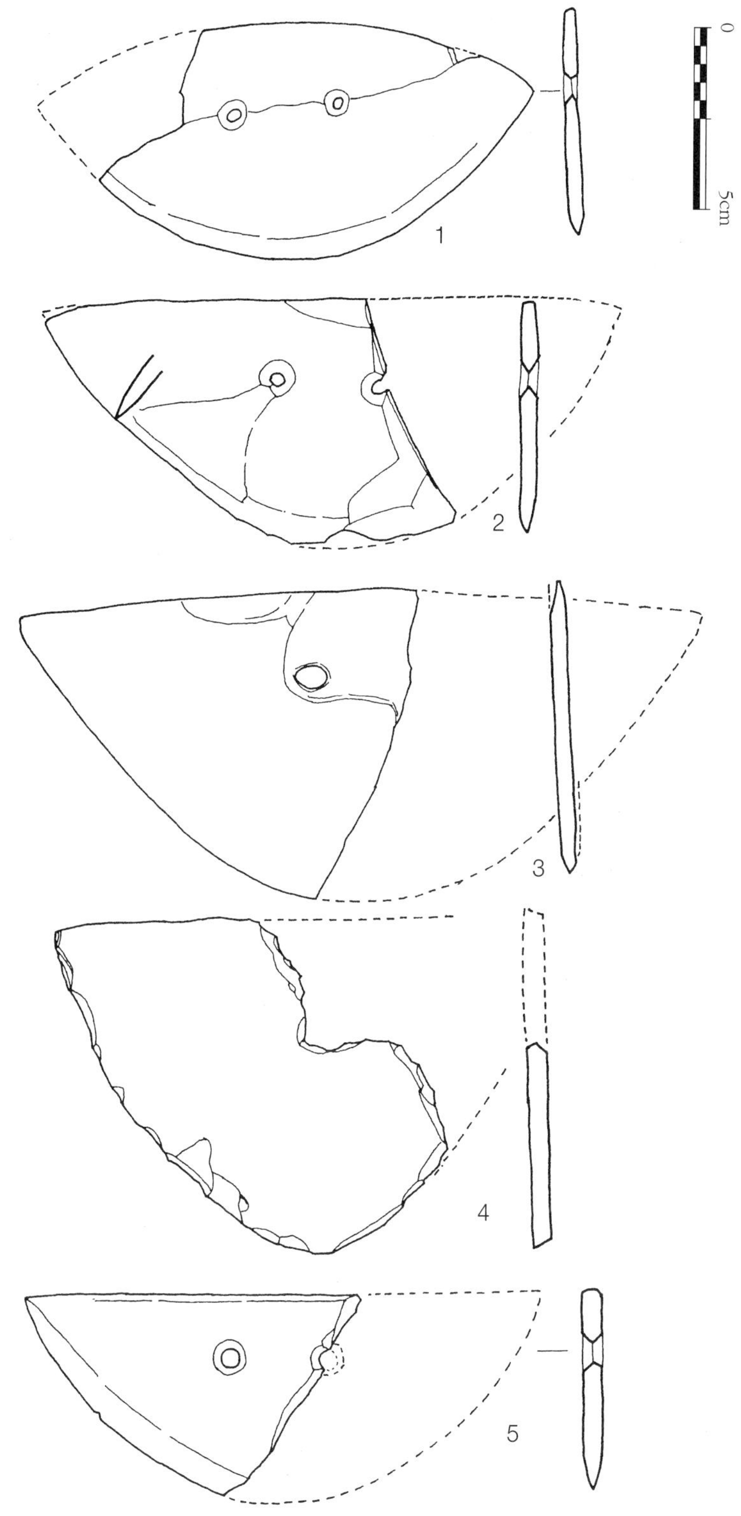

1~2 福岡市 板付, 3 福岡市 十郎川, 4 福岡縣 絲島郡 曲り田, 5 福岡市 今津長浜

〈도 7〉 북부 규슈의 반월형석도

작은 것까지 존재하지만, 이러한 만곡도의 상대적 다양성이 호배형 석도의 지역적 변천과 부합하여 背의 만곡도가 작아져 결국 직배에 이른다고 생각된다. 즉, 종래의 형식명을 차용하면 '방추형(어형)→반월형외만인(주형)'의 변화는 연속되는 일련의 과정으로 파악되며, 이 과정을 증명하는 것이 본고의 목적이기 때문에 형식 명칭은 弧背弧刃 '系'로 일괄하여 다루어 보고자 한다.

동아시아에서 호배호인계 석도는 遼東半島, 한반도, 일본에 분포한다. 그 기원이 된 곳은 遼東半島로 추정되며, 이것이 한반도의 서해안을 따라 남하하여 최종적으로 일본에 도달한다. 한반도의 동북지역에서는 호배호인이 방형·直背直刃과 병존하지만, 이 곳은 연해주 문화권과 친연성을 갖는 지역으로 일본과의 직접적인 관계는 없다. 본고에서는 遼東부터 일본 북부 규슈까지를 遼東半島, 한반도 서북부(압록강·청천강유역), 한반도 서부(대동강·재령강유역), 한반도 중부(한강유역), 한반도 서남부(충청도·전라도·경상남도 서부), 한반도 동남부(경상남·북도), 북부 규슈의 7개 지역으로 구분하고, 각 지역에서 이른 시기의 석도를 채택하여 그 사이의 전개과정을 파악하고자 한다.

각 지역 사이의 연속성과 독자성을 분명하게 하기 위하여 1) 背部弧度, 2) 長幅比, 3) 橫長의 세 가지 요소로부터 검토해 보겠다. 연속성을 추구하기에 가장 효율적인 것은 앞서 기술한 바와 같이 배부호도의 변화이다. 지금부터 주로 이야기할 대상은 호배호인계인데, 형식적으로 모두 동일한 형식에 속하며 배부호도의 차이는 상대적으로 밖에 나타나지 않는다. 이 상대적 차이를 지역단위로 파악하면 지역마다 일정한 편차가 존재하기 때문에, 예를 들어 A지역과 B지역의 배부호도에 겹치는 부분이 생기게 된다. 따라서 각 지역의 차이는 형식 구분과 같이 절대적인 차이로 나타나지 않고 경향성으로 관찰된다. 이러한 점이 동일 형식 내에서의 점진적 전개 양상을 좀더 명확하게 보여주는 것이다.

1) 背部弧度의 검토(표 1)

背部弧度란 반월형석도 중앙 背部에서 刃部까지의 縱線을 a, 석도의 양끝을 연결한 橫線과 a의 교차점에서 배부까지의 거리를 b라 할 때, a/b를 %로 표현한 것이다. 이는 배부 만곡의 정도를 나타낸다. 아래에서는 이를 背弧라 하겠다.

각 지역에서의 통계적 집중 범위를 기준으로 분류하면 다음의 5가지로 구분된다.

强·强弧 75~45%, 强弧 60~30%, 中弧 40~15%, 弱弧 30~10%, 微弧 15~5%

가장 오래된 최초의 호배호인 석도는 遼東半島의 小珠山 중층기(山東의 大汶口 중기)에 출현한다[5](도 1-1). 遼寧省 長海縣 小珠山 중층(遼寧省博物館 外 1981), 大連市 郭家村 하층(遼寧省博物館 外 1984) 출토품이 이에 해당하며, 직배호인(有側帶를 포함)과 병존한다(도 1-2). 양자는 병존하고 있지만, 연속되는 관계는 아니다. 여기서는 직배호인과 호배호인의 2가지 형식이 동시기에 출현하고 있다. 打製無孔을 주체로 하며, 호배호인의 背弧는 44~50%로 強弧이다. 후속하는 小珠山 상층기(山東龍山 병행)의 석도는 小珠山 상층, 郭家村 상층, 旅大市 文家屯 등에서 관찰되는데(도 1-

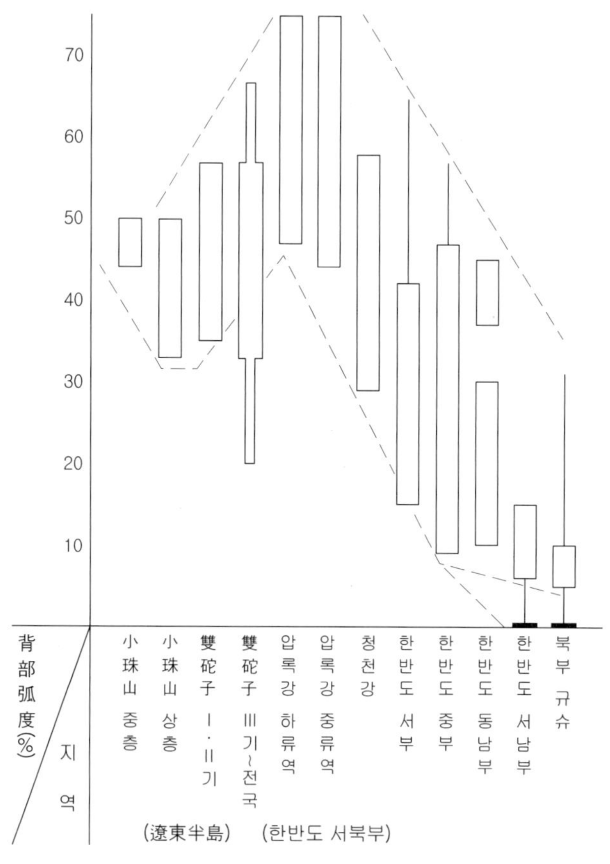

〈표 1〉背部弧度를 통해 본 반월형석도의 변천

3·4), 磨製有孔이 완성된 것들이다. 호배호인과 직배호인은 유사한 수량을 보이면서 양 형식은 병존하고 있다. 호배호인의 背弧는 34~50%의 強弧로 앞선 시기와 같다. 다음 雙砣子 Ⅰ·Ⅱ기(山東龍山 말~岳石)의 자료는 新金縣 單砣子(浜田耕作 外 1929), 雙砣子(사회과학원출판사 1966)에서 출토된다. 이 시기가 되면 호배호인이 석도의 주체가 되고, 직배호인은 소수만이 확인된다(도 1-6). 새롭게 山東系의 弧背直刃(도 1-8)이나 방형도 첨가되어 이후 遼東 반월형석도의 기본적 조성이 완성된다. 호배직인이 호배호인으로, 호배호인이 직배호인으로 변화하였다는 것은 아니다. 背弧는 34~57%의 強弧이다. 길이 20cm의 대형(도 1-5)과 14cm 정도의 소형(도 1-7)으로 구분되지만 背弧는 같다. 소형이 주체를 점한다. 雙砣子 Ⅲ기

---

5) 遼東半島의 토기 편년에 대해서는 宮本一夫(1985)의 연구를 따랐다.

(殷 병행)의 사례로는 大連市 羊頭窪(金關丈夫 外 1942), 于家村 상층(旅順博物館·遼寧省 博物館 1981), 雙砣子 III기 출토품 등이 있다. 背弧는 35~37%로 이전 시기와 같이 强弧이다. 殷에서 전국시대까지의 新金縣 高麗寨(浜田耕作 外 1929)에서도 호배호인 주체의 조성은 변하지 않고(도 1-9~12), 背弧도 34~55%로 强弧이다. 이상과 같이 遼東半島의 호배호인은 小珠山 중층기를 시작으로 雙砣子 I·II기에서 전국시대까지 주체적인 석도로 존속하면서, 일관된 强弧를 강력하게 유지하고 있다.

한반도 서북부의 가장 이른 석도는 압록강 하류의 평안북도 용천군 신암리(리순진 1965)에서 출현한다. 호배호인이 주체이며(도 2-1·3·4), 1점의 山東系 斜有側帶 직배직인이 공반한다(도 2-2). 신암리 I문화기 호배호인의 背弧는 54~73%로(도 2-1), 遼東半島에 비해 만곡이 강한 强·强弧에 해당한다. 신암리 II문화기의 背弧도 50%는 넘어(도 2-3·4) 遼東半島보다 강한 背弧를 보인다. 遼東과 이 지역은 토기상으로도 강하게 연결된다(宮本一夫 1985). 압록강 중류의 자강도 강계시 공귀리(고고학 및 민속학연구소 1959)에서는 한반도 북부의 형태인 호배직인(도 2-6)과 비슷한 수량으로 출토되고 있지만, 호배호인의 背弧는 44~75%로 强·强弧(도 2-5)이다. 압록강유역 석도의 주체는 호배호인이며, 이에 약간의 直刀系가 공반하지만 호배호인의 背弧는 遼東에 비하여 한층 강해진다. 직배호인은 공반하지 않는다.

압록강 아래쪽의 청천강유역은 평안북도 영변군 세죽리(김영우 1964)에서 석도를 확인할 수 있다. 호배호인을 주체로 有側帶 직배직인 1점이 출토되며, 형식 조성과 수량의 비율은 압록강 하류와 동일하다(도 2-7~9). 그러나 背弧는 30~58%의 强弧로 퇴화되어, 한반도 서부형과의 사이에서 중간 단계가 되고 있다. 또한 길이 25cm의 대형 호배호인이 출현하는데(도 2-7), 이 점도 서부와의 관계를 보여준다. 청천강유역은 석도의 조성과 그 수량 비율에 있어서 압록강과 비슷하며 背弧가 약해지고 대형품이 출현하는 등 서부와의 유사성도 확인되어, 한반도 서북부와 서부의 사이에서 중간적인 특징을 나타내고 있다.

한반도 서부에서는 팽이형토기와 함께 석도가 출현한다. 대체적인 흐름은 청천강의 양상을 이어받아 대형이 되고, 背弧의 약화가 진행된 中弧가 주로 관찰된다. 팽이형토기의 편년에 대해서는 다양한 견해가 있어 부분적인 차이는 있지만(後藤直 1971; 韓永熙 1983), 평양시 금탄리(김용간 1964), 황해북도 황주군 심촌리(황기덕·리원근 1966), 봉산군 신흥동(서국태 1964) 등을 대략 이른 시기로 파악하는 것이 가능하다. 이러한 유적에서 출토되는 석도는 背弧 40%를 상한으로 20~30%가 대다수를 차지한다(도 3-1·3~5). 이 중 금탄리, 심촌리에서는 직배에 가까운 형태도 관찰되지만, 장폭비, 길이 등에서 호배호인 석도와 완전하게 일치하고 있어 이들로부터 변화한 것이라 생각된다. 즉, 외적 요인에 의하여 출현한 것이 아니라, 전반적인 弱背化 경향 속에서 등장한 것이라 하겠다. 출토량도 적고 안정적인 형태로 정착되지 않았다는 점은, 뒤이어 등장하는 석도를 통해서도 확인할 수 있다. 이들에 병행 또는 후속하는 황해북도 송림시 석탄리(리기린 1980), 평양시 와산동(김용남 · 서국태 1961), 평안남도 강남군 원암리(정백운 1958), 평양시 남경(김용간 · 석광준 1984), 평양시 립석리(리원근 · 백룡규 1962) 출토의 석도를 보면, 대부분 호배호인으로 이러한 형태가 기본이 되었음을 나타낸다. 구체적으로 신흥동(도 3-1) 18~46%, 석탄리(도 3-2) 14~35%, 심촌리(도 3-4 · 5) 22~38%, 원암리(도 3-6) 17~38%, 남경(도 4-1~3) 16~37%, 립석리(도 4-4) 15~34%, 미림리(山本博 1925) 15~40%의 背弧度를 보여, 이 지역이 20~30%를 주체로 한 中弧 호배호인 석도의 분포지대임을 알 수 있다. 청천강에서 한반도 서부로의 전체적인 약배화 경향 속에서 부분적으로 직배에 가까운 석도가 출현하지만, 역시 압도적인 주체는 中弧의 호배호인 석도이며 이것이 정착 형식이 된다. 그리고 이러한 흐름은 인접한 한반도 중부로 이어진다.

한반도 중부에서 초기 무문토기(공렬토기)가 출토된 유적으로 경기도 여주군 흔암리가 있다(서울大學校博物館 · 同考古學科 1976; 서울大學校附屬博物館 · 同考古人類學科 1974; 任孝宰 1978). 이들과 함께 출토된 석도도 모두 호배호인(도 5-1~3)이다. 이를 기준으로 하면 이 지역에서 소수 관찰되는 직배호인이 상대적으로 늦은 시기에 해당할 가능성이 높다. 후기 무문토기와의 공반 관계를 보여주는 석도의 존재는 알려져 있지 않다. 흔암리의 사례가 背弧 19~50%로 한반도 서부의 中弧와 유사한 것을 볼 때, 이른 시기의 석도는 서부지역과의 관련성이 크다. 한편, 공렬토기가 출토된 경기도 양평군 상자포리 등에서는 背弧 10%의 석도가 있어, 弱弧의 존재도 확인된다. 전체적으로 서부와 관련을 갖으면서 弧度가 더욱 약해지고 있다.

한반도 동남부는 토기와 공반된 양호한 석도의 출토 예가 없어, 임의적으로 자료를 선택하였다. 背弧는 10~30%(도 5-8~10), 37~45%(도 5-6 · 7)의 弱弧와 中弧가 있지만, 이 중 弱弧가 주체를 점한다. 그러나 초기철기시대까지 中弧는 남아있다(도 5-6). 背弧 이외에 후술할 장폭비나 길이 등을 볼 때, 우선 중부지역과의 관계가 생각된다. 직배의 예도 존재하지만, 그 위치의 상정은 다음 기회로 남겨두겠다.

한반도 서남부에는 충청남도 송국리(姜仁求 外 1979), 경상남도 대평리(趙由典 1979)에서 초기 무문토기와 공반 출토된 석도의 예가 있다. 이들은 호배호인(도 6-7 · 10)과 직배호인(도 6-5 · 6 · 9)이 비슷한 비율로 확인되어, 한반도 중부와는 다른 양상을 보인다. 그러나 이 지역 특유의 삼각형석도가 호배호인에서 변화된 것이기 때문에, 중부지역을 모태로 발생한 형식이라 생각된다. 호배호인의 背弧는 5~10%의 微弧로, 중부의 背弧가 좀더 약해진다. 그리고 微弧가 더욱 진행된 것이 직배호인이다. 이 지역의 微弧와 직배는 크기와 형태에서 차이가 없어, 양자가 동일한 형식에 해당함을 나타내고 있다.

북부 규슈 凸帶文單純期~板付 Ⅰ식기의 佐賀縣 菜畑(中島直幸·田島龍太 1982), 福岡縣 曲り田(橋口達也 外 1984), 福岡市 板付(山崎純男 1979), 福岡市 十郎川(吉岡完祐 1982) 등에서 출토된 초기 석도는 한반도 서남부와 같은 양상, 즉 微弧(도 7-2·3)와 직배(도 7-4·5)로 구성된다. 背弧도 5~10%로 한반도 서남부와 다르지 않다. 그 중에서 背弧 32%(도 7-1)인 中弧가 관찰되는 것은 북부 규슈가 弧背弧刀系에 포함되고 있음을 보여준다.

호배호인계 석도는 遼東半島에서 强弧로 출현하여 압록강에서 强·强弧로 되었다가, 다시 청천강에서 强弧로 변화한다. 이후 한반도 서부, 중부, 서남부로 背弧度를 약화시키면서 남하하여, 서남부에서 전형적 직배로 발전한다. 따라서 북부 규슈의 석도는 遼東으로부터 전개된 호배호인계 가운데 최종 단계에 해당하는 것으로 상정할 수 있다.

2) 長幅比의 검토(표 2)

장폭비란 석도의 길이에 대한 폭(背部에서 刃部까지의 길이)의 비율을 %로 나타낸 것이다. 이는 석도의 지역적 상호 관련성을 보여주는 데에 유효하다. 장폭비 40~70%를 縱長形, 25~45%를 中間形, 16~30%를 橫長形으로 3분하는 것이 가능하다.

遼東半島의 小珠山 중층에서는 40~50%의 縱長形이 출토되지만, 小珠山 상층에서 전국시대까지는 25~40%의 中間形으로 변화한다. 이 사이에 큰 변화는 없어, 遼東半島의 신석기시대 후기부터 전국시대까지 안정된 장폭비를 보이고 있다. 압록강 하류와 중류도 25~40%의 中間形으로, 遼東半島와 동일한 형식이다. 이는 遼東半島의 背弧가 强弧, 압록강이 强·强弧로 가장 강한 背弧를 보이는 것과 유기적으로 관련된다.

청천강에서는 20~30%의 橫長形으로 새로운 변화가 관찰된다. 이 지역에서 背弧가 强弧로 퇴화하여 한반도 서부와의 연결 고리 역할을 담당한 것과 동일한 현상이라 할 수 있다. 서부 지역은 16~30%의 橫長形으로 청천강과 같은 범주에 포함된다.

한반도 중부에서는 28~41%의 中間形으로 변화한다. 이는 서부의 中弧가 중부에서 弱弧로 변화한 사실과 연동하는 양상으로, 양 지역의 그래프에 뚜렷한 차이가 있음을 보여준다.

한반도 동남부 출토 석도는 橫長形에 가까운 것과 中間形으로 구분되지만, 주체는 中間形

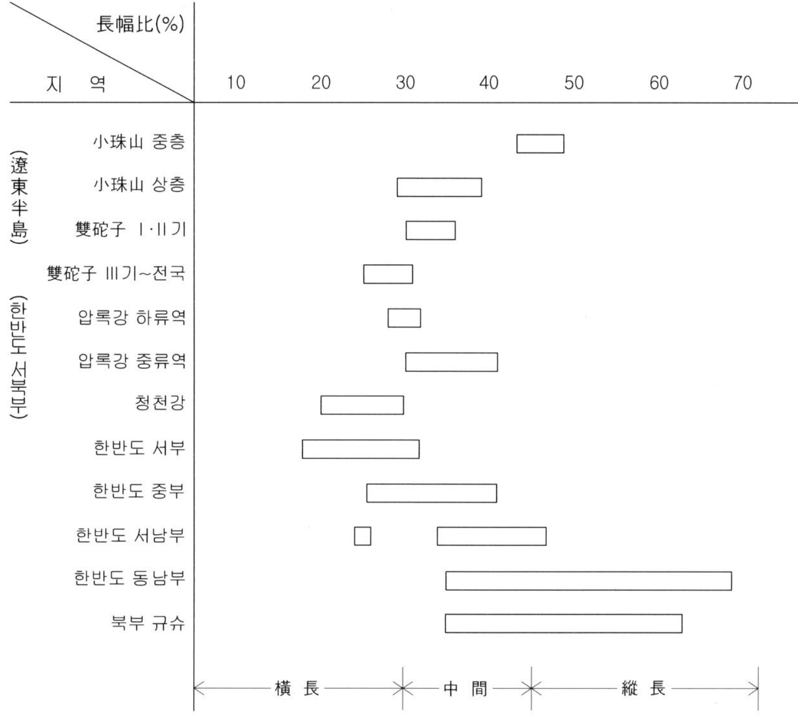

이기 때문에 背弧와 마찬가지로 중부지역과의 관련이 생각된다.

한반도 서남부에서는 35~70%의 縱長形이 출토되어, 중부지역과 완전히 달라진다. 背弧역시 중부지역의 弱弧에서 微弧로 변화하는데, 이를 통하여 서남부의 독자적인 지역성을 살필 수 있다. 북부 규슈의 석도도 35~66%의 縱長形으로 한반도 서남부와 유사한 형태에 속하면서 동시에 微弧이기 때문에, 양자는 동일한 그래프를 형성하고 있다.

이상과 같이 각 지역에서 장폭비의 변화는 대부분 背弧의 변화 방향과 연동하여, 개별 특징의 변화가 서로 유기적이었음을 보여주고 있다.

3) 橫長의 검토(표 3)

석도의 길이도 지역성과 지역 간 관련성을 보여준다. 통계적 집중 범위를 기준으로 길이

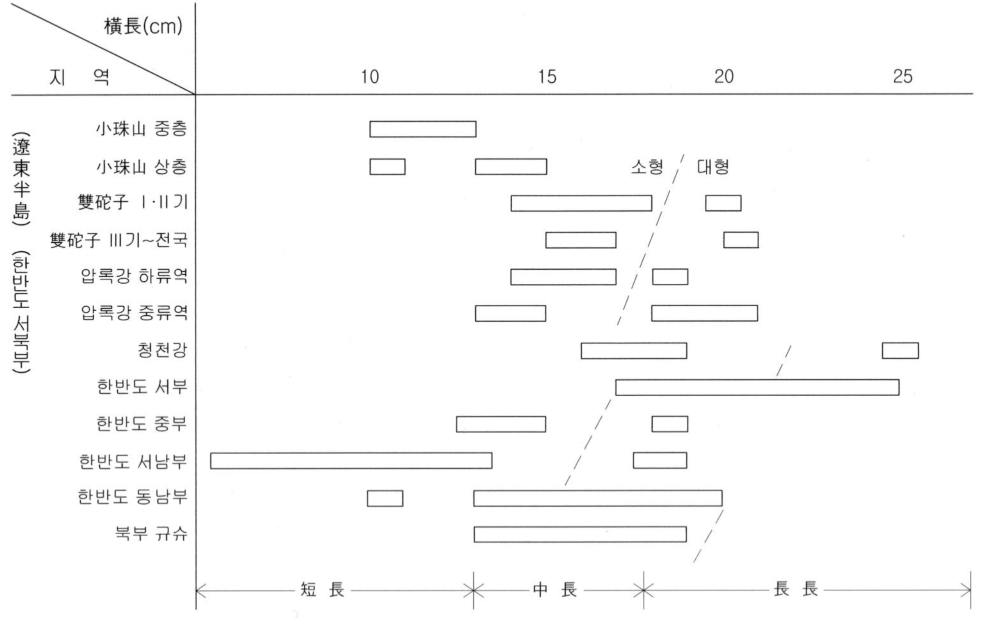

13cm 이하의 短長, 13~21cm의 中長, 17.5~27cm의 長長으로 3분할 수 있다.

　遼東半島의 小珠山 중층에서는 短長이 확인되며, 상층은 短長과 中長으로 구성된다. 전자는 중층의 계보를 이어받은 것이며, 후자는 雙砣子 Ⅰ·Ⅱ기 이후 기본이 되는 형태이다. 후자의 이러한 특징은 背弧, 장폭비에서 관찰된 경향성과 부합하여 안정적인 형식을 형성하고 있다. 雙砣子 Ⅰ·Ⅱ기에 길이 13~17cm의 소형과 18~21cm의 대형이 출현하여 이후에도 계속되지만 전자가 주체를 점한다. 압록강의 석도는 中長이며 대형과 소형으로 분화된 것은 遼東半島와 같다. 背弧, 장폭비와 함께 遼東半島와 압록강의 일체성을 보여준다.

　청천강에는 中長과 長長의 두 가지 형식이 있다. 전자는 遼東半島나 압록강의 형식과 부합하며, 후자는 서부지역 석도와 관련된다. 이 지역이 압록강 이북의 북방과 서부지역의 중계적·중간적 특징을 나타내는 것은 앞서 기술하였는데, 橫長에 있어서도 동일한 양상임을 알 수 있다.

　한반도 서부는 長長形의 전형적 지역이다. 청천강에서 나타난 長長化 경향이 전면적으로 전개되어 17~27.5cm의 크기가 된다. 소형, 대형 모두 길어져 소형의 경우 다른 지역에서는 대형에 해당하는 길이이다. 다만 다양한 길이가 분포하기 때문에 대형과 소형을 명확히 구분하는 것은 어렵다. 이 중 석탄리 출토 석도는 中長 형식으로 약간 짧다. 이 유적에서만 특히 中長의 사례가 많기 때문에 일반화할 수는 없다.

한반도 중부의 석도는 中長形으로 길이 12.3~15cm의 소형과 18~19cm의 대형으로 구분되지만 소형이 주체이다. 이 점은 다른 지역의 양상과 같다. 한반도 동남부 출토품도 대부분 中長에 속한다. 短長도 약간 존재하지만 길이 13~17cm의 소형과 18~20cm의 대형으로 구분되며 전자가 주체이다. 短長은 背弧가 약한 것이 많은데, 이 지역에서 후출하였거나 서남부 지역의 영향일 가능성이 생각된다. 기본적으로는 다른 특징과 마찬가지로 중부지역과 동일한 그래프를 나타낸다.

한반도 서남부의 석도는 6~13cm의 소형 短長과 17~19cm의 대형 中長으로 구성되는데, 전자가 압도적으로 많다. 背弧가 중부지역에서부터 점차 변화하면서 橫長, 장폭비에서 중부지역과 달라진 그래프를 이루고 있다.

북부 규슈에서 출토된 석도는 13~20cm의 中長에 해당한다. 背弧나 장폭비는 뚜렷하게 한반도 서남부와 동질성을 보이지만, 橫長은 오히려 동남부와 가깝다. 이를 통하여 북부 규슈의 석도를 종합적으로 판단하면 한반도 서남부의 背弧와 장폭비, 동남부의 橫長과 부합하는 것으로 보이지만, 이러한 석도의 출토 예가 한반도 남부에서 관찰되지 않는다. 확인 가능성이 있다면 지금까지 출토 사례가 부족한 경상남도와 그 주변이 유력하다. 아무튼 한반도 남단이 일본 반월형석도 기원의 유력지임은 분명하지만, 구체적인 기원지의 상정은 앞으로의 자료를 기대할 수밖에 없다.

이상과 같이 橫長을 통하여 살펴보아도 背弧, 장폭비와 유사한 지역성과 상호 관련성을 파악하는 것이 가능하다. 그 중에서 북부 규슈만 다른 경향성을 보인다. 이 경향성을 한반도 서남부나 동남부와의 관계 속에서 일본의 독자적인 발생으로 볼 것인지, 한반도 남부의 어느 지역에서 이러한 형태가 성립되었는지, 또는 한반도 서남부의 특징과 동남부의 특징이 일본에서 합하여졌는지에 대해서는 앞으로의 자료 증가를 기다려 결정해야만 한다.

3. 정리

북부 규슈의 석도가 微弧背와 直背로 구성되며 그 중에 中弧가 포함된다는 점은, 북부 규슈가 분명하게 弧背系 석도의 세계에 포함되고 있음을 보여준다. 이러한 사실을 받아들인다면 그 연원은 멀리 遼東半島까지 거슬러 올라가게 된다. 遼東半島의 小珠山 중층기에 출현한 强弧의 호배호인이 남하함에 따라 호배의 만곡이 점차 직선화되면서 한반도를 거쳐 일본에 도달한 것이다.

그 과정을 정리하면, 小珠山 상층기(山東龍山 병행기)에 磨製·有孔으로 완성된 호배호인 석도는 强弧, 中間形 長幅, 中長의 특징을 가진다. 그 후 山東龍山 말~岳石文化 병행의 雙砣子 Ⅰ·Ⅱ기, 殷文化 병행의 雙砣子 Ⅲ기, 그리고 전국시대까지 이 세 가지 특징은 계속되어 안정된 호배호인 형식을 존속시킨다. 그 사이 한반도 서북부의 압록강 중·하류역에 호배호인이 전래되지만 背弧는 좀더 강해져 强·强弧, 장폭비는 中間形, 橫長은 中長이 되어, 遼東半島의 특질을 계승하면서 背部弧度는 강해진다. 이와 같이 遼東半島와 압록강은 관련이 깊어 공통의 반월형석도 문화권을 형성하는데, 이러한 양상은 토기에 있어서도 동일하다.

압록강을 남하하여 청천강에 이르면 새로운 변화가 시작된다. 背弧는 약화되어 强弧가 되며 장폭비는 橫長形, 길이는 中長 이외에 長長이 출현한다. 中長의 석도는 압록강 이북의 형식을 계승한 것으로, 有側帶 직배직인도 압록강과 공통하는 형식이다. 그러나 장폭비의 橫長化, 長長의 출현, 背弧의 약화는 서부지역과 관련되기 때문에, 이 지역은 압록강 이북과 서부의 연결 고리 역할을 담당한 것으로 보인다.

한반도 서부에서는 背弧가 中弧, 장폭비는 橫長形, 橫長은 長長이 되어, 소위 '長舟形'이라는 이 지방 특유의 호배 석도가 성립한다. 직배형도 소수 출현하지만, 안정적인 형식이 되는 것은 아니다.

한반도 중부에서는 다시 변화가 시작되어 弱弧~中弧, 中間形, 中長形으로 나타나는데, 서부지역의 背弧를 계승하여 弱弧化되면서 장폭비와 길이는 독자적인 형태를 이루게 된다. 토기로 보면 팽이형토기와 공렬토기의 차이라 하겠다. 여기서도 직배의 사례가 출현하지만, 주체를 점하지는 않는다. 한반도 동남부의 석도는 弱弧, 中間, 中長形이며, 대체적으로 중부지역과의 친연성이 강하다. 중부지역과 마찬가지로 공렬토기의 분포지대이다. 그러나 한편으로는 서남부, 서부와의 관련을 보여주는 사례도 있는데, 아직 이 지역은 자료적 한계가 존재한다.

한반도 서남부의 석도는 微弧, 縱長, 短長으로 구성되어, 독자적인 석도 형태를 나타낸다. 중부지역을 모태로 하여 발생하면서 세 가지 요소에서 지역성이 확인된다. 또한 이 지역에서는 微弧와 직배가 유사한 비율의 출토량을 보이는데, 여기서 直背化가 최종적으로 완성된다. 북부 규슈는 이 서남부와 微弧·縱長形의 존재, 微弧와 직배의 유사 비율 등에서 강한 친연성을 보여준다. 그러나 한편으로는 橫長에 있어서 동남부와의 친연성도 확인되어 약간 복잡한 양상을 띤다.

이상과 같이 遼東半島에서 출현한 반월형석도는 인접 지역과 한편으로는 공통성을, 또 다른 한편으로는 독자성을 발휘하면서 일본에 도달한다. 그리고 그 사이를 연결하는 것은 强에서 弱으로 변화하는 背弧의 지향성이다.

마지막으로 遼東半島의 석도에 대하여 언급해 보고자 한다. 결론적으로 말하면 여러 연구자들이 지적한 바와 같이 遼東에서 호배직인으로부터 호배호인이, 호배호인으로부터 직배호인이 발생한 것이 아니라, 遼東의 독자적 형태로서 호배호인과 직배호인이 동시에 출현하여 후자가 소멸되면서 전자가 주체를 점하는 것으로 정리할 수 있다.

遼東半島에서 확실한 석도가 나타난 것은, 大汶口 중기 병행의 小珠山 중층기이다. 이 층에서는 직배호인과 호배호인이 병존하여 출현한다. 이러한 양상은 그대로 다음 시기 이후에도 계속되며, '직배→호배' 또는 '호배→직배'로 변천하는 것은 아니다. 山東의 大汶口 중기에 해당하는 석도는 방형 또는 직인으로, 遼東半島의 석도에 영향을 주지 않는다. 따라서 山東을 경유하는 '방형→호배직인→호배호인→직배호인'이라는 中原 一元論的 형식 배열은 遼東半島에서 성립하지 않는다 하겠다. 遼東에서도 中原과 같이 다원적으로 독자적인 형태의 석도가 성립하였음을 확인할 수 있다.

小珠山 중층기의 석도는 일부에 마제 또는 유공이 관찰되지만, 대다수는 打製無孔의 석도이다. 이것이 小珠山 상층기에는 磨製有孔의 기술적으로 완성된 석도에 이른다. 이러한 기술적 향상에 대해서는 山東 석기문화의 영향을 인정하지 않을 수 없을지도 모른다. 왜냐하면 이 시기에 山東을 경유하여 江南地域에 보편적으로 분포하는 有段石斧(遼寧省博物館 外 1984)나 규격성이 뚜렷한 石鏃 등이 출현하기 때문이다.

그러나 이 시기의 석도도 앞선 시기부터 계속된 직배호인과 호배호인이다. 그 출토량은 전자가 18점, 후자가 17점으로 특별한 차이 없이 사용되었다. 山東地方으로 눈을 돌리면 山東龍山期의 석도는 방형, 斜有側帶 직배직인, 사유측대 호배직인, 호배직인 등의 직인계 석도로 한정되며, 이들은 小珠山 상층기에는 영향을 주지 않는다. 호배직인, 사유측대 직배직인, 방형 등의 山東系 석도가 遼東半島에서 출현한 것은 雙砣子 Ⅰ·Ⅱ기 이후이지만, 이때 遼東半島에서는 호배호인형이 강력하게 자리잡고 있기 때문에 이를 대신하여 주체가 될 수는 없었다. 山東龍山期에는 주체가 아니지만 호배호인형이 공반한다. 濰縣(濰坊市藝術館 1984), 日照東海峪(日照市圖書館 1986) 출토품 등이 그 예로, 强弧, 中間形, 中長을 특징으로 한다. 이 특징은 小珠山 상층의 석도와 동일하여, 오히려 遼東에서 전파되었을 가능성이 생각된다. 遼東半島에서 다수 확인되는 有肩有段斧가 城子崖(李濟 外 1934)에서 출토되는 것도 동일한 맥락으로 이해할 수 있다.

앞서 기술한 바와 같이 雙砣子 Ⅰ·Ⅱ기가 되면 山東系나 夏家店系의 석도도 소수나마 출현한다. 이와 동시에 遼東半島의 석도도 내부적으로 변화하는데, 직배호인이 후퇴하여 호배호인이 주체가 된다. 이러한 성립이 한반도에서 일본까지 석도를 규제하는 요인으로 작용한다. 그 후의 전개에 대해서는 이미 언급하였다.

중국 東北地方의 석기문화가 한반도를 거쳐 일본에 영향을 주었다는 사실은, 彌生型 擦切技法의 전래 계보를 살펴볼 때 이미 다룬 바 있다(下條信行 1987). 이 경로는 잡곡재배의 전래 경로와 관련되며, 벼농사의 길을 나타내는 것은 아니다. 호배호인 석도가 이 경로를 따라 내려오다가 한반도의 서해안 근처에서 벼농사와 결합하여 함께 남하하였을 것이라 생각된다.

(원전 : 1988,「日本石庖丁の源流」『日本民族·文化の生成(1) 永井昌文敎授退官記念論文集』, 六興出版)

참고문헌

姜仁求 外, 1979, 『松菊里』 I , 國立中央博物館.

고고학 및 민속학연구소, 1959, 『강계시 공귀리 원시유적 발굴보고』, 유적발굴보고 6.

김영우, 1964, 「세죽리유적 발굴중간보고(2)」 『고고민속』 4.

김용간, 1964, 『금탄리 원시유적 발굴보고』, 유적발굴보고 10.

김용간 · 석광준, 1984, 『남경유적에 관한 연구』, 과학 · 백과사전출판사.

김용남 · 서국태, 1961, 「평양시 서성구역 와산동 팽이그릇 유적조사보고」 『문화유산』 6.

金元龍, 1972, 「韓國 半月形石刀의 發生과 展開」 『史學志』 6.

盧爀眞, 1981, 「有溝石斧에 대한 一考察」 『歷史學報』 89.

리기련, 1980, 『석탄리유적 발굴보고』, 유적발굴보고 12.

리순진, 1965, 「신암리유적 발굴중간보고」 『고고민속』 3.

리원근 · 백룡규, 1962, 「평양시 승호구역 립석리 원시유적 발굴간략보고」 『문화유산』 4.

사회과학원출판사, 1966, 『중국 동북지방의 유적발굴보고』.

서국태, 1964, 「신흥동 팽이그릇 집자리」 『고고민속』 3.

서울大學校博物館 · 同考古學科, 1976, 『欣岩里 住居址』 3.

서울大學校附屬博物館 · 同考古人類學科, 1974, 『欣岩里 住居址』.

沈奉謹, 1979, 「日本 彌生文化 形成過程研究」 『東亞論叢』 16.

任孝宰, 1978, 『欣岩里 住居址』 4, 서울大學校博物館 · 同人文大考古學科.

全榮來, 1987, 「東아시아 磨製石器研究序說」 『三佛金元龍教授停年退任紀念論叢』 I .

정백운, 1958, 「강남 원암리 원시유적 발굴보고서」 『문화유산』 19.

趙由典, 1979, 「慶南地方의 先史文化研究」 『考古學』 5 · 6.

池健吉 · 安承模, 1983, 「韓半島 先史時代 出土 穀類와 農具」 『韓國의 農耕文化』, 京畿大學出版部.

崔淑卿, 1960, 「韓國摘穗石刀의 研究」 『歷史學報』 13.

韓永熙, 1983, 「角形土器考」 『韓國考古學報』 14 · 15.

황기덕 · 리원근, 1966, 「황주군 심촌리 청동기시대 유적발굴보고」 『고고민속』 3.

岡崎敬, 1964, 「コメを中心としてみた日本と大陸」 『古代史講座』 13, 學生社.

橋口達也 外, 1984, 『石崎曲り田遺跡』, 今宿バイパス關係埋藏文化財調査報告 9, 福岡縣教育委員會.

宮本一夫, 1985, 「中國東北地方における先史土器の編年と地域性」 『史林』 68-2.

金關丈夫 · 三宅宗悅 · 水野清一, 1942, 『羊頭窪』, 東方考古學叢刊乙種 3.

吉岡完祐, 1982, 『十郎川』, 住宅都市整備公團.

浜田耕作 外, 1929, 『貔子窩』, 東方考古學叢刊甲種 1.

山崎純男, 1979, 『福岡市板付遺跡』, 福岡市埋藏文化財調査報告書 49.

山本博, 1925, 「西日本彌生式問題」 『考雜』 25 10.

森貞次郎・岡崎敬, 1961,「福岡縣板付遺跡」『日本農耕文化の生成』, 東京堂.

石毛直道, 1968,「日本稻作の系譜」『史林』51-5・6.

小田富士雄, 1986,「北部九州における彌生文化の出現序說」『九州文化史研究所紀要』31.

安志敏, 1955,「中國古代的石刀」『考古學報』10.

旅順博物館・遼寧省博物館, 1981,「旅順于家村遺址發掘簡報」『考古學集刊』1.

遼寧省博物館 外, 1981,「長海縣廣鹿島大長山島貝丘遺址」『考古學報』1.

遼寧省博物館 外, 1984,「大連市郭家村新石器時代遺址」『考古學報』3.

有光敎一, 1959,『朝鮮磨製石劍の研究』, 京都大學文學部考古學叢書 2.

濰坊市藝術館, 1984,「山東濰縣獅子行遺址發掘簡報」『考古』8.

李濟 外, 1934,『城子崖』, 中國考古報告書 1.

日照市圖書館, 1986,「山東日照龍山文化遺址調查」『考古』8.

中島直幸・田島龍太, 1982,『菜畑』, 唐津市文化財調查報告 5.

下條信行, 1977,「九州における大陸系磨製石器の生成と展開」『史淵』114.

下條信行, 1980,「東アジアにおける外灣刃石庖丁の展開」『古文化論攷』.

下條信行, 1986,「日本稻作受容期の大陸系磨製石器の展開」『九州文化史研究所紀要』31.

下條信行, 1987,「東アジアにおける擦切技法について」『東アジアの考古と歷史』, 同明舍.

後藤直, 1971,「西朝鮮の「無文土器」について」『考古學研究』17-4.

동아시아의 찰절기법에 대하여
—야요이시대 찰절석기의 계보—

03

번역 : 황창한

1. 머리말

일본 신석기시대 석기 제작기법의 하나로 찰절기법이 존재한다는 사실은 지금까지 종종 논의되어왔는데, 주로 동일본의 죠몽시대 사례들을 주요 검토 대상으로 하였다(八幡一郎 1936: 111-113; 1953: 59-64; 藤森宋一 1942a: 106-110; 1942b: 148-152; 岩野見司 1957: 46; 寺村光晴 1965: 20-44).

이 시대의 찰절석기는 北海道·東北을 중심으로 關東·北陸·中部~畿內 동부에 분포하며, 해당 시기는 죠몽 조기에 출현하여 중기~후기까지 성행하고 있다. 찰절기법은 석부나 硬玉으로 제작된 대형 장신구 등 한정된 종류의 석기에서만 관찰된다.

석재는 北海道·東北 북부에서는 남섬편암(glaucophane schist), 關東·中部에서는 사문암, 北陸에서는 경옥 등 옥 계통이 사용되고 있다.

이 석재들은 녹색을 띠는데, 시베리아의 신석기시대에도 녹색의 軟玉(비취)에 찰절기법을 가해서 제작된 석부와 나이프 등이 확인되고 있다. 따라서 죠몽시대의 찰절석기는 시베리아의 찰절기법을 기원으로 하며, 이것이 北海道·東北地方으로 전해져 점차 關東·北陸·中部 등의 동일본으로 확산된 것이라 생각한다.[1]

시베리아의 찰절석기(Michael 1958: 61-62)는 죠몽시대의 찰절석기와 동일한 석재를 이용할 뿐만 아니라, 두께 3cm 이상의 두꺼운 석재에 찰절기법이 적용되는 점도 죠몽시대 찰절석기와 공통된 특징 중 하나이다.

그런데 일본 야요이시대의 대륙계마제석기 중에서도 찰절석기가 존재하고 있다.[2] 야요이시대 대륙계마제석기의 제작은 타격기법에 의한 것을 주체로 하지만, 간혹 찰절기법도 확인된다.

찰절석기는 죠몽시대의 사례와 달리 시기, 분포지역, 기종, 석재의 종류와 두께 등에서 차이를 보이기 때문에, 그 계보를 단순히 죠몽시대 찰절기법에서 구하기에는 무리가 있다. 오히려 대륙계마제석기에서 관찰되는 찰절기법은 최근 출토 예가 증가하고 있는 한반도나 중국의 찰절석기와 공통점이 있어, 중국─한반도─일본으로 이어지는 경로를 따라 전래된 것이라 생각된다. 이 경로는 대륙계마제석기의 전파 경로이기도 하기 때문에, 양자가 함께 전해진 것으로 볼 수 있다.

2. 일본의 대륙계마제석기에서 관찰되는 찰절석기

1) 佐賀縣 唐津市 菜畑(中島直幸 外 1982)(도 1-1)

대한해협을 사이에 두고 한반도와 마주하는 규슈 북단 唐津平野의 菜畑遺蹟 제8층에서 출토된 것이다. 야요이시대 초두인 板付 I 식기에 해당한다.

무른 활석을 뾰족하게 성형하고 표면을 편평하게 마무리한 다음, 찰절기법을 이용하여 세로방향으로 재단하려던 유물이다. 아랫부분은 결실되었으며, 잔존 길이 4.0cm, 최대 폭 2.3cm, 두께 4mm이다. 얇은 석편의 가장 두꺼운 곳에서 뾰족한 끝 부분으로 갈수록 약간 넓어지는 찰절 홈이 형성되어 있다. 홈의 폭은 약 2mm로 앞면과 뒷면에 찰절되었으나, 홈이

---

1) 죠몽시대 후기 규슈의 熊本縣에서도 출토되고 있다(松本雅明 1965: 30-33).
2) 信州에서 출토된 야요이시대 편평편인석부의 제작에 찰절기법이 다수 이용되었음은 이미 지적된 바 있다(神田五六 1935: 457-465; 藤森宋一 1942a: 109). 이러한 찰절이 대륙계 찰절기법에 의한 것인지에 대해서는 다음 장에서 살펴보겠다.

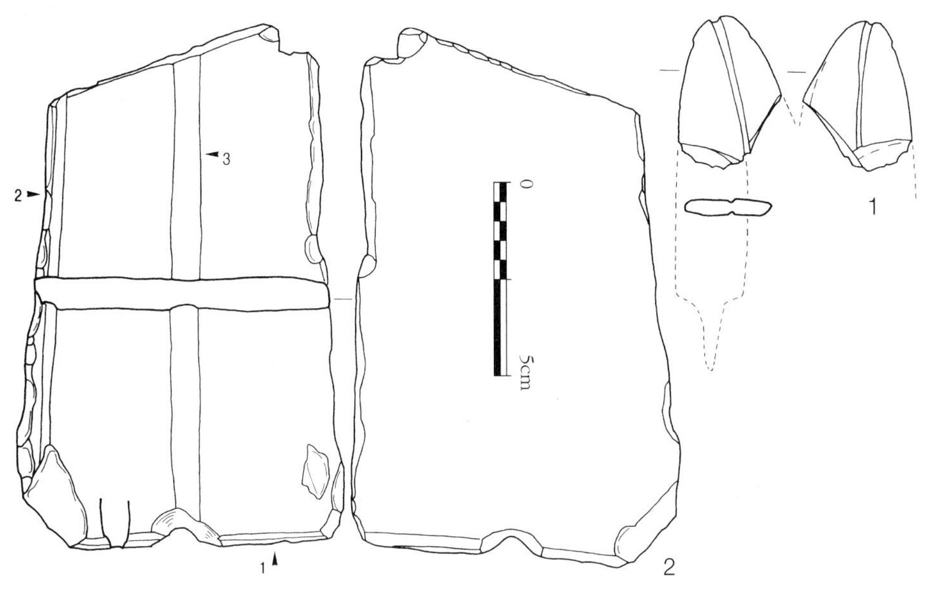

1 佐賀縣 唐津市 菜畑, 2 福岡市 西區 今宿 西松原

〈도 1〉 찰절흔이 관찰되는 마제석촉과 석편

직선적이지 않고 양면 모두에서 약간 휘어지는 곡선이다. 즉, A면(도 1-1 좌측)에서 볼 때, 외만하는 좌측면과 대칭을 이루도록 재단하려던 것이다.

따라서 이러한 찰절을 통하여 획득된 석편은 끝이 뾰족한 폭 1.7cm, 두께 4mm, 길이 4cm 이상의 첨두기 모양이 되며, 형상, 길이, 두께 등을 고려할 때 마제석촉의 미완성품으로 추정된다.

이 시기에는 일본형의 편평무경촉이 아직 출현하지 않기 때문에(下條信行 1977: 196), 유경식석촉으로 보아도 좋다.

板付 I 식기나 이에 선행하는 菜畑遺蹟 12~9층의 돌대문토기 출현 시기에 출토된 초기 유경식석촉 중에는 한반도에서 수입되었다고 생각되는 예리하고 두꺼운 신부의 석촉이 존재하지만, 상기한 찰절 석촉과 공반한 유경식석촉 가운데 측면이 불룩하게 휘어지며 편평하고 폭이 넓어져 규격에서 벗어난 형태도 확인된다(下條信行 1986: 132). 菜畑遺蹟의 찰절 석촉 또한 이렇게 일본적이고 퇴화된 유경식석촉을 제작하려던 것으로 보인다. 뒤에서 언급하겠지만 한반도의 마제석촉은 찰절기법에 의해서 제작되는데, 菜畑 출토 찰절 석촉도 한반도 마제석촉의 제작기법을 계승한 것이라 하겠다.

2) 福岡市 西區 今宿 西松原(下條信行 1975)(도 1-2)

菜畑遺蹟과 마찬가지로 한반도와 마주하는 博多灣 연안의 사구 위에 위치한 유적이며, 板付 Ⅰ식의 옹형토기와 공반 출토되었다. 석재는 혈암질사암으로, 이 시기 규슈에서 반월형석도와 석겸 제작에 보편적으로 사용되던 것이다. 박리의 성질이 강하여 옥과 같이 특수한 것이 아니라, 일상의 소모적인 생산 용구를 만드는 데 사용하던 석재이다.

길이 13cm, 위쪽 면 폭 7.3cm, 아래쪽 면 폭 8.8cm, 두께 8mm의 얇은 석편이다. 위쪽 면은 일부 결실되었다. A면(도 1-2 좌측)에서 보면, 아랫면, 좌측면, 중심선의 3개 지점에서 찰절 홈이 확인된다. 도면에 1, 2, 3이라 적은 것이 바로 찰절 홈이다. 아랫면의 중간에는 구멍이 뚫려있다.

구멍과 1, 3의 찰절 홈이 교차하는데, 구멍 뚫기가 먼저 이루어졌다. 찰절 홈과 구멍의 선후관계를 통하여 이 석편의 제작 과정을 복원하면, 우선 구멍을 뚫고 이 구멍을 통과하는 찰절(아랫면)을 앞뒷면 모두에서 행하여 재단하였다. 다음으로 아랫면의 찰절 홈(1)과 직각 방향으로 좌측면의 찰절(2)이 이루어졌다. 단, 좌측면의 경우 한쪽 면(A면)만 찰절한 후 분할하였다. 마지막으로 중심선의 찰절(3)이 구멍을 지나가도록 행하여졌는데, 한쪽 면(A면)에서만 관찰된다.

이와 같은 과정을 거치면, 두께 8mm, 아래쪽 면 폭 3.4~3.6cm, 위쪽 면 잔존 폭 3cm, 길이 13.7cm 이상의 위쪽이 좁고 아래쪽이 약간 넓은 세장방형의 석편을 얻게 된다. 이러한 석편은 어떠한 석기를 만들기 위한 미완성품일까? 석편의 크기로 추정해 볼 때 약간 폭이 좁은 느낌이 있지만,[3] 석겸에 가장 가까운 것 같다. 석겸의 제작에 찰절기법이 적용되고 있는 사례는, 뒤에서 밝히겠지만 한반도에서 확인된 바 있다.

---

3) 그런데 이 구멍은 과연 어떠한 목적으로 뚫린 것일까? 우선 규격적인 석편을 얻기 위한 재단선일 가능성이나 분할 시의 파손 방지를 위한 것으로 추정되지만, 이러한 사례가 동아시아의 찰절흔을 남긴 석기 중에서 확인되지 않는 것이 문제이다. 다른 가능성으로는 찰절 재단과 관계없이 별도의 용도를 위하여 부가된, 즉 석기의 용도 전환에 의하여 구멍이 뚫렸음을 생각할 수 있다. 석편의 크기, 재질, 구멍이라는 요소를 볼 때, 板付 Ⅰ식기 이후에 출토되는 대형 반월형석도의 전용품일 가능성이 높다.

3) 福岡縣 飯塚市 立岩 下の方(嶋田光一 1982)(도 2-1)

下の方遺蹟에서 출토된 것인데, 이 유적은 반
월형석도를 주로 한 전문 직업적 석기 제작 집단
인 立岩遺蹟의 구성 취락 중 하나이다. 立岩의
석기는 휘록응회암을 주요 석재로 이용하지만,
이 유물은 今宿 西松原 출토품과 같이 혈암질사
암으로 휘록응회암이 출현하기 이전에 사용되
던 석재이다. 이러한 경우 전기 후반부터 말에
걸치는 시기에 해당하는 것으로 보아도 좋다(岡
崎敬 1977: 184). 윗면이 직선인 外灣刃의 반월
형석도 미완성품이며, 구멍 뚫기의 초기 공정인
고타 단계에 파손되었다. 고타흔은 제시된 도면
의 뒷면에서 관찰된다. 인부는 타격에 의해서 2
차 조정이 행하여졌으며, 윗면의 직선 부분이 한
쪽 면에서만 이루어진 찰절에 의하여 절단되었
다. 절단되긴 하였지만, 두께 7mm의 석편에
4mm 정도의 깊이로 찰절을 행한 후 나머지를
부러뜨린 것이다. 윗면의 잔존 폭 7.5cm, 길이

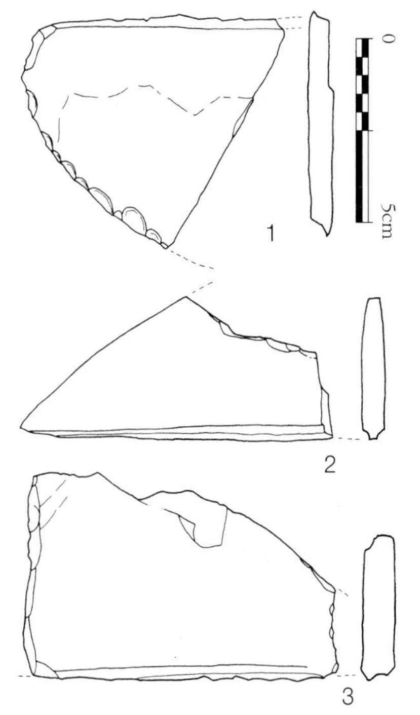

1 福岡縣 飯塚市 立岩 下の方, 2 · 3 大阪府 和泉市 池上

〈도 2〉 찰절흔이 관찰되는 석도

4.5cm, 두께 0.7cm로, 복원하면 대형에 신부가 얇은 야요이 전기 형식의 석도가 된다(下條
信行 1977: 182-183).

4) 福岡縣 行橋市 下稗田(長嶺正秀 外 1985)

3843호 수혈에서 출토된 1169번 석기로, 흑색점판암으로 제작된 외만인의 반월형석도이
다. 직선적인 윗면에 찰절흔이 남아있다.

한쪽 면에만 찰절을 행하여 분할한 다음 마연한 것으로, 그 소속 시기는 전기 중엽이라고
한다.

5) 大阪府 和泉市 池上(石神幸子 外 1979)(도 2-2 · 3)

2개의 사례가 확인되었다. 그중 하나(도 2-2)는 紀の川流域에서 산출된 녹색편암으로 제작되었는데, 석도의 직선적인 날 부분을 형성하는 데 찰절기법이 사용되고 있다. 두께 6mm의 석편 앞뒷면 모두에 2~3mm 전후의 찰절을 직선적으로 행한 다음, 나머지를 부러뜨려 분할한 것이다. 직선을 이루는 인부에 찰절기법이 적용된 사례이다. 앞뒷면과 윗면에 마연이 행하여졌다. 잔존 폭 9.1cm, 잔존 길이 5.0cm이다.

다른 한 예도(도 2-3) 날이 직선인 석도로 추정되는데, 녹색편암으로 만든 석기의 직선 부분에 앞뒷면 모두에서 찰절이 이루어졌다. 앞의 사례보다 약간 두꺼운 9mm의 석편 앞뒷면에 2~3.5mm의 찰절을 행한 다음, 나머지 4.5mm 정도를 부러뜨려 분할하였다. 위쪽의 앞뒷면에는 뚜렷하게 거친 마연이 행하여졌지만, 구멍은 뚫려있지 않다. 이상 2개의 석도는 모두 직선적인 날 부분의 제작에 찰절을 이용하고 있어, 찰절기법의 적용이 직선 부분에 좀더 효과적이라는 사실을 짐작할 수 있다. 이는 규슈에서 확인된 반월형석도의 사례와 동일한 양상이다.

池上遺蹟에서 출토된 다수의 반월형석도는 규슈와 마찬가지로 타격기법에 의하여 제작되지만, 이 가운데 찰절기법도 전래되었다는 점이 확인되었다. 편평편인석부의 찰절은 뒤에서 언급하겠지만 계보를 달리하기 때문에, 池上遺蹟 출토품이 대륙계마제석기의 찰절 사례로서 동쪽 한계에 해당한다. 유물의 소속 시기는 반월형석도의 형태로 볼 때, 전기 말~중기 무렵으로 생각된다.

6) 島根縣 松江市 西川津

이 유적에서는 찰절흔을 남긴 미완성 석기가 다량 출토되었다. 일부만 보고되었는데, 보고서에서는 '미완성품 중에는 반월형석도가 다수 관찰되며, 혈암질의 석편을 두께 0.5cm 내외로 얇게 분할한 다음 측면에 찰절흔을 남긴 것이 많다' 고 하였다(村尾秀信 1980: 20).

그런데 필자가 직접 관찰한 바에 의하면, 일반적인 대륙계마제석기로 보이지 않는 석기에서 찰절기법이 다수 확인되며 반드시 반월형석도라 단정할 수는 없다. 그중 한 종류는 길이 5~10cm, 폭 2~3cm의 刀子形 석기의 윗면을 앞뒷면 모두에서 찰절한 것으로, 인부는 2차 조정 후 마연으로 마무리하였다. 석재는 혈암이며, 두께 5mm의 얇은 석편이다. 또 다른 종류는 크기가 다양한데, 대팻날 모양의 석기 양 측면과 위쪽의 직선 부분을 찰절하였으며 둥근 인부는 타격으로 2차 조정하였다. 즉, 직선적인 3면에는 효과적으로 찰절을 사용하고, 찰절이 유효하지 않은 둥근 면에는 타격을 가하고 있다. 이 가운데에는 인부로 생각되는 부분에 둥근 찰절을 시도한 것도 확인된다. 두께 약 1cm의 혈암으로 제작한 얇은 석편이며, 길이와 폭이 다양한 편이지만 최대 20cm를 넘지 않는다.

이러한 도자 또는 대팻날 모양의 석기는 모두 미완성품이며, 완성품이 출토되지 않기 때문에 용도를 결정하기에는 무리가 있다. 또, 한반도·일본의 대륙계마제석기 중에서 이와 동일한 사례도 관찰되지 않는다. 따라서 이 지역의 독자적인 석기를 제작할 때, 찰절기법을 받아들여 적용하였을 가능성도 생각해 볼 수 있다. 시기는 출토 토기로 볼 때 전기 말~중기로, 다른 사례들과 차이가 없다.

이밖에 松江市 다테쵸유적에서도 찰절 홈이 남아있는 석기가 확인된다. 보고서에는 石戈 형태의 제품으로 기술된 것인데(前島己基 外 1979: 177-178), 폭 3.5~4.7cm, 길이 9cm, 두께 9mm이며 석재는 흑색혈암이다. 긴 변의 한 쪽과 이에 평행하여 2줄의 찰절흔이 관찰된다. 다른 쪽은 인부의 형태를 이루면서 마모에 의한 결실이 확인된다. 짧은 변의 한쪽은 결실되었다. 찰절흔이 남아있는 측면을 분할하여 소재로 활용하였을 가능성이 있다. 신부에서 관찰된 2줄의 찰절 홈은 앞뒷면 모두에 형성되어 있는데, 한쪽에서는 넓고 그 반대 면에서는 좁다. 다른 석기를 재이용하였을 가능성이 있지만, 규격적인 석편을 얻으려던 것으로 볼 수도 있다. 획득된 석편은 대략 길이 9cm, 최대 폭 1.5cm, 두께 약 9mm의 한쪽이 좁고 다른 쪽은 넓은 세장한 형태를 이루게 된다. 이 석편으로 제작된 대륙계마제석기는 세장유경촉이 가장 유력하다. 이러한 종류의 마제석촉이 북부 규슈에서 동쪽으로 전해지고 있기 때문에 가능성이 높다고 할 수 있다.

西川津과 다테쵸유적은 인접하여 위치하며, 이 지역과 북부 규슈의 관계는 瀨戶內海地域 이상으로 밀접하다. 다테쵸유적 출토의 토제 피리는 福岡縣 長尾－山口縣 下關市 綾羅木에서부터 연속되며, 京都府 下丹後地方의 途中ヶ丘, 扇谷까지 전해진다. 이밖에 석겸이나 위에서 언급한 유경식석촉도 동일한 경로를 따라 전래되고 있다. 이처럼 야요이시대 전기 단계부터 북부 규슈와 동해 연안은 활발한 교류관계를 가지고 있어, 西川津과 다테쵸유적의 찰절기법이 북부 규슈에서 전해졌다고 보는 것은 자연스러운 해석이라 할 수 있다.

이상, 서일본의 야요이시대 찰절기법은 유경식석촉, 반월형석도, 석겸 등 대륙 계통의 편평한 마제석기에서 확인되며, 죠몽시대의 벌채부와 편인석부 등의 석부류에서는 관찰되지 않는다. 규슈의 야요이시대 석부는 벌채부·가공부 모두 타격을 주요 제작기법으로 이용하며, 찰절기법의 적용 사례는 알려진 바 없다. 이러한 양상은 한반도에서도 동일하여, 중국 黃河流域 및 長江下流域이나 遼東地方에서 관찰되는 편인석부에 찰절기법을 적용하는 것이 전래 과정에서 소멸되어 일본에는 거의 전해지지 않았음을 알 수 있다.

이러한 점으로부터 살펴보면, 東北·信州와 畿內에서 확인되는 찰절기법이 적용된 야요이시대 편평편인석부의 기원을 반드시 대륙에서 구하기에는 무리가 있다. 오히려 죠몽시대 찰절기법의 전통을 계승했을 가능성이 높다고 할 수 있다. 또, 찰절이 적용되는 대륙계마제석기는 두께 1cm 이하(평균 5~6mm)로 얇고, 죠몽 석부나 대형 장신구와 같은 두꺼운 석기는 대상으로 하지 않는다. 석재도 혈암, 녹색편암 등으로 박리성이 강한 일상 소모용 석기에 적용되며, 죠몽시대 찰절처럼 옥 계통의 특수한 석재에 한정되지 않는다.

규슈에서는 板付 I 식기(菜畑, 今宿 西松原)에 나타나, 전기 말(立岩 下の方)까지 확인된다. 아마도 초기 벼농사 전래 시기인 각목돌대문토기 단계에 대륙계마제석기와 함께 전해졌을 것이다. 山陰과 畿內에서는 전기 말~중기까지 확인되는데, 이 지역에도 벼농사와 함께 전래된 것으로 보인다.

3. 한반도 남부의 사례

1) 경기도 여주군 흔암리(서울大學校博物館 · 同考古學科 1976: 13)

첫 번째는 8호 주거지에서 출토된 편평무경촉의 미완성품으로(도 3-1 우측), 공렬문토기와 공반 출토되었다. 석재는 회록색의 섬록암이며, 길이 5.2cm, 기부 폭 2.2cm, 두께 0.45cm이다. 양쪽 가장자리에 각각 한쪽 면으로부터 찰절이 행하여져 분할되었는데, 찰절이 이루어진 면은 좌측과 우측이 서로 반대이다.

다른 한 예는 출토된 유구를 정확히 알 수 없으며, 길이 4.5cm, 폭 3.2cm, 두께 1.1cm의 편평하게 다듬은 판석에 2줄의 찰절흔이 남아있다. 1줄은 석재의 가장자리에, 다른 1줄은 첫 번째 줄과 평행을 이루며 1.5cm 정도 떨어져 있는데, 앞뒷면 모두에서 2줄의 찰절흔이 관찰된다. 위아래의 끝 부분이 결실되어 길이가 4cm밖에 남아있지 않지만, 두께, 폭, 형태 등을 볼 때 신부가 두꺼운 세장유경촉의 미완성품으로 추정된다.

2) 경기도 여주군 철울말
(任孝宰 1978: 39)(도 3-4)

흔암리유적에서 북쪽으로 1km 정도 떨어진 지점에 위치하는 무문토기시대의 유적에서 출토된 것으로, 자루가 있는 작은 칼 형태이다. 오른쪽과 병부의 하단 일부가 결실되었으며, 길이 4.4cm, 폭 1.0~1.7cm, 두께 0.5cm의 용도를 알 수 없는 제품이다. 인부에 해당하는 부분에 한쪽 면에서만 찰절을 행하여 분할하였다.

3) 경기도 고양군 독현면 소릉동
(도 4-1)

고운 지석으로 편평하게 마연한, 두께 3mm 정도의 회청색점판암에 찰절이 행하여져 있다. 석재는 가로 5.5cm, 세로 0.8~2.23cm로, 상하가

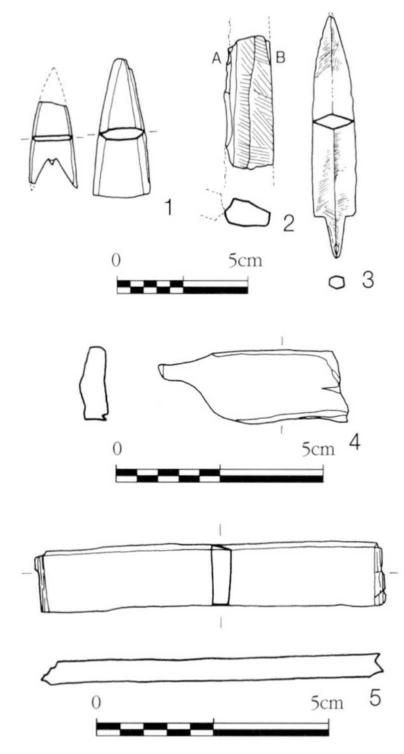

0   5cm

1 경기도 여주군 흔암리, 2 · 3 경상남도 의창군 신촌리,
4 경기도 여주군 철울말, 5 강원도 춘천시 중도

〈도 3〉 한반도 남부의 찰절흔이 관찰되는 석기

결실되었다. 도면의 좌측면에 앞뒷면에서 넣은 1줄의 찰절 홈이 관찰되며, 여기서 8~9mm 정도 떨어진 위치에 또 하나의 비스듬한 줄이 확인되는데 역시 앞뒷면 모두에서 찰절하였다. 2줄의 찰절에 의해 제작 가능한 석기는, 형태와 두께로 볼 때 편평무경촉으로 생각된다. 이밖에 앞면에 2개, 뒷면에 1개의 약한 마찰 흔적이 관찰된다. 교토대학에 소장되어 있다.

이 사례는 찰절기법에 의한 석기 제작 공정을 잘 나타내고 있다. 먼저 얇은 판상의 소재를 만들고 지석을 사용하여 편평하게 한 다음, 찰절을 가해서 의도하는 형태의 석기를 제작하는 것이다. 앞에서 제시한 흔암리 출토 마제석촉이 동일한 예에 해당되며, 아래에서 언급할 다른 유물 중에서도 확인된다.

4) 강원도 춘천시 중도(李健茂 外 1981: 136)(도 3-5)

2호 주거지에서 공렬문토기와 공반 출토되었다. 석재는 점판암이며, 양 측면에서 찰절이

관찰된다. 길이 8.2cm, 폭 1.4cm, 두께 0.5cm이다.

5) 경기도 파주군 월롱면 옥석리(金載元 · 尹武炳 1967: 47-48)

수혈주거지에서 공렬문토기와 공반 출토되었다. 점판암으로 편평한 판석의 중심선을 앞
뒷면에서 찰절을 가해 재단하려던 것이다. 길이 22cm, 폭 약 11cm, 두께 1.5cm로, 반월형의
대형 소재이다. 사진을 보면 아직 표면에 마연이 가해지지 않았기 때문에, 의도하는 석기의
형태로 잘라내기 이전 단계의 유물이라 생각된다.

6) 충청남도 부여군 초촌면 송국리(姜仁求 外 1979: 136)

구체적인 형태는 알 수 없지만, 가장자리에 찰절흔을 남긴 것이 있다고 한다.

7) 충청남도 천안군 두정리(尹武炳 1963: 21)(도 4-2)

수혈주거지에서 유병식석검, 반월형석도, 유구석부, 무문토기와 함께 마제의 '작은 석도'
가 출토되었다. 이 석도는 한쪽 끝이 결실되었는데, 복원 길이 10cm, 폭 2.0cm, 두께 0.6cm
로 보통의 석도에 비해서 약간 작고 구멍도 없다. 그러나 윗면이 직선에 외만인을 이루며 편
인인 점은 반월형석도와 유사하며, 윗면의 직선 부분에 찰절기법이 이용되고 있는 것은 석
도의 제작에도 이 기법이 적용되고 있었음을 추정케 한다.

8) 전라남도 담양군 봉산면 제월리(崔夢龍 1973: 18~20)

점판암 소재로, 편평 마제석촉을 제작하는 데에 찰절기법이 사용되고 있다.

9) 경상남도 진양군 걸현면 덕오A

2점의 석편에서 찰절흔이 관찰된다. 그중 1점은 두께 5mm의 편평한 소재를 한쪽 면에서만 찰절하여 폭 1cm의 석편으로 만들었는데, 편평무경촉의 제작을 의도한 것 같다. 양 측면이 크게 결실되어 전체적인 형태는 알 수 없다.

다른 1점도 한쪽 면에서만 찰절하여 폭 2cm 정도의 석편을 만든 것이다. 두께가 9mm로 두꺼워, 단면 능형의 유경식석촉을 의도한 것이라 생각된다. 경상대학교에 소장되어 있다.

10) 경상남도 진양군 대곡면 한계리

석편의 양 측면을 앞뒷면 모두에서 찰절하여 분할시킨, 폭 1.7cm, 두께 0.5cm의 세장방형 석기이다. 신부가 두꺼운 세장유경촉을 제작하려던 것이다. 위쪽 끝 부분과 경부가 결실되었다. 경상대학교에 소장되어 있다.

11) 경상남도 산청군 신안면 명동

끝 부분과 기부가 결실되어, 잔존 길이 5.2cm, 아래쪽 폭 1.3cm, 두께 0.7cm이다. 석재의 양 측면을 앞뒷면 모두에서 찰절하여 분할시킨 석기로, 신부가 두꺼운 세장유경촉을 제작하려던 것이다. 경상대학교에 소장되어 있다.

12) 경상남도 진양군 대평리(趙由典 1979)

폭 7cm, 길이 약 5cm로, 평면은 사다리꼴에 가깝다. 편평한 석편의 아랫면을 따라 앞뒷면 모두에서 찰절을 행하였다. 이 유적에서는 공렬문토기, 적색마연토기 등의 전기 무문토기가 다량 출토되고 있다.

13) 경상남도 의창군 진북면 신촌리(崔鍾圭·安在晧 1983: 22)(도 3-2·3)

이 유적의 3구역 3호 묘에서 적색마연소호, 유엽형석촉(도 3-3) 등과 공반 출토된 것으로, 양끝이 결실되어 잔존 길이 5.0cm, 폭 1.9cm, 두께 9mm이다(도 3-2). 석재는 규질점판암이며, 세장방형 석편의 한쪽 긴 변에 앞뒷면 모두에서 찰절을 행하였다. 함께 출토된 세장유경촉과 동일한 제품을 제작하려던 것이다.

14) 기타(도 4-3)

윗면이 완만한 산 모양이지만, 거의 장방형을 이룬다. 석재는 혈암이며, 길이 12cm, 폭 9.5cm, 두께 1.25cm로 두꺼운 편이다. 면은 중간 입자의 지석으로 간 다음, 고운 지석으로 편평하게 마무리하였다. 윗면, 아랫면, 양 측면은 양인의 인부와 같은 형태로 제작하였는데, 중간 입자나 고운 지석으로 마연하였다. 이 네 면을 앞면과 뒷면 모두에서 찰절하여 분할시킨 다음, 지석을 사용하여 양인의 인부 형태로 마무리하였을 가능성이 있다.[4] 이러한 양인은 찰절 절단 후, 석촉 인부로 활용된다.

찰절 홈은 도면의 우측에서 확인된다. 앞면에서만 관찰되지만, 긴 변을 따라 연속하는 2회의 찰절 홈을 형성하고 있다. 찰절 홈은 석기의 오른쪽 측

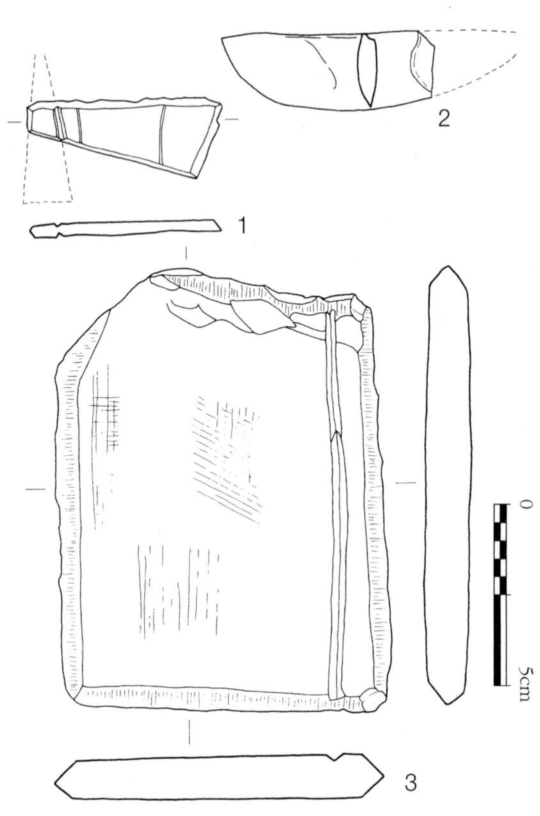

1 경기도 고양군 소릉동, 2 충청남도 천안군 두정리, 3 한반도

〈도 4〉 한반도 남부의 찰절흔이 관찰되는 석기

---

4) 이러한 특징을 가진 것을 석도의 미완성품으로 보는 견해도 있다(京畿大學出版部 1983: 도 11-7). 그러나 인부 형태의 마무리가 양인인 점, 두께가 상당히 두꺼운 점 등을 볼 때 석도라 하기에는 무리가 있다.

면과 평행하지 않으며, 위쪽은 좁고 아래쪽은 넓게 남아있다. 이렇게 해서 획득되는 석편은 길이 11.5cm, 폭 1.2~1.6cm, 두께 1.5cm의 두꺼운 세장방형이 되어, 완성품은 신부가 두꺼운 세장유경촉이었을 것으로 추정된다. 교토대학에 소장되어 있다.

　이상, 14개 유적에서 찰절흔을 남긴 석기를 살펴보았다. 이 중 흔암리, 옥석리, 중도에서는 공렬문토기, 신촌리 석관묘에서는 적색마연소호와 함께 출토되고 있어, 전기 무문토기 단계에 찰절기법이 다수 이용되었음을 알 수 있다. 일본으로의 벼농사 전래 시기가 바로 이 단계이기 때문에 벼농사와 동반하여 찰절기법이 전해진 것은 쉽게 추정되며, 板付 Ⅰ 식기에 찰절기법이 출현하는 것 또한 당연하다. 후기 무문토기와 공반된 확실한 찰절석기의 사례는 아직까지 없어, 존재 여부를 단언하기는 무리가 있다. 한반도 남부에서 후기 무문토기와 공반된 유물의 일괄 자료가 의외로 적기 때문에, 이 시기에 찰절석기가 존재하는지에 대해서는 앞으로의 조사를 기다릴 수밖에 없다.

　찰절기법이 적용된 석기의 대부분은 마제석촉이다. 흔암리, 소릉동, 제월리, 덕오A, 한계리, 명동, 신촌리 등 북쪽의 경기도에서부터 충청남도, 전라남도, 경상남도와 한반도 남부까지 거의 전역에 분포하며, 양적인 면에서 찰절석기의 대표적 · 보편적인 석기이다. 이러한 석촉에는 편평무경촉(흔암리, 소릉동, 제월리, 덕오A)과 유경유엽촉(흔암리, 덕오A, 한계리, 명동, 신촌리, 교토대 소장품)의 2종류가 있는데, 전자는 상대적으로 북쪽에, 후자는 전지역에 분포하고 있다. 원래 중국 遼東地方에서 전자를 시작으로 후자에까지 적용된 것인데, 한반도 남부에서는 양자가 병존하고 있었다. 그리고 한반도 남단에서 후자가 주력이 되어, 이것이 일본에 전해지게 되었다. 하지만 일본에 전해졌을 때에는 대륙에서 존재하였던 찰절기법의 특성을 활용한 예리한 측면이나 능이 사라지고, 菜畑에서 관찰되는 바와 같이 규격에서 벗어나는 방향으로 변화하게 된다.[5]

　출토량은 적지만 '작은 석도'에서 찰절기법이 확인되는 것은 중요하다(두정리). 이 작은 석도가 벼 이삭을 따는 데 사용되었는지는 분명하지 않지만, 윗면이 직선이며 외만인에 편인인 점은 일반적인 반월형석도와 같다. 이러한 사실은 작은 석도가 반월형석도와 동일한 방법으로 제작되었음을 짐작케 하며, 따라서 반대로 어떤 종류의 반월형석도는 제작에 찰절기법이 적용되었을 가능성이 높다고 할 수 있다. 충청남도 남쪽에 분포하는 삼각형석도의

---

5) 부장품으로 출토되는 것은 한반도 출토품과 같이 예리함을 가지고 있어 수입품이라 생각된다. 취락 등에서 출토되는 폐기품이나 국산품은 규격에서 벗어난 제품이 많다.

직선적인 윗면을 제작하는 데에도 찰절기법의 사용 가능성이 점쳐진다.

한반도에서 반월형석도의 제작은 타격기법을 주로 이용하고 있지만 찰절기법에 의해 제작된 석도 또한 존재하기 때문에, 일본으로도 같은 기법에 의한 석도, 석겸이 전해진 것이라 보고 싶다. 옥석리 출토품처럼 소재 그대로의 대형 석재를 찰절한 예는, 반월형석도와 같이 비교적 큰 석기의 제작에도 찰절기법이 적용되었음을 추정케 한다.

그러나 찰절석기는 모두 두께가 1cm를 넘지 않기 때문에, 한반도 남부에서 몸통이 두꺼운 벌채부, 유구석부, 편평편인석부 등의 석부류에는 찰절기법이 적용되지 않은 것 같다. 이 점은 일본과 사정을 같이한다.

석재로는 청록색~회색의 점판암이나 혈암 등의 퇴적암이 사용된다. 일부 편평무경촉 가운데 아름다운 석재가 이용된 경우가 있지만, 특수한 옥 계통의 석재에 찰절을 가하여 일상 용구로 사용한 사례는 없다.

4. 한반도 북부의 사례

한반도 북부에서 알려진 찰절석기는 2차 세계대전 이후 笠原烏丸이 보고한 2개 유적의 3점과 궁산, 공귀리 출토품이 있다.

1) 평안남도 온천군 궁산(과학백과사전출판사 1977)

궁산유적의 아래 문화층에서 편평촉의 미완성품이 다수 출토되었다. 편평한 편암을 절단하여 규격적인 긴 사다리꼴로 마무리하였다고 한다. 빗살무늬토기 단계부터 이미 한반도 북부에 찰절기법이 전해져 있었음을 나타내는 사례이다.

2) 평양시 서포(笠原烏丸 1937: 818~819)

첫 번째 유물은 길이 6cm, 두께 1.2cm로, '회청색이며 상당히 견고하면서 아름다운 석재'

이다. 사진을 보면 좌측 가장자리와 가운데에서 약간 좌측으로 치우친 위치에 찰절흔이 있다. 폭은 대략 2.4cm 정도로, 한쪽 끝이 넓고 다른 한쪽 끝은 약간 좁다. 형태, 두께, 크기로 볼 때 신부가 두꺼운 세장유경촉을 제작하려던 것으로 추정된다.

두 번째 유물은 '청록색을 띠는 곱고 견고한 석재'로, '찰절에 의해 형성된 절단면을 남긴' 석촉 미완성품이거나 석검의 경부로 상정된다.

3) 황해도 황주군 천주면 외하리(笠原烏丸 1938: 340-344)

笠原은 돌로 만든 刀子라고 기록하였지만, 마제석검이라 생각된다. 길이 24.6cm, 폭 3.3cm, 두께 1.14cm로, 단면은 능형이며 '인부는 신부의 양 측면에 형성되어 있다.' 게재된 도면과 사진으로 보아도, 모두 석검의 특징을 나타내고 있다. 아래쪽은 신부와 일직선으로 평탄하게 제작되었으며 능은 아래쪽 근처에서 마연되어, 유병식이나 유경식 어느 것에도 해당되지 않는다. 석재는 변질된 사문암으로, 곱다고 한다. 찰절흔은 인부의 양측에서 관찰되는데, 그 흔적은 '매우 뚜렷' 하다. 석검 가운데 찰절기법이 확인된 유일한 사례이다.

4) 자강도 강계시 공귀리(과학원출판사 1959: 36)(도 5 · 사진 1)

이 유적은 유경 · 무경식의 마제석촉과 두껍거나 얇은 四稜斧, 편인석부, 석도, 석겸, 환상석부, 찰절구 등 다양한 종류의 마제석기가 출토된 신석기시대의 유적이다. 이 중 마제석촉, 석도, 석겸에서 분명하게 찰절기법이 확인된다.

마제석촉은 단면 능형의 유경식과 편평이등변삼각형이 있다. 후자 중에는 기부가 오목한 무경식과 어깨 부분이 미늘처럼 꺾인 유경식이 있다. 일반적으로 유경식은 길고(7~8.5cm), 무경식은 짧다(3~4.5cm).

찰절흔은 단면 편평 육각형이며 얇은 신부의 석촉에서 다수 확인된다(도 5). 길이에 따라 2종류로 구분되는데, 기부가 오목한 무경식(도 5-1~3)과 어깨 부분이 미늘처럼 꺾인 유경식(도 5-5 · 6)의 길고 짧은 것 모두 찰절기법에 의하여 제작되었다. 양적으로는 기부가 오목한 무경식에서 많이 관찰되며, 양 측면과 기부에 찰절되어 있다.

그러나 찰절흔이 남아있는 석편 가운데 두께가 5mm를 넘는 것도 있어, 단면 능형의 긴 유

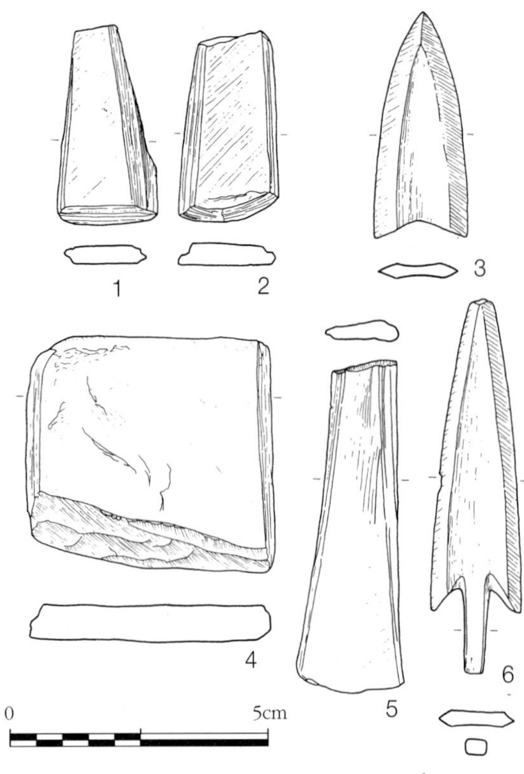

<도 5> 자강도 강계시 공귀리에서 출토된
찰절흔이 관찰되는 석기

경촉도 찰절기법에 의하여 제작되었을 가능성이 높다. 석재는 모두 편암이다.

석도와 석겸도 찰절기법으로 제작되고 있다(사진 1). 도면에 제시된 5점의 석도 가운데 4점은 윗면과 날이 곡선(1~3 · 5)이고, 1점은 날이 직선인 반월형이다(4). 이 중 4점(2~5)은 둥근 윗면에 찰절흔이 잘 남아있다. 찰절기법은 원래 직선적인 쪼갬에 유리한 기법이지만, 이와 상관없이 곡선 형태를 이루는 부분에도 적용되고 있다. 아마도 기법의 유리함보다는 형태적 규제가 우선시되었기 때문일 것이다. 이와 같이 무리하게 적용되었기 때문에, 찰절된 선이 반드시 부드럽게 형성되어 있지는 않다. 석재는 역시 편암이다.

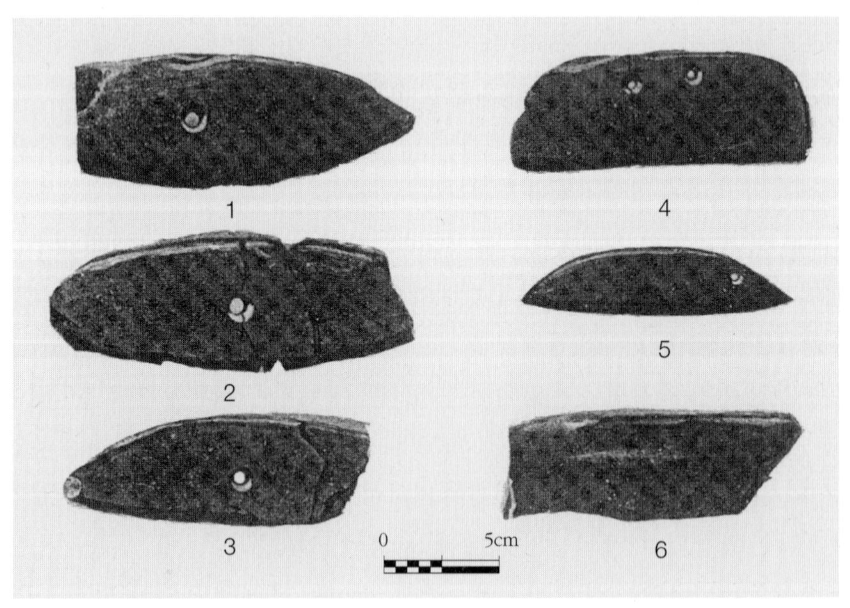

<사진 1> 공귀리에서 출토된 찰절흔이 관찰되는 석도(1~5)와 석겸(6)

석겸(사진 1-6)은 양 측면이 결실되었는데, 석도와 마찬가지로 찰절기법이 사용되고 있다.

보고서에는 찰절 가공한 석편 가운데 석촉과 석도가 존재한다고 기술하였지만, 이들 이외의 석기에 찰절이 이용되었다는 언급은 없다. 찰절 가공한 석편 중에는 폭 4.8cm, 잔존 길이 4.3cm, 두께 0.7cm인 것도 확인되는데(도 5-4), 형태, 크기, 두께로 볼 때 편인석부의 가능성이 있지만 확실하게는 알 수 없다.

이밖에 함경북도 웅기, 상삼봉, 간평, 동관진, 나진 등의 유적에서도 찰절흔이 확인된 석기가 많다고 하지만(李健茂 外 1981: 26), 그 실체는 분명하지 않다.

이상, 한반도 북부의 찰절석기에는 마제석촉, 석도, 석겸, 마제석검 등이 존재한다는 것을 알 수 있다. 이 중 찰절 마제석촉은 이미 빗살무늬토기 문화 단계에 출현하고 있다. 이러한 조합 가운데 주요한 찰절석기인 마제석촉, 석도가 한반도 남부에서도 확인되고 있어, 양자가 일련의 전파 관계를 통해 연결되어 있음을 짐작할 수 있다. 특히 석촉은 양 지역 사이에 형태적 연속성이 뚜렷하여, 이러한 점을 통해서도 한반도 북부와 남부의 밀접한 관계를 증명하는 것이 가능하다.

편인석부에서의 존재 여부는 아직 분명하지 않지만, 중요한 의미를 갖는다. 한반도 남부에서는 거의 확인되지 않고 후술할 중국에는 존재하기 때문에 중간 지점인 이 지역에서 소멸된 것인지, 소수이지만 남아있었는지에 대하여 앞으로의 자료를 기다릴 수밖에 없지만, 찰절 편인석부의 전파 경로를 추적할 수 있는 중요한 지역이 될 것이다.

아무튼 한반도 북부의 주요한 찰절석기는 소모품들이며, 모두 두께가 얇다. 이는 동아시아 계통 찰절석기의 특성이라 할 수 있다.

5. 중국의 사례

1) 중국 遼東地域

이 지역에서 찰절석기는 遼寧省 瀋陽市 新樂遺蹟 하층에서 출토된 유물을 대표적 사례로 들 수 있다(曲瑞奇·瀋長吉 1978: 453-454; 于崇源 1985: 215-218). 新樂 하층은 이 지역의 가장 오래된 신석기시대 유적으로 방사성탄소연대 측정치가 기원전 4,000년으로 나왔다.

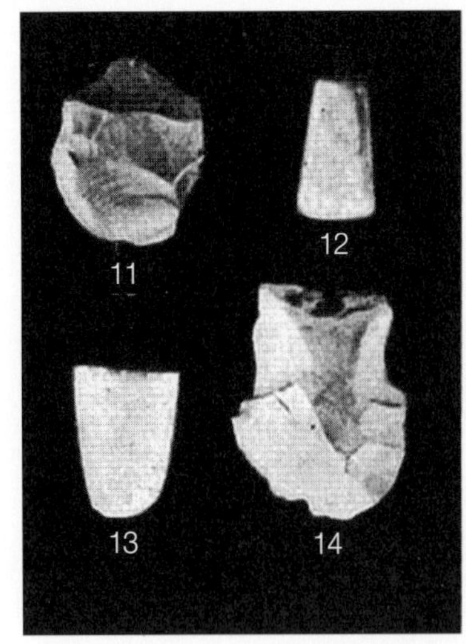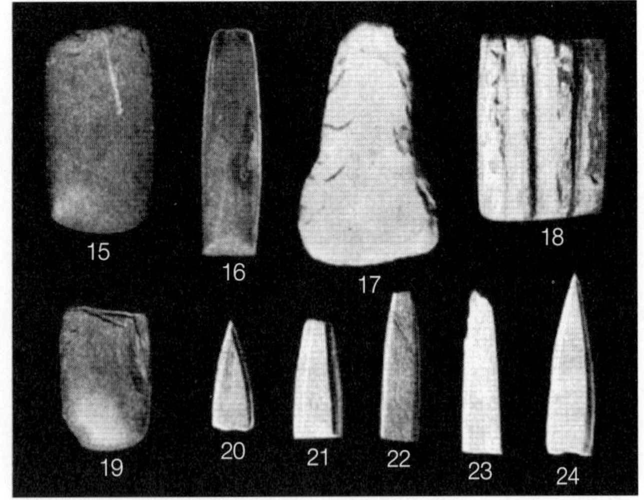

<사진 2> 遼寧省 瀋陽市 新樂 하층에서 출토된 찰절흔이 관찰되는 석기
(12는 소형 석부, 20~24는 석촉)

　　2차에 걸친 조사가 실시되었는데, 마제석촉, 소형 석부, 석도, 옥제 조각기, 煤精(jet stone)으로 만든 제품에서 찰절기법이 확인되었다(사진 2·도 6).

　　石刀鏃과 함께 석촉을 구성하고 있는 마제석촉은 녹색혈암으로 제작되었다. 평면 긴 삼각형, 단면 편평육각형을 이루며 기부는 오목하거나 편평하여, 한반도 북부의 공귀리 출토품과 같은 종류의 것이다(사진 2-20~24). 이들의 제작은 편평하게 만든 혈암을 삼각형으로 찰절하는, 즉 양 측면과 기부를 찰절하여 외형을 갖추는데, 이러한 기법도 공귀리 사례와 동일하다. 한편, 보고자는 찰절구로 細石刀 가운데 석인석기가 적합하다는 실험 결과를 제시하고 있다. 이 마제석촉들은 주거지 내에서 출토된 실용품이다.

　　소형 석부는 판상의 퇴적암을 찰절하여 제작하고 있다(사진 2-12). 사진만으로 크기는 알수 없지만, 직선적인 가장자리에 긴 사다리꼴을 이룬다.

　　석도는 흑자색의 퇴적암을 찰절하여 제작한 小刀器이다. 측면이 대칭적이지 않고 사다리꼴을 이루며, 인부는 직선이다.

　　이밖에 옥 계통의 석재에 찰절을 가하여 석부를 만들고 있다. 석부라 하더라도 인부가 합인을 이루는 벌채부가 아니라, 편평하거나 좁은 봉형의 소형 석부이다(도 6). 첫 번째 석부(도 6-1)는 흑백의 문양이 있는 검은 옥으로 제작되었으며, 단면이 원형에 가까운 끌 형태이다. 한쪽 측면의 중간에 0.15cm의 찰절 홈이 남아있다. 길이 10.3cm, 폭 1.1cm, 두께 1.3cm이다. 두 번째 석부(도 6-2)도 검은 옥 제품으로, 신부는 편평하고 길며 한쪽 측면에 0.3cm의

찰절 홈을 남기고 있다. 길
이 9.5cm, 폭 2.6cm, 두께
0.8cm이다. 세 번째 석부(도
6-3)는 청옥 제품으로, 위·
아래쪽에 날이 형성되어 있
다. 신부는 편평하며, 역시
한쪽 측면에 찰절 홈이 남아
있다. 길이 5.9cm, 폭 1.9cm,
두께 0.8cm의 雙刃斧式이
다. 이들 이외에 벽옥으로
만든 끌 형태의 석부도 존재
하지만, 이 유물에 대한 찰절
흔의 유무는 언급하지 않고
있다.

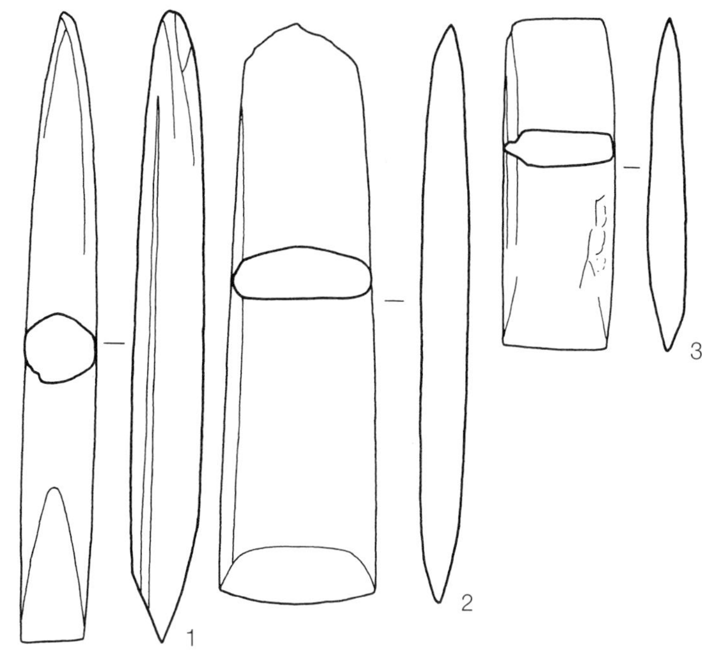

〈도 6〉 新樂 하층에서 출토된 옥으로 제작된 석부(7/10)

또한 포탄·귀걸이 형태
의 장식품이나 둥근 구슬의 소재가 된 것으로 매정(jet stone)이 있다. 매정은 치밀하며 흑색
에 금속 광택을 띠고 있어, 현대에도 조각 공예품이나 장식품에 사용되고 있다. 이 매정의 부
스러기나 덩어리에서도 분명하게 찰절이 관찰된다고 한다.

이상과 같이 중국 遼東平野에서는 신석기시대 초기부터 찰절기법이 확인된다. 이 시기에
는 아직 다수의 細石器가 남아있지만, 이미 농경재배가 행하여졌음은 주거지 내에서 기장과
같은 탄화물이 출토되는 것을 통하여 짐작할 수 있다. 이 때의 찰절기법은 마제석촉, 소형 석
부, 석도 등과 같이 편평한 형태의 실용 도구에 적용되는데, 이러한 양상은 한반도 북부와 유
사하다.

한편, 검은 옥이나 청옥, 매정 등 옥 계통의 석재에 찰절기법이 적용되고 있는 것은, 이 지
방의 특색이다. 한반도 북부에서 '아름답고 고운 석재' 의 사례는 있지만 이 정도로 확실한
옥 계통 석재에 적용된 것은 아니며, 한반도 남부, 일본으로 거리가 멀어질수록 점점 더 실용
석재로의 쏠림 현상이 심해진다.

遼東平野를 남하한 遼東半島의 신석기시대에도 오래 전부터 찰절기법이 관찰된다. 長海
縣 廣鹿島 小珠山 중층에서 출토된 유물 가운데(許明綱 外 1981: 72), 횡단면 사다리꼴, 잔존
길이 7.5cm의 세장방형 석편에서 찰절이 확인된다. 만들고자 의도한 석기의 기종은 알 수

없다. 시기는 新樂 하층보다 내려가, 大汶口 중기 병행기에 출현한다.

文家屯, 雙陀子, 南山里 등은 이보다 후행하는 山東龍山 병행기(小珠山 상층)~殷에 해당되는 것으로 생각되는데, 여기에도 찰절석기가 존재한다. 이들은 규슈대학에 소장된 것으로(渡辺正氣 1958: 16-20), 마제석촉과 편인석부가 확인된다. 석촉의 찰절흔은 양 측면 성형 시에 생긴 것이다. 형태는 短鋒形(文家屯)과 長鋒形(南山里)이 있는데, 모두 횡단면 육각형, 평면 이등변삼각형의 편평무경촉으로 新樂 하층의 찰절 석촉과 같은 형태이다. 遼東地方의 특징적인 형태를 이루고 있다. 편인석부는 한쪽 측면(雙陀子·南山里·文家屯)에서 찰절흔이 확인된다. 횡단면형에 2종이 있는데, 1종은 몸체가 부풀은 방형으로 옥 계통의 석재를 사용하고 있다(文家屯·雙陀子). 이들은 석재, 횡단면형에서 新樂 하층 출토 찰절 편인석부와 유사하다. 다른 1종은 횡단면형이 사다리꼴 또는 장방형으로, 평면형도 규격적인 형태를 이루고 있다(雙陀子·南山里). 小珠山 상층기가 되면 토기뿐만 아니라 석기에도 山東龍山文化의 영향이 커지기 때문에 후자의 이러한 특징도 黃河下流域의 영향으로 생각되며, 이와 함께 찰절기법의 전파도 고려해 둘 필요가 있다.

2) 黃河流域

지금까지 그다지 주목받지 않았던 중국 黃河流域의 신석기시대에도 찰절기법이 존재한다.

초기의 것으로는 黃河中流域의 陝西省 西安市 半坡遺蹟 출토품이 있는데, 신석기시대 초두에 가까운 仰韶文化期에 출현하였다. 보고서에 의하면 절단법은 원석의 앞뒷면을 찰절하여 얇게 만들어진 부분을 부러뜨린다고 하여(中國科學院考古研究所 1963: 149-150), 이제까지 살펴본 遼東地方, 한반도, 일본에서의 찰절기법 공정과 거의 일치한다. 찰절된 원석의 두께는 2~18mm이며, 보통 5mm 정도이다. 이와 같이 黃河流域에서도 얇은 석재의 절단에 찰절이 이용되고 있어, 앞에서 언급한 경향과 궤를 같이 한다. 보고서에서는 이상을 총괄하여 소형 석기의 중요한 가공기법으로 다루고 있다.

도면으로 제시된 유일한 사례는 '장방형에 얇은 자루 형식' 편인석부(도 7-1)로, 양 측면에 제작 시의 찰절흔이 남아있다. 길이 9cm, 폭 6cm, 두께 1.8cm로, 두께가 가장 두꺼운 사례이다.

黃河流域의 山東省 泰安縣 大汶口遺蹟에서도 찰절기법이 관찰된다(山東省文物管理處·

濟南市博物館 1974: 36)(도 7-3). 길이 15cm, 폭 10cm 전후의 雙孔石鏟(굴지구)으로, 두께는 약 0.6cm로 얇다. 석재는 옥 계통이다. 같은 하류유역인 山東省 安丘縣 峒峪의 山東龍山文化에서도 찰절기법이 확인된다(王思礼 1963: 530). 긴 변 8.8cm, 짧은 변 6cm의 석편(도 7-4)으로, 신부 중앙의 양면에 찰절흔이 남아있다. 찰절에 의해 생산된 석편 하나의 크기는 길이 8.8cm, 폭 3cm이다. 이러한 크기와 두께로 볼 때 편인석부 등의 제작에 적합하다.

또, 佟柱臣(1978: 58~59)은 仰韶, 龍山의 공구를 연구하는 가운데, 陝西省 寶鷄市 北首嶺(中國科學院考古研究所 1983: 64~65)의 편인석부(도 7-2), 河南省 洛陽市 王灣의 석편, 西關堡 仰韶期 유엽형석촉의 기부, 河南省 偃師灰嘴의 龍山期 방형석부 등에도 찰절기법이 사용되었음을 지적한 바 있다.

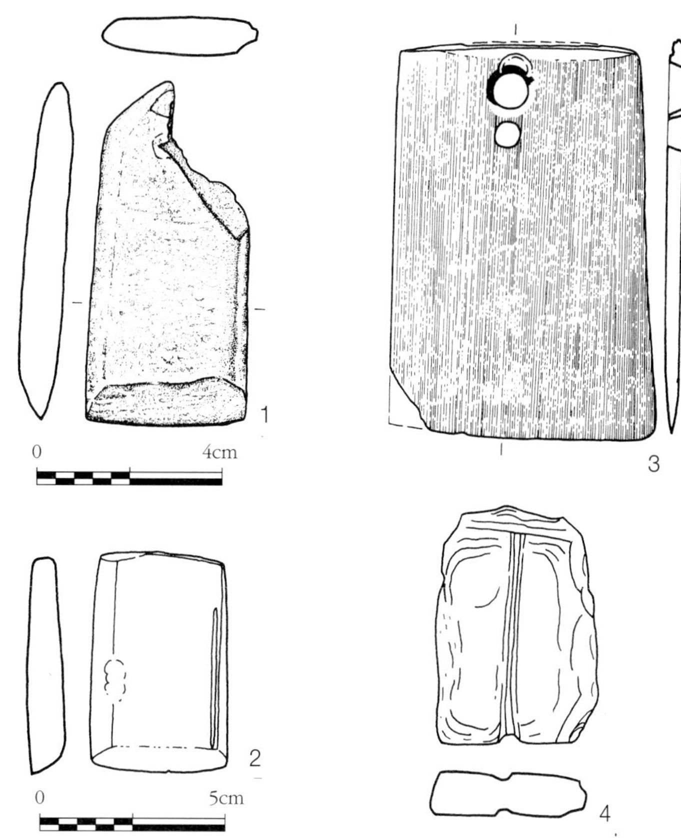

1 陝西省 西安市 半坡(仰韶), 2 陝西省 宝鷄市 北首嶺(仰韶), 3 山東省 泰安縣 大汶口(大汶口 1/3), 4 山東省 安丘縣 峒峪(龍山 1/3)

〈도 7〉 黃河流域에서 출토된 찰절흔이 관찰되는 석기

이상의 사례들만으로 중국 신석기시대 찰절석기의 전모가 판명되었다고는 할 수 없지만, 일단 편인석부·石鏟·방형석부와 유엽형석촉에 찰절기법이 적용되었음을 알 수 있다. 그중에서도 半坡, 北首嶺, 灰嘴, 大汶口, 峒峪에서 관찰되는 바와 같이 편평 방형석기에 찰절기법이 적용되어 규격화된 형태의 석기가 제작되는 사례가 많은데, 이것이 黃河流域 찰절석기의 특징이라 생각한다. 이러한 특징적 형태와 기법을 가지는 석기가 山東龍山文化를 경유하여 遼東半島의 편평석부에 영향을 미쳤을 가능성은 앞에서 서술한 바 있다. 규격적인 편평석부의 제작에 찰절기법이 이용된 사례는 長江河流域에서도 확인된다. 良渚~湖熟期의 浙江

省 吳興 錢山漾(浙江省文物管理委員會 1960: 83)에서 출토된 두께 0.6cm의 편평한 석기는 양면에 '가지런한' 찰절흔이 관찰되며, 이것이 분할되어 몇 개의 편평석부로 제작되고 있다. 이 지역 특유의 유단석부가 山東龍山文化를 경유하여 小珠山 중층기에는 遼東半島에 도달하기 때문에, 遼東半島에서 찰절기법을 갖는 규격적인 편평석부 등에 山東을 경유하여 영향을 주었을 가능성도 생각해 두고 싶다.

그렇다면 석도의 제작에도 이 기법이 적용되었을까? 靑海省 樂都縣 柳灣(靑海省文物管理處考古隊 1976: 366; 中國社會科學院考古硏究所 1984)(馬廠期), 河南省 陝縣 廟底溝(中國科學院考古硏究所 1959: 56 · 78)(仰韶期 · 龍山期), 河南省 鄭州 大荷村 제4기(鄭州市博物館 1979: 350)(仰韶 · 龍山 과도기), 臺灣 蕃仔田 國母山(國分直一 1981: 207-208) 등의 방형, 외만인 반월형, 때로는 윗면과 날이 곡선인 석도에서 찰절 홈이 관찰되는데, 끈을 매는 용도로 원형 구멍과 함께 이용되거나 혹은 단독으로 찰절되어 있다. 구멍이 있는 石鏟과 편인석부에서도 동일한 현상이 확인되기도 한다. 이들은 찰절기법의 응용이라 생각되지만, 이러한 사례의 존재를 통하여 석도의 제작에 찰절기법이 적용되었다고 판단하는 것은 확대 해석이라 할 수 있다. 현 단계의 자료 중에서 석도 제작에 찰절기법이 적용된 사례는 보고되어 있지 않다.

6. 동아시아 찰절기법의 전개

동아시아에서 가장 이른 시기의 찰절석기는 중국의 遼東地域과 黃河流域에서 관찰된다. 전자는 新樂 하층문화, 후자는 仰韶文化에서 확인되며, 모두 해당지역에서 가장 이르거나 혹은 이른 무리의 신석기문화와 함께 출현하고 있다.

新樂 하층문화에서는 1) 석도, 소형 석부, 편평이등변삼각형석촉 등 다수의 일상 생활용 대륙계마제석기에 찰절기법이 적용됨과 함께, 2) 검은 옥, 청옥 등 옥 계통의 소형 석착, 석부의 제작에도 이용되고 있다. 그리고 3) 모든 석기의 두께가 1cm 이하로 얇은 것 등을 특징으로 한다.

黃下流域에서도 두께 1.8cm 이하의 석기 제작에 찰절기법이 이용되는 점은 遼東地域과 동일하다. 구체적인 사례로 편인석부, 石鏟, 석촉을 들 수 있는데, 편인석부 · 石鏟 등 편평하고 방형인 석기의 윗면과 측면에 찰절을 행하여 직선적 신부를 제작하며 이러한 종류의 석기에 찰절기법이 적용된 사례가 많은 것을 특징으로 한다. 마제석촉에도 약간 사용되고 있지만, 석도의 경우 확실한 사례는 알려져 있지 않다. 大汶口 출토 사례처럼 옥 계통의 석재에 사용되는 경우도 있다.

仰韶文化와 新樂 하층의 찰절기법이 서로 어떠한 영향을 끼쳤는지 확인하는 것은 어렵다. 방사성탄소연대 측정치에 의하면 新樂 하층보다 仰韶文化 쪽이 이르기 때문에 仰韶文化에서의 영향을 생각해 볼 수 있지만, 같은 종류의 찰절석기를 형식적으로 비교해 보면 석촉, 편인석부, 석도 등 양 지역의 석기가 형태를 달리하고 있어[6] 무리하게 연결시키는 것은 곤란하다.[7] 遼東半島에서는 新樂 하층에 후속하는 小珠山 중층(大汶口 중기)기에 찰절기법이 출현하며, 이르면 小珠山 상층(山東龍山期)기에 마제석촉, 편평석부에 찰절기법이 적용되고 있다. 마제석촉은 편평무경촉으로 新樂 하층 출토품과 동일한 형태이며 편평석부도 新樂 하층에서 같은 형태가 확인되어, 이 지역에서의 전파와 연속성이 관찰된다. 한편, 이 시기에는 黃河流域과 長江下流域으로부터 결합한 山東龍山文化 석기의 밀접한 영향이 확인되는데, 이러한 지방의 특색인 규격적인 편평석부에도 찰절기법이 관찰되어 山東地方에서의 전파도 생각된다.

한반도 북부의 찰절석기는 遼東地方의 찰절석기와 가깝다. 양 지역은 찰절기법이 적용된 기종과 석기의 형태에서 밀접한 관계가 있다. 따라서 한반도 북부의 찰절기법은 遼東地方 찰절기법의 전통을 이은 것으로 보인다. 이 지방에서는 이미 궁산유적 아래문화층에서 확인된 바와 같이 빗살무늬토기 단계의 편평무경촉에서 찰절기법이 관찰된다. 또, 공귀리유적에서는 小珠山 상층기에 성립한 석기의 영향과 이러한 석기에 행하여진 찰절기법이 확인된다.

양 지역을 전형적으로 연결시키는 것은 마제석촉이다. 양 지역의 마제석촉은 단면 편평육각형, 평면 이등변삼각형으로 모두 동일 형식에 속하고 있다. 석촉의 양측 및 기부에 찰절을 행하여 제작하는 등의 방법 또한 동일하다.

일반적으로 黃河中下流域의 마제석촉은 일부 편평이등변삼각형촉이 확인되기는 하지만, 단면 능형의 유경촉을 주체로 하여 이등변삼각형촉의 遼東地方과는 다르다. 遼東地方에서 黃河下流域文化의 영향이 거의 보이지 않는 시기인 新樂 하층, 遼寧省 長山縣 小珠山 중·하층(許明綱 外 1981: 63-82; 許玉林·甦小幸 1984: 287-307)에서 출토된 마제석촉은 편평이

---

6) 黃河流域에서 마제석촉은 유경, 도끼류는 규격적 장방형, 석도는 장방형을 기본형으로 하는 반면, 遼東地域에서 마제석촉은 무경삼각형, 도끼류는 원형 기부에 긴 사다리꼴, 석두는 둥구 날을 기본형으로 한다
7) 遼東과 시베리아의 찰절기법이 서로 관련되는지에 대해서는 상세한 검토가 요구된다.

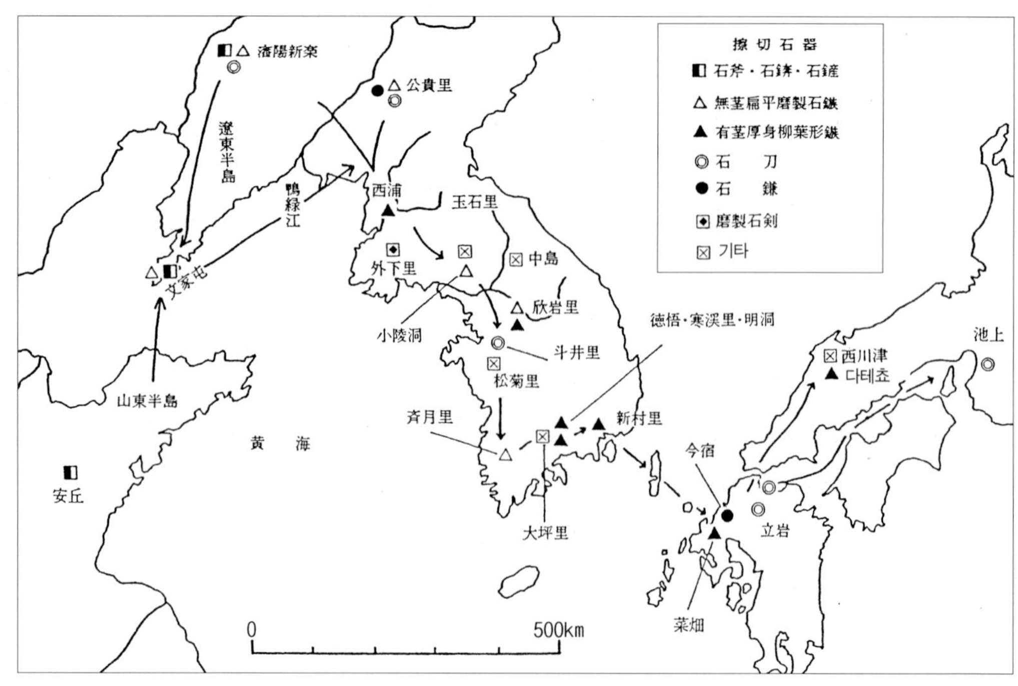

〈도 8〉 찰절석기의 분포와 흐름

등변삼각형뿐이다. 그 후 山東龍山文化가 이 지방에 전해지게 되면서 유경촉이 출현하지만, 山東龍山文化와 병행하는 小珠山 상층기에도 이등변삼각형촉이 기본 형태로 지속되고 있다. 즉, 이등변삼각형촉은 遼東地方 신석기시대의 주요 형식으로서 계속적으로 전개되어, 小珠山 상층기 이후 于家村 하층・單陀子(殷 초기), 于家村 상층・羊頭窪(殷 후기)의 殷代부터 高麗寨(殷~戰國)까지[8] 동일한 위치를 유지하고 있다. 遼東地方과 指呼 사이에 위치하는 공귀리유적의 석촉은, 형태, 제작기법 모두 遼寧 석촉을 답습한 것이다.

　新樂 하층, 小珠山 중・하층 등 遼東地方의 초기 석도는 구멍이 없고 양 측면이 일치하지 않는 사다리꼴, 윗면이 직선인 외만인 반월형, 윗면과 날이 곡선인 어형 등 정형화되지 않고 조잡한 형태로 등장하였는데, 新樂 하층 출토품에서 관찰되는 바와 같이 이 단계에도 찰절 기법이 일부 적용되고 있다. 이러한 상태에 변화가 발생한 시기는, 이 지방 각종 석기의 변혁기인 小珠山 상층기이다. 변화의 원인 중 하나는 앞에서 언급하였듯이 山東龍山文化에서 찾

---

8) 遼東의 편년 및 中原과의 대비는 宮本一夫(1985: 1-51)의 논고를 따랐다.

을 수 있는데, 석도도 미완성의 조잡한 것에서 구멍이 뚫린 어형으로 정형화된다. 어형의 석도는 山東龍山文化에서 소수만 확인되기 때문에, 반드시 이 지방으로부터의 영향이라고 할 수는 없다. 遼東 초기 신석기문화의 조잡한 석도 중에 어형이 존재하는 것을 볼 때, 오히려 小珠山 상층기에 성행한 마제석기 전체의 변혁 가운데 현지의 석도가 완성도를 높여 정형화된 것으로 생각된다. 이후 어형은 高麗寨의 시기까지 확실히 주요한 석도로서 계승된다. 이와 같은 정형화에 발맞추어 찰절기법도 계승되었으며, 이 두 가지가 하나로 표현된 것이 공귀리 출토의 석도라 할 수 있다.

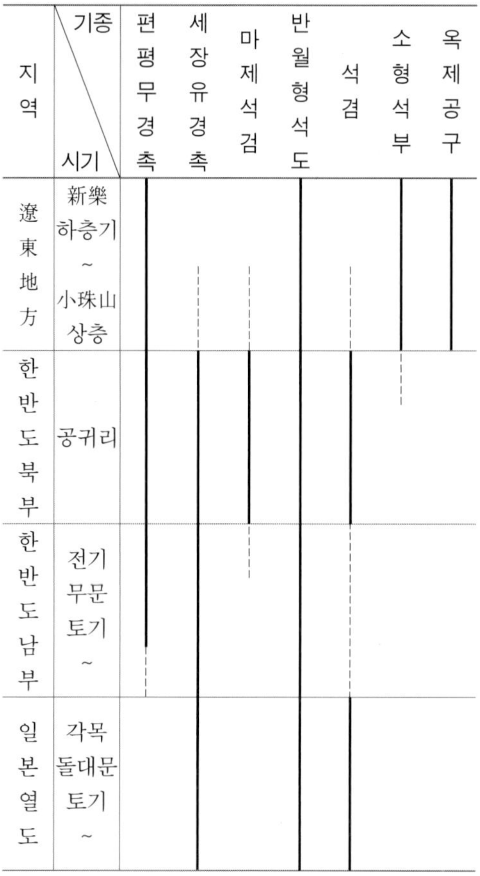

어형이라는 석도 형태의 규제력은 의외로 강하여, 전혀 유리하다고 할 수 없는 곡선형에 찰절기법이 적용되었다. 이러한 점은 찰절기법의 전통이 강하다는 사실 또한 반영하고 있다.

지역	기종 / 시기	편평무경촉	세장유경촉	마제석검	반월형석도	석겸	소형석부	옥제공구
遼東地方	新樂 하층기 ~ 小珠山 상층							
한반도북부	공귀리							
한반도남부	전기 무문토기 ~							
일본열도	각목돌대문토기 ~							

석겸은 山東龍山文化의 영향을 바탕으로 遼東地方에 출현하여 석도와 함께 남하한다. 공귀리의 찰절기법이 관찰된 석겸은 석도와 함께 수확구로 이용되기 때문에, 석도의 찰절기법이 석겸에도 적용되었을 것이다.

이상과 같이 한반도 북부에서 마제석촉과 석도의 찰절기법은 遼東 찰절석기의 계보를 이어받은 것이다. 그러나 한편으로 新樂 하층과 小珠山 상층에서 확인된 바 있는, 소형 석부, 편인석부, 옥 계통 공구 등의 찰절기법은 이 지방에서 두드러지지 않는다. 공귀리에서 출토된 석편 중 하나가 편인석부일 가능성을 지적하였지만, 그렇다 하여도 편인석부, 옥 계통 공구에 찰절기법의 적용은 이 지방에서 소멸되었거나 혹은 크게 후퇴한 것으로 보인다.

황해도에서 확인된 인부에 찰절이 있는 마제석검은 무병무경식으로, 遼東地方에서도 출토된 것이다. 遼東地方에서 이러한 종류의 석검에 찰절이 적용되었는지는 불분명하지만, 그 가능성은 충분히 고려해 둘 필요가 있다.

한반도 남부에서는 초기 무문토기인 공렬문토기 단계에 찰절기법이 출현한다. 이 찰절기법은 한반도 북부의 계보를 이어받은 것으로, 마제석촉이 대표적이다. 찰절기법이 사용된 마제석촉은 한반도 남부의 북쪽에서부터 남쪽까지 널리 분포하여, 遼東地方에서부터 한반도 남단까지 일직선으로 연결된 분포를 보인다. 이를 단적으로 나타내는 것이 편평무경촉으로, 북에서부터 중국 遼寧省 新樂, 遼東半島의 文家屯, 한반도 북부의 평안남도 궁산, 자강도 공귀리, 경기도 흔암리 · 소릉동, 전라남도 제월리, 경상남도 덕오A 순으로 남하하여 연속되고 있다. 이러한 경향은 신부가 두꺼운 유경장신촉에서도 관찰되는데, 한반도 북부의 평양시 서포, 한반도 남부의 경기도 흔암리, 경상남도 덕오A · 한계리 · 명동, 교토대학 소장품 등이 연속적으로 출토된다. 유경장신촉은 小珠山 상층 이후 遼東地方에서 출현하여 한반도 북부로 전해졌기 때문에, 이 석촉에 대한 찰절도 일찍이 遼東地方에 존재하였다고 생각된다. 그리고 유경장신촉은 한반도의 최남단까지 확산되며, 바다 건너 일본에도 영향을 미쳤다.

석도의 찰절 적용은 작은 석도라는 형태로 두정리에서 출현하였다. 윗면 직선에 외만인의 편인 석도로 윗면에서 찰절흔이 관찰되는데, 윗면과 날이 곡선인 어형의 공귀리 출토품과는 차이가 있는 것처럼 보인다. 어형과 외만인 반월형은 다른 형식처럼 생각되는 경향이 있지만, 사실은 遼東半島의 어형이 남하함에 따라 윗면의 곡선 정도가 약해지다가 결국 한반도 남부에서 윗면이 직선에 가깝게 변한 것이다(엄밀히 말하면 한반도 남부의 외만인 반월형은 대부분 어형에서 변화된 것이기 때문에 양끝이 아래로 내려가 있다). 따라서 한반도의 어형과 외만인 반월형은 하나로 연결된 것이라 할 수 있으며, 이에 대응하여 찰절선의 형태가 변하였을 뿐이다. 이러한 점에서 볼 때, 공귀리의 찰절과 두정리의 찰절이 서로 연속된 관계에 있다고 생각하는 것이 가능하다.

한반도 남부 출토품 가운데 가공부인 유구석부와 편평편인석부에서 찰절흔이 확인된 사례는 알려진 바 없다. 한반도 북부에서 소멸되거나 혹은 크게 후퇴한 가공부에 찰절기법을 적용하는 방법은 더욱더 후퇴하여, 한반도 남부의 가공부에서는 찰절기법이 거의 관찰되지 않는다. 옥 계통의 공구에서 찰절흔이 확인되지 않는 것도 동일하다.

일본의 본격적 벼농사 시작 시기 이후의 대륙계마제석기가, 한반도 남부의 전기 무문토기와 동반한 대륙계마제석기의 영향으로 발생되었음은 분명한 사실이다. 이에 수반하여 찰절기법이 전해진 것은, 일본 출토의 찰절석기와 한반도 남부의 찰절석기가 동일한 기종이라는 점에서 볼 때 확실하다. 일본에서 출토된 찰절흔을 가진 유경촉과 반월형석도가 그 예이다.

한반도의 최남단에서 편평무경촉은 세력을 상실하고, 그 대신 신부가 두꺼운 유경장신촉이 주체를 이루게 된다. 이러한 형태가 일본으로 전해져 일본적인 편평형이 된 것은, 菜畑 출토품을 통하여 확인할 수 있다.

　반월형석도의 경우 福岡縣 立岩이나 下稗田 출토품은 윗면이 직선이며 大阪府 池上 출토품은 날이 직선으로 각각의 지역에 따라 형태는 다르지만, 모두 직선 부분의 형성에 찰절기법을 이용하고 있다. 한반도 남부의 두정리 출토품도 동일하게 직선 부분에 찰절이 적용되어, 양자가 서로 통하고 있음을 짐작할 수 있다.

　今宿 西松原 출토품이 석겸이라면, 한반도 북부의 공귀리에서 확인된 석겸의 찰절기법이 한반도 남부로 남하하여 일본에까지 전해졌다고 보는 것도 가능하다.

　규슈를 중심으로 한 서일본의 편평편인석부에서 아직 찰절기법이 관찰되지 않는 것은, 한반도 찰절기법의 양상에 따라 규정된 결과일 가능성이 높다. 黃河流域, 遼寧地方에서 확인된 편인석부, 石鏃, 석부 등의 직선적인 평면형을 갖는 편평 석부에 대한 찰절기법은, 한반도 북부에서 급속도로 자취를 감춰 한반도 남부에서는 거의 사라지게 된다. 이러한 현상은 당연히 북부 규슈에도 계승되어, 규슈를 중심으로 한 서일본에서는 찰절 편평편인석부가 쉽게 존재할 수 없었던 것으로 이해된다.

　이러한 관점에서 볼 때 近畿 동쪽에서 관찰되는 야요이시대 편평편인석부의 찰절기법은 대륙계 찰절기법이라고 생각하기는 어렵고, 죠몽시대부터 이 지방에 확산되었던 찰절기법이 야요이시대에까지 계승되어 적용되었을 가능성이 높다.

　야요이시대의 찰절기법의 경우 규슈에서는 전기까지의 사례가 많지만, 이후 소멸된 느낌이 강하다. 위래부터 중요하지 않은 석기 제작기법이었기 때문에, 타격기법에 흡수된 것이라 생각된다. 다른 지역에 대해서는 확실한 공반 관계를 나타내는 자료의 출현을 기다려 검토하는 것이 바람직하다.

　이상과 같이 일본의 대륙계마제석기에서 관찰되는 찰절기법은 중국 遼東地方을 기원으로 하며, 이것이 한반도로 남하한 후 일본으로 전래되었다고 생각한다. 이러한 경로는 단지 찰절기법뿐만 아니라, 대륙계마제석기가 일본으로 전해진 길이기도 하다. 그리고 본고에서 직접적으로 언급하지는 않았지만, 찰절기법이 한반도 중·남부로부터의 벼농사 전파 경로와 관련될 가능성도 충분히 생각해 볼 수 있다.

(원전 : 1987, 「東アジアにおける擦切技法について－彌生時代擦切石器の系譜」

『東アジアの考古と歴史(上) 岡崎敬先生退官記念論文集』, 岡崎敬先生退官記念事業會)

참고문헌

姜仁求·李健茂·韓永熙·李康承, 1979,『松菊里』Ⅰ, 國立中央博物館.

京畿大學出版部, 1983,『韓國의 農耕文化』.

과학백과사전출판사, 1977,『조선고고학개요』.

과학원출판사, 1959,『강계시 공귀리 원시유적 발굴보고』, 유적발굴보고 6.

金載元·尹武炳, 1967,『韓國支石墓研究』, 國立博物館.

서울大學校博物館·同考古學科, 1976,『欣岩里 住居址』3.

尹武炳, 1963,「天安 斗井里의 竪穴住居址」『美術資料』8, 國立博物館.

李健茂·李康承·韓永熙·金載悅, 1981,『中島』Ⅱ, 國立中央博物館.

任孝宰, 1978,『欣岩里 住居址』4, 서울大學校博物館·同人文大考古學科.

趙由典, 1979,「慶南地方의 先史文化研究」『考古學』5·6, 韓國考古學會.

崔夢龍, 1973,「潭陽 齊月里의 石器文化」『湖南文化研究』5, 全南大學校湖南文化研究所.

崔鍾圭·安在晧, 1983,「新村里 墳墓群」『中島』Ⅳ, 국립중앙박물관.

岡崎敬 編, 1977,『立岩遺跡』, 河出書房新社.

曲瑞奇·潘長吉, 1978,「瀋陽新樂遺址試掘報告」『考古學報』4.

國分直一, 1981,「臺灣先史時代의 石刀」『臺灣考古民族誌』, 慶友社.

宮本一夫, 1985,「中國東北地方における先史土器の編年と地域性」『史林』68.

渡辺正氣, 1958,「關東州文化屯の石器」『九州考古學』3·4.

嶋田光一, 1982,『下ノ方遺跡』, 飯塚市文化財調査報告書 6.

佟柱臣, 1978,「仰韶, 龍山工具的工藝研究」『文物』11.

藤森宋一, 1942a,「擦切石器の技術—越後系魚川の新資料」『古代文化』13-2.

藤森宋一, 1942b,「硬玉の巨珠」『古代文化』13-3.

寺村光晴, 1965,「硬玉製大珠論—原流と攻玉技術と文化」『上代文化』35.

山東省文物管理處·濟南市博物館, 1974,『大汶口』, 文物出版社.

石神幸子 外, 1979,『池上遺跡—石器編』, 大阪文化財センター.

松本雅明, 1965,『城南町史』, 城南町史編纂會.

神田五六, 1935,「信濃栗林の彌生式石器」『考古學』6-10.

岩野見司, 1957,「擦切溝を殘した石斧の新例」『考古學雜誌』42-2.

王思札, 1963,「山東省安丘峒峪, 胡峪新石器時代遺址調査」『考古』10.

于崇源, 1985,「瀋陽新樂遺址第二次發掘報告」『考古學報』2.

笠原烏丸, 1937,「朝鮮の擦切石器に就て」『考古學雜誌』27-2.

笠原烏丸, 1938,「擦切作用による石製刀子に就て」『考古學雜誌』28-5.

長嶺正秀 外, 1985,『下稗田遺跡』, 行橋市文化財調査報告書 17.

前島己基 外, 1979,『タテチョウ遺跡發掘報告書』Ⅰ, 島根縣敎育委員會.

浙江省文物管理委員會, 1960,「吳興錢山漾遺址第一・二次發掘報告」『考古學報』2.

鄭州市博物館, 1979,「鄭州大荷村遺址發掘報告」『考古學報』3.

中國科學院考古硏究所, 1959,『廟底溝與三里橋』, 中國田野考古報告集 9.

中國科學院考古硏究所, 1963,『西安半坡』, 中國田野考古報告集 214.

中國科學院考古硏究所, 1983,『宝鷄北首嶺』, 中國田野考古報告集 26.

中國社會科學院考古硏究所, 1984,『靑海柳灣』下, 中國田野考古報告集 28.

中島直幸 外, 1982,『菜畑』, 唐津市文化財調査報告書 5.

靑海省文物管理處考古隊, 1976,「靑海樂都柳灣原始社會墓地反映出的主要問題」『考古』6.

村尾秀信, 1980,『西川津遺跡發掘調査報告書』Ⅰ, 島根縣敎育委員會.

八幡一郎, 1936,「日本石器時代の石器に於ける擦截手法」『東京人類學會・日本民族學會連合大會第1回記事』.

八幡一郎, 1953,『日本史の黎明』, 有斐閣.

下條信行, 1975,「未製石器よりみた彌生時代前期の生産体制」『九州考古學の諸問題』, 福岡考古學硏究會.

下條信行, 1977,「九州における大陸系磨製石器の生成と展開」『史淵』114.

下條信行, 1986,「日本稻作受容期の大陸系磨製石器の展開」『九州文化史硏究所紀要』31.

許明綱・許玉林・甦小華・劉俊勇・王璀英, 1981,「長海縣廣鹿島大長山島貝丘遺址」『考古學報』1.

許玉林・甦小幸, 1984,「大連市郭家村新石器時代遺址」『考古學報』3.

Michael, Henry N., 1958, *The Neolithic Age in Eastern Siberia*.

遼東形 벌채석부의 전개

04

번역 : 유병록

1. 머리말

동아시아에서 지역 간 문화관계나 문화전파에 대한 문제는 시대, 연구 대상, 연구 주제에 따라 다양한 해답이 존재한다. 신석기시대와 청동기시대 초기의 석도를 예로 들면, 중국 中原→중국 東北→한반도 북부→한반도 남부→일본열도로 전파되었다는 中華 일원론과, 중국 東北-紡錘形, 한반도 북부-장방형·直線刃半月形, 한반도 남부-外灣刃半月形이라는 잘못된 상정을 기초로 형식의 차이를 설정한 후 그 차이를 근거로 인접지역의 문화를 단절시키거나 혹은 반대로 다른 지역 간의 문화를 결합시킨 논리가 있다. 전자의 경우가 중화사상에 기초한 강력한 계통론에 의한 것이라면, 후자는 '형식론=문화의 단절'이라고 하는 형식 차이의 기계적 해석에 기초한 것이었다.

필자는 이러한 방법과 해석에 의문을 가지고 동북아시아의 석도를 검토한 바 있다. 그 결과 동북아시아의 석도는 중국 中原 석도와 기원을 달리하며, 독자적으로 遼東半島에서 발생하여 점차 형태 변화를 일으키면서 한반도의 북부→남부→일본열도로 전해졌음을 알 수 있었다(下條信行 1988). 만일 기원이 중국 中原이었다면, 중국 東北·한반도 북부·한반도 남부 사이에 형식적 단절은 없었을 것이다. 동북아시아에서는 中原과 거의 시기 차이가 없는 東北 신석기시대 초기 小珠山 중층기에 背部가 약간 볼록한 방추형 석도가 최초로 발생하였으며, 이 지역에서 특히 발전·정비된 후 한반도에 전해져 남하하면서 서서히 背部의 휘어지는 정도가 약해지고 한반도 남단이나 일본열도에서는 背部의 휘어짐이 거의 직선에 가까운 外灣刃半月形으로 변화하였다.

이는 확실한 출토자료에 의해 연대를 뒷받침하면서 中華 일원론이 아닌 다원론의 입장에서 분석한 결과로, 방추형과 외만인 석도의 형식 차이를 분단·대립관계가 아니라 연속하는 일련의 형식변화의 전개관계, 즉 組列論으로 파악한 것이다. 결국 일본열도의 대표적 大陸系磨製石器 가운데 하나인 석도의 연원을 동북아시아의 遼東半島에서 찾을 수 있었는데, 이는 인접 지역 간에 생겨난 약간의 형식 차(背部 휘어짐 정도의 차이)를 상대적인 차이로 인식하고 이러한 시점을 관철시킨 결과이다. 하나의 형식은 시간의 흐름에 따라 지역을 옮겨가면서 서서히 변화하게 된다. 처음에는 아주 작은 상대적인 차이에 지나지 않지만, 이러한 차이가 계속 모이게 되면 전혀 다른 형식으로 보일 수도 있다. 동북아시아에서 방추형과 외만인 석도의 관계는 이렇게 이해할 수밖에 없다. 형식의 차이는 서로의 다름을 나타내지만, 서로의 관계도 상징하기 때문이다.

시기적으로 앞선 지역과 늦은 지역의 관계를 고찰할 때, 그 사이에 존재하는 여러 공간의 동향을 무시하고 두 지점만의 비교를 통해 결론을 얻으려 한다면 위에서 언급한 관계는 이해될 수 없다. 중요한 것은 양자 사이에 존재하는 상사성과 상이성이며, 이들의 연속을 통해서만 목표를 달성할 수 있다. 두 지점을 직접 연결하는 '비행기론' 보다 그 사이를 한 발씩 걸어서 채워나가는 '도보론' 이 반드시 필요한 것이다.

그러나 이러한 방법을 적용하였다 하더라도, 그들 사이에 다름과 같음의 패턴이 항상 일정하다고 말할 수는 없다. 좀더 직접적으로 연속하는 것도 있지만 달라지는 것들도 존재하기 때문에, 다양하다고 할 수밖에 없다.

이러한 하나의 예로 뚜렷한 특징을 갖는 벌채석부를 들고자 한다. 이 석부는 遼東半島에서 발생하여 사용된 석도와 달리 두드러지는 형식변화 없이 동북아시아의 각지에 전해졌다. 즉, 직접 전파의 한 예로서 이러한 석부를 제시하는 것이 가능하다.

2. 遼東形 벌채석부와 그 특징

1) 지금까지의 연구과정

이 석부는 水野淸一(1933)에 의하여 최초로 연구되었다. 그는 이러한 석부를 '有肩石斧'

라 명명하고 11개 유적에서 13개의 사례를 집성하였다. 그리고 그 분포가 遼東半島 남부의 旅順이나 金州에 집중되어 있는 것에 대하여 '지금의 분포를 강조한다면 이 남만주의 유견석부는 遼東半島의 끝 부분을 본거지로 하여 극히 제한된 지방에서 사용된 것으로 추정되며', '몽고 동쪽·한반도의 신석기시대에는 거의 발견되지 않기' 때문에 '유견석부를 남만주와 몽고·한반도를 구분하는 하나의 표지 유물'로 파악하였다. 즉, 유견석부의 한정적인 분포를 바탕으로, '남만주'의 독자성을 보이는 증거로 평가한 것이다.

필자는 1996년 봄, 遼東半島와 한반도에서 이 '유견석부'를 직접 관찰할 수 있는 기회를 가졌다. 이와 함께 村上恭通 씨로부터 러시아 연해주 지방 출토 사례에 대한 정보를 얻어, 水野의 논문에 소개된 자료와 이후 새롭게 추가된 자료를 종합하여 유견석부의 시기, 형식, 분포 등에 대하여 개관한 바 있다(下條信行 1996).

이 논고에서 필자는 水野가 명명했던 '유견석부'의 이름을 '遼東形 벌채석부'로 고쳤다. 그 이유는 현재 '유견석부'라 하면 일반적으로 중국 華南地方에 주로 분포하면서 독자적인 특징을 가진 석부를 가리키고 있어, 이러한 석부와 용어상의 혼란이 야기될 수 있기 때문이다. 이름의 유래는 遼東에서 발생하여, 遼東으로부터 전파된 특징적인 형태를 가진 것에서 비롯되었다.

1996년 가을, 2개월 정도 부산대학교에 머무를 수 있는 기회를 얻어, 다시 한번 한반도 남부의 각지에서 다양한 遼東形 벌채석부(이하 遼東形石斧)를 관찰할 수 있었다. 이 가운데 확실한 연대를 알 수 있는 유물도 확인되어, 앞서 언급한 논문에서 일반론 이상을 벗어날 수 없었던 연대관을 넘어서는 것도 가능하였다. 한반도 남부 출토품도 상당수 추가되었기 때문에, 이들을 새로운 예로 덧붙여 다시 한번 다음과 같이 고찰하여 보고자 한다.

2) 遼東形石斧의 형태적 특징

아래에서 遼東形石斧의 형식분류를 실시하였지만, 이 가운데 II식이 전형적인 형식이기 때문에 이를 모델로 다음과 같은 특징을 기록하여 본다.

(1) 소위 太形蛤刃石斧의 基部 위쪽에 몸통의 두께보다 조금 가늘게 원통형 또는 기둥 형태의 돌출부를 만들어 낸 것이 가장 큰 특징이다. 이 돌출부는 나무 자루의 구멍에 삽입하기 위한 것으로, 석부의 크기에 상관없이 일정한 길이를 가진다. 석부 전체 길이가 10~20cm인 것에서는 5cm 전후, 15~20cm 석부의 경우 7~8cm 정도가 된다. 길이가 20cm를 넘는 것도

7~8cm 정도로, 이 정도의 길이가 자루의 구멍에 끼우기 적합하다. 따라서 석부의 전체 길이가 길어진다고 하여, 돌출부가 무한히 늘어나는 것은 아니다. 대개 전체 길이에 비례해서 길이의 40~50%를 차지한다. 석부의 길이는 작은 것이 약 10cm, 큰 것은 20cm이며, 15cm를 중심으로 13~17cm 정도의 길이가 가장 많다. 이 길이는 통상 태형합인석부의 길이와 같기 때문에, 이러한 석부의 위쪽이 돌출부로 변화한 것이라 볼 수 있다.

돌출부는 몸통의 두께보다 조금 세장하며, 쉽게 부러지지 않도록 튼튼하게 만들어졌다. 실제 이 돌출부가 부러져 있는 사례는 없다.

돌출부와 몸통 사이에는 어깨부분이 있는데, 여기서 자루에 전해진 사용 시의 충격을 막고 석부 몸통이 구멍 안쪽으로 빠지는 것도 방지하는 역할을 하였다. 돌출부의 제작은 동시에 어깨부분의 고안이며, 이 양자의 창안이 遼東形石斧 출현의 첫 번째 의미가 되는 특징이었다고 말할 수 있다.

(2) 두 번째 특징은 몸통이 두껍게 만들어져 있는 부분이다. 단단한 돌출부를 얹기 위해서는 그것을 지탱하는 몸통에 일정한 두께가 필요하며, 이러한 이유로 두꺼운 석부가 만들어지게 된 것이 遼東形石斧이다. 두께의 정도를 나타내는 厚斧率로 표현하면, 60~83% 정도가 된다. 厚斧率이란 몸통에서 가장 두꺼운 부분의 두께를 그것의 폭으로 나눈 수치이다. 얇은 몸통의 석부는 厚斧率이 40% 전후밖에 되지 않아, 이 정도 두께에서는 몸통 위쪽에 遼東形 돌출부를 만들어 내는 것이 불가능하다.

상기 (1)과 (2)의 특징은 석부 발달의 역사를 통해 볼 때, 아래와 같이 매우 높은 수준에 도달한 것이라 할 수 있다.

우선 도끼에서 정지 기능(어깨부분)은 본래 청동이나 철 등 형태 변형이 자유로운 금속 도끼의 출현과 함께 설치될 수 있었지만, 遼東形石斧는 신석기시대의 마제석기 단계에 이를 지향하여 현실화하였다. 이것은 매우 드문 예라 할 수 있으며, 동아시아에서 이와 유사한 다른 사례는 존재하지 않는다.

따라서 어깨부분의 제작에는 많은 손재주, 기술력, 시간 등이 요구되며, 이렇게 제작된 석부는 난이도가 높은 작품이라 할 수 있다. 기술적으로는 돌출부에서 몸통에 이르는 어깨부분의 제작이 가장 어렵다고 생각되는데, 그렇기 때문에 이 부분에 가장 고타가 집중되어 그 흔적이 명료하게 남아있다. 마제석기의 제작에 있어서 타격이나 박리기법으로 형태를 만들기 어려운 것이 돌출부나 굴곡부이며, 그 중에서도 특히 遼東形石斧의 어깨부분과 같은 형태가 제작하기에 가장 힘들다. 성공적인 제작을 위해서는 파손의 위험이 높은 고타에 오랜 시간을 투자할 수밖에 없기 때문에, 그 흔적이 뚜렷하게 남게 되는 것이다.

마제 벌채석부의 제작은 얇은 몸체를 가진 석부에서 시작되어 시간이 지나면서 점차 두터워졌는데, 遼東形石斧처럼 단단한 돌출부를 만들어내는 것은 그 토대가 되는 몸통이 두꺼워지는 단계에 이르러서야 가능하다. 현재 모든 돌출부가 두꺼운 몸통을 가진 석부에서만 확인되고 있어, 이를 제작할 수 있는 단계에 출현한 것으로 볼 수 있다. 즉, 遼東形石斧의 출현은 석부 제작을 중심으로 하는 마제석기 제작의 역사와 기술이 일정한 수준 이상으로 발전한 단계에나 가능한 것이었다. 이러한 수준에 이르지 못한 얇은 석부의 단계에는 출현할 수 없었던 것이다.

3. 遼東形石斧의 분류와 형식전개(도 1)

평면형, 종단면형과 몸통의 횡단면이라는 세 가지 속성을 근거로, Ⅰ식, Ⅱa식, Ⅱb식, Ⅲ식의 3류 4종으로 나누어진다. 물론 이 순서대로 형식적 배열관계를 가진다고 생각된다.

Ⅰ식은 중국 遼寧省 大連市 郭家村 상층 출토품을 대표적인 예로 들 수 있다(도 1-1). 몸통의 양 측면에만 어깨부분을 가지며, 앞뒷면에서는 관찰되지 않는다. 즉, 어깨부분이 몸통 전

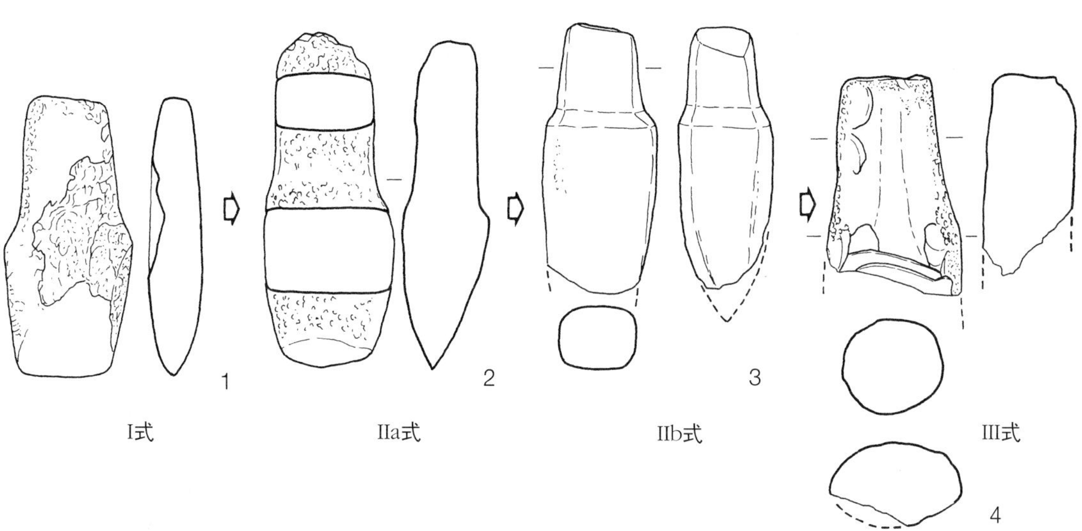

I式   1   IIa式   2   IIb式   3   III式   4

1 郭家村 상층(중국), 2 올레니A(러시아), 3 양전동A(한국), 4 울산(한국)

〈도 1〉 遼東形石斧의 형식분류와 변천 (축척 1/4)

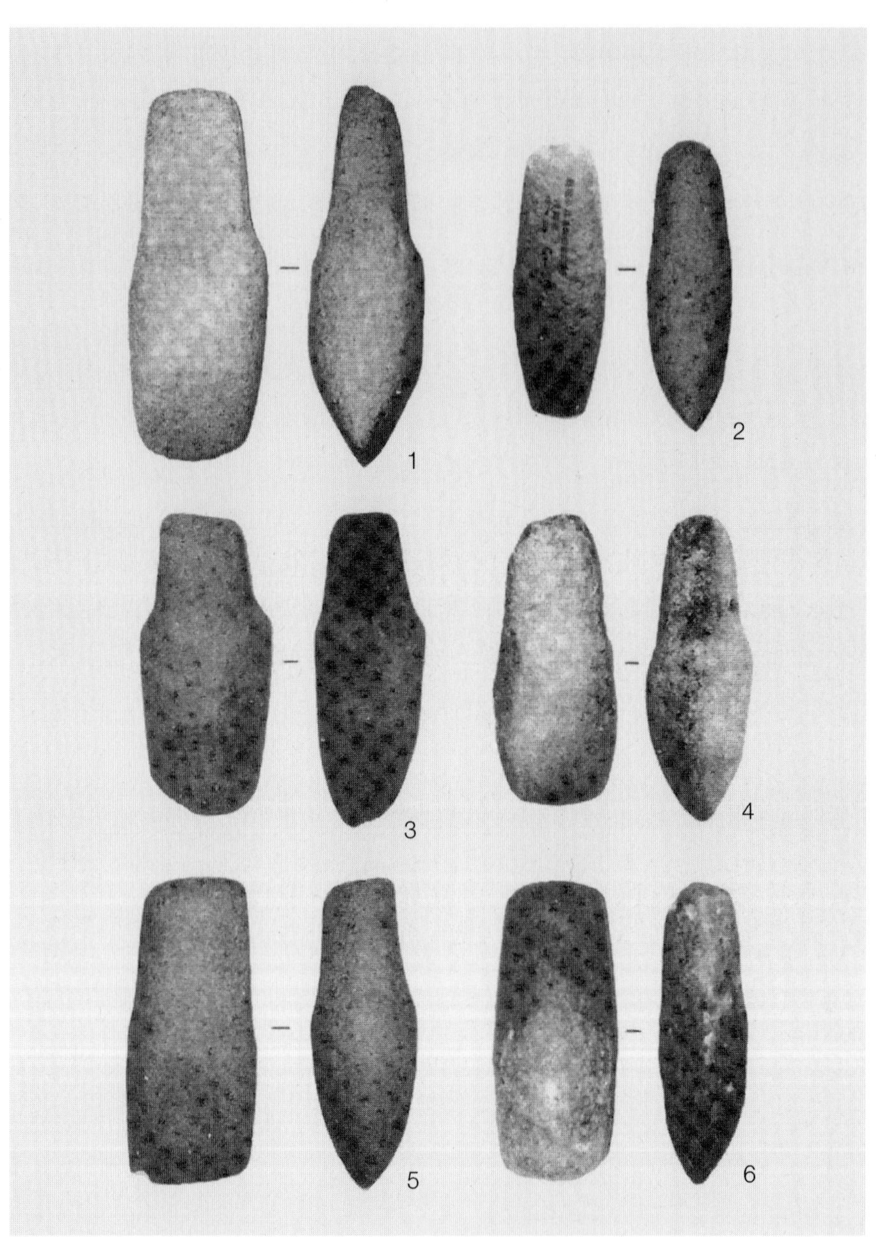

1 · 2 중국 大連 金縣(金州博物館) : 길이 23cm · 17cm, 3 · 4 한국 경상북도 양전동(계명대학교) : 길이 14cm · 14cm, 5 전라남도 석마리(국립광주박물관) : 길이 19cm, 6 전라남도 지도읍 : 길이 18cm

〈사진 1〉遼東形 벌채석부의 사례 (下條信行 촬영)

체를 일주하지 않는 형식이다. 厚斧率은 어깨부분이 폭 6.8cm, 두께 2.8cm이기 때문에 41%로, 전형적인 얇은 석부라 할 수 있다.

郭家村 상층은 황하 하류역의 龍山文化에 병행(小珠山 상층기)하는데, 遼東半島에 있어서 새로운 형식이나 종류의 마제석기가 다수 발생한 석기문화의 혁신적 시기에 해당한다. 이와 같은 혁신적 시기에 '어깨부분' 이 창안되기는 하였지만 한편으로 완전히 두꺼운 석부로 전환되지 못하였기 때문에, 이전의 얇은 석부가 계속 제작되면서 이러한 형식들이 결합하여 출현한 것이 Ⅰ식이다. 즉, 遼東形石斧 확립을 위한 모색 형식이라 할 수 있다. 출토 예가 적은 예외적 산물이라고도 생각되지만, 水野의 집성 사례 중에서도 文家屯 출토의 1예가 있어 龍山 병행기 遼東에 이러한 형식의 존재를 고려하는 것이 가능하다. 단, 이 형식이 전형적인 형식 출현을 위해 반드시 필요한 단계였는가를 생각해 보면, 그렇지는 않은 것으로 판단된다. 현재까지는 출현 시기에 遼東半島 남단에서 일부 출토되고 있을 뿐이다.

Ⅱ식은 전형적인 遼東形石斧로, 어깨부분의 단이 몸통 전체를 일주하며 몸통의 두께가 두꺼워진다(도 1-2 · 3). 몸통의 횡단면형에 의해 두 종류로 세분되는데, 횡단면이 모가 죽거나 배부른 방형인 것을 Ⅱa식(도 1-2), 원형이나 타원형인 것을 Ⅱb식(도 1-3)으로 하였다.

Ⅱ식은 출토량이 많고 분포범위도 넓어, 가장 보편적으로 존재하는 형식이라 할 수 있다. 遼寧省 廣鹿島의 小珠山 상층 출토 예가 가장 이른 것이다(도 3-5). 小珠山 상층은 龍山文化 병행기에 해당하여 Ⅰ식과 공존하는데, Ⅱ식이 Ⅰ식에서 전개되었다고 하여도 그 전환은 아주 빠른 속도로 진행되었다고 보여진다. Ⅱ식 출현기의 사례인 吳家村, 上馬石, 柳條溝 東山 출토품(도 3)은 신석기시대에 해당하며 횡단면이 장방형인 Ⅱa식이기 때문에, Ⅱa식이 이른 형식, Ⅱb식이 늦은 형식이라 생각된다. Ⅱa식에서 Ⅱb식으로의 전환 시기에는 지역적인 차이가 존재하는 것처럼 보이기 때문에 지역별로 검토되어야 한다.

Ⅲ식은 다시 어깨부분이 양 측면에만 존재하는 것이지만, 얇은 석부인 Ⅰ식과 달리 몸통이 상당히 두꺼워진 상태이다(도 1-4). 두께를 볼 때 Ⅱ식보다 퇴화된 형태라 생각되며, 따라서 이를 최종적인 형식으로 볼 수 있다. 이러한 사례는 한반도 남부에서 1예만 알려져 있는데, 함께 채집된 토기가 후기 무문토기에 해당한다는 점도 이 석부가 늦은 시기임을 나타내고 있다.

이상 각종의 형식은 遼東半島, 한반도, 러시아 연해주의 모든 지역에 존재하였다고 볼 수 없기 때문에, 그 실태에 대해서는 반드시 지역별로 검토되어야 한다.

4. 분포와 지역적 전개(도 2)

1) 중국 遼東半島(도 3)

가장 이른 형식인 Ⅰ식은 遼東半島 끝 부분의 郭家村 상층, 文家屯(도 3-1·2) 등 小珠山 상층 문화와 공반하여 출토되고 있다. 이에 따라 遼東形石斧는 신석기문화의 후반~말에 걸쳐 遼東半島의 끝 부분에서 출현하였음을 알 수 있다. 小珠山 상층 문화는 이보다 이른 중층이나 하층에 비해 마제석기가 비약적으로 향상되는 단계이기 때문에, 이러한 새로운 종류의 석기가 출현하기에 좋은 환경이었다.

Ⅰ식은 돌출부를 만들었다는 점에서 틀림없이 진전을 보이고 있지만, 몸통은 예전 모습 그대로 얇다. 小珠山 중·하층 단계와 비교할 때 그렇게 돌출된 것이 아니기 때문에, 몸통의 기능이라는 측면에서는 여전히 전통적 단계에 머물렀던 상태이다. 그러나 小珠山 상층기의 새로운 석기문화 단계에 걸맞을 정도의 강력한 석부로 승화하는 데에 많은 시간이 걸리지는

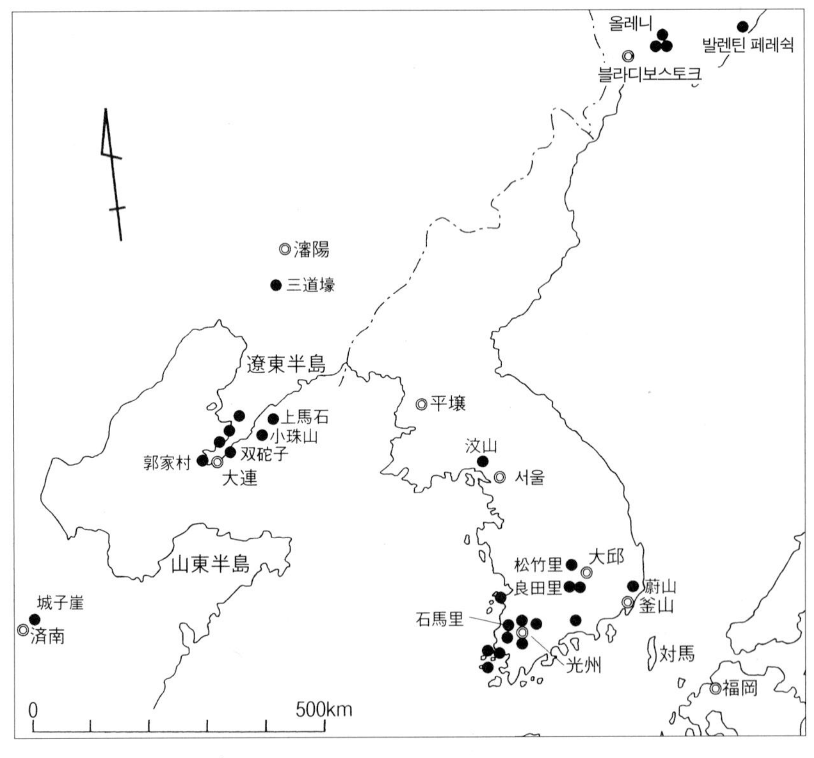

〈도 2〉 遼東形石斧의 분포

않았다. 이는 Ⅰ식이 출현하는 시기인 小珠山 상층기에 바로 Ⅱ식이 출현하고 있다는 점을 통하여 짐작할 수 있다. 대표적인 사례가 小珠山遺蹟 상층 출토품(도 3-5)이지만, 그 외에 上馬石(도 3-3), 吳家村(도 3-7), 柳條溝 東山遺蹟(도 3-4)에서도 확인되고 있다. 이들을 통해 볼 때 출현 단계부터 Ⅱ식이 다수를 차지하여, 중심 형식으로 정착되고 있었다고 볼 수 있다. 이미 이 시기에 전형적 遼東形石斧의 형태적 특징이 결정되어 있었으며, 출토량 또한 많아 안정적으로 존재하고 있었다.

Ⅱ식의 중심은 몸통의 횡단면형이 방형에 가까운 Ⅱa식이다. Ⅰ식 몸통의 厚斧率은 40% 전후에 불과하였으나, Ⅱ식은 단번에 60%대를 중심으로 일부 80%에 이르는 것까지 등장하고 있어 석부의 발달과정에서 상당히 진보된 것이었다고 생각된다.

그런데 遼東形 벌채석부의 몸통이 두꺼워진 것은, 遼東形石斧 스스로의 힘으로 달성되지는 않았다. 遼東形石斧 출현 이후에도 벌채용 석부 가운데 遼東形石斧와 돌출부를 갖지 않는 일반적인 兩刃의 벌채석부 두 가지가 병존한다. 오히려 출토량에 있어서는 양인 벌채석부가 다수를 차지하기 때문에, 이것이 벌채부의 중심을 이루는 기본적인 형식이었다. 본래 이 양인 벌채부는 이른 단계부터 얇은 형태를 이루며 독점적으로 존재하였으며, 小珠山 상층기에 이르러 두터운 석부에 도달하였다. 이전에 존재하지 않았던 遼東形石斧가 두터워질 수 있었던 것은, 이러한 양인 벌채부가 두꺼워진 이후부터이다.

그러나 그렇다 하여도 旅順 劉家屯, 雙島灣, 金州博物館 소장품 등은 厚斧率 80% 전후의 두꺼운 석부로, 일반적인 양인 벌채부에서는 관찰되지 않는 것들이다. 출토 예는 소수에 불과하지만, 양인 벌채부를 뛰어넘어 훨씬 두꺼워진 遼東形石斧가 존재하였다는 점도 지적해 두고 싶다.

小珠山 상층기에 후속하는 殷 병행기의 雙砣子 Ⅲ기에도 遼東形石斧는 존재하고 있다(도 3-9). 이 시기의 확실한 출토 사례로는 大連市 雙砣子遺蹟에서의 발굴품 1예, 불확실한 사례로는 같은 시기의 유물이 출토되고 있는 羊頭窪遺蹟 채집품 1점이 있다(도 3-8). 雙砣子遺蹟 출토품은 길이 11.6cm, 돌출부 길이 5.0cm, 몸통 길이 6.6cm로 소형품에 해당하며, 폭 5.7cm, 두께 4.3cm, 厚斧率 65%의 일반적인 두꺼운 석부이다. 돌출부의 횡단면은 배부른 장방형이지만, 몸통 부분은 '석기 중앙부의 횡단면은 원형'이라 서술되어 있어(中國社會科學院考古研究所 1996) Ⅱb형에 속할 것으로 추정된다. 앞에서 언급한 바와 같이 Ⅱa형이 이른 형식이기 때문에, 이를 늦은 형식으로 하여 Ⅱa→Ⅱb형으로 변화되었다고 상정된다. 羊頭窪 출토품은 길이 10.2cm로 소형이지만, 厚斧率이 59%로 두꺼운 석부의 범위에 포함되고 있다.

遼東半島에서 이보다 늦은 시기의 확실한 출토 예가 없어, 그 존재 여부는 명확하지 않다.

遼陽博物館에는 遼陽市 三道壕遺蹟 출토품으로 IIa식 遼東形石斧가 전시되어 있다. 三道壕 遺蹟은 前漢代의 유명한 유적이지만, 이 시기에 공반한 유물인지는 정확히 판단할 수 없다.

2) 중국 山東半島(도 3)

중국에서 遼東形石斧의 분포는 기본적으로 遼東半島에 한정되는데, 그 중에서도 반도의 끝 부분에 집중되며 극히 일부는 遼東半島 북부의 遼陽에서도 확인된다. 이러한 현상은

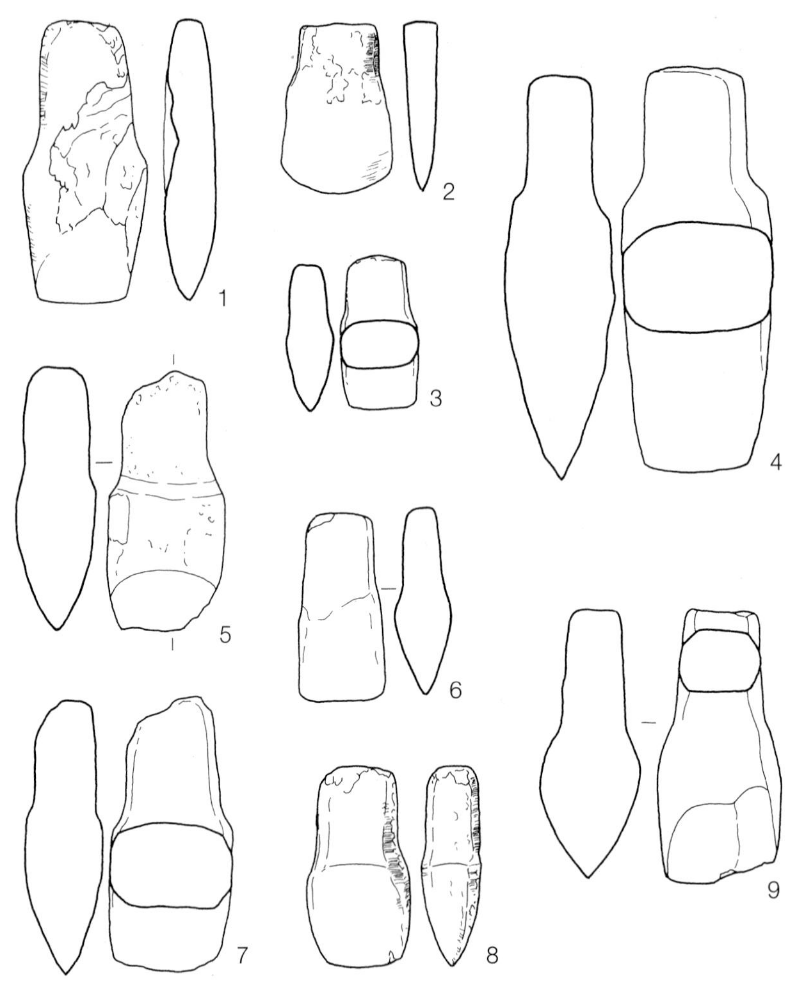

1 郭家村 상층, 2 文家屯, 3 上馬石, 4 柳條溝 東山, 5 小珠山 상층, 6 城子崖, 7 吳家村, 8 羊頭窪, 9 雙砣子

〈도 3〉 遼東半島 · 山東半島의 출토 예 (축척 1/4)

1933년 水野 집성 시의 분포와 거의 변하지 않았다. 그런 가운데 주목되는 것이 1934년 간행된 『城子崖』 보고서의 遼東形石斧 출토 예이다(梁思永·吳金鼎 1934). 이 보고서는 山東省 歷城縣의 龍山遺蹟에 관한 것으로, 遼東形石斧가 遼東半島를 넘어 맞은 편의 山東半島에서 출토된 유일한 사례이다(도 3-6). 水野(1942)는 『羊頭窪』에서 작은 遼東形石斧에 대하여 다루고 있지만, 龍山 출토품에 대해서는 언급하지 않았다. 이는 龍山文化期의 유물로 遼東半島의 최초 출현 시기와 병행하기 때문에, 출토 시기의 선후를 통하여 처음으로 출현한 장소를 설정하는 것은 어렵다. 일반적으로 이야기하자면 山東半島에서 遼東半島로 문화 영향의 방향이 강렬하며, 그 내용도 토기, 석기의 여러 방면에 이르고 있다. 토기에서는 山東龍山文化의 특색인 黑陶가, 석기에 있어서는 山東의 각종 편인 가공석부나 華南의 有段石斧가 전해져, 이들이 遼東半島의 龍山文化期, 즉 小珠山 상층 문화기의 여러 유적에서 출토되고 있다.

이러한 흐름으로 볼 때 遼東形石斧도 山東半島에서 전파된 결과로 판단할 수 있지만, 실제로는 그렇게 간단하지 않다. 그 이유의 한 가지는 지금까지도 山東半島에서 추가되는 사례가 없다는 점이다. 山東半島에서 龍山文化期의 유적이 발굴된 수는 遼東半島의 몇 배에 이름에도 불구하고 이러한 석부가 출토되지 않았으며, 또 이에 후속하는 岳石文化와 殷代 유적에서도 확인되지 않고 있어 최초 등장 지역으로서 출토의 안정성과 계속성이 부족하다.

반대 방향인 遼東半島에서 山東半島로의 문화유입에 대해서는 대부분 부정적이지만, 山東半島→遼東半島 정도로 강렬하지 않았다 하더라도 그 역방향이 존재하였을 가능성은 충분하다. 그 좋은 예는 遼東半島 계통의 석도가 山東半島에서 출토되는 것이다. 山東半島의 석도는 방형이나 直線刃半月形을 기본형으로 하는데, 이 중 양자가 합쳐진 것과 같은 독특한 형태도 있다. 이 독특한 형태는 방형에서 반월형으로의 전환·과도기적인 것이라 생각된다. 그러나 어떤 형태든 날이 직선적인 것을 공통의 특징으로 한다. 그리고 또 하나의 특징은 방형이든 반월형이든 가로 길이에 비해 세로 폭이 크다는 점을 들 수 있다.

한편, 遼東半島의 석도는 小珠山 상층 문화기에 정비되어 안정된 특징적 형태를 이루고 있다. 遼東半島에서 이른 시기에는 구멍 없이 일부만 마연된 外灣刃半月形과 紡錘形이 병존하면서 방추형 주도로 전개되다가, 小珠山 상층 문화기가 되면 구멍이 있는 마제의 방추형으로 통일된다. 방추형이라 하더라도 背部의 휘어진 정도는 시기나 지역에 따라 다양한데, 이 시기의 석도는 35~50%이다. 형태적으로도 길이가 길고 폭이 짧은 형식으로, 여러 방추형 가운데에서 또 하나의 특징을 갖고 있다.

이상과 같이 龍山文化期에는 山東과 遼東에서 매우 다른 특징의 석도를 각각 사용하고 있었지만, 遼東的 특징을 가진 방추형 석도가 山東省 魯家口遺蹟(中國社會科學院考古研究所 山東隊 外 1985)이나 獅子行遺蹟(濰坊市藝術館 外 1984) 등의 山東龍山文化期 유적에서 출토된 바 있다.

이러한 사례들은 龍山期의 문화전파가 山東半島에서 遼東半島 방향으로 일방적이지 않고, 遼東半島에서 山東半島로도 전파되는 쌍방향적 회로가 존재하였음을 나타낸다. 이 회로를 따라 遼東半島에서 山東半島 방향으로 방추형 석도와 遼東形石斧가 전해진 것으로 생각된다. 다만 출토량이 그렇게 많지 않기 때문에, 그 여파는 크지 않았을 것으로 추정된다.

덧붙여 龍山遺蹟 출토 遼東形石斧는 보고서에 의하면 길이 9.7cm, 돌출부 길이 4.1cm, 몸통 길이 5.6cm의 소형품이지만 厚斧率은 69%나 된다. 출토량으로 볼 때 특정 시기의 일회적인 전파일 가능성이 높아, 정착적 전파라는 평가는 곤란하다.

3) 한반도(도 4 · 5)

한반도에서 遼東形石斧는 중국 山東半島 등지보다 훨씬 밀집 분포하고 있어, 정처 없이 떠돌다가 전파된 것이 아니라 정착하여 일상적으로 사용되었음을 보여준다. 한반도에서는 17개의 사례가 출토되어, 21개가 보고된 遼東半島 다음으로 많다. 따라서 遼東形石斧 분포권의 중요한 부분을 차지하고 있는데, 이 17개의 사례도 한반도 남부만의 출토 에이기 때문에 앞으로 북부 출토품이 더해지면 상당수가 될 것이라 생각된다.

그러나 현재까지 한반도 북부에서의 출토 예는 1점도 보고된 바 없다. 遼東半島와 간접적으로만 연결되어 있는 한반도 남부에서 다수의 사례가 확인되기 때문에 遼東과 인접한 한반도 북부의 존재 가능성은 충분하며, 최근 이를 추정할 수 있는 자료가 남부에서 제시되기 시작하였다. 한반도 남부의 초기 농경재배기인 공렬문토기나 이에 후속하는 검단리형 무문토기 등의 초기 무문토기와 공반한 벌채석부 가운데, 횡단면이 두꺼운 타원형을 이루는 太形蛤刃石斧와 횡단면 말각방형의 벌채석부가 함께 출토되고 있다. 이 횡단면 말각방형의 兩刃 벌채석부는 한반도 북부에서 전개되어온 四稜斧의 계통을 이은 것으로, 한반도 북부의 벌채석부가 남부의 초기 농경문화기에 전파되었다는 점을 보여주고 있다. 그리고 이렇게 전파된 석부 가운데 돌출부를 가진 遼東形石斧도 포함되어 있었을 것으로 판단된다. 즉, 한반도 북부 석부의 몸통 형태를 가진 遼東形石斧의 남부 출현은, 더욱 강하게 한반도 북부에서 遼東形石斧의 존재를 암시하고 있다. 한편, 남북의 경계에 인접한 경기도 문산에서 遼東形石斧

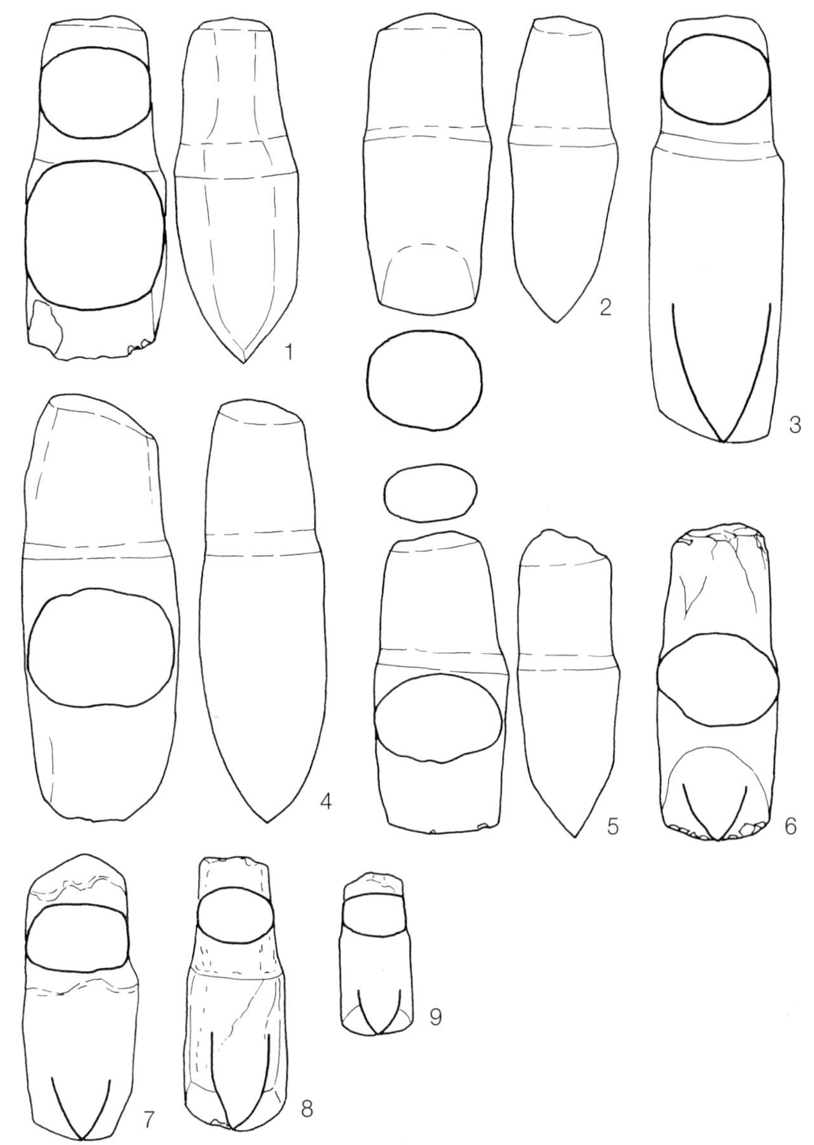

1 석마리, 2 읍내리, 3 덕산리, 4 동서리, 5 망견리, 6 방월리, 7 제월리, 8 무포리, 9 계림리

〈도 4〉 한반도의 출토 예 1 (축척 1/4)

가 출토되고 있는 것도 이러한 가능성을 강화시키는 사례라 할 수 있다.

한반도 남부의 遼東形石斧는 Ⅰ식이 아니라 Ⅱ식과 Ⅲ식에 해당한다. Ⅱ식 중에는 Ⅱb식이 압도적으로 많은데, 이것을 遼東半島와 다른 한반도 남부의 특징이라 할 수 있다. Ⅲ식은 수량이 소수에 불과하며, 명확한 것은 단 1점뿐이다(도 5-14).

출토 연대를 추정할 수 있는 것은 Ⅱa식 1점밖에 없다. 다른 것들은 대부분 채집품이기 때

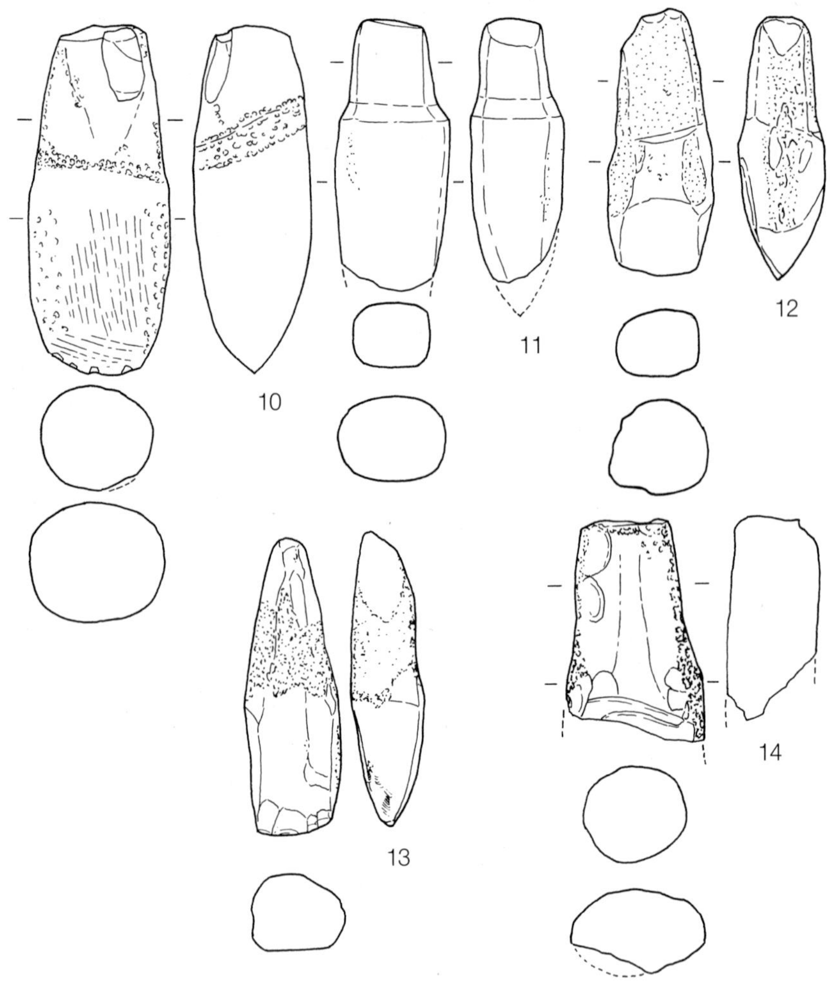

10 미상, 11 양전동A, 12 양전동B, 13 죽산, 14 울산

〈도 5〉 한반도의 출토 예 2 (축척 1/4)

문에 연대 확정에 애매한 점이 있다.

　IIa식은 경상북도 송죽리에서 검단리식 토기와 공반되어 출토되었다. 돌출부, 체부 모두 말각방형으로 날 부근을 제외한 전면에 고타흔이 남겨져 있다. 특히 상하를 구분케 하는 어깨부분에 고타흔이 뚜렷하다. 말각방형의 사릉부 계통을 이어받고 있지만, 상당히 퇴화된 형식이기 때문에 그 중에서도 나중에 출현한 것이라고 생각된다. IIa식은 이 외에 경기도 문산, 전라남도 석마리에서 출토되었는데, 모두 송죽리 출토품과 같이 횡단면의 각 모서리가 뚜렷하지 않고 각 면은 배부른 형태를 이루고 있다. IIa식의 분포는 경기도, 전라남도, 경상북도와 한반도 남부의 거의 전역에 분포하고 있어, 출토량은 적지만 우선 이 형식이 전역에 확대된 것으로 보인다.

IIb식은 출토량이 가장 많아, 한반도 남부의 중심적인 遼東形石斧로 여겨진다. 연대를 말해주는 적극적 증거는 많지 않은데, 원래 IIa식에 후속하지만 상기한 바와 같이 확인된 IIa식이 상당히 퇴화된 형식이기 때문에 IIb식의 출현 시기는 IIa식과 유사할 것이라 판단된다. 그 대부분은 전기 무문토기 단계라고 생각되지만, 일부는 점토대토기 시기까지 사용되었을 가능성도 있다.

분포 범위는 대체로 IIa 단계와 같지만, 전라남도, 경상남·북도에서 양이 증가하고 있어 이전 단계를 기반으로 보다 안정적인 존재로 발전하였음을 짐작할 수 있다.

명확하게 III식으로 상정할 수 있는 것은 경상남도 울산지역 출토품 1점뿐이다(도 5-14). 몸통 하반부가 결실된 것이지만, 어깨부분과 돌출부가 잔존하고 있어 대략적인 추측이 가능하다. 측면에만 어깨부분을 가지며, 몸통 전체를 일주하지 않는 형식이다. 따라서 어깨부분을 만드는 데에 위력을 발휘한 고타흔이 양 측면에 잘 남아있지만, 앞뒷면에는 거의 없고 마연이 이루어져 있다. 돌출부는 폭 5.5cm, 두께 5.0cm의 완전한 원기둥 형태로, 이 정도 크기와 두께는 다른 遼東形石斧의 돌출부와 비교하여도 손색이 없다. 당연한 것이지만 몸통은 어깨부분이 있는 쪽이 두껍고 반대쪽은 얇다. 몸통 상부는 폭 7.2cm, 두께 4.2cm로 厚斧率 58.3%인데, 일반적인 I식이 40%인 것에 비하면 오히려 II식에 가까운 厚斧率을 보이고 있다. 이는 II식과의 형식적 유사성을 보여주는 것으로, II식으로부터의 퇴화형으로 상정할 수 있다. 채집품이지만 함께 수습된 유물 가운데 단면 원형의 점토대토기와 같은 시기에 포함되는 석기가 많기 때문에, 우선적으로 이 시기에 해당하는 유물로 생각하고 싶다. 한반도 남부에서는 이와 같이 양 측면에만 어깨부분이 존재하는 형식이 다수 확인되지만, 개체별 차이가 커서 모두를 遼東形石斧의 계통이라 하기에는 무리가 있다. 여기서는 앞서 언급한 형식적 특징을 갖춘 벌채석부만을 III식이라 하겠다.

이상과 같이 한반도 남부에서는 가장 이른 단계에 해당하는 I식이 존재하지 않는다. 遼東形石斧는 이것의 발전형인 II식 단계부터 수용된 것으로 판단된다. 그 시작은 IIa식으로 후에 등장하는 IIb식 단계에 다수 사용되며, 이것이 한반도 남부의 지역적 특색이 된다. 그리고 점토대토기가 출현할 무렵, 횡단면 타원형의 두꺼운 몸통을 가지면서 어깨부분이 양 측면에만 존재하는 퇴화 III식으로 변하여 곧 소멸한 것으로 보인다. 소멸 시기는 아마 일반적인 太形蛤刃石斧가 사라지는 시점과 유사할 것이다.

II식이 전기 무문토기 단계에 수용된 것은 앞서 기술하였지만, 이 단계에 이러한 석부를 수용할 만한 조건이 갖추어져 있었는지의 여부는 검증이 필요하다. 遼東半島에서 II식이 출현하는 데에는 벌채석부가 두꺼워지는 경향이 전제가 되고 있다.

한반도 남부 빗살무늬토기 단계의 벌채석부는 얇아, 도저히 遼東形石斧를 수용할 상태가 아니었다. 다음의 무문토기 단계가 되면 석부가 두꺼워지기 시작하면서, 받아들이기 위한 조건이 정비된다. 우선 공렬문토기 단계에서 이를 검토해 보면, 厚斧率이 경기도 흔암리유적에서 65%와 73%, 미사리유적에서 70%, 충남 관산리유적에서 77%로 확인되어 확실히 두꺼운 석부가 출현하고 있다. 후속하는 검단리 단계의 충남 관창리유적에서 70%와 84%, 경남 검단리유적에서는 67%, 69%, 74%로 70~80%에 해당하는 높은 厚斧率을 안정되게 보여주고 있다.

이와 같이 한반도 남부에서는 무문토기 초기 단계에 II식 遼東形石斧를 수용할 수 있는 조건이 갖추어졌기 때문에, 무문토기의 이른 단계에 遼東形石斧를 받아들이는 것은 모순이 아니다.

한반도 남부의 遼東形石斧가 遼東半島와 달리 IIb식을 주체로 하고 있다는 점은 앞서 언급하였지만, 이밖에도 遼東半島와 구별되는 특색이 2가지 있다. 그 하나는 厚斧率에 관한 것이고 다른 하나는 어깨부분의 크기와 관련된 것으로, 아래에서 이들에 대하여 이야기해 보겠다.

먼저 厚斧率에 대해서 살펴보자(도 6).

遼東半島 출토 遼東形石斧 가운데 厚斧率이 판명된 것은 14점이다. 이 가운데 2점은 厚斧率 41%와 42%의 얇은 I식 遼東形石斧이다. 나머지 12점은 II식이며, 厚斧率에 따라 59~71%의 8점과 80% 전후의 4점으로 세분된다. 양적으로 주류를 차지하는 것은 59~71%로, 일정한 비율의 급수 분포를 이루고 있기 때문에 하나의 집단으로 구별할 수 있다. 80% 전후의 수치를 보여주는 것들은 출토 예가 적어, 厚斧率 59~71%가 遼東半島의 遼東形石斧를 양적으로 대표한다고 하겠다.

양자 사이에는 10% 정도의 차이가 있는데, 이 차이점에서 어떤 의미를 파악하는 것이 가능할지도 모른다. 전자의 厚斧率은 일반적인 太形蛤刃石斧의 厚斧率과 같기 때문에, 遼東形과 태형합인형 양자는 몸통의 형성에 있어서 관련이 있으며 遼東形石斧가 넓은 의미의 태형합인석부에 포함되고 있음을 보여준다. 후자는 태형합인석부의 두께를 훨씬 능가하고 있어, 遼東形石斧 특유의 두께에 도달하였다고 이해할 수 있다.

주류인 전자가 遼東形石斧를 양적으로 대표한다면, 소수에 불과한 후자는 이를 질적으로 대표한다고 말할 수 있다.

한반도 남부에서 遼東形石斧의 厚斧率을 명확히 보여주는 자료는 10점이다. 그 수치를 볼

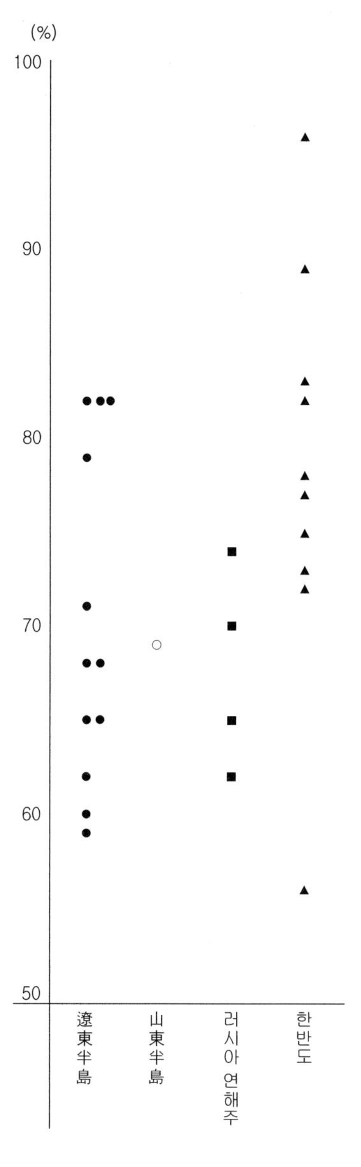

〈도 6〉 厚斧率

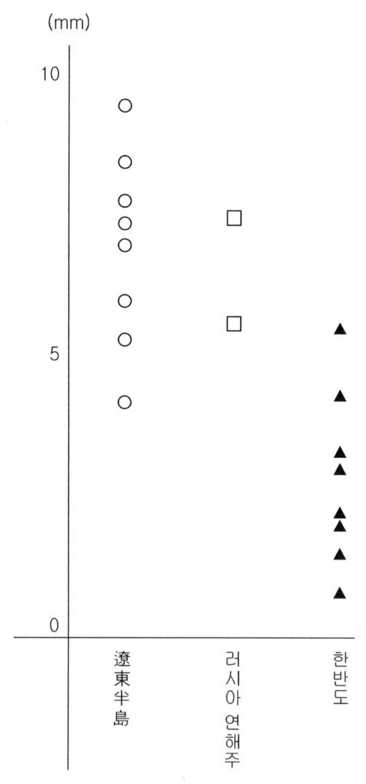

〈도 7〉 어깨부분 폭을 통해 본 遼東形石斧의
지역 간 비교

때 58%로 뚜렷하게 구분되는 것은 Ⅲ식에 해당되므로 따로 다루어야 하지만, 다른 9점은 모두 68~96% 사이에 속하고 있어 Ⅱ식의 두꺼운 석부라 판단된다. 지나치게 높은 수치인 89%나 96%의 예를 제외하면 대부분은 72~83% 사이이며, 비교적 일정한 비율의 급수 분포를 보이고 있어 이들을 하나의 집단으로 인정하는 것이 가능하다. 이에 따라 한반도에서 일반적인 遼東形石斧의 厚斧率은 70~80%라 할 수 있는데, 이는 앞서 언급한 遼東半島 출토품과 비교할 때 10% 정도 높은 수치이다. 결국 한반도에서는 좀더 두텁고 강한 遼東形石斧를 채용하였다고 할 수 있다.

다음으로 어깨부분의 폭에 대하여 살펴보자(도 7).

어깨부분도 돌출부가 뚜렷하게 두드러진 것부터 돌출부와 몸통 사이의 차이가 적어 거의 일체화된 것까지 다양한 형태가 존재한다. 이는 단순한 개체의 차이로도 보이지만, 일정한 경향성을 가진 지역적 차이와도 관련되기 때문에 아래에서 살펴보고자 한다.

일반적으로 어깨부분의 폭은 석부의 크기에 의해 결정되기 때문에, 표준적 크기인 13~20cm의 석부를 채택하여 어깨부분의 폭을 계산해 보았다. 어깨부분의 폭이란 어깨부분 상단에서 하단까지의 수평거리를 의미한다.

그 결과 遼東半島에서는 4.3mm에서 9.5mm 사이에 포함되며, 그 사이의 분포도 5mm 간격의 일정한 비율의 급수를 보이고 있다. 한편, 한반도에서는 1~5.5mm에 해당하며 역시 일정한 비율의 분포를 나타내고 있지만, 아래쪽으로 집중하는 경향이 관찰된다. 이상의 두 가지를 비교하면 대략 5mm를 경계로 분포를 달리하는데, 遼東半島 출토품은 5mm보다 크고 한반도 출토품은 이보다 작다. 바꿔 말하면 遼東半島에서는 어깨부분의 돌출부가 뚜렷한데 반하여, 한반도의 석부는 경계가 애매하여 두드러지지 않는 편이라 하겠다.

이상과 같이 遼東半島와 한반도의 遼東形石斧는 하나의 계통으로 전개되었지만, 지역이 변화되면서 속성 차원에서의 여러 특징이 달라지는 것으로 판단된다. 이렇게 다양한 특징을 모아 양 지역의 일반적인 遼東形石斧를 형상화하면 다음과 같다. 먼저 遼東半島 출토품은 몸통이 두꺼워지는 것이 그다지 촉진되지 않고 어깨부분의 폭을 넓혔기 때문에, 일반적인 몸통에 약간 좁은 돌출부가 부착된 모습이다. 다음 한반도의 遼東形石斧는 厚斧率을 증가시킨 두꺼운 몸통에 굵은 돌출부가 부착되어 땅딸막한 형태를 이루고 있다. 즉, 양자는 형식적으로나 인상적으로 차이가 있는 상태로 존재하였던 것이다.

4) 러시아 연해주 지방(도 8)

올레니, 발렌틴 페레쉭 두 유적에서 遼東形石斧가 출토되고 있다. 모두 戰國時代 후기~漢代 병행기의 유적으로 여겨지고 있기 때문에, 遼東形石斧의 하한을 보여주는 사례이다.

올레니유적에서는 길이 16.7cm의 대형(A · 도 8-1), 13.4cm의 중형(B · 도 8-2), 10.6cm의 소형(C · 도 8-3) 3개체가 출토되었는데, 모두 몸통의 횡단면형이 방형인 IIa식이다. 1 · 2는 돌출부도 횡단면 방형이지만, 3은 타원형으로 되어 있다. 厚斧率은 1이 63%, 2가 70%, 3이 61%로, 60~70%에 해당하여 遼東半島와 일치한다. 어깨부분은 1 · 2 모두 뚜렷하게 돌출시켜 상당한 폭을 가지는데, 이 또한 遼東半島와 같다. 이처럼 올레니유적의 遼東形石斧는 형

식, 厚斧率, 어깨부분의 폭이라는 3가
지 점에서 遼東半島와 일치하고 있
어, 遼東半島와의 강한 관련성이 이
방향으로 전래된 것이라 생각된다.
그러나 그것이 직접적인가, 간접적인
가, 혹은 어떠한 경로로 전파된 것인
가 등에 대해서는 확실히 판단할 수
없는 문제점이 남아있다.

발렌틴 페레쉭유적에서는 길이
14.2cm에 몸통 횡단면 타원형의 IIb
형이 1점 출토되었다(도 8-4). 몸통의
厚斧率은 74%로 遼東半島 출토품보
다 약간 크며, 어깨부분의 돌출부도
측면에서는 뚜렷하지만 평면에서는
약하게 보이는 등 전형적인 遼東形에
서 벗어난 측면이 있다. 그 원인을 명

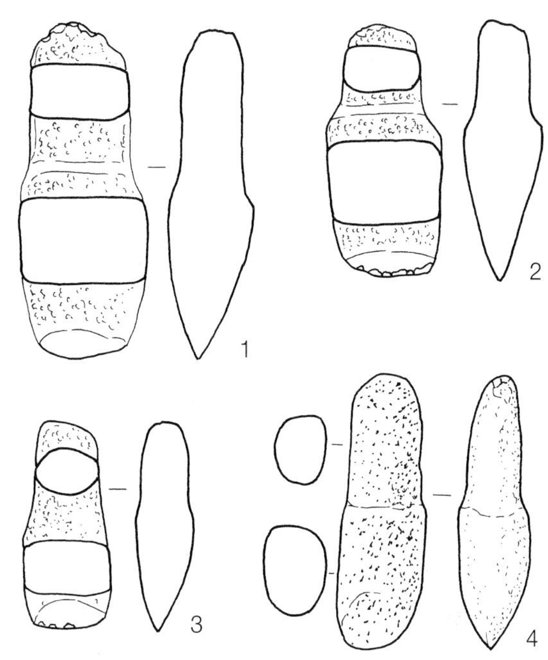

1 올레니(A), 2 올레니(B), 3 올레니(C), 4 발렌틴 페레쉭

〈도 8〉 러시아 연해주의 출토 예 (축척 1/4)

확히 지적할 수는 없지만, 한반도의 예와 같이 IIb식으로 변화하는 단계에 발생하였을 가능
성이 있다.

5) 일본열도

일본에는 遼東形石斧가 전해지지 않았다. 일본과 가까운 한반도 남부의 전남이나 경북까
지 전파되었음에도 불구하고, 왜 출현하지 않은 것일까? 이것은 수용 가능한 조건이 되었는
가의 여부와 관계되는 문제이다. 앞서 기술한 바와 같이 출현 장소인 遼東半島에서는 벌채
석부가 두꺼워지기 시작하여 遼東形石斧가 등장하였으나, 일본에서는 석부가 그 단계에 도
달하지 못하였거나 수용되었어도 정착하는 것이 불가능하였을 수도 있다.

만약 일본에 遼東形石斧가 전파되었다면, 한반도에서 遼東形石斧의 출현 시기를 볼 때 벼
농사 개시기였을 가능성이 있다. 북부 규슈의 초기 벼농사 전래기인 죠몽 만기 후반의 각목
돌대문토기 단계와 야요이 초두의 板付 I 식 토기 단계에 해당하는 벌채석부의 厚斧率을 살

퍼보면, 37~42% 정도로 뚜렷하게 얇은 석부의 단계이다. 조금 시기를 내려서 板付 II식의 이른 단계에 해당하는 석부도 40~55%에 그치고 있다. 최저 60%를 두꺼운 석부의 표준이라 한다면, 일본은 이에 도달하기 이전의 단계에 해당한다. 이와 같이 얇은 두께의 석부는 基部에 돌출부를 만드는 것이 물리적으로 불가능하기 때문에, 수용할 수 있는 기회가 있었다 하더라도 그것을 정착시킬 수는 없었을 것이다.

일본의 벌채석부가 두꺼워지는 것은 빨라도 북부 규슈의 板付 II식 중반부터이며 대부분은 전기 말부터이다. 그러나 이 시기는 한반도에서 벌써 종말기 형식인 III식이 출현하여 퇴보가 시작되기 직전 단계이다. 따라서 遼東形石斧가 전해지지 못한 것은, 일본에서 이를 수용할 만한 석부 문화의 주체적 역량이 아직 축적되지 않은 데에서 그 이유를 찾을 수 있다. 동북아시아의 끝에 위치하기 때문에 성장의 파행성이 존재하며, 이러한 이유로 선진적인 양질의 석부를 받아들일 수 있는 기회가 없어져버린 것이다. 정처 없이 떠돌다가 아무 곳에나 흘러 들어간 표류적 수용이 아니라 선험적 문물의 적극적인 수용ㆍ정착을 위해서는, 그것을 포섭할 수 있는 토대의 형성이 반드시 필요하다.

5. 맺음말

신석기시대 후반의 小珠山 상층 문화기(龍山文化 병행기)에 遼東半島 남부에서 탄생된 遼東形石斧는, 그 후에도 이곳에서 지속적으로 전개되는 한편 이곳을 발신지로 하여 동북아시아 각지에 방사상으로 전파되었다. 서남방향으로는 渤海灣을 건너 山東半島로, 동북쪽으로는 육로를 통하여 러시아 연해주 지방에, 그리고 남으로는 한반도에 전래되었지만, 그 전파의 시기나 강도는 각각 다른 양상을 보이고 있다.

山東半島에서는 빨라도 출현기와 동시기인 龍山文化期에 전해졌지만, 그다지 보급ㆍ정착되지 않고 상징적으로 존재할 뿐이었다. 러시아 연해주 지방에서는 확실히 이른 시기의 특색을 가진 遼東形石斧가 전해졌지만, 이것은 漢代까지 시기가 내려오는 것이다. 단, 이 석부의 전파 시기, 경로, 존재의 연속성 등에 대해서는 아직까지 해결되지 않은 부분이 많다. 가장 강한 밀도로 遼東形石斧가 전해진 곳은 한반도 남부로, 遼東과 한반도의 양 반도가 遼東形石斧 분포권의 중심적 위치를 담당하고 있다.

〈표 1〉 遼東形 벌채석부 출토 지명표

유적명	형식	시기	출토지	비고 · 참고문헌
〈중국〉				
郭家村 상층	Ⅰ형	신석기 후기	大連市 旅順口區 郭家村	(遼寧省博物館 · 旅順博物館 1984)
小玉山 상층	Ⅱa형	신석기 후기	大連市 長海縣 廣鹿島	(遼寧省博物館 · 旅順博物館 1981)
上馬石	Ⅱa형	신석기시대	大連市 長海縣 大長山島	(旅順博物館 1962)
吳家村	Ⅱa형	신석기시대	大連市 長海縣 廣鹿島	(旅順博物館 1962)
柳條溝 東山	Ⅱa형	신석기시대	大連市 長海縣 廣鹿島	(旅順博物館 1962)
雙陀子 Ⅲ기	Ⅱb형	殷 後半	大連市 甘井子區	(中國社會科學院考古研究所 1996)
羊頭窪	Ⅱ형	殷 後半?	大連市 旅順口區	(水野淸一 外 1942)
郭家屯			大連市 旅順口區 南山裡	(水野淸一 1933)
郭家屯(추정)			大連市 旅順口區 南山裡	(水野淸一 1933)
劉家屯	Ⅱ형		大連市 旅順口區 南山裡	(水野淸一 1933)
刁家屯	Ⅱ형		大連市 旅順口區 南山裡	(水野淸一 1933)
雙島灣	Ⅱ형		大連市 旅順口區	(水野淸一 1933)
文家屯	Ⅰ형		大連市 甘井子區 營城子鎭	(水野淸一 1933)
黑石礁	Ⅱ형		大連市 甘井子區 黑石礁	(水野淸一 1933)
金州 부근	Ⅱ형		大連市 金州區	(水野淸一 1933)
金州 王家屯	Ⅰ형?		大連市 金州區	(水野淸一 1933)
金州 大嶺屯			大連市 金州區	(水野淸一 1933)
復州 長興島	Ⅱ형		大連市 瓦房店市 長興島鎭	(水野淸一 1933)
三道壕	Ⅱa형		遼寧省 遼陽市	遼陽博物館
金縣農場	Ⅱa형		大連市 金州區	金州博物館
得勝公社	Ⅱb형		大連市 金州區	金州博物館
城子崖	Ⅱb형		山東省 歷城縣	(梁思永 · 吳金鼎 1934)
〈한반도〉				
문산	Ⅱa형		경기도 파주시	국립중앙박물관
석마리	Ⅱa형		전남 장성군 삼서면	국립광주박물관
계림리	Ⅱ형		전남 위평군 월야면	(崔夢龍 1973a)
제월리	Ⅱ형		전남 담양군 봉산면	(崔夢龍 1973b)
무포리	Ⅱ형		전남 화순군 동면	(和順郡 1985)
덕산리	Ⅱb형		전남 나주시 반남면	(崔夢龍 1976)
읍내리	Ⅱb형		전남 신안군 지도읍	국립광주박물관
동서리	Ⅱb형		전남 신안군 압해면	국립광주박물관
망견리	Ⅱb형		전남 신안군 안좌면	국립광주박물관
방월리	Ⅱ형		전남 신안군 안좌면	(崔盛洛 1986)
송죽리	Ⅱa형		경북 김천시 구성면	(啓明大學校博物館 1994)
양전동A	Ⅱb형		경북 고령	계명대학교
양전동B	Ⅱb형		경북 고령	계명대학교
출토지 불명	Ⅱb형			계명대학교
출토지 불명	Ⅱb형			(國立慶州博物館 1987)
죽산	Ⅱb형		경남 진주 집현면	경상대학교
울산지역	Ⅲ형		경북	부산대학교

〈러시아 극동〉				
올레니A	IIa형	크로우노프카문화	연해주 지방	(오클라드니코프 · 브로단스키 1984)
올레니B	IIa형	크로우노프카문화	연해주 지방	(오클라드니코프 · 브로단스키 1984)
올레니C	IIa형	크로우노프카문화	연해주 지방	(오클라드니코프 · 브로단스키 1984)
발렌틴 페레쉭	IIb형	발렌틴유형		(안드레예바 외 1986)

　한반도 북부에서 遼東形石斧의 실상은 전혀 알려진 바 없어 한반도 남부에 전해졌을 당시의 자세한 해명에 장애가 되고 있지만, 남부에서의 출토 예만으로도 遼東半島를 추격할 정도의 충분한 양이다. 한반도 남부에는 재배곡물의 남하와 함께 전파된 것으로, 석부가 두꺼워지는 초기 무문토기 단계에 이르러 출현하였다.

　러시아 연해주 지방에서는 漢代 병행기까지 시기가 내려오지만, 遼東半島 이른 형식의 특색(IIa식)을 충실하게 계승한다. 그러나 한반도 남부에서는 遼東半島와 공통되는 요소도 확인되지만 다른 점 또한 존재하여 뚜렷한 지역적 특색을 나타내고 있다. 예를 들어 발생지가 아니기 때문에 I 식이 존재하지 않는 것은 당연하지만, 전형적 遼東形石斧 II식 중에서도 후에 등장하는 IIb식을 주체로 한다는 점이나 몸통의 두께를 나타내는 厚斧率이 높고 어깨부분의 폭은 작아 몸통과 돌출부가 일체화된 것이 많은 점 등을 들 수 있다. 그리고 이러한 형태의 석부를 계승한 III식이 후기 무문토기의 시작 단계에 출현하여 종말 형식이 되고 있다.

　일본에서는 이 선진적인 양질의 석부가 결국 전해지지 않았다. 그 원인은 수용의 전제인 벌채석부가 두꺼워지는 것이 늦어졌기 때문이다. 석부 제작의 수준이 동북아시아의 일반적인 단계에 도달하지 못하였던 것이다. 이렇게 동북아시아 여러 지역과 발전의 보조를 맞추지 못한 것, 즉 일종의 후진성이 遼東形石斧의 수용에 파행성을 발생시킨 것이다. 표류에 의해 흘러 들어간 문물은 수용되는 곳의 질을 문제삼지 않지만, 그 선진성을 계승하여 제작함으로써 정착된 생활 속에 기능을 부여하기 위해서는 수용되는 장소와 그 수준이 중요한 의미를 갖는다.

　일본열도에는 이르지 못하였지만, 遼東半島가 밀어낸 신석기시대 여러 문화의 방향은 확실히 남쪽의 한반도로 향하였으며 이것이 가장 중요한 흐름이었다고 평가할 수 있다. 이 글에서 언급하였던 遼東形石斧는 사실 수많은 남하 문물 중에서 직접적인 전파를 보여주는 사례이다. 열도에 전해지지 않은 덕분에 도리어 아시아 속에서 일본의 입장과 한계가 분명하게 밝혀졌다. 일본에는 일정한 조건 아래에서만 문화가 전해지고 있기 때문에, 이러한 현실을 바르게 살펴보는 것이 열도에 대한 객관적 평가가 된다.

(원전 : 2000, 「遼東形伐採石斧の展開」『東夷世界の考古學』, 靑木書店)

참고문헌

啓明大學校博物館, 1994,『金陵松竹里遺蹟 特別展圖錄』.

國立慶州博物館, 1987,『菊隱李養濬博士 蒐集文化財』.

崔夢龍, 1973a,「榮山江流域의 先史遺蹟·遺物」『歷史學報』59.

崔夢龍, 1973b,「潭陽 齊月里의 石器文化」『湖南文化研究』5.

崔夢龍, 1976,「榮山江流域에서 새로이 發見된 先史遺物」『湖南文化研究』8.

崔盛洛, 1986,「安佐島地域의 先史遺蹟」『島嶼文化』4.

和順郡, 1985,『和順郡 文化遺蹟 地表調查報告』.

水野淸一, 1933,「有肩石斧-南滿洲의 石器」『人類學雜誌』48-10.

水野淸一 外, 1942,「羊頭窪」『東方考古學叢刊乙種第三册』.

梁思永·吳金鼎, 1934,『城子崖』.

旅順博物館, 1962,「旅大市長海縣新石器時代貝丘遺址調查」『考古』7.

遼寧省博物館·旅順博物館, 1981,「長海縣廣鹿島大長山島貝丘遺址」『考古學報』1.

遼寧省博物館·旅順博物館, 1984,「大連市郭家村新石器時代遺址」『考古學報』3.

濰坊市藝術館 外, 1984,「山東濰縣獅子行遺址發掘朗報」『考古』8.

中國社會科學院考古研究所, 1996,『雙砣子與崗上』.

中國社會科學院考古研究所山東隊 外, 1985,「濰縣魯家日新石器時代遺址」『考古學報』3.

下條信行, 1988,「日本石庖丁の源流-弧背弧刃系石庖丁の展開」『日本民族·文化の生成』, 大興出版社.

下條信行, 1996,「遼東磨製石器文化の南進」『福岡からアジアへ』4, 西日本新聞社.

Андреева Ж.В., Жущиховская И.С., Кононенко Н.А., 1986,「Янковская культура」(안드레예바·주쉬호프스프스카야·코노넨코, 1986,「얀콥스키 문화」).

Окладников А.П., Бродянский Д.Л., 1984,「Кроуновкская культура」『Археология Юга Снбири и Дальнего востока』(오클라드니코프·브로단스키, 1984,「크로우노프카 문화」『남시베리아와 극동의 고고학』).

편인석부의 형식관계를 통해 본
초기 벼농사 단계 한일관계의 전개

05

번역 : 유병록

1. 머리말

일본열도의 농경문화가 한반도에서 전해졌다는 사실은 분명하며, 한반도 초기 무문토기 단계가 주요한 전래 시기였다는 점 또한 말할 필요도 없다. 일본의 죠몽 만기 후반 무렵에 단순히 벼라는 식물 종자만이 아니라, 목제·석제 농공구로부터 지석묘나 제사 등에 이르기까지 벼농사와 관계된 광범위한 문화가 복합적으로 전래되었다.

이 가운데 하나가 마제석기로 그 형식적 유사성은 한국과 일본의 문화 전래를 보여주는 것이라 평가받고 있으며, 이에 따라 大陸系磨製石器라는 이름이 붙여지게 되었다. 일본에 전래된 대륙계마제석기 중에는 유구석부, 편평편인석부, 석도, 석겸, 마제석검, 마제석촉 등이 존재하는데, 형식적 특징을 볼 때 한반도 남부, 그것도 남단 근처에서 전파된 것으로 생각된다. 단, 벌채석부는 전해지지 않았다.

이 중 석도와 함께 유구석부·편평편인석부는 일본 東北地方 등의 북단 근처까지 파급되어, 일본열도의 광범위한 지역에 영향을 주었다. 그리고 시기가 내려오고 지역이 멀어지면서 상당한 형식적 변화를 거치는데, 한반도의 원래 형식에 비하여 매우 특이한 형태를 갖춘 것도 출현하게 되었다. 하지만 지금까지의 연구는 주상편인석부, 편평편인석부라는 명칭으로 석기의 기능적인 측면만을 다루었으며, 이러한 지역적 차이나 문화적 차이까지 언급한 경우는 거의 없었다. 이 때문에 일본의 여러 지역은 하나의 색을 가진 평면적인 곳이 되어, 다양한 색으로 나타나는 입체적 야요이시대의 모습이 제대로 묘사되지 않았다. 일본열도의 야요이문화는 절대 단색이 아니며, 여러 가지 색이 합쳐져 모자이크처럼 조합된 것이다. 이를 발생시킨 원인 중 하나는 지역의 문화전통이다. 또 다른 커다란 요인은 말할 것도 없이 대륙문화와의 관계인데, 이러한 관계를 생각하지 않는다면 타당성 있는 일본 각지의 문화지도를 만들어내는 것이 불가능하다. 오히려 현재의 국경을 무시하고 한반도와 일본열도를 하나로 묶은 문화지도를 완성한다면, 아시아에서 일본의 문화적 위치가 뚜렷해지는 동시에 일본 내에서 지역문화의 위상도 가늠할 수 있을 것이다. 본고는 이러한 의도에서 작성되었다.

이를 위해서 우선 한반도 남부에서 출토된 두 종류의 편인석부를 대상으로, 편년 작업을 통하여 형식변천의 방향성과 지역성을 살펴보고자 한다. 그리고 일본열도에서도 동일한 작업을 행한 다음 양 지역을 비교하여, 한반도와 일본 각 지역 간 관계의 변화와 그 정도를 밝히도록 하겠다.

2. 한국과 일본에서 유구석부의 변천(도 1 · 2)

1) 한반도 남부 유구석부의 변천

한반도 주상편인석부의 전개에 대해서는 최근 배진성(2001)에 의하여 체계적으로 밝혀진 바 있다. 이에 따르면 주상편인석부는 5단계로 구분되는데, 여기서 과제로 삼고있는 유구석부의 경우 4 · 5기에 출현한다고 보았다. Ⅰ~Ⅲ기가 공렬문토기 단계(Ⅰ기 : 역삼동유형, Ⅱ · Ⅲ기 : 흔암리유형), Ⅳ기가 송국리 단계, Ⅴ기가 원형점토대토기 단계이며, 이 중 Ⅳ기는 전반의 선송국리 단계와 후반의 송국리 단계로 세분되고 있다. 선송국리 단계란 직립 구연을 특징으로 하는 검단리 단계를 의미하는데, 최근 한반도 남부에서 이 단계의 유적이 급증하고 있다. 따라서 본고에서는 배진성의 분류안을 기본으로 하면서 검단리 단계를 독립시켜, 공렬문토기－검단리－송국리－점토대토기 단계로 구분하였다. 단계별 유구석부의 변천을 살펴보면 아래와 같다.

공렬문토기 단계 : 남한에서 주상편인석부가 등장한 시기이다. 基部는 편평하며 뒷면(날

이 형성되지 않은 면)은 측면에서 볼 때 매끄럽게 휘어진 굴곡을 이룬다. 앞면(날이 형성된 면)은 측면에서 볼 때 거의 수직으로 내려오다가 끝 부분 근처에서 예리하게 꺾여 인부를 형성한다. 날의 각도는 예각이며, 인부는 직선적이다. 몸통은 뒷면 쪽의 폭이 넓고 앞면 쪽이 좁기 때문에, 횡단면은 사다리꼴을 이룬다. 앞면이 고타로 마무리된 사례가 많은데, 이 경우 사다리꼴의 위쪽이 둥글게 되며 양측의 능도 둥근 각을 이루게 된다. 일반적으로 측면의 폭이 넓지만, 일부 좁은 것도 존재한다(월성동). 규격에 맞추어 정연하게 만들어진 것이 많다. 경북 월성동 1호 주거지(尹容鎭·李白圭 外 1991), 경남 대평리(文化財研究所 1994), 합천 봉계리(沈奉謹 1989), 거창 산포 등에서 출토되었다. 산포 출토 미완성품을 보면, 앞뒷면과 양 측면 모두 타격과 박리에 의하여 성형한 다음 앞면부터 고타를 시작하고 있다. 이러한 가공법이 규격에 맞는 제품을 탄생시킨 요인이라고 생각된다. 분명한 유구석부의 존재가 확인되지 않았지만, 그 존재 여부는 앞으로의 과제로 남겨두고 싶다.

검단리 단계(도 1-1·2·3) : 결입부를 가진 유구석부가 출현하지만, 결입부가 없는 것도 상당수 존재한다(도 1-1). 기부는 대부분 편평하고 뒷면은 역시 곡선을 이루지만 위쪽이 약간 불룩한 것도 있다(도 1-2). 곡선의 정점은 전체 길이의 중간이나 약간 아래쪽에 위치하는데, 이를 기준으로 위쪽에는 고타 흔적이 남아있고 아래쪽은 잘 마연되어 있다. 앞면은 수직으로 내려오다가 끝 부분 근처에서 꺾여 인부를 형성한다. 앞선 단계보다 굴절 각도가 커져서 날은 둔각이 된다. 인부의 길이가 길고 둥글게 형성되어 있어 약간 무딘 느낌이 든다. 횡단면이 높은 사다리꼴도 있지만, 높이를 감소시킨 사다리꼴도 등장한다. 또, 인부 근처의 횡단면은 사다리꼴이지만, 그 위쪽은 고타로 마무리하였기 때문에 타원형에 가까운 것도 출현한다. 충남 관창리, 대흥리(林尙澤 1999), 경북 송죽리(啓明大學校博物館 1994), 경남 검단리(釜山大學校博物館 1995), 대평리 등에서 관찰된다. 일본열도의 A형과 같은 형식이다.

송국리 단계(도 1-4) : 결입부를 가진 유구석부가 일반적으로 등장한다. 충남 송국리(姜仁求 外 1979), 경남 대야리(林孝澤 外 1989), 산청 사월리(李源鈞 外 1998) 등에서 출토되었다. 기부는 편평하며 뒷면의 결입부 아래는 안쪽으로 꺾이지만 곡선이 아닌 직선적으로 변화한다. 앞면은 기부에서 수직으로 내려가다가 아래쪽에서 굴절되어 인부를 형성하는데, 날의 각도는 더욱 둔각이 되며 인부의 면 또한 둥글어 무딘 느낌을 준다. 송국리유적 출토품은 직선적으로 예리하게 꺾이는 등 이른 형식이 유지되고 있어, 대야리 등의 영남지역 출토품과는 특징을 달리한다. 한반도 남부에 지역적 특색이 나타난 것인데, 대야리 형식이 그 대표적인 예로서 일본열도와 친연성을 갖는다. 기부가 좁고 인부가 넓은 긴 사다리꼴의 평면형이

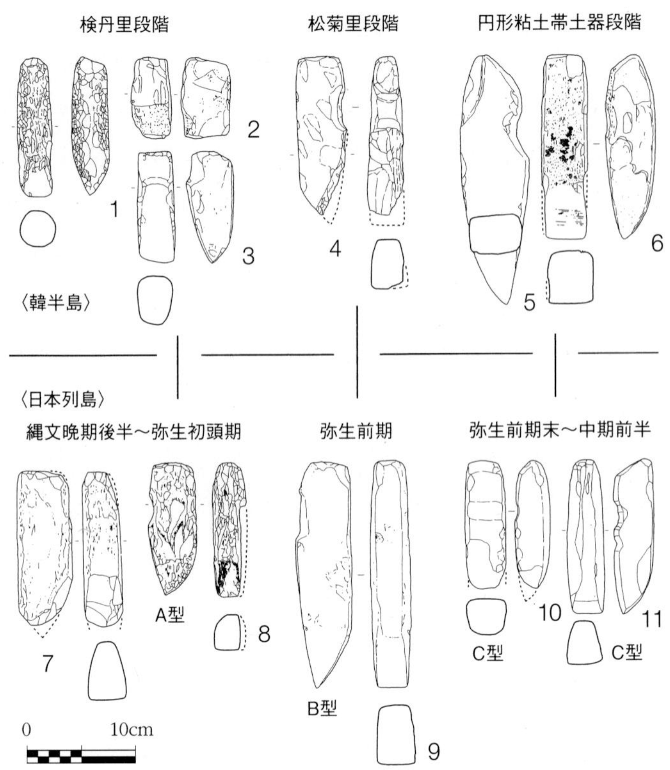

1 · 2 · 3 경남 검단리, 4 경남 대아리, 5 경남 신촌, 6 경남 울산, 7 · 8 佐賀 菜畑, 9 高知 田村, 10 福岡 下稗田, 11 島根 西川津

〈도 1〉 한반도와 일본열도 출토 유구석부의 관계

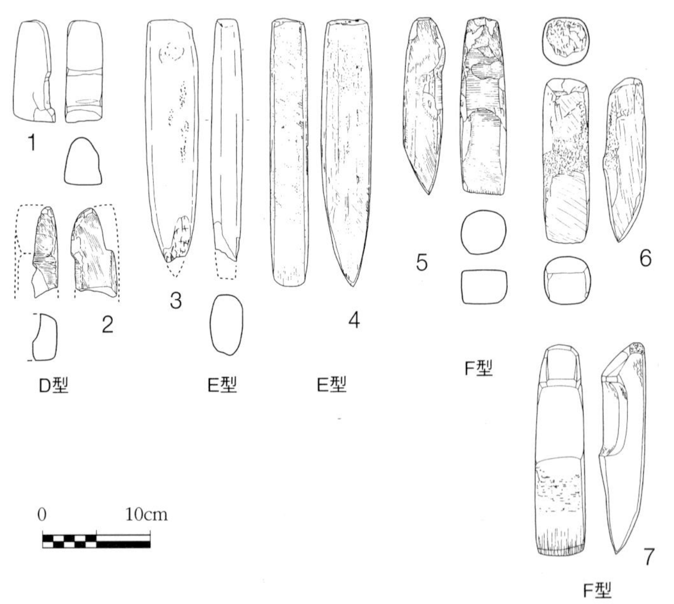

1 兵庫 田能, 2 愛知 山中, 3 愛媛 六丁場, 4 兵庫 奈カリ與, 5 愛知 阿彌陀寺, 6 神奈川 砂田臺, 7 千葉 菅生

〈도 2〉 일본열도 출토 D · E · F형 유구석부

이 시기의 특징이다. 일본의 B형과 같은 형식이다.

경남 창원 신촌리 II구역에서 출토된 유구석부는 송국리식토기와 같이 채집된 것이다(도 1-5). 정확한 공반관계는 알 수 없지만, 기부가 뾰족해지는 등 형식변화가 진행되고 있다. 또, 인부에 능이 없고 앞면은 기부에서 인부까지 완만한 곡선을 이루어 활처럼 굽어 있다. 뒷면의 결입부 아래가 안쪽으로 꺾이는 것은, 해당 유물이 이 단계와 깊게 관련되어 있음을 나타낸다.

원형점토대토기 단계(도 1-6) : 이 단계의 특징은 뒷면이 기부에서 인부 쪽으로 향하여 수직으로 내려가는 것이다. 2가지 형식이 있는데, 하나는 평면이 긴 사다리꼴에 기부는 편평하며 앞면이 두껍게 수직으로 내려오다가 아래쪽 끝 부분 근처에서 급격하게 꺾여 인부를 형성한다. 날의 각도는 둔각으로 인부가 둥글게 처리된 점은 앞선 단계와 같으며, 횡단면은 사다리꼴 내지 삼각형을 이룬다. 다른 하나는 기부가 뾰족하며(도 1-6), 앞면은 능 없이 기부에서 인부까지 완만하게 휘어진 일체형으로 제작되었다. 횡단면은 방형을 이룬다. 전자는 경북 대구 연암산, 월성동에서 원형점토대토기와 공반하여 미완성품을 포함한 다수가 출토되었다. 울산에도 분포하고 있지만 그 중심은 경상도 북쪽에 있다. 후자는 경남 김해 대청유적에서 원형점토대토기와 공반하고 있다(裵眞晟 2001). 울산에서의 출토를 시작으로(徐姈男·裵眞晟 2000) 고성 송천리, 거제도에서도 확인되며, 영남지방을 중심으로 분포한다. 앞선 단계에서 징후가 관찰되긴 하였지만, 이 단계에 이르러 확실히 경상도의 남쪽과 북쪽에서 주요한 형식이 달라진다. 후자는 일본열도의 C형과 같은 형식이다.

2) 일본 유구석부의 변천

일본에서 대륙 계통 편인석부의 출현은 죠몽 만기 후반부터이며, 그 종말은 빨라도 중기 중엽, 늦으면 후기 후반까지 내려간다. 그리고 형태 변화에 관한 획기는 대개 3단계 혹은 4단계로 구분하는 것이 가능한데, 단계별 유구석부의 변천을 살펴보면 다음과 같다.

1단계 : 죠몽 만기 후반에서 야요이 초두(板付 I 식)
2단계 : 야요이 전기
3단계 : 야요이 전기 말, 중기 초두
4단계 : 야요이 중기 이후

일본 유구석부의 변천에 대해서는 예전에 고찰한 적이 있어(下條信行 1997), 이에 따라 논지를 전개하고자 한다. 형식변천을 살펴볼 때 가장 중요한 점은 뒷면 종단면형의 변화이다. 이것은 앞서 언급한 한반도 유구석부의 분석 관점과 같은데, 이를 기준으로 일본열도의 유구석부를 A~F형식으로 분류할 수 있다.

A형(도 1-8)은 뒷면이 결입부에서 아래쪽으로 향하여 활 모양으로 휘어진다. 앞면은 편평한 기부에서 수직으로 내려오다가 아래쪽에서 예각으로 꺾여 인부를 형성한다. 인부의 면은 직선적인 것도 있지만, 약간 둥글게 휘어진 것도 등장한다. 횡단면은 일반적으로 높이가 있는 긴 사다리꼴을 이룬 것이 많다.

B형(도 1-9)은 뒷면에 활 모양의 휘어짐이 남아있지만, 그 휘어진 정도가 약하여 수직에 가깝게 내려간다. 앞면은 몸통이 수직으로 내려가다가 인부 근처에서 꺾이는데, A형에 비해 둔각을 이룬다. 이 때문에 인부의 길이가 길고 또 둥글게 처리되는 등 날의 무디어짐이 진행된다. 이에 따라 당연히 능도 약해진다. 횡단면은 긴 사다리꼴이지만, 사다리꼴의 정점을 잘 마무리하지 않아 둥근 편이다.

C형(도 1-10 · 11)은 뒷면에 희미하게 휘어진 흔적이 남아있지만, 거의 수직으로 내려간다. 앞면의 인부에는 능이 형성되지 않아, 몸통과 날의 경계가 애매하다. 인부에 해당하는 부분이 길고 완만하게 휘어지는 등 날의 둔화가 한층 진행된다. 또, 뾰족한 기부, 경사진 기부, 둥근 기부 등이 확인되는 것도 큰 특징이다. 높이가 낮아져 횡단면은 방형 또는 반원형을 이룬다.

D형(도 2-1 · 2)은 몸통과 인부의 특징이 C형과 같지만, 결입부에서 기부 방향으로 직선이나 곡선을 이루며 크게 안쪽으로 기울어져, 좁고 편평한 기부를 형성한다. B형을 계승한 변화형으로 각지에서 출현한다.

E형(도 2-3 · 4)은 기부가 편평하고 결입부가 없는 것을 특징으로 한다. 앞뒷면 모두 기부에서 수직으로 내려오다가 어떤 것은 끝 부분 근처에서 완만하게 휘어져 인부를 형성하고(도 2-4), 어떤 것은 양쪽 모두에서 휘어지면서 양인 형태가 되어 앞면과 뒷면의 구별이 어려워진다(도 2-3). 인부는 길고 완만하게 휘어져 둔화된 형태이다. 횡단면은 배부른 장방형을 이룬다.

F형(도 2-5 · 6 · 7)은 앞뒷면과 측면의 폭이 역전되어, 앞뒷면 쪽이 넓어진다. D형의 계통을 이어받아 결입부에서 기부를 향하여 안쪽으로 기울어져 대개 경사진 기부를 형성한다. 뒷면은 수직으로 내려간다. 기부의 경사가 크고 결입부가 긴 關東 출토 사례 등을 별도의 형식으로 취급하는 것도 가능하다.

이상의 여러 형식은 〈표 1〉과 같은 배열을 이룬다. 그리고 각 형식의 시기는 토기와의 공반관계를 근거로 아래와 같이 상정할 수 있다.

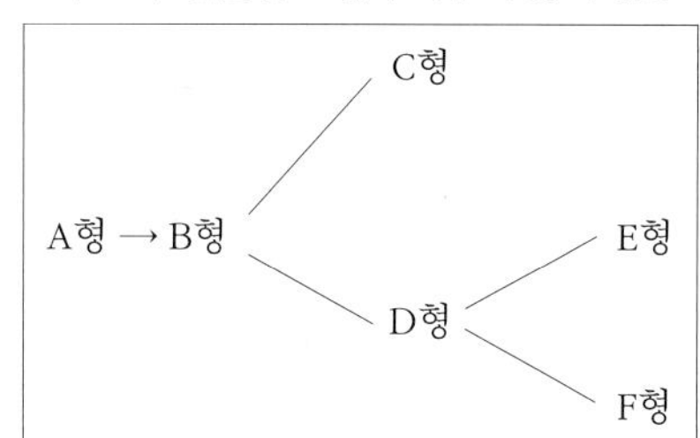

〈표 1〉 일본열도 유구석부의 형식배열

A형 : 죠몽 만기 후반에서 야요이 초두(板付 Ⅰ식)
B형 : 야요이 전기(板付 Ⅱa식~Ⅱb식)
C형·D형 : 야요이 전기 말(板付 Ⅱc식)~중기 전반
E형·F형 : 야요이 중기 전반~중기 후반

상기의 형식배열에 시간과 지역성을 부가하여 고찰하면, 그 전개 과정을 다음과 같이 파악하는 것이 가능하다.

죠몽 만기 후반~야요이 초두의 시기에 한반도에서 A형이 전래되어, 먼저 북부 규슈에 정착·사용되었다. 야요이 전기 전반이 되면 북부 규슈에 존재하던 A형이 B형으로 변화되고, 벼농사 재배지역의 확대에 따라 B형도 규슈에서 瀨戶內에 걸쳐 분포하게 된다. 단, 그 정도는 각각 다른데, 북부 규슈에서는 면으로 분포하지만 瀨戶內에서는 점으로만 분포한다. 전기 말~중기 초두가 되면 B형에서 C·D의 2가지 형식이 파생된다. C형은 북부 규슈에서 발생하여, 북부 규슈나 동북부 규슈부터 山陰에 걸쳐 분포하게 된다. 한편, D형은 규슈에서 東海까지 넓은 지역으로 확산되며, 각지에서 자급적 제작도 확인된다. 중기가 되어도 규슈에서는 C형이 유지되지만, 瀨戶內에서는 B형 또는 D형을 모태로 E형이, 東海~關東에서는 F형이 발생한다. 이러한 E·F형은 대륙의 계통에서 벗어난 일본열도의 독자적인 형식이라 할 수 있다. 이에 대해서는 뒤에서 다시 언급하겠다.

3) 한국과 일본의 연대관계와 각 형식의 분포

이상과 같이 한반도와 일본열도에서 유구석부의 전개 과정을 각각 살펴보았다. 다음으로 양자가 서로 어떻게 유기적인 관계를 가지면서 전개되었는가에 대해서 언급하겠다.

1단계 : 일본의 A형과 검단리 단계의 유구석부는 모두 뒷면이 아래쪽으로 향하여 활 모양으로 휘어지는 점에서 공통되기 때문에 같은 형식이라 생각된다. 또, 이 단계는 한반도에서 유구석부의 최초 출현기로 검단리나 송죽리유적에서 관찰되는 바와 같이 결입부가 없는 것과 있는 것이 공존하며, 일본에서도 佐賀縣 菜畑遺蹟(唐津市敎育委員會 1982)에서 양자의 공존이 확인된다. 배진성(2001)은 뒷면에 단이 형성되기 시작하는 것을 계기로 결입부가 발생하였다고 보았는데, 菜畑遺蹟의 결입부가 없는 사례(도 1-7)에서도 단의 발생이 관찰되고 있어 한일 양국에서 최초 등장 시기의 양상이 상당히 유사함을 알 수 있다. 한편, 죠몽 만기 후반은 빠르면 한반도 공렬문토기 단계, 주로 검단리형토기 단계에 해당하기 때문에, 양자의 시간적 관계는 토기를 통하여 보아도 모순이 없다.

이와 같이 이 단계에는 바다를 건너 한국과 일본에 동일한 형식이 분포하고 있었다. 한반도에서는 남부, 일본열도에서는 북부 규슈의 대한해협 연안지방에서만 확인되어, 그 분포는 일본 내에서도 아직 제한적이었다.

2단계 : 일본의 B형은 송국리 단계의 유구석부와 유사하다. 결입부 아래의 안쪽으로 꺾임이 약하고 직선적으로 제작되는 단계로, 경상남도 대야리 출토품이 대표적이다. 한반도에서는 이 단계에 평면 긴 사다리꼴의 석부가 등장하는데, 일본열도의 福岡市 瑞惠遺蹟에서도 같은 형태의 제품이 존재한다(日本住宅公團 1980). 바다를 건너 한국과 일본에 동일한 형태가 분포하는 것은 앞선 단계와 같지만, 일본 쪽에서 그 분포 범위를 크게 확대시켜 북부 규슈에서 동쪽으로 瀨戶內海에까지 이르게 된다. 그렇지만 북부 규슈와 瀨戶內海에서의 분포 밀도에는 차이가 있는데, 전자가 면으로 분포하는 것에 반하여 후자는 점으로 확인되고 있다. 대표적인 사례로 북부 규슈에서는 福岡市 比惠(福岡市敎育委員會 1991), 瑞惠, 福岡縣 津古內畑, 佐賀縣 吉野ヶ里, 瀨戶內에서는 愛媛縣 宇和町 氷長, 高知縣 南國市 田村(高知縣敎育委員會 1986) 출토품 등이 있다. 福岡縣 葛川(苅田町敎育委員會 1984), 神戶市 大開(神戶市敎育委員會 1993)에서 출토된 것은 파편에 불과하지만, 이러한 사례에 속할 가능성이 높다.

3단계 : 일본의 C형은 원형점토대토기 단계의 것과 같은 형태이다. C형은 뒷면이 수직으로 내려가며 뾰족한 기부, 경사진 기부, 둥근 기부를 특징으로 하기 때문에, 충남이나 경북의 사례보다는 경남 출토품과 유사하다. 일본에서 원형점토대토기의 출현 시기는 전기 말로 C형의 등장 시기이기도 하여, 한국과 일본에서 해당 형식의 출현관계가 일치하고 있다. 일본열도의 C형은 북부 규슈에서 동북부 규슈, 山陰을 주요 분포지로 하면서 그 주변에서도 약간 확인되므로, 주로 한반도의 영남지역에서 규슈에 걸쳐 분포하는 것으로 보인다.

C형은 북부 규슈에서 중기 중엽까지 존속한다. 한반도의 유구석부도 원형점토대토기에 뒤이어 등장하는 삼각형점토대토기 단계에는 소멸한다. 일본 쓰시마 섬 오테카타유적의 중

기 후반에는 삼각형점토대토기로 변화하기 때문에, 한반도와 북부 규슈도 중기 후반에는 유구석부가 자취를 감추고 철기의 시대로 이행하였다고 생각된다.

D형은 C형과 동일 시기에 해당하지만, 규슈에서부터 東海, 특히 瀨戶內, 畿內, 東海에 분포하는 것이 특징이다. 한반도에서는 확인되지 않고 있어, 일본열도에서 독자적인 형태로 출현하여 분포하는 것이라 하겠다.

4단계 : 한편, 瀨戶內에서 關東에 걸쳐서는 중기 후반이 되어도 활발한 전개 양상을 보여준다. D형을 모태로 瀨戶內~東海에서는 중기 전반, 關東에서는 중기 후반에 새로운 형식이 성립되어, 한반도와 북부 규슈에서 생명을 다한 후에도 유구석부는 계속적으로 다수 이용되었다. 瀨戶內~畿內에서 출현한 것이, 결정편암을 소재로 하여 결입부를 없애고 몸통의 4면이 불룩해지면서 인부는 둔화된 E형이다. 이는 다시 인부가 양인처럼 앞뒷면에 모두 형성된 瀨戶內型과 앞면에만 인부를 부착시킨 畿內型으로 구분된다. 關東의 중기 후반에 새롭게 등장한 것이 F형이다. 한반도와 북부 규슈의 여러 형식에서 독립적으로 출현한 E·F형은 원래 형식과의 괴리가 뚜렷하며, 인부의 예리함이 사라지는 후퇴 방향으로 전개된다. 東北에서는 중기 중엽의 仙臺市 高田遺蹟에서 유구석부 1점이 출토되었지만 계속성은 없어, 유구석부는 거의 보급되지 않았다고 할 수 있다.

3. 한국과 일본에서 편평편인석부의 전개(도 3·4)

1) 한반도 편평편인석부의 변천

이전에 일본의 편평편인석부를 고찰한 바 있는데, 이때 종단면형의 변화를 기준으로 하여 형식 분석을 행하였다(下條信行 1996). 석부의 종단면형은 위에서 언급한 유구석부에도 적용되기 때문에, 편인석부류에 일반적으로 이용되는 분류 기준이라 할 수 있다. 이러한 관점에서 한반도 남부의 편평편인석부를 편년하여 보자.

공렬문토기 단계(도 3-1) : 평면 장방형에 기부와 양 측면이 면을 이룬다. 아래쪽에는 뚜렷한 능이 형성되어 있으며, 여기에 짧고 날카로운 날이 붙어 있다. 기본적으로 날은 직선을 이룬다. 앞뒷면과 양 측면 모두 편평하고 매끄러우며, 양자의 경계를 이루는 능도 예리하다. 횡단면은 장방형이다. 종단면형의 경우 앞면은 기부에서 수직으로 내려가며, 뒷면은 기부에서 인부 쪽으로 향하여 활 모양으로 휘어진다. 두께는 기부 쪽이 두껍고 인부 쪽으로 갈수록 얇아진다. 일본의 Ⅰ-1형과 같은 형식이다. 경남 합천 봉계리와 저포리, 진주 대평리, 대구 월성동 등에서 출토되었다.

검단리 단계(도 3-2 · 3) : 평면적으로는 앞선 단계와 차이가 없다. 종단면에서 변화가 나타나는데, 뒷면의 휘어짐 정도가 전체적으로 약간 약해

〈사진 1〉 한반도 출토 편인석부 각종

지거나 휘어짐이 인부 근처에서만 확인된다. 따라서 두께도 기부와 인부 근처가 같아진다. 소수에 불과하지만 대형품에서는 둥근 날이 관찰된다. 그러나 검단리 출토품 중에는 능이 없고 양 측면과 몸통이 불룩한, 규격에서 벗어난 형태도 포함되어 있다. 충남 휴암리(尹武炳 外 1990), 경북 송죽리, 경남 산청 옥산리, 검단리에서 유사한 사례가 확인된다. 일본의 Ⅰ-2형과 같은 형식이다.

송국리 단계(도 3-4 · 5) : 평면적으로는 앞선 두 단계와 거의 차이가 없지만, 종단면은 뒷면의 휘어짐이 사라져 앞면과 같이 기부에서 수직으로 내려가기 때문에 양면이 평행을 이루게 된다. 날은 직선이지만, 대형품은 둥근 날을 이룬다. 충남 송국리, 경남 산청 사월리, 대야리 등에서 출토되었다. 일본의 Ⅰ-3형과 같은 형식이다.

원형점토대토기 단계(도 3-6) : 유구석부와 달리 이 단계에는 거의 출토되지 않아, 양자 사이에 존재 양상의 차이가 있는 것처럼 보인다. 하지만 경남 늑도에서 소수이지만 출토 예가 있다. 기부가 좁고 인부가 넓으며, 양 측면이 약간 불룩한 편이다. 평면형은 긴 사다리꼴이며, 종단면은 앞뒷면이 평행을 이루면서 수직으로 내려간다. 능은 형성되지 않았으며, 날의 면은 직선이 아니라 둥글게 처리되어 있다. 전체적으로 마연되어 있지만, 앞뒷면과 측면에 조정 당시의 박리 흔적이 다수 남아있으며 우측면의 위쪽 2/3 부분은 자연적인 면을 그대로 남겨두는 등 제작의 조잡함이 두드러진다. 형태적으로 편평편인석부의 퇴보 양상을 보여주

지만, 종단면형, 인부 형태 등 기본적 부분의 특징은 앞선 단계를 따르고 있다.

2) 일본 편평편인석부의 변천

일본열도의 편평편인석부는 크게 Ⅰ형과 Ⅱ형으로 구분되는데, Ⅰ형에서 Ⅱ형으로 전개되었다. Ⅰ형은 한반도의 직접적인 영향으로 출현한 것이기 때문에 한반도와 형식을 공유하고 있다. Ⅱ형은 Ⅰ형에서 전개되었지만, 한반도의 직접적 영향이 아니라 Ⅰ형을 모태로 일본에서 독자적인 변화를 거친 것이다.

Ⅰ형은 평면 장방형이며, 좌우 측면과 기부는 면을 이룬다. 이른 형식일수록 뚜렷한 능을 가지며, 날은 직선적이다. 앞뒷면, 양 측면 모두 평탄하고 매끄러우며 능이 뚜렷한 규격적 제품이다. 종단면형의 특징을 기준으로 Ⅰ-1형, Ⅰ-2형, Ⅰ-3형의 세 종류로 세분되는데, Ⅰ-1→Ⅰ-2→Ⅰ-3의 순서로 변화한다. 각각의 특징은 다음과 같다.

Ⅰ-1형(도 3-7) : 종단면형을 보면 뒷면은 기부에서 아래쪽으로 향하여 활 모양으로 휘어지고, 앞면은 기부에서 수직으로 내려가다가 인부 근처에서 직선적으로 꺾여 예각의 날을 형성한다. 기부는 두껍고 인부 끝으로 갈수록 얇아진다. 뚜렷한 능이 형성되어 있다. 양적으로는 소수에 불과하며, 두꺼운 것이 많다.

Ⅰ-2형(도 3-8·9) : 뒷면의 휘어짐은 남아있지만, 상당히 직선화된다. 혹은 인부 근처에만 휘어짐이 한정되어 몸통 상부는 직선적이 된다. 앞면은 수직으로 내려가다가 예각의 인부를 형성하는데, 날의 길이가 길고 날의 면이 둥근 것이 등장한다. 기부가 두껍고 인부가 얇은 것이 특징이지만, 전체적으로 몸통이 얇은 석부가 출현한다.

Ⅰ-3형(도 3-10·11·12) : 뒷면이 직선화되어 앞면과 뒷면은 평행을 이루며 수직으로 내려간다. 인부의 꺾임은 둔각이 되며, 긴 날이 둥글어져 예리함을 잃게 된다. 능을 애매하게 처리한 것이 많고, 일반적으로 얇은 형태가 다수를 차지한다.

Ⅱ형은 Ⅰ형으로부터 전개되었다. 현지에서 산출된 석재를 이용한 자급적 생산이 지역별로 이루어지며, 이와 함께 대륙과 북부 규슈에서의 새로운 자극이 사라진 후 자유로운 생산이 시작되면서 형태의 변화가 심한 제품이 등장하게 된다. 그 변화는 다음과 같이 나타난다.

첫째, 기종이 소형(도 4-1~4)·중형(도 4-5~12)·대형(도 4-13~17)의 3종류로 분화된다. Ⅰ형은 중형이 압도적인 비율을 차지하면서 대형이 소수 공반되는 정도였지만, Ⅱ형이 되면 이제까지의 중형에 더하여 대형이 상당수 증가하게 된다. 소형의 경우 양적으로 다수는 아

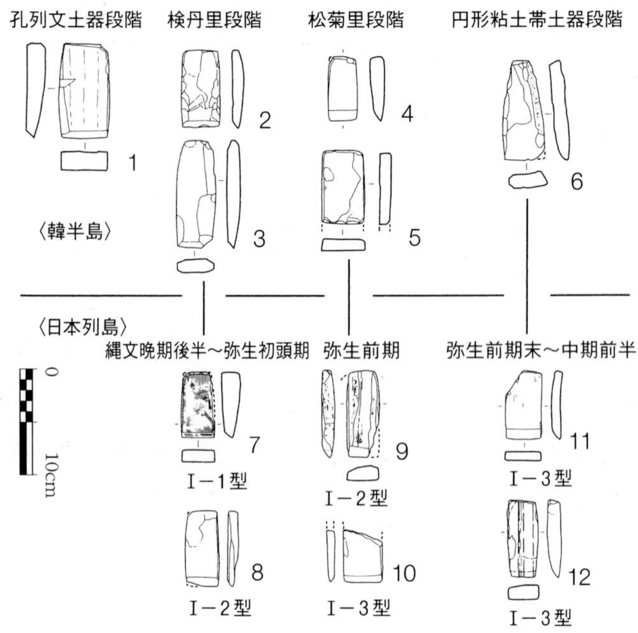

1 경남 봉계리, 2 충남 휴암리, 3 경남 검단리, 4 경남 사월리, 5 경남 대아리, 6 경남 늑도, 7 佐賀 菜畑, 8 福岡 今川, 9 佐賀 柏崎, 10 福岡 下稗田, 11 佐賀 西不動, 12 佐賀町 南

〈도 3〉 한반도와 일본열도 출토 편평편인석부의 관계

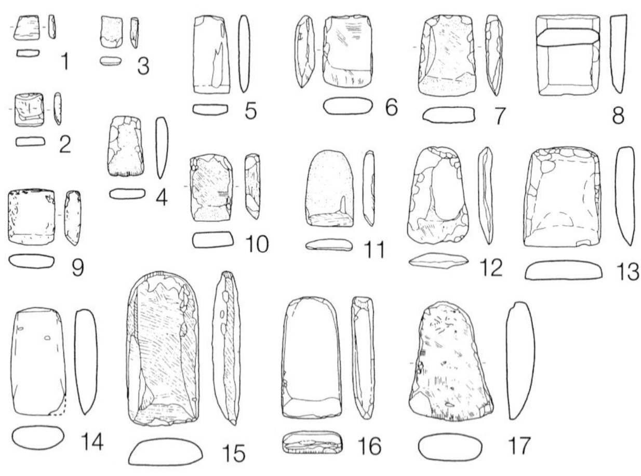

1・9 大阪 宮ノ前, 2 靜岡 角田, 3・11・16 神奈川 砂田臺, 4 福島 櫻井, 5 愛媛 來住, 6 香川 矢の塚, 7 兵庫 七日町, 8 兵庫 田能, 10・15 靜岡 川合, 12 福島 長瀞, 13 兵庫 伯母山, 14 愛媛 六丁場, 17 福島 天神澤

〈도 4〉 일본열도 편평편인석부 II형 각종

니지만, 瀨戶內로부터 東北에 이르기까지 각지에서 고르게 출토된다.

둘째, 규격에서 벗어나는 석부 제작의 경향이 두드러진다. 소형일수록 규격에 맞게 제작되고 있으나, 대형화됨에 따라 표준에서 벗어나게 된다.

소형은 폭 2~3cm, 길이 2.5~3.5cm 정도의 크기로, 평면 방형에 종단면은 양면 모두 수직으로 내려가며 측면도 매끄러운 면을 이룬다. 단, 능이 희미하고 날이 약간이지만 둥글게 처리된 것은 II형의 특징이라 할 수 있다. 초소형인 까닭에 노동력의 소모가 적기 때문인지, II형으로서는 드물게 정밀하게 제작된다. 한편, 평면형이 방형에 가까워, I형의 장방형과는 다르다.

중형은 I형의 일반적인 석부를 계승한 것이지만, 역시 평면형은 방형으로의 변화가 두드러진다. 각각의 면이 직선적이지 않고 둥글게 제작되어, 날이나 능도 이에 따라 둥글게 처리되어 있다. 종단면은 양면 모두 직선으로 내려가지만, 횡단면의 경우 뒷면은 수평, 앞면은 중앙부가 볼록한 형태를 이룬다. 측면은 매끄럽지 않고 둥글게 처리되거나 측면과 앞뒷면의 경계를 경사지게 마연한 다각형 측면(도 4-8)이 출현한다. 이러한 횡단면과 측면의 형성은, I형과는 다른 제작법에 의한 것이다. I형은 앞뒷면의 제작을 위해 정밀한 박리에 의존하지만, II형은 자연 자갈의 박편을 이용하면서 박리 면을 뒷면으로, 자연 면을 앞면으로 하기 때문에 앞면에는 자갈의 곡선을 그대로 남겨 앞면이 볼록한 횡단면을 이루게 된다. 또, 측면 형성을 위한 2차 조정 흔적을 정밀하게 없애지 않고, 특히 면의 경계 부분에 박리 흔적을 남기는 등 규격을 벗어난 제작이 분명하다.

대형에서는 이 조잡함이 더욱 단적으로 나타난다. 날이 둥글게 처리된 것은 대형품에서 일반적이라 하겠지만, 측면의 불룩함이나 단면상 앞면의 불룩함 등이 일반화되며 측면의 마연도 부분적으로만 행하여지기 때문에 측면의 횡단면은 다각형이거나 뚜렷한 면을 이루지 않게 된다. 이밖에 關東에서는 자연 자갈로부터 직접 가공한 사례(도 4-11), 東北에서는 평면 사다리꼴, 마연이 완전하게 이루어지지 않은 사례(도 4-4 · 12 · 17) 등 뚜렷하게 지역적 특징을 보이는 규격에서 벗어난 제품들이 등장한다.

이상의 여러 형식과 편년과의 관계를 아래에서 살펴보자.

I-1형은 한반도에서 공렬문토기 단계에 출현하는 이른 형식이지만, 한반도 출토품처럼 단독으로 존재하는 시기는 없고 I-2형과 함께 출토된다. 한반도에서도 송국리유적의 사례처럼 늦은 시기까지 존재하는데, 이러한 것들이 일본에 전래된 것이라 생각된다. 출토 예는 적은 편으로, 佐賀縣 菜畑遺蹟 · 宇木汲田遺蹟(下條信行 1986) 등 대한해협 연안에서 약간 출토되고 있다.

오히려 Ⅰ-1형은 Ⅰ-2형에 수반하여 출토되는 것이 기본이므로, 일본열도의 초기 편평편인석부는 Ⅰ-2형이 중심이라 할 수 있으며 출토 사례 또한 많다. 죠몽 만기 후반~야요이 초기(板付Ⅰ식) 유물과 공반한다.

Ⅰ-3형과 Ⅰ-2형도 함께 출토되는 경우가 많은데, 야요이 전기에 해당하는 유물과 공반한다.

전기 말 이후에는 거의 Ⅰ-3형이 주류가 되어 중기 전반까지 존속한다.

Ⅱ형은 전기 말·중기 초에 등장하여 지역에 따라서는 후기까지 존속하지만, 그 출현 시기에는 Ⅰ-3형과 공존하는 지역도 있다.

이상과 같이 일본의 편평편인석부는 Ⅰ-1형→Ⅰ-2형→Ⅰ-3형→Ⅱ형의 형식배열을 보이며, 그 시간적 위치는 〈표 2〉와 같다.

〈표 2〉 일본열도 편평편인석부의 형식과 시간 관계

만기 후반 야요이 초두		야요이 전기		전기 말		중기 전반		중기 후반		후기
Ⅰ-1	→	Ⅰ-2	→	Ⅰ-3	→	Ⅰ-3				
Ⅰ-2		Ⅰ-3	→	Ⅱ	→	Ⅱ	→	Ⅱ	→	Ⅱ

3) 한국과 일본의 연대관계와 각 형식의 분포

한반도와 일본열도 편평편인석부의 연대관계는 다음과 같은 병행관계로 정리된다.

1단계 : 검단리 단계(Ⅰ-2형) = 죠몽 만기 후반에서 야요이 초두(Ⅰ-1·Ⅰ-2형)
2단계 : 송국리 단계(Ⅰ-3형) = 야요이 전기(Ⅰ-2·Ⅰ-3형)
3단계 : 원형점토대토기 단계 = 전기 말~중기 전반(Ⅰ-3·Ⅱ형)
4단계 : 삼각형점토대토기 단계 이후 = 중기 후반 이후(Ⅱ형)

1단계 검단리 단계와 죠몽 만기 후반~야요이 초두의 편평편인석부는 모두 Ⅰ-2형이 주요 형식이기 때문에, 같은 단계로 설정할 수 있다. 토기로 볼 때도 같은 단계에 해당함은 앞서 유구석부의 설명에서 언급한 바 있다. 그 분포 범위는 한반도와 북부 규슈의 대한해협 연안이며, 이는 유구석부 1단계와 동일한 분포권이다.

2단계는 한반도의 송국리 단계로, 일본의 Ⅰ-3형이 영남지역 출토품과 유사한 편이다. 한반도에서 서일본에 이르는 범위에 분포하지만, 瀬戸內 동쪽은 점으로의 분포에 그치고 있다.

3단계의 한반도 출토품은 자료의 수가 부족하기 때문에, 앞으로 비슷한 사례를 다수 확보할 필요가 있다. 어쩌면 편평편인석부의 뚜렷한 후퇴 시기일지도 모르겠다. 단, 늑도 출토품을 보면 평면형과 마무리에서 약간 규격을 벗어난 모습이 확인되지만, 앞뒷면이 수직으로 내려가고 직선적인 날, 날 면의 곡선화 등 일본의 Ⅰ-3형과 공통하는 요소를 기본적으로 갖추고 있어 한반도에서도 2단계에 시작된 이러한 특징이 계속되는 것으로 보고 싶다. 분포는 2단계와 마찬가지로 한반도 남부에서 북부 규슈, 나아가 瀬戸內에까지 이르고 있다. 瀬戸內에서의 분포 밀도는 점으로 그칠 때도 있지만, 瀬戸內에서 伊勢灣 연안에 걸쳐서는 Ⅱ형의 제작이 시작되어 일부 지역에서는 Ⅰ-3형과 병존한다. Ⅱ형은 Ⅰ-3형으로부터 변화된 것이라 할 수 있으며, 현지에서 산출된 석재를 이용하여 자유로운 제작이 이루어지면서 규격에서 벗어난 간략한 제품을 다수 생산한다. 양적으로 활성화되지만, 대륙 제품과 규격성, 질 등에서 반대 방향의 전개를 보인다.

이때 규슈에서는 편평편인석부를 대신하여 대륙에서 수입된 주조철부 파편의 가공품인 편인 가공철부가 사용되기 시작한다. 아직은 편인철부와 편평편인석부가 공존하는 단계라 할 수 있는데, 편평편인석부의 존재에 커다란 압력을 주게 된다. 이처럼 철부의 분포가 규슈에 집중되고 瀬戸內 동쪽에서 산발적인 것은 Ⅰ-3형이 규슈에 면으로, 瀬戸內에 점으로 분포하는 것과 상관관계를 가지며, 반대로 이 단계부터 瀬戸內에 Ⅱ형이 증가하는 것은 철의 부족을 메우기 위한 보완현상이라 말할 수 있다.

4단계의 한반도와 북부 규슈는 단조철부가 주체를 차지하면서 주조철부의 파편이 이를 보완하는 철의 시대가 되어, 편평편인석부의 시대는 종말을 맞이한다. 瀬戸內 동쪽 지역은 약간의 철이 유입되긴 하여도 역시 Ⅱ형이 빈번하게 사용되며, 동쪽으로 갈수록 현지 산출 석재에 의한 지역성 있는 대륙계 마제석부가 생산된다. 東海, 信州, 關東, 東北에서는 오히려 이 시기에 제작이 활발해진다.

4. 편인석부의 분포에 대하여(도 5~9)

이상, 유구석부와 편평편인석부를 별도로 다루어 각각의 형식 분류와 한일의 시간적 병행

관계를 밝혀보았다. 이 두 종류의 편인석부는 공반 출토되는 경우가 많고 또 토기와의 공반 사례도 다수이기 때문에, 이를 기준으로 양자의 공반관계를 단계적으로 정리하면 다음과 같다.

<표 3> 한국과 일본에서 편인석부 전개의 단계 (한반도와 북부 규슈는 제4단계가 철기시대에 해당)

제1단계	검단리 단계 = 죠몽 만기 후반~야요이 초두 (유구석부 A형, 편평편인석부 Ⅰ-1 · Ⅰ-2형)
제2단계	송국리 단계 = 야요이 전기 (유구석부 B형, 편평편인석부 Ⅰ-2 · Ⅰ-3형)
제3단계	원형점토대토기 단계 = 야요이 전기 말~중기 전반 (유구석부 C형 · D형 · E형, 편평편인석부 Ⅰ-3형 · Ⅱ형)
제4단계	삼각형점토대토기 단계 = 중기 후반 이후 (유구석부 E형 · F형, 편평편인석부 Ⅱ형)

제1단계(도 6)는 벼농사 문화와 복합되어 편인석부가 한반도에서 북부 규슈의 대한해협 연안으로 전래된 시기이며, 그 분포는 한반도와 북부 규슈의 대한해협 연안에 한정된다. 유구석부와 편평편인석부 모두 최초 등장시기에 해당하며, 예각적인 제작을 유지하고 있다. 佐賀縣 菜畑, 宇木汲田, 福岡縣 曲り田(福岡縣敎育委員會 1984), 十郞川(住宅 · 都市整備公團 1982), 有田七田前(福岡市敎育委員會 1983), 板付, 雀居遺蹟 등에 관찰된다. 일본의 벼농사는 이 단계에 瀨戶內까지 전해졌지만, 그 대표 유적인 愛媛縣 大渕遺蹟에서 출토된 편인석부는 소형 편평의 죠몽 계통으로 한반도 계통의 석부는 전래되지 않았다.

제2단계(도 7)는 규슈를 넘어 초기에는 중부 瀨戶內에까지 이르는 등, 대륙 계통의 석기가 일본 동쪽으로 확장되는 단계이다. 따라서 대륙계 석기도 편인석부에 그치지 않고 석도, 석겸, 유병식석검, 유경식석촉까지 중부 瀨戶內에 이르지만, 모두 북부 규슈에 비하여 산발적인 출토에 머무르고 있다. 분포는 광범위하지만 규슈와 瀨戶內는 대륙문화의 양에서 차이가 있다. 편인석부는 북부 규슈 이외에 福岡縣 葛川, 山口縣 小路(山口市敎育委員會 1988), 高知縣 田村, 香川縣 林 · 坊城(香川縣敎育委員會 1993), 大浦浜(香川縣敎育委員會 1988), 大阪府 山賀(大阪文化財センター 1984) 등에서 출토된다.

제3단계(도 8)는 제2단계까지의 형식을 계승한 편인석부와 이 시기에 출현한 새로운 형식이 뒤섞이는 복잡한 단계이다. 야요이 전기 후반에는 편평편인석부 Ⅰ-3형 등이 畿內에까지 도달하며, 중기 전반에도 瀨戶內에는 역시 Ⅰ-3형의 규슈 생산품으로 상정되는 층리를 가진 퇴적암 계통의 편평편인석부가 계속 전래된다. 한편으로 각지에서 편인석부의 직접 생산이

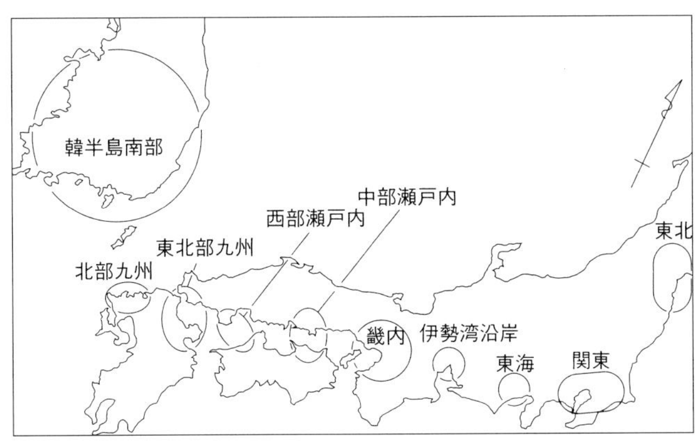

〈도 5〉 지역 개념도

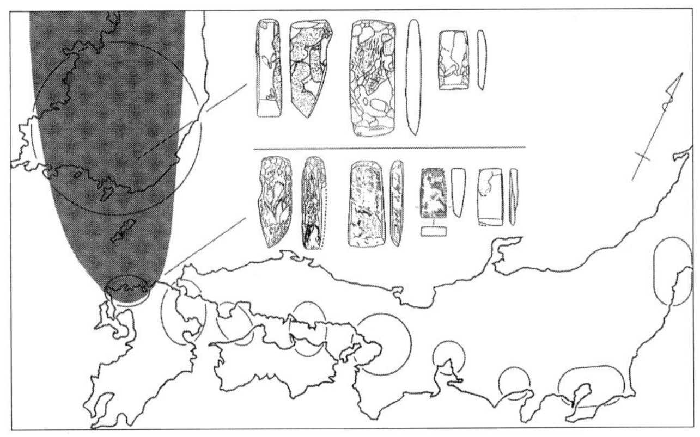

(A형 유구석부, Ⅰ-1 · Ⅰ-2형 편평편인석부)

〈도 6〉 제1단계 분포도 : 검단리 · 죠몽 후기 후반~야요이 초두

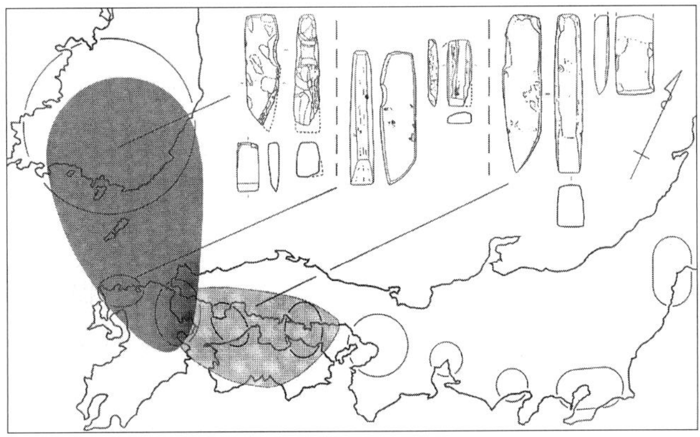

(B형 유구석부, Ⅰ-2 · Ⅰ-3형 편평편인석부)

〈도 7〉 제2단계 분포도 : 송국리 · 야요이 전기

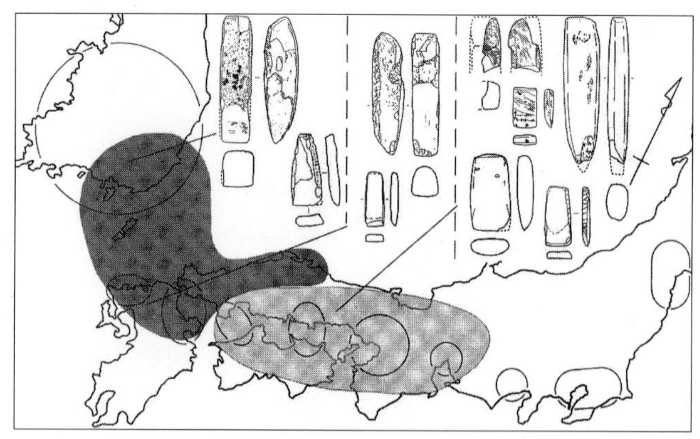

(C · D · E형 유구석부, Ⅰ-3 · Ⅱ형 편평편인석부)

〈도 8〉 제3단계 분포도 : 원형점토대토기 · 전기 말~중기 전반

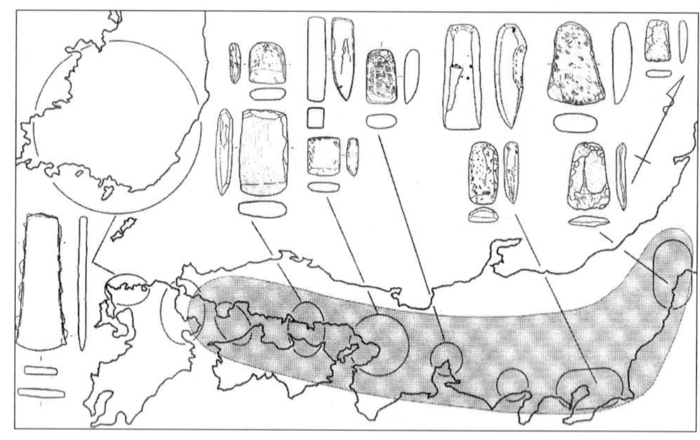

(E · F형 유구석부, Ⅱ형 편평편인석부)

〈도 9〉 제4단계 분포도 : 삼각형점토대토기 · 중기 후반~

활발해지고, 한반도 · 북부 규슈로부터의 규제가 느슨해진 유구석부 D형 · E형과 편평편인석부 Ⅱ형이 나타나는 등 지역성이 출현하면서 복잡해진다.

한반도와 북부 규슈 · 동북부 규슈는 유구석부 C형, 편평편인석부 Ⅰ-3형과 주조철부 파편을 공유하며, 동일 분포권을 형성하여 중기 전반까지 이러한 상태를 지속한다. 무엇보다도 한반도에서 원형점토대토기 단계 편평편인석부의 존재와 주조철부 파편의 확인이 앞으로의 과제로 남아있다.

瀨戶內에는 역시 Ⅰ-3형이 공급되는데, 예를 들면 전기 말의 愛媛縣 宋山市 岩崎遺蹟(松山市埋藏文化財センター 1998)에서는 현지 생산의 결정편암을 이용한 D형 유구석부, 이른 단

계의 II형 편평편인석부가 제작되기 시작한다. 같은 시기의 香川縣 鴨部川田遺蹟(香川縣埋藏文化財センター 1997)에서도 동일한 제작 양상이 확인되고 있다. 이어서 중기 중반의 愛媛縣 六丁場遺蹟, 岡山市 南方遺蹟에서는 II형 편평편인석부, E형 유구석부를 다량으로 생산하고 있다. 이와 같이 瀬戸內처럼 빠른 지역에서는 전기 말에 현지에서 생산된 새로운 형식의 편인석부가 제작되기 시작하였다. 그리고 중기 전반에는 瀬戸內~伊勢灣에 이르는 지역까지 새로운 형식인 편평편인석부 II형, 유구석부 E형 등의 자급적 생산이 주체를 점하는 것으로 보인다. 그 배경으로는 각지에서 유적의 급증에 수반한 석부 수요의 증가, 이와 반대로 북부 규슈로부터 편인석부의 공급 부족, 한반도·북부 규슈에서 주조철편의 공급 부족에 의한 석기 대량 생산의 필요성 등이 있었다고 생각되지만, 이에 따라 제작된 석기의 형식은 한반도·규슈 등의 대륙 계통과는 크게 다른 독자적인 것이었다. 그러나 이러한 독자성은 대륙 계통을 모태로 점진적으로 증가된 것이 아니라, 오히려 후퇴적으로 규격에서 벗어나는 형태였다. 해당 석부는 기능상으로 그다지 부족하지 않았겠지만, 형식이라는 문화의 측면에서 말한다면 대륙과는 문화적으로 한 획을 그은 것이었다.

　제4단계(도 9)에 한반도와 북부 규슈·동북부 규슈는 편인석부를 보유하지 않았다는 부정적 의미에서 하나의 분포권을 이루는 한편, 새로운 철 소재인 단조철기를 공유한다는 긍정적 의미에서도 하나의 분포권을 형성하고 있었다. 이러한 상황에서 동북부 규슈는 제3단계 후반에 瀬戸內의 영향을 받아 福岡縣 高津尾遺蹟에서 관찰되는 바와 같이 잠깐 편평편인석부 II형을 생산하는 경우도 있지만(法政大學考古學研究室 1993), 이 단계에는 대부분 북부 규슈의 양상과 유사해진다. 瀬戸內나 畿內는 제3단계의 양상이 지속되어 유구석부 E형, 편평편인석부 II형이 성행한다. 그리고 東海의 동쪽 지역에서 새롭게 편인석부가 출현한다. 이 단계에 한반도와 북부 규슈에서는 이미 편인석부를 만들지 않기 때문에 이들로부터 자극을 받은 제품은 없으며, 瀬戸內 동쪽의 유구석부 D·E형과 편평편인석부 II형을 모델로 한 제작이 시작된다. 이러한 2차 파급적 영향력 때문인지, 편인석부의 종류마다 소지역별 편차가 발생한다. 東海地方이나 信州에서 유구석부는 중기 후반의 靜岡縣 川合遺蹟, 중기 말~후기 초두의 長野縣 辰野町 樋口遺蹟 등에서 소수의 사례가 확인될 뿐, 오히려 크고 작은 편평편인석부를 다수 사용하고 있다. 關東에서는 두 종류 모두 존재하는데, 유구석부는 두껍지 않은 F형이며 대소의 편평편인석부가 성행하지만 하천의 자갈로 제작한 규격을 벗어난 제품이 대부분이다. 東北에서는 福島·宮城까지 그 분포 범위로 인정하는 것이 가능한데, 여기서도 유구석부는 宮城縣 高田遺蹟의 1예에 불과하며 이보다는 이 지역 특유의 편평편인석부가 성행한다. 평면이 긴 사다리꼴에 둥근 날이라는 점은 일부 죠몽 계통의 편인석부와 통하고 있다. 그러나 조잡하고 부분적이긴 하지만 측면을 조금이라도 마연하여 면을 이루려 한 의도나 대·중·소형의 구성을 갖추고 있는 점 등은 역시 대륙 계통의 반영으로 생각되어, 일본열도의 최종적인 편평편인석부를 나타내는 것이라 보고 싶다. 이 지역 편인석부의 최초 등장은 중기 후반이 아니라 福島縣 龍門寺遺蹟에서 확인되는 바와 같이 중기 전반까지 소급 되는데, 앞서 언급한 석부의 특징들은 이때부터 시작되고 있다.

이상과 같이 전체적으로 살펴볼 때, 한반도와 북부 규슈는 석기에서 초기철기까지의 각 단계마다 항상 하나의 분포권을 형성하고 있었다. 이러한 권역과 하나의 획으로 구분되는 것이 瀨戶內 권역이며, 처음에는 대륙 권역에 포함되었지만 석기의 자체 생산, 즉 자립화가 이루어지자마자 현지화를 시도하여 한반도·북부 규슈와는 다른 방향으로 전개되었다. 한 국과 일본을 포함하여 대륙과의 관계에서 문화적으로 하나의 선을 긋는다면, 그것은 규슈와 瀨戶內 사이에 있다. 그 연장선상에 있는 것이 畿內와 일부 伊勢灣 연안이다. 東海와 信州 동쪽은 독특한 편인석부 분포권을 이루어 서쪽과는 또 다른 하나의 선을 긋고 있다. 한반 도·규슈에서 직접적으로 영향을 받지 않고 瀨戶內 동쪽 권역의 영향을 받은 후발 지역이 며, 대륙 본래의 형식이 아닌 변화 형식을 모델로 하기 때문에 종류마다의 변용을 더욱 발생 시켰다.

이러한 모자이크적 색 모양을 단적으로 보여주는 것이 제4단계의 분포권인데, 여기에는 대륙문화에 대한 자세와 전통문화에 대한 자세에 따라 규제된 일본열도 내 여러 지역의 문 화적 입장이 응축되어 있다.

(원전 : 2002, 「片刃石斧の型式關係から見た初期稻作期の韓日關係の展開について」

『淸溪史學』 16 · 17, 淸溪史學會)

참고문헌

姜仁求・李健茂・韓永熙・李康承, 1979, 『松菊里』Ⅰ, 國立中央博物館.

啓明大學校博物館, 1994, 『金陵 松竹里遺蹟 特別展圖錄』.

文化財研究所, 1994, 『晋陽 大坪里遺蹟』.

裵眞晟, 2001, 「柱狀片刃石斧의 變化와 劃期」『韓國考古學報』44.

徐姶男・裵眞晟, 2000, 「蔚山地域에서 發見된 無文土器와 石器」『韓國 古代史와 考古學』.

釜山大學校博物館, 1995, 『蔚山 檢丹里 마을遺蹟』.

沈奉謹, 1989, 『陜川 鳳溪里遺蹟』, 東亞大學校博物館.

尹武炳・韓永熙・鄭俊基, 1990, 『休岩里』, 국립중앙박물관.

尹容鎭・李白圭 外, 1991, 『大邱 月城洞 先史遺蹟』, 慶北大學校博物館.

李源鈞・李尙律・李昶燁, 1998, 『山淸 沙月里 環濠遺蹟』, 釜慶大學校博物館.

林尙澤, 1999, 『天安 大興里遺蹟』, 忠南大學校博物館・서울大學校考古美術史學科.

林孝澤・郭東哲・趙顯福, 1989, 『大也里 住居址』Ⅱ, 東義大學校.

高知縣敎育委員會, 1986, 『田村遺跡群』.

唐津市敎育委員會, 1982, 『菜畑』, 唐津市文化財調査報告書 5.

大阪文化財センター, 1984, 『山賀』 3.

法政大學考古學研究室, 1993, 『高津尾遺跡17區發掘調査報告書』.

福岡市敎育委員會, 1983, 『福岡市有田七田前遺跡』, 福岡市埋藏文化財調査報告書 95.

福岡市敎育委員會, 1991, 『比惠遺跡群』 10, 福岡市埋藏文化財調査報告書 255.

福岡縣敎育委員會, 1984, 『石崎曲り田遺跡』.

山口市敎育委員會, 1988, 『小路遺跡』.

松山市埋藏文化財センター, 1998, 『岩崎遺跡』, 松山市文化財調査報告書 71.

神戸市敎育委員會, 1993, 『大開遺跡發掘調査報告書』.

苅田町敎育委員會, 1984, 『葛川遺跡』, 福岡縣苅田町文化財調査報告書 3.

日本住宅公團, 1980, 『瑞穂遺跡-福岡市比惠臺地遺跡』.

住宅・都市整備公團, 1982, 『福岡市十郎川』.

下條信行, 1986, 「日本稲作受容期の大陸系磨製石器の展開」『九州大學九州文化研究所紀要』31.

下條信行, 1996, 「扁平片刃石斧について」『愛媛大學人文學會20周年記念論集』.

下條信行, 1997, 「柱狀片刃石斧について」『古文化論叢』伊達先生古希記念論集.

香川縣敎育委員會, 1988, 『大浦浜遺跡』.

香川縣敎育委員會, 1993, 『林・坊城遺跡』.

香川縣埋藏文化財センター, 1997, 『鴨部川田遺跡』Ⅰ.

북동아시아 벌채석부의 전개
-중국 東北·한반도·일본열도를 연결하는 문화회로-

06

번역 : 배진성

1. 머리말

일본열도의 본격적인 국제화는 죠몽 만기~야요이 초두 벼농사의 도래에서 시작되었다. 그때 함께 전래된 大陸系磨製石器로 불리는 一群의 석기는 야요이시대의 국제화를 보여주는 유물 가운데 대표적인 것의 하나로 취급되어, 이제까지 그 연원, 전래경로, 계보 등을 추구함으로써 열도와 아시아와의 문화적 계보 관계의 고찰에 공헌해 왔다.

지금까지의 연구성과에 의하면, 일본열도에 전래된 대륙계마제석기로는 太形蛤刃石斧, 각종 편인석부, 반월형석도, 석겸 등을 들 수 있다. 확실히 이들은 죠몽시대에는 없었던 것으로 대륙 측에 계보를 가지는 대륙계마제석기라 하겠다. 필자도 예전에 열도의 반월형석도는 중국 遼東半島에 기원을 둔 것으로, 그것이 형태변화를 일으키면서 한반도로 남하하여 마지막으로 열도에 전해졌다는 점을 논한 바 있다(下條信行 1980). 즉, 이들 대부분은 대륙 기원의 것으로 인정하지 않을 수 없다.

이들의 전파경로는 '遼東-한반도-일본열도'의 북에서 남으로 남하하는 북방론과 중국 江南에서 직접 열도에 전해졌다고 하는 직접론의 두 설이 있다. 지금 여기서 다루려고 하는 벌채석부의 전래경로도 이 두 설 속에 위치하고 있다. 그 설의 근거를 좀더 상세히 보면 북방론은 그 경로가 비교적 명확한 반월형석도와 편인석부에 의한 비교·검토, 혹은 열도에 있어서는 늦은 형식이지만 태형합인석부와 대륙의 석부를 비교했을 때의 유사성에 의한 것이다. 한편, 직접론에는 松原正毅(1971)의 논고가 있다. 이에 따르면 동아시아의 벌채석부는 5가지 타입이 있는데, 이를 횡단면 장방형 또는 샤미센(일본의 악기—배부른 장방형) 형태의 합인·兩刃(측면에서 볼 때 날이 직선으로 형성)이거나 횡단면 타원형 양인(A1·A2·A3)의 북방식군과 횡단면 타원형이고 합인(A4·A5)의 남방식군으로 나누고, 전자는 華北·遼東·한반도 북부, 후자는 華南·한반도 남부·일본열도에 분포하기 때문에 열도의 벌채석부는 江南에서 전래된 것으로 파악하고 있다.

그러나 이 양론 모두 열도의 벼농사 수용기에 있어 벌채석부 형식의 상정이나 유래, 또 그것을 초래한 기원지에서의 동시기 벌채석부 형식의 상정이나 유래를 분명히 한 상태에서의 대조가 아니어서 고고학적으로는 몹시 불안스러웠다. 다만 당시는 그러한 세밀한 결과가 나올 정도로 자료정비가 되지 않았지만, 지금은 여러 지역에서 그러한 검토가 가능하게 되었다.

예전에 필자는 북부 규슈 벼농사 수용기의 벌채석부를 조사한 결과, 그들은 평면 長梯形의 얇은 몸통을 특징으로 하는 죠몽 석부의 계보를 잇는 것으로서, 대륙계 벌채석부의 여부에 의문을 제기한 바 있다(下條信行 1986). 또 遼東半島 기원의 벌채석부인 遼東形伐採石斧를 추적했을 때, 그것이 한반도 남단까지 남하하지만 열도에는 전해지지 않는다고 하는, 즉 대륙문화가 열도로 전해지는데 있어 단절된 측면도 있음을 지적한 바 있다(下條信行 2000). 이러한 현상을 감안할 때 벼농사 전래기 여러 문화의 연원을 선천적으로 외래 의존적인 것이라 생각하기에는 무리가 있어, 이번에는 대륙 측에서 그 실상을 추적하여 그 토대 위에서 아시아의 남동 모서리에 위치하는 일본열도와 대륙과의 문화적 위치 관계를 재고해 보고 싶다.

2. 북동아시아 벌채석부의 형식분류와 배열

동아시아의 재배농경 개시 이후의 벌채석부는 형태에 따라 棒形(A형·B형)과 扁平形(C형)으로 대별할 수 있고(도 1), 아래와 같이 분류할 수 있다. 봉형 벌채석부(A형·B형) : 몸통이 두텁고 긴 봉상을 띠는 것을 특징으로 한다. 횡단면형의 차이에 따라 아래와 같이 A와 B로 양분할 수 있다. 인부는 합인을 이루는 것과 양인을 이루는 것이 있다. 합인의 경우는 대

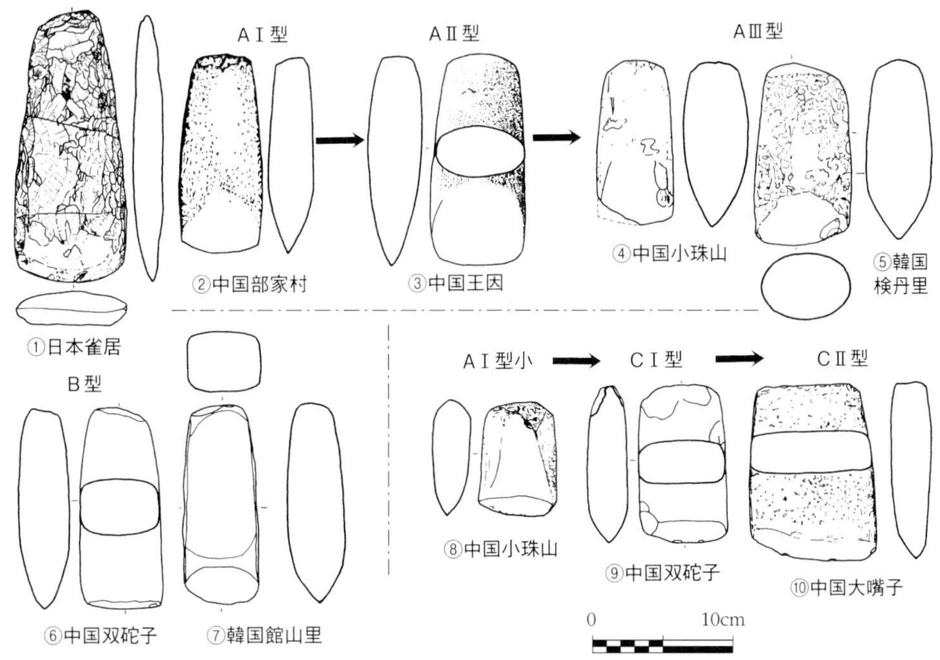

〈도 1〉 동북아시아 벌채석부의 형식과 배열

부분 弧刃이면서 鎬가 없고, 양인은 直刃이며 직인에 평행하는 예리한 直鎬로 된 것이 많다.

A형(도 1-①~⑤) : 횡단면형이 타원형을 이룬다. 타원형은 몸통이 얇은 편평형의 것에서 두텁고 원에 가까운 것까지 다양하다. 평면형은 長梯形과 장방형이 있다.

B형(도 1-⑥ · ⑦) : 횡단면형은 장방형을 이룬다. 횡단면의 능은 예리한 것에서 각이 무뎌진 圓角까지 다양하다. 弧角, 抹角 등으로 표현되는 것은 후자에 해당한다.

C형(편평 벌채석부) : 횡으로 넓고 방형 또는 장방형의 평면을 이루지만 몸통은 얇다. 양인을 이루는 것이 많다. 刃은 직인으로 이것에 평행하는 直鎬가 있다. 호는 예리하다.

이 가운데 A형과 C형은 아래와 같이 세분할 수 있고, 각각이 계열적 전개를 보인다.

A형은 평면형과 몸통의 두께에서 아래와 같이 세분할 수 있다.

AⅠ(도 1-① · ②) : 基部가 좁고 인부가 넓은, 평면 장제형을 이룬다. 몸통의 두께는 얇고 편평 타원형을 이룬다. 몸통 폭에 대한 두께의 비율(厚斧率=두께를 폭으로 나눈 수치)은 50% 이하의 얇은 석부로 합인의 호인을 이룬다.

AⅡ(도 1-③) : 평면형은 AⅠ과 마찬가지로 장제형이지만, 厚斧率이 50~60% 전후로 두께가 증가한다.

AⅢ(도 1-④·⑤) : 평면형은 장방형이며 두께가 더 늘어나서 厚斧率이 60~90%에 이른다. 횡단면은 원에 가까운 타원형이며 厚斧의 전형적 형태가 된다. 양인은 이러한 厚斧化 달성 후에 출현하는 것이 많다.

AⅠ은 마제벌채석부 초현기에 많고, AⅢ은 이보다 늦은 완성기에 많다. 이러한 사실로부터 A형은 AⅠ→AⅡ→AⅢ 순으로 전개되었던 것으로 보여, 일련의 전개과정으로서 파악할 수 있다. 즉, A형은 평면 장제형에서 장방형으로, 몸통의 두께는 얇은 것에서 두터운 것으로 발전하였다. 厚斧化를 통하여 석부의 파손을 방지하고 중량을 증가시킴으로써 위력이 증대되기 때문에, AⅠ→AⅢ으로의 전개는 석부의 기능 강화로 평가할 수 있다.

C형은 측면의 형태와 크기에 따라 2분할 수 있다.

CⅠ(도 1-⑨) : 측면이 뚜렷한 면을 이루지 않고 일반적으로 소형이다. 몸통은 얇고 횡단면은 편평한 타원형을 이룬다.

CⅡ(도 1-⑩) : 측면이 뚜렷한 면을 이루고 대형품이 출현한다. 몸통은 얇고 횡단면은 편평한 장방형을 이룬다.

CⅠ은 출현기에 많고 CⅡ는 발전기에 많기 때문에, CⅠ→CⅡ 순으로 전개되었다고 생각된다.

B형은 AⅠ처럼 얇은 몸통의 단계에는 출현하지 않고 厚斧率이 60% 정도로 성장한 단계에 출현하기 때문에, 이것은 당초부터 존재했던 것이 아니라 AⅡ 이후에 A계열에서 파생했던 것으로 간주된다. 山東이나 遼東에서도 B형이 A형보다 늦게 출현하는 것은 이러한 사정을 보여주고 있다.

C형의 계보에 대해서 현재 자세히는 알 수 없지만 다음과 같이 생각할 수 있다. C형은 상대적으로 늦게 출현하면서 지역성이 강하기 때문에, 한정된 지역에서 선행하는 형식으로부터 파생되었다고 할 수 있다. 그 선행 형식에 해당하는 것은 A형 가운데 소형품으로, 나중에까지 남는 이른 시기의 것은 횡단면 편평형이며 측면에 뚜렷한 면을 형성하지 않는다(도 1-⑧). 이러한 평면이 장방형화하게 되면 평면형, 횡단면형 모두 CⅠ형과 유사한 형태가 된다. C형의 출현을 돌연변이로 보기보다 위와 같은 맥락 속에서 파악해 두고 싶다.

이상과 같이 동아시아의 벌채석부에는 A계열, B계열, C계열이 있는데, A형을 기본형으로 전개하는 과정에서 B, C를 파생시킨 것으로 파악할 수 있다.

이러한 3계열의 인과 관계와 전개과정을 간략하게 나타내면 〈표 1〉과 같다.

〈표 1〉 동아시아 벌채석부의 형식배열

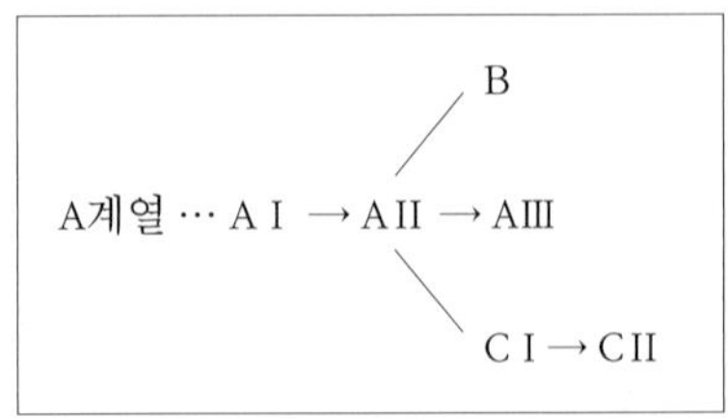

앞에서 제시한 바와 같이 북동아시아의 벌채석부는 횡단면 타원형의 합인을 기본형으로 전개되었다.

3. 山東의 벌채석부

일본열도에서 출토되는 대륙계마제석기의 연원을 거슬러 올라갈 때 매우 중요한 지역이 遼東半島인데, 이 遼東의 마제석기와 밀접한 관계에 있는 곳이 山東半島이다. 따라서 山東半島의 벌채석부부터 살펴보기로 하자.

山東의 신석기시대를 北辛期→大汶口期→龍山期→岳石期로 나누고 이른 것부터 살펴보겠다. 석부 형태의 인정은 평면형, 단면형 모두 각각 게재된 도면에 의하지만, 횡단면형이 제시되지 않은 경우는 타원형이나 圓角 장방형·弧角 장방형 등 보고문에 따르고자 한다.

마제석부는 北辛期에 출현하며, 대표적인 유적으로 山東 王因(中國社會科學院 2000), 煙臺 白石村遺蹟(北京大學考古學系 外 2000) 등이 있다. 王因에서는 12점이 출토되었는데, 모두 기부가 좁고 인부가 넓은 평면 長梯形이며, 횡단면은 타원형인 A형에 속한다. 두께는 얇고 厚斧率 50% 전후이며 AⅠ을 주체로 AⅡ를 약간 포함한다. 인부는 합인이며 鎬는 없고 인부의 형태는 圓弧를 이룬다. 이 가운데 길이 12~20cm의 대형이 2점, 5~8cm의 소형이 10점으로 소형이 많다. 白石村에서 가장 이른 시기의 1기문화에서는 대형의 완성품이 2점 출토된다. 모두 평면 장제형, 횡단면 타원형, 厚斧率 60% 전후의 AⅡ이다(도 2-1). 인부의 형태는 弧刃을 이루는 합인이다. 章丘西河 출토의 소형 1점도 전형적인 장제형이며 횡단면 타원형을 이룬다(山東省文物考古研究所 2000).

위와 같이 출현기의 벌채석부는 평면 장제형, 횡단면 타원형이며 합인을 이룬다. AⅠ과 AⅡ에 한정되며 주체를 이루는 것은 AⅠ이다. 횡단면 장방형이나 양인은 없다. 길이 10cm 이상의 대형품과 8cm 이하의 소형품으로 구성된다.

大汶口期의 대표적인 사례는 상기한 王因과 白石村에서 확인된다. 王因에서는 14점이 출토되었는데, 10~15cm의 대형품 6점과 10cm 미만의 소형품이 있어 앞 시기와 마찬가지로 대형과 소형으로 구성된다. 형태적으로는 평면 장제형, 횡단면 타원형의 합인으로 A형에 속한다. 소형품에는 AⅠ이 많지만 대형품은 조금 두터워져 厚斧率 50~60%가 된다(도 2-2). 白石村에서 이 시기 A의 대형은 완전히 AⅡ에 이르며, 厚斧率 70%의 AⅢ에 가까운 것도 1점 출

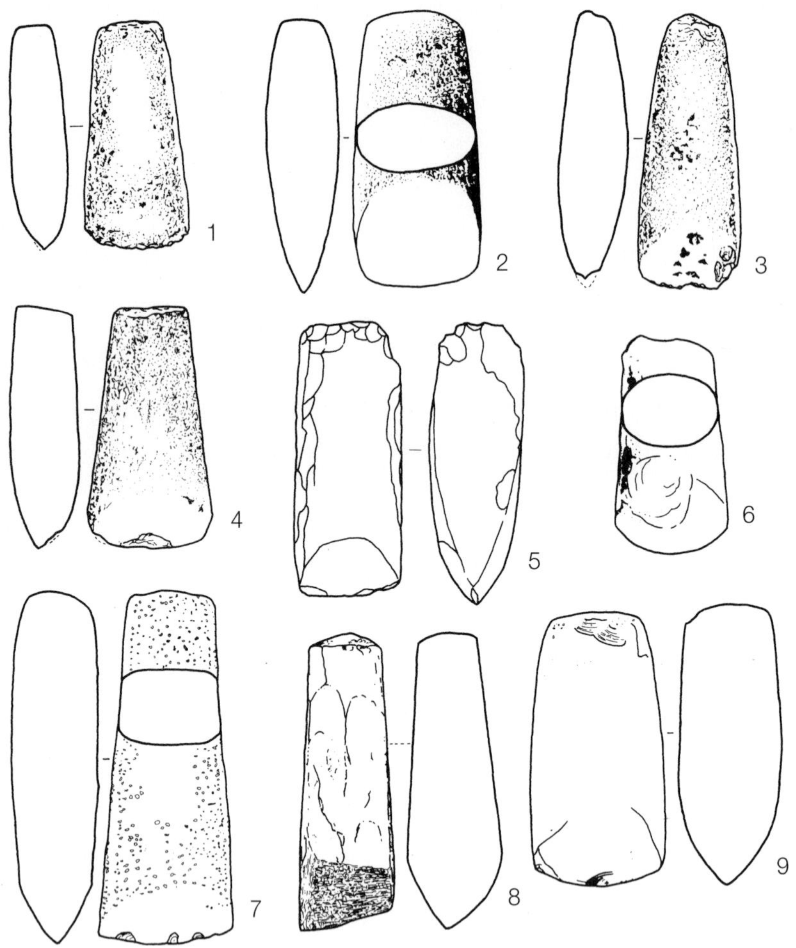

1 北幸期, 2~4 大汶口, 5~8 龍山期, 9 岳石期
1 白石村 · AⅡ, 2 王因 · AⅡ, 3 白石村 · AⅢ, 4 白石村 · B, 5 楊家圈 · AⅢ, 6 大仲家 · AⅢ, 7 北溝頭 · B,
8 城子崖 · B, 9 照格庄 · AⅢ

〈도 2〉 山東 신석기시대의 벌채석부 (축척 1/4)

현한다(도 2-3). 이처럼 전반적으로 厚斧化가 진행되며 이를 배경으로 B형이 출현한다. 白石
村의 6점 가운데 2점이 B형으로 평면 장제형, 횡단면 圓角 장방형을 이루며, 厚斧率 56%(도
2-4)와 62%를 보인다. AⅡ의 정착화를 기반으로 출현했던 것으로 생각된다. 栖霞 揚家圈(北
京大學考古學系 外 2000), 王家三崗遺蹟(馮沂 · 楊殿旭 1988) 출토 예 등 A형과 유사한 사례
는 많지만, B형은 이것뿐이기 때문에 얼굴만 내비친 정도의 출토에 머무른다.
  山東龍山期가 되면 유적의 급증에 따라 벌채석부도 증가하여 전성기를 맞이한다. 이 가운데 중심은 역시 전통적 형태인 A형이다. 앞 시기부터 계속되는 AII형에 더해 AIII형이 급증한다. AII는 평면 장제형이지만 厚斧率은 60%를 넘어 안정된 AII형으로 되고, 인부는 합인을 이룬다. 한 단계 더 성장한 것이 평면 장방형의 AIII형이다. 厚斧率은 60~80%로 횡단면이 두터운 타원형의 후부이며(도 2-5 · 6) 양적으로도 질적으로도 이 시기의 중심적인 위치를 차지하는데, 여기에서 벌채석부의 발전은 정점을 맞이한다. 인부는 대부분 합인이다. 한편, 앞 시기에 처음 출현한 B형도 수량이 증가하며 厚斧率도 60~80%로 기능을 강화해 간다(도 2-7 · 8). AIII에 이어서 일정량을 차지하고 있다. 다만 평면형은 장제형을 그대로 유지하며 장방형으로는 성장하지 않는다. 이 시기의 인부 형태는 형식에 상관없이 합인이 기본이며, 양인은 AIII의 극히 일부와 B형의 일부에서 관찰되는 정도이다. 이밖에 이 시기 형식의 분명한 예로서 姚官庄(山東省文物考古硏究所 外 1981), 蓬萊 紫荊山(山東省博物館 1973), 蓬萊 大仲家(北京大學考古學系 外 2000), 揚家圈, 北欄格(北京大學考古學系 外 2000), 城子崖(李 濟 外 1934), 西夏候(中國社會科學院考古所山東工作隊 1986), 臨沐 北溝頭(王亮 1990) 등이 있다.

岳石期는 기본적으로 龍山期의 구성을 이어받아 AIII이 중심적 존재가 된다(도 2-9).

이상에서 살펴보았듯이 山東 벌채석부의 기본적 전개는 北幸期의 A I 에서 시작되어 A II 를 거쳐 龍山期에 AIII으로 발전하는 A형 계열에 있고, 이와 함께 大汶口期에 A II 에서 분기하여 龍山期에 일정한 발전을 보이는 B형이 덧붙여 동반한다. 인부의 형태도 합인이 일반적이며, 양인은 B형의 일부에 한정된다. A와 B 사이에 주류, 비주류의 관계는 있지만, 그들은 공생 관계이지 문화적으로 상반된 관계는 아니다.

山東 벌채석부의 역사를 발전단계적으로 파악하면, 北幸文化~大汶口文化期까지를 제1단계로 다룰 수 있고, 龍山 단계를 제2단계라 할 수 있다. 제1단계와 제2단계는 계기적인 관계로, 제1단계가 발전하여 제2단계에 이르렀다. 제1단계는 A I · A II형 등 벌채석부의 초현적 형태가 등장하며, 기능적으로도 경량에 약하다. 이를 극복하고 출현한 것이 제2단계의 AIII이다. 무겁고 두꺼우며 규격화된 석부가 제작되고, 중량의 증가에 따라 기능 향상이 시도된다. 山東龍山文化 단계에는 이러한 내적 발전을 달성함과 동시에 江南地域의 석기문화도 수용하여 이들을 포함한 山東 석기문화를 遼東으로 보내고, 또 遼東에서 받아들이기도 하는 등 활발히 대외교류를 펼쳤던 단계이기도 하다. 이처럼 진취적인 문화교류가 내부 석부 제작의 질적 향상을 재촉하여, 遼東에도 영향을 주었을 가능성이 있다.

4. 遼東半島의 벌채석부

아래에서 다룰 遼東半島의 시기구분 및 山東·中原과의 병행 관계는 대체로 宮本一夫 (1985; 1991)의 논에 따른다.

小珠山 하층－小珠山 중층(大汶口期)－小珠山 상층(山東龍山期)－雙砣子 Ⅰ기(龍山 후기)－雙砣子 Ⅱ기(岳石期)－雙砣子 Ⅲ기(殷 후기)

遼東半島의 벌채석부도 AⅠ·AⅡ 등의 A계열 벌채석부로 시작된다. 小珠山 하층기에는 일부밖에 알려져 있지 않지만 小珠山(遼寧省博物館 外 1981)의 하층에서 횡단면 타원형에 厚斧率 59%인 AⅡ형의 대형품(길이 14cm)이 출현한다(도 3-1). 최초 등장 시에는 약간 두터운 경향이 있지만, 자갈에 대한 의존이 높은 경우 종종 어울리지 않는 두께가 되기도 한다. 이 경우 규격성이 약하고 왜곡이 강한 형태가 되는데, 초보적 작품의 예로 생각된다. 이에 이어지는 小珠山 중층기의 사례는 小珠山 중층, 郭家村 하층(遼寧省博物館 外 1984)에서 관찰된다. 대형품은 AⅠ형 혹은 AⅠ형과 AⅡ형의 중간형으로서 나타나며(도 3-2), 10cm 미만의 소형품도 공반하지만 아직 몸통이 얇은 AⅠ형 타입이다. 이 단계까지는 대체로 얇은 몸통의 AⅠ·AⅡ형에 머무른다. 정석적으로 A타입의 초현적 형태로서 출현하는 것이다.

小珠山 상층기가 되면 큰 변혁을 보이게 된다. 小珠山 상층, 郭家村 상층, 文化屯(劉俊勇 外 1994), 瓦房店 三堂村(遼寧省文物考古研究所 外 1992)에서 출토된 대형의 벌채석부는 厚斧率 70~80%에 이르는 AⅢ형이며(도 3-3), 郭家村에서는 이러한 석부가 8점 출토되었다. 이 시기에 이르러 벌채석부의 厚斧化가 정착한다. 이는 遼東形伐採石斧에서도 추정할 수 있다. 遼東形伐採石斧는 이 시기에 출현하는데, 郭家村의 사례처럼 얇은 몸통의 것도 1점 있지만 小珠山 상층, 文化屯, 上馬石, 吳家村, 柳條溝 東山 출토 예는 모두 厚斧率 60%가 넘는 후부이다. 遼東形伐採石斧가 출현할 수 있는 것은, 돌출된 병부를 만들어 낼 수 있을 만큼의 두터운 몸통이 출현하였기 때문이다(下條信行 2000). 이처럼 벌채석부는 小珠山 상층 단계에 전반적으로 AⅢ의 厚斧에 도달하여 정착했던 것이다.

길이 10cm 미만의 소형품도 빈번하게 공반하는데, 郭家村 상층에서는 20점이 출토되었다고 한다. 다만 이 소형 석부들은 두터워지지 않고 厚斧率 50% 미만에 머무르는 예가 많으며, 두께는 AⅠ형 그대로이지만 평면형은 AⅢ형의 장방형에 가깝다(도 3-5).

이 시기까지 벌채석부의 횡단면형은 타원형이지만, 遼東形伐採石斧(文化屯·吳家村·上馬石·柳條溝 東山)에는 장방형에 가까운 것이 보여(도 3-4) 일반적인 벌채석부에 횡단면 장방형이 출현하였을 가능성도 생각된다. 양인의 명확한 사례는 없고 기본적으로는 합인으로 제작된다.

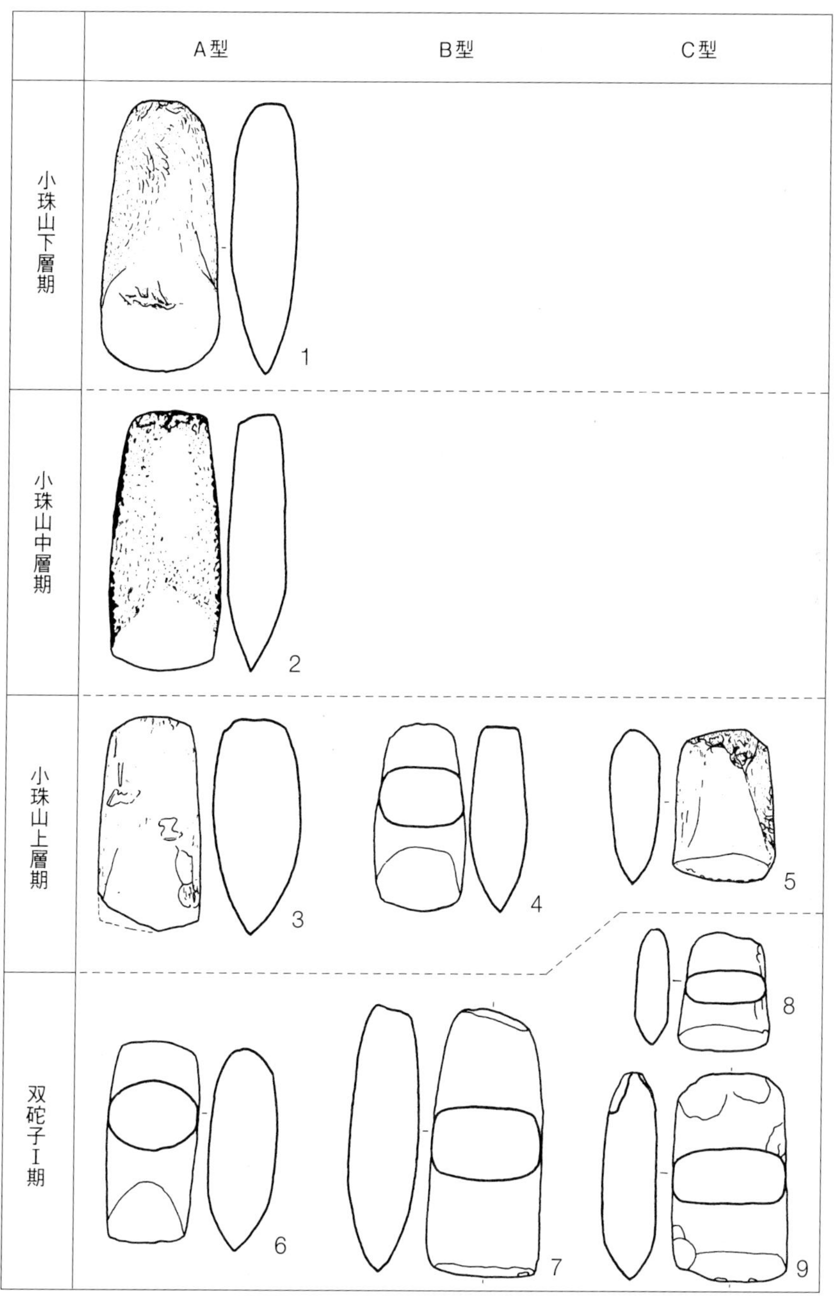

1 小珠山 · AⅡ, 2 郭家村 · AⅡ, 3 小珠山 · AⅢ, 4 文化屯 · 遼東形石斧, 5 小珠山 · AⅠ小型, 6 大砣子 · AⅢ,
7 雙砣子 · B, 8 · 9 雙砣子 · C1

〈도 3-1〉遼東半島의 벌채석부 1 (축처 1/4)

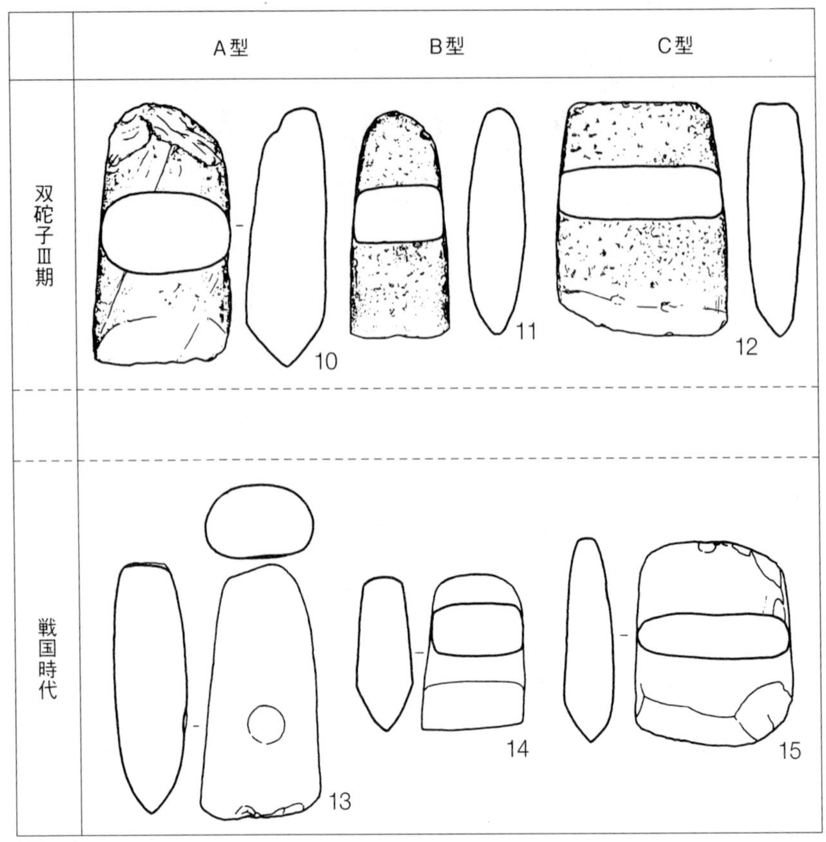

10 大嘴子 · AⅢ, 11 大嘴子 · B, 12 大嘴子 · C, 13 崗上 · AⅢ, 14 崗上 · B, 15 崗上 · C

〈도 3-2〉 遼東半島의 벌채석부 2 (축척 1/4)

雙砣子 Ⅰ기가 되면 다시 새로운 현상이 출현한다(中國社會科學院考古研究所 1996). A형 대형에는 AⅠ·AⅡ형도 잔존하지만 주류는 AⅢ형으로서 계승되는데(도 3-6), 이러한 예는 大連市 大砣子(劉俊勇 外 1994)·小黑石砣子(劉俊勇 外 1994)·大藩家村(大連市文物考古研究所 1994)·雙砣子 Ⅰ기층(中國社會科學院考古研究所 1996)에서 관찰되며 厚斧率은 70~80%이다.

그리고 B형이 등장한다. B형에는 몸통이 두터운 것과 얇은 것 두 가지 종류가 있는데, 大砣子에서는 厚斧率 50% 전후이지만 雙砣子 Ⅰ기층에서는 65% 전후로(도 3-7) 일단 厚斧化는 달성되었던 것으로 보인다. A형과 B형을 비교하면 A형이 양적으로 많아 중심적인 형태라 할 수 있다. 또 B형 가운데 양인을 이루는 것이 출현한다.

C형이 출현하는 것도 이 시기의 특징이며(도 3-8·9), A형의 소형 편평부에서 형식변화한 것으로 보인다. A형 소형과 CⅠ형은 (1) 기부가 약간 좁은 방형에 가까운 평면형을 이루는

점, (2) 厚斧率 50%에 이르지 못하는 편평한 몸통인 점, (3) 측면이 뚜렷한 면을 이루지 못한 점 등이 일치하여, 양자가 형식적으로 연결 관계에 있다고 할 수 있다. 한편, 양자의 차이는 인부의 제작에서 보인다. A형은 호인이면서 합인, 鎬는 얕은 내만 형태이지만, CⅠ형은 양인 이면서 직인이거나 완만한 호인, 鎬는 명확한 직선이다. 횡단면에도 차이가 보이는데 측면 은 양자 모두 뚜렷한 면을 형성하지 못하였지만, CⅠ형의 몸통은 편평하여 횡단면은 편평한 샤미센 형태이다. 또 몸통의 두께는 CⅠ형이 厚斧率 30% 후반에서 40% 중반으로 얇게 제작 되었다. A계 소형도 잔존하지만, 이미 CⅠ형이 일정량을 차지하여 소형 벌채석부의 중심적 인 존재로 되고 있다. 일부 CⅡ형도 출현한다.

雙砣子 Ⅱ기가 되면 C형의 비율이 중대하여 석부 전체 가운데 주체를 점하게 된다. 그 중 에서도 대형의 CⅡ형이 증가하고 이것에 반비례하듯이 A·B형은 감소한다. AⅢ형에도 양 인이 출현한다.

雙砣子 Ⅲ기의 유적에는 雙砣子 제3문화층·大連市 大嘴子(大連市文物考古研究所 2000)·羊頭窪(金關丈夫 外 1942)·旅順 于家村 상층(旅順博物館 外 1981) 등이 있다. A Ⅲ·B형 모두 존속하지만 중심 형식은 아니다. AⅢ형에는 합인과 양인(도 3-10)이 있고 많은 유적에서 양자 모두 존재하지만, 雙砣子遺蹟에서는 양인이 두드러진다. B형에는 합인(도 3-11), 양인 양자가 있다. 이 시기의 중심을 이루는 것은 C형이며, 그 중에서도 CⅡ형이 다량을 차지하게 된다(도 3-12). CⅡ형은 두께 3cm 전후로 얇지만 길이는 12~15cm, 폭 7~10cm도 있어 A·B형 등의 棒形 석부에 필적하는 중량이기 때문에, 이것이 봉형으로 대체해 가는 원 인이 아닌가 생각된다.

다음 시기인 西周 이후에는 편인석부의 출토량이 급속히 감소하지만(宮本一夫 1991), 벌 채석부는 전국시대까지 잔존한다. 이러한 상황은 특정 형식이 두드러지는 것이 아니라, AⅢ 합인(도 3-13)·B 양인(도 3-14)·C 양인(도 3-15)과 각 형식이 본래적인 특징을 유지하면서 잔존하고 있는 것이다.

위에서 살펴본 遼東 벌채석부의 전개는 아래와 같이 5단계로 나누어 설명할 수 있다. 제1 단계는 小珠山 하층에서 중층 단계까지이다. 얇은 몸통, 長梯形을 특징으로 하는 AⅠ·AⅡ 형의 A계열 최초 형태의 출현 단계로서, 山東의 초현 단계와도 일치한다. 제2단계에는 小珠 山 상층기에서 AⅡ형을 발판으로 AⅢ형이 출현하여 A계열 벌채석부 발전의 정점에 이른다. AⅢ형은 A계열의 소형 편평석부를 수반하고 이것이 다음 단계에 C형 석부를 발생시키는 원 천이 되었다고 생각된다. 제2단계로의 성장 배경에 山東 석기문화의 영향을 고려할 필요가 있을지도 모른다. 이 단계는 遼東에 山東龍山文化가 대량으로 유입되는 시기로, 특징적인 흑도를 비롯하여 마제석기도 전해진다. 석기 가운데 특히 편인석기에서 두드러지는 현상으로, 遼東의 마제석기가 면이 평탄하고 능이 예리한 규격적 석기로 전환하는 것은 山東 석기문화의 영향이 아닌가 생각된다. 이렇게 여러 측면에 걸친 山東文化의 영향이 벌채석부의 성장에 무관하였다고는 생각하지 않지만, 한편으로 遼東에서의 자립적 발전도 동시에 평가해야 한다.

제3단계는 雙砣子 I 기문화의 변화에서 관찰된다. 대형 석부는 계속해서 AⅢ형이 중심이지만, 새로이 B형이 출현한다. 또 소형의 A에서 변화하여 C형이 출현하는 등, 이 시기에는 새로운 형태의 벌채석부가 출현한다. 제4단계는 雙砣子 Ⅱ · Ⅲ기에 해당한다. 벌채석부의 주체가 CI형에서 발전한 CⅡ형으로 되고, 그때까지 중심적 존재였던 AⅢ형이나 B형은 객체적 존재로 변한다. 그러나 끊어지지 않고 이어지기도 한다. 제5단계는 西周 이후이다. 마제석기가 전반적으로 후퇴함에 따라 벌채석부의 출토량도 감소한다. 이렇게 되자 제4단계의 CⅡ형 중심에서 AⅢ형(합인), B형, C형이 유사한 비율로 산재하는 상태가 된다. 전반적인 흐름을 보면 A계통은 때로 그 양을 감소하는 일은 있어도 발생에서 소멸까지 늘 존속하는 것이 이 지방의 기본적 형태라고 할 수 있다. B형은 이것에 뒤이어 등장하지만 객체적 존재에 머무른다. 제3단계 이후 C형이 융성하지만 이 타입은 동아시아 석부 중에서도 특이한 존재로서 이 지역의 독자적인 것이다. 이러한 형태의 존재가 가능한 것은, 그 바탕에 A형이라고 하는 아시아 공통의 기본형이 있었기 때문이다.

5. 한반도 서북부의 벌채석부

압록강, 청천강 등 遼東半島에 접한 한반도 서북부를 가리킨다. 이 지역의 편년은 평안북도 용천군 신암리유적(리순진 1965)의 층서와 토기형식에 의해 이루어져, 신암리 I 기, Ⅱ기, Ⅲ기로 분기되어 있다. 신암리 I 기는 빗살무늬토기시대이고 Ⅱ기 이후가 무문토기시대가 되며, Ⅲ기는 미송리 상층 형식을 포함하는 무문토기시대이다. 그 연대적 근거를 遼東半島의 편년에서 구하는 宮本一夫(1999)에 따르면, 신암리 I 기가 雙砣子 I 기(龍山 후기), 신암리 Ⅱ기가 雙砣子 Ⅱ기와 Ⅲ기의 사이(殷 전기), 신암리 Ⅲ기가 上馬石 A구 상층(춘추시대)과 병행하여 여러 설 가운데 이른 시기에 위치시키는 입장을 취하고 있다. 後藤直(1971)은 신암리 Ⅱ기를 기원전 6세기경, 신암리 Ⅲ기를 기원전 5~4세기경으로 보기 때문에 전자는 춘추시대, 후자는 전국시대와 병행하게 된다. 김용간(1964)은 미송리 상층 형식을 기원전 1000년기의 전반으로 생각하므로 西周 또는 춘추시대에 해당할 것이다. 다만 어떤 논자도

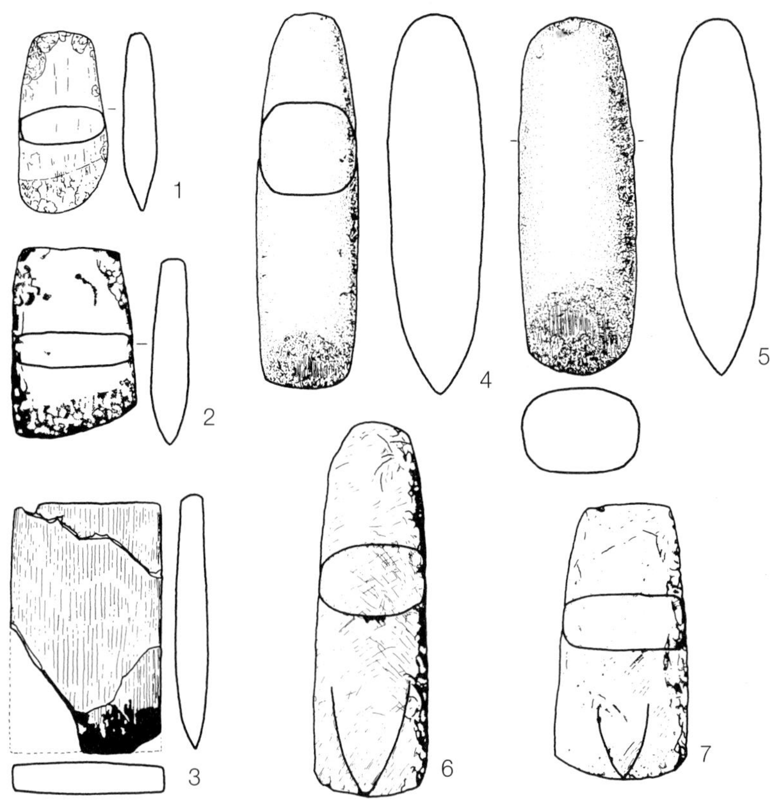

1 신암리 Ⅰ기, 2 · 3 신암리 Ⅲ기, 4~7 미송리 상층기
1 · 2 신암리 · C, 3 심귀리 2호 주거지 · C, 4 공귀리 · B, 5 공귀리 · AⅢ, 6 세죽리 · AⅢ, 7 세죽리 · B

〈도 4〉 한반도 서북부의 벌채석부 (축척 1/4)

신암리 Ⅰ기부터 Ⅲ기에 있어서 遼東半島와 이 지역 토기의 유사성 혹은 동일성을 인정하기 때문에, 양 지역이 문화적으로 밀접한 관계에 있는 것은 틀림없다.

신암리유적에서 신암리 Ⅰ기에 동반한 벌채석부는 C형으로 CⅡ형에 가깝다(도 4-1). 후속하는 신암리 Ⅱ기에 동반한 벌채석부도 C형이며 Ⅲ기의 신암리유적(도 4-2)이나 심귀리유적(도 4-3)의 사례도 CⅡ형에 가깝기 때문에, 장기간에 걸쳐 C형이 중심적인 형식으로 되고 있다. 遼東半島에서 雙砣子 Ⅰ기 이후 C형이 출현 · 발전하는 것은 이미 서술했는데, 시기적 · 문화적으로 가까운 서북지역의 신암리유적에 그 특색이 직접적으로 반영된다. 지금까지 C형식만의 출토가 보고되어 있는데, 소수라고 해도 AⅢ형식이나 B형식의 존재도 고려하지 않으면 안될 것이다.

일부 신암리 Ⅱ기, 주로 신암리 Ⅲ기에 해당하는 유적으로 공귀리(김용간 1959), 심귀리(정찬영 1961), 토성리(리병선 1961) 등이 있는데, 여기서는 C형이 공반하지만 한편으로 A

Ⅲ・B형도 출토되어(도 4-4・5) 遼東半島 雙砣子 Ⅰ기 이후의 조성과 같게 된다. 遼東半島에서 벌채석부의 존재가 약해지는 신암리 Ⅲ기에 돌연 AⅢ형이나 B형이 전래되었다고는 생각되지 않기 때문에, 이들의 출현은 신암리 Ⅰ・Ⅱ기에 전래되었던 AⅡ・AⅢ형이 변화하여 전면에 등장한 것으로 생각하는 편이 좋다. 또 제품으로서의 완성도가 높은 점도 갑자기 출현하지 않고 역사성・전통성이 있음을 보여주는 것으로 생각된다. 신암리 Ⅲ기에는 이처럼 棒形 벌채석부가 부활하여 주류가 되지만, AⅢ형보다 B형이 우세하다.

압록강 아래쪽의 청천강 연안 지역도 또 하나의 특징을 보인다. 평안북도 영변군 세죽리 유적(김영우 1964)의 미송리 상층에 병행하는 제Ⅱ문화층(Ⅱ3층) 출토의 벌채석부는 AⅢ형(도 4-6)과 B형(도 4-7)의 봉형 석부로, 신암리 Ⅲ기(미송리 상층 형식)와 같은 특징을 보여 이 단계에 봉형 석부가 부흥했던 것을 보여준다. 그러나 한편으로 C형이 소멸 혹은 희소해져 압록강유역과는 다른 면도 확인되고 있다. 반월형석도도 이 하천유역에서 큰 형식변화를 보이기 시작하며(下條信行 1980) 토기의 분포도 다르기(後藤直 1971) 때문에, 遼東으로부터 문화영향의 전환점이 이 유역에 있다는 것을 알려준다. 서북지역에서 청동기를 동반하는 무문토기 단계가 되면 이상과 같이 다시 봉형 벌채석부가 주류로서 부활하고, 한편 그때까지 중심이었던 편평형 계열의 C형이 희소해지는 새로운 변화가 발생한다.

6. 한반도 서부의 벌채석부

평안남도나 황해도 등 대동강유역에 해당하는 지역을 가리킨다. 이 지역은 신석기시대(빗살무늬토기)의 벌채석부에 대해서도 몇 가지 판명되어 있기 때문에, 이로부터 설명을 시작한다. 이에 해당하는 석부로 금탄리유적(김용간 1955), 남경유적(김용간・석광준 1984), 궁산유적(고고학연구실 1957) 출토품이 있다. 시간적으로는 금탄리가 이르고, 남경은 말기로 되어 있다. 궁산에 대해서는 세세한 소속 시기가 판명되지 않았다. 여기서 출토된 일반적인 형태는 기부가 좁고 원을 이루는데 반해 인부가 넓으며 횡단면 타원형에 조잡한 원초적인 석부가 많기 때문에, 형식적으로는 AⅠ형보다 고전적인 신석기시대에 해당하는 석부라 할 수 있다. 남경유적의 석부 4점 가운데 2점은 이 시기의 전형적 형태이지만(도 5-1), 나머지 2점은 AⅠ・AⅡ형에 속하는 것으로(도 5-2) 신석기시대 종말기에는 A형 고식이 출현했던 것으로 보인다. 이 가운데 문제가 되는 것은 궁산유적의 석부이다. 여기서 출토된 벌채석부 가운데 2형으로 된 것은 횡단면 타원형에 조잡하게 제작되어, 상기 예와 같이 신석기시대적 특징을 보인다. 소형의 편인석부도 출토되지만 이것도 신석기시대에 해당하는 원초적 특징을 가진 것이다. 한편, 1형으로 된 평면 장방형, 횡단면도 장방형인 7점의 석부는 소형이지만 四稜斧로 B형에 속한다(도 5-3). 그 제작은 규격화된 양질의 것으로 상기의 2형이나 소형 편평 편인석부와 기술사적으로 양립할 수 있는 것은 아니다. 따라서 출자에 있어서 다른 지역으

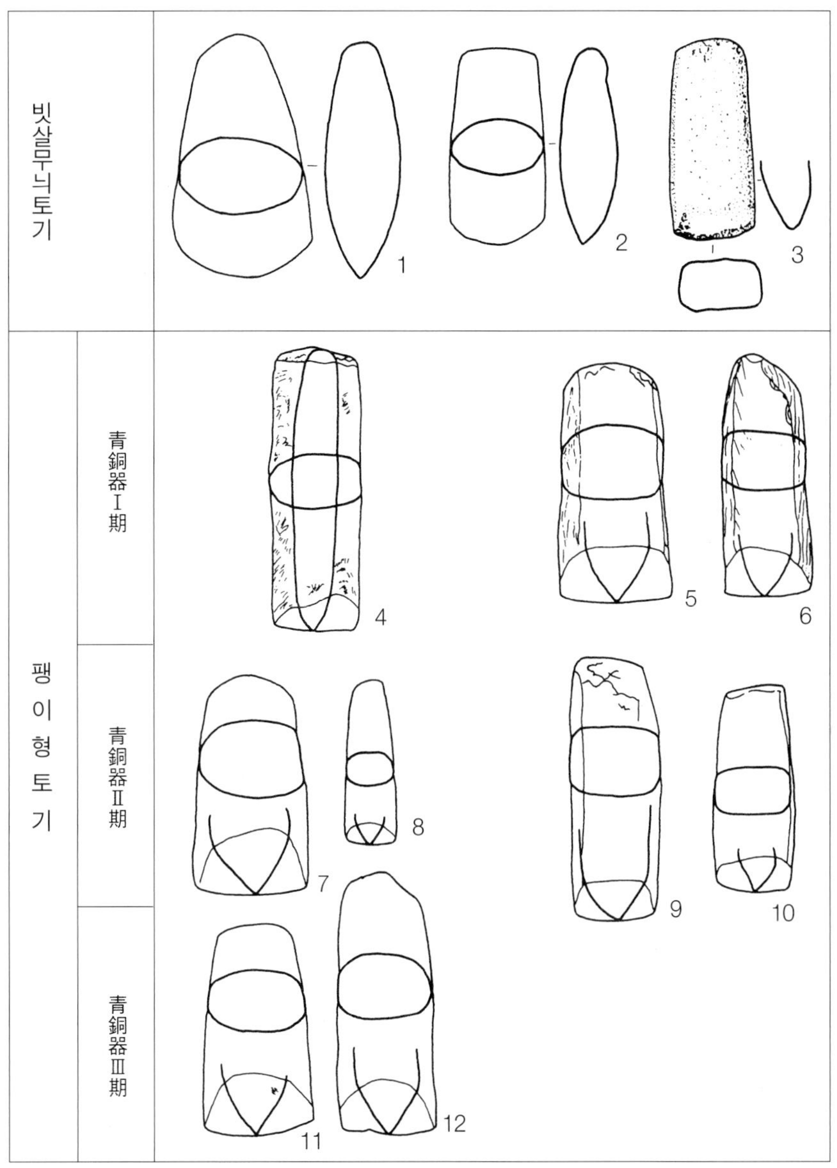

1·2·4~12 남경유적, 3 궁산리유적

〈도 5〉 평양시 남경유적 벌채석부의 변천 (축척 1/4) (좌측 열은 AⅢ형, 우측 열은 B형을 나타냄)

<사진 1> 대동강유역 출토 벌채석부 각종

로부터의 외래적 성격을 생각하지 않을 수 없다. 이 유적에서 신석기시대의 유적으로서는 드물게 이빨 낫, 돌괭이 등 북방계 농구가 동반된다는 점도 그러한 느낌을 강하게 한다. 다만 그럴 경우 궁산 1형 석부의 소속 시대와 북방과의 연대적 일치성이 앞으로의 문제로 남는다. 또 1형 석부는 7점이나 출토되는데 반해, 본래 세트로서 공반해야 하는 각종 북방계 마제석기가 거의 출토되지 않는 점도 연대문제와 관련해서 문제로 남는다.

신석기시대에 후속하는 무문토기(팽이형토기)시대의 벌채석부는 한 단계 향상된 것이다. 그 전개를 평양시 남경유적 청동기시대의 벌채석부에서 살펴보자. 남경유적의 팽이형토기는 남경 Ⅰ~Ⅲ의 3기로 분기되는데, Ⅱ기에 미송리 상층 형식 토기가 공반하여 宮本一夫(1996)에 따르면 각각 西周, 춘추, 전국시대에 해당한다.

남경 Ⅰ기의 벌채석부는 평면 장방형, 厚斧率 60% 이상으로 이미 후부에 도달한 단계의 것이다. 길이 12~15cm, 폭 4.6~6cm, 두께 3~4cm 정도로, 횡단면이 각지지 않고 타원형에 가까운 것(도 5-4)과 장방형의 B형(도 5-5 · 6) 2종이 있다. C형은 미확인이다. 남경 Ⅱ기는 몸통이 두텁고 분명한 횡단면 타원형의 AⅢ형(도 5-7 · 8)과 B형(도 5-9 · 10)으로 구성된다. 인부 弧刃의 예는 횡단면 원형이나 타원형의 A형에서, 直刃의 것은 횡단면 사릉부의 B형에서 관찰된다는, 인부와 횡단면 형태의 상관 관계가 보고서 속에 지적되어 있다. 남경 Ⅲ기도 Ⅱ기와 크기는 변하지 않지만 B형이 후퇴하고 AⅢ형으로의 집약 경향이 보이게 되는데(도 5-11 · 12), 이 경향은 한반도 남부와 공통하는 것이다.

남경유적에서의 이와 같은 조성은 다른 유적에서 검증된다. 後藤直(1971)에 의한 무문토기 편년에 따라 살펴보면 다음과 같다. Ⅰ기의 신흥동유적(서국태 1964)에는 '석부 몸통의 단면은 장방형과 타원형 2종이 있고', Ⅱ기의 심촌리유적(황기덕 · 리원근 1966)에서는 '각이 죽은 사각형과 원형에 가까운 타원형'으로 이루어지며, 석탄리유적(박선훈 · 리원근 1965)의 석부는 몸통 단면이 타원형과 장방형에 가까운 것으로 구성된다. 이와 같이 무문토기시대의 시작부터 AⅢ형과 B형의 양자가 구분되어 있는 점은 남경유적의 상황과 마찬가지

이다. 이어서 III기의 와산동유적(김용남·서국태 1961)에서는 단면 타원형과 원통형의 중
간형에 타원형이 조합되며, IV기의 미림 쉴바위유적(고고학연구실 1960)에서는 타원형이 출
토되고 있다. 이처럼 後藤의 편년에 따르더라도 AIII형과 B형은 무문토기시대 전체를 통하
여 공존하면서 전개되어, 남경유적의 결과와 궤를 같이 한다. 이상에서 볼 때 한반도 서부지
역 무문토기 단계의 벌채석부는 원래부터 AIII형과 B형으로 조성되어 있었음을 알 수 있는
데, 이것은 또한 서북지역 미송리 상층 단계의 상황과 마찬가지이다.

그러면 한반도 서부의 AIII형과 B형은 어떠한 경위에서 출현하였을까? 빗살무늬토기(신
석기)단계에 A I · II와 소형의 B형이 출현하는데, B형은 A형에 비해 제품의 질적 수준이
높기 때문에 외래의 영향이 있을 수 있다는 점을 앞에서 지적했다. 선행 형태에서의 자기발
전도 고려할 만하지만, 무문토기 단계에 (1) AIII, B형 모두 유사한 크기로 통일되어 있는 점,
(2) 그 크기나 형태가 서북지역의 AIII, B형과 동일하다는 점에서 북방으로부터의 자극에 의
해 성립했던 것으로 생각된다. 또 이 무문토기시대의 개시기는 반월형석도, 주상편인석부,
편평편인석부 등의 마제석기가 북방에서 복합적 · 보편적으로 전래되는 시기이므로 그 복합
의 일환으로서 벌채석부도 전해져 왔다, 라고 하는 편이 벌채석부 상호의 형식적 유사성이
나 크기를 통한 적절한 해석이라 하겠다. 이렇게 해서 한반도 서부에는 무문토기 단계가 되
면 북방에서의 문화전파에 의해 AIII형과 B형이 성립하였던 것이다.

7. 한반도 중 · 남부의 벌채석부

북쪽은 경기도에서 남쪽은 경상도, 전라도 등을 포함하는 한반도 남부지역을 가리킨다.
이 지역은 이제까지 AIII형 벌채석부의 독점적 분포지역으로 생각되어 왔지만, 최근의 출토
예는 이러한 생각에 수정을 재촉하고 있다.

그 하나는 무문토기문화에 앞선 빗살무늬토기(신석기)시대 벌채석부의 실태가 밝혀져, 무
문토기 단계 벌채석부와의 관계를 해명할 수 있게 된 것이다. 서울 암사동유적(國立中央博
物館 1999) 출토 신석기시대 벌채석부는 길이 16.2cm, 최대 폭 5.8cm, 두께 3.7cm, 무게
601g이고, 기부가 원형에 가까운 乳棒(약을 갈 때 사용하는 작은 방망이)狀 석부이다(도 6-
1). 공반 출토된 거의 완형의 미완성품도 같은 크기와 형태이기 때문에, 이러한 형식이 일반
적이었다고 생각된다. 이것은 일본 죠몽시대의 벌채석부와 같은 형태이며 평양시 남경유적
의 신석기시대 출토품과 길이가 약간 다르지만 기본형은 같은 것으로, 한반도에서 일본열도

에 걸쳐 곡물재배 개시 이전 단계에 공통 형식이 널리 분포하고 있었다는 점을 시사한다. 더욱이 이와 공반한 소형의 편인석부는 유봉상 석부와 유사한 초현적인 것으로, 북방의 규격

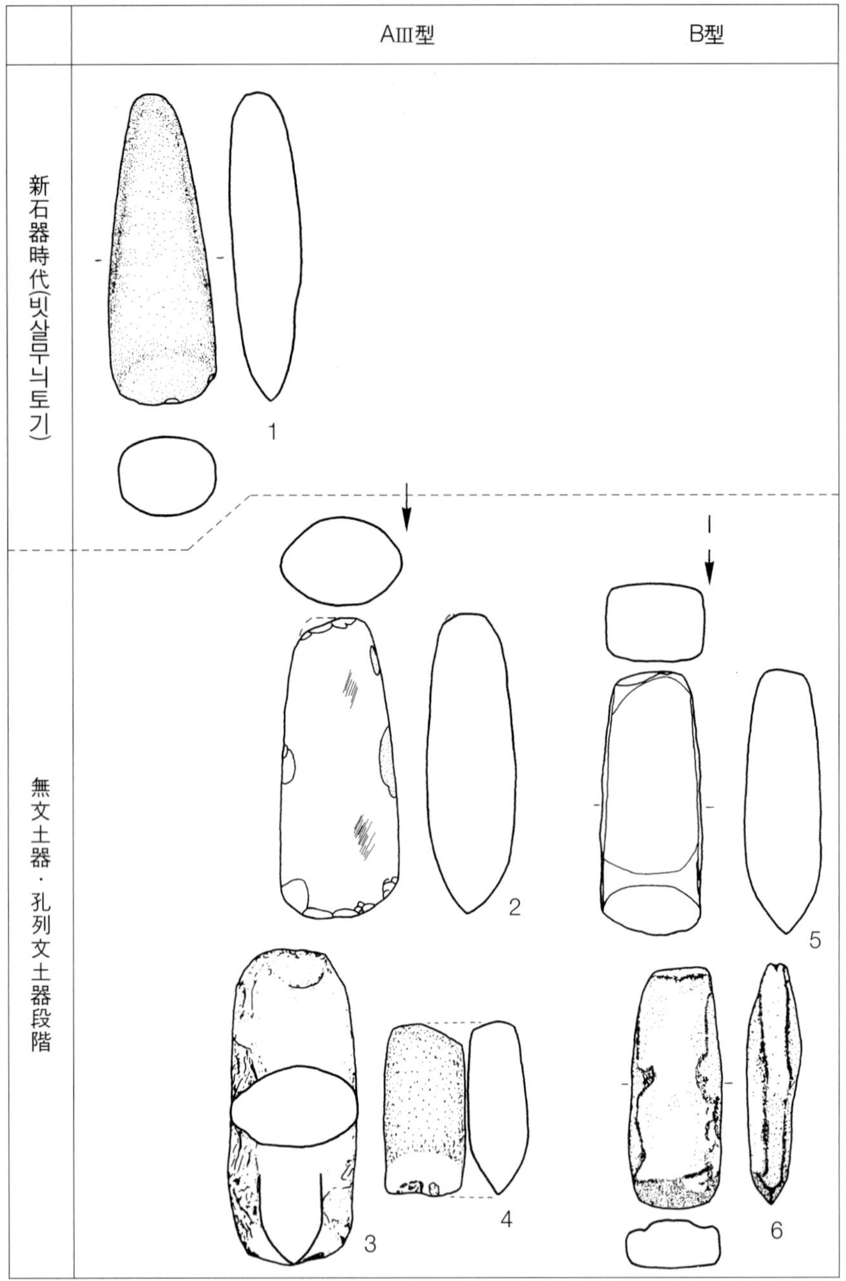

1 암사동, 2 남강댐, 3 · 6 흔암리, 4 역삼동, 5 관산리

〈도 6-1〉 한반도 남부의 벌채석부 1 (축척 1/4)

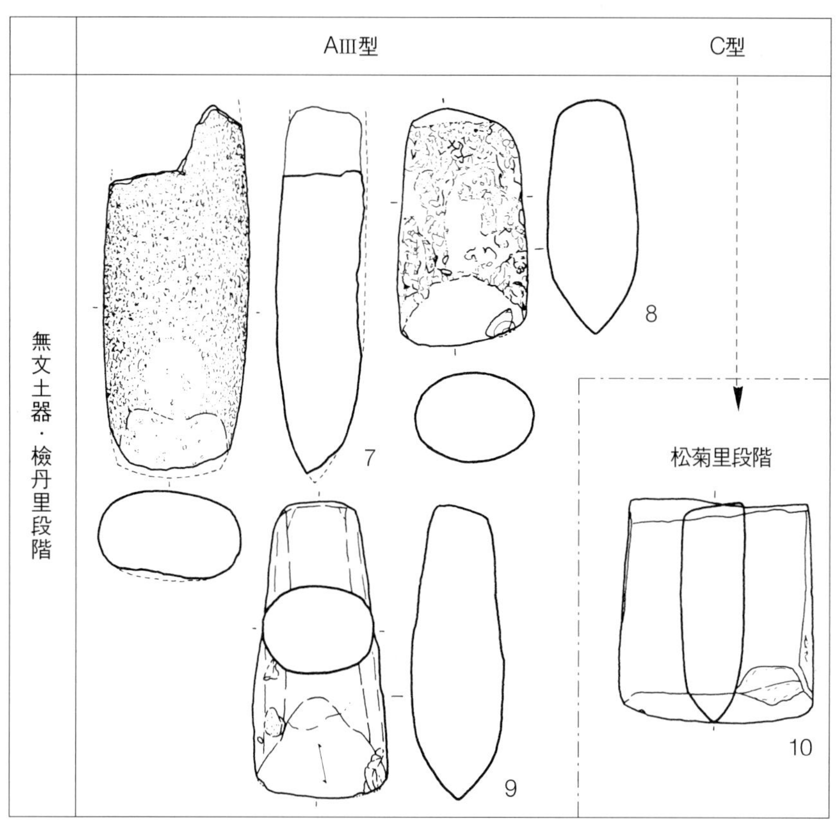

7 석장동, 8 검단리, 9 휴암리, 10 송국리

〈도 6-2〉 한반도 남부의 벌채석부 2 (축척 1/4)

적인 석부가 도달하기 이전 단계의 상황을 잘 보여준다.

다음 무문토기시대가 되면 AⅢ형과 B형으로 변화한다. 무문토기문화의 시작 단계인 공렬문토기 단계에는 경기도 흔암리유적(서울大學校博物館 1977; 1976; 1978)에서 AⅢ형(도 6-3)과 B형(도 6-6)이, 한반도 남단의 경상남도 사천 본촌리유적(趙榮齊 1998)에서도 수 점의 AⅢ형과 B형이 출토되는 등 한반도 남단의 북쪽에서 남쪽까지 양 형식이 확산되고 있다. AⅢ형은 厚斧率 60%를 넘는 것도 있으며, B형은 얇은 몸통의 40~50%인 것과 80%를 넘는 후부가 존재하지만 전반적으로는 후자가 많다. 이외에 서울 역삼동유적(李白圭 1974), 경기도 미사리유적(崇實大學校博物館 1994), 경상남도 남강댐유적(李柱憲 1998) 등에서 AⅢ형이 출토되고, 충청남도 관산리유적(尹世英·李弘鍾 1996)에서는 B형이 2점 출토되는 등(도 6-5) 한반도 남부의 전역에서 양 형식이 확인되고 있다. AⅢ형과 B형은 양적으로 AⅢ형이 우세하지만, B형의 출토도 무시할 수 없다.

신석기시대의 유봉상 석부와 형식상 연속되지 않고, AⅢ형·B형은 갑자기 출현한다. 이 출현은 양 형식이 세트로서 존재하는 한반도 북부에서의 남하로, 다른 마제석기군과 함께 위쪽으로부터의 결과로 파악할 수밖에 없다.

공렬문토기 단계에 후속하는 검단리 단계가 되면 AⅢ형이 중심이지만 B형도 잔존한다. 경상북도 송죽리(啓明大學校博物館 1994)에서는 AⅢ형과 함께 厚斧의 B형이 존재한다. 그러나 다른 유적에서는 B형이 발견되는 사례가 적고, 휴암리유적(尹武炳 外 1990), 경상북도 석장동유적(安在晧·金賢俊 1998), 경상남도 검단리유적(釜山大學校博物館 1995) 등 한반도 남부의 전역에서 厚斧率 70%인 AⅢ형이 확산된다. 그리고 다음 단계인 송국리 단계가 되면 B형의 출토가 없어, 완전히 AⅢ형으로 정리되어 버린다.

이상과 같이 무문토기 단계가 되면 한반도 북부에서의 남하를 통하여 남부의 벌채석부가 시작된다. 반도 북부 무문토기 단계 벌채석부의 구성은 AⅢ형과 B형이기 때문에, 남부에 있어서도 AⅢ형과 B형으로 시작한다. 다만 그 양적 비율은 AⅢ형이 많은데, 다음의 검단리 단계가 되면 AⅢ형이 주체로 되고 송국리 단계가 되면서 완전히 AⅢ형으로 정리된다. 한편, 적은 양이지만 송죽리유적이나 송국리유적(國立中央博物館 1978)에서 C형이 출토되고 있어(도 6-10), 遼東 벌채석부 문화가 세트를 이루어 여기까지 남하해 왔던 것을 보여준다.

8. 일본열도 벼농사 수용기의 벌채석부

한반도로부터 농경문화 수용의 창구가 되었던 곳은 북부 규슈로, 일본열도 측은 이 곳을 최전선으로 한반도와 접촉하였다. 따라서 여기서의 상황이 반도와 열도의 문화 관계를 대표하기 때문에, 이 지역의 벌채석부를 다루어 한반도와 열도의 관계를 검토해 본다.

벼농사 전래기의 벌채석부 : 벼농사 전래기의 죠몽 만기 후반, 이에 뒤이어 등장하는 板付 Ⅰ식기의 벌채석부에는 다음과 같은 것이 있다.

이것은 a, b, c 3종으로 나누어지는데, 전래기 a, b, c종이라 부르기로 한다. 가장 보편적으로 출토되는 것은 전래기 a종으로 기부가 좁고 인부가 넓은 평면 長梯形, 횡단면 타원형의 AⅠ형이다(도 7-7). 인부 폭에 대한 기부 폭의 비율은 70~75%로, 죠몽 후만기의 것보다 한층 넓은 기부 폭을 이룬다. 그러나 厚斧率은 40~50%로 얇아 두께는 죠몽 석부와 변함이 없다. 이들 중에는 큰 것과 작은 것이 있는데, 대형은 길이 15~20cm, 인부 폭 7.5~9.5cm, 두께

3~4cm이며, 중량은 600~700g이나 된다(도 7-10 · 11 · 15 · 16). 죠몽 석부는 400g 정도이기 때문에 중량이 상당히 늘어났다고 할 수 있다. 소형은 길이 11~13cm, 인부 폭 5.5~7cm, 두께

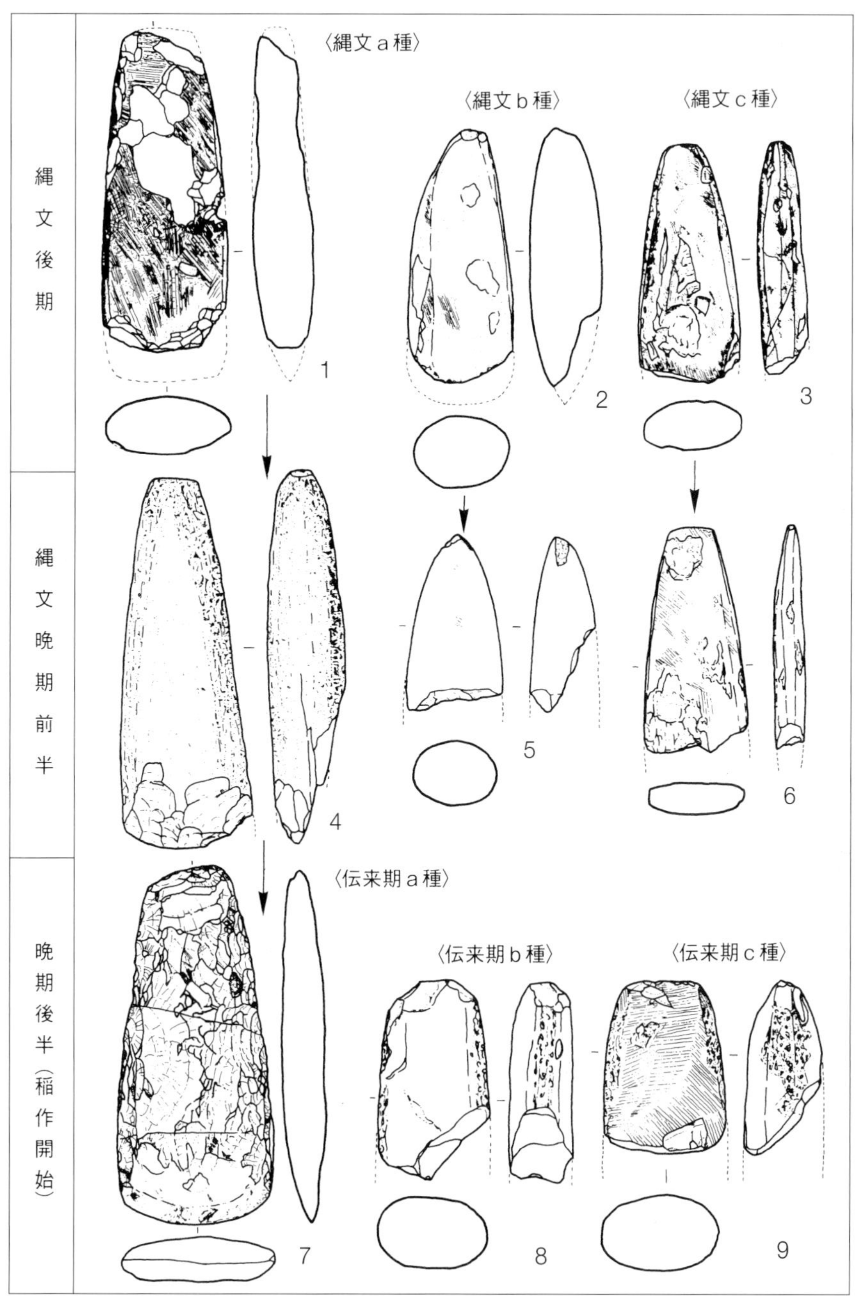

1 · 2 大分 尾畑, 3 福岡 中村石丸, 4 福岡 廣田, 5 · 6 福岡 구리나라, 7 福岡 雀居, 8 · 9 福岡 曲リ田

〈도 7-1〉 죠몽 후만기와 벼농사 전래기의 석부 1 (축척 1/4)

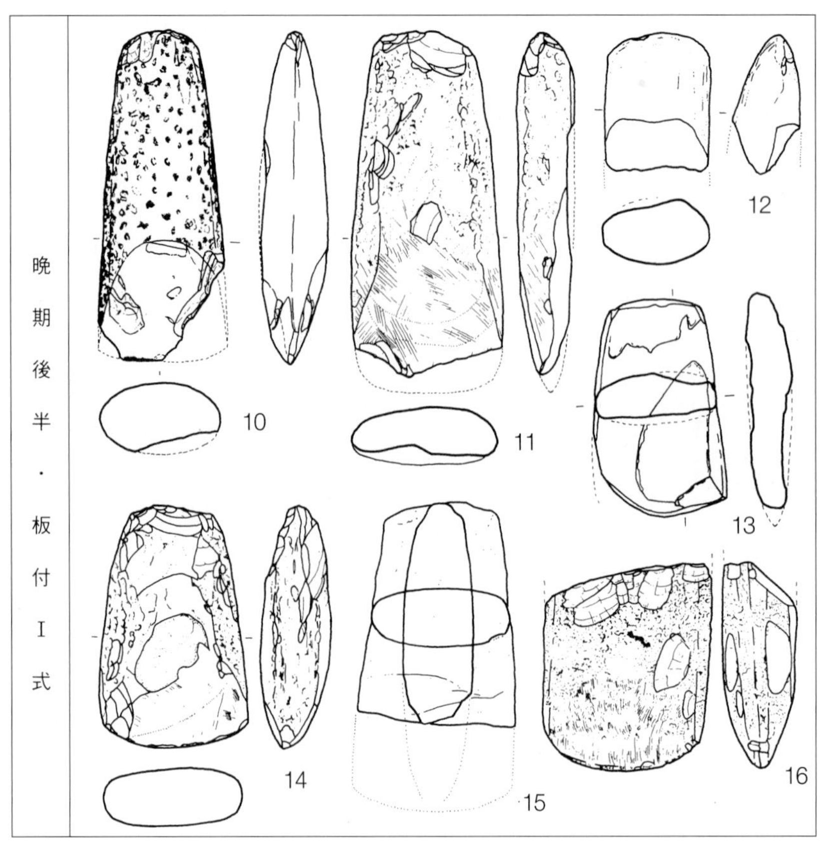

10 福岡 曲リ田, 11・14 佐賀 菜畑, 12 福岡 有田七田前, 13 福岡 板付, 15 福岡 有田, 16 福岡 十郎川

〈도 7-2〉 죠몽 후만기와 벼농사 전래기의 석부 2 (축척 1/4)

2~3cm 전후이며, 중량은 400~500g이다(도 7-13・14).

전래기 b종은 기부뿐이어서 전체 형태를 알 수 없지만, 폭 5.5~6cm, 두께 3.5cm, 厚斧率 60~65%를 보인다(도 7-8). 일견 棒狀 厚斧처럼 보이지만 전래기 a종 대형 석부의 폭을 좁게 만든 것으로 厚斧化를 목적으로 하는 중량 증가에는 역행한다. 따라서 후부화 본래의 목적을 만족시킨 것은 아니다. 출토 예도 드물어 일반화되지 못한 것으로 판단된다.

전래기 c종(도 7-9)도 기부 일부만 출토되어 전체 형태를 알 수 없다. 유일한 출토 예는 폭 6.6cm, 두께 4.3cm, 厚斧率 65%의 후부로, 평면형을 확정할 수 없지만 AⅢ형에 속할 가능성 이 조금은 있다.

전래기 a종은 佐賀縣 菜畑遺蹟(中島直幸 外 1982), 宇木汲田遺蹟(下條信行 1986), 福岡縣 曲リ田遺蹟(橋口達也 外 1984), 福岡市 有田七田前遺蹟(山口讓治 外 1983), 十郎川遺蹟(吉

岡完祐 1982), 雀居遺蹟(下村智 外 1995), 有田遺蹟(九州大學考古學研究室 1967), 福岡縣 江 辻遺蹟(新宅信久 1998), 今川遺蹟(伊崎俊秋 外 1981) 등 북부 규슈의 이 시기를 대표하는 유 적에서 출토되고 있다. 이처럼 전래기 a종은 북부 규슈 각지에 보편적으로 분포하고, 출토량 도 다른 종을 압도할 만큼 많아 이 시기를 대표하는 석부라 할 수 있다. 대형과 소형은 보통 공반 출토되는데, 서로 구분해서 사용되었다고 생각된다. 전래기 b종의 초기 벼농사 단계에 있어서 확실한 출토 예는 曲り田遺蹟과 有田七田前遺蹟의 각 1점씩에 불과하다. 보급이나 정착의 정도가 약하기 때문에, 석부 발전상 적극적인 평가는 어렵다. 전래기 c종은 曲り田遺 蹟에서만 1점이 확인되어, 예외적인 출토에 지나지 않는다. 이상과 같이 이 시기의 기초적이 면서 다음 단계로의 방향성을 가진 대표적 벌채석부는 전래기 a종으로 초기 농경기에는 이 러한 종류의 석부가 다수 사용되었다.

다음으로 전래기의 석부가 어떠한 계보에서 출현하였는지 검토해 보자. 생각되는 계보는 북부 규슈에 벼농사를 초래한 한반도 남부의 계보와 북부 규슈에서 사용되고 있었던 죠몽 후만기의 계보인데, 전자에 대해서는 이미 기술했기 때문에 후자에 대하여 아래에서 언급하 도록 하겠다.

북부 규슈 죠몽 후만기의 벌채석부 : 북부 규슈 죠몽 후만기의 벌채석부에는 c종의 定角式 系 석부(도 7-3·6), b종의 乳棒狀 석부(도 7-2·5), a종의 횡단면 편평 타원형 석부(도 7-1· 4)의 3종이 있다. 이것을 죠몽(후만기) a, b, c석부라 부르기로 하자. 죠몽 c종의 정각식계 석 부는 기부가 좁고 편평 또는 원을 이루며, 평면 장제형으로 측면에는 일정한 면을 가진다. 횡 단면은 편평한 샤미센 형태의 방형을 이루고, 길이 13cm 전후, 무게 300~400g이다. 몸통의 두께는 3cm 전후로 厚斧率 40~50%의 얇은 석부이다. 북부 규슈에서는 그대로 야요이시대 에 계승되지 않는다. 죠몽 b종의 유봉상 석부는 기부가 뾰족하거나 원을 이루며, 인부 쪽으 로 갈수록 몸통의 폭이 넓어진다. 길이는 10~15cm, 인부 폭 5~6cm이며, 횡단면은 원에 가까 운 타원형을 이루는 것이 많다. 厚斧率이 70%를 넘는 것도 있지만, 중량은 400~700g으로 두 께에 비해서는 가벼워 죠몽 석부의 중량 범위에 들어간다. 많은 양이라고는 할 수 없지만, 일 정한 출토 비율을 차지하며 초기 농경단계에도 그대로 잔존한다.

죠몽 a종이 가장 일반적인 규슈 죠몽 후만기의 중심적 석부이다. 기부는 좁고 인부는 넓으 며, 횡단면은 두께 3cm 전후의 편평 타원형을 이룬다. 평면형은 장제형이다. 길이 10cm 이 상~15cm, 인부 폭 6cm 전후, 무게 500g 미만, 厚斧率 40%대의 가벼운 석부이다. 이 가운데 넓은 기부의 대형품은 A I 형에 도달한 것으로 볼 수도 있다. 덧붙여 그 크기는 길이 15~20cm, 인부 폭 6~7cm이며 중량도 증가한다. 만기 전반 福岡縣 廣田遺蹟(小池史哲 外

1980)의 사례는 이 종류의 가장 발전된 형태로, 기부의 폭은 좁지만 AII에 근접하고 있다(도 7-4).

그러면 이상의 특징을 생각하면서 초기 벼농사 단계의 석부를 검토해 보자.

전래기 a종은 앞에서 기술한 바와 같이 평면 장제형, 횡단면 편평 타원형의 얇은 석부 AI형이다. 이것과 일본열도에 벼농사를 초래한 한반도 남부 동일 시기의 벌채석부를 비교해 보자. 한반도의 석부는 완성된 AIII형으로 평면형, 횡단면형, 길이·폭·두께·중량 등 모든 형태적 특징에서 양자 사이에 큰 차이가 있어, 거의 관련성을 인정할 수 없다. 한반도의 것은 벌채석부 발전상 높은 수준에 도달한 AIII형인데 반해, 전래기 a종은 이제부터 발전을 시작하는 낮은 수준의 AI종이므로 양자는 차원이 다른 존재라 하겠다. 이상과 같은 점에서 전래기 a종의 출현을 한반도에서 구하는 것은 불가능하다.

그렇다면 북부 규슈 죠몽 후만기 석부와의 관계를 검토하지 않으면 안 된다. 여기서 검토의 대상에 해당하는 것은 죠몽 3종의 벌채석부 가운데 평면 장제형, 횡단면 편평 타원형의 얇은 석부로, 전래기 a종과 기본적 특징이 유사한 죠몽 a종이다. 양자의 차이점은 기부 폭의 넓이에 있지만, 죠몽 a종 가운데 넓은 것은 기부 폭이 60% 이상으로 전래기 a종의 70~75%에 접근하여 양자의 간격을 메우고 있다. 이것은 길이가 15cm 이상이나 되는 대형품으로, 크기에서도 전래기 a종에 가까워 양자 사이의 형식적 연속성이 인정된다. 이상에서 전래기 a종은 죠몽 a종 가운데 기부가 넓은 형식을 기원으로 하여, 이것이 발전한 것이라고 할 수 있다. 그 발전의 방향성은 외형의 아름다움이 아니라 오로지 대형화에 있어, 길이와 폭을 확대함에 따라 필연적으로 중량 증가를 꾀한 것으로 보인다. 벌채석부는 중량 증가가 무엇보다도 기능 강화로 이어지기 때문에, 죠몽 석부를 대형화함으로써 벼농사를 행하는 새로운 시대의 요청에 즉각 응했던 것으로 보인다. 이 점에서도 좁은 몸통의 전래기 b종은 평가할 수 없다. 왜냐하면 전래기 a종 대형을 좁은 몸통으로 변화시켜 가볍게 함으로써, 중량 증가라는 시대의 요청에 역행하기 때문이다. 다음 단계인 板付 II식기에 시작되는 厚斧化의 방향성을 보면 전래기 a종의 넓은 폭을 답습하여 후부화를 꾀하고 있어, 전래기 b종은 이러한 방향성과도 다르다. 게다가 한반도 남부의 AIII형과도 거의 관계가 없다.

전래기 c종의 폭, 두께, 65%의 厚斧率은 AIII형에 속할 가능성이 있기 때문에, 한반도의 영향 속에서 출현하였을지도 모른다. 다만 (1) 현재 출토된 사례가 曲り田遺蹟의 1점뿐으로 다른 곳으로의 파급력이 없는 점, (2) 다음 단계인 板付 II식의 厚斧化가 아직 AII형에 머물러 다음 무대를 위한 발판이 마련되지 않은 점 등을 볼 때 다른 곳으로 거의 영향을 미치지 않는 예외적인 존재였다고 할 수 있다.

이상에서 벼농사 전래기의 벌채석부 AI형 대형 석부는 죠몽 후만기의 a종에서 발전한 것이며, 한반도 厚斧의 영향 속에서 출현한 것이 아니라는 점을 확인하였다. 일반론적으로는 전래기 c종의 존재가 보여주듯이 대륙계인 AⅢ형의 영향도 약간이나마 존재할 가능성은 있지만, 기념 또는 흔적의 성격에 불과하여 실체적 영향을 미치지는 못했다.

遼東半島에 AⅢ형이 출현한 이후 한반도 각지의 무문토기시대 벌채석부는 기본적으로 이 AⅢ형의 영향을 받아 AⅢ형화하여 남부에까지 도달하였다. 그러나 그 전파는 반도 남단에 머무르고 대한해협을 넘어 일본열도 초기 벼농사 단계의 벌채석부를 곧바로 AⅢ형으로 변화시키지는 못하였다.

북부 규슈에 벼농사를 전했던 것은 한반도 남부 검단리 단계의 무문토기문화로 생각되는데, 이 문화에 동반한 대륙계마제석기는 북부 규슈 각지의 초기 벼농사 유적에서 출토된다. 佐賀縣 菜畑遺蹟이나 宇木汲田遺蹟에서는 가지고 들어온 것으로 생각되는 반월형석도나 편평편인석부가 출토된다. 그러나 한반도에서 이 마제석기들과 공반된 厚斧率 65~75%에 이르는 AⅢ형의 벌채석부는 볼 수 없다. 석부의 발전단계적, 기능적으로 훨씬 높은 수준의 것이 눈앞에 준비되어 있었음에도 불구하고, 그것을 수용하지 않고 죠몽계의 석부를 변화시켜 대형화함으로써 기능 강화를 꾀했던 것이다.

이처럼 수용하는 석기, 수용하지 않는 석기의 구분 기준은 무엇이었을까? 기종별로 묶어보면 반월형석도 · 대형 반월형석도 · 석겸 · 유구석부 · 편평편인석부 · 석착이 수용되고, 벌채석부 AⅢ형은 수용되지 않았다. 이것을 죠몽 석기와 비교해 보면 전자의 대부분은 죠몽문화에 없었거나 세분화가 미숙한 석기이고, 후자는 오랫동안 지속적으로 갖추고 있었던 석기이다. 이를 통하여 죠몽문화에 갖추어져 있었는가 그렇지 않은가가 선택의 열쇠이고, 질의 높고 낮음은 이차적인 차원이었음을 짐작할 수 있다. 이것이 높은 수준의 석부가 준비되어 있었음에도 불구하고 수용되지 않았던 이유이다. 바꾸어 말하면 질에 차이가 있더라도 동일한 기능의 도구를 가지고 있는 한, 죠몽인은 그 전통성을 우선시하였던 것이다. 한반도 남부 신석기시대(빗살무늬토기)의 벌채석부는 죠몽과 유사한 유봉상 석부였다. 이것이 무문토기문화의 도래와 함께 한꺼번에 AⅢ형 벌채석부로 변환되었다. 이에 반해 북부 규슈에서는 벼농사문화가 전래되어도 AⅢ형으로 한번에 전환하지 않고, 죠몽계 석부의 변형으로 대응하였다. 즉, 새로운 외래문화의 전래에 대해 그것을 수동적이고 편향적으로 수용하지 않고, 외래문화와 전통문화를 선택적으로 서로 보완할 수 있도록 융합시켰던 것이다. 이는 외래문화에 대한 일본열도의 독특한 대응이었다고 할 수 있다.

죠몽 석부의 계승에서 시작된 초기 벼농사 단계의 석부 제작도 板付 Ⅱ식 이른 단계에는 A Ⅰ형에서 AⅡ형으로 변화하고, 板付 Ⅱ식 후반기에는 AⅡ형에서 AⅢ형으로 발전한다. 이처럼 재지 석부를 바탕으로 시간을 두고 단계적으로 육성된 벌채석부는, AⅢ 단계가 되면 부분적으로 한반도 남부의 벌채석부를 능가하는 높은 품질에 도달하게 된다. 한편, 초기 벼농사 단계에 자연스럽게 수용된 편인석부류는 그 후 외래품이 가지고 온 규격성을 유지할 수 없어, 시간의 경과와 함께 점점 규격을 벗어나게 된다.

9. 맺음말

동북아시아의 벌채석부는 遼東半島에서 小珠山 상층기(山東龍山 병행)에 AⅠ·AⅡ형을 거쳐 厚斧인 AⅢ형에 도달한다. 遼東形伐採石斧를 참고로 하면 B형도 이 시기에 출현했을 가능성이 있다. 다음 시기인 雙砣子 Ⅰ기가 되면 여기에 C형이 더해져 AⅢ·B·C형 3종의 벌채석부가 공존하는 동북아시아형 석부 조성이 형성된다. 雙砣子 Ⅱ기 이후 C형 중심이 되지만 AⅢ형과 B형도 공존하며, 西周 이후 양적으로 감소하여 전국시대까지 이 패턴은 존속한다.

한반도 서북부에서는 雙砣子 Ⅰ기에 병행하는 신석기시대 말에 遼東으로부터 전해져, 동일 시기인 신암리 Ⅰ식에 C형이 출토된다. 후속하는 무문토기시대 초기의 신암리 Ⅱ식에도 C형이 동반하는 등 같은 시기의 遼東半島와 동일한 전개 양상을 보이고 있다. 신암리 Ⅰ·Ⅱ기에는 AⅢ형이나 B형의 출토가 보고되지 않지만, 遼東半島에서의 상황이나 후속 시기의 상황에서 볼 때 공반 가능성이 높다고 생각한다. 다음 시기인 미송리 상층 형식 토기를 동반하는 신암리 Ⅲ식이 되면 AⅢ형과 B형이 전면에 출현하게 된다. 압록강에서는 C형이 공반하지만, 청천강에서는 AⅢ형과 B형뿐 C형은 확인되지 않는다. 소멸했다고 생각하지는 않지만, C형의 존재가 희박해졌던 것 같다.

한반도 서부의 신석기시대에는 재지 형식인 乳棒狀 석부와 AⅠ·AⅡ형으로 구성되지만, 궁산유적에서는 B형 석부도 관찰된다. 궁산의 B형은 그 제작의 정밀함에서 볼 때 전래품의 가능성이 생각된다. 신석기시대에 뒤이어 무문토기(팽이형토기)시대가 되면 북방에서 새로운 문화가 도래하여 신석기시대를 구성하는 여러 요소는 혁신된다. 토기뿐만 아니라 반월형석도, 주상편인석부, 편평편인석부 등의 새로운 마제석기군이 밀어닥치고, 벌채석부도 AⅢ·B형으로 변화된다. B형은 궁산유적 출토품 등으로부터의 성장도 생각되지만, 이러한 변화는 한반도의 전반적 현상이기 때문에 주로 이 새로운 물결에 의해 B형이 출현했다고 보고 싶다. 무문토기시대는 평양시 남경유적이 3시기로 구성되듯이 일정의 시간 폭이 있지만,

전체 시기를 통해서 AⅢ형과 B형은 존재하며 남경유적이나 신흥동유적을 비롯한 다른 무문토기시대의 유적을 보더라도 양자가 공존하는 경우가 많다. 다만 출토량으로 보면 B형이 우세하지만, 시기가 내려옴에 따라 AⅢ형으로 정리된다. C형의 출토는 자세히 알 수 없지만, 소수의 존재는 상정해 두는 편이 좋을지도 모르겠다.

한반도 중부에서 그 남쪽인 남부 신석기시대의 벌채석부는 유봉상 석부이다. 무문토기시대가 되면 한꺼번에 북방에서 새로운 마제석기군이 남하하여 벌채석부도 새롭게 변한다. 무문토기문화 제1단계인 공렬문토기 단계의 벌채석부는 AⅢ형과 B형이며, 여기에 소수나마 C형이 동반한다. 이 조성의 연원은 말할 것도 없이 遼東半島이다. 한반도 남부 무문토기 제2단계인 검단리 단계가 되면 벌채석부의 조성에 변화가 생겨, AⅢ형이 주체가 되며 B형은 후퇴하고 C형이 미미하게 잔존할 뿐이다. 일본열도로 벼농사문화가 전해지는 것은 이 단계이다.

열도의 초기 벼농사 단계인 죠몽 만기 후반~板付 Ⅰ식기의 벌채석부는 AⅠ형이 압도적으로 많다. 이는 죠몽 후만기의 각종 벌채석부 가운데 하나인 AⅠ형이 변형하여 대형화한 것으로 보인다. 한반도의 영향이라 생각되는 AⅢ형도 일부 존재하지만, 曲り田遺蹟 출토의 기부 파편 1점뿐으로 그 영향력을 발휘하지는 못한다. 벼농사와 함께 반월형석도를 비롯한 각종 대륙계마제석기가 수용되었지만, 벌채석부에 대해서는 거의 영향을 받지 않았다고 해도 좋다. 따라서 초기 벼농사 단계 열도의 벌채석부를 대륙계마제석기라고 해서는 안 된다.

이후 일본열도에서 자립적으로 발달한 태형합인석부(AⅢ형)가 대륙의 석부와 유사하여 그 유래를 대륙에서 구했기 때문에 오해가 시작되었지만, 열도의 태형합인석부는 열도 내에서 AⅠ형으로부터 시작하여 순차적으로 완성된 독자적인 것이다.

한반도 남부나 열도 벌채석부의 기원을 중국 江南地方에서 구하는 견해도 있지만 이는 성립하기 어렵다. 江南의 신석기시대에서 초기 청동기시대의 벌채석부는 전형적인 AⅢ형이라고 해도 좋은 것이다. 그러나 이미 지적했듯이 한반도 남부 초기 무문토기시대의 벌채석부는 AⅢ형·B형·C형의 북방계 조성이기 때문에 AⅢ형 단독인 江南地方과는 관계가 없다. 또 열도 초기 벼농사 단계의 벌채석부는 이미 언급한 바와 같이 AⅠ형으로 江南과의 연속성은 없다.

이상과 같이 遼東半島의 小珠山 상층기에서 雙砣子 Ⅰ기에 걸쳐 성립한 벌채석부 A형·B형·C형의 조성은, 시기와 지역에 따라 조성의 비율을 달리 하면서 한반도로 남하하여 반도의 남단까지 이르렀다. 그러나 이것이 바다를 건너 일본열도에 도달하여 열도의 벌채석부를 변화시키지는 않았다. 遼東半島에서 함께 성장하여 한반도 남단까지 함께 남하한 마제석기군 중에는 열도에 수용된 것과 수용되지 않은 것이 있다. 그것을 제시한 것이 〈표 2〉인데, 반

〈표 2〉 일본열도로 전래되는 석기와 그렇지 않은 석기 (* 는 변화 형태를 발생시키면서 전파)

	遼東半島	한반도 북부	한반도 남부	북부 규슈
반월형석도	————————————————————————			*
석겸	————————————————————————			
주상편인석부	————————————————————————			*
편평편인석부	————————————————————————			
석착	————————————————			
遼東形伐採石斧	———————————			
벌채석부 AⅢ형	———————————			
벌채석부 B형	———————————			
벌채석부 C형	———————— - - - - - - - - - - -			

월형석도 · 석겸 · 주상편인석부 · 편평편인석부 · 석착 등은 수용되고, 벌채석부는 3종 모두 수용되지 않았다. 수용 석기는 열도에 없거나 기능분화가 약한 것이고, 비수용 석기는 기능적으로 낮은 수준이라도 수천 년에 걸쳐 구비되어 왔던 것이다. 이러한 양상이 나타내는 것은 수용 · 비수용에 있어서 죠몽인의 선택이 작용하였다는 점이다. 여기에 재래의 전통문화와 외래문화를 융합하여 새로운 벼농사문화에 대처하려고 하는 죠몽인의 행동원리가 존재한다.

예전에 遼東半島에서 발생한 특이한 벌채석부인 遼東形伐採石斧의 확산을 다룬 바 있었는데(下條信行 2000), 이것의 남하도 한반도 남단에 머물러 역시 일본열도에는 도달하지 않았다. 기능적으로는 AⅢ형보다 더 높은 수준의 석부이다. 아마 그 이유도 상기한 바와 같을 것이다.

한반도 남부와는 달리 죠몽인의 선택이 일정 부분 이상 작용하는 배경에는 다음과 같은 사정도 고려하지 않으면 안 될 것이다. 한반도와 일본열도 사이에 존재하는 바다는 遼東半島와 육지로 연결된 반도와는 달리, 열도에 전달하는 정보나 물질의 양, 질, 힘에 있어서 차이를 발생시키는 장애 요인이 된다. 그러나 이러한 점 때문에 대륙으로부터의 규제가 약하여 독립적일 수 있기 때문에, 반대로 열도의 자립성이나 독자성을 강화할 수 있는 것이다. 이와 같은 지리적 요인에 더해 오랜 세월 형성되어 온 문화적 전통 · 역사가 죠몽 측의 선택력을 강화해 가는 요인의 하나가 되었다고 생각된다.

(원전 : 2002, 「北東アジアにおける伐採石斧の展開－中國東北 · 朝鮮半島 · 日本列島」

『韓半島考古學論叢』, すずさわ書店)

참고문헌

啓明大學校博物館, 1994, 『金陵 松竹里遺蹟 特別展圖錄』.

고고학연구실, 1957, 「궁산 원시 유적 발굴 보고」 『유적발굴보고』 2.

고고학연구실, 1960, 「미림 쉴바위 원시 유적 정리 보고」 『문화유산』 3.

國立中央博物館, 1978, 『松菊里』 Ⅰ, 國立中央博物館古蹟調査報告 11.

國立中央博物館, 1999, 『岩寺洞』 Ⅱ, 國立博物館古蹟調査報告 30.

김영우, 1964, 「세죽리 유적 발굴 중간 보고(2)」 『고고민속』 4.

김용간, 1955, 「금탄리원시유적발굴보고」 『유적발굴보고』 10.

김용간, 1959, 「강계시 공귀리 원시 유적 발굴 보고」 『유적발굴보고』 6.

김용간(李進熙 譯), 1964, 「美松里遺跡の考古學上の位置」 『考古學雜誌』 50-1.

김용간·석광준, 1984, 『남경 유적에 관한 연구』.

김용남·서국태, 1961, 「평양시 서성구역 와산동 팽이형토기 유적 조사 보고」 『문화유산』 6.

리병선, 1961, 「중강군 토성리 원시 고대 유적 발굴 중간보고」 『문화유산』 5.

리순진, 1965, 「신암리 유적 발굴 중간 보고」 『고고민속』 3.

박선훈·리원근, 1965, 「석탄리 원시 유적 발굴 중간 보고」 『고고민속』 3.

釜山大學校博物館, 1995, 『蔚山 檢丹里 마을遺蹟』.

서국태, 1964, 「신흥동 팽이형토기 주거지」 『고고민속』 3.

서울大學校博物館·人文大考古學科, 1974~1978, 『欣岩里住居址』 1·3·4.

崇實大學校博物館, 1994, 『渼沙里』 3.

安在晧·金賢俊, 1998, 『錫杖洞遺蹟』 Ⅱ, 東國大學校 慶州캠퍼스博物館 研究叢書 7.

尹武炳·韓永熙·鄭俊基, 1990, 『休岩里』, 國立博物館古蹟調査報告 22.

尹世英·李弘鍾, 1996, 『館山里遺蹟』 1, 高麗大學校埋藏文化研究所叢書 2.

李白圭, 1974, 「京畿道 出土 無文土器·磨製石器」 『考古學』 3.

李柱憲, 1998, 「남강댐 수몰지구 1차 발굴조사」 『南江댐 水沒地區의 發掘成果』.

정찬영, 1961, 「자강도 시중군 심귀리 원시 유적 발굴 중간 보고」 『문화유산』 2.

趙榮齊, 1998, 「泗川 本村里 遺蹟」 『南江댐 水沒地區의 發掘成果』.

황기덕·리원근, 1966, 「황주군 심촌리 청동기시대 유적발굴보고」 『고고민속』 3.

橋口達也 外, 1984, 『石崎·曲り田遺跡』 Ⅱ, 福岡縣敎育委員會.

九州大學考古學研究室, 1967, 『福岡市有田古代遺跡發掘調査槪報』, 福岡市敎育委員會.

宮本一夫, 1985, 「中國東北地方における先史土器の編年と地域性」 『史林』 68-2.

宮本一夫, 1991, 「遼東半島周代竝行土器の變遷-上馬石貝塚A·BⅡ區を中心に-」 『考古學雜誌』 76-4.

宮本一夫, 1996, 「東北アジアの靑銅器文化」 『福岡からアジアへ』.

金關丈夫·水野淸一 外, 1942, 『羊頭窪』, 東方考古學叢刊 乙種 3.

吉岡完祐, 1982,『福岡市十郎川』2, 住宅・都市整備公團.

大連市文物考古研究所, 1994,「遼寧大連大藩家村新石器時代遺址」『考古』10.

大連市文物考古研究所, 2000,『大嘴子』.

北京大學考古學系 外 編, 2000,『膠東考古』.

山口讓治 外, 1983,『福岡市有田七田前遺跡』, 福岡市埋藏文化財調査報告書 95.

山東省文物考古研究所, 2000,「山東章丘市西河新石器時代遺址」『考古』10.

山東省文物考古研究所 外, 1981,「山東姚官庄遺址發掘報告」『文物資料叢刊』5.

山東省博物館, 1973,「山東蓬萊紫荊山遺址發掘簡報」『考古』1.

小池史哲 外, 1980,『二丈浜玉道路關係埋藏文化財調査報告』, 福岡縣教育委員會.

松原正毅, 1971,「彌生文化の系譜についての實驗考古學的試論」『季刊人類學』2-2.

新宅信久, 1998,『江辻遺跡第4地點』, 福岡縣粕野町文化財調査報告書 14.

旅順博物館 外, 1981,「旅順于家村遺址發掘簡報」『考古學集刊』1.

王 亮, 1990,「山東臨沐縣北溝頭和寨子遺址調査」『考古』6.

遼寧省文物考古研究所 外, 1992,「遼寧省瓦房店市長興島三堂村新石器時代遺址」『考古學報』2.

遼寧省博物館 外, 1981,「長海縣廣鹿島大長山島貝丘遺址」『考古學報』1.

遼寧省博物館 外, 1984,「大連市郭家村新石器時代遺址」『考古學報』3.

劉俊男 外, 1994,「遼寧大連市郊區考古調査簡報」『考古』4.

伊崎俊秋 外, 1981,『今川遺蹟』, 福岡縣津屋崎町文化財調査報告書 4.

李齊 外, 1934,『城子崖』.

中國社會科學院考古所山東工作隊, 1986,「西夏候遺址第2次發掘報告」『考古學報』3.

中國社會科學院考古研究所 編, 1996,『雙砣子與崗上』, 中國田野考古報告書 49.

中國社會科學院考古研究所 編, 2000,『山東王因』, 中國田野考古報告書 45.

中島直幸 外, 1982,『菜畑遺跡』, 唐津市文化財調査報告 5.

馮沭・楊殿旭, 1988,「山東臨沭王家三崗新石器時代遺址」『考古』8.

下條信行, 1970,『福岡市板付遺跡調査報告』, 福岡市埋藏文化財調査報告書 8.

下條信行, 1980,「東アジアにおける外灣刃石庖丁の展開」『古文化論攷』.

下條信行, 1986,「日本稻作受容期の大陸系磨製石器の展開」『九州文化史研究所紀要』31.

下條信行, 2000,「遼東形伐採石斧の展開」『東夷世界の考古學』.

下村智 外, 1995,『雀居遺跡』2, 福岡市埋藏文化財調査報告書 406.

後藤直, 1971,「西朝鮮の「無文土器」について」『考古學研究』17-4.

2부

마제석기의 전개

1. 일본 벼농사 수용 시기 대륙계마제석기의 전개

2. 벌채석부(대형 합인석부)

3. 편평편인석부에 대하여

4. 주상편인석부에 대하여

5. 대형 반월형석도에 대하여

6. 서일본 제 I 기의 석검과 석촉

7. 석과론

8. 무기형 석제품의 성격

9. 石矛의 제창

일본 벼농사 수용 시기 대륙계마제석기의 전개

01

―宇木汲田 패총 1984년도 조사 출토 석기의 보고를 겸하여―

번역 : 김성욱

1. 머리말

1965년과 1966년 일본과 프랑스의 합동조사(唐津灣周邊遺跡調査委員會 1982)에 이어서, 1984년 가을 문부성 과학조성금(합동연구(A))을 받아 규슈대학 九州文化史研究施設의 橫山 浩一 교수를 연구대표로 한 左賀縣 唐津市 宇木汲田 패총의 재조사가 이루어졌다.

이번 조사는 '북부 규슈 야요이 문화의 성립과 전개'를 밝히는 것이 목적으로, 일본과 프랑스의 합동조사 시 부분적으로 확인된 夜臼・板付 I 식층 하층에 자리한 죠몽 만기 후반의 각목돌대문토기 단순층을 발굴하여 벼농사 시작 단계의 여러 양상을 살피고자 한 것이다. 본고의 목적은 조사에서 얻어진 많은 성과 중에서 석기, 특히 대륙계마제석기를 통하여 당시의 이러한 연구과제에 접근해 보고자 한다.

그래서 본고에서는 宇木汲田 패총과 같은 평야에 위치한 唐津市 菜畑遺蹟을 시작으로 최근 대한해협 연안에 자주 등장하는 돌대문 단순 시기~야요이 전기에 걸친 여러 유적에서 토기와의 공반관계가 확실한 석기를 검토 대상으로 하여, 죠몽 문화와 한반도 농경 문화의 접촉 시 각종 석기가 어떻게 출현하였고 또 전개되었는가를 추적할 생각이다.

또한 본고는 필자가 이미 발표한 「九州における大陸系磨製石器の生成と展開」(下條信行 1977)의 속편에 해당되기 때문에, 이 논문의 보정을 포함하기도 한다.

2. 宇木汲田 패총 출토 석기(도 1~4)

이번 조사에서 출토된 석기 중에는 석도·합인석부(이하 벌채부)·유구석부·편평편인석부·유엽형마제석촉(一段莖尖根長身鏃)(全榮來 1982) 등의 한반도 무문토기 문화의 계보에 속하는 대륙계마제석기와 편평타제석부·凹石·타제석촉·刃器·石匙 등의 죠몽계 석기가 있다. 이밖에 고석이나 지석도 출토된다. 박편도 존재하지만 본고에서는 다루지 않기로 한다.

이 가운데 각목돌대문토기 단순층에서 출토된 석기는 〈도 1~4〉 중 ②의 석도, ⑭의 편평편인석부, ⑮·⑯의 편평타제석부, ㉓의 타제석촉, ㉔·㉕의 刃器, ㉙의 지석이며, ㉑의 타제석촉은 야요이 중기의 2호 토광묘에서 출토된 것이다. 이상이 토기와의 관계를 통하여 출토시기를 확인할 수 있는 것이며, 다른 것들은 교란층에서 출토되었다. 하지만 이들 중에도 형식학적 특징을 바탕으로 해당 시기를 상정할 수 있는 것이 적지 않다.

아래에서는 기종별로 설명하고자 한다.

석도(①~⑤) : ①은 화산암질로 찰절기법에 의해 구상으로 구멍을 뚫은 석도이다. 구멍의 하부와 양측 대부분이 결실되었고, 윗부분에서 구멍까지 남아있다. 윗면과 구멍 사이, 윗부분의 마멸이 심하여 자주 사용되었음을 알 수 있다. 구멍은 윗면과 평행하여 양면에서 찰절에 의해 뚫려있다. 남아있는 윗면은 직선이지만, 양끝이 결실되어 끝 부분의 자세한 형태는 알 수 없다. 外灣刃半月形인 것은 틀림없다. 인부의 단면형은 찰절된 구멍, 석재 등이 동일한 ②나 菜畑遺蹟(中島直幸·田島龍太 外 1982)에서 출토된 찰절 구멍 사례 등을 볼 때, 편인이거나 한쪽으로 치우친 양인으로 추정된다. 잔존 길이는 가로 7.2cm, 세로 2.2cm이다. 신부에는 화산암계 석재의 특징 중 하나인 기포가 관찰된다. ②는 각목돌대문토기층에서 출토되었다. ①과 같은 화산암질의 석재이다. 구멍에서 상부까지 결실되었으나, 直背 외만인반월형을 이루는 것으로 생각된다. 구멍은 ①과 같이 찰절기법에 의해 구상으로 뚫려 있다. 인부는 편인을 이루며, 이가 빠진 흔적이 관찰된다. 신부나 인부의 마멸이 뚜렷한 편이다. ①과 ②는 석재, 투공방법, 날 모양 등이 동일한데, 이와 함께 菜畑遺蹟 출토품을 참고하면 벼농사 수용 초기의 석도가 외만인반월형, 찰절 투공, 편인(혹은 한쪽으로 치우친 양인)이었음을 짐작할 수 있다. ③은 A면(왼쪽 도면)의 우측이 상당 부분 결실되었지만, 잔존한 윗면이나 인부의 형태를 볼 때 외만인반월형으로 판단된다. 구멍은 남아있지 않지만, 찰절된 구멍이었다면 그 일부가 신부에 남아있을 가능성이 높기 때문에 원형 구멍이었다고 생각된다. B면에

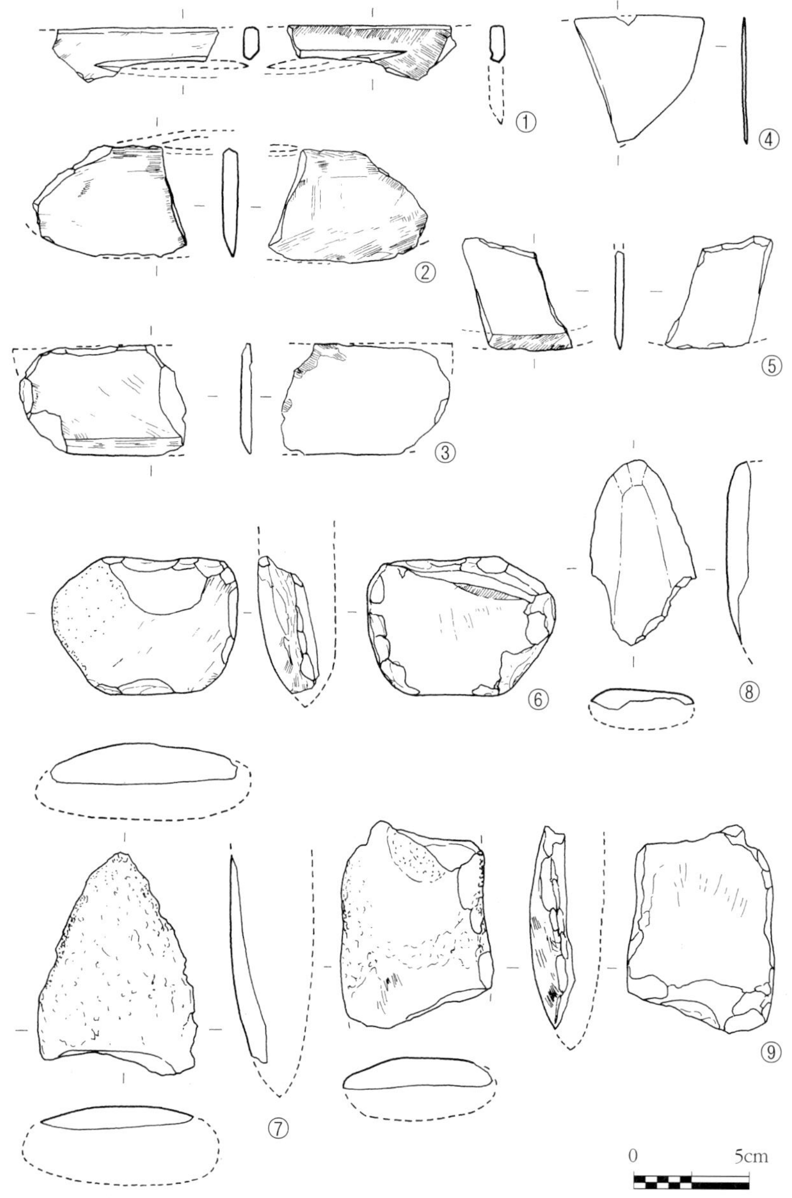

〈도 1〉 宇木汲田 패총 출토 석도와 석부 (②는 돌대문토기층 출토)

는 매우 얇은 박리가 부분적으로 관찰되지만, 원래의 면도 남아있어 제작 당시의 두께와 인부가 편인임을 알 수 있다. 석재는 ①·②와 달리 혈암질사암이다. ④도 동일한 석재인데, 윗면만 본래의 형태가 남아있을 뿐, 양면 모두 박리되었다. ⑤도 혈암질사암으로 윗면과 양측이 결실되어 신부와 인부의 일부만 남아있다. 인부는 외만인으로 윗부분이 직선인 반월형이었다고 생각된다. 양면에 점 모양의 박리가 관찰되지만, 인부는 원래의 형태를 유지하고 있다. 이를 통해 보면 A면은 인부의 길이가 길고 각도는 완만한데 반하여 B면은 짧고 급하여, 양면의 날 세움이 다르다. 양인이지만 양면의 날 세움이 다른, 한쪽으로 치우친 양인이다.

이상의 석도는 모두 윗부분이 직선인 외만인반월형이지만, 석재, 날 세움, 투공방법의 차이에 따라 다음의 세 종류로 나눌 수 있다.

①·② : 화산암질의 석재로 편인 또는 한쪽으로 치우친 양인을 이루며, 구멍은 찰절에 의해 구상으로 뚫려 있다. ②에서 확인되는 것처럼 돌대문토기와 공반하여, 초창기 벼농사 문화의 전래와 함께 출현하였을 가능성이 있다.

③ : 혈암질사암을 이용하였다. 구멍은 돌송곳을 사용하여 원형으로 뚫었으며 편인을 이룬다.

⑤ : 혈암질사암을 이용하였다. 원형 구멍이 뚫려 있는 점은 ③과 같지만, 인부는 한쪽으로 치우친 양인을 이룬다.

일본의 석도는 외만인반월형 편인 석도를 모티브로 하였기 때문에, 일반적으로는 일본에서도 편인 석도가 이른 형식에 해당할 가능성이 높다. 그렇지만 날의 단면만이 아니라 투공방법, 석재 등의 일본 내 전개과정도 무시할 수 없어 이를 더하여 검토하면, ①·②가 먼저 등장하고 ③·⑤가 뒤에 나타난 것이라 생각된다. 물론 이러한 편년 분류의 유력한 근거는, ②의 석도가 돌대문토기와 공반한다는 사실이다.

벌채석부(합인석부·⑥~⑨) : 여기에 제시한 벌채석부의 대부분은 파편이 된 석부를 다른 목적으로 사용하기 위하여 2차적으로 가공한 것이다(⑥·⑦·⑩). ⑥의 석재는 硬砂巖으로, A면에 석부의 원래 면이 남아있지만 B면은 박리되었다. A면에는 석부 제작 시의 고타 흔적이 왼쪽 상단에, 마연 흔적이 하부에 남아있어, 인부 근처의 파편임을 알 수 있다. A면과 B면에서 2차 마멸이 관찰되기 때문에, 용도가 전환된 후에도 빈번하게 사용되었다고 생각된다. 측면은 고타에 의한 부서짐이 두드러진다. 이는 망치돌로 사용되었음을 나타낸다. 폭 약 9cm, 두께 3~3.5cm로 복원되는 대형의 석부이다. 잔존 길이 5.6cm, 폭 8.0cm이다. ⑦도 역시 경사암으로 제작되었으며, 하단 가까이에 마연 흔적이, 그 상부에는 고타가 이루어져 벌채석부의 인부에 가까운 부분이었음을 나타낸다. 하단 우측 측면에는 2차 마연이 관찰된다. 오른쪽 측면이 인부가 되는데, 석부 파편을 刀器로 전용한 것 같다. 잔존 길이 9.2cm, 폭 6.8cm이다. 복원하면 폭 8.5cm, 두께 3~3.5cm가 되어, 대형 석부였다고 생각된다. ⑨의 석재도 경사암이며, A면의 중앙~하단에 걸쳐 마연 흔적이, 좌우와 상단에 고타 흔적이 관찰되는 점을 볼 때 벌채석부의 인부 근처에 해당하는 것으로 추정된다. B면은 박리면으로 이 면과 위쪽을 제외한 3면에 마멸이 현저하여, 2차적으로 이용되었음을 보여준다. 잔존 길이는 8.5cm, 폭 6.2cm이지만, 원래는 폭 6.5cm, 두께 3.3cm 정도였다고 생각된다. ⑥과 ⑦에 비하여 소형이다. ⑧의 석재는 현무암인데, 두께가 얇은 소형 석부로 예상된다. 잔존 길이 7.6cm, 폭 4.7cm, 복원 두께는 2cm 정도이다.

이러한 석부는 모두 교란층에서 출토되어 그 시기를 명확히 알 수 없지만, 북부 규슈의 여러 유적에서 출토된 벌채석부와 비교하면 죠몽 만기~야요이 전기에 해당하는 것들과 특징을 같이한다. 석재가 사문암이 아닌 경사암이라는 사실은 벼농사 수용 시기 이후 새롭게 출현한 석부임을 나타내며, 이와 함께 형태, 크기, 두께 등도 뒤에서 기술할 늦은 단계의 벌채석부와 공통하고 있다.

다음의 두 종류가 존재하였던 것으로 이해된다.

⑥·⑦ : 두께 3~3.5cm, 인부 근처의 폭이 8cm 정도인 대형 석부

⑨ : 두께 3cm 정도, 폭 6~7cm의 소형 석부

유구석부(⑩) : 좌측 도면이 측면, 우측 도면이 앞면으로, 유구석부의 基部 근처라 생각된다. 석재는 혈암이다. 앞뒷면은 잘 마연되었고, 양 측면 모두 박리가 관찰되지만 거의 본래의 형태에 가깝다. 잔존 길이 6.6cm, 측면 5.0cm, 앞면 2.2cm로, 측면이 넓은 단면 방형을 특징으로 한다. 이러한 특징은 한반도 이른 시기의 형식과 공통하는 것으로(盧爀眞 1981), 일본에서도 이른 형식에 해당한다. 결입부는 남아있지 않지만, 결입부가 있는 유구석부라 생각된다. 벼농사와 함께 전래된 석부이다.

편평편인석부(⑪~⑭) : ⑪의 석재는 흑색혈암으로 상부가 결실되었으며, 잔존 길이 3.3cm, 폭 3.2cm, 두께 1.1cm이다. 인부의 각도는 경사를 이루고 있지만, 둥근 정도가 강하여 날이 둔한 편이다. 앞뒷면·양 측면 모두 배부른 형태로, 각 면의 경계를 이루는 능도 매우 완만하다. 편평편인석부가 가지는 규격적인 날카로움은 없다. 일단 여기에서는 편평편인석부의 항목에 넣어두겠다. ⑫는 회녹색혈암으로 제작되었으며, 잔존 길이 3.6cm, 폭 1.75cm, 두께 0.7cm이다. 기부가 부분적으로 결실되었으며 뒷면 아래쪽이 넓게 박리되었지만, 기부 일부와 뒷면 위쪽에 원래의 면이 남아있어 제작 당시의 형태를 짐작할 수 있다. 양 측면과 앞면은 잘 마연되어 한반도 편평편인석부와 관련된 규격적 날카로움을 가지고 있으며, 사문암을 사용하여 면이나 날을 둔하게 처리한 죠몽계 편인석부와는 다르다. ⑬은 점판암으로 제작되었으며, 인부의 한쪽 모서리가 결실되었으나 거의 완형에 가깝다. 길이 5.5cm, 기부 폭 3.7cm, 인부 폭(복원) 6.0cm, 두께 1.1cm의 사다리꼴을 이룬다. 앞뒷면에 얇

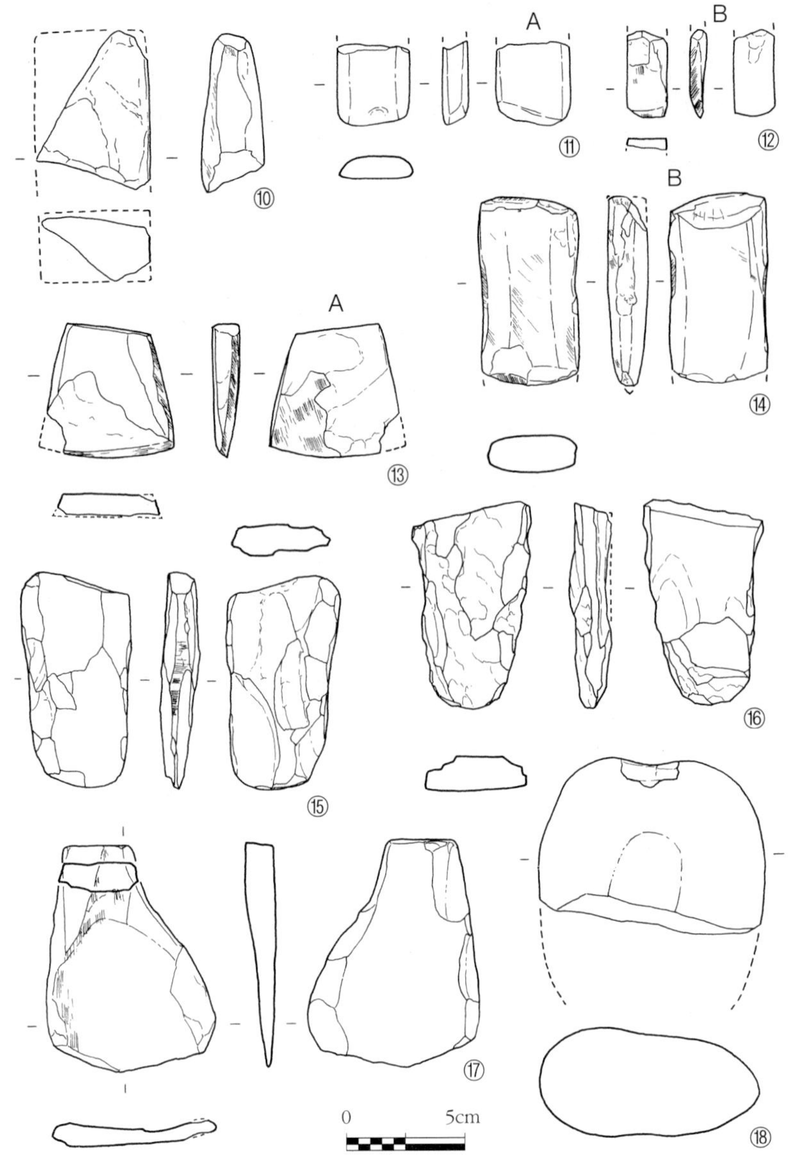

〈도 2〉 宇木汲田 패총 출토 方刃石斧 · 타제석부 · 요석 (⑭, ⑯, ⑰은 돌대문토기층 출토)

은 박리가 관찰된다. 앞뒷면과 나머지 네 변의 마연이 날카로워, 한반도 편평편인석부와 공통된 제작방법을 보인다. 인부도 날카롭게 형성되어 있다. ⑭는 돌대문토기와 공반된 흑색혈암의 대형 편평편인석부이다. 잔존 길이 7.8cm, 폭 4.2cm, 두께 1.7cm이다. 인부의 이 빠짐이 뚜렷하다. 양 측면 중간 지점의 약간 아래에 길이 3.8cm(좌), 3cm(우)에 이르는 뚜렷한 마멸이 관찰되며, 이는 나무 자루 장착 시 끈과의 마찰에 의한 것이라 생각된다. 앞뒷면과 양 측면은 매끄럽지 않고 샤미센(일본의 악기-배부른 장방형) 모양으로 부풀어 있는데, 이러한 점은 한반도 편인석부의 특징과 부합하지 않는다. 죠몽 편인석부의 영향을 일부 받았다고 할 수도 있지만, 속단하기는 어렵다.

마제석촉(⑲·⑳) : ⑲는 흑색혈암으로 제작된 유경유엽형 마제석촉이다. 한반도 남부 마제석촉의 계보를 잇고 있다. 잔존 길이는 6.9cm이며, 신부와 어깨, 경부로 구성된다. 신부는 5.1cm(A면 좌측), 4.9cm(A면 우측)로, 끝 부분 일부가 결실된 것을 재가공하여 끝에서 0.9cm 되는 지점에서 각도를 꺾어 마무리하였다. 어깨 부분은 날과 직각 또는 미늘처럼 꺾인 형태가 아니라, 홈을 이루며 길게(좌측에서 1.1cm 우측에서 1.5cm) 형성되어 있다. 그 아래에는 0.5~0.7cm의 경부가 이어지지만 아래쪽 끝 부분은 부러졌다. 능은 위쪽 끝에서 경부까지 이어져, 이른 형식의 유엽형 마제석촉이었음을 알 수 있다. 어깨와 경부는 재가공하였을 가능성이 높은데, 경부의 단면은 날카롭게 육각형으로 마연하지 않고 각 면이 둥글게 처리되었다. 날 부분과 능의 표현이 날카롭지 않아, 신부 단면은 약간 둥근 능형을 이룬다. ⑳은 잔존 길이 3.1cm의 혈암으로 제작된 석촉이다. 위쪽과 경부 일부가 결실되었으며, 작살 모양에 단면은 약간 편평한 원형을 이룬다. 마제석촉 가운데 이와 유사한 사례는 거의 없다.

타제석촉(㉑·㉒·㉓) : 타제석촉은 총 15점 이상 출토되었다. 석재는 모두 흑요석이다. 시기가 명확한 것은 ㉑·㉓이며, 이것 이외에는 교란층에서 출토되었다. ㉓은 돌대문토기와 공반하여 출토(Ⅰb×b-2)되었는데, 길이 3.65cm, 무게 2.3g으로 약간 대형에 속한다. 도면의 왼쪽 아래가 결실되었지만, 전체적으로 이등변삼각형을 이룬다. 인부는 이빨 모양으로 마무리되었으며, 기부의 홈은 약간 깊지만 확실한 V자형은 아니다. ㉑은 야요이 중기의 2호 토광묘 출토품(K718P2)으로, 길이 1.7cm, 중량 0.6g이다. 이등변삼각형 모양이며, 기부는 편평하다. 도면으로 제시하지 않은 나머지 석촉 중 돌출된 기부가 1점 존재하며, 그밖에는 약하게 홈이 들어가거나 이등변삼각형의 편평한 기부로 V자형은 없다. 벼농사 수용 시기 이후에 등장하는 타제석

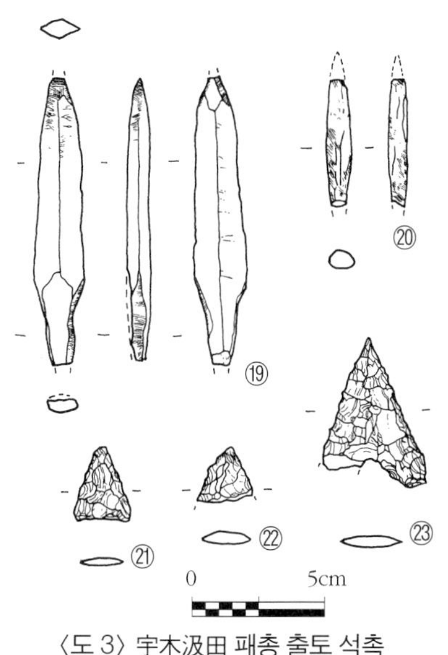

〈도 3〉宇木汲田 패총 출토 석촉
(㉓은 돌대문토기층 출토)

촉의 형태이다.

편평타제석부(⑮·⑯·⑰) : ⑮(G9d-Xa-42)·⑯(G9d-9-26)은 돌대문토기와 공반된 것으로, 석재는 화산암질이다. ⑮는 길이 8.9cm, 기부 폭 3.2cm, 두께 1.4cm로, 역 사다리꼴에 가까운 장방형을 이룬다. 기부, 측면, 인부가 거의 원래의 형태를 유지하고 있지만, 양날의 인부는 마멸되어 있다. 양 측면 중간 부분에서 길이 3cm의 고타 흔적이 관찰된다. ⑯은 ⑮와 거의 같은 크기와 형태를 이루는, 길이 8.5cm, 기부 폭 6.1cm, 인부 폭 3.1cm, 두께 1.4cm의 완성품이다. 기부에는 원석의 자연 면이 남아있고, 양 측면은 계단식 박리에 의해 제작되었다.

凹石(⑱) : ⑱은 요석 파손품이다. 평면 타원형을 이루며, 단축 9.6cm, 장축 잔존 길이

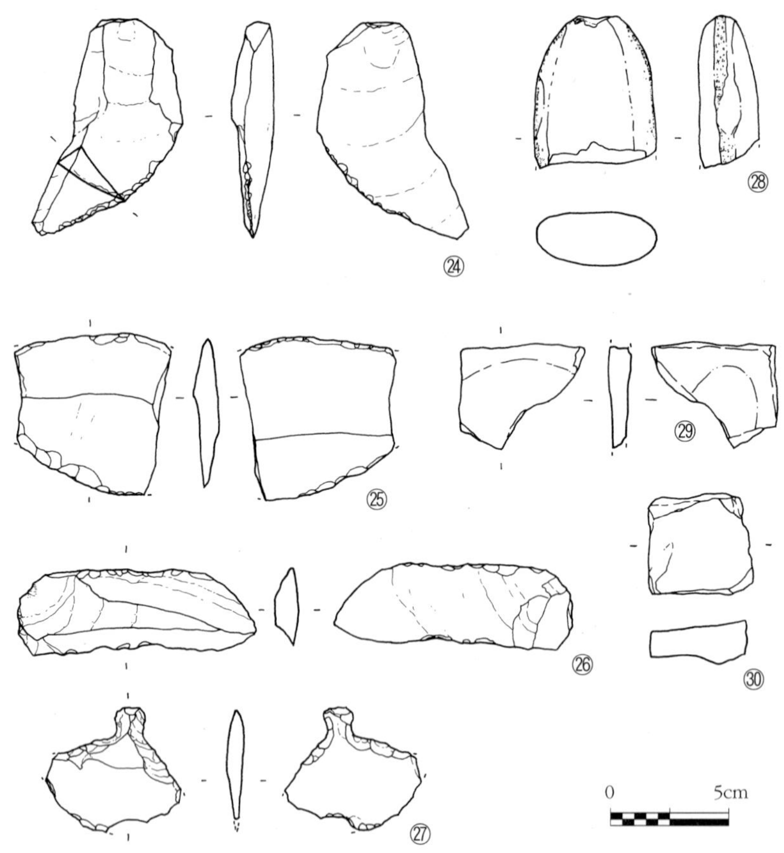

〈도 4〉 宇木汲田 패총 출토 刃器, 石匙, 지석 등 (㉔, ㉕, ㉙는 돌대문토기층 출토)

7.3cm, 두께 4.5cm이다. 양면에서 홈이 관찰되는데, 홈의 평면도 타원형이다. 도면에 제시된 면의 홈은 깊이 0.6cm, 단축 2.9cm, 장축 3.1cm, 뒷면의 홈은 깊이 0.2cm, 단축 2.3cm, 장축 2.8cm이다.

타제 부정형 刀器(㉔ · ㉕ · ㉖) : ㉔ · ㉕는 돌대문토기와 공반된 것이다. ㉔는 종장박편의 긴 변 한쪽을 2차 가공하여 인부를 만들고 있다. 석재는 안산암으로, 길이 9.6cm, 폭 4.8cm이다. ㉕의 석재도 안산암이다. ㉖은 종장박편의 긴 변 한쪽을 인부로 만들고, 다른 쪽은 날을 죽여 등 부분을 형성하고 있다. 낫 모양을 이루며, 길이 10.5cm, 폭 3.3cm이다.

石匙(㉗) : 안산암으로 제작된 가로형 石匙이다. 남아있는 가로 폭은 5.5cm, 길이는 5.3cm이다. 인부의 절반 정도가 결실되었다.

打器(㉘) : 자갈이 파손된 것이지만, 측면 부근에서 연속되는 고타 흔적이 관찰된다. 고타 도구로 생각되며, 잔존 길이 6.0cm, 폭 5.2cm, 두께 2.3cm이다.

지석(㉙ · ㉚) : ㉙는 돌대문토기와 공반된 것이며, 사암으로 제작된 지석의 일부분이다. 양면 모두 석기를 가는데 이용하여 중심이 얇아져 있다. 두께는 0.6~1.0cm이다. ㉚은 사암으로 제작된 조립질 지석이며, 측면과 뒷면이 결실되었다.

이상을 정리하면 대륙계마제석기 가운데 석도, 벌채부, 유구석부, 유엽형 마제석촉은 모두 이른 형식에 해당한다. 교란층에서 출토된 석기이기 때문에 정확한 시간적 위치를 상정할 수는 없지만, 돌대문토기~板付Ⅱ식에 포함되는 것이다. 공반 토기가 불명확한 죠몽 계통의 마제석기도 이 시기에 해당하는 것이 분명하다.

석도에 대해서는 菜畑에 이어 찰절 편인석도가 돌대문토기와 공반한다는 사실이 분명해졌으며, 이밖에 혈암 · 사암의 원형 구멍 석도 가운데 편인과 한쪽으로 치우친 양인이 존재한다는 점을 확인한 것 또한 성과라 할 수 있다. 벌채부 중에는 대형 편평과 소형 편평의 양자가 존재하며, 유구석부에 측면이 넓은 이른 형식의 사례를 추가하는 것이 가능하다. 또, 돌대문토기 단계 및 그 이후 시기의 타제석촉 가운데 V자형 기부의 죠몽 계통은 없고, 오목하거나 편평한 기부가 중심이 된다. 의례 도구로서 유경유엽형 마제석촉이 전래되었으나, 실용품인 한반도 계통의 마제석촉은 전해지지 않아 타제석촉이 유일한 실용 석촉이었음을 알 수 있다.

3. 대한해협 연안의 여러 유적에서 확인된
대륙계마제석기의 검토

앞에서 살펴 본 宇木汲田 패총 출토 석기의 다양한 특징이 다른 유사 시기 유적에서도 보편성을 가지는지, 또 교란층에서 출토된 석기는 어떤 시기로 볼 것이며 어떠한 전개 양상을 나타내는지에 대하여 검토하고자 한다. 이를 위하여 지금까지 확인된 돌대문 단순 시기에서 주로 板付 Ⅰ식기까지의 유적 가운데, 토기와의 공반관계가 명확한 대륙계마제석기가 출토된 유적을 대한해협 연안에서 선택하여 평야별로 살펴보겠다.

1) 福岡平野(도 5)

福岡市 博多區 板付 G-7a · b 조사구역은 돌대문 단순 시기~板付 Ⅱ식기에 해당하는 각 시기의 논유구가 확인된 것으로 유명한데, 돌대문 단순 시기의 논에서 석도 1점과 석겸 1점이 출토되었다(山崎純男 外 1979). 석도(1)는 반파된 것으로 양끝이 아래로 처진 외만인반월형을 이룬다. 윗면의 길이 16.2cm, 윗면과 날 사이의 간격 6.6cm, 두께 0.5cm의 대형이며, 구멍에 끈을 걸 수 있게 제작하였다. 석재는 혈암질사암이다. 인부는 한쪽으로 치우친 양인으로 宇木汲田 출토품(도 1-⑤)과 같은 유형인데, 이를 통해 이러한 형태가 돌대문 단순 시기에 출현하였음을 알 수 있다. 석겸은 뾰족한 끝 부분과 기부가 결실되었으며, 미세하게 안쪽으로 휘어진 날을 형성하고 있다. 마제의 대륙계 석겸으로, 석재는 석도와 동일한 혈암질사암이다. 석겸도 벼농사 수용 시기에 다른 대륙계마제석기와 함께 초기부터 전래되었음을 보여주는 좋은 사례이다.

이 유적에 인접한 板付 환호 유적은 夜臼 · 板付 Ⅰ식기(이하 板付 Ⅰ식기)로, 板付 논 유적보다 늦은 시기에 해당한다(森貞次郞 · 岡崎敬 1961; 下條信行 1970). 환호에서 출토된 석도는 혈암질사암이며, 양쪽 끝 부분이 아래로 처진 윗면 직선의 외만인반월형을 이룬다. 板付 논유구에서 출토된 것과 같은 형태의 대형품이다. 비교적 잔존 상태가 좋은 미완성품인데, 크기는 윗면 길이 15~18cm, 윗면과 인부 사이의 간격 8~9cm이다(2). 혈암질사암은 돌의 재질이 물러 박리된 경우가 많기 때문에 인부 관찰 시 주의를 요하는데, 관찰 결과 한쪽으로 치우친 양인임을 알 수 있다. 미완성품 인부의 2차 가공을 보면 타격 흔적의 길이에서 앞면과 뒷면의 차이가 확인되며, 이것이 마연을 완료하여도 날이 한쪽으로 치우치게 된 원인 가운데 하나였을 것이라 생각된다. 긴 타격 흔적을 가진 쪽이 완만한 날을 이루며, 짧은 쪽은 급격히 꺾이는 날을 형성하게 된다. 이러한 석도는 두께가 얇기 때문에, 날을 만들 때 능을 남기는 경우가 드물다. 이상과 같이 板付 I 식 단계에도 한쪽으로 치우친 양인은 존재한다.

석겸은 공교롭게도 출토되지 않았다. 석도가 20점 가까이 출토되는데 반하여, 석겸은 출

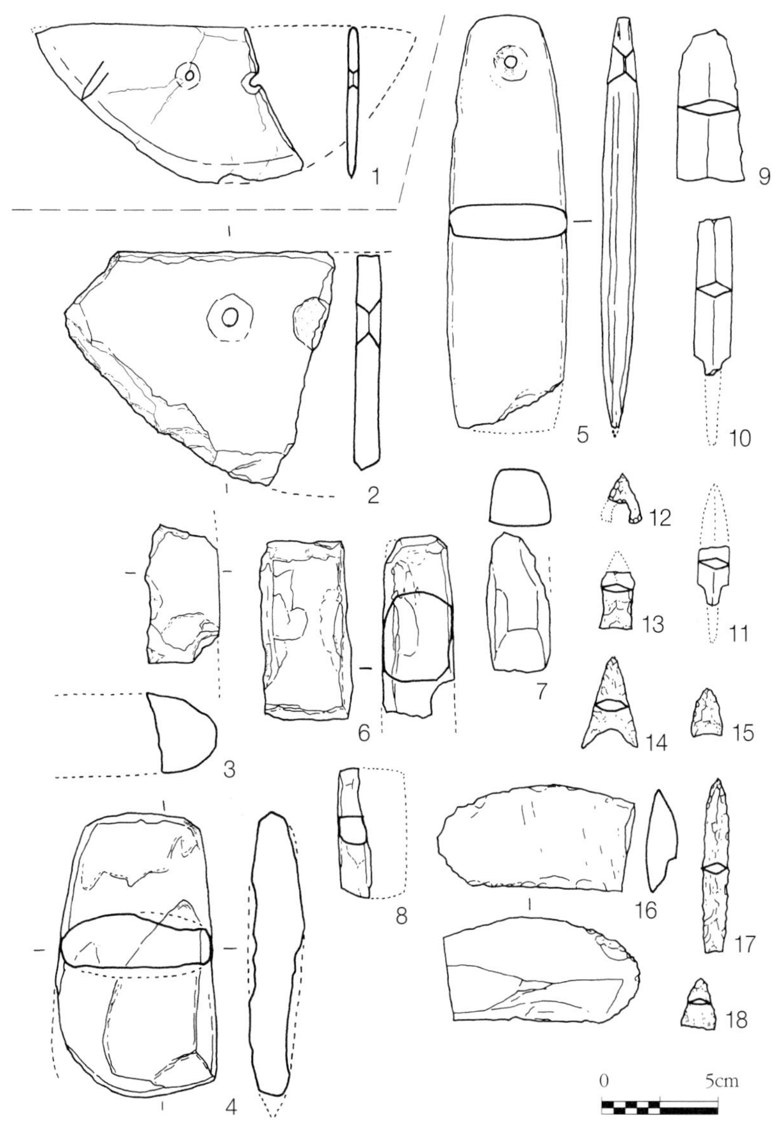

〈도 5〉福岡平野 출토 석기 (山崎純男 外 1979; 森貞次郎 · 岡崎敬 1961; 下條信行 1970; 1980)

토비가 낮다. 이는 한반도와 일본에서 공통적으로 확인되는 특징이다.

벌채부는 宇木汲田과 마찬가지로, 편평 대형과 편평 소형의 두 종류가 있다. 대형 가운데 완제품은 없지만(3), 환호 아래의 충적지에서도 이러한 형식이 다수 출토되고 있어(後藤直 外 1976) 자주 사용되었음에 틀림없다. 두께는 3cm로 얇은 편이다. 소형은 길이 13cm 전후, 기부 폭 4.0cm, 인부 폭 6~7cm, 두께 2.5cm의 편평하고 긴 사다리꼴을 이룬다(4). 대형도 긴 사다리꼴이다. 대형과 소형 모두 퇴적암계 석재를 사용하였으며, 위쪽과 측면에 조잡한 고타 흔적이 관찰된다.

이밖에 편평한 얇은 몸통의 양인석부가 있는데, 길이 17.2cm, 폭 3.0cm, 두께 1.4cm이다 (5). 板付 출토품은 구멍이 존재하지만, 福岡縣 朝倉郡 夜須町 沼尻 출토 사례에는 구멍이 없다(高山明 外 1969). 퇴적암질의 석재로 매우 정교하게 제작하였다. 출토 예가 소수에 불과하여, 그 계보를 상정하기에는 무리가 있다.

유구석부는 단면이 방형에 가까워, 한반도에서 출토된 이른 형식의 단면을 갖고 있다. 그러나 측면이 3.8cm로 좁아, 새로운 시기의 특징이 나타나기 시작한다(6).

편평편인석부는 각 면을 직선적으로 처리하고 능을 뚜렷하게 마무리하여, 한반도 편평편인석부와 유사한 형태를 이룬다(6 · 7 · 8). 죠몽 계통은 관찰되지 않는다.

마제석촉은 2점이 확인된다. 이 중 1점(10)은 어깨 부분이 사선을 이루는 단면 능형의 석촉인데, 능이 경부까지 이어지며 직선적으로 날카롭게 마연되어 있다. 이러한 형태는 한반도의 유엽형 마제석촉과 유사하다. 또 다른 1점(11)은 짧고 얇은 신부에 마연이 거친 일본 국내 생산품이다. 한반도의 실용 마제석촉은 출토되지 않는다.

타제석촉은 15점 출토되었는데, V자형 기부 2점(12), 편평한 기부의 오각형 석촉(13) 이외에는 편평한 기부(18) · 약간 오목한 기부(14)의 이등변삼각형 석촉이 압도적으로 많다. 그밖에 길이 6~7cm, 폭 1~1.5cm의 석창(17)도 출토되고 있다.

타제 부정형 刀器(16)도 있다.

이상을 요약하면 벼농사 수용 초기에 가까운 돌대문토기 단순 시기에는 혈암질사암의 원형 구멍이 뚫린 윗면 직선의 외만인 석도, 한쪽으로 치우친 양인의 대형 석도와 대륙계 석겸이 존재하면서, 板付 Ⅰ식기까지 지속되고 있다. 板付 Ⅰ식기에 벌채부는 편평한 긴 사다리꼴의 대 · 소 2종류가 있으며, 유구석부는 단면에서 이른 시기의 특징이 확인되지만 동시에 폭이 좁아 새로운 경향을 나타내는 것이 등장한다. 편평편인석부는 죠몽 계통이 없고, 모두 한반도 출토품과 유사한 것들이다. 마제석촉은 의례 도구인 한반도 출토품과 유사한 것과 일본에서 퇴화한 것이 확인된다. 실용적인 석촉은 일본에서 제작된 타제석촉으로 편평하거나 약간 오목한 기부를 주체로 하며, 부정형 刀器도 계속하여 존재하고 있다.

2) 早良平野(도 6 · 7)

여기서는 돌대문 단순 기의 사례로 福岡市 早良區 有田七田前(山口讓治 外 1983), 板付 Ⅰ식기의 사례로 早良區 有田(福岡市教育委員會 1967; 1968), 西區 十郎川遺蹟(吉岡完祐 外 1982)의 석기를 다루겠다.

七田前遺蹟(도 6-1~12) : 석도 중에서 인부가 남아 있는 것(1)은 혈암질사암으로 제작되었는데, 원형 구멍에 윗면이 직선이며 외만인을 이루고 있다. 윗면과 날 사이의 간격이 6.1cm나 되는 대형이며, 인부는 한쪽으로 치우친 양인을 이룬다. 板付 논유구 출토품과 같은 것이다. 다른 두 예도 유사한 형식이지만, 인부의 형태는 알 수 없다. 석겸은 출토되지 않았다.

벌채부는 3종류이다. 첫 번째 종류(5)는 뾰족한 기부에 두께 3cm로, 죠몽 후만기에 해당하는 죠몽 형식의 석부이다. 야요이시대에도 확인되며, 지역에 따라서 후기까지 존속하는 사례도 있다. 두 번째 종류(2)는 대형 석부로 기부가 편평하며 인부 쪽의 폭이 넓어 긴 사다리꼴을 이룬다. 잔존 길이 12.5cm, 기부 폭 4.8cm, 인부 폭 8.0cm 이상, 두께 3.5cm이며, 중량은 450g이지만 완제품이라면 600g을 넘을 것이다. 석부의 몸통에는 거친 고타 흔적이 남아 있다. 宇木汲田이나 板付 환호에서 출토된 대형 석부와 같은 형태이다. 세 번째 종류(3)는 지금까지 본 적이 없는 석부로, 양쪽 측면이 평행하고 인부가 약간 좁아지는 장방형을 이루고 있다. 몸통의 두께는 일반적인 벼농사 수용 시기 석부와 같이 납작한 편이다. 두께를 생각하지 않고 평면상으로만 보면, 한반도에서 출토된 두꺼운 석부의 영향이 짐작된다. 두께 2.5cm, 길이 13.8cm, 폭 6.5cm, 중량 400g으로, 2종의 긴 사다리꼴 석부와 비교하여 약간 작은 중형에 속한다. 파손품이지만 동일한 형식에 해당하는 장방형 편평 석부(4)의 폭은 5.6cm, 두께는 3.2cm이다.

유구석부(6)는 측면 4.4cm, 앞뒷면 2.6cm로 측면이 넓은, 단면 사다리꼴의 이른 형식이다. 결입부 아래쪽이 결실되었으나, 아마도 앞면이 경사진 송국리 형식이라 생각된다. 편평편인(8) · 석착(7)은 날카로운 능과 평탄한 면을 가진 정형화된 것으로, 한반도 편인석부의 영향이 강하게 나타난다.

마제석검은 역 사다리꼴의 경부 아래쪽에 홈을 넣은 특이한 것(11)으로, 한반도 남단이나

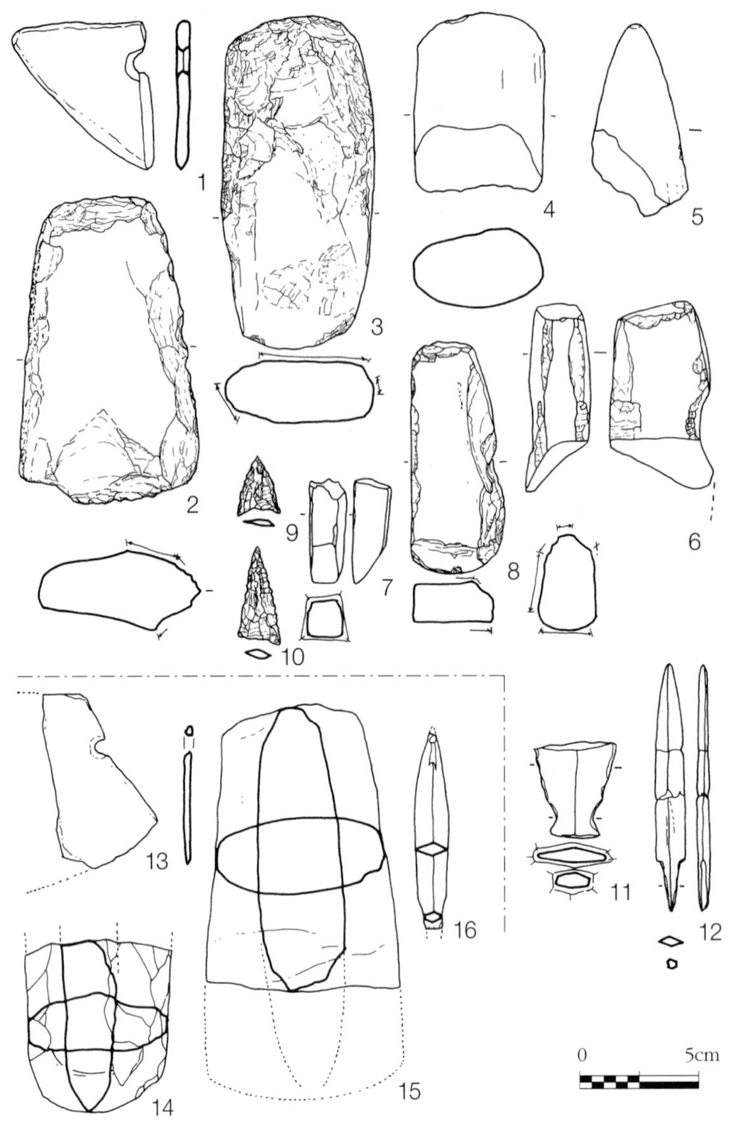

상단 : 有田七田前, 하단 : 有田(板付 I 식)

〈도 6〉 早良平野 출토 석기 (福岡市教育委員會 1967; 1968; 山口讓治 外 1983)

唐津市 菜畑에서 같은 유형이 확인된 바 있다. 유경식 마제석촉은 단면 능형에 어깨 부분은 직각을 이루며, 단면 육각형의 뾰족한 경부를 가진다. 한반도의 마제석촉과 동일한 제작 양상이다(12).

타제석촉은 미완성품을 포함하여 30점이 출토되었으나, 한반도의 실용 마제석촉은 출토되지 않았다. 모두 오목하거나 편평한 기부를 이룬다(9·10).

有田遺蹟(도 6-13~16) : 석도(13)는 혈암질사암으로 제작되었으며, 대형에 속한다. 원형 구멍에 윗면이 직선이면서 외만인을 이루는, 이 시기에 자주 관찰되는 형식이다. 윗면과 인부 사이의 거리는 8.3cm나 된다. 양인이지만 한쪽 면이 박리되어, 한쪽으로 치우쳤는지의 여부는 알 수 없다. 석겸은 출토되지 않았다.

벌채부는 2종류이다. 첫 번째 종류(15)는 편평한 긴 사다리꼴의 일반적인 대형 석부이다. 인부는 결실되었으나, 잔존 길이 12.8cm, 기부 폭 6.4cm, 신부 중앙 폭 8.9cm, 두께 3.8cm, 중량 655g이다. 이러한 형태가 1점 더 출토되었다. 두 번째 종류(14)는 七田前(3)에서 살펴본 장방형 편평 석부의 인부만 잔존한 것이다. 잔존 길이 7.6cm, 폭 6.7cm, 두께 2.3cm이다.

마제석촉은 유경유엽형이지만, 신부가 얇아 단면이 납작한 능형을 이루며 신부의 측면 가운데가 부풀어 있고 능이 무딘 편이다. 따라서 한반도의 마제석촉에서 크게 퇴화된 형식이라 생각된다.

十郎川遺蹟(도 7) : 석도는 혈암질사암으로 제작되었으며, 대형에 몸통이 얇은 편이다. 원형 구멍에 윗면이 직선이고 외만인을 이룬다. 보고서에 편인으로 기술되어 있는 것(1)과 한쪽으로 치우친 양인이 존재한다(2). 이와 함께 대륙 계통의 석겸도 확인된다.

벌채부는 3종류이다. 첫 번째 종류는 앞에서 설명한 바 있는 대형의 긴 사다리꼴 편평 석부이다(5). 잔존 길이 13cm, 기부 폭 4.5cm, 신부 폭 7.4cm, 두께 3.0cm이다. 두 번째 종류는 지금까지 언급한 대형 또는 중형보다 작은 소형의 석부이다(7). 이 시기에 자주 보이는 긴 사다리꼴의 편평한 석부로, 길이 9~10cm, 인부 폭 4.2~7cm, 두께 1.3~2.4cm이다. 돌대문토기 단계에 자주 관찰되지만, 이 시기에도 잔존하고 있다. 세 번째 종류는 七田前, 有田에서 출토된, 장방형 편평 석부가 대형화된 것이다(3·4). 이러한 대형 석부는 이 시기에 처음으로 출현하는데, 두께도 긴 사다리꼴 편평 석부보다 약간 두꺼워 두께의 증가 조짐이 확인된다. 그러나 이 대형 장방형 석부는 현재 十郎川遺蹟에서만 관찰될 뿐, 같은 시기의 다른 유적에서는 출토되고 있지 않다. 아직 개별 유적에서의 맹아적 단계에 머무르고 있지만, 이 유적에서 5km 서북쪽에 위치한 福岡市 今山에서 板付 Ⅰ식기에 해당하는 대형의 두꺼운 석부가 출현하는 것과 관련하여 주목된다. 早良 서부~絲島 동부에 걸쳐 일찍부터 대형에 두꺼운 석부로 변화하는 징조가 있었음을 생각할 수도 있다. 폭 8~9cm에 두께 3.5~4cm이다.

유구석부는 측면 4.7cm, 단면 마름모꼴의 이른 형식(6)이다. 그러나 뒷면이 안쪽으로 약하게 꺾이는 새로운 형식의 특징이 나타나고 있다. 편평편인석부는 정형화된 한반도 형식

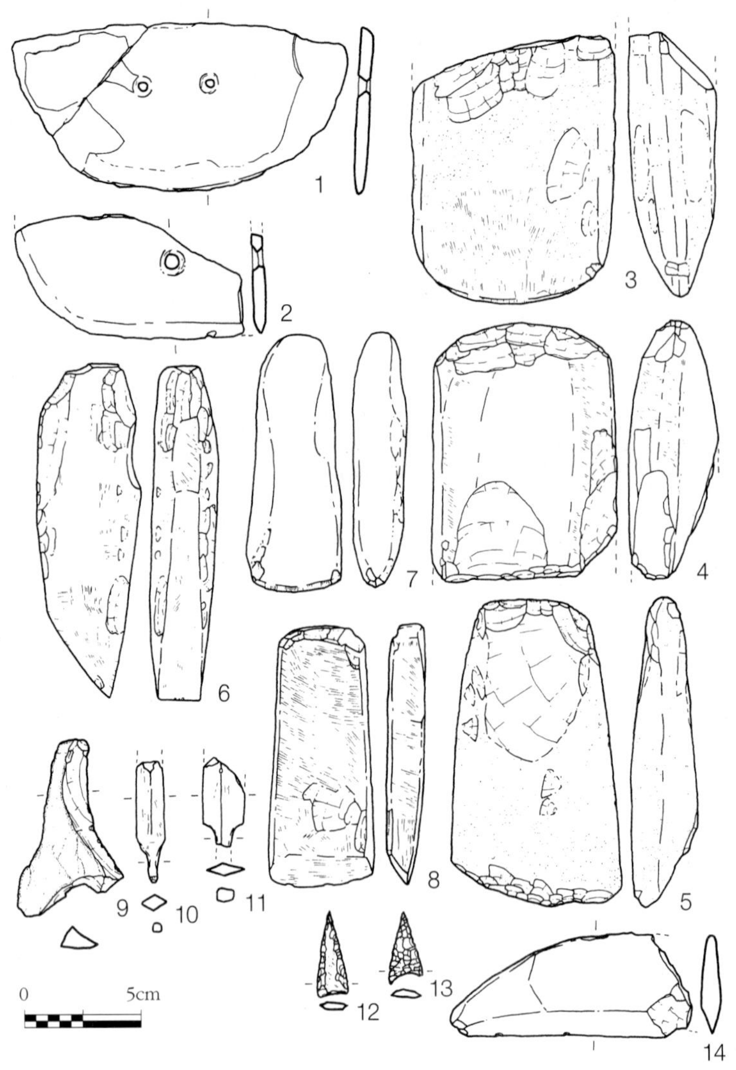

〈도 7〉 早良平野 출토 석기 (十郎川 출토 · 板付 Ⅰ 식) (吉岡完祐 外 1982)

(8)이다. 유경식 마제석촉은 2점이다. 이 중 한 점(10)은 어깨 부분이 아래로 쳐져있으며, 능이 경부까지 이어지지 않은 퇴화 형식이다. 신부는 단면 능형을 이루지만, 경부의 단면은 방형이다. 다른 한 점(11)은 능이 경부까지 이어지지만 무딘 편이며, 어깨 부분이 쳐지고 신부의 폭이 넓어진 퇴화형이다. 有田과 板付의 환호에서 확인된 바와 같이, 이 시기에 마제석촉의 퇴화가 두드러진다.

타제석촉은 50점이 출토되었는데, 모두 이등변삼각형에 편평하거나 약간 오목한 기부를 이룬다(12·13). 이밖에 긁개, 돌날, 2차 가공된 박편, 부정형 刀器 등 죠몽계 타제석기의 존재가 뚜렷하다.

이상, 福岡平野에서 알려진 자료에 추가하여, 早良平野에서 새롭게 확인된 사실은 다음과 같다. 먼저 석도는 대형에 얇은 몸통, 원형 구멍, 반월형, 편인의 사례가 板付 Ⅰ식기에 존재한다. 또, 벌채부는 돌대문토기 단계에 한반도 석부의 영향을 받아 중형의 편평 장방형이 출현하고, 板付 Ⅰ식기에는 대형 장방형 석부가 등장한다. 이 석부는 몸통의 두께에서도 대형의 긴 사다리꼴 석부를 약간 능가하여, 두께가 두꺼워지는 경향이 확인된다. 그러나 이는 맹아적 단계에 그치고 있다. 한편, 유구석부는 板付 Ⅰ식기에 이른 형식의 흔적을 남기면서 서서히 새로운 형식으로 변해간다. 板付 Ⅰ식기에는 유경식 마제석촉의 퇴화도 뚜렷하다. 그리고 죠몽계의 박편석기가 板付 Ⅰ식기에까지 상당수 잔존하고 있다. 타제석촉은 돌대문토기 단계부터 이등변삼각형에 편평한 기부를 이루면서 실용 촉의 주체를 점하는데, 한반도의 실용 마제석촉은 등장하지 않는다.

3) 唐津平野(도 8)

唐津市 菜畑 松圓寺의 菜畑遺蹟은 죠몽부터 야요이까지 연속된 퇴적층을 이루고 있지만, 본고와 직접 관련된 층을 보고자는 다음과 같이 나누고 있다(中島直幸·田島龍太 外 1982). 이는 12~9층(죠몽 만기 후반·山の寺式), 8층 아래(죠몽 만기 종말·夜臼式 단순), 8층 위(夜臼·板付 Ⅰ식), 7층 아래(板付 Ⅱ식)의 네 시기 구분이다. 대륙계마제석기는 13층인 黑川式 단계에는 출토되지 않고, 12~9층에서 처음으로 등장한다. 아래에서는 구분된 층별로 설명하겠다.

12~9층(1~14) : 석도는 윗면 직선에 외만인반월형으로 구멍은 찰절에 의해 뚫려있으며, 석재는 회흑색 혈암이다(1·2). 지금까지 살펴본 대형에 원형 구멍이 뚫려있으며, 회황색·백황색의 혈암질사암으로 제작된 석도와는 차이가 있다. 크기는 완성품 사례(2)에 의하면 윗면 길이 12cm, 윗면과 인부 사이의 거리 4cm로, 혈암질사암의 대형 석도보다 훨씬 소형이다. 2개가 출토되었는데 하나는 편인(1), 다른 하나는 치우친 양인(2)으로, 다음 단계의 석도와 다르다. 벌채부는 중형과 소형이 존재하지만, 대형은 출토되지 않았다. 중형은 평면 형태

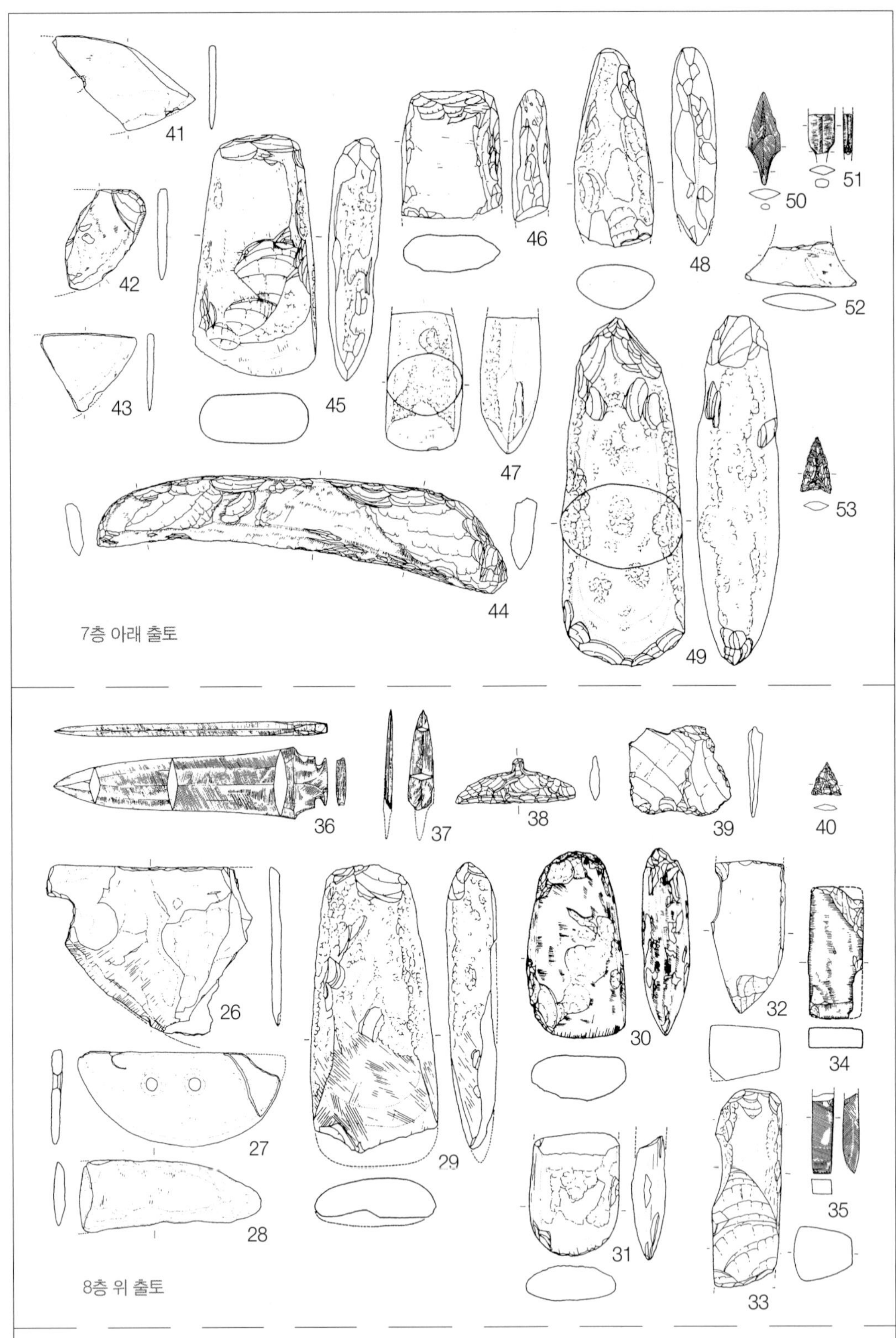
7층 아래 출토
8층 위 출토

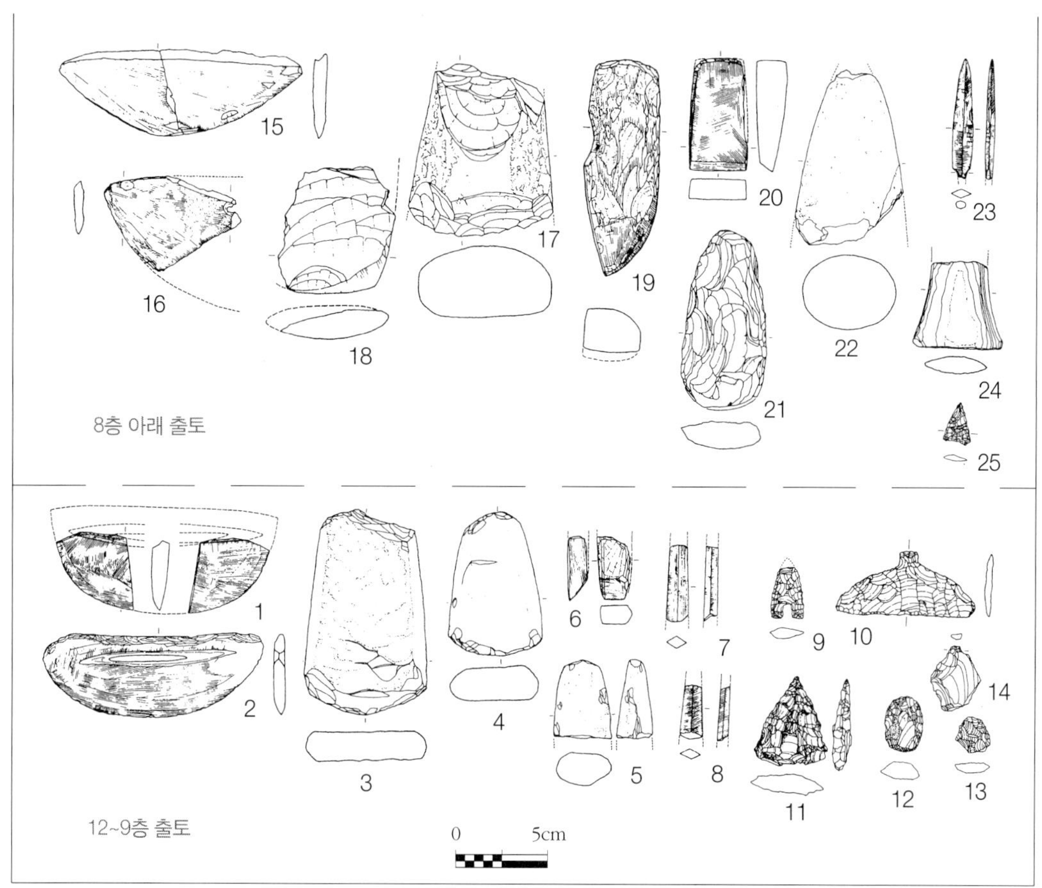

〈도 8〉 **唐津平野 출토** 석기 (菜畑 출토) (中島直幸 · 田島龍太 外 1982)

가 긴 사다리꼴을 이루는데, 인부 폭이 6.7cm로 대형에 비하여 훨씬 작다. 몸통은 편평하다 (3). 소형은 10cm 미만이다(4). 소형의 평면도 대체적으로 긴 사다리꼴을 이루지만, 기부가 완만한 곡선을 형성하여 죠몽적 느낌이 남아있다. 중형에 새롭게 등장하는 석부의 특징이 있다. 주상편인석부(6)는 날카로운 면과 능을 가져 한반도 출토품과 유사하다. 마제석촉은 유경유엽형의 파편이 2개 존재하는데, 두꺼운 신부의 단면은 능형이며 신부나 인부에서 직선적인 날카로움이 관찰된다(7 · 8). 여기에 설명한 대륙계마제석기는 벌채석부를 제외하면 한반도의 석기와 동일한 우수한 제품들이기 때문에, 대부분 수입품이라 할 수 있다. 유물이 전래된 초창기 한반도 대륙계마제석기의 순수성을 가지고 있는데, 벼농사 문화 전래의 시작 단계에는 이러한 모습을 나타내고 있었다고 보아도 좋다. 이와 달리 타제석기에는 죠몽 석기의 특색이 잘 남이있다. 타제석촉은 V자형이나 U자형 홈을 가진 것이 주체를 점하며(9),

이밖에 돌작살(11), 세로·가로의 石匙(10), 각종 긁개(11·12), 돌송곳(14), 부정형 刃器 등
종류가 다양하다.

8층 아래(15~25) : 석도에서 찰절 홈과 편인이 사라지고, 새로운 석재인 혈암질사암으로
제작되며 원형 구멍에 얇은 몸통을 가진 대형 외만인반월형이 등장한다(15·16). 12~9층의
석도에서 변화한 것이다. 석재는 회황·백황색의 혈암질사암이며, 원형 구멍이 뚫려있다.
인부는 한쪽으로 치우친 양인(15·16)이다. 벌채석부는 편평한 긴 사다리꼴의 대형 석부가
출현한다(17). 두께 3.8cm, 몸통의 중앙 폭이 9cm인 대형인데, 七田前에서 살펴본 인부 폭
6~7cm의 중형에 해당하는 장방형 편평 석부도 존재한다(18). 소형도 앞 시기에 비하여 적지
않게 확인되며, 죠몽 계통의 석부(21)도 있다. 유구석부는 2점이 확인되는데, 뒷면의 결입부
하부에서 앞면 방향으로 경사져(19) 이른 시기에 해당하는 송국리 형식이라 하겠다. 앞 시기
부터 출현하였던 것으로 보아도 좋다. 유병식석검의 병부 아래쪽도 출토되었다. 일단병인지
이단병인지는 명확하지 않지만, 이단병식의 가능성도 충분히 생각된다. 유경유엽형 마제석
촉은 신부가 얇아지고 측면이 부풀며, 앞 시기의 날카로움이 없어져 퇴화가 시작되고 있다
(23). 능은 이른 형식과 마찬가지로 경부까지 이어지지만, 어깨 부분은 둔각을 이루게 된다.

이 층의 대륙계마제석기는 석도나 유경식석촉에서 뚜렷하게 관찰되는 바와 같이, 앞 시기
에 보여진 한반도 대륙계마제석기의 본성에서 이탈하거나 혹은 개혁이 시작된다. 한편, 벌
채석부는 긴 사다리꼴의 대형품이나 중량이 늘어난 중형의 장방형 편평 석부도 등장하여 한
반도 석부와 형태가 유사해지는 등, 죠몽 석부를 벗어나 질이나 형태에서 한반도 계통 석부
와의 접근이 확인된다. 뒤에 이러한 각각의 특징이 모여 대형의 두꺼운 석부로 발전하는데,
그 맹아가 출현한 것이다. 타제석촉에도 변화가 발생하여, 편평하거나 약간 오목한 기부를
갖는 야요이 타제석촉이 주류가 된다.

8층 위(26~40) : 석도는 8층 아래의 흐름을 그대로 이어, 기본적으로 변화가 없다(27). 석
겸은 안쪽으로 휘어진 인부를 가진 대륙 계통이 확인되지만, 출토량이 적은 것은 다른 유적
과 같다(28). 벌채부는 긴 사다리꼴에 편평한 대형 석부가 증가하며, 대형과 중형의 조합이
두드러진다. 대형은 길이 15cm 이상, 편평한 기부의 폭은 6cm 전후, 인부 폭 7~9cm, 두께
3~4cm, 중량 650~700g이다(29). 중형은 길이 10cm, 인부 폭 5~6cm, 두께 2~3cm, 무게
200~400g으로, 대형보다 여러 면에서 훨씬 작다(30). 이러한 대형과 중형이 벌채부의 중심이
며, 이밖에 8층 아래, 七田前, 有田에서 확인되었던 장방형의 편평한 중형 석부(31)나 죠몽계
석부도 관찰된다. 유구석부는 앞 시기 이후로 이른 형식이 존속하는 동시에(32), 뒷면과 앞

면이 평행을 이루는 새로운 형식이 출현한다(33). 새로운 형식은 전체 길이가 약간 길어지는 경향이 있다. 단면은 새로운 형식도 여전히 사다리꼴이다. 편평편인석부는 한반도 출토품과 공통하는 예리한 것이다(34 · 35). 석검은 七田前과 같은 형식의 우수한 제품이 출토되고 있다. 한반도에서도 드문 사례로, 이러한 것까지 확실히 일본에 전해지고 있다(36). 수입품일 가능성이 높다. 마제석촉은 앞 시기에 이어 신부가 편평하고 능은 삐뚤어지며, 전체적으로 규격에서 벗어나 퇴화가 진행된다(37). 죠몽 계통의 石匙(38), 刀器(39), 편평하거나 오목한 기부의 타제석촉(40)도 확인된다.

7층 아래(41~51) : 정확한 양인(43)의 석도와 함께 한쪽으로 치우친 양인(41 · 42)도 존속한다. 석재, 형태, 크기는 앞 시기와 같다. 석겸은 안쪽으로 휘어진 인부를 가진 대형의 대륙계이다(44). 벌채부는 긴 사다리꼴의 편평한 대형(45)과 중형(46)이 존재하면서, 이와 함께 처음으로 두꺼운 석부가 출현한다. 두꺼운 석부에도 대형(49)과 중형(47)이 있다. 도면으로 제시한 대형은 고타 단계의 미완성품이지만 길이 21.7cm, 인부 폭 8.0cm, 두께 5.2cm, 중량 1400g으로, 길이, 두께, 중량에서 그동안 주류를 이루었던 대형 석부인 긴 사다리꼴 편평 석부를 크게 능가한다. 기부는 약간 좁아 긴 사다리꼴 석부의 영향이 짐작되지만, 기부 폭이 넓어 전체적으로 장방형에 가까운 점은 十郎川에서 살펴본 장방형 편평 석부에서 연속되는 것이기도 하다. 중형 석부는 잔존 길이 8.5cm, 폭 4.8cm, 두께 3.7cm로, 두께에 특징이 있다. 하지만 대형과 중형 모두 제작이 조잡하여, 아직 두꺼운 석부로 완성된 것은 아니다. 편평편인석부에서는 변화가 관찰되지 않는다(54). 유병식석검도 남아있다(52). 마제석촉은 좀더 편평하고 넓은 폭으로 퇴화되는데(51), 이와 함께 짧고 편평한 이등변삼각형의 신부에 어깨와 경부의 구분이 애매한 형태를 이루는(50), 퇴화의 극치라 할 수 있는 유경식석촉이 출현한다. 타제석촉은 변화 없이 편평하거나 오목한 기부에 이등변삼각형을 이룬다.

4. 초기 대륙계마제석기의 분류와 변천

이상 여러 유적에서 출토된 다양한 종류와 형태의 석기를 시간 · 계통별로 나타낸 것이 〈도 9 · 10〉이다. 기종별로 살펴보면 다음과 같다.

석도(도 9-1~8) : 북부 규슈의 초기 석도는 1) 윗면 직선, 2) 약간 휘어진 윗면에 외만인을

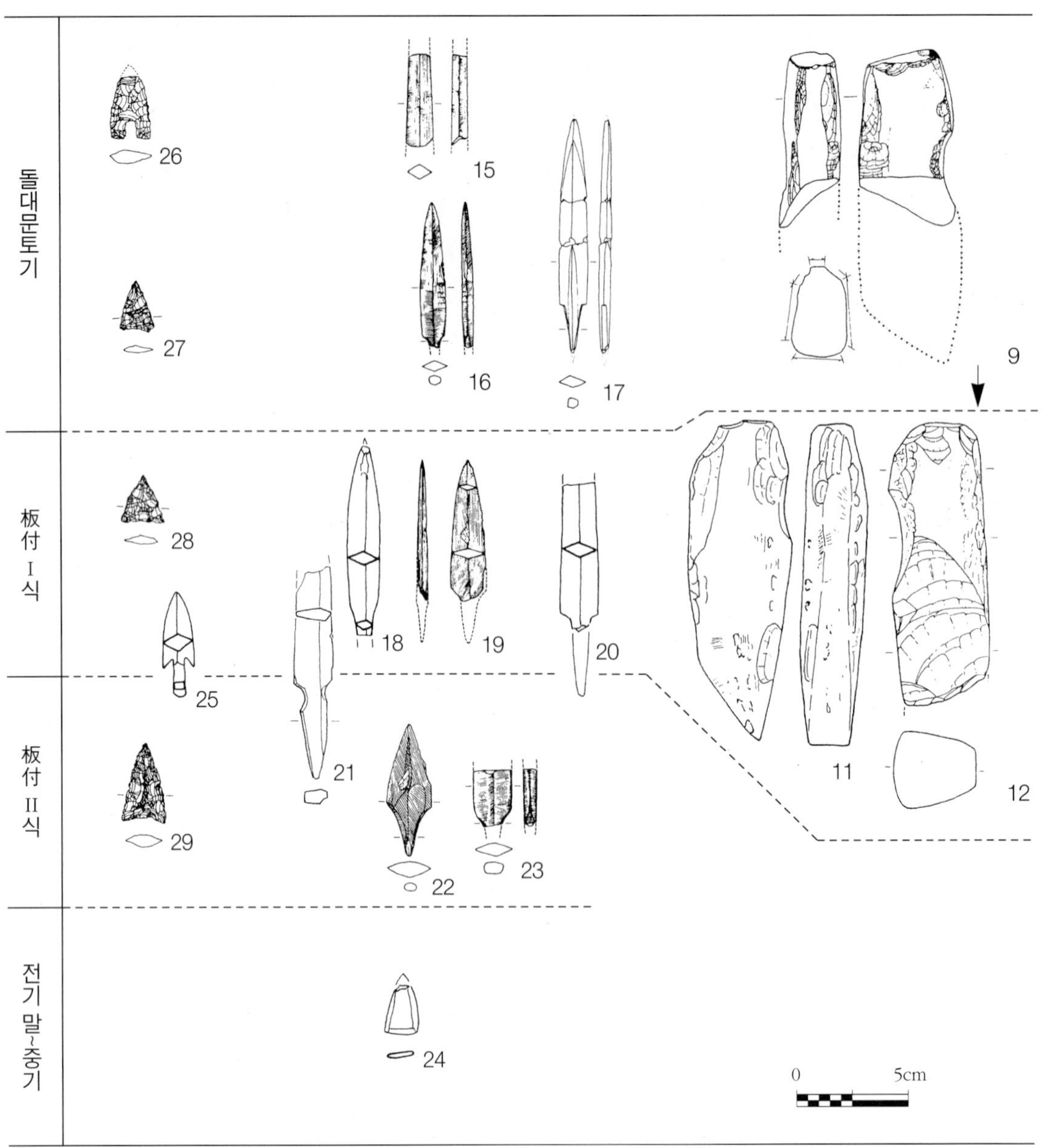

1 · 3 · 6 · 7 · 10 · 12 · 13 · 15 · 16 · 19 · 22 · 23 · 26~29 佐賀縣 菜畑, 2 · 5 · 11 福岡市 十郎川, 4 · 8 · 20 福岡市 板付,
9 · 17 福岡市 七田前, 14 福岡縣 大井, 18 福岡市 有田, 21 · 25 佐賀縣 宇木汲田, 24 福岡縣 三澤

〈도 9〉 각종 석기의 변천도

기본형으로 하고 있다. 이러한 기본형에 더하여 석재, 구멍, 인부의 형태, 석기의 대소, 신부
의 두께 등을 기준으로 세분하면 3종 6류로 나눌 수 있다.

A종은 약간 소형으로 찰절에 의한 구멍이 있으며, 편인의 Aa(1)와 한쪽으로 치우친 양인
의 Ab(3)로 구분된다. 일본에 출현한 초기 석도이다. B종은 윗면 길이 15cm 이상, 윗면에서

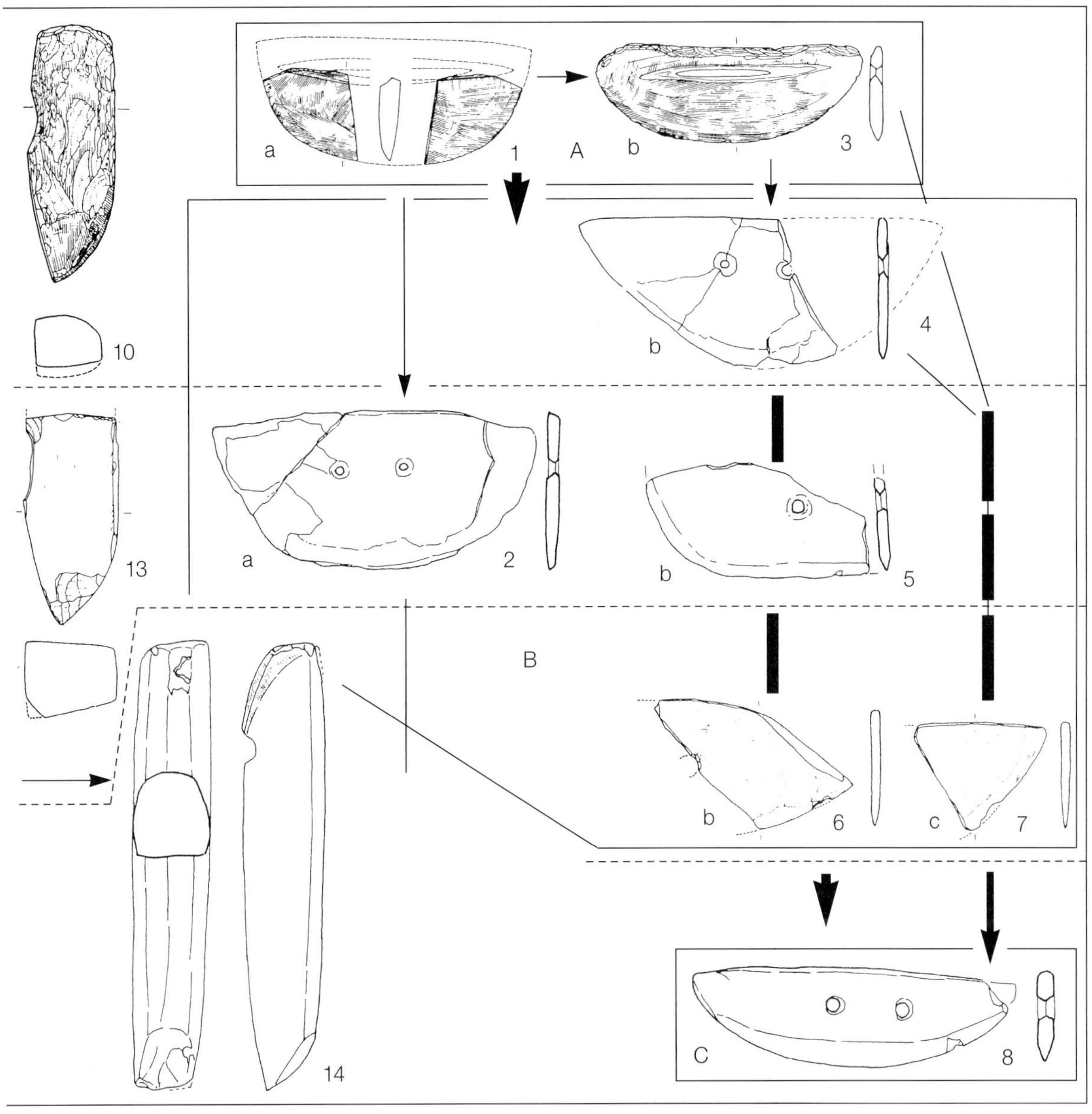

인부까지의 폭 6~8cm, 두께 0.5~0.8cm의 대형에 얇은 몸통을 이루며, 혈암질사암으로 제작
되었다. 두께가 얇기 때문에, 인부의 능은 뚜렷하지 않다. 인부의 차이에 따라 편인인 Ba(2),
한쪽으로 치우친 양인의 Bb(4·5·6), 양인인 Bc(7)의 3종으로 분류할 수 있다. A종에서 일
본적 제품으로 변화된 것이다. C종은 윗면 길이 10-15cm, 윗면에서 인부까지의 폭 5cm, 두

〈사진 1〉 북부 규슈 출토 반월형석도 각종

께 0.6~0.9cm로 B보다 소형이지만, 두께가 두껍고 능이 뚜렷한 것이 많다. 석재는 응회암과 점판암이며, 양인을 기본으로 한다(8). 규슈에서 최종적으로 도달한 형태로, 단단하고 잘 부서지지 않는 석도이다. 시간의 흐름에 따라 A→B→C로 변화한다.

한반도 남부에서 출토된 석도의 기본 외형은 윗면이 직선 또는 약간 휘어져 있으며, 편인(드물게 한쪽으로 치우친 양인)에 두꺼운 것이 특징이다. 菜畑이나 宇木汲田에서 관찰되는 일본 초창기의 석도가 이러한 종류에 해당하여, 결국 한반도 계통의 A종이 일본 석도의 기원 형식이 된다. 菜畑에는 Aa와 Ab가 있고 Aa→Ab로의 변화가 상정되지만, 일본에서 초기부터 양자가 출토되는 점을 볼 때 한반도에서 변화가 발생한 다음 양자가 함께 일본에 전해졌다고 생각된다(경상남도 사천시 출토의 찰절 석도는 Ab에 속한다). 이들이 일본에 등장할 때에는 모두 찰절 구멍으로 변하지만 원형 구멍의 B종이 발생하는 것은, 원형 구멍에 편인 또는 한쪽으로 치우친 양인 석도가 한반도에서 일반적으로 존재하기 때문이다.

Aa 또는 Ab는 원형 구멍과 편인의 Ba(2)로 변화하고, Ab 또는 Ac는 원형 구멍과 한쪽으로 치우친 양인의 Bb(4 · 5 · 6)로 이어지며, Bc의 양인 석도(7)는 Ab · Ac 또는 Bb의 치우친 양인으로부터 발생한 것이라 해석된다. 그리고 Bc를 모태로 C종(8)이 발생·정착하여, 북부 규슈 석도의 주체가 된다.

A종은 한반도 남부의 경상남도 사천시와 진양 대평리, 전라남도 초포리에서 확인되는데 (下條信行 1980; 中島直幸·田島龍太 外 1982; 국립진주박물관 1984), 이러한 곳으로부터 북부 규슈의 대한해협 연안에 전해진 것이라 생각된다. A종은 菜畑, 宇木汲田의 각목돌대문토기 단순층에서 출토되며, 이 중 菜畑에서는 12~9층에서 확인되어 각목돌대문토기의 가장 이른 층에 위치하고 있다. 이는 앞에서 지적한 한반도 출토품과의 관련성을 통해서도 수긍할 수 있는 점이다.

A종의 특징 중 하나인 찰절 구멍은, 원형 구멍인 B종이 출현하면서 급속히 자취를 감추게 된다. 福岡市 鶴町遺蹟에서는 板付 I식에 공반하여 찰절 구멍의 석도가 출현하고 있으나, 찰절 홈의 끝 부분에 원형 구멍이 존재하여 독립된 기능은 없다. 석재나 크기로 보아도 B종에서 잔존할 뿐이다. 이밖에 시기를 밝히지 않았지만 찰절 홈을 가진 석도가 長崎, 宮崎, 鹿兒島 등 규슈 주변 지역에서도 출토되고 있다(下條信行 1977).

B종은 唐津市 菜畑, 福岡市 七田前, 福岡市 板付 논 유적 등 역시 돌대문토기와 공반하여 출토되는데, 菜畑에서는 A종의 상층인 8층 아래에서 출토되어 A종보다 나중에 출현하며 이는 형식적 변화와 부합된다. 그러나 板付 논유구 출토품(4)은 시기적으로 일러, 한반도의 대형 Ac가 초두부터 전해졌음을 나타내고 있다.

B종은 板付 II식까지 계속되는데, 출현과 동시에 활발한 보급력을 가지고 거의 이 종류로 통일되면서 공간적으로도 규슈 일원에서 四國까지의 확산을 보인다.

한반도 석도와 인부의 형태가 동일한 Ba는, B종 중에서도 출토량이 적다. 板付 I식기의 十郎川(2)에서 출토되지만, 일부 板付 II식기에도 존재하여 공간적 확산이 예상된다.

Bb의 경우 菜畑의 돌대문토기와 공반한 사례를 보면, 한쪽 면은 날이 0.5cm 전후로 짧고 다른 면은 1cm 전후로 2배에 가까운 차이가 확인된다. 당연히 짧은 쪽으로 날의 각도는 급해지고 긴 쪽은 완만해지는데, 이러한 양상은 Ab와 동일하다.

돌대문토기와 공반한 B종 중에는 Bb가 많다. 지금까지 B종 양인이라고 하는 것 가운데 Bb가 상당수 존재하며, 이러한 사례로 菜畑, 板付 논유구, 七田前 출토품을 들 수 있다. 이후 板付 I식기에는 板付 환호에서 확인되며, 板付 II식기에도 존속하여 B종의 주류 가운데 하나가 된다.

Bc는 Ab 내지 Ac에서 직접적으로 발생하였을 가능성과 Bb를 통하여 발전하였을 가능성 두 가지를 모두 생각할 수 있다. Bb와 함께 B종의 석도를 구성하며, 다음 시기에 등장하는 C

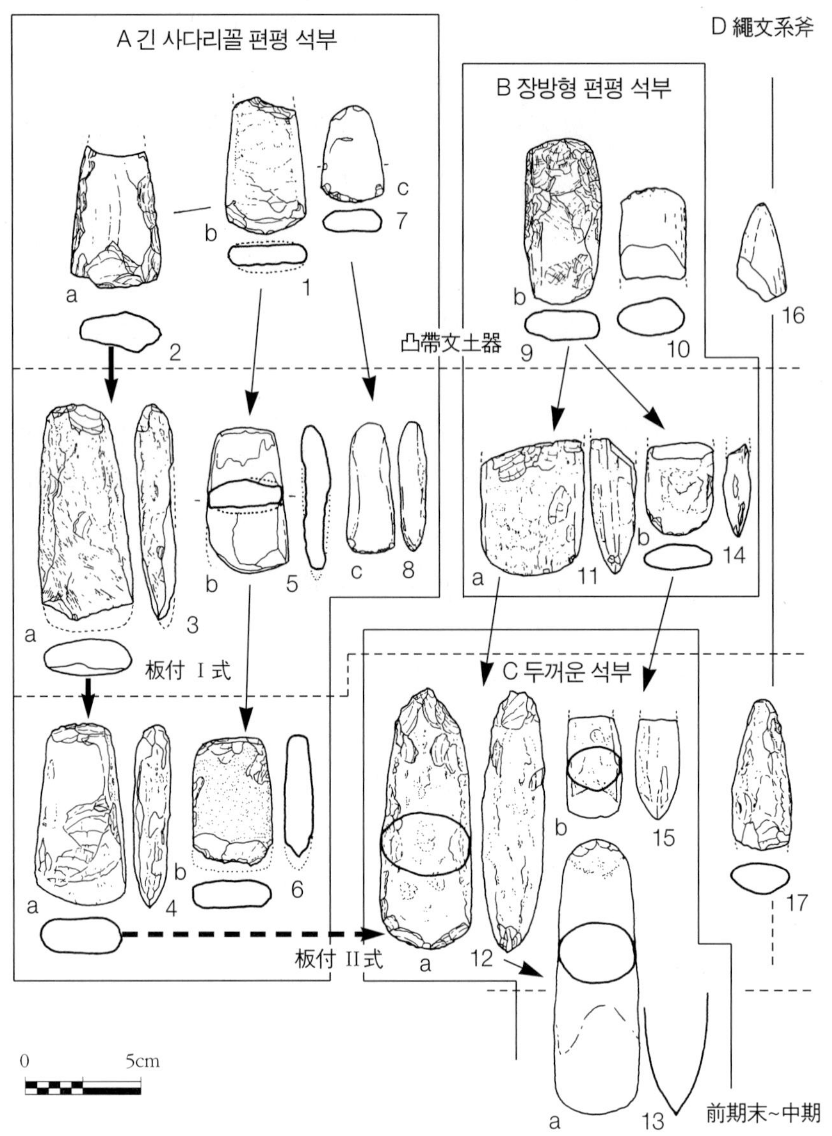

1·3·4·7·12·14·15·17 唐津市 菜畑, 2·9·10·16 福岡市 有田七田前, 5·13 福岡市 板付, 6 大分縣 宇佐, 8·11 福岡市 十郎川

〈도 10〉 벌채부의 변천

종의 기원 형식이 된다. B종 중에서 가장 일본화된 석도이다.

　C종은 양인으로 Bc보다 발전된 것이다. C종의 출현에 따라 Ba · Bb는 소멸되고, 규슈형의 석도, 즉 양인 석도의 시대가 확립된다. 야요이시대 전기 말에 해당된다.

　B종의 시대까지는 개별 취락 단위에서 각종 형식의 석도가 제작되고 있었다(下條信行

1975a). 이러한 제작이 사라지는 것은, C종의 형태로 통일되면서부터이다. 福岡縣 飯塚市 立岩遺蹟에서는 C종으로 통일된 석도의 출현과 함께, 전업 생산에 기초한 대량 생산과 각지로의 보급이 시작된다(飯塚市教育委員會 1977). 여러 형식의 동시 병존을 지양하는 것은, 취미의 문제가 아닌 사회의 문제였다.

벌채석부(도 10) : 벌채석부는 A-긴 사다리꼴 편평 석부, B-장방형 편평 석부, C-두꺼운 석부의 3종류로 분류할 수 있다. A 계통이 주류로서 전개되며, 이에 병행하면서 B형 석부가 등장한다. 그리고 A형 석부와 B형 석부가 합쳐져 C형 석부가 완성된다.

A는 기부가 거의 편평하며, 인부 쪽으로 서서히 폭이 확대되어 긴 사다리꼴을 이룬다. 두께는 얇다. 크기의 차이에 따라 대·중·소형의 3종류로 분류된다. 대형(Aa)은 길이 15~19cm, 기부 폭 5~6cm, 인부 폭 8~9cm, 두께 3.5cm 정도이며, 중량은 600~700g이다(2·3·4). 중형(Ab)은 길이 10~13cm, 기부 폭 5cm, 인부 폭 6~7cm, 두께 3cm, 중량 450g 정도이다(1·5·6). 소형(Ac)은 길이 8~10cm, 기부 폭 2~3cm, 인부 폭 4~5cm, 두께 2cm, 중량 100~150g이다(7·8). 宇木汲田에서 대형과 소형 석부로 다룬 것은 Aa·Ab에 해당한다. Ac는 기부가 원형으로 죠몽적인 느낌이 강하며 돌대문토기 단계에 약간 관찰되지만, 양적으로는 적다. Aa·Ab형 석부가 주체를 이룬다.

B는 기부 폭과 인부 폭에 큰 차이 없이 양 측면이 나란하여 장방형을 이룬다. 두께는 A와 동일하게 얇다. 평면적으로는 한반도 석부에 가까운데, 인부의 폭이 좁아지는 예(9)가 있는 것도 이러한 사실을 방증한다. 대형(Ba)·중형(Bb)으로 분류할 수 있다. Ba(11)는 폭 8~9cm, 두께 3.5~4cm로, 완형품은 아니지만 Aa와 동일한 길이일 것으로 추정된다. Bb(9·10)는 길이 10~13cm, 폭 6~7cm, 두께 2~3cm, 중량 200~300g이다. 두께는 얇다.

A와 B는 평면형이 다를 뿐, 기능상 Aa와 Ba, Ab와 Bb가 대응하는 관계에 있다.

C는 인부 폭보다 약간 좁은 원형 또는 편평한 기부를 가지며, 양 측면은 평행에 가깝다. 길이는 Aa·Ba보다 증가하고, 두꺼운 것이 특징이다. 대형(Ca)·중형(Cb)의 2종류가 있다. Ca(12·13)는 길이 20cm, 폭 7~8cm, 두께 5cm 이상이며, 단면은 원형에 가까운 타원형이다. 중량은 1500~2000g에 이른다. Cb(15)는 폭 4.5cm, 두께 4cm로 Ca와 동일한 형태의 단면을 이룬다.

이밖에 D라 부를 수 있는 죠몽계 석부가 있다(16·17). 기부는 뾰족하며 A와 B의 중·소형 석부에 가깝다.

먼저, 돌대문토기의 이른 단계인 菜畑 12~9층에서 Ab(1)·Ac(7)가 출현하고 상층인 8층 아래에서 Aa(2)가 발생하여 돌대문토기 단계에 3종류가 갖추어지지만, Ab가 다수를 차지하며 Aa는 양이 많다고 할 수 없다. 板付 Ⅰ식이 되면 Aa(3)가 증가하면서, Aa·Ab(5)의 조합이 확립된다. Ac는 감소한다. 이러한 조합은 板付 Ⅱ식기까지 이어져 벌채부의 주류가 된다.

B는 Bb(9·10)가 Ab보다 약간 늦은데, 菜畑 8층 아래, 七田前에서 확인되는 바와 같이 돌대문토기 단계에 출현한다. 板付 Ⅰ식기에 Ba(11)가 등장하지만, 十郞川에서만 확인되어 보편적인 보급력은 없다고 생각된다. 이처럼 C의 출현까지 A가 주류를 이루면서 B와 조합되는데, 먼저 중형의 Ab가 발생하고 곧바로 대형의 Aa가 등장하며 여기에 Ab, Bb가 합쳐진다. 板付 Ⅰ식기에는 대형의 Aa(3)가 증가하고 상술한 조합도 나타나면서 板付 Ⅱ식기까지 이어지지만(4·6), 板付 Ⅰ식기에는 대형의 Ba가 한정된 지역에만 등장한다. 이러한 과정을 거치며 板付 Ⅱ식기의 후반에 C가 나타난다. C의 주류인 Ca(12·13)는 평면형에 Aa의 긴 사다리꼴과 유사한 부분이 아직 남아있지만, Ba에 좀더 가까운 것이라 할 수 있다. 특히 두께는 Aa와 완전히 다르며, Ba에서 보이는 석부의 두꺼워지는 경향을 더욱 발전시키고 있다. 최초 등장 시기의 C(12·15)는 석부의 몸통에 왜곡이 있고 제작도 조잡하지만, 얼마 지나지 않은 板付 Ⅱ식의 말에는 양질의 석부로 발전하여 완성된다(13). C형 석부의 출현 장소는 十郞川, 今山 등 絲島 동부로부터 早良平野에 걸친 범위였을 가능성이 높다. 두꺼운 석부인 C의 출현과 함께 Aa·b, Ba·b는 소멸하고 Ca로 통일되어, 중기에는 일본 최고의 벌채부로서 정착·보급된다. 今山의 석부(Ca)가 대량 생산되어 각지에 급속히 보급되기 시작하는 것은 Ca가 완성된 전기 말(下條信行 1975b)이며, 이는 앞서 기술한 立岩 석도의 양상과 완전히 일치한다.

유구석부(도 9-9~14)·**편평편인석부** : 유구석부는 A·B·C의 3종으로 분류할 수 있다. A(9·10·13)는 두께 4~5cm로, 몸통이 두껍고 길이는 짧은 편이다. 단면은 방형 또는 사다리꼴을 이루며, 뒷면의 결입부 아래쪽이 앞면 방향으로 급하게 꺾이는 것이 특징이다. B(11·12)는 두께와 단면이 A와 동일하지만 뒷면과 앞면이 평행하는 것을 특징으로 한다. 약간 긴 것이 나타난다. C(14)는 두께가 줄어들고 세장방형이 되며, 단면은 반원형이 된다. 기부도 편평한 형태에서 경사진 원형 기부로 변한다. A는 충청남도 송국리 출토의 '송국리형', C는 경상북도 대구 '연암산형'에 각각 대응하며, A→B→C로 변화한다. A는 菜畑 8층 아래, 七田前의 돌대문토기 단계(菜畑 12~9층에도 존재하였을 가능성이 높다.)에 나타나(9·10) 板付 Ⅰ식기에 B(11·12)로 변하고(板付 환호, 菜畑 8층 아래, 十郞川), 전기 말 무렵에는 C가 등장하여 중기의 기본 형식이 된다.

편평편인석부는 菜畑 12~9층에서 출현한 이후, 변화 없이 중기로 이어진다. 면과 능의 날카로움은 본래의 형태를 잃지 않는다.

유경유엽형 마제석촉(도 9-15~24) : 유경유엽형 마제석촉의 가장 이른 사례인 菜畑 12~9층 출토품(15)은 단면이 두꺼운 능형이며, 측면 날과 신부를 날카롭게 마연하였다. 한반도 마제석촉의 본래 모습을 잘 보존하고 있다. 이러한 종류의 석촉은 일본에서도 돌대문토기 단계에서 板付 Ⅰ식기에 걸쳐 분묘의 부장품이나 생활 유구 출토품(17 · 20)으로 조금씩 확인된다.

그러나 한편으로는 菜畑 8층 아래에서 관찰되는 바와 같이(16), 돌대문토기 단계에 능형의 단면이 얇고 인부 중앙이 부풀어 있으며 어깨 부분이 퇴화된 형태가 등장한다. 이러한 경향은 시기의 흐름에 따라 뚜렷해지는데, 板付 Ⅰ식기에는 편평한 정도, 신부의 부푼 정도, 어깨 부분의 경사도가 보다 진행되면서 短鋒을 이루게 된다(18 · 19). 板付 Ⅱ식기에는 두께가 얇은 넓은 폭의 편평형으로 변화되며(23), 短鋒化도 더욱 진행되어 어깨 부분과 경부의 구분이 없어지는 것(22)까지 출현하여 퇴화의 정점에 이른다. 이 유경촉은 전기 말에 무경 이등변삼각형촉(24)으로 바뀌지만, 이후에는 정착하지 못하고 자취를 감추게 된다.

이상의 마제석촉은 의례 도구의 계열에 속하여 한반도와 일본에서 분묘에 부장되는 성격이 있지만, 短鋒에 어깨 부분이 미늘처럼 꺾인 유경식석촉(25)은 한반도의 생활 유적에서 출토되는 실용의 마제석촉이다. 이러한 형태의 석촉은 宇木汲田 패총(1966년 조사)에서 확인되었으나, 유일한 사례일 뿐이다(唐津灣周邊遺跡調査委員會 1982). 앞서 언급한 유경유엽형 마제석촉은 일본에 전해졌으며 다수의 모방품도 제작되어 빈번히 출토되고 있지만, 실용의 마제석촉은 거의 전해지지 않았다. 이를 대신하여 일본에서 실용 촉으로서 많이 사용된 것은, 죠몽시대부터의 타제석촉이다. 타제석촉은 菜畑 12~9층에서 죠몽 전통의 형태인 U자형 홈을 기부에 만든 이등변삼각형촉(26)이었으나, 8층 아래부터는 편평하거나 약간 오목한 기부로 변하여(27 · 28 · 29) 이후 야요이시대 타제석촉의 기본 형태가 된다. 타제석촉의 변화는 자기 혁신에 의한 것으로 생각된다.

5. 맺음말 ─ 벼농사 수용 시기 석기의 양상

1) 벼농사 수용 시기의 석기 조성

벼농사 수용 시기의 석기를 발생의 계보로부터 이야기하면, 다음의 3군으로 대별할 수 있다.

A군 : 대륙에서 전래된 새로운 석기군
B군 : 죠몽 문화에 기인한 석기군
C군 : A · B의 전통을 이은 석기(벌채석부)

A군에는 석도, 석겸, 유구석부, 편평편인석부, 유병식석검, 유경식석촉 등이 있다. 이들 가운데 편평편인석부를 제외하면 기본적으로 죠몽 문화 속에 동일한 기능을 갖는 도구가 포함되어 있지 않다. 이들은 중국에서 발생하여 한반도에 전해진, 긴 세월에 걸쳐 농경재배의 유지와 경영 과정에서 완성된 석기이다. 이른바 농경 문화와 불가분의 관계로 복합된 석기이기 때문에, 죠몽 사람들이 일본에 전래된 벼농사를 받아들이기 위해서는 선택의 여지없이 수입되지 않을 수 없었다. 그 복합성은 단순히 벼농사 경영을 위한 직접적 실용구인 수확구나 공구에 그치지 않고, 유병식석검이나 유경유엽형 마제석촉 등의 의례 도구에까지 이른다. 이 석기들은 죠몽 사람들에게 그때까지 사용을 경험하지 못한 미지의 것이었다. 석기의 이러한 측면 때문에 일본에서 벼농사를 받아들인 가장 이른 시기의 菜畑 12~9층 출토 A군 석기(도 8-1 · 2 · 6 · 7 · 8)는 한반도의 석기 그대로 등장한다.

B군의 석기로는 타제석촉, 돌작살, 石匙, 긁개, 刀器 등의 타제석기군이 있다. 이들은 죠몽 문화에 해당하는 것이지만, 그대로 초기 벼농사 수용 시기까지 이어지고 있다. 주로 수렵, 어로 등의 채집 경제에 이용되는 석기군이다. 이 석기군 중에서 주의를 요하는 석기로 타제석촉이 있다. 한반도 무문토기 문화에 공반하는 마제석기의 주된 것은 A군 석기인데, 유경단봉의 마제석촉도 실용의 석촉으로 중요한 구성 요소이다. 그러나 이 실용 마제석촉은 예외적인 경우를 제외하면 거의 일본에 전해지지 않았다. 菜畑, 七田前, 有田, 十郎川, 板付 등의 어떤 유적을 살펴보아도 이러한 실용 마제석촉은 확인되지 않고, 출토된 실용 촉은 모두 죠몽계의 타제석촉이다. 이는 죠몽 사회에 한반도 마제석기와 동일한 기능을 갖는 도구가 존재하는 경우, 한반도로부터 쉽게 전래되지 않았음을 나타내는 것이다. 죠몽 측에서 이야기하자면 자기 사회에 존재하지 않는 석기만을 새로운 도구로 받아들인 것이며, 이것만으로도 벼농사 수용 시기에 죠몽 사람들의 뿌리 깊은 주체성이 발휘되었다고 볼 수 있다.

사실 이렇게 죠몽의 전통성을 강하게 유지하는 석기가 대륙계마제석기 중에도 존재한다. C군의 벌채부가 바로 그것이다.

벼농사 수용 시기의 벌채부, 즉 A-긴 사다리꼴 편평 석부, B-장방형 편평 석부와 한반도의 두꺼운 석부는 차이가 크며(下條信行 1985), 이를 나타낸 것이 〈표 1〉 · 〈도 11〉이다. 표에 제시된 죠몽 석부는 초기 벼농사 수용 지역인 福岡縣 絲島郡 廣田遺蹟에서 출토된 죠몽 만

〈표 1〉 죠몽 석부, A형 석부, 한반도 석부의 비교표 (단위 cm · g)

시기	형태		길이	기부 폭	인부 폭	두께	중량(g)
죠몽 만기	기부가 뾰족한	대형	16.8	뾰족한 기부	6.2	3.6	500
	편평 석부	소형	11.6		5.8	3	275
초기 벼농사	긴 사다리꼴의	Aa	15~18	5~6	8~9	3.5	600~700
수용 시기	편평 석부	Ab	11~12	5	6.5	2.8	300~400
한반도 무문	장방형의	대	15~17		6.5~8.5	4~6	700
토기 단계	두꺼운 석부	소	2~13		5~5.5	3~5	300~400

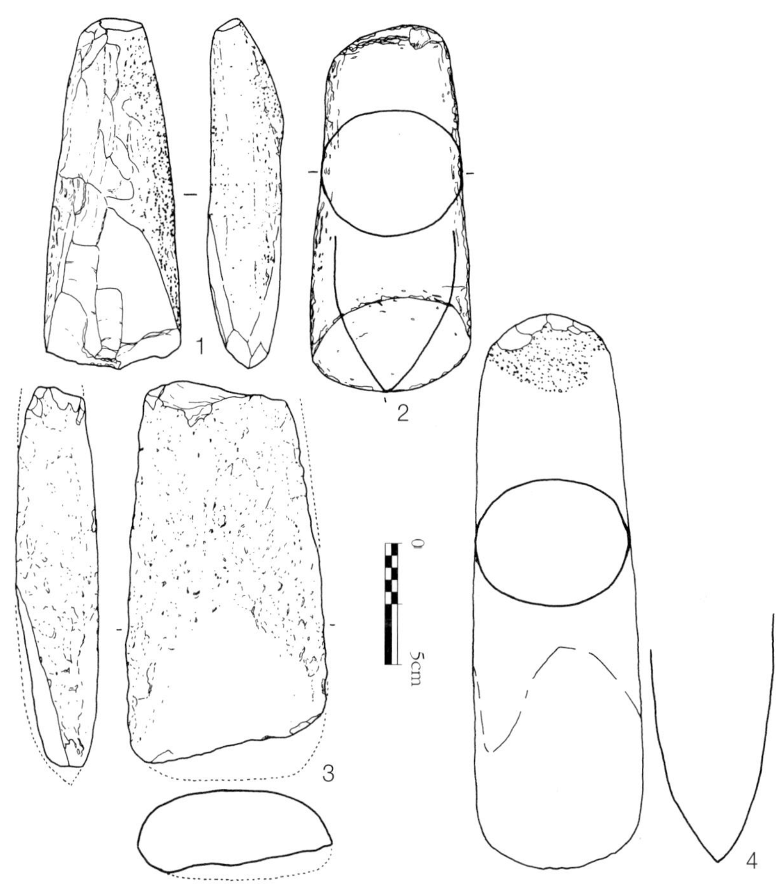

1 죠몽 석부(福岡縣 廣田), 2 한반도 석부(충남 송국리), 3 Aa 석부(佐賀縣 菜畑), 4 Ca 석부(福岡縣 板付)

〈도 11〉 죠몽 석부, A형 석부, 한반도 석부의 비교도

기 전반의 벌채부이며, 한반도 석부는 일본 초기 벼농사와 관련이 깊은 한반도 무문토기 전기의 경기도 흔암리, 후기의 충청남도 송국리 출토 예를 중심으로 정리한 것이다. 야요이 석부는 일본 벼농사 수용 시기의 주류 벌채부인 A형 석부를 모델로 하였다.

〈표 1〉에서 확인되는 것처럼, A형 석부의 평면형은 죠몽 석부를 모태로 하면서 일부 한반도 석부의 영향을 받아 변형된 것이다. A형의 긴 사다리꼴은 형태상 죠몽 석부에 가깝다. 그러나 죠몽 석부처럼 뾰족하거나 좁고 둥근 형태의 기부가 아니라, 일정한 폭을 가진 편평 기부라는 점은 한반도 석부와 공통된다. 또, A형 석부가 Aa · Ab의 대형과 중형 석부로 조합되는 것은, 죠몽 석부가 대형과 소형 석부로 구성된다는 사실과 상통하는 점이기도 하다.

두께에서 죠몽 석부와 A형 석부는 3.5cm와 3cm로 각각 유사한 수치를 나타내며, 편평 석부인 점도 공통하고 있다. 한반도 석부가 5cm 정도로 두껍고, 원형에 가까운 타원형을 이루는 것과는 뚜렷하게 차이가 난다. 한편, A형 석부의 폭은 Aa가 8~9cm, Ab가 6cm로, 죠몽 · 한반도 석부보다 폭이 넓다. A형 석부와 죠몽 석부의 차이는, 전자가 후자보다 횡으로 커지면서 중량을 증가시키고 있다는 점이다. 벌채부의 중요한 요소 중 하나는 중량 증가에 의한 충격력의 강화에 있으며, 이를 기준으로 살펴보면 한반도 석부가 700g, A형 석부가 600~700g, 죠몽 석부가 500~600g으로 한반도 석부가 무겁고 A형 석부는 죠몽 석부를 능가하지만 한반도 석부에까지 도달하지는 못하고 있다. 즉, A형 석부는 죠몽 석부의 규제에 의하여 기부가 좁고 인부가 넓은 긴 사다리꼴의 편평한 상태를 벗어나지 못하였지만, 한반도의 두꺼운 석부에 가까워지기 위한 방법으로 평면형과 단면형은 죠몽적 틀을 벗어나지 않으면서 기부와 인부의 폭을 확대시켜 중량을 늘리려 하였던 것이다.

이는 아무리 눈앞에 뛰어난 한반도의 두꺼운 석부가 있다 하여도, 죠몽 사회에 동일한 기능을 가진 석부가 존재하는 한 그 역사적 전통성에 규제되어 쉽게 전환하는 것이 불가능하였음을 나타내고 있다. 앞의 타제석촉뿐만 아니라, 대륙계마제석기에서도 죠몽의 전통은 여전히 살아 숨쉬고 있었던 것이다.

이상과 같이 벼농사 수용 시기 석기의 성격에는 두 가지 양상이 존재한다. 하나는 A군 석기로 형태 · 기능상 죠몽 사회로부터의 전통성이 없는 대륙계마제석기의 경우, 초기에는 직접적으로 해당 석기가 전해진다. 두 번째, 아무리 기능적으로 뒤떨어진다 하여도 죠몽 사회에 동일하거나 혹은 전용 가능한 형태와 기능을 가진 석기가 존재하는 경우, B군(타제석촉) · C군(벌채석부)과 같이 이들이 기본 형태로서 사용되며 쉽게 대륙계마제석기를 받아들이지 않고 있다.

이러한 사실은 벼농사 문화가 여러 가지 도구를 공반하는 복합적인 농경 문화로서 한반도에서 일방적으로 전해진다고 하더라도, 현지 죠몽 사회와의 융합 없이는 성립할 수 없었다는 점을 나타내고 있다. 좀더 이야기를 진전시켜 그 이유를 추정해 보면, 이러한 석기를 제작 · 사용하여 벼농사 경영에 많은 노동력을 제공한 것은 결국 죠몽 사회의 전통을 잇는 사람들이었기 때문이라 할 수 있다.

이상의 석기들에서 관찰된 결과는 단순히 석기에 그치지 않고, 벼농사 수용 시기에 성립한 옹·발·호·고배의 4종류 토기 조합에서도 확인된다. 일본에 벼농사를 전한 한반도 무문토기 문화의 전반기에는 4종류의 토기가 이미 확립되어 있었다. 그럼에도 불구하고 죠몽 사회에 보이지 않았던 호만이 전래되며, 옹과 발은 죠몽 사회에서 동일하거나 혹은 전용 가능한 기능을 확립시키고 있었던 심발·천발이 그 자리를 대신한다. 이는 석기의 양상과 공통된 현상이다.

2) 대륙계마제석기의 동향

따라서 A군 대륙계마제석기가 전래되던 초기에는 菜畑 12~9층에서 확인된 바와 같이 한반도 그 자체의 전형적인 특성을 유지하고 있었으나, 그 전형성이 정착되지 못하고 이르면 돌대문토기 단계에 변화가 발생한다. 이는 한반도에서 오랜 시간에 걸쳐 대륙계마제석기를 완성한 것과 달리, 죠몽 사람들이 주체가 되어 일본 대륙계마제석기의 제작과 유지에 가담하였기 때문이다.

이러한 변화에는 뚜렷한 것과 빈약한 것이 있다. 유구석부·편평편인석부 등의 편인석부류는 후자에 속한다. 이들은 동아시아의 석기 중에서 가장 변화가 적은 석기군에 속하며, 일본에서도 동일한 양상을 보인다. 기능상 변화의 다양함이 한정되기 때문인지도 모르겠다. 편평편인석부는 거의 변하지 않고 유구석부는 A→B→C로 약간의 변화를 보이는데, 그 방향성은 한반도의 연장선상에 있다.

전자에 속하는 것으로 석도와 유경유엽형 마제석촉을 들 수 있다. 석도는 한반도형의 Aa·Ab·Ac에서 일본형의 Ba·Bb·Bc로 다양하게 전개해 간다. 주류는 한반도 전통에 가까운 편인의 Ba가 아니라, Bb(한쪽으로 치우친 양인)와 Bc(양인)이다. 아시아의 대륙계마제석기 가운데 형태나 인부의 지역적 편차가 가장 심한 것이 석도인데, 실용적인 측면에서는 형태나 인부 제작법의 차이가 그대로 기능상의 효율성으로 연결되지 않는다. 이 때문에 각 지역의 풍습에 의해 다양한 형태와 인부 제작이 채용되고 있다. 이렇게 변화가 뚜렷한 석기에 대해서는 즉각적인 변화가 발생하여 각종 인부 제작법이 나타나는데, 이 중 한반도에서 드물게 관찰되는 사례(한쪽으로 치우친 양인)나 존재하지 않는 인부 제작법(양인)이 주류를 이룬다. 즉, 기능상 엄밀한 규제가 가해지지 않는 석기에 대해서는 변화를 주어 새로운 형식을 탄생시킨 것이다. 이러한 석기를 일본화한 대륙계마제석기라 하는데, 석도는 돌대문토기 단계에서 板付 II식기까지 Bb · Bc를 창출하면서 일본화로의 모색을 이어가며 전기 말에 양인의 C종으로 통일되어 일본의 석도로서 정착하게 된다.

유경유엽형 마제석촉도 앞에서 설명한 바와 같이 돌대문토기 단계에 퇴화되기 시작한다. 이 석촉은 의례 도구이기 때문에 실용에서의 규제가 약하며, 또 의례구로서의 숭배를 체험하지 못하였기 때문에 규격에서 벗어난 퇴화형으로 전개되고 있다. 한반도에서도 이러한 종류의 석촉은 최종 단계에는 퇴화가 확인되지만, 그때까지는 날카로운 長鋒化의 길을 걷고 있다. 이에 반하여 일본의 석촉은 편평 · 短鋒으로 왜소해지는 방향으로 나아가, 일본 대륙계마제석기의 제3단계인 전기 말에는 모습을 감추게 되며 이후 현지화되지 않는다.

이상을 총괄하면 일본 대륙계마제석기에는 3개의 단계가 존재함을 알 수 있다.

제1단계 : 돌대문토기 단계의 초기에 해당한다. 대륙계마제석기의 출현기이다. 죠몽시대에 동일한 기능의 도구가 존재하지 않는 대륙계마제석기는 한반도의 전형적인 것이 등장하며(A군－석도, 석겸, 유구석부, 편평편인석부, 유경식석촉, 유병식석검), 죠몽 석기와 공통된 기능을 가진 석기는 우선적으로 규제를 받아 쉽게 정형화된 대륙계마제석기로서 출현하지 못한다(B군－타제석촉, C군－벌채부).

제2단계 : 돌대문토기 단계 후반에서 板付 II식기에 해당한다. A군 석기는 형태상 안정적으로 정착되지 못하는데, 특히 가변성이 강한 석도 등은 인부 제작에서 변화된 새로운 종류가 출현한다. 각종 인부가 병존하며, 하나의 형태로 통일되지 않는다. 이 가운데 한쪽으로 치우친 양인과 앞뒷면이 균등한 양인이라는 새로운 형식이 주류를 점하게 되면서, 일본형 석도로의 모색이 진행된다. 실용성이 적고 사용 경험이 없던 의례 도구도 즉시 퇴화가 진행되어 정착성을 잃는다. C군의 벌채부는 형태상 죠몽적 특성에 의해 규제되면서, 중량을 증가시킴으로써 양질의 한반도 석부와 가까워지려고 노력한다(긴 사다리꼴의 편평 석부). 그리고 한편으로는 Ba의 장방형 석부를 탄생시키는데, 형태상으로도 한반도 석부와 비슷해지기 위한 시도라 하겠다. 이 단계는 대륙계마제석기의 변화와 죠몽 규제로부터의 이탈을 특징으로 한다.

제3단계 : 전기 말~중기에 해당한다. 앞선 단계의 시도가 종료되고, 일본형의 대륙계마제석기에 도달하여 이후 기본형으로 정착한다. 이러한 안정에 의하여 福岡縣 今山, 立岩과 같은 대량 생산 · 보급을 담당하는 집단의 출현이 가능하게 된다. 석도는 강화된 양인의 규슈형 C종이 되며, 벌채부는 C형의 두꺼운 석부가 완성되어 죠몽적 규제를 벗어난다. 두꺼운 석부는 한반도의 석부를 능가하는 강력한 석부이다. 새로운 한반도 청동기 문화의 전래를 배경으로 石戈와 같은 일본 독점의 마제석기도 등장하는데, 이 시기에 대해서는 이전에 언급한 바 있다.

(원전 : 1991, 「日本稻作受容期の大陸系磨製石器の展開」
『日本における初期彌生文化の成立 橫山浩一先生退官記念論集(Ⅱ)』, 橫山浩一先生退官記念事業會)

참고문헌

국립진주박물관, 1984, 『국립진주박물관』.

盧爀眞, 1981, 「有溝石斧에 대한 一考察」 『歷史學報』 89.

全榮來, 1982, 「韓國 磨製石劍・石鏃에 關한 研究」 『馬韓百濟文化』 4・5.

高山明 外, 1969, 『埋もれていた朝倉文化』, 福岡縣立朝倉高等學校史學部.

吉岡完祐 外, 1982, 『十郎川』, 住宅・都市整備公團.

唐津灣周邊遺跡調査委員會, 1982, 『末盧國』.

飯塚市敎育委員會, 1977, 『立岩遺跡』.

福岡市敎育委員會, 1967, 『福岡市有田古代遺跡發掘調査概報』.

福岡市敎育委員會, 1968, 『有田遺跡』.

山口讓治 外, 1983, 『福岡市有田七前遺跡』, 福岡市埋藏文化財調査報告書 95.

山崎純男 外, 1979, 『福岡市板付遺跡調査概報』, 福岡市埋藏文化財調査報告書 49.

森貞次郎・岡崎敬, 1961, 「福岡縣板付遺跡」 『日本農耕文化の生成』.

中島直幸・田島龍太 外, 1982, 『菜畑』, 唐津市文化財調査報告書 5.

下條信行, 1970, 『福岡市板付遺跡調査報告』, 福岡市埋藏文化財調査報告書 8.

下條信行, 1975a, 「北部九州における彌生時代の石器生産」 『考古學研究』 22-1.

下條信行, 1975b, 「未製石器よりみた彌生前期の生産體制」 『九州考古學の諸問題』.

下條信行, 1977, 「九州における大陸系磨製石器の生成と展開」 『史淵』 114, 九州大學文學部.

下條信行, 1980, 「東アジアにおける外灣刃石包丁の展開」 『古文化論攷』.

下條信行, 1985, 「伐採石斧」 『彌生文化の研究』 5.

後藤直 外, 1976, 『板付-市營住宅建設に伴う發掘報告書』, 福岡市埋藏文化財調査報告書 35.

02

벌채석부
(대형 합인석부)

번역 : 이인학

1. 縱斧로서의 벌채석부

벌채석부의 역사적·세계사적 전개에 대해서는 佐原眞(1977; 1982)이 쓴 2편의 논고에 상세하게 정리되어 있다. 본고에서 사용하는 용어는 모두 이 논문을 따르고자 한다.

일본에서 벌채석부는 죠몽시대 전기 무렵 橫斧에서 縱斧로의 전환이 이루어져(佐原眞 1977), 야요이시대에도 종부의 계보를 그대로 따른다. 벌채석부의 나무 자루는 直柄이 일반적인데, 석부 날의 방향이 자루의 장축 방향과 일치하는 장착법(이것이 종부의 특징)은 자루에 남은 장착 구멍의 형태뿐만 아니라 島根縣 松江市 西川津(佐原眞 1982), 東大阪市 鬼虎川 遺蹟(東大阪市立鄕土博物館 1983)에서 출토된 종부 장착 사례를 통해서도 확인된 바 있다. 이 직병에 장착된 석부는 합인석부로, 날의 단면이 대칭을 이루는 형태이다. 날의 단면 형태가 조개를 옆에서 볼 때와 같이 배부른 곡선을 이루고 있기 때문에 이러한 이름으로 불리게 되었다.

직병과 달리 손으로 잡는 부분과 석부를 장착하는 부분이 'ㄱ'자로 꺾어진 膝柄이 있다. 이것은 일반적으로 석부를 놓는 곳에 주상편인석부(유구석부 포함)나 편평편인석부 등의 편인석부를 장착하여 횡부로 사용하지만, 長崎縣 田平町 里田原遺蹟 출토 슬병은 주상편인석부를 옆으로 놓게 되어 있어 편인 종부의 존재를 상정하는 것도 가능하다(正林護 1976; 佐原

〈사진 1〉 대형 합인석부 각종

眞 1977).

그러나 지금까지 이러한 형태의 슴병은, 關西는 물론 九州에서도 이 유적 이외에는 출토되지 않고 있다. 따라서 편인 종부가 존재하였다 하더라도 보편적으로 보급될 정도라고는 생각되지 않기 때문에, 야요이시대 벌채석부의 주체는 합인의 종부라 할 수 있다.

그런데 우리들이 항상 보는 벌채석부는 두꺼운 몸체를 가진 단면 원통형이 많지만, 야요이시대의 초두부터 이러한 석부가 존재하였던 것은 아니다. 중국이나 한반도에서도 그러하지만 이 원통형 석부는 벌채석부 가운데에서도 가장 발전된 최종 형식이며, 일본에서도 다른 나라와 마찬가지로 단면 편평형 석부에서 시작하여 전기 후반이 되어서야 처음으로 원통형 석부에 도달하게 된다.

2. 벌채석부의 계보와 변천

일본에 논농사가 전래된 시기는 북부 규슈 죠몽 만기 후반의 山の寺·夜臼式 단순기인데, 이 시기 석부에는 이전 벌채석부와 공통되는 점과 약간 새로운 특징이 동시에 존재한다. 이를 佐賀縣 唐津市 菜畑遺蹟(中島直幸·田島龍太 1982)과 福岡市 有田七田前遺蹟(松村道博·山口讓治 外 1983)에서 살펴보자. 이 시기의 석부에는 대·소 2종류가 있는데, 七田前의 대형 석부는 길이 15cm, 인부 폭 7cm, 두께 3cm이며 무게는 400~600g이다(도 1-3). 基部와 인부 폭의 비율은 7:10으로, 기부 쪽이 30% 정도 좁다. 菜田의 소형 석부는 길이 8~11cm, 인부 폭 5cm 내외, 두께 2cm, 무게 100g 내외로, 모든 면에서 소형에 해당한다(도 1-4). 양자 모두 기부의 형태가 둥글거나 편평하지만, 인부에 비하여 뚜렷하게 좁은 것을 특징으로 한다. 출토량의 비율은 8:4로 대형이 2배에 달한다.

이것을 같은 대한해협 연안에 위치한 죠몽 후기 말·만기 초두의 福岡市 四箇, 福岡縣 絲島郡 廣田遺蹟 출토 벌채석부와 비교하면, 양자 모두 측면이 뚜렷한 면을 이루지 않는 석부 (양쪽에 뚜렷한 면을 형성한 석부는 거의 소멸)이며 대·소 2종으로 구성된다. 대형 석부의 길이, 두께는 양자가 서로 유사하지만, 죠몽 석부의 인부 폭이 6cm 전후인 것에 비해 새로 등장한 석부의 인부 폭은 6.8~8cm로 넓다. 따라서 중량도 약간 무거워지는 경향을 보인다. 또한, 죠몽 석부는 기부가 좁아 인부 폭의 30%에 불과한 것에 반하여(도 1-1), 새로 등장한 석부는 70% 정도에 이르고 있어 상대적으로 넓다.

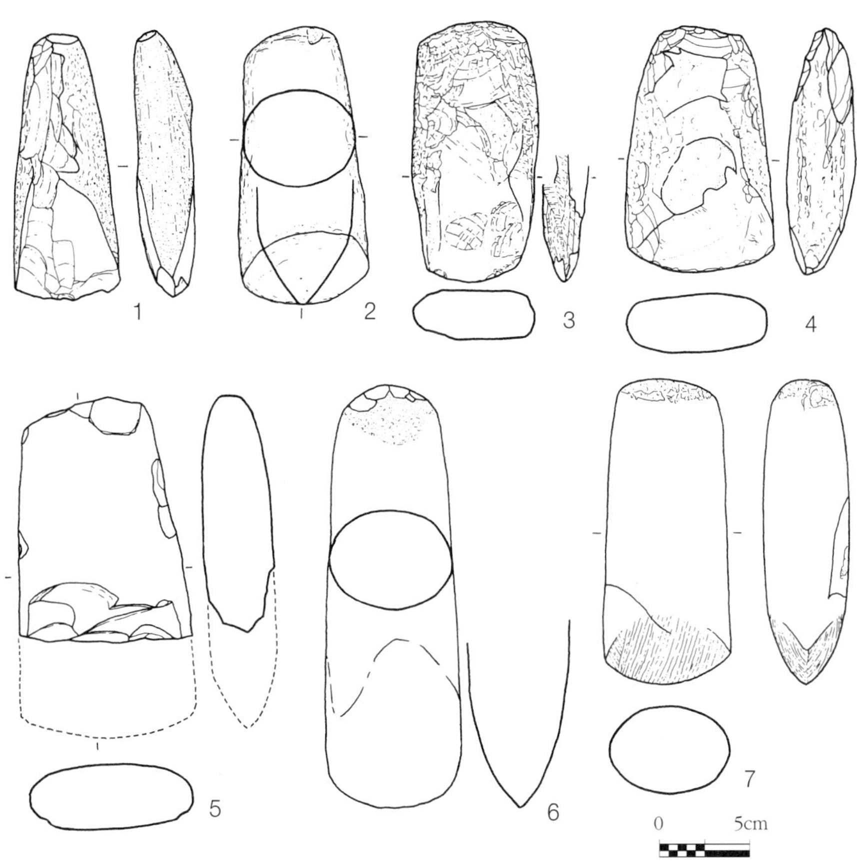

1 죠몽 만기 초두(福岡縣 廣田), 2 무문토기 전기(충청남도 송국리), 3 죠몽 만기 후반·벼농사 시작 이후(福岡市 七田前), 4 야요이 전기(佐賀縣 菜畑), 5 야요이 전기(福岡市 有田), 6 야요이 전기 말~중기(福岡市 板付), 7 야요이 중기(大阪府 池上)

〈도 1〉 벌채석부의 변천

다음으로 벼농사 전래에 있어서 계보·시간상 밀접한 관계를 갖는 한반도 남부의 무문토기시대 유적, 경기도 흔암리, 충청남도 송국리 출토 벌채석부와 山の寺·夜臼式의 석부를 비교하면, 대형 석부의 길이·무게는 서로 대응하고 있지만 두께는 한반도 석부가 4cm 가량으로 두꺼운 것에 비해(도 1-2) 일본의 석부는 3cm 가량으로 편평하다. 이와 같이 얇은 두께를 보충하기 위하여 일본의 석부는 폭을 넓게 하여 무게를 증가시키고 있다.

즉, 만기 후반에 새롭게 등장한 석부는 한반도 원통부의 영향을 받아 기부가 뾰족하다가 점차 넓어진다. 그러나 한편으로는 죠몽 석부의 규제에 의하여 양 측면이 뚜렷하지 않은 편평부를 존속시키기 때문에, 그 가벼움을 보충하기 위하여 폭을 넓혀 한반도 석부의 중량에 가까워지고자 한, 말하자면 한반도·죠몽 양쪽 석부의 자식과 같은 존재가 등장하는 것이다. 이 시기 석부와 공반하는 유물 중에서 죠몽시대의 전통을 갖지 않거나 혹은 그 영향이 적은 반월형석도·마제석촉·마제석검·편인석부의 경우, 한반도 계통의 유물이 기능과 형태를 그대로 유지하면서 직접 유입되어 죠몽 사회로 전래되었다. 그리고 활용할 수 있는 물건, 기능은 석부뿐만 아니라 토기, 수렵, 어로구 등에도 그대로 사용되었다. 이러한 양국 문화의 친밀한 교류 관계를 한 번에 표현하고 있는 것이 벌채석부이다.

야요이시대 전기 석부의 조성, 수량 비율, 형질은 앞선 시기의 것과 기본적으로 변화가 없지만, 대·소형의 석부 모두 폭, 길이가 조금 증가하면서 무게도 늘어난다. 소형 석부는 폭 6cm, 중량 300~400g 정도이며, 대형 석부는 폭 8~9cm, 길이 15~17cm, 무게 600~700g으로 조금씩 중기의 석부에 가까워져 간다. 두께의 변화가 없는 상태에서 인부 폭을 늘렸기 때문에, 편평한 느낌이 뚜렷하게 증가한다(下條信行 1977)(도 1-5).

전기(Ⅰ기)의 후반기인 板付Ⅱ식기에는 대·소형 석부 모두 몸통을 두껍게 한 것이 출현한다. 인부 폭은 변하지 않지만 두께가 3cm 정도였던 것이 5cm 가량으로 늘어나고 길이도 20cm에 가까워지며, 이에 따라 중량이 1200g으로 2배 증가된, 무겁고 두꺼운 원통부가 등장한다. 이것은 한반도 남부의 석부를 능가하는 크기로, 이러한 형식이 급속하게 전국적으로 보급된다. 한편, 기단이 좁은 것이나 기단의 형태가 비뚤게 제작된 것도 있어, 완성된 것이라 하기에는 무리가 있다.

福岡市 今山의 벌채석부 제작지에서는 전기 초두부터 석부가 두꺼워진다고 보고되었지만(折尾學 外 1981), 이 단계에 이러한 특징이 다른 곳으로 보급되지는 않는다. 今山에서 폭이 넓고 편평한 전기 형식의 미제품 벌채석부가 출토되고 있어(福岡市教育委員會 1984), 이 곳에서도 다른 지역과 공통되는 형태의 석부가 전기 초두에 제작되었음을 알 수 있다.

이러한 석부가 발전의 정점에 다다른 것이 今山에서 생산된 현무암 석부이다. 이 석부는 측면이 나란하고 기부가 편평하며 다른 원통부보다 길다. 길이는 20cm를 넘고, 폭 7.5~8.0cm, 두께 4.5~6.0cm, 중량 1.5~2.0kg에 이르는 규격품이라 할 수 있다(도 1-6). 늦어도 중기 초두(II기)에는 今山에서 전업적으로 제작된 석부가 각지로 교역된다(下條信行 1975). 후기(IV · V기)에도 약간의 벌채부가 잔존하지만, 양이 격감하고 형태적 규제도 퇴화되어 그 흔적이 희미하게 남아있을 뿐이다.

3. 중기 벌채석부의 평가와 철부

벌채석부와 편평편인 · 주상편인 등의 가공석부는 서로 연계된 사용에 의하여 목기를 완성하는 불가분의 관계에 있다. 여기서 양자의 관계를 출토 비율로 살펴보면, 菜畑遺蹟의 만기 후반에 벌채석부가 11개-65%, 가공석부(편평편인, 주상편인, 석착)가 6개-35%로 거의 2:1의 관계를 유지하고 있다. 야요이시대 전기에도 벌채석부 27개-67%, 가공석부 16개-37%로 앞선 시기와 같이 2:1의 비율이 확인되어, 이를 북부 규슈에서 벌채석부와 가공석부의 일반적인 구성비로 보아도 무방하다.

그러나 중기 후반기(III기)에는 양자의 비율에 큰 변화가 발생한다. 福岡縣 春日市 九大 캠퍼스의 구하천 출토 예를 계산해 보면, 벌채석부가 20개-80%, 가공석부가 5개-20%로 4:1의 비율로 가공부가 대폭 감소한다. 福岡市 板付 G24~26의 중기 후반 층위에서 출토된 벌채석부는 10개인데 반하여 가공석부는 확인되지 않고 있어(後藤直 · 山口讓治 外 1976), 여기에서도 가공석부의 현저한 감소가 관찰된다. 가공부는 반드시 필요한 것이기 때문에, 다른 재질, 철 등으로 교체되었다고 생각된다.

북부 규슈(福岡 · 佐賀 · 大分 · 態本)에서 야요이시대 철부의 출토량을 보면, 전기는 수입된 주조철부(자루를 끼우기 위해 속을 비운 형태)가 1개, 중기에는 수입 주조철부 2개, 국내 제작 단조철부 8개, 판상철부 11개로 총 21개, 후기에는 수입 주조철부 7개, 단조철부 78개, 판상철부 5개로 총 90개가 확인되어, 중기에 비하여 후기에는 약 4.5배의 급증을 나타낸다. 반대로 중기(II · III기)에는 후기(IV · V기)를 기준으로 하면 철부의 보급률이 20%에 지나지 않아, 동일한 생산을 올리기 위해서 80% 정도는 석부에 의존하였을 것이다.

이렇게 적은 수의 철부도 벌채부와 가공부로 나누어지는데, 주로 벌채부보다는 가공부에 철이 사용된다. 판상철부 11개 가운데 확실히 6개는 편인의 가공부이며, 千葉縣 菅生遺蹟 출토 철제 縱斧의 크기를 참고할 때 벌채철부의 가능성이 높은 것은 인부 폭 6.5cm, 길이 10.8cm의 福岡縣 粕屋郡 古大間池遺蹟 출토품 정도이다.

후기의 철부는 판상철부가 극소수이며 단조철부가 압도적으로 많은데, 중기의 단조철부도 벌채부와 가공부로 사용이 구분되어 있고 특히 소형은 가공부일 가능성이 높다. 중기에 해당하는 편인 판상철부의 인부 폭을 참고하면 폭 3.5cm 이하의 단조철부는 가공부로 생각되며, 이것을 기준으로 중기의 단조철부를 구분하면 8개의 사례 가운데 6개가 가공부로 분류된다.

이상과 같이 후기(Ⅳ·Ⅴ기)에 비해 수가 적은 철부의 대부분이 가공부로 이용되기 때문에 가공석부가 감소하는 것은 당연하며, 따라서 앞서 언급한 중기 후반(Ⅲ기) 가공석부의 감소 이유는 철부에 의하여 설명할 수 있다.

반면, 철제 벌채부의 비중은 석제 벌채부와 관계되는 것으로, 석부의 높은 잔존율도 여러 이유 가운데 하나라 할 수 있다. 벌채석부는 중기 전체에 걸쳐(Ⅲ기 말까지) 계속적으로 이용된다.

畿內에서 제Ⅳ양식 이후 板狀이나 袋狀의 철부가 증가하고 편인의 판상철부 즉 가공철부가 다수를 차지하는 것은, 철부의 확산이 규슈와 다르지 않았음을 나타낸다. 제Ⅳ양식의 兵庫縣 三田市 奈カリ興遺蹟에서는 8개의 편인 판상철부가 출토되었는데, 이 유적에서 합인이나 주상편인석부는 존재하지만 편평편인석부는 확인되지 않았다. 畿內에서도 도끼의 철기화는 가공부로부터 시작되었다고 할 수 있을 것이다. 벌채석부는 중량만 무거운 것이 아니라 석부 가운데 차지하는 가치 또한 중요하다.

(원전 : 1985, 「伐採石斧」『彌生文化の硏究』 5, 雄山閣)

참고문헌

東大阪市立鄕土博物館, 1983,「鬼虎川遺跡出土遺物にみる彌生人のくらし」.

福岡市敎育委員會, 1984,「今山遺跡」現地說明會パンフレット.

松村道博・山口讓治 外, 1983,『福岡市有田七田前遺跡』, 福岡市埋藏文化財調査報告書 95.

折尾學 外, 1981,『今山・今宿遺跡』, 福岡市埋藏文化財調査報告書 75.

正林護, 1976,「里田原遺跡出土木器の復元的硏究」『古代學硏究』79.

佐原眞, 1977,「石斧論-橫斧から縱斧へ」『考古論集』松崎壽和先生退官記念.

佐原眞, 1982,「石斧再論」『古文化論集』森貞次郎先生古稀記念.

中島直幸・田島龍太, 1982,『菜畑』, 唐津市文化財調査報告 5.

下條信行, 1975,「北九州における彌生時代の石器生産」『考古學硏究』84.

下條信行, 1977,「九州における大陸系磨製石器の生成と展開」『史淵』114.

後藤直・山口讓治 外, 1976,『板付』, 福岡市埋藏文化財調査報告書 35.

편평편인석부에 대하여

03

번역 : 류지환

1. 머리말 – 연구사와 과제

편평편인석부란 일본식 용어로, 일본 초기 벼농사 문화의 파급 지역에서 흔히 관찰되는 유물이다. 지금까지 편평편인석부에 대한 연구는 용도나 기능에 집중되어 있어, 시대적·지역적 특징을 나타내는 형식학적 연구는 거의 이루어진 바 없다. 본고에서는 형식학적 분석을 통하여 야요이시대의 지역성, 시대성, 변용성, 지역 간 관계, 성쇠 등을 밝혀보고자 한다.

편평편인석부의 연구가 위에서 언급한 바와 같이 한쪽으로 치우친 이유는 연구사에서 살펴볼 수 있다. 이러한 명칭이 일반화된 것은 1920년대로, 中谷治宇二郎(1929)은 자신의 저서 『日本石器時代提要』에서 네 가지 형식으로 분류한 마제석부 가운데 제4종을 '편평편인 석부라 부른다' 고 기술하였다. '편평편인' 이란 용어는 中谷에 의하여 명명되었지만, '편평편인석부' 란 용어를 처음으로 소개하고 사용하여 정착시킨 것은 八幡一郎(1930; 1931)이다. 그 후 山內淸男, 森本六爾, 小林行雄 등도 이 명칭을 받아들여 최근까지 널리 사용되고 있다.

용도에 대해서는 山內淸男(1932)이 「磨製片刃石斧の意義」라는 제목의 논문에서 편인석부를 자루 부착을 위한 설비가 있는 抉入片刃石斧와 이러한 부분이 존재하지 않는 方柱狀片刃石斧·편평편인석부로 구분하고, 양자 모두 새로운 경제생활인 야요이식 농업에 사용된 괭이로 이해한 바 있다. 다음 해 森本六爾(1933)도 『日本原始農業』에서 '결입편인석부, 편

<사진 1> 편평편인석부 각종

평편인석부, 鑿形石斧로 세분'하고, '괭이와 같이 인부가 가로방향으로 장착되어 … 괭이처럼 흙과 관련된 작업에 적절하며 … 땅을 가는 데에도 필요한 형태의 도구이다' 라고 하여 편평편인석부를 농기구로 보았다.

그러나 후에 山內淸男(1937)은 편인석부에는 두 종류가 있는데, '제II종에는 때로 매우 소형인 것이 있어 농기구보다는 오히려 목공구로 이용되었음이 추정된다' 고 하여 앞서의 주장을 일부 수정하였다. 八幡一郎(1941)도 '마제 편인을 괭이라고 보는 것은 무리가 있다' 고 하면서 '편평편인은 자귀, 방주상편인 · 결입편인은 끌' 로 상정하여 편인석부를 공구로 파악하였다. 小林行雄(1943)도 편평편인, 주상편인석부를 공구로 보아, 이후 편평편인석부는 공구로 다루어지게 되었다.

이것이 중국 · 한국의 대륙 계통이며 야요이시대 유적에 수반된다는 점은, 中谷(1925), 山內(1932) 모두 언급하였고 이에 대한 반대 의견은 없다. 이상과 같이 편평편인석부에 관한 초기의 연구는 시대의 요청에 따라 용도론에서 시작하였기 때문에, 이것이 결정된 이후에는 더 이상 연구가 진전되지 않았다. 그 후 松原正毅(1971)가 발굴조사를 통하여 새롭게 출토된 목제 자루나 민속품 등을 근거로 다시 그 용도가 공구임을 증명한 바 있다.

2차 대전 이후가 되면 몇몇 연구자에 의하여 형식학적 정리가 이루어진다. 松原은 동아시아의 편인석부를 다루면서, 평면형과 횡단면형을 기준으로 편평편인석부를 분류하였다. 또, 발굴보고서에도 크기를 기준으로 한 분류가 있다. 편평편인석부가 다량으로 출토된 大阪府 池上遺蹟(大阪文化財センター 1979), 愛知縣 朝日遺蹟(愛知縣埋藏文化財センター 1993), 神奈川縣 砂田臺遺蹟(神奈川縣立埋藏文化財センター 1991) 등에서는 폭과 길이를 기준으로 세 가지로 분류하고 있다. 편평편인석부에 대형과 소형이 존재하는 것은 분명하며, 이 분류 기준도 지역성, 시대성을 밝히는 데에 유효하다. 砂田臺遺蹟에서 시행된 정교한 제품과 조잡한 제품의 구분도, 특히 지역의 특색을 파악하는 방법으로 유효하다. 이러한 가운데 필

자는 大陸系磨製石器의 전반적인 분류와 편년안을 제시하면서, 본고의 기초 자료인 편평편인석부의 분류 편년에 대해서도 다룬 바 있다(下條信行 1994).

2. 소형편인석부와 편평편인석부의 분류

죠몽 소형편인석부와 편평편인석부 : 이상과 같이 편평편인석부는 연구의 시작부터 대륙계마제석기로 평가되어 왔다. 한편, 죠몽시대 편인석부의 존재도 인식되고 있었지만(山內淸男 1932), 편평편인석부를 급하게 '괭이'로 상정함으로써 죠몽 편인석부에 대한 평가는 관심을 끌지 못하였다. 확실히 죠몽시대에는 벌채석부와 비교하여 소형편인석부의 출토량이 적지만, 전국적으로 출토되며 특히 죠몽 후만기에 출토 예가 증가하고 있다. 현재까지 이러한 죠몽 편인석부에 대한 적당한 용어가 없기 때문에, 일단 죠몽 소형편인석부로 부르고자 한다. 편평편인석부와는 뚜렷하게 구분되는 아래와 같은 형식적 특징을 갖추고 있다.

1) 평면형은 基部가 인부보다 좁은 사다리꼴이나 타원형이 기본형이며(도 1-1 · 3), 이 가운데에는 세장한 형식도 있다(도 1-2). 기부는 둥근 것, 뾰족한 것, 좁고 편평한 것 등이 존재하며, 마무리는 조잡한 편이다. 인부는 둥근 형태(弧刃)를 이룬다.

2) 측면의 모서리를 둥글게 처리하여 애매하게 약한 면을 형성한다. 횡단면은 편평한 타원형이 된다. 몸통, 측면 모두 팽만해진다.

3) 인부는 양면으로 마연되어 있지만 균등하지 않다. 좀더 잘 마연된 쪽이 인부면이 된다. 인부의 길이가 길수록 인부의 각도는 완만해진다. 능이 형성되어 있지 않으며, 형성되어 있어도 매우 약하여 비교적 둥근 편이다. 종단면형, 횡단면형 모두 몸통 중앙이 부풀어져 편평한 타원형을 이룬다.

4) 석재는 사문암, 편암 등으로 벌채석부와 동일하다.

이상의 특징을 다시 정리하면 평면은 기부가 인부보다 좁은 타원형 또는 사다리꼴이며, 측면은 뚜렷한 면을 이루지 않고 인부가 둥글면서 능을 형성하지 않는다. 이것은 동아시아 각지의 출현기 소형편인석부 특징과 공통되는데, 중국 양쯔강 하류의 浙江省 河姆渡 제3 · 4층, 중국 遼寧省 小珠山 중층 및 상층(龍山文化), 북한지역 빗살무늬토기시대 평안남도 궁산 출토의 소형편인석부와 같은 형태이다. 이러한 사례 등을 근거로 죠몽시대의 편인석부도 초기 단계의 편인석부로 위치시킬 수 있다. 이를 J(죠몽)형이라 부르겠다.

편평편인석부의 특징과 전래 계보 : 일본에서 편평편인석부라 불리고 있는 것에는 매우 다양한 형식이 존재하는데, 야요이시대 유적에서 출토되면 J형도 편평편인석부라 칭해지고 있다. 이러한 문제를 해결하기 위하여 편평편인석부의 형식적 특징을 분명히 해야만 한다.

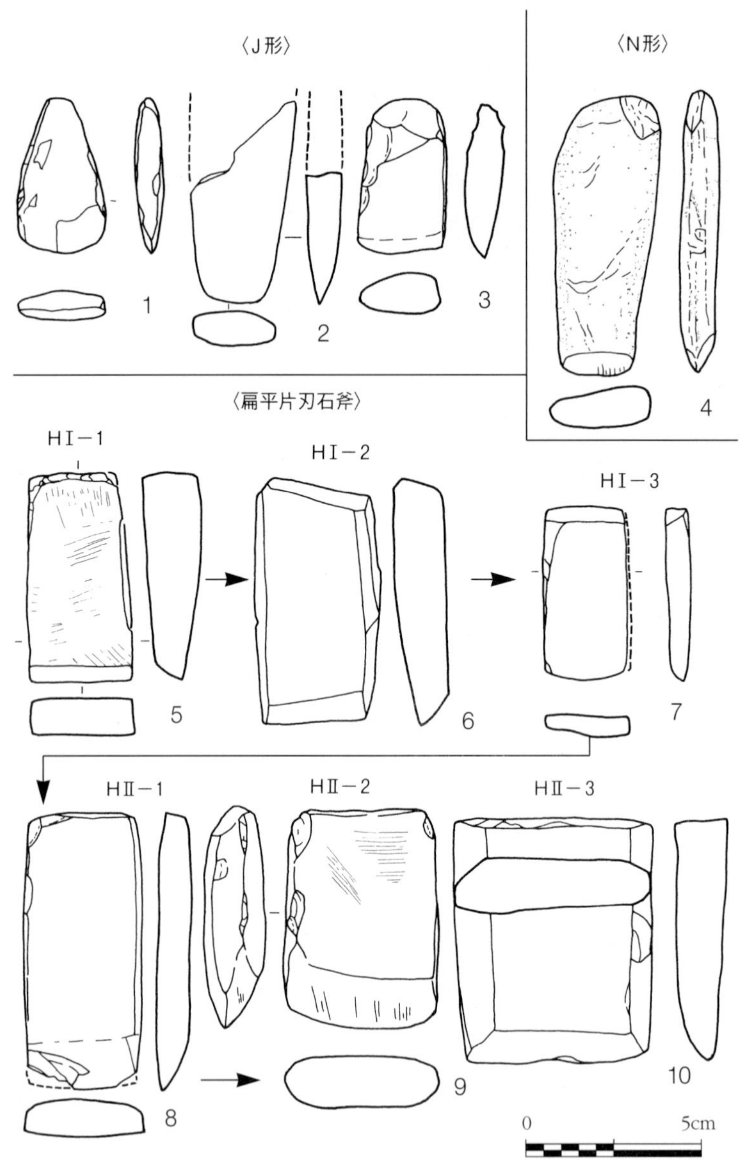

1 富山 · 境A(죠몽 후만기), 2 愛媛 · 大淵(죠몽 만기), 3 愛媛 · 中寺(만기~야요이 초), 4 德島 · 庄(전기), 5 佐賀 · 菜畑(죠몽 만기), 6 山口 · 綾羅木(전기), 7 福岡 · 津古內畑(전기), 8 愛媛 · 來住(중기 초), 9 香川 · 矢の塚(중기 후반), 10 兵庫 · 田能(중기)

〈도 1〉 소형편인석부의 각 형식

일본 편평편인석부의 초기 수용지역에서 기본형으로 상정되는 佐賀縣 菜畑 8層下(죠몽 만기) 출토품(도 1-5)을 통하여 그 특징을 정리하면 아래와 같다.

1) 네 변이 직선적인 장방형을 이룬다. 즉, 기부는 편평하며 인부도 직선이다. 능도 직선적인 인부에 대응하여 직선을 이룬다. 기부가 조잡하게 만들어진 경우도 약간 존재한다.

2) 측면이 면을 이루기 때문에 횡단면은 장방형이 된다.

3) 앞뒷면, 측면 모두 매끄럽게 마연된 규격화된 석부이다. 종단면을 보면 기부가 두껍고 인부가 얇은 것, 앞면은 직선인데 반해 뒷면은 곡선을 이루는 것이 확인된다. 날은 급하고 짧게 꺾여 예리하다.

4) 석재는 이암, 혈암 등 미세한 입자의 퇴적암 계통이 대부분이다.

이상과 같이 J형과의 형식적 차이는 분명하다. J형에 비해 편평편인석부는 직선과 곡선을 교묘하게 조합한, 기하학적 기획성이 강한 의도적 작품이다. J형과의 형식적인 연속 관계는 없다.

이렇게 기하학적 완성도가 높은 마제 편인석부가 동아시아 각지에서 신석기시대 후반 단계부터 출현한다. 양쯔강 하류의 崧澤期, 遼東半島 小珠山 상층기(龍山 병행기), 한반도 전기 무문토기 단계, 일본 죠몽 만기 후반 벼농사 전래와 함께 출현한다. 이러한 석기를 중국에서는 錛이라 하며, 한반도에서는 대팻날, 끌이라 부르고 있다. 편평편인석부는 이들과의 계보 관계에 있는 대륙계마제석기의 하나로, J형과의 계보 관계는 없다.

그렇다면 이 석부의 고향은 어디일까? 그 후보지로서 양쯔강 하류나 한반도 남부를 들 수 있다. 양쯔강 하류에서는 崧澤期 이후 기하학적 제품이 완성되어 良渚期를 거쳐 湖熟期까지 계속되는데, 崧澤~良渚期에 有段石錛이라 불리는 뒷면 중앙에서 상부 사이에 단이 형성되어 있는 매우 완성도가 높고 예리한 편인석부가 출현하며, 이것이 단이 없는 것과 병존하면서 湖熟期까지 성행한다. 그러나 일본에는 유단석분이 전혀 전해지지 않았으며 세련되고 독특한 기술 또한 반영되지 않았기 때문에, 이 루트는 비관적이라 말하지 않을 수 없다.

한편, 한반도에서는 전기 무문토기 문화 단계부터 다수 확인되며, 그 형식적 특징도 일본의 편평편인석부와 일치한다. 이밖에 한반도 남부에서 편평편인석부와 함께 유구석부, 반월형석도, 유병식석검, 유경식석촉 등도 동시에 북부 규슈로 전해져, 양 지역은 밀접한 교류 관계에 있었다고 하겠다.

편평편인석부의 배열과 연대 : 한반도 남부에서 전해진 편평편인석부는 그 후 일본에서 독자적으로 전개된다. 그 전개는 전후의 2단계로 구분되며(전 단계를 Ⅰ, 후 단계를 Ⅱ), 이를 다시 1, 2, 3 등으로 세분할 수 있다. 아래에서는 편평편인식부를 H로 표현하겠다(편평편인의 일본어 발음인 '헨페이진'에서 첫 글자를 따옴). 따라서 HⅠ-1이라고 하면, 편평편인석부 Ⅰ단계 1형식을 나타내는 것이 된다.

HⅠ은 한반도에서 전래된 일본 편평편인석부가 대륙 편인석부의 특징을 유지하면서, 한편으로 서서히 일본적 변형이 이루어지는 단계이다. 이것을 뒷면의 형태 변화와 인부의 특징을 기준으로 3형식으로 나눌 수 있다.

HⅠ-1(도 1-5) : 앞서 편평편인석부의 모델로 제시한 일본 편평편인석부 전래 당시의 형식이다. 몸통은 기부가 두꺼운데 반해 인부는 얇고, 종단면을 보면 뒷면이 기부에서 인부 방향으로 곡선을 이루는 것이 확인된다. 능에서 인부 끝까지의 길이는 짧고 예각이며 날은 날카롭다. 한반도 남부에서는 전기 무문토기 단계, 일본에서는 佐賀縣 菜畑遺蹟, 宇木汲田遺蹟 등 죠몽 만기에 출현한다. 출토는 출현기에 한정되며, 사례 또한 적은 편이다.

HⅠ-2(도 1-6) : 아직 기부 쪽이 두껍긴 하지만, 거의 인부 두께와 비슷해진다. 뒷면의 단면은 곡선을 이룬다. 인부의 길이가 길어지고 각도도 완만해져, 앞선 형식에 비하여 날카로움이 덜하다. 한반도에서는 전기 무문토기 단계, 일본에서는 만기에 출현하여 福岡市 板付遺蹟, 福岡縣 今川遺蹟, 佐賀縣 柏崎貝塚 등 板付 Ⅰ식기에 주로 확인되며 이른 시기의 板付 Ⅱ식기까지 공반한다. 일본 출토품 중에는 규격을 벗어난 인부가 다수 관찰된다.

HⅠ-3(도 1-7) : 기부와 인부의 두께가 같아지고, 뒷면의 단면은 직선이 된다. 그 결과 앞뒷면의 단면선이 평행을 이루게 된다. 두께가 얇아져 빈약한 느낌이 든다. 인부의 길이가 길어져 각도는 둔각을 이루며 둥근 면을 형성하고 있어, 날카로운 느낌이 사라진다. 이 중에는 능이 없어지거나 뒷면이 안쪽으로 휘어진 것도 출현하여, 원래 형태로부터의 후퇴가 인정된다. 이러한 경향은 만기 말에 시작되어 板付 Ⅱ식기에 두드러지며 중기 초두까지 계속된다.

이상과 같이 편평편인석부는 만기에 전래된 HⅠ-1을 기본으로 하여 HⅠ-2→HⅠ-3으로 퇴화한다. 특히 HⅠ-3은 일본식 변형품으로, 출토량도 많고 분포지역도 넓다. 이렇게 대륙에서 전래된 새로운 도구는 강화·발전이 아니라, 약화되고 규격에서 벗어나는 형태로 전개되었다. 이는 일본에서 확인된 대륙계마제석기의 방향과 성격이며, 같은 편인 마제석부인 주상편인석부에서도 동일한 경향이 관찰된다.

HⅠ의 뒤를 잇는 HⅡ는, HⅠ이 보유한 대륙적 특징을 대폭 후퇴시켜 일본적으로 변형시켰다. 평면형, 횡단면형, 인부의 형태에서 특징이 나타나며 제작도 조잡해진다. 기부는 타격조정 시 생긴 흔적을 그대로 남긴 것이 많다. 석재도 현지에서 생산된 것으로 전환된다. HⅡ에도 몇 개의 단계적 변화가 있다. 중기 초두에 출현하여 여러 지역에서 주요한 형식이 되며, 중기의 전 기간에 걸쳐 사용되었다.

HⅡ-1(도 1-8) : 평면 장방형, 직선적 인부, 약한 능, 양측에 뚜렷한 면, 평행한 앞뒷면 단면선 등 HⅠ-3의 요소가 그대로 남아있지만, 앞면이 약간 부풀기 시작한다. 횡단면형에서 그 특징이 나타나는데, 뒷면은 수평이지만 앞면은 불룩하게 반원형을 이루고 있다. 이는 자갈의 면을 다듬을 때 앞면은 자연적인 면을 그대로 두고 뒷면만을 타격하였기 때문이다. 즉, 자갈 표면의 곡선을 평탄하게 만들기 위하여 세밀한 2차 조정이나 마연을 행하지 않고 자연의 형상 그대로 방치한 것이다. 또, 앞면과 측면의 모서리에 2차 조정 시 발생한 타격 흔적을 그대로 남겨두는 등 제작상의 결함이 뚜렷하다. 대체로 전기 말부터 중기 초두에 출현한다.

HⅡ-2(도 1-9) : HⅡ의 전형적인 형태로서, HⅠ에서 크게 벗어나 일본의 독자적 편평편인석부로 완성된다. 양 측면·기부·인부에 직선이 없어지고 불룩해지며, 인부와 기부 모두 둥근 형태가 된다. 능이 없어지지만 흔적만 남아있는 경우 인부가 둥글어짐에 따라 능도 둥글게 된다. 뒷면만 타격하고 앞면은 자연적인 면을 그대로 유지하는 것은 앞선 형식과 같지만, 측면의 2차 조정 흔적을 마연으로 제거하여 둥글게 마무리한 점은 다르다. 이는 먼저 앞면 가까이만 둥글게 마연하던 것이 뒷면까지 이르게 되어, 그 결과 측면에 뚜렷한 면을 이루지 않게 된 것이다. 앞면에는 자연적인 곡선이 유지되며 측면은 불룩하기 때문에, 횡단면은 납작한 타원형이 된다. HⅠ에 비하여 둥근 느낌이 강한, 규격에서 벗어난 형태를 이룬다.

HⅡ-3(도 1-10) : 측면에 뚜렷한 면이 형성되어 있지만, 뒷면에서 앞면 방향으로 비스듬하게 마연하여 횡단면은 사다리꼴에 가깝다. 마연 상태가 나쁘기 때문에 불규칙한 사다리꼴이 되며, 2차 조정의 흔적도 뚜렷하게 남아있다. 둥근 느낌은 적지만 역시 규격을 벗어난 형태를 이루고 있다.

이상과 같이 편평편인석부는 2단계의 변화과정을 보인다. Ⅰ단계는 대륙적 규제의 틀에서 벗어나고자 시도하였으며, Ⅱ단계에 그 이탈이 확실하게 진행되어 일본적인 형태로 변화한다. 이러한 변화에는 J형과 공통되는 부분이 많아 죠몽적 회귀 현상이 관찰된다. 공통점으로 기부와 인부의 둥글어짐, 측면과 앞뒷면의 볼록해짐, 능의 소멸 등을 들 수 있다.

편평편인석부 대형과 소형 : 편평편인석부에는 대형과 소형의 2분류, 또는 중형을 더한 3분류가 있다. 폭을 기준으로 한 분류와 길이를 기준으로 한 분류가 있지만, 폭과 길이는 대부분 비례 관계에 있다. 필자는 3분류의 중형과 소형을 합쳐 소형으로, 그 나머지를 대형으로 하여 2가지로 분류하였다. 대형과 소형은 일본뿐만 아니라 중국이나 한반도에서도 관찰되는 보편적인 구분이며, 대개 폭 4.5cm를 경계로 양분할 경우 소형품이 압도적으로 많다. 대형이 차지하는 비율은 한반도 남부에서 전체의 10% 미만으로 추정되어, 일본 HⅠ단계도 같은 비율로 상정할 수 있다. 그런데 HⅡ단계가 되면 大阪府 池上遺蹟에서 28.3%(대형은

4.2cm 이상), 愛知縣 朝日遺蹟에서 9.4%, 神奈川縣 砂田臺遺蹟에서 21.5%로, HI 단계보다 증가하고 있다. 이러한 소형의 감소, 대형의 증가는 철부의 보급과 관련되기 때문에 지역별 검토가 필요하며, 전국을 하나로 묶어 다루는 것은 불가능하다.

또 하나의 소형 편평편인석부 N형 : 지금까지 죠몽 계통의 소형편인석부인 J형과 대륙계의 편평편인석부 H형을 다루었지만, 이외에 또 한 종류의 소형편인석부가 있다. 소형 막대기 모양 자갈의 끝 부분을 직접 마연한 편인석부로, N형(Natural의 N)이라 부를 수 있다(도 1-4). 세부적으로 보면 鑿形 편인석부와 비슷한 부분이 많다. 야요이시대 전기부터 공반되어(高知縣 田村遺蹟, 德島縣 庄遺蹟), 중기 후반에는 東海에서 關東까지 확산된다(神奈川縣 砂田臺遺蹟). 죠몽시대에는 이러한 석부가 적고 대륙에도 존재하지 않기 때문에 새로운 검토가 요구되지만, 현재로서는 편평편인석부의 파급 여파에 의해 발생한, 현지 생산의 간편한 대용품으로 보고 싶다.

3. 편평편인석부의 보급–시기적 전개

편평편인석부가 일본 각지로 보급되는 과정을 아래에서 시기별로 기술하겠다.

죠몽 만기 : 한반도 남부로부터 벼농사와 함께 전래되어, 북부 규슈의 佐賀縣 菜畑, 宇木汲田遺蹟, 福岡縣 曲り田, 有田七田前, 板付, 雀居, 江辻遺蹟 등에서 출토된다. 일부 J형을 포함하지만 대다수는 H형이다. HI-2를 중심으로 HI-1을 포함하며, 江辻이나 曲り田遺蹟에서는 HI-3에 가까운 것이 출현한다. 만기 후반의 벼농사는 중부 瀨戶內까지 파급되었지만, 편평편인석부는 전해지지 않았다. 서부 瀨戶內의 松山市 大渕遺蹟에서는 J형을 사용하고 있다. 초기 벼농사 단계에 뛰어난 공구가 새롭게 출현하였지만, 쉽게 전국적으로 확산되지 않고 많은 지역에서 죠몽 사람들이 선택적으로 수용하였다.

板付 I식기 : 板付 I식 토기의 분포 범위인 북부 규슈 대한해협 연안 이상으로 확산되지 않고, 분포권 안에 포함된 菜畑遺蹟, 福岡市 十郎川遺蹟, 板付遺蹟, 福岡縣 今川遺蹟 등에서 출토되고 있다. HI-1이 사라지고 HI-2와 HI-3이 주요 형식이 된다. J형도 일부 존재한다.

板付 II식기 : 이른 단계의 板付 II식기에는 HI-2도 존재하지만 대다수는 HI-3이며, 북부 규슈를 벗어나 동북부 규슈에서 瀨戶內, 關西, 東海까지 확산된다.

이른 단계인 板付 IIa식기가 되어서 처음으로 광역적인 분포를 보이기 시작한다. 북부 규슈의 佐賀縣 柏崎遺蹟, 福岡縣 大井三倉遺蹟, 동북부 규슈의 福岡縣 葛川遺蹟, 서부 瀨戶內의 山口市 小路遺蹟, 중부 瀨戶內의 香川縣 林·坊城, 大浦浜遺蹟 등에서 약간 퇴화한 H I -2가 출토되는데, 이러한 광역 분포가 시작될 때에는 수용할 장소에서 받아들이기 위한 일정 적응 기간이 필요하다. 하지만 板付 IIa식기는 광역화의 초기 단계이기 때문에 출토 사례가 적다. 板付 II식기의 중엽 이후가 되면, 瀨戶內 각지에서 關西까지 보편적으로 편평편인석부가 출토된다. 형식은 대부분이 H I -3이지만, 大阪府 山賀, 池島, 美園 출토 예에서 관찰되는 바와 같이 능이 없어진 퇴화 형식이 많다. 말기에는 伊勢灣 연안의 愛知縣 山中遺蹟까지 도달한다. 인부가 결실된 파손품이지만 일단 규격적인 방형을 이루고 있어 H I 단계의 범주에 속한다고 생각된다. 하지만 측면이 둥근 것이나 신부가 완만하게 부풀어 오르는 등 이미 HII 단계의 특징을 암시적으로 보여주고 있다.

이상과 같이 이 시기에 처음으로 광역화가 달성되었는데, 高知縣 田村遺蹟이나 德島市 庄遺蹟에서는 N형과 공반 출토된다. 양적으로는 압도적으로 N형이 많아 대다수를 차지한다. 田村遺蹟에서는 가장 이른 단계인 田村 I 기(板付 IIa식과 병행)에 수입된 석재로 만든 완전한 H I -3이 전해진다. 그러나 이것이 보급되지 않고 간편화된 N형이 대다수를 차지하는 것은, 板付 II식기가 되어도 H I -3이 수용·정착되지 않았거나 아니면 정착할 수 없었던 지역이었음을 나타낸다. 이 유적에서는 중기 후반이 되어도 여전히 N형을 다수 사용하고 있어, 다른 지역에서처럼 수용을 위한 적응 기간의 문제가 있었던 것이 아니라 특별한 고유 문화의 존재 때문일 가능성도 배제할 수 없다.

H I 단계의 석재는 줄무늬를 가진 회백색·황회색·녹회색 등의 응회암계 퇴적암으로 통일되어 있다. 이는 한반도나 북부 규슈와 공통하는 현상이지만, 瀨戶內 동쪽에서는 그 존재를 들은 바 없고 미제품의 출토 사례도 없다. 알려져 있는 일본 내 제작 장소는 福岡市 比惠遺蹟이나 福岡縣 鹿部遺蹟 등 대한해협 근처에 한정되기 때문에, 북부 규슈에서의 수입품일 가능성도 생각할 수 있다. 그 때문인지 瀨戶內에서는 H I -1이나 H I -2가 적은 편이다. 동일한 석재를 사용한 H I -3 단계는 석재의 지역 내 생산이 시작되는 시기로, 이를 통한 양적 확대가 뚜렷해진다. 각 지역에서 석재의 자체 공급은 생산의 증대를 가져왔지만, 대륙 형식의 규제로부터 자유로워진 결과 규격을 벗어나는 현상이 더욱 가속화되었다. 이러한 양상이 본격화되는 것이 HII 단계이다.

東海의 동쪽에서는 HII 단계 이후가 되어서야 본격적으로 출현한다. 伊勢灣 연안의 愛知

縣 朝日遺蹟에서 HⅠ-3은 소수에 불과하지만, 중기 전반 이후 HⅡ의 출토가 두드러진다. 靜
岡縣의 HⅡ 출현은 河合遺蹟에서 관찰되는 바와 같이 중기 중엽~후반, 神奈川縣은 중기 후
반의 宮の臺式부터이며, 關東 여러 지역의 출토품은 이보다 늦은 시기에 해당하는 것이다.

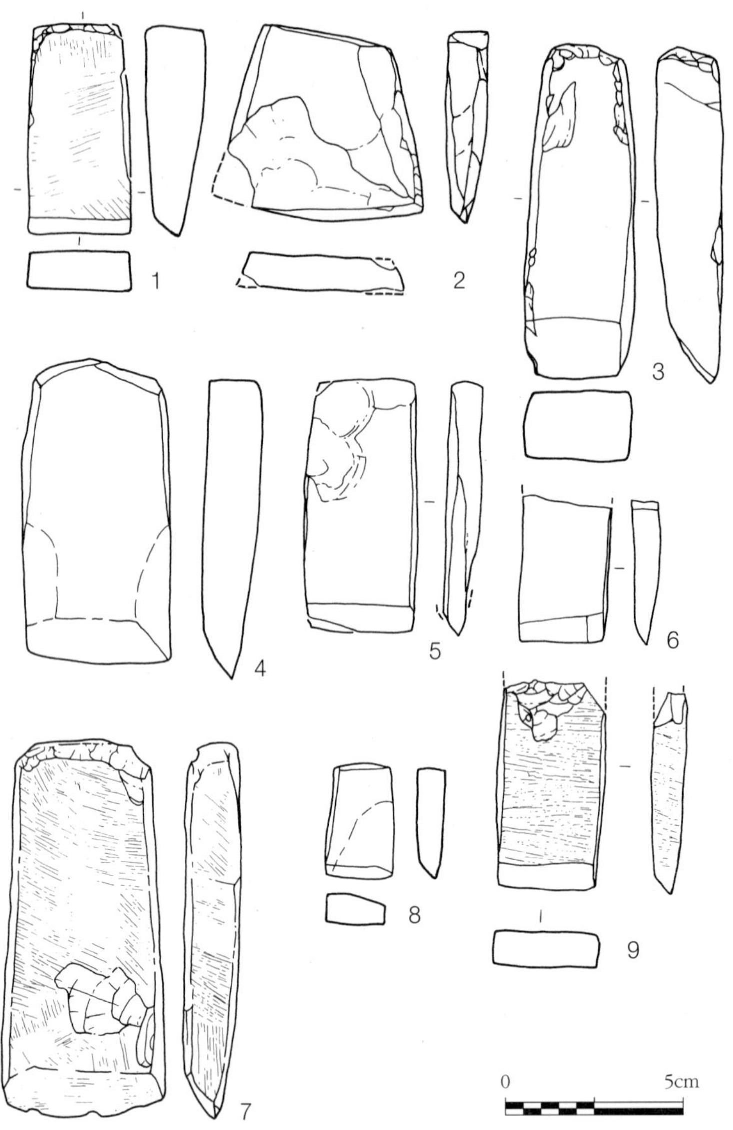

1 佐賀·菜畑(죠몽 만기·HⅠ-1), 2 佐賀·宇木汲田(板付Ⅰ식·HⅠ-2), 3 福岡·板付(죠몽 만기·HⅠ-2),
4 福岡·板付(板付Ⅰ식·HⅠ-2), 5 福岡·今川(板付Ⅰ식·HⅠ-2), 6 福岡·板付(板付Ⅰ식·HⅠ-2),
7 福岡·十郎川(板付Ⅰ식·HⅠ-2), 8 福岡·板付(板付Ⅰ식·HⅠ-3), 9 佐賀·柏崎(板付Ⅱa식·HⅠ-2)

〈도 2〉 북부 규슈 1

東北 북부나 北海島에 대해서는 서쪽으로부터의 해석이 자연스럽게 이루어지지 않는다. 이 지역은 죠몽시대부터 전개된 편인석부의 흐름 속에서 고찰할 수 있을 것이다.

4. 각 지역 편평편인석부의 동향

북부 규슈(도 2 · 3) : 대한해협 연안을 중심으로 그 내륙부터 筑紫平野나 熊本縣 북부에 이르는 지역이다. 죠몽 만기 후반에 먼저 HⅠ-1이 출현하고(도 2-1), 같은 시기에 HⅠ-2도 등장한다(도 2-2). 板付 Ⅰ식기에는 HⅠ-2가 주로 확인되지만(도 2-4~7), HⅠ-3도 출현한다(도 2-8). 板付 Ⅱ식기가 되면 HⅠ-2가 남아있지만(도 2-9), HⅠ-3이 다수를 차지하여 중기 전반까지 지속된다(도 3-1~3 · 5~9). 중기 초두에는 HⅡ-1(도 3-4)과 HⅡ-2가 소수나마 등장하지만, 정착되지 않고 자취를 감춘다.

늦어도 중기 중엽에는 일정한 형태의 제품은 사라지고, 인부보다 좁은 기부에 얇은 몸통, 둥근 인부, 능이 없는 퇴화 형식이 흔적으로 남을 뿐이다. 이상은 모두 소형품으로 이 지역에서 대형품은 거의 발달하지 않는다. 가장 빨리 편평편인석부를 수용하여 제일 먼저 자취를 감춘 지역이다. 소멸의 이유는 편평편인석부와 동일 기능을 담당한, 주조 철기 박편을 다시 연마한 소형편인철부의 출현과 보급에서 찾을 수 있다. 또, 대형 편평편인석부가 출현하지 않는 것도 일찍부터 편인철부로 대체된 결과라 하겠다. 이 지역은 다른 지역보다 먼저 편인공구의 鐵斧化가 이루어졌으며, 이는 편인석부의 소멸을 더욱 빠르게 진전시켰다.

동북부 규슈(도 4) : 福岡縣 동부(遠賀川 동쪽)에서 大分縣 해안에 걸치는 지역으로 響灘, 周防灘, 別府灣에 접한다. 처음 출현하는 시기는 福岡縣 葛川遺蹟 출토의 板付 Ⅱa식기로(下條信行 1993), HⅠ-2가 가장 이른 형식이다(도 4-2 · 6). 양적으로는 소수에 불과하며, 대신 HⅠ-3이 다수를 차지한다(도 4-1 · 3 · 4 · 5). 이러한 HⅠ 단계에는 전기 말부터 중기 초두 무렵까지 J형식이 공반되는 경우가 있다(大分縣 下郡遺蹟). HⅠ의 마지막 단계는 중기 초두에서 약간 늦은 시기까지로 그 이후에 HⅡ로 전환되는데(도 4-7 · 8), 다수를 차지하는 형식은 기타큐슈 高津尾遺蹟에서 관찰되는 바와 같이 HⅡ-2이다(도 4-8). 高津尾遺蹟에서 확인되는 또 하나의 특색은 대형품의 출현이다(도 4-9). 이러한 점은 북부 규슈와 다르지만, 瀨戶內 등에 비하면 양적으로 적은 편이다. 형태적으로는 시기의 흐름에 따라 퇴화되지만, 측면이 뚜렷한 변을 이루고 각 변이 직선적으로 마무리되는 등 형태의 규격성에서는 瀨戶內나 關西

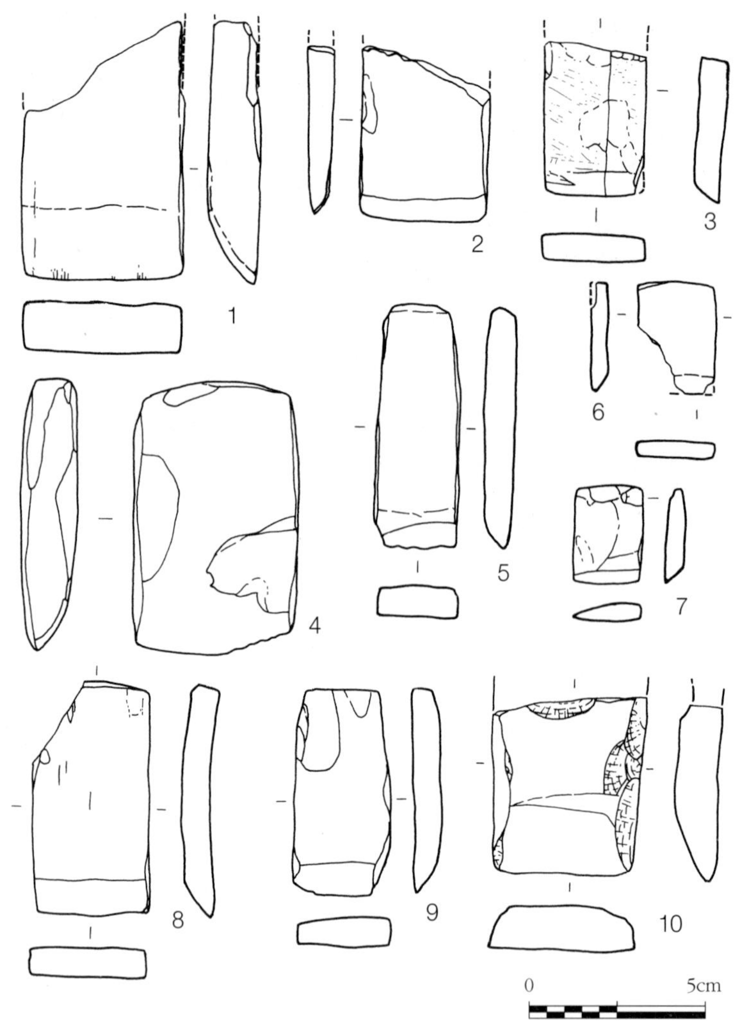

1 福岡 · 比惠(板付 II 식 · H I -3), 2 福岡 · 大井三倉(板付 IIa식 · H I -3), 3 福岡 · 有田(板付 I 식 · H I -3),
4 福岡 · 蓬ケ浦(중기 초 · HII-1), 5 福岡 · 北松尾口(중기 초 · H I -3), 6 福岡 · 蓬ケ浦(중기 초 · H I -3), 7 福岡 · 鹿部
(중기 초 · H I -3), 8 佐賀 · 西不動(전기 말~중기 초 · H I -3), 9 福岡 · 鹿部(중기 초 · H I -3), 10 福岡 · 那珂(중기 후반)

〈도 3〉 북부 규슈 2

출토품에 비하여 높은 질을 유지하고 있다(도 4-8). 중기 중엽에 거의 자취를 감추지만, 山口縣 下七見遺蹟과 같은 주변 지역에서는 중기 후엽까지 잔존한다.

세토우치(도 5 · 6) : 죠몽 만기 후반에 벼농사가 전래되어(下條信行 1995) 변형된 반월형석도 등이 출현하지만, 같은 대륙 계통임에도 불구하고 편평편인석부는 전해지지 않는다. 愛媛縣 大渕遺蹟에서 출토된 편인석부 가운데 대륙 계통은 없고, 죠몽 계통의 J형(도 5-1)이

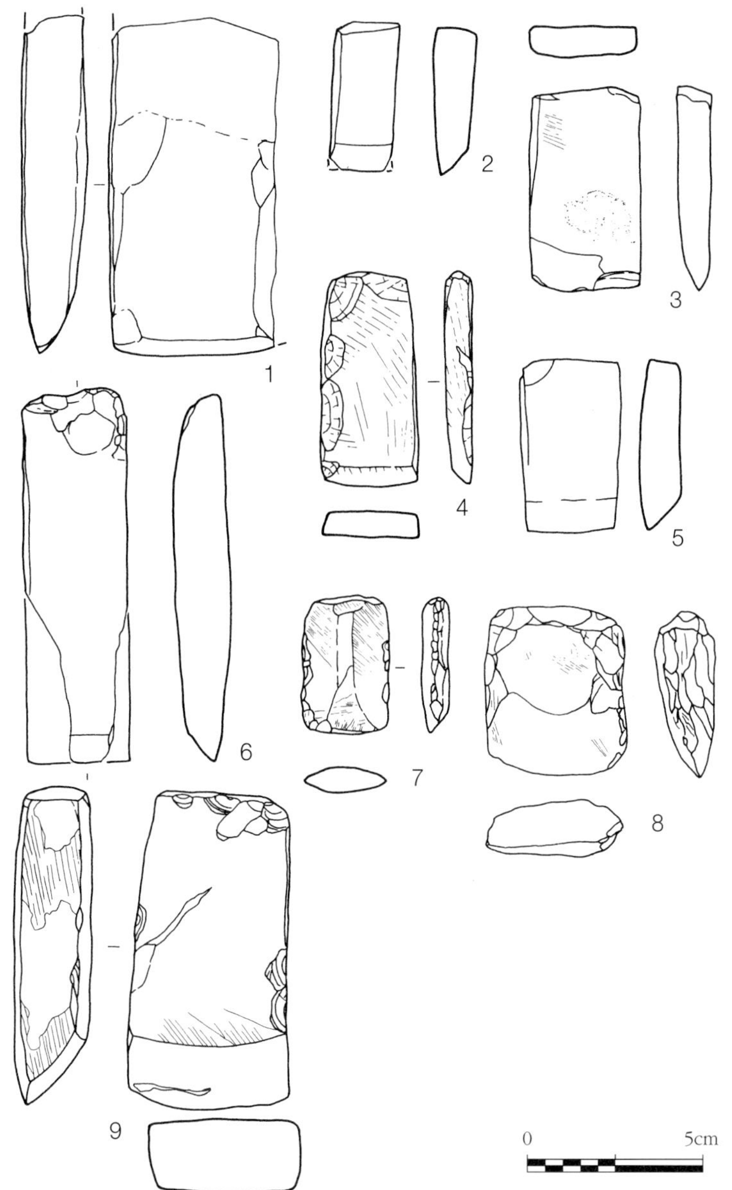

1 福岡 · 葛川(板付 IIa식 · HⅠ-2), 2 大分 · 米竹(板付 II식 · HⅠ-2), 3 福岡 · 下の方(板付 II식 · HⅠ-3),
4 福岡 · 下稗田(전기 말 · HⅠ-3), 5 大分 · 東上田(전기 · HⅠ-3), 6 福岡 · 中桑野(전기 말~중기 초 · HⅠ-2),
7 福岡 · 重富(중기 중 · HⅡ-2), 8 福岡 · 高津尾(중기 · HⅡ-2), 9 大分 · 森山(중기 전 · HⅡ)

〈도 4〉 동북부 규슈

사용되고 있다. 瀬戸內에서는 죠몽 문화의 전통이 북부 규슈보다 강하여, 죠몽 만기~초기 야
요이 유적인 愛媛縣 中寺洲尾遺蹟에서도 J형이 출토되었다(도 5-3). 편평편인석부의 줄현은

板付 Ⅱa식기 이후부터로, 山口縣 小路, 香川縣 林·坊城, 大浦浜에서 퇴화 HⅠ-1 또는 HⅠ-2가 출토된다. 세로 단면이 HⅠ-1에 가까운 林·坊城 출토품도 각 면의 마연이 매끄럽지 않고 능을 갈아서 무디게 하는 등 북부 규슈의 HⅠ-1과 같은 날카로움이 없다. 대다수는 HⅠ-3(도 5-4·5)으로, 전기 말의 香川縣 鴨部川田遺蹟에서 출토된 다수의 사례는 모두 이 형식이다. 북부 규슈와 동북부 규슈에 비하여 출토량은 상당히 적은 편이며, 鴨部川田에서는 J형

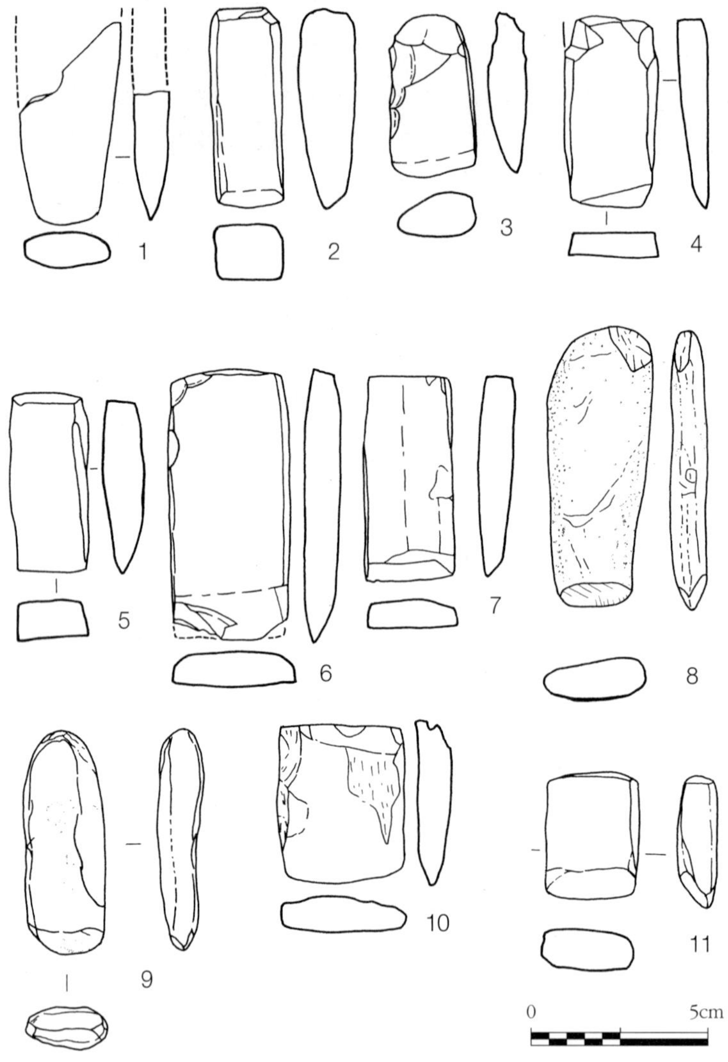

1 愛媛·大淵(죠몽 만기·J형), 2 香川·林坊城(板付 Ⅱ식·변형 HⅠ-2), 3 愛媛·中寺洲尾(죠몽 만기~전기·J형), 4 山口·下右田(전기 말·HⅠ-3), 5 岡山·南溝手(전기·HⅠ-3), 6 愛媛·來住(중기 초·HⅡ-1), 7 愛媛·宮前川(중기 초·HⅠ-3), 8 德島·庄(전기·N형), 9 高知·田村(板付 Ⅱa식·N형), 10 愛媛·六丁場(중기 전·HⅡ-2), 11 岡山·用木山(중기 후반·HⅡ-2)

〈도 5〉 세토나이카이 1

이 소수 병존하고 있다.

高知縣 田村遺蹟의 板付 Ⅱa식기에 HⅠ-3이 1점 출토되었지만, 공반된 소형편인석부의 대다수는 N형이다. 대륙 계통의 편인석부를 수용하였으나 이것이 보급되지 않은 사례라 할 수 있으며, 동일한 현상이 德島縣 庄遺蹟에서도 관찰된다(도 5-8).

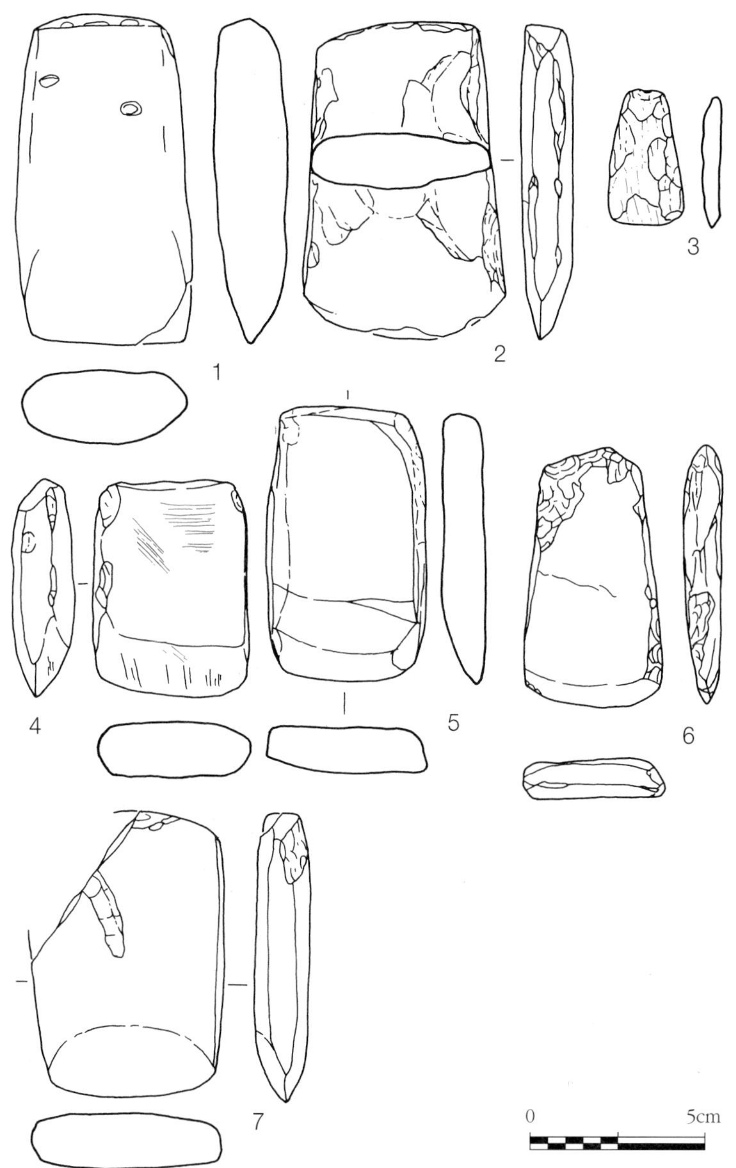

1 愛媛 · 六丁場(중기 전 · HⅡ-2), 2 山口 · 井上山(중기 후반 · HⅡ-2), 3 德島 · 日吉谷(중기 전 · J형), 4 香川 · 矢の塚(중기 후반 · HⅡ-2), 5 愛媛 · 文京(중기 후반 · HⅡ-2), 6 高知 · 田村(중기 후반 · HⅡ-2), 7 岡山 · 用木山(중기 후반 · HⅡ-2)

〈도 6〉 세토나이카이 2

전기 말부터 중기 초두에 걸쳐 HII-1이 출현하며(도 5-6 · 7), 중기 전반~후반에는 HII-2
가 전성기를 이루기 시작한다(도 5-10 · 11, 도 6-1 · 2 · 4~7). HＩ 단계는 소형이 주체였지
만, HII 단계에는 대형이 대다수를 차지하게 된다(도 6-1 · 2 · 4~7). 중기 전반부터 중엽에

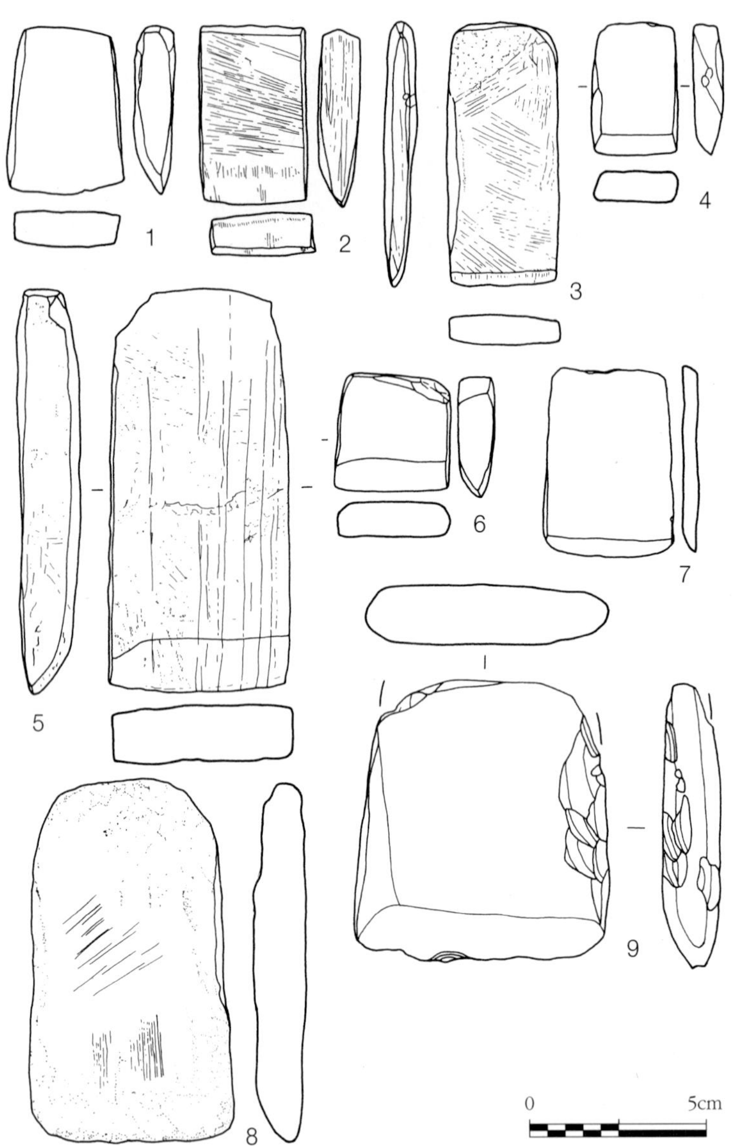

1 大阪 · 山賀(전기 · HＩ-3), 2 大阪 · 池島(전기 · HＩ-3), 3 大阪 · 美園(전기 · HＩ-3), 4 大阪 · 高宮八丁(중기 전 · HII-2),
5 大阪 · 美園(전기 말 · HＩ-3), 6 大阪 · 池上(중기 전 · HII-2), 7 京都 · 興觀音寺(중기 후반 · HII),
8 京都 · 興觀音寺(중기 후반 · HII-2), 9 京都 · 前の畑(중기 중 · HII-2)

〈도 7〉 간사이

해당하는 愛媛縣 六丁場遺蹟, 岡山縣 南方遺蹟에서는 다량의 HII-2가 출토되지만 대형이 중심이다. 이와 같이 이 지역은 중기 중엽 이후 대형이 주체가 되어 중기 후반까지 이어진다. 반대로 이야기하면 소형이 먼저 소멸되는 셈인데, 이 지역으로의 일정한 철기의 보급이 소형 편평편인석부를 사라지게 한 것이다. 이는 중기 전반~중엽의 高知縣 柳田, 愛媛縣 六丁場遺蹟 출토 소형 판상 주조 철기를 통하여 추정할 수 있다. 그러나 대형 편평편인석부를 소멸시킬 정도로 철이 수입·보급되지는 않았기 때문에, 어쩔 수 없이 대형품은 잔존하게 된다.

간사이(도 7) : 關西의 야요이 문화는 板付 IIb식에서 시작되는데, 편평편인석부도 해당 시기에 따라 HI-3부터 출현한다(도 7-1~3·5). 대륙적인 편평편인석부이지만, 인부가 완만하게 둥글고 전체적으로 불룩해지는 등 죠몽 계통 혹은 퇴화된 형태라 할 수 있다. 다른 지역과 마찬가지로 중기가 되면 HII로 전환된다. HII 중에는 HII-2(도 7-6~9)와 HII-3이 있다. 중기 후반이 되어도 태형합인석부, 주상편인석부는 지속적으로 다수 사용되는데 반하여 편평편인석부는 소멸되기 시작하는 것이 일반적이지만, 福知山市 興·觀音寺遺蹟 사례와 같이 대형과 소형 편평편인석부 모두 중기 후반까지 온전하게 존속되는 경우도 있다.

도카이(도 8) : 전기의 愛知縣 貝殼山貝塚, 중기 초두의 阿彌陀寺遺蹟(도 8-2)에서 HI-3이 출토되어, 關西와 유사한 시기에 동일한 형식으로부터 시작하고 있다. 전기 말의 愛知縣 山中遺蹟 출토품은 인부가 결실되었지만(도 8-1), 배부른 방형을 이루고 있어 이미 HII의 특징이 나타나고 있다. 이를 계승해 중기 초두~전반에는 HII-1이 출현하며(도 8-4·5), 동시에 HII-2도 등장한다(도 8-3). 이후 HII-2가 중심이 되어 중기 후반의 凹線文期까지 존속한다(도 8-6·7). 대형과 소형은 마지막까지 세트로 존속하고 있다. HII가 일본식 제작법에 의한 것임은 앞서 언급하였지만, 여기에 더하여 愛知縣 朝日遺蹟 출토품은 찰절기법을 도입하여 제작하고 있다(도 8-8). 일본의 찰절기법은 죠몽 계통과 야요이 계통 2가지가 존재하며, 이 중 석부에 적용되는 것은 시베리아에서 北海道를 경유하여 전해진 죠몽 계통이다. 지역에 따라서 야요이시대에도 활용되었는데, 이를 구체적으로 확인할 수 있는 곳이 바로 이 지역이다. 靑森縣 田舍館遺蹟 등에서 완전한 찰절 편인석부가 야요이시대에도 존재하는 것을 볼 때, 죠몽 전통의 석기 제작기법이 일본 동부에서는 야요이시대가 되어도 활발히 명맥을 유지하고 있음을 알 수 있다. 다만 이 지역이 東北·北海道와 다른 것은, 찰절기법이 적용된 석기가 변형된 대륙계마제석기라는 점이다.

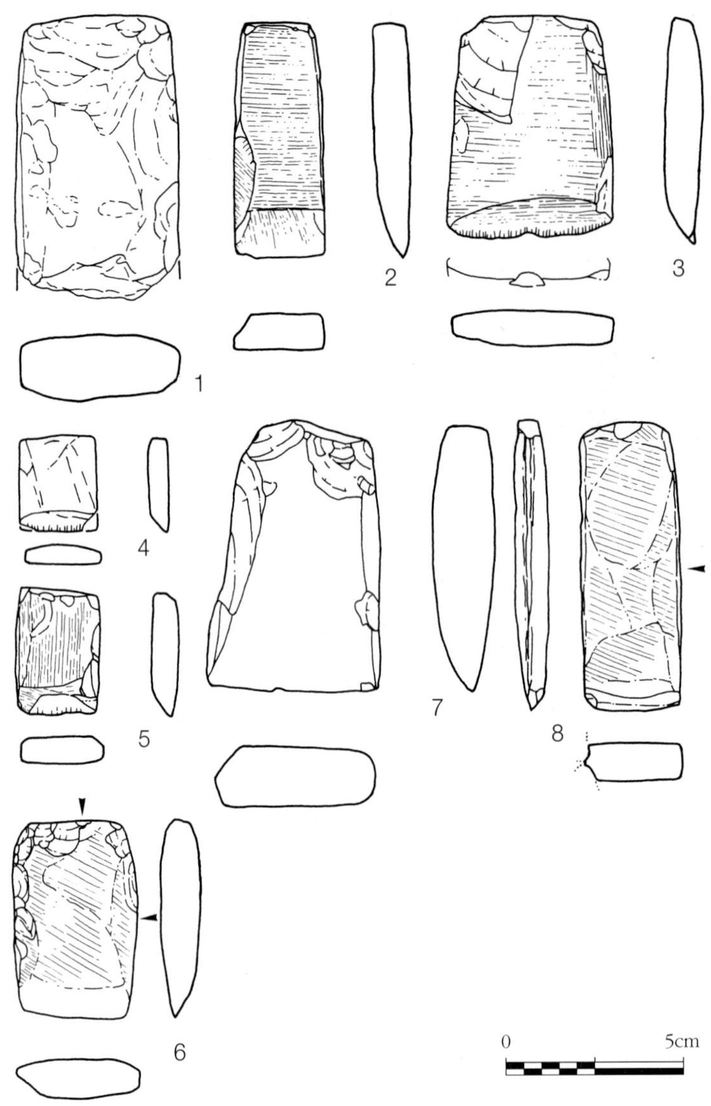

1 愛知 · 山中(전기 말 · HⅡ), 2 愛知 · 阿彌陀寺(중기 전 · HⅠ-3), 3 愛知 · 阿彌陀寺(중기 전 · HⅡ-1), 4 · 5 愛知 · 阿彌陀寺(중기 전 · HⅡ-1), 6 愛知 · 朝日(중기 후반 · HⅡ-2), 7 愛知 · 阿彌陀寺(중기 후반 · HⅡ-2), 8 愛知 · 朝日

〈도 8〉 도카이

5. 맺음말

한반도에서 일본으로 전해진 편평편인석부는 전래 당시의 형태를 유지하지 않고 곧바로 변용이 시작되었다. 변용의 방향은 대륙에서 이루어진 높은 완성도의 유지와 발전을 향하는 것이 아니라, 오히려 규격을 벗어나는 형태로 퇴화되는 것이었다. HⅠ 단계로 시작하여 HⅡ 단계에 완성되는데, HⅠ 단계는 아시아적 범주 내에서의 변용·퇴화이며 HⅡ 단계는 죠몽적 특징까지 도입한 일본적 범주에서의 변용이었다.

東北·北海島를 제외한 각지의 편평편인석부는 대체로 이러한 흐름을 따르고 있지만, 석부의 출현 시기와 종말 시기, 대형품과 소형품의 조합 관계 등은 각 지역이 일률적이지 않다. 출현과 종말은 서쪽이 빠르며 동쪽이 늦고, 대형과 소형의 조합은 동쪽에서 늦은 시기까지 지속된다. 초기의 파행적 파급은 벼농사의 전파 보급 정도와 죠몽 문화 사이에서 발생한 충돌의 결과이며, 종말기의 파행성은 판상 철기 보급 정도의 차이에 의한 것으로 생각된다. 이상과 같이 편평편인석부의 연구는 공구로서 기능의 증명만으로 충분하지 않다. 전통 문화의 지속 정도, 외래 문화의 수용 보급 정도, 이들과의 관계 정도에 따라 서로 다른 지역적 특색이 뚜렷하게 드러나고 있어, 야요이 문화의 복잡하고 다양한 성격을 밝힐 수 있는 열쇠가 된다.

〈표 1〉 시기·지역과 형식 및 대형품·소형품의 관계
(필자는 북부 규슈의 중기 후반과 간사이의 중기 후반에 큰 시기적 차이가 없다고 생각함)

	북부 규슈	동북부 규슈	세토나이카이	간사이	도카이	간토
만기~ 板付 Ⅰ식	HⅠ-1 HⅠ-2 (HⅠ-3·J)		J			
板付 Ⅱ식	HⅠ-3 (HⅠ-2)	HⅠ-3 (HⅠ-2)	HⅠ-3, N (HⅠ-1, HⅠ-2)	HⅠ-3	HⅠ-3	
중기 전반	HⅠ-3 (HⅡ-2)	HⅡ-2 (대소)	HⅡ-1 HⅡ-2(대)	HⅡ-2(대소) (HⅡ-3)	HⅡ-1 HⅡ-2(대소)	
중기 후반			HⅡ-2(대)	HⅡ-2(대소)	HⅡ-2(대소)	HⅡ-2, N (대소)

(원전 : 1996, 「扁平片刃石斧について」『愛媛大學人文學會創立20周年記念論集』, 愛媛大學人文學會)

참고문헌

大阪文化財センター, 1979, 『池上遺跡』 石器編.

山內淸男, 1932, 「磨製片刃石斧の意義」 『人類學雜誌』 47-7.

山內淸男, 1937, 「日本における農業の起源」 『歷史公論』 6-1.

森本六爾, 1933, 『日本原始農業』.

小林行雄・末永雅雄 外 編, 1943, 『大和唐古彌生式遺跡の硏究』, 京都帝國大學文學部考古學硏究報告書 16.

松原正毅, 1971, 「彌生文化の系譜についての實驗考古學的試論」 『季刊人類學』 2-2.

神奈川縣立埋藏文化財センター, 1991, 『砂田臺遺跡』, 神奈川縣立埋藏文化財センター調査報告 20.

愛知縣埋藏文化財センター, 1993, 『朝日遺跡』 IV, 愛知縣埋藏文化財センター調査報告書 33.

中谷治字二郎, 1929, 『日本石器時代提要』.

八幡一郎, 1930, 「扁平片刃石斧」 『信濃』 2-3.

八幡一郎, 1931, 「石器出土の彌生式遺跡調査錄」 『考古學』 2-3.

八幡一郎, 1941, 「石鍬」 『考古學雜誌』 31-3.

下條信行, 1993, 「西部瀨戶內における出現期彌生土器の樣相」 『論苑考古學』, 天山社.

下條信行, 1994, 『彌生時代・大陸系磨製石器の編年網の作製と地域間の比較硏究』.

下條信行, 1995, 「瀨戶內ーリレー式に傳わつた稻作文化」 『彌生文化の成立』, 角川選書 265.

※ 본문에 제시된 도면 가운데 도 1-1・4・5・7・9・10, 도 2-1~3・5~7・9, 도 3-1~10, 도 4-1・3・4・6~9, 도 5-8・9・10, 도 6-2~7, 도 7-1~9, 도 8-1~8은 각각의 유적 보고서에서 인용하였다.

주상편인석부에 대하여

04

번역 : 박준범

1. 머리말 – 연구사

본고는 주상편인석부[1]의 형식학적인 전개를 살펴봄으로써, 야요이 문화의 계통성, 변용성, 지역성과 그들 사이의 관련성을 밝히는 것을 목적으로 한다.

지금까지 주상편인석부의 연구는 주로 기능과 용도를 해명하는 관점에서 진행되어 왔다. 1920년대부터 이 석부는 '抉入石斧'(또는 유구석부)라 불리면서 森本六爾(1929), 中谷治宇二郎(1929), 八幡一郎(1930) 등에 의해 학회에 소개되었는데, 용도에 대해서는 공구가 아닌 '괭이' 라는 설이 유력하였다. 즉, 山內淸男(1932)은 편인석부가 야요이식 수혈과 농경에 수반되는 것을 근거로, '토지 작업에 적합하여 … 새로운 경제 생활을 이끈' 괭이로 보았다. 후에 편인석부를 크기별로 구분한 다음 작은 것(제2종으로 편평편인석부를 가리킨다.)은 목공구일 가능성을 지적하였으나, 큰 것은 역시 '괭이' 로 파악하였다(山內淸男 1937). 같은 무렵

---

1) 필자가 주상편인석부라 명명한 이유는, 몸통이 편평한 편인의 석부를 편평편인석부라 부르는 것과 마찬가지로 몸통이 방형 기둥 형태를 이룬 편인의 석부이기 때문이다. 따라서 엄밀히 말하면 八幡一郎(1941)이 명명한 方柱狀片刃石斧라는 용어가 더 적절할지도 모르겠다. 유구석부와 결입부가 없는 주상편인석부에 대하여 지역적 차이를 나타내는 문화의 대립 개념으로 사용하는 경우도 있지만, 아무튼 양자 모두 방주상편인석부에 해당하며 결입부가 없는 석부는 단순히 일본에서 이러한 속성을 상실한 퇴화 형태에 불과하다.

森本六爾(1933)도 '이 석부는 괭이처럼 흙과 관련된 작업에 적절하며 … 주거지 조성을 위하여 땅을 파거나 경작을 위해서도 필요한 형태의 도구이다' 라고 하여 농기구의 일종으로 판단하였다. 이러한 결론에 도달한 이유는, '야요이시대' 가 확립된 1920년대에 새로운 석기를 그 배경이 된 농경문화 속에서 해석하려던 시대적인 분위기가 반영되었기 때문이라 생각한다. 따라서 주상편인석부가 농기구로 사용되었다는 주장은, 위에서 언급한 바와 같이 모두 정황 증거에 의한 막연한 추정에 불과하다.

<사진 1> 주상편인석부 각종

1940년대가 되면서 이러한 석부를 공구로 보는 견해가 나타나기 시작하였다. 八幡一郎(1941)은 편평편인은 자귀, 방주상편인과 결입편인은 끌로 상정하여 공구로 파악하였으며, 小林行雄(1943)도 大和 唐古遺蹟의 보고서에서 공구로 보면서 關西地方에서는 이 종류의 석부에 결입부가 존재하지 않기 때문에 결입석부가 아닌 '주상편인석부' 라 부를 것을 제안하였다.

2차 대전 이후 原田大六(1963)이 다시 땅을 파는 데에 이용된 도구라는 견해를 밝히면서, 8개의 근거를 제시하였다. 그러나 다음 해 이러한 근거들은 목공구에도 동일하게 적용될 수 있다는 반론이 제기되었으며(小林行雄·佐原眞 1964), 그 후로는 岡崎敬에게 교시한 '옹관묘의 묘광에서 이 석부가 출토되는 경우가 많다' 라는 정황 증거만이 남게 되었다.

좀더 객관적인 방법으로서 날 끝의 사용흔 관찰과 민속 사례 등을 바탕으로 용도가 추정되기도 하였다. 『紫雲出』 보고서에 그 내용이 기술되어 있으며(小林行雄·佐原眞 1964), 松原正毅(1971)도 사용 실험과 다수의 민속 예를 소개하면서 주상편인석부가 공구임을 주장하였다. 또한 Semenov(1968)의 논고가 田中琢抄에 의해 번역됨으로써 자귀에 남은 사용흔의 실체가 밝혀지게 되었는데, 주상편인석부의 사용흔이 Semenov의 지적과 일치하고 있어 그 용도가 가공구였음이 확실해졌으며 지금까지 이러한 견해가 일반적으로 받아들여지고 있다.

한편, 佐原眞(1977)은 각종 석부의 부분 명칭 등을 정리하면서, 편인석부에 대해서도 각 부분의 세부 명칭을 상정하였다.

이상과 같이 용도에 대해서는 일정한 성과를 얻었다고 할 수 있다. 그러나 주상편인석부의 형식이나 편년에 대한 연구는 거의 진보하지 못한 실정이다. 이러한 가운데 필자는 북부 규슈에서 전기와 중기 주상편인석부의 형식에 차이가 있어 석기로도 편년이 이루어진다는 점을 다른 각종 석기와 함께 실증하였으며(下條信行 1977; 1986), 그 후 연구를 전국적으로 확대하면서 주상편인석부의 광역적 전개에 대하여 논한 바 있다(下條信行 1994).

2. 기존 연구의 분류 기준

일본에서는 주상편인석부에 대한 전문적인 논의가 거의 이루어지지 않았으며, 한국에서 노혁진(1981)의 「유구석부에 대한 일고찰」이라는 제목의 연구가 있을 뿐이다. 이와 같이 주상편인석부를 대상으로 한 연구는 소수에 불과한데, 노혁진의 논문에 제시된 유구석부 분류 기준의 일부는 주상편인석부를 분석할 때에도 유용성이 높다.

노혁진의 논문에 의하면 유구석부는 ① 종단면형, ② 횡단면형, ③ 결입부 형태, ④ 결입부 아래쪽의 형태(각도)의 4가지를 기준으로 Ⅰ, Ⅱ 2종류로 분류되며(전체적으로 4종류를 제시하였지만), Ⅰ식에서 Ⅱ식으로의 변화를 상정하였다. Ⅰ식과 Ⅱ식의 특징을 기술하면 다음과 같다.

Ⅰ식은 ① 종단면형(평면형)이 장방형(위쪽과 아래쪽의 폭이 동일)이며, ② 횡단면형은 각이 뚜렷한 장방형 또는 장방형에 가까운 사다리꼴이다. ③ 결입부는 측면에서 보면 사다리꼴의 윗부분 같은 형태로 직각 또는 비스듬하게 파여 있으며, 결입부 중앙의 편평한 면은 가운데가 약간 볼록한 편이다. ④ 결입부 아래쪽의 형태는 경사진 각도를 이루는 것이 특징이다.

Ⅱ식은 ① 종단면형의 경우 위쪽보다 아래쪽이 넓어 세장한 사다리꼴, ② 횡단면형은 정점에 각이 없는 삼각형, 즉 터널형을 이룬다. ③ 결입부는 오목하게 파여져 둥근 형태를 띠

며, ④ 결입부 아래쪽은 수직으로 내려가는 것이 특징이라 할 수 있다.

Ⅰ식에서 Ⅱ식으로의 전개는, ① 종단면형이 장방형→긴 사다리꼴, ② 횡단면형이 장방형·긴 사다리꼴→터널형, ③ 결입부 측면형이 사다리꼴의 윗부분→둥근 형태, ④ 결입부 아래쪽의 형태가 경사진 각도→수직으로 변화된다. 토기와의 공반 관계를 살펴보면 Ⅰ식은 송국리 문화와, Ⅱ식은 점토대토기·세형동검 문화와 각각 관련된다. 따라서 공반된 토기를 통하여 볼 때에도 이러한 형식 변화는 타당성이 있다.

위에서 언급한 4가지의 분류 기준 가운데 ①·②와 ③에 대해서는 현재까지도 주의가 기울여지고 있으며 일부 채용된 사례도 있지만, ④는 노혁진의 독자적 견해로서 충분한 유효형을 가진다고 할 수 있다.[2] 노혁진은 이밖에 윗부분의 형태 등에도 주목하였으나, 손으로 만들었기 때문에 이러한 형태의 차이가 발생한 것으로 보아 분류 기준에서는 제외하고 있다. 그러나 필자는 윗부분의 형태도 중요한 기준으로 상정하여, 적극적으로 형식의 차이를 나타내는 요소로 채용하고자 한다. 아무튼 노혁진의 기준도 참고로 하여, 아래에서 일본 출토 주상편인석부의 분류를 시도해 보겠다.

3. 일본 출토 주상편인석부의 분류

1) 여러 속성의 분류(도 1 · 2)

주상편인석부의 분류는 ① 평면형, ② 횡단면형, ③ 결입부 상부와 기부 형태, ④ 결입부 형태, ⑤ 결입부 하부 형태, ⑥ 인부 형태 등 6개의 기준으로 구분할 수 있다. 이러한 기준이 나타내는 각각의 부위는 〈도 1〉과 같다.

(1) 평면형(도 2-①)

상대적으로 폭이 좁은 면(앞면)을 위쪽으로 두었을 때의 형태로, 대부분이 장방형이며(a)

때로는 긴 사다리꼴(b)도 있다. 후자는 예외적인 것으로, 시기적 · 지역적인 특징을 상정하기는 어렵다.

(2) 횡단면형(도 2-②)

(a) 긴 사다리꼴 : 각이 뚜렷하고 각각의 면이 직선을 이루는 기하학적인 사다리꼴이다. 그중에는 장방형에 가까운 것도 있다. 이는 면이나 능을 뚜렷하게 만들었기 때문이다. 앞뒷면에 비하여 측면의 폭(높이)이 1.3~2배 넓은데, 측면 폭은 4~6cm 정도이다. 크기는 한반도 출토품과 유사하다. 한반도의 특징이 강하게 남아있는 출현 초기 단계의 형태로, 죠몽 만기 후반부터 야요이 전기에 걸쳐 존재한다.

(b) 반원형~터널형 : 정상부(앞면)의 면이나 각이 약해져 둥글게 된다. 높이(측면 폭)가 높은 것이 터널형이고 낮은 것은 반원형이다. 다수를 차지하는 것은 후자인데, 높이가 낮아지기 때문에 앞뒷면과 측면의 폭이 비슷해져 막대기 같은 형태를 이룬다. 이 경우 높이는 2~3cm 정도이며, 앞뒷면 폭과의 비율은 1:1에 가깝다. 전기 말 이후에 출현한다.

(c) 장방형 : 측면이 앞뒷면보다 큰 장방형이지만, 정상부(앞면) 좌우 각의 능이 약하며 면도 배부른 형태를 이룬다. 높이가 5cm를 넘으면서 앞뒷면 폭에 비하여 1.5배 이상인 대형품(c1)부터, 앞뒷면과 측면의 폭이 비슷한 소형품(c2)까지 확인된다. 전기 말 이후에 출현한다.

(d) 세로로 긴 타원형 : 장방형이지만 4개의 모서리가 둥글고, 각각의 면도 직선이 아니라 볼록하다. 앞뒷면보다 측면의 폭이 1.3~1.5배 넓으며, 측면 폭은 3~5cm 정도이다. (c)에서 변화된 것으로, 석재는 녹색편암이 많다. 중기에 출현한다.

(e) 가로로 긴 타원형 : 지금까지의 (a)~(d)와는 반대로 앞뒷면의 폭이 측면보다 큰, 가로로 긴 형태이다. 각을 없애고 면이 볼록해진, 기본적인 형태에서 벗어난 형식이다. 중기 이후에 출현한다.

이상의 내용을 통하여 면과 능을 직선적으로 뚜렷하게 만든 것이 이른 형식이며, 둥글기

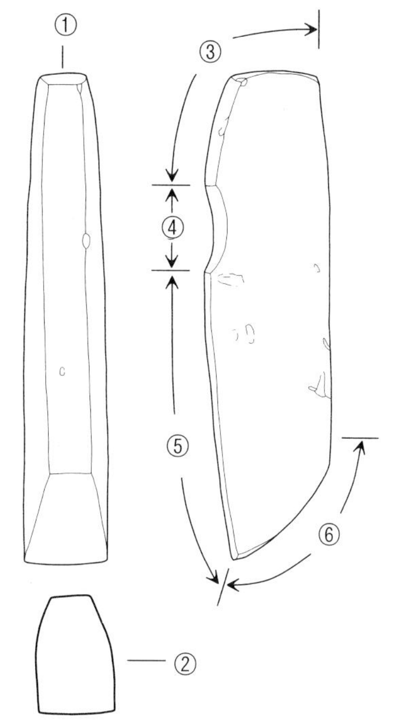

① 평면형, ② 횡단면형, ③ 결입부 상부와 기부 형태,
④ 결입부 형태, ⑤ 결입부 하부 형태, ⑥ 인부 형태

〈도 1〉 분류 기준 부위

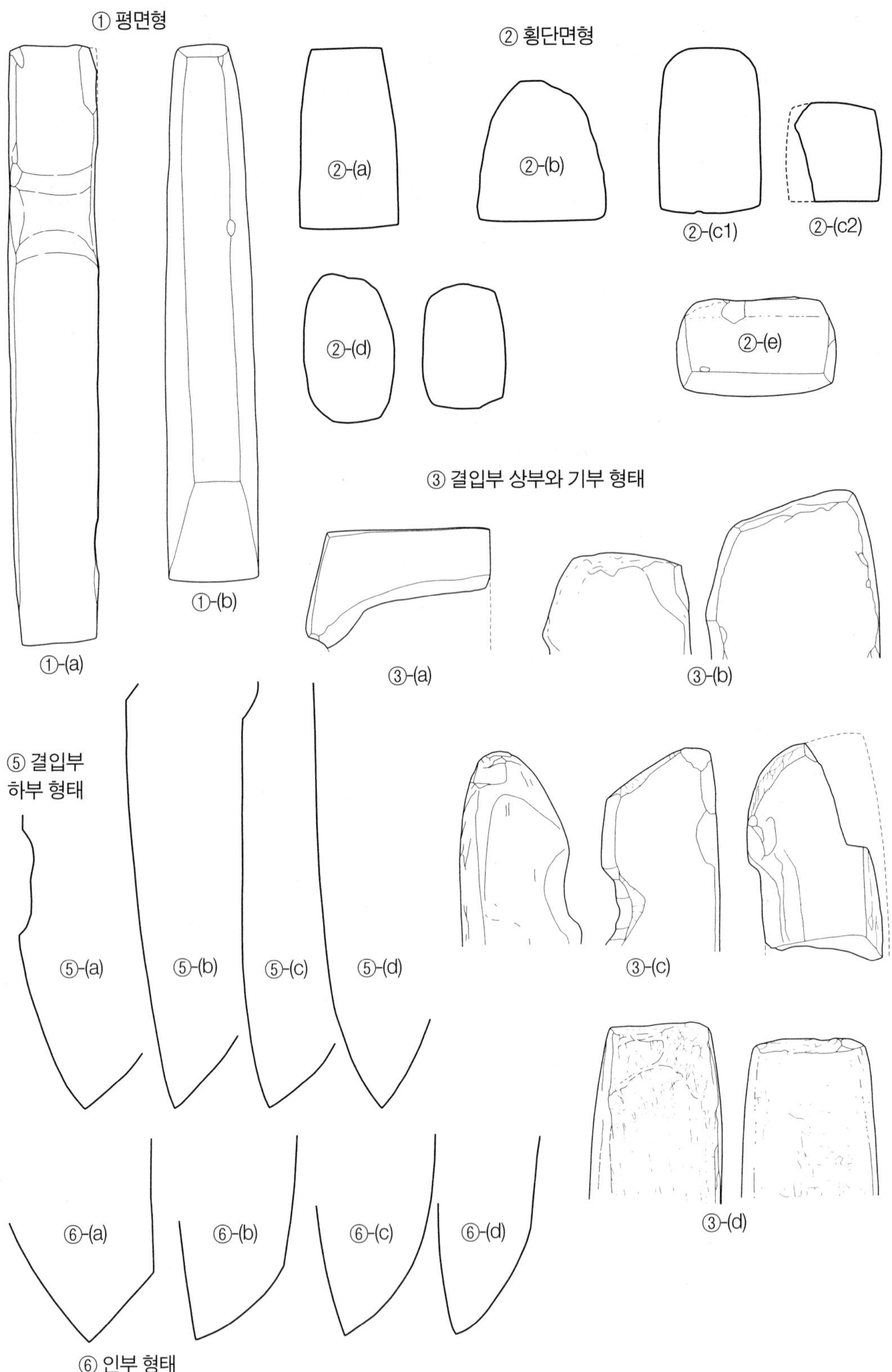

〈도 2〉 분류의 기준 (축척 1/2)

나 볼록한 것이 늦은 형식임을 알 수 있다. 즉, 외래의 기하학적인 형식에서부터 일본적인 느슨한 형태로 변화되어 가는 것이다. 이를 고려하여 횡단면형의 형식 배열을 정리하면 다음과 같다.

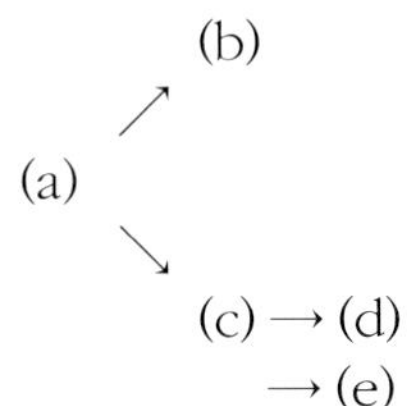

(3) 결입부 상부와 기부 형태(도 2-③)

결입부 상부의 제작 방법이 기부에 영향을 주어 윗부분의 형태가 만들어지기 때문에, 양자를 합하여 분류하고자 한다. 측면에서 볼 때 그 특징이 잘 나타난다.

(a) 결입부 위쪽에서 기부까지 직선이며, 각을 이루면서 꺾여 편평한 기부를 형성한다. 죠몽 만기에서 야요이 전기 전반에 출현한다.

(b) 결입부 위쪽에서 기부까지 둥글고 완만하게 안쪽으로 기울어지며, 직선적이거나 비스듬하게 꺾여 편평한 기부를 이룬다. 야요이 전기에 해당한다.

(c) 결입부 위쪽에서 기부까지 둥글거나 직선적으로 급하게 안쪽을 향하여 기울어진다. 이 때문에 일반적인 편평한 기부와 달리, 좁고 편평한 기부나 원형 기부, 경사진 기부, 뾰족한 기부 등을 이룬다. 전기 말 이후에 출현하여 중기에도 존속한다.

(d) 뒷면 위쪽이 완만하게 부푼 형태를 이루면서 직각으로 꺾여 편평한 기부를 형성하는데, 모든 부분이 볼록하도록 만들었다. 결입부가 없는 형식의 특징으로, 중기에 출현한다.

(a)→(b)→(c)→(d) 순으로 전개된다.

(4) 결입부 형태

(a) ㄷ자형 : 노혁진의 Ⅰ식에 해당하며, ㄷ자형 내지 육각형을 이룬다. 출현기에 존재한다.

(b) 활 모양 : 반월형을 이루는데, 계통상 (a)보다 뒤에 나타나지만 죠몽 만기의 출현기에

도 존재한다. 짧은 활 모양이 선행하며, 지역에 따라서는 긴 활 모양이 뒤에 등장한다.

(c) 결입부 없음 : 결입부를 가지지 않는 것으로, 중기 이후에 존재한다. 석재는 녹색편암이 많다.

(a)→(b)→(c) 순으로 전개된다.

(5) 결입부 하부 형태(도 2-⑤)

(a) 결입부 아래쪽에서 날 끝을 향하여 짧고 직선적으로 기울어져 있다. 노혁진의 한반도 I 식에 해당하며, 이러한 특징을 받아 일본에서도 출현기에 등장한다.

(b) 결입부 아래쪽에서 날 끝을 향하여 기울어지는 각도가 약해지며, 결입부에서 날 끝까지의 길이는 길어진다. 板付 IIa식 이후에 출현한다.

(c) 결입부 아래쪽에서 날 끝을 향하여 수직으로 내려가지만, 끝 부분 근처에서 약간 안쪽으로 기울어진다. 길이는 (b)와 비슷하며, 전기 말 이후에 출현한다.

(d) 결입부가 없는 형식에서 관찰되는 것이다. 뒷면이 기부에서 아래쪽을 향하여 수직으로 내려가다가, 날 부분 근처에서 반대쪽 앞면의 인부 형태와 대응하도록 안쪽으로 둥글게 기울어진다. 때로는 앞면과 뒷면의 구분이 곤란한 것도 있다. 중기 이후에 출현한다.

이들은 (a)→(b)→(c)→(d) 순으로 전개된다.

(6) 인부 형태(도 2-⑥)

(a) 직선적이고 짧은 예각의 날로, 몸통과의 경계에는 횡방향의 뚜렷한 능이 형성되어 있다. 출현기에 관찰된다.

(b) 짧은 예각의 날이지만, 직선적이지 않고 둥근 편이다. 횡방향의 능은 남아있지만 약해진다. 板付 IIa식기에 출현한다.

(c) 길게 바깥쪽으로 휘어져 둥근 날을 형성한다. 능이 사라진 것이 급증하는데, 능이 남아있는 경우는 직선이 아니라 약한 역U자형을 띤다. 전기 말에 출현하며, 시간의 흐름에 따라 능이 없는 것이 주류를 이루게 된다.

2) 주상편인석부의 여러 형식과 배열(표 1, 도 3)

이상 6가지 속성의 세분 형식이 합하여져 하나의 주상편인석부 형식이 결정되는데, 아래의 A부터 F의 6형식으로 분류할 수 있다. 각 형식의 특징을 기술하면 다음과 같다.

A형식(도 3-1 · 2) : ①(a), ②(a), ③(a), ④(a)(b), ⑤(a), ⑥(a)의 특징을 갖고 있다. 특히 ②③⑤⑥에서 형식의 특징이 나타난다. 직선인 면과 예리한 능으로 만들어진, 기하학적이고 규격적인 제품이다. 석재는 작은 입자의 층리를 가진 점판암 · 이암으로, 가공 시 편평하고 매끄러운 면을 얻기 쉽다. 그러나 A형식이 규격적인 것은 단순히 재료의 문제가 아니라, 중국→한반도로 장기간 이어온 동아시아의 재료를 선택하는 능력, 발달된 석기 제작 기법과 문화를 계승하였기 때문이다. 따라서 한반도 남부 유구석부의 특징을 그대로 이어받고 있다. 한반도 남부의 초기 무문토기, 죠몽 만기 후반의 福岡縣 曲り田遺蹟, 板付Ⅰ식의 佐賀縣 菜畑遺蹟, 福岡縣 十郎川遺蹟 등 죠몽 만기 후반부터 板付Ⅰ식기에 걸쳐 출토된다. 일본 출현기의 특징적 형식이다.

B형식(도 3-3) : ①(a), ②(a), ③(b), ④(b), ⑤(b), ⑥(b)로 이루어진다. ③④⑤⑥ 등이 (a)에서 (b)로 변화한다. A형식에서의 변화가 부분적으로 시작되며, 크게 변모된 C · D형식과의 중간적 위치에 있다. 그러나 ②(a)에서 관찰되는 바와 같이, 몸통이 두껍고 각 면이나 능이 뚜렷하며 재질도 동일한 점은 A형식의 연장선상에 있다. 福岡縣 比惠, 津古內畑, 大井三倉,

〈표 1〉 형식과 속성의 관계 (속성 ②③⑤⑥에서 형식과의 관계가 잘 나타남)

형식＼속성	① 평면형		② 횡단면형					③ 결입부 상부/기부 형태				④ 결입부 형태			⑤ 결입부 하부 형태				⑥ 인부 형태		
	a	b	a	b	c	d	e	a	b	c	d	a	b	c	a	b	c	d	a	b	c
A형식	■		■					■				■	■		■				■		
B형식	■		■						■				■			■				■	
C형식	■				■					■			■				■				■
D형식	■			■						■			■				■				■
E형식	■					■					■			■				■			■
F형식	■						■			■			■				■				■

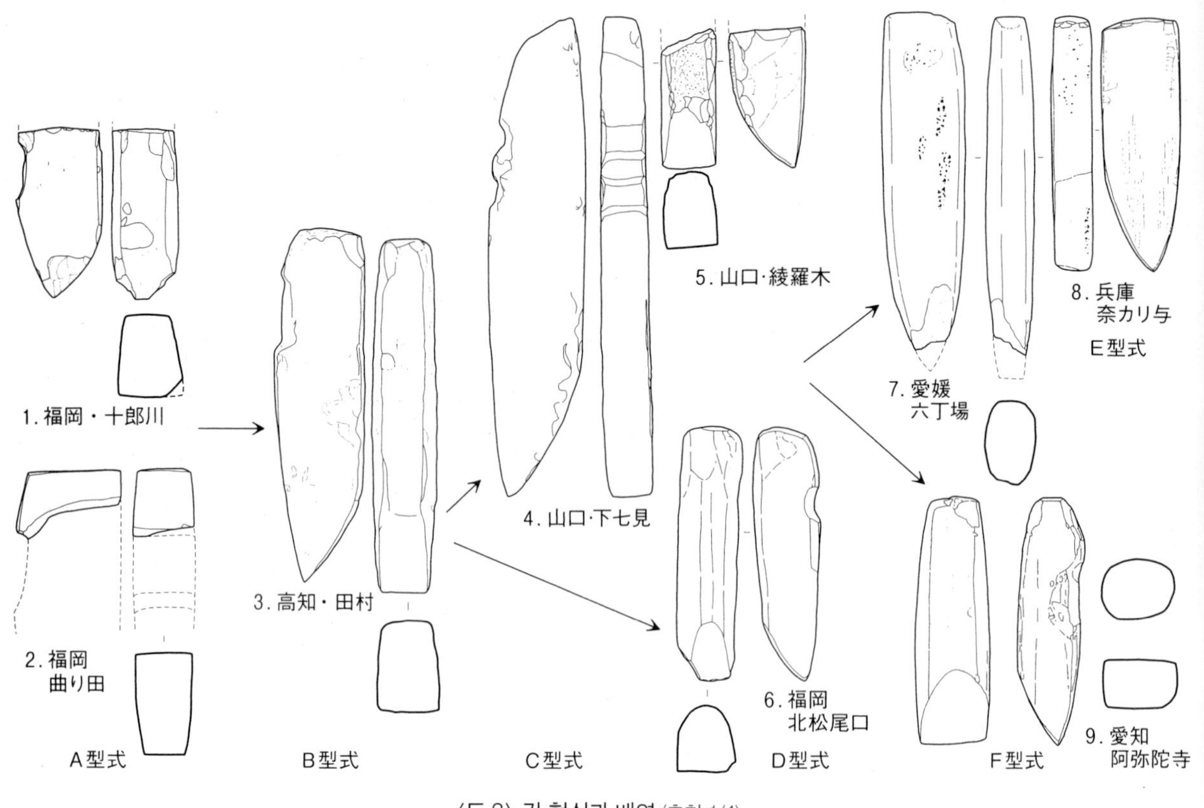

〈도 3〉 각 형식과 배열 (축척 1/4)

今川遺蹟, 高知縣 田村遺蹟 등 板付 IIa식기에 출토된다. A형식의 뒤를 이어 등장한다.

　C형식(도 3-4 · 5) : ①(a), ②(c), ③(c), ④(b), ⑤(c), ⑥(c)로 조합된다. ②③⑤⑥에서 새로운 변화가 생기고 있다. 대형에 몸통이 두꺼운 점은 아직 A · B형식의 모습을 남기고 있지만, 기부 형태가 후퇴하고 인부나 면, 능의 제작에 있어서 규격에서 벗어나는 느낌이 나타나는 등 형식상 큰 전환이 발생한다. 한반도의 유규석부를 탈피하여 일본적인 주상편인석부로 변화된 형식이다. 福岡縣 下稗田, 山口縣 綾羅木, 下七見, 愛媛縣 阿方, 廣島縣 大宮, 香川縣 鴨部川田, 島根縣 다테쵸, 愛知縣 山中遺蹟 등 전기 말에 출현한다.

　D형식(도 3-6) : ①(a), ②(b), ③(c), ④(b), ⑤(c), ⑥(c)로 조합된다. B형식과 비교하면 ②③⑤⑥에서 새로운 특징이 관찰된다. C형식과는 시기적으로 동일하여 ①③④⑤⑥ 등 여러 특징이 유사하지만, ②가 달라 횡단면형이 반원형~터널형이 된다. 석재가 혈암인 것도 이 형식의 독자적인 특징이다. 또, 두께(측면 폭)가 감소하여 앞뒷면의 폭과 비슷해지는 것도 A, B, C형식과는 다른 점이다. 福岡縣 北松尾口, 高津尾, 下稗田, 佐賀縣 平原, 態本縣 高橋高田, 大分縣 下郡, 山口縣 綾羅木, 島根縣 西川津, 兵庫縣 田能遺蹟 등 전기 말 이후에 출현한다.

E형식(도 3-7 · 8) : ①(a), ②(d), ③(d), ④(c), ⑤(c)(d), ⑥(c)로 조합된다. 이 형식은 C형식과 ⑤⑥, 몸통의 두께 등에서 일부 유사한 부분이 있지만, 타원형의 횡단면, 편평한 기부, 결입부의 상실, 인부 근처에서 뒷면이 안쪽으로 기울어지는 등 그때까지 볼 수 없었던 새로운 특색이 분출된다. 뒷면의 기울어짐은 앞면의 인부 경사도와 비슷하여, 언뜻 보기에 앞뒷면의 판별이 어려운 것도 있다. 편평하고 매끄러운 면이나 예리한 능이 사라지는 등 규격에서 벗어난 형태로, 대륙의 제품과는 구분되는 일본적인 것이라 하겠다. 일본적인 변화를 가장 잘 보여주는 것은 결입부의 상실이다. 한반도에서 일본에 전래된 이후 서서히 변화를 일으키다가, 이 형식에 이르러 일본적 변용의 정점을 맞이한다. 愛媛縣 六丁場, 文京, 高知縣 田村, 岡山縣 用木山, 兵庫縣 奈カリ與, 大阪府 池上遺蹟 등 중기에 출현한다.

F형식(도 3-9) : ①(a), ②(e), ③(c), ④(b), ⑤(c), ⑥(c)로 조합된다. ③⑤⑥ 등 D형식과 공통하는 부분이 많지만, 전체적인 제작의 느낌은 E형식과 유사하다. 이 형식의 가장 큰 특징은 횡단면형이 가로로 긴 타원형으로 변화된 것인데, 이때까지 대륙으로부터 일관되게 적용되었던 측면 폭에 비하여 앞뒷면의 폭이 좁은 관계가 이 형식에서 역전된다. 이는 A~E형식과 크게 다른 점이다. 활 모양의 결입부는 B~D형식에 비하여 긴 것이 특징인데, 결입부 길이의 차이에 따라 또 다른 하나의 형식을 상정하는 것도 가능하다. 愛知縣 阿彌陀寺, 神奈川縣 砂田臺, 千葉縣 菅生遺蹟 등 중기에 출현하여 후기까지 존속한다.

이상의 여러 형식은 이미 언급한 것처럼 여러 특징의 변화로부터 아래와 같은 배열로 전개되었다고 생각한다.

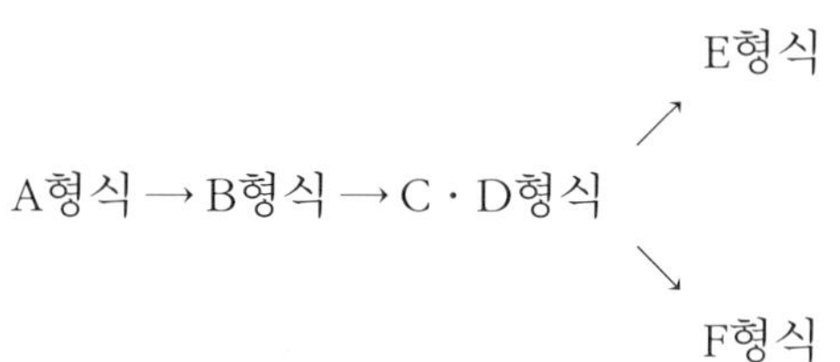

이러한 전개 양상은 공반되는 토기의 연대를 통해서도 확인된다. 각 형식의 소속 시기는 아래와 같다.

A형식 : 죠몽 만기 후반~야요이 전기 초두(板付 Ⅰ 식)

B형식 : 야요이 전기 (板付 Ⅱa식~板付 Ⅱb식)

C · D형식 : 야요이 전기 말~중기 초(板付 Ⅱc식~)

E · F형식 : 야요이 중기

4. 주상편인석부의 전개(표 2, 도 4 · 5)

1) 제1단계 : 죠몽 만기 후반~板付 Ⅰ식기(도 4)

한반도 남부를 주요 분포 지대로 하는 유구석부의 이른 시기에 해당하는 사례는, 경기도 흔암리, 경상남도 대평리유적 등의 전기 무문토기인 공렬문토기와 함께 출토된다. 일본의 본격적인 벼농사 시작 시기인 죠몽 만기 후반의 각목돌대문토기와 공렬문토기 또는 그 변형품이 공반하는 것을 볼 때, 일본에 전해진 유구석부를 한반도의 이른 형식이라 생각해도 좋다. 이른 형식은 앞서 언급한 노혁진의 Ⅰ식과 거의 유사한 것으로, 각목돌대문토기 단계의 福岡縣 曲り田遺蹟 출토품 등에 그 특징이 잘 남아있다. 이것을 본고에서는 A형식으로 명명하였는데, 결국 A형식은 종합적으로 한반도 주상편인석부의 영향을 가장 잘 받은 형식이라 할 수 있다.

그러나 같은 A형식인 만기 후반의 佐賀縣 菜畑 8층 아래, 福岡市 七田前, 雀居, 福岡縣 粘屋江辻遺蹟, 板付 Ⅰ식기의 菜畑 8층 위, 福岡市 十郎川遺蹟 출토품을 보면, 결입부는 활 모양이며 그 하부는 안쪽으로 꺾이는 각도가 약하고 인부도 약간 둥근 형태를 이루는 등 이미 새로운 형식 변화가 발생하고 있다. 즉, 전래된 한반도의 이른 형식이 그대로 정착되지 않고, 대다수는 곧바로 변화되기 시작한 것이다. 결국 일본적 변용, 일본화가 시작된 것인데 이러한 현상은 단순히 주상편인석부에서만 보이는 것이 아니라 한꺼번에 전해진 다른 대륙계마제석기에서도 관찰되어(下條信行 1986), 받아들이는 입장에서 새로운 문화에 대한 자세를 살필 수 있게 한다. 하지만 그 자세는 보다 높은 수준이나 품질을 목표로 하지 않고 '느슨해짐' 을 지향한 후퇴적인 것이기 때문에, 질적으로 평가할 수는 없다. 이러한 현상은 초기 벼농사의 수용 지역, 즉 북부 규슈의 대한해협 연안부에서 확인되는데, 이 형식의 분포도 佐賀縣 唐津平野에서 福岡縣 博多灣 연안의 여러 평야를 크게 벗어나지 않는 범위에 제한되어 있다.

A형식은 죠몽 만기 후반~板付 Ⅰ식기에 해당된다. 한편, 벼농사는 죠몽 만기 후반에 松山市 大渕, 高松市 林 · 坊城遺蹟 등 중부 瀨戶內까지 전해지지만, A형식이 반드시 이에 수반되어 전파되는 것은 아니다. 大渕遺蹟에서는 죠몽 계통의 편인석부가 여전히 사용되는 등 북부 규슈를 벗어나면 A형식이 확인되지 않고 있어, 벼농사에 비하여 파급이 순조롭지 못한 편이다.[3]

2) 제2단계 : 야요이 전기(도 4)

B형식(板付 IIa~b식)은 A형식의 변용이 더욱 진행되어, 결입부 아래쪽의 경사도가 약해지고 인부가 상당히 둥글게 변한 것이다. 이러한 변용도 B형식의 주요 분포 지역인 북부 규슈 연안부에서 발생한 것으로 볼 수 있지만, 이 단계가 되면 처음으로 북부 규슈를 탈피하여 동북부 규슈(福岡縣 葛川遺蹟·下稗田遺蹟)에서 서부 瀨戶內(高知縣 田村遺蹟)까지 확산된다. 이는 板付 IIa식 토기의 분포 범위와 유사하다(下條信行 1993). 神戶市 大開遺蹟 출토품도 여기에 속할 가능성이 있지만, 파편이기 때문에 단정하기는 어렵다. B형식은 板付 II식의 이른 단계인 板付 IIa식기부터 板付 IIb식기에 해당된다. 주로 佐賀縣 柏崎, 福岡市 比惠, 福岡縣 津古內畑, 大井三倉, 今川遺蹟 등 북부 규슈에 집중 분포하며, 다음으로 동북부 규슈와 서부 瀨戶內에서 출토되지만 서부 瀨戶內에서는 高知縣 田村遺蹟의 1예밖에 없어 보급 정도는 약한 편이다. 북부 규슈는 면, 동북부 규슈는 선, 서부 瀨戶內는 점이라는 분포 밀도의 차이를 보여주는 사례가 될 수 있을지도 모르겠다.

3) 제3단계 : 야요이 전기 말(도 4)

C형식(板付 IIc식=전기 말~)은 B형식이 더욱 퇴화한 것으로, 크기가 B형식에 가까워 측면과 앞뒷면의 차이가 큰 대형(②c1)과 측면과 앞뒷면이 비슷한 소형(②c2)의 폭이 좁은 각 기둥 형태가 있다. 후자는 이른 형식에서 크게 변화된 것으로, 일본적 주상편인석부의 전형적 형태에 도달한 형식이라 할 수 있다. C형식은 양적으로 급증하며, 출토 지역도 넓어진다. (c1)은 동북부 규슈부터 瀨戶內에, (c2)는 伊勢灣 연안(愛知縣 山中遺蹟)까지 확산된다.

형태의 일본화, 출토량의 증대, 출토 지역의 확대 등, 주상편인석부의 전개에 있어서 하나의 획을 긋는 단계이다.

D형식(板付 IIc식=전기 말)은 결입부 상부가 급하게 안쪽으로 꺾이고 단면은 반원형을

---

3) 토기도 그렇지만 석기 역시 전파의 과정에서 변화가 발생하거나 혹은 지역적 특색을 나타나게 된다. 이를 정확하게 파악하기 위해서는 적절한 지역 구분이 필요하다. 본고에서 필자는 북부 규슈, 동북부 규슈, 서부 瀨戶內, 중부 瀨戶內, 關西의 구분을 사용하고 있다. 여기서 북부 규슈란 동쪽으로 福岡縣 동부의 遠賀川까지, 남쪽은 熊本縣 북부의 菊池川까지를 나타내며, 동북부 규슈는 遠賀川 동쪽부터 響灘, 周防灘, 別府灣에 접하는 지역이다.

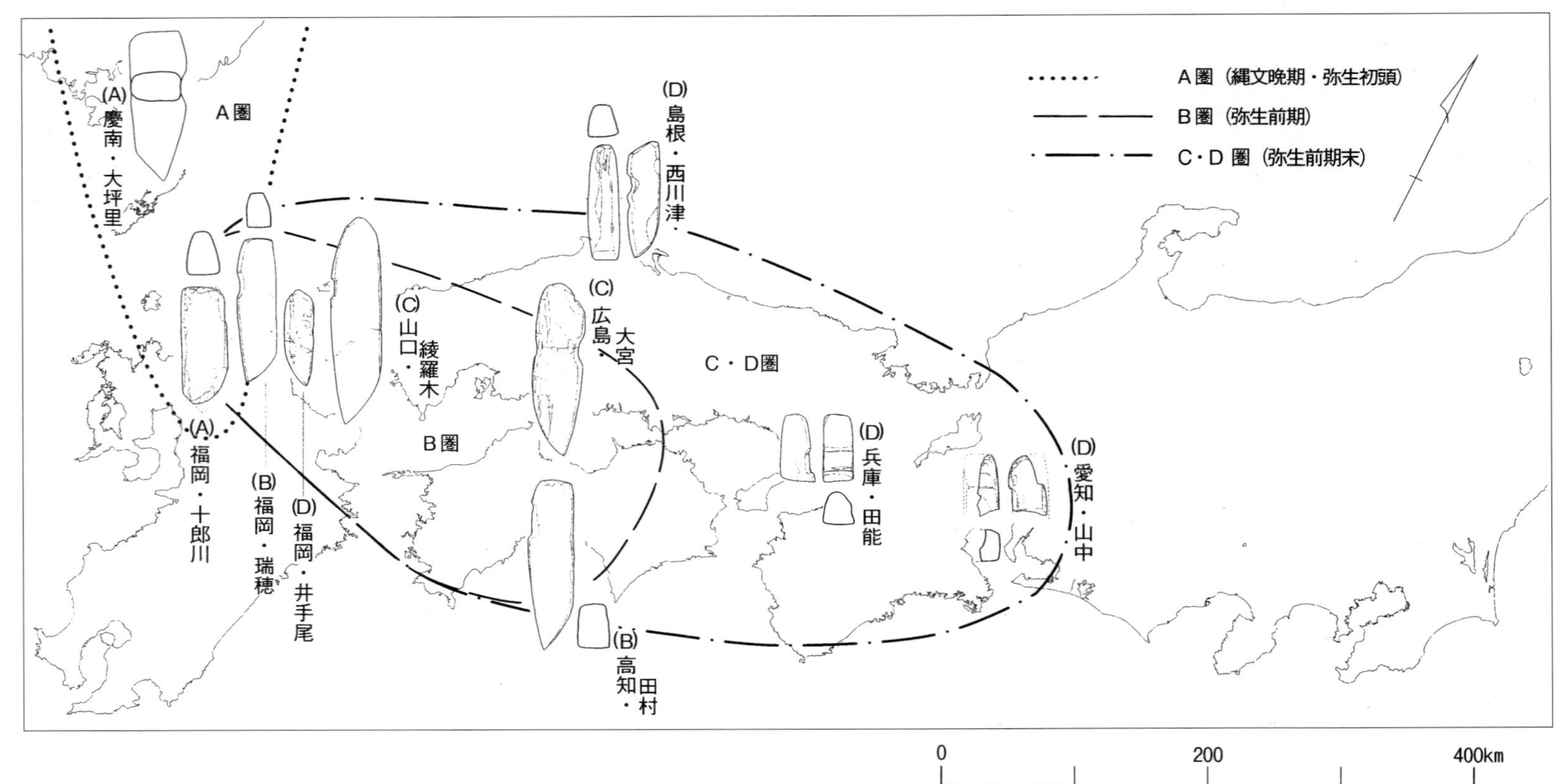

〈도 4〉 죠몽 만기~야요이 전기의 각 형식과 분포도

이루며 몸통이 좁아지는 등, 이른 단계의 A · B형식에서 크게 후퇴 · 변용된 형식이다. 전기 말 단계에 C형식과 함께 일본적으로 변화된 또 하나의 전형적 형태이다. 출토량이 증가하고 분포가 광역화되는 점 또한 C형식과 같은데, 이러한 D형식은 북부 규슈에서 동북부 규슈에 다수 분포하며 關西의 兵庫縣 田能遺蹟이나 山陰의 島根縣 西川津까지 확산된다.

　C · D형식이 모두 집중 분포하고 있는 지역은 동북부 규슈인데, 瀨戶內 · 關西 · 東海 및 山陰에도 두 형식이 분포하여 동북부 규슈와 이 지역들이 밀접한 관계를 가졌음을 알 수 있다. 동북부 규슈를 발신지로 하여 이러한 지역들로 확산되었다고 생각되며, 이에 따라 주상편인석부는 처음으로 넓은 지역에 분포하게 된다. 같은 전기 말에 동북부 규슈를 발신지로 하여 瀨戶內에서 東海까지 확산된 대륙계마제석기가 존재하는 사실은, 이미 대형 반월형석도의 사례를 통하여 언급한 바 있다(下條信行 1991). 제3단계는 형식적으로 볼 때 일본화의 제1차 도달점이며, 분포가 광역화됨에 따라 다음 단계로의 전개에 있어서 그 바탕이 형성된 시기이다.

4) 제4단계 : 야요이 중기(도 5)

　야요이 중기의 제4단계에는 제3단계의 광역 분포를 기반으로 몇 개의 대단위 지역에서 지역 형태가 출현한다. 이를 지역 단위로 살펴보면 다음과 같다.

　북부 규슈와 동북부 규슈는 제3단계의 D형식을 계승하여 형식 변화가 발생하지 않는다. 대략 중기 중엽까지는 그 역할을 다하여, 중기 후반에는 흔적만 남게 된다. 일본에서는 가장 이른 시기에 소멸되는데, 이는 철기의 보급 때문이라 생각된다.

　瀨戶內부터 關西에 걸쳐서는 E형식이 새롭게 출현하여 빈번하게 이용된다. 이 형식은 瀨戶內에 분포하는 C(②c1)형식의 뒤를 잇는 부분도 있지만, 독자적인 특징이 강하여 이 지역의 독특한 형식이 된다. 그 중 하나가 결입부가 없는 것인데, 제4단계에 이 지역에서만 확인되고 있다. 이들은 결정편암으로 제작된 사례가 다수를 차지하며, 박리가 잘 되는 성질 때문인지 몸통이 부푼 형태로 마무리된 것도 특징이다. 또, 양면 모두 인부 방향으로 경사를 이루어 앞뒷면을 구분할 수 없는 유물이 존재하는 등, 한층 강해진 변화를 확인하는 것이 가능하다. 이러한 독자성은 대륙 전통의 규격성에서 더욱 멀어진 것으로, 규격을 벗어난 형태로 제작되어 일본적 후퇴를 잘 보여준다. 중기 초두부터 전반에 출현하며, 후반의 凹線文期까지 다수 이용된다.

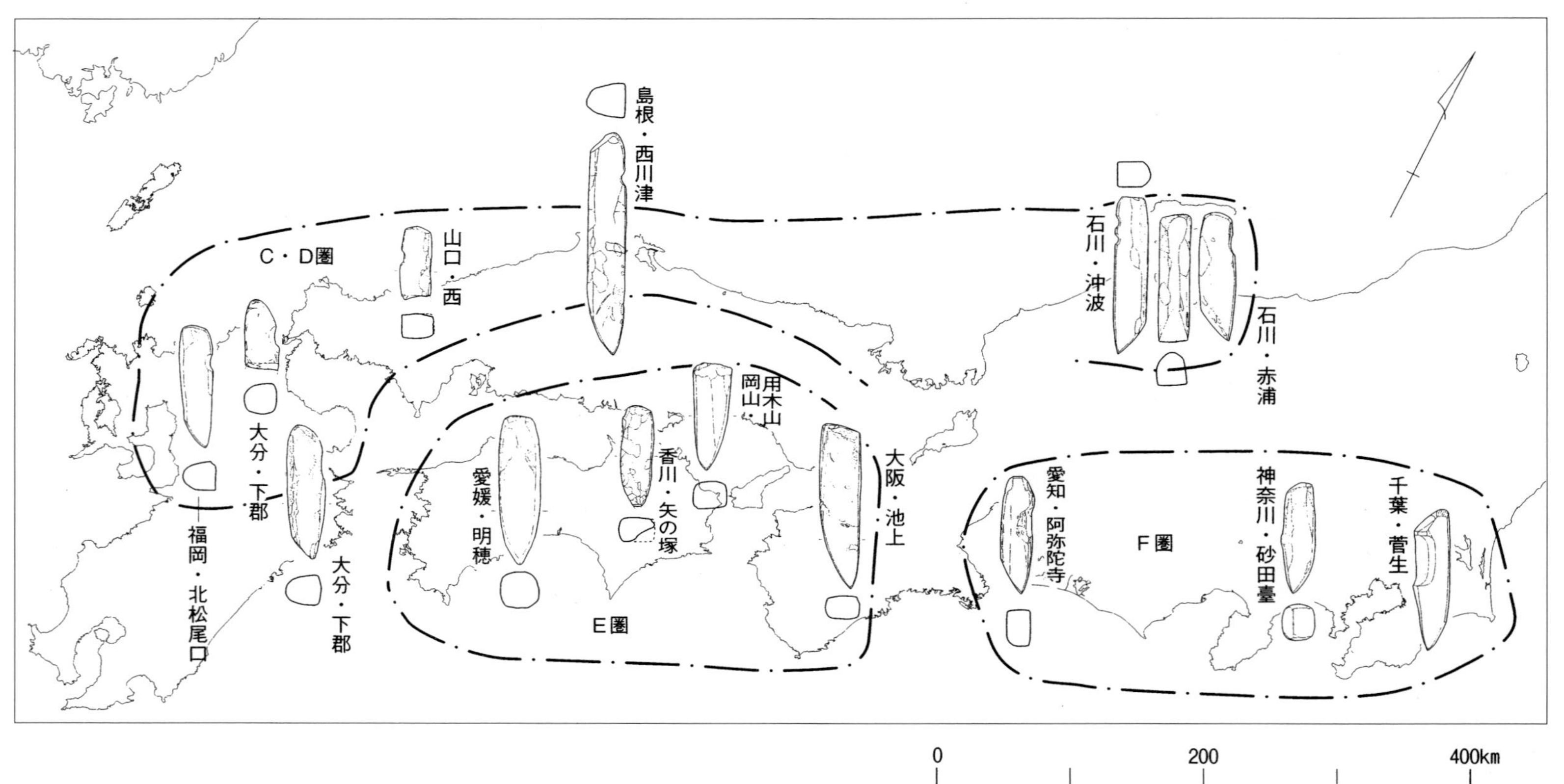

〈도 5〉 전기 말 · 중기 초두 이후의 각 형식과 분포도

<표 2> 각 형식의 출현 · 전파와 지역의 관계

(( )는 존재가 상정되는 것. 야요이 초기 초두는 板付 Ⅰ식기를, 중기 후반은 凹線文期를 가리킨다.)

	한반도	북부 규슈	동북부 규슈	서부 세토 우치	동부 세토 우치	간사이	산인	호쿠 리쿠	도카이	간토
죠몽 만기 후반~ 야요이 전기 초두	A →	A								
야요이 전기		B →	B →	B						
야요이 전기 말		C →	C · D →	C · D →	C · D →	C · (D)	C · (D)		C	
전기 말~중기 전반		C	C	E	E	E	C · (D)	C · D	F	
중기 후반~				E	E	E	?	?	F →	F

동해 연안을 따라서 山陰부터 北陸의 石川縣까지 분포하는 것은, 동북부 규슈의 계보를 이어받은 C · D형식이다. 山陰에서는 島根縣 西川津, 다테쵸유적에서 관찰되는 바와 같이 D형식을 주체로 C · D형식이 전해지며, 石川縣에서는 C형식이 주체가 되고 모두 결입부가 확인된다. 동해 연안의 대륙계마제석기가 동북부 규슈와 밀접한 관련성이 있다는 사실은, 다른 석기의 분석을 통해서도 입증된 바 있다(下條信行 1989).

東海에서 關東에 걸쳐서는 F형식이 확산된다. 전기 말의 C형식(愛知縣 山中遺蹟)을 기본으로 개량이 더해져 중기 전반~중엽의 愛知縣 阿彌陀寺遺蹟에서 이 형식이 등장하며, 중기 후반의 宮ノ臺式 이후에는 神奈川, 千葉縣 등의 關東 남쪽으로 확산되어 중기 후반부터 후기 전반까지 빈번하게 사용된다. F형식에는 결입부가 존재하며 측면보다 앞뒷면의 폭이 넓어,[4] 서쪽에 인접한 瀬戶內~關西의 E형식과는 차이가 있다. 단, 몸통의 각 면이 볼록하고 능이 애매하여, 한반도 계통과 달리 규격에서 벗어난 지역성을 보이는 점은 瀬戶內~關西와 동일하다.

이상과 같이 제4단계는 제3단계 C · D형식의 광역 분포를 기반으로 지역적 형태가 출현하는 것이 특징으로, 북부 규슈-동북부 규슈-山陰, 瀬戶內-關西, 東海-關東이라는 지역

---

4) 이러한 앞뒷면 폭과 측면 폭의 역전 현상이 어떻게 발생하였는지 판단하기는 어렵다. 자생적 전환이거나 혹은 죠몽 편인석부의 영향일 가능성도 생각해 볼 수 있다.

단위가 형성된다. 특히 뒤의 두 경우는 형태적 퇴화가 뚜렷하여, 일본에 대륙계마제석기가 수용된 후 강화되는 방향이 아니라 규격에서 벗어나 후퇴하고 있음을 여실히 보여준다. 처음 전래된 지역에서 멀어질수록 이러한 경향이 강하다. 주상편인석부가 사라지는 시기는 북부 규슈나 동북부 규슈 등 서쪽에서 빠르고, 동쪽으로 갈수록 점차 늦어진다.

5. 맺음말

1) 일본의 주상편인석부는 한반도 남부의 이른 형식인(공렬문토기 단계) 유구석부의 영향을 받아 출현(죠몽 만기 후반)하지만, 대륙에서 오랜 기간 동안 완성된 형식의 규격성을 정착·유지시키지 않고 야요이시대가 되기 전에 개변·변용이 시작된다(A형식).

2) 변용이 시작된 곳은 최초 수용지인 북부 규슈인데, 죠몽 만기~板付 Ⅰ식기에는 북부 규슈를 벗어나지 않고(A형식) 板付 Ⅱ식 초기의 B형식 단계에 서부 瀨戶內까지 약간 확산되며 전기 말에 일본화된 C·D형식이 등장하면서 伊勢灣 연안까지 광역화되어 거의 일본 내에 보편적으로 분포하게 된다.

3) 중기가 되면 앞서 언급한 보급을 기반으로, 각지에서 독자적인 지역 형태를 갖게 된다. 북부 규슈·동북부 규슈·山陰은 C·D형식 계통, 瀨戶內~關西는 E형식, 東海~關東은 F형식으로 다양한 분포를 보이는데, 瀨戶內~關西, 東海~關東의 지역형은 한반도의 원형으로부터 뚜렷하게 후퇴한 규격을 벗어난 형태이다. 즉, 일본의 주상편인석부는 대륙의 전통 위에 위치하지만, 전개의 방향은 대륙에서 볼 때 후퇴한 형태라 할 수 있다.

4) 주상편인석부가 사라지는 시기는 북부 규슈·동북부 규슈에서는 대략 중기 중엽까지, 瀨戶內~關西에서는 중기 후반까지, 東海~關東은 후기 전엽까지 내려가며, 규격을 벗어난 후퇴형을 가진 지역일수록 늦게까지 남아있다. 이처럼 소멸 시기는 지역별 편차가 있는데, 이러한 차이는 철의 보급과 관련된 것으로 생각된다.

(원전 : 1997, 「柱狀片刃石斧について」 『古文化論叢 伊達先生古稀記念古文化論集』,

伊達先生古稀記念論集編集委員會)

참고문헌

盧爀眞, 1981, 「有溝石斧에 대한 一考察」 『歷史學報』 89.

山內淸男, 1932, 「磨製片刃石斧の意義」 『人類學雜誌』 47-7.

山內淸男, 1937, 「日本における農業の起源」 『歷史公論』 6-1.

森本六爾, 1929, 『日本靑銅器時代地名表』.

森本六爾, 1933, 『日本原始農業』.

小林行雄 外, 1943, 『大和唐古彌生式遺跡の硏究』, 京都帝國大學文學部考古學硏究報告書 16.

小林行雄・佐原眞, 1964, 『紫雲出』.

松原正毅, 1971, 「彌生文化の系譜についての實驗考古學的試論」 『季刊人類學』 2-2.

原田大六, 1963, 「抉入片刃石器の再檢討」 『古代學硏究』 34・35.

佐原眞, 1977, 「石斧論－橫斧から縱斧へ」 『考古論集』 松崎壽和先生退官記念.

中谷治宇二郞, 1929, 『日本石器時代提要』.

八幡一郞, 1930, 「彌生式土器に伴う石器硏究に關する注意」 『考古學』 1-1.

八幡一郞, 1941, 「石鍬」 『考古學雜誌』 31-3.

下條信行, 1977, 「九州における大陸系磨製石器の生成と展開」 『史淵』 114.

下條信行, 1986, 「日本稻作受容期の大陸系磨製石器の展開」 『九州文化史硏究所紀要』 31.

下條信行, 1989, 「島根縣西川津遺跡からみた彌生時代の山陰地方と北部九州」 『西川津遺跡發掘調査報告書』 V, 島根縣敎育委員會.

下條信行, 1991, 「大形石庖丁について」 『愛媛大學人文學會創立十五周年記念論集』.

下條信行, 1993, 「西部瀨戶內における出現期彌生土器の樣相」 『論苑考古學』.

下條信行, 1994, 『彌生時代・大陸系磨製石器の編年網の作製と地域間の比較硏究』.

Semenov, S. A.(田中琢抄 譯), 1968, 「石器の用途と使用痕」 『考古學硏究』 14-4.

대형 반월형석도에 대하여

05

번역 : 박준범

1. 머리말

밀도의 차이가 있지만 야요이시대 서일본에는 석도를 대형화한 대형 반월형석도가 넓게 분포한다. 2차 대전 이전에는 異形 석도 또는 대형 반월형석도라 불렸으나, 오늘날에는 대형 반월형석도로 표현하는 경우가 많다(별명으로 '매우 큰(ばかでかい－보통 ばか로 약칭) 석도' 라 부르기도 한다).

석도의 용도는 주방용 칼이나 풀을 베는 낫 등으로 상정된 바 있지만, 결정적 결론을 얻는 데에는 도달하지 못했다.

그리고 연구사에 있어서도 약간의 사례 보고 이외에는 森貞次郎이나 필자가 부분적 특징에 대해서 지적한 것만 있을 뿐 전체적으로 논의된 적은 없다.

森貞次郎(1942)의 연구는 북부 규슈의 동쪽 끝을 북쪽으로 흐르는 遠賀川 중류 유역의 飯塚市 立岩遺蹟 출토 석도를 형식 분류하고 그 배열 관계를 살펴보는 가

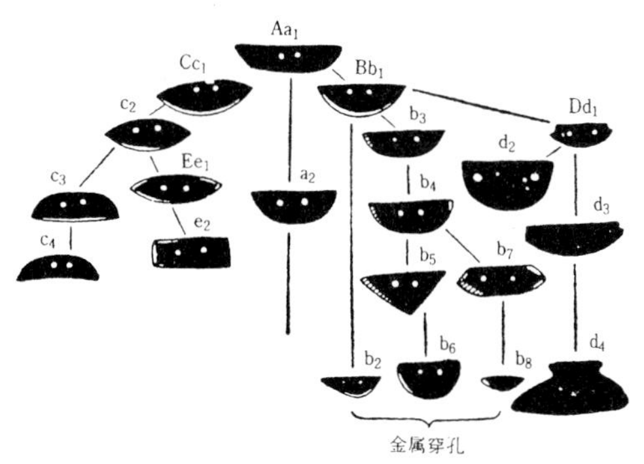

〈도 1〉 반월형석도의 형태와 계통 (森貞次郎 1942)

〈사진 1〉 대형 반월형석도 각종

운데 정리된 것이다. 이에 따르면 대형 반월형석도는 이삭을 따는 도구로 구멍이 있는 석도를 기본 형태로 하여(도 1-Aa1·Bb1), 이로부터 양측에 결입부가 있는 형식이 발생하고 (도 1-d3), 이것이 발전하여 손잡이가 있는 형식으로 변화되었다고 한다 (도 1-d4). 즉, 대형 반월형석도는 북부 규슈에서 일반적인 형식의 석도로부터 자생하였으며, 그 자신으로부터 스스로 형식 변천을 일으킨 것

이 된다. d3에서 d4로의 변천에 대해서는 후술하겠지만 오늘날에도 충분히 수긍할 수 있는 타당한 견해라 할 수 있다. 그러나 자생설에 대해서는 동아시아 대륙의 정황도 고려할 필요가 있어 재검토를 요한다.

필자(下條信行 1977)는 석기의 종류, 형태, 수량 등에서 遠賀川의 서쪽(북부 규슈)과 동쪽(동북부 규슈·周防灘 연안)의 서로 다른 분포 양상을 지적하면서, 서쪽에는 대형 반월형석도의 결입부 형식, 동쪽에는 대형 반월형석도의 손잡이 형식이 분포하고 있음을 언급한 바 있다(도 2). 즉, 대형 반월형석도의 형식은 지역 문화권과 밀접한 관련을 가지며 분포하고 있음을 고찰한 것이다.

본고에서는 용도에 대한 특별한 증명 방법을 가지고 있지 않기 때문에, 이에 대해서는 다루지 않고자 한다. 여기서 언급할 사항은 크게 두 가지로 구분된다. 첫 번째는 대륙에서 대형 반월형석도의 존재 여부와 최근 일본의 출토 사례를 통하여 그 출자 계보를 살펴보고자 한다. 두 번째는 대형 반월형석도의 형태 분류와 배열을 정리함으로써 석도의 형태와 지역성을 논하여 보도록 하겠다.

2. 대형 반월형석도와 대륙계마제석기

대형 반월형석도는 과연 일본 자생의 마제석기일까? 아니면 소위 대륙계마제석기에 포함되는 것일까?

森貞次郎은 앞서 기술한 바와 같이 일본 자생설을 주장하였는데, 이에 대하여 〈도 1〉을 참조하면서 검토해 보자.

森貞次郎이 대형 반월형석도의 기본 형태라고 한 Aa1은 얇고 능이 없는 이른 형식으로, 오늘날 북부 규슈의 야요이 전기 형식에 해당하기 때문에 확실히 이삭을 따는 석도로서 이른 단계에 위치시켜야만 한다. 이것으로부터 발전한 Bb1은 양면에 능을 가지며 약간 두꺼운, 전기 말~중기에 번성한 후속 형식이므로 Aa1→Bb1의 전개는 지금도 충분히 수긍할 수 있다. 문제는 초기 대형 반월형석도인 d3이 중기 형식인 Bb1에서 파생한다는 것으로, 이러한 점은 현재의 실정에 맞지 않는다.

d3 대형 반월형석도(도 4-1)는 얇고 능이 없으며 재질도 혈암질

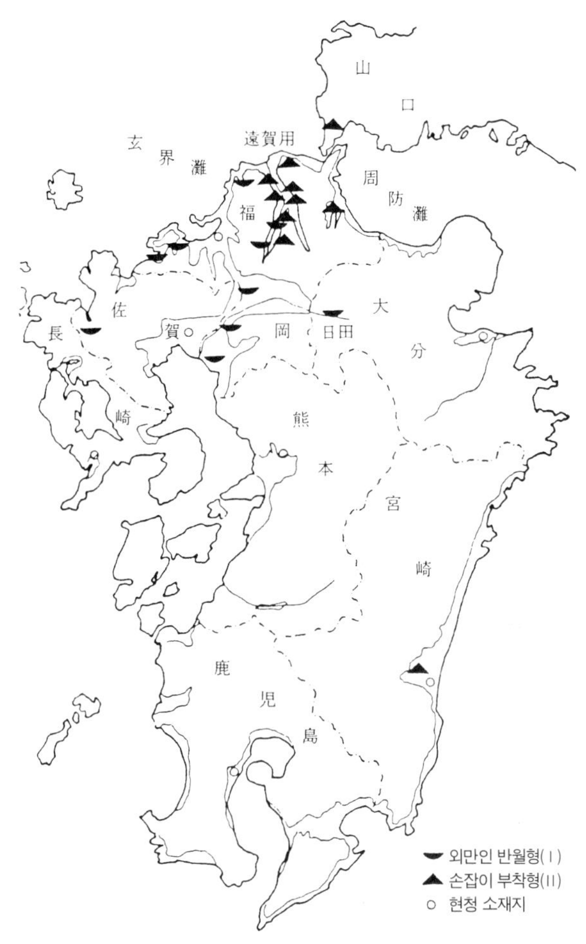

〈도 2〉 규슈 대형 반월형석도의 분포도 (下條信行 1977)

사암으로 Aa1과 약간의 차이가 있을 뿐 모든 것이 일치하므로, 양자는 파생 관계가 아니라 동시 병존의 관계로 보는 편이 좋다. 즉, 양자는 기능을 달리하며 동시 병존하기 때문에, 재질의 선택이나 제작법이 같은 것이다.

최근 佐賀縣 唐津市 菜畑遺蹟 제8층에서 일본 출토품 가운데 가장 이른 단계에 해당하는 대형 반월형석도가 확인되었다(中島直幸·田島龍太 1982). 그 특징은 얇고 능이 없으며 결입부가 있는 이른 형식으로(도 4-2), 板付 Ⅰ 식기에 해당하여 벼농사 출현 시기에 이미 대형 반월형석도는 이삭을 따는 석도와 함께 전래되어 등장하였을 가능성이 높아졌다.

여기서 일본 대륙계마제석기 전래의 기원지인 동북아시아로 눈을 돌리면, 약간의 대형 반월형석도가 존재한다(도 3). 〈도 3-1〉은 중국 遼寧省 大連 浜町 출토품으로(森修 1941), 길이(가로 폭) 28.1cm, 폭(세로 폭) 15.9cm에 달하여 현지의 다른 석도와 비교할 때 매우 대형이

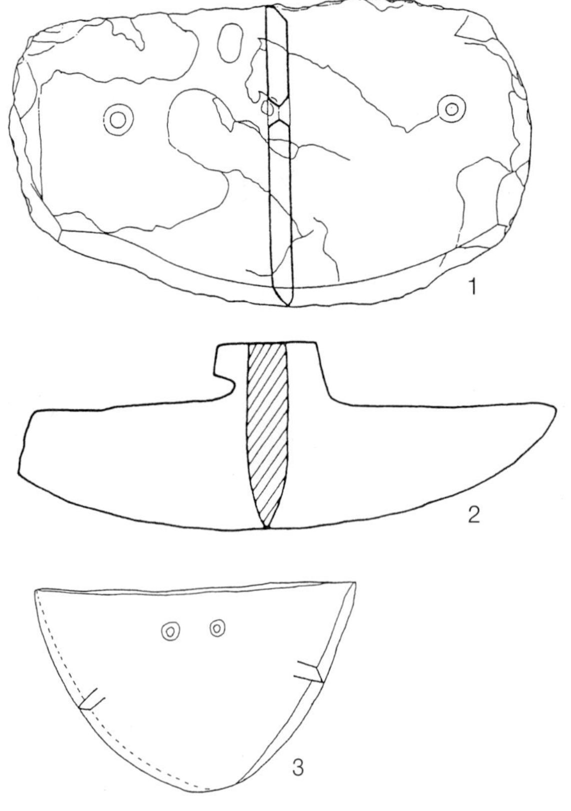

1 遼寧省 大連 浜町, 2 경상남도 욕지도, 3 전라북도 청웅면

〈도 3〉 중국 · 한반도의 대형 반월형석도 (축척 1/4)

다. 단, 시기나 출토 정황은 명확하지 않다. 〈도 3-2〉는 한반도 남단 경상남도 욕지도 출토품으로(東亞大學校博物館 1977), 출토 당시의 정황은 파악할 수 없지만 손잡이가 있는 대형 반월형석도이다. 도면상 몸통 왼쪽 끝부분은 재가공되어 있다. 길이 29cm, 폭 9.6cm, 두께 2.2mm의 두꺼운 대형 반월형석도이다. 〈도 3-3〉은 대형 반월형석도라 할 수 있을지 애매하지만, 일반적인 석도에 비하면 대형이다. 길이 17.7cm, 폭 10.6cm, 두께 0.7cm로, 폭이 상당히 넓어 실제 이 석도로 이삭을 땄다고 생각하기는 어렵다. 좌우가 서로 교차된 날을 형성하고 있는데, 이 지역 석도의 특징을 계승한 것이다. 한반도 남부의 전라북도 임실 청웅면 출토품이다(池健吉 · 安承模 1983).

이상의 여러 사례는 출토 정황이 명확하지 않은 것이 많기 때문에, 일본의 석도와 엄밀하게 형태적, 시간적으로 비교하기에는 무리가 있다. 하지만 적은 양이라도 동북아시아에 대형 반월형석도가 존재한다는 점, 그것도 일본 대륙계마제석기의 근접 기원지인 한반도 남부에 많은 점, 또 일본에서도 초기 벼농사 단계에 이미 출현하고 있는 점 등을 볼 때, 일본의 대형 반월형석도를 대륙계마제석기의 하나로 상정하는 편이 좋을 것 같다.

3. 형식분류와 배열

일본의 대형 반월형석도는 A-1, A-2, B, C, D-1, D-2, E의 5형식 7종으로 분류하는 것이 가

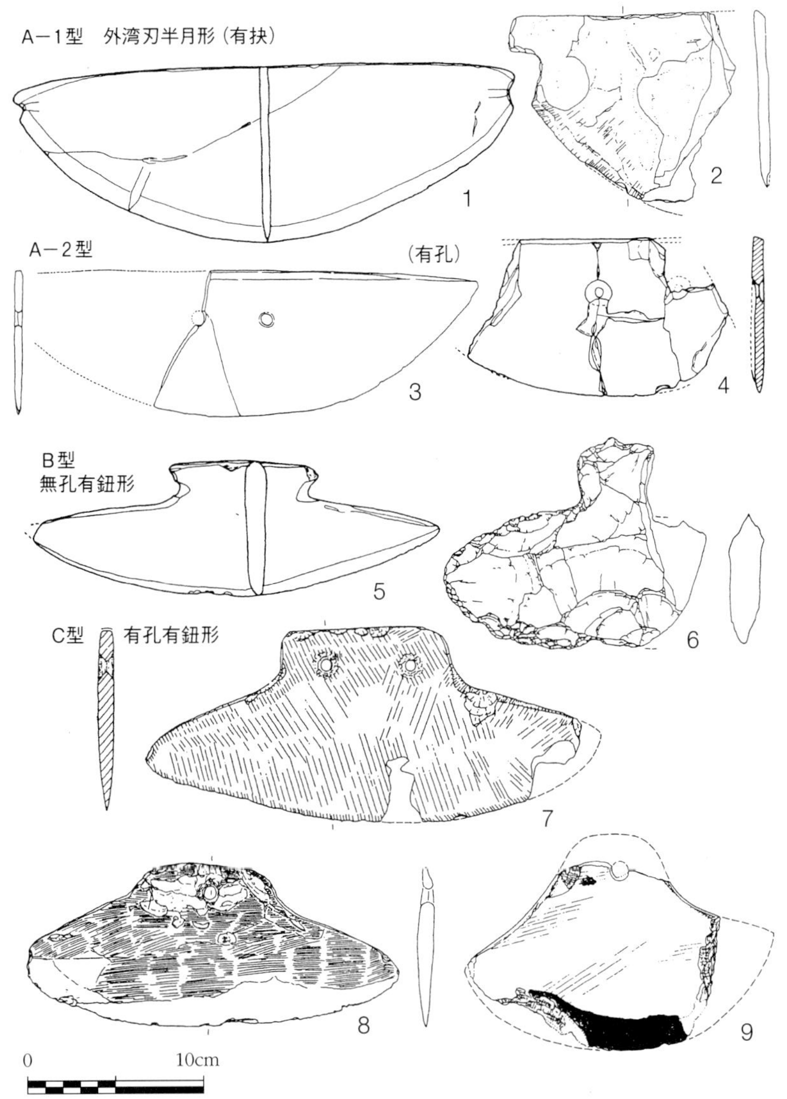

1 福岡縣 飯塚市 立岩, 2 佐賀縣 唐津市 菜畑, 3 福岡縣 小郡市 北牟田, 4 福岡縣 小郡市 種畜場, 5 福岡縣 遠賀郡 城ノ越, 6 北九州市 高津尾, 7 福岡縣 行橋市 下稗田, 8 大阪府 龜井, 9 大阪府 池上

〈도 4〉 일본의 대형 반월형석도 1

능하다(도 4~6).

　A형식(A식)은 초기 석도의 형태를 그대로 비대·대형화한 外灣刃半月形으로, 두께 0.5~1cm 미만의 얇고 능이 없는 것이다. 길이는 20~30cm, 폭 8~10cm로, 끈을 걸 수 있는 결입부가 양측에 존재하는 A-1(도 4-1·2)과 이삭을 따는 석도와 동일한 형태의 하나 또는 두

개의 구멍이 뚫려있는 A-2로 세분할 수 있다(도 4-3 · 4).

A-1은 윗면 양끝의 바로 아래에 결입부가 위치하는 것으로, 이 형식 가운데 특히 대형이 많다.

A-2는 〈도 4-3〉과 같이 복원 길이 28.0cm, 폭 8.0cm의 A-1과 다르지 않은 대형(酒井仁夫 · 森田勉 1979)과 〈도 4-4〉처럼 길이 20cm, 폭 8cm 전후의 약간 소형이 있다. 후자는 전라남도 청웅면 출토품과 마찬가지로 대형 반월형석도라 하기에 애매한 점이 있지만, 전형적인 이삭 따는 석도보다는 확실히 대형이기 때문에 이 형식에 포함시켰다.

B식은 손잡이가 있는 형식으로, 몸통의 상단에 돌출된 손잡이가 만들어진 것이 특징이다. 몸통은 인부가 외만인으로 A식의 특징을 계승하고 있지만, 윗면도 약간 둥근 형태가 되어(도 4-5) 전체적으로 양끝이 뾰족한 어형을 이룬다. 윗면의 휘어짐 정도에는 개체마다 차이가 있지만, 이는 어형 석도와 동일한 양상의 특징이다. 손잡이는 폭이 넓고 몸통과의 접점에 예리한 결입부가 존재하는 것이 특징이다. 손잡이에 구멍은 뚫려있지 않다. 몸통의 두께는 A식에 비하여 증가하며, 크기는 길이 17~20cm로 A식보다 약간 작다. B식 가운데에는 〈도 4-6〉과 같이 손잡이 폭이 좁고 약간 길며 기부의 결입 정도가 약한 것이 존재한다. 단, 이러한 종류는 출토 예가 적고 분포도 극히 제한되어 있다.

C식의 몸통은 B식과 유사하지만, 손잡이 부분에 변화가 나타난다. 손잡이는 장방형으로 돌출하며, 결입부가 사라지고 손잡이 중앙에 구멍이 뚫리게 된다. B식은 손잡이의 결입부가 끈을 거는 역할을 담당하지만, 이것이 원형 구멍으로 대체된 것이다(도 4-7). 이와 같이 손잡이의 기능이 후퇴함에 따라 손잡이와 몸통의 접점이 불분명해지면서 둥근 어깨 형태로 제작된다(도 4-8 · 9). 손잡이의 원형 구멍은 C식이 등장하는 동북부 규슈의 경우 구멍 2개를 기본으로 하지만, 동쪽으로 가면서 1개의 구멍이 출현한다. 크기는 B식과 다르지 않지만, 瀬戸内海를 따라 동쪽으로 갈수록 약간 소형화된다.

D식은 전체 형태가 사다리꼴이다(도 5). 인부는 거의 직선화되었지만, C식의 흔적이 남아 급하지 않은 외만인을 이룬 것도 있다(도 5-2). 윗부분의 특징에 따라 D-1과 D-2식으로 세분하는 것이 가능하다. D-1은 사다리꼴의 양측에 단이 남아있는 것이다. 이러한 단은 C식 돌출 손잡이의 잔존 흔적으로밖에 보이지 않기 때문에(도 5-3), 끈은 단이 아니라 C식에서 출현한 원형 구멍에 걸었을 것이다(도 5-2). D-2식은 단이 사라져 완전한 사다리꼴을 이룬다. 사다리꼴의 완성과 함께 인부는 완전히 직선화되며(도 5-4~8), 끈은 모두 원형 구멍에 걸게 된다.

E식은 直線刃半月形이다. 윗면 반월형에 인부는 직선이며, 끈은 원형 구멍에 건다(도 6-1~5). D식 사다리꼴의 양쪽 뾰족한 부분이 둥글게 되어, E식 직선인반월형이 출현한 것으로

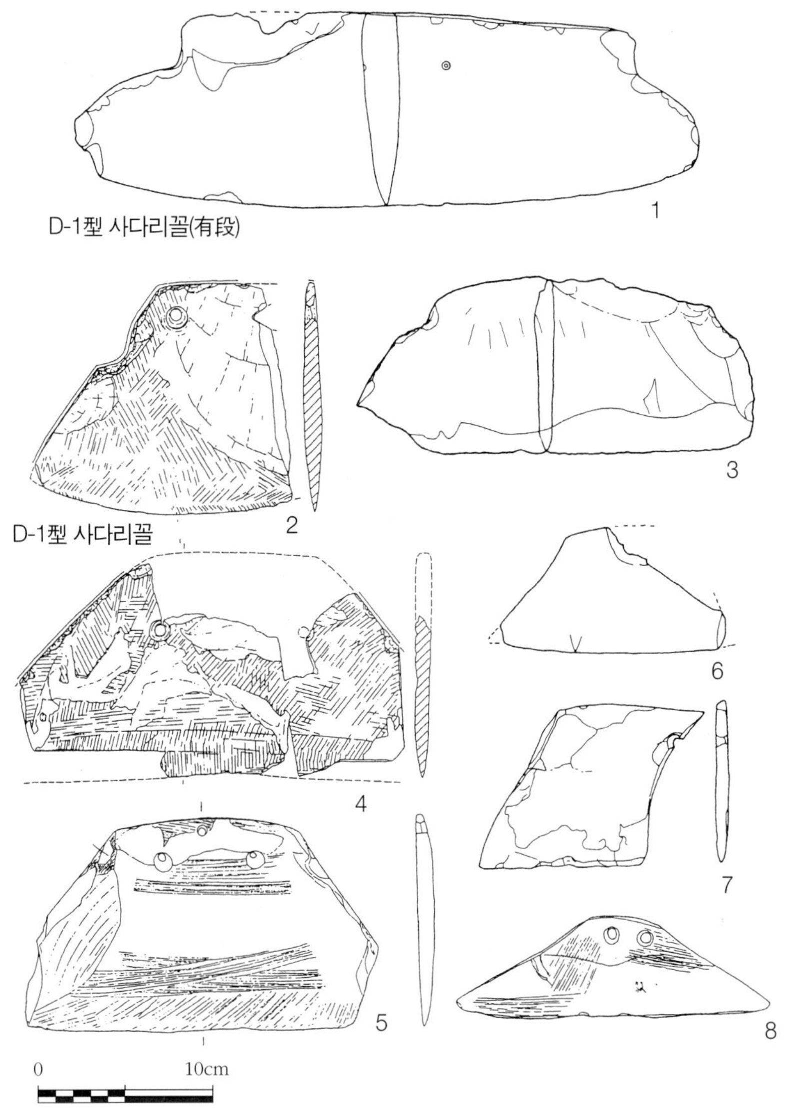

1 京都府 大宮町, 2 福岡縣 下稗田, 3 島根縣, 4 福岡縣 下稗田, 5 大阪府 龜井, 6 德島市 南庄, 7 島根縣 浜田市 鰐石,
8 大阪府 龜井

〈도 5〉 일본의 대형 반월형석도 2

보인다.

이상 A~E의 5식으로 구분되는데, 아래에서는 이들의 형식 관계를 살펴보고자 한다.

일본에서 최초로 확인된 대형 반월형석도는 板付 Ⅰ식기의 A-1식으로, A식이 일본 대형 반월형석도의 기본 형태가 되는 것은 틀림없다(佐賀縣 菜畑 출토품). 확실한 사례는 A-1식

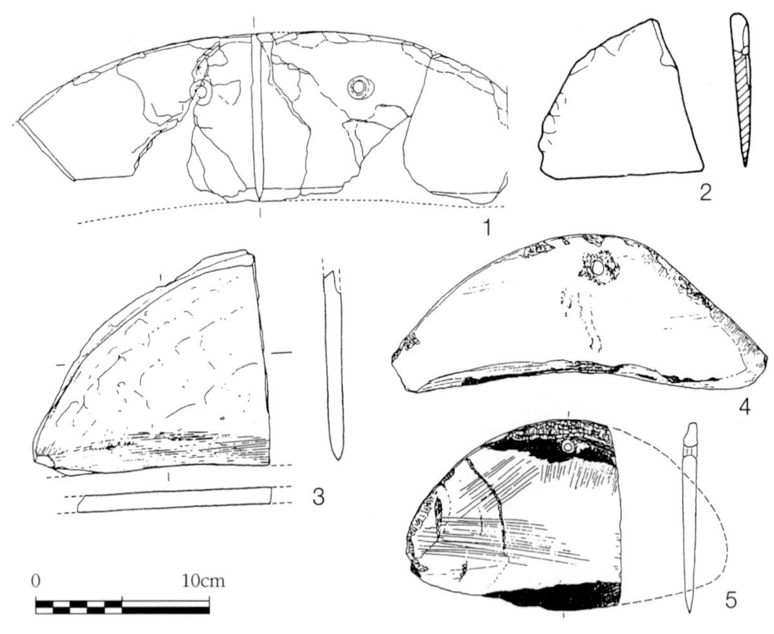

1 福岡縣 築上郡 中桑野, 2 京都府 綾部市 靑野, 3 島根縣 松江市 西川津, 4 · 5 大阪府 池上

〈도 6〉 일본의 대형 반월형석도 3

뿐이지만, A-2식도 동시에 존재하였을 가능성이 높다. 佐賀縣 宇木汲田 출토품(唐津灣周邊 遺跡調査委員會 1982)은 夜臼式~板付 II식기에 해당되는 미완성품으로 A-2식에 속한다. 그 밖의 사례들도 결입부를 제외하면 A-1과 재질 · 형태 등이 모두 같기 때문에, 동시 병존 가능성을 나타내고 있다. 한반도에는 A-1식이 없고 A-2식만 확인되는 것을 볼 때, A-2식이 가장 이른 형식일 가능성도 존재한다. 따라서 A-2식→A-1식으로의 전개도 생각할 수 있다. 그렇다고 한다면 A-1식이 이미 板付 I식기에 출현하기 때문에, A-2식은 이보다 이른 시기(죠몽 만기 후반)에 등장하였을 가능성도 있다.

이러한 추정이 인정된다면, A-2식은 다른 석도, 편인석부 등과 함께 일본 벼농사 출현 시기에 한반도에서 전래된 대륙계마제석기일 가능성이 더욱 높아진다. 그리고 A식은 전기 말~중기 초두를 거치면서 자취를 감추게 된다.

B식은 A식이 후퇴한 전기 말 전후에 출현하여, 확실히 A식보다 후에 등장하고 있다. B식의 출자에 대해서는 손잡이에 구멍이 없는 경상남도 욕지도 출토품도 고려해야 할지 모르겠으나(도 3-2), 유물의 상세한 내용을 알 수 없으며 B식 출토품이 遠賀川流域에 존재하기 때문에 직접적으로 대륙에서의 전파를 생각하기에는 약간 무리가 있다. 따라서 森貞次郎

(1942)이 지적한 바와 같이 A-1식으로부터의 전개를 고려하는 편이 현재 상황에서는 가장 합리적이라 판단된다. 이른 시기에 출현한 A-1식의 결입부가 강화·확대되어 손잡이가 되었다는 견해이다. 遠賀川 중류역의 立岩遺蹟에서는 전기 말 무렵에 A-1(中山平次郎 1934)식과 B식(兒島隆人·藤田等 1973)이 공존하고 있어, 遠賀川流域에서 양자의 전환이 이루어진 것으로 보인다.

C식이 B식에서 변화된 것임은 비교적 쉽게 이해할 수 있다. 몸통의 형태나 두께가 동일하며 손잡이의 특징이 약간 다를 뿐이다. 핵심은 끈을 거는 부분의 개량으로 B식은 손잡이 아래쪽의 결입부를 이용하지만, C식은 손잡이에 원형 구멍을 뚫어 그 기능을 대신하기 때문에 C식에는 결입부가 필요 없게 되어 장방형으로 돌출된 손잡이가 형성된다.

결입부가 불필요해지면 손잡이 자체의 존재도 필요 없어져, 손잡이 없이 몸통에 직접 원형 구멍을 뚫게 된다. 이렇게 출현한 것이 사다리꼴의 D식으로, D-1식은 C식의 흔적이 남아 양측에 단을 갖지만 이것도 곧바로 사라져 D-2식의 완전한 사다리꼴이 이루어진다.

그리고 사다리꼴이 출현하면서 양쪽 뾰족한 부분이 둥글어져, 곧바로 E식의 직선인반월형이 형성된 것으로 추정된다.

이와 같이 해석한다면, 대형 반월형석도는 A-2→A-1→B→C→D-1→D-2→E로 변천되었다고 볼 수 있다.

다음으로 각 형식과 시기의 관계를 살펴보고자 한다.

A식은 板付 Ⅰ식에 출현하여(佐賀縣 菜畑), 宇木汲田의 夜臼~板付 Ⅱ식, 福岡縣 小郡市 三澤 種畜場·小郡市 北牟田(酒井仁夫·森田勉 1979)의 板付 Ⅱ식, 福岡縣 行橋市 下稗田(長嶺正秀 外 1985)의 전기 말~중기 초, 山口縣 防府市 大崎(森田孝一 1981)의 중기 전반에 사라진다. 이 형식이 가장 이른 시기에 출현하여 B식 이후의 기본 형태가 된 것은 앞서 지적한 바와 같다.

B식은 전기 말에 출현하여 중기 전반에 소멸된다. 전자의 사례로는 福岡縣 飯塚市 立岩 甘木(兒島隆人·藤田等 1973), 福岡縣 遠賀郡 城ノ越(鏡山猛 外 1961), 山口縣 菊川町 下七見(村岡和雄 1989), 北九州市 小倉南區 高津尾(山口信義 1989)가 있으며, 후자의 예로 北九州市 馬場山(栗山伸司 1980), 下稗田(長嶺正秀 外 1985) 등이 확인된다.

C식은 전기 후반~말에 출현하여 중기 전반에 사라진다. 전자로 高津尾(中村修身 1989), 下稗田, 德島市 南庄이 있으며, 후자의 사례로는 大阪府 龜井(廣瀬和雄 1986) 출토품을 들 수 있다.

D식은 전기 말에 출현하여 중기까지 존속한다. 전자에는 下稗田, 山口縣 秋芳町 中村(岩

<표 1> 대형 반월형석도 출토 지명표

	길이	폭	두께	
중국				
有側帶外灣刃形				
遼寧省 大連 浜松	28.1	15.9	1.1	
한반도				
A. 외만인반월형				
전라북도 임실 청웅면	17.7	10.6	0.7	
B. 구멍 없는 손잡이 형식				
전라남도 욕지도	29	9.6	2.2	
일본				
A-1형 외만인반월형(손잡이)				
佐賀縣 唐津市 菜畑/夜臼-板付 Ⅰ식	13+	10.2+	0.6	손잡이
佐賀縣 北波多村 德須惠	27.2	10	0.6	손잡이
福岡縣 飯塚市 立岩	28.4	9.7	0.45	손잡이
山口縣 下關市 綾羅木鄉	13.4+	9.4		손잡이
福岡縣 行橋市 下稗田/전기 말-중기 초	17.2+	9.1	0.8	손잡이
山口縣 防府市 大崎/중기 전반	13.2+	10	0.4	손잡이
A-2형 외만인반월형(구멍)				
佐賀縣 唐津市 宇木汲田/夜臼-板付 Ⅱ식	7.6+	10.5	2.2	미제품
福岡縣 二丈町				1공
福岡縣 小郡市 三澤 種畜場/板付 Ⅱ식	14.8+	8.7	0.7	2공
福岡縣 小郡市 北牟田/板付 Ⅱ식	28復	8	0.4	2공 2점
福岡縣 小郡市 西島				
福岡縣 宗像郡 津丸	9.5+	7.8	0.6	구멍 불명
福岡縣 柳川市 西蒲池	18.7	7.7	1	2공
福岡縣 嘉穗郡 桂川町 壽命	20.6	8.9	0.7	2공
京都府 峰山町 途中ケ丘	19.6+	14.5		
B형 구멍 없는 손잡이 형식				
福岡縣 飯塚市 立岩 甘木	8.1+	7.3	0.85	2점
福岡縣 鞍手郡 古月町	17.4+	10	1	
福岡縣 鞍手郡 三笠				
北九州市 八幡西區 馬場山/중기 초-전	17.7	11.1	1.9	
福岡縣 遠賀郡 城ノ越/전기 말	23	7.5	1.1	
北九州市 八幡東區 高槻				
福岡縣 行橋市 下稗田/중기 전반	16.7+	7.8	1.7	
築上東中學校	20.5	8.1	1.2	
山口縣 豊浦郡 菊川町 下七見/전기 말	23.7+	13.7	1.8	

	길이	폭	두께	
山口縣 下關市 綾羅木鄉				
北九州市 小倉南區 高津尾/전기 말-중기	15+	11.8	1.7	미제품 2점
福岡縣 行橋市 下稗田 1/중기 초			0.9	
福岡縣 行橋市 下稗田 2		9.4	1.2	
C형 구멍 있는 손잡이 형식				
北九州市 小倉南區 高津尾/전기 말-중기 초	17.5+	9.5	1.2	미제품
福岡縣 行橋市 下稗田 1/전기 후반	20.4	10.4	0.5	2공
福岡縣 行橋市 下稗田 2/전기 말	25.2	11	1.15	2공
福岡縣 行橋市 下稗田 3/전기 말	17.5+	6.8	0.75	2공
福岡縣 行橋市 下稗田 4	14.2+	12.5	1.5	2공
宮崎市 住吉	20+	9.3	0.8	2공
德島市 南庄/전기	17+	9.5		1공
大阪市・八尾市 龜井/중기 초	20.8	9	0.9	1공
大阪府 和泉市・泉大津市 池上				1공
京都府 大宮町	35	10.9	2.1	1공
D-1형 사다리꼴(단 있음)				
福岡縣 行橋市 下稗田 1/전기 후반	18.6+	12.3	0.55	단·구멍
福岡縣 行橋市 下稗田 2/전기 후반	15.3+	12.8	1.1	단·구멍
松山市 祝谷 六丁場/중기 전반				단·구멍無
島根縣 風土記の丘 資料館	23	9.8	0.9	단
D-2형 사다리꼴				
福岡縣 行橋市 下稗田/전기 말	22.7+	12	0.9	2공
下關市 綾羅木鄉	26+	15	0.7	2공
下關市 富任	34.1	12.5		2공
山口縣 秋芳町 中村/전기 말	8.6+	8.4		구멍
德島市 南庄/전기 후반				
島根縣 浜田市 鰐石/전기	12.5+	9	0.7	구멍
大阪市・八尾市 龜井城山 1	20	11.6	0.9	3공
大阪市・八尾市 龜井城山 2	17.6	5.4		2공
大阪府 龜井의 2(손잡이의 흔적이 남음)	19.2	15.2		2공
愛知縣 淸洲町 朝日/朝日式	24.4	12.4		구멍
E형 직선인반월형				
福岡縣 新吉富村 中桑野	29.5	9.3	0.5	2공
大阪府 池上 1	21.2	7.6		1공
大阪府 池上 2	12.2+	10.6	0.7	1공
島根縣 松江市 西川津/전기 말-중기	13.3+	11.8	0.8	구멍無
京都府 綾部市 靑野/전기 말	9	8.8		구멍

崎仁志 1987), 南庄, 島根縣 浜田市 鰐石(前島巳基 1973)이 있으며, 중기 전반의 예로 松山市 祝谷 六丁場(下條信行 1991), 愛知縣 淸州町 朝日(愛知縣教育委員會 1982) 출토품이 있다.

E식은 전기 말·중기 초에 출현하여 중기 전반에도 계속된다. 전자의 예로 松江市 西川津 (內田律雄 1989), 京都府 綾部市 靑野(靑野遺跡調査報告書刊行會 1976)가 있으며, 후자에는 福岡縣 新吉富村 中桑野(馬田弘愈 1978)가 있다.

이렇게 보면 B~E식은 전기 후반~말 단계에 거의 시차 없이 출현하여, 모든 형식이 중기 전반 단계에 종료되고 있다. 단, 畿內에서는 'V양식'과의 공반 출토품이 보고된 바 있지만, 전국적으로 보면 확인된 사례가 없어 이들의 시간적 위치에 대한 문제는 앞으로의 과제라 하겠다.

결국 A식이 이른 시기에 출현하며, 이를 이어받아 전기 후반부터 말에 걸쳐 B~E의 각 형식이 일제히 등장한다. 따라서 B~E 간의 출현에 시간적으로 단계의 차이를 부여하는 것은 불가능하다. 각 형식은 전기 후반부터 말에 걸쳐 상당한 속도로 전달되었으며, 이에 따라 형식 변화의 속도 또한 매우 빨랐다.

이와 같이 빠른 전개를 통하여 여러 종류의 형식을 발생시킨 대륙계마제석기로는 반월형석도가 있다. 아래에서 기술할 지역성과의 관련에 있어서도 대형 반월형석도와 반월형석도는 매우 유사한 형식 변화의 속도와 지역성을 갖고 있지만, 이에 대해서는 다른 논고를 통하여 다루어 보도록 하겠다.

4. 분포와 지역성

대형 반월형석도의 형식과 분포의 관계는 매우 강한 지역성에 기초하며, 이들의 움직임을 밝히는 것은 서일본의 지역 간 동향을 파악하는 데에도 중요하다. 아래에서 형식과 지역 간의 관계를 살펴보자.

A식은 주로 遠賀川 서쪽의 북부 규슈에서 확인되며, 대한해협 연안·有明海 주변을 주요 분포지로 한다. 따라서 A식을 북부 규슈형 대형 반월형석도라 할 수 있다. 특히 A-1의 결입부가 있는 형태는 대한해협 연안에 집중하여, 이 지역에서 발생한 것으로 보인다. A식은 周防灘 연안에서도 일부 확인되고 있지만, 이들은 A-1 형식으로 대한해협 연안 형식이 이 지방까지 관련되었음을 나타낸다. 북부 규슈는 B~E식이 존재하지 않는, A식의 순수한 분포지대

이다. A-1은 대한해협 연안의 佐賀縣 德須惠, 菜畑, 遠賀川流域의 飯塚市 立岩, 周防灘의 下稗田, 山口縣의 防府市 大崎에 분포하며, A-2는 대한해협 연안, 筑紫平野, 有明海 연안 등의 내륙지역까지 확대되고 있다.

B식은 遠賀川 중·하류에 주로 분포한다. 遠賀川流域에서 A·B식이 접촉하여(飯塚市 立岩) B식이 발생하였으며, 일부 周防灘 연안에서도 확인된다. 遠賀川流域에는 立岩, 鞍手郡 古月(石村一男 1937), 三笠, 北九州市 馬場山, 遠賀郡 城ノ越, 北九州市 高槻, 高津尾, 周防灘 연안에는 下稗田, 築上郡(馬田弘念 1978), 下關市 綾羅木鄕, 山口縣 菊川町 下七見에 분포한다.

C식은 周防灘 연안부터 瀬戸內, 畿內와 동해를 따라 京都府 大宮에서까지 확인된다. 이 형식은 규슈를 벗어나 광역의 분포를 보이지만, 반대 방향인 북부 규슈나 遠賀川流域으로 확산되지는 않는다. 周防灘 연안에서는 高津尾, 下稗田, 동부 瀬戸內에서는 德島市 南庄, 畿內에서는 大阪府 龜井, 池上(大阪文化財センター 1978)에서 관찰되는데, 周防灘 연안 출토품은 손잡이가 기하학적 장방형으로 돌출하는 데 반하여 동부 瀬戸內, 畿內 출토품은 손잡이와 몸통의 접점이 둥근 어깨 형태로 휘어진 후출 형식이다. 규슈 동쪽 해안을 남하하여 宮崎市에서도 나타난다.

D식은 周防灘 연안에서 瀬戸內, 畿內, 東海까지의 가장 넓은 분포를 보인다. 이 가운데 이른 시기의 D-1은 周防灘 연안, 瀬戸內 서부와 島根縣 西川津에서 확인되어, D식의 성립이 周防灘을 중심으로 한 瀬戸內 서부에서 이루어졌음을 알 수 있다. D-1의 사례는 下稗田, 松山市 六丁場, 島根縣 西川津에서 관찰된다. D-2는 周防灘 연안의 下稗田, 綾羅木鄕, 瀬戸內 동부의 南庄, 畿內의 大阪府 龜井城山(寺川史郎·尾谷雅彦 1980), 愛知縣 朝日, 동해를 따라 島根縣 鰐石까지 확산된다. 畿內 출토품은 약간 소형화된 것이 많다.

E식은 周防灘 연안부터 畿內와 山陰까지 확인된다. 周防灘 연안에서는 福岡縣 中桑野, 畿內에서는 大阪府 池上, 山陰에서는 西川津, 京都府 綾部市 靑野 등에서 출토되어, 이 또한 광역의 분포를 보여준다.

이러한 양상을 지역 단위로 살펴보면 (표 2), 북부 규슈 연안의 板付 I 식기 (혹은 죠몽 만기 후반의 벼농사 시작 시기)에 A식이 전래되며 전기 후반부터 말의 시기에 遠賀川流域에서 B식이 출현한다.

B식의 출현과 거의 같은 시기에 周防

〈표 2〉 대형 반월형석도의 형식과 지역 (●는 새롭게 등장한 형식)

	北部 九州	遠賀川 流域	周防灘	瀬戸內	近畿	東海	山陰
A식	●	○	○				○
B식		●	○				
C식			●	○	○		○
D식			●	○	○	○	○
E식			●		○		○
등장 시기	전기 전반	전기 후반	전기 후반	전기 후반	중기	중기	전기 후반

灘 연안에 A·B식이 전래되어, B식을 모태로 C식이 등장한다. C식을 기본으로 다시 D-1이 출현하며, 곧이어 D-2로 완성된다. 이와 같이 周防灘 연안에서는 A·B·C·D의 여러 형식이 갖추어져 있지만, 여기서 성립된 C·D식만이 瀬戸內를

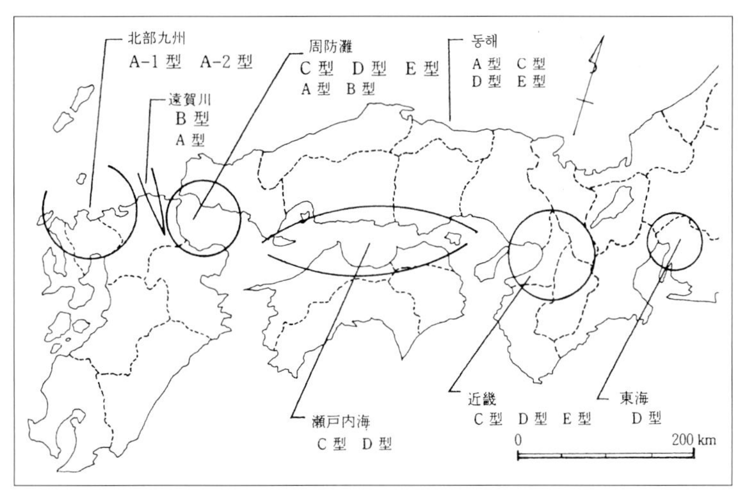

〈도 7〉 대형 반월형석도의 여러 형식과 지역

거쳐 곧바로 畿內에서 東海까지 도달한다. 瀬戸內 동부에는 전기에 도달하지만, 畿內나 東海에 이르는 것은 중기 초~전반이 되면서부터이다. 山陰에서도 C·D식은 확산된다.

E식도 周防灘 연안에서 출현하며, 이 형식도 畿內와 山陰에서까지 확인된다.

이렇게 보면 전기 후반부터 말의 단계에 모든 형식이 성립되어 있는 곳은 周防灘 연안으로, 이곳이 中·四國에서 畿內·東海로 확산되는 대형 반월형석도의 발진기지가 된다. 이때 瀬戸內~畿內와 山陰은 약간 다른 양상을 보이는데, 畿內의 경우 周防灘 연안에서 성립된 C·D·E식만이 전래되는 데 반하여, 山陰에는 B식을 제외한 A·C·D·E의 각종 석도가 전해져 북부 규슈와 周防灘的 특색을 나타내고 있다.

이상과 같이 周防灘 연안을 발진기지로 한 대륙계마제석기의 전달 방식은, 이삭을 따는 석도의 전래 과정에서도 관찰할 수 있다.

일반적으로 대륙계마제석기의 확산을 이야기하면 중국·한반도의 석기가 직접적으로 북부 규슈부터 瀬戸內·畿內에 전래된 것으로 이해되지만, 실제로는 일본 국내에서도 먼 지역에 전해지는 중간 과정에서의 창출과 변용이 더하여져 이러한 것들이 점차 동쪽으로 전개된다. 이는 단순히 대형 반월형석도만이 아니라 다른 대륙계마제석기에도 적용할 수 있는 사실이다. 본고에서는 이 가운데 대형 반월형석도의 경우 周防灘 연안부가 중요한 핵심 지역이었음을 주장하였다.

(원전 : 1991, 「大形石庖丁について」 『愛媛大學人文學會創立15周年記念論集』, 愛媛大學人文學會)

참고문헌

東亞大學校博物館, 1977, 『博物館圖錄』.

池健吉・安承模, 1983, 「韓半島 先史時代 出土 穀類와 農具」『韓國의 農耕文化』, 京畿大學出版部.

鏡山猛 外, 1961, 「福岡縣城ノ越遺跡」『日本農耕文化の生成』.

廣瀬和雄 編, 1986, 『龜井』2, 大阪府教育委員會・大阪文化財センター.

內田律雄 編, 1989, 『西川津遺跡發掘調査報告書』, 島根縣教育委員會.

唐津灣周邊遺跡調査委員會, 1982, 『末盧國』.

大阪文化財センター, 1978, 『池上遺跡－石器編』.

馬田弘念, 1978, 『中桑野遺跡』, 福岡縣新吉富村文化財調査報告.

寺川史郎・尾谷雅彦 編, 1980, 『龜井・城山』, 大阪文化財センター.

山口信義, 1989, 『高津尾遺跡』Ⅰ, 北九州市埋藏文化財調査報告書 80.

森修, 1941, 「滿洲石庖丁攷」『人類學雜誌』56-6.

森田孝一, 1981, 「大崎遺跡の遺物」『防府市文化財調査年報』Ⅳ.

森貞次郎, 1942, 「古期彌生式文化における立岩文化期の意義」『古代文化』13-7.

石村一男, 1937, 「北九州出土の異形石庖丁」『考古學』8-9.

兒島隆人・藤田等, 1973, 『嘉穂地方史－先史編』.

岩崎仁志, 1987, 『中村遺跡』, 山口縣埋藏文化財調査報告書 100.

愛知縣教育委員會 編, 1982, 『朝日遺跡』.

栗山伸司 編, 1980, 『馬場山遺跡』, 北九州市文化財調査報告書 36.

長嶺正秀 外, 1985, 『下稗田遺跡』, 行橋市文化財調査報告書 17.

前島巳基, 1973, 「浜田市鰐石遺跡」『季刊文化財』22.

酒井仁夫・森田勉, 1979, 『九州縱貫自動車道關係埋藏文化財調査報告』31.

中島直幸・田島龍太, 1982, 『菜畑』, 唐津市文化財調査報告 5.

中山平次郎, 1934, 『飯塚市立岩燒ノ正の石庖丁製造所址』, 福岡縣史跡名勝天然記念物調査報告書 9.

中村修身, 1989, 『高津尾遺跡－第14地點』, 北九州市文化財調査報告書 47.

青野遺跡調査報告書刊行會, 1976, 『青野遺跡A地點發掘調査報告書』, 綾部市文化財調査報告書 2.

村岡和雄, 1989, 『下七見遺跡』Ⅰ, 菊川町教育委員會.

下條信行, 1977, 「九州における大陸系磨製石器の生成と展開」『史淵』114.

下條信行, 1991, 「松山平野と道後城北の彌生文化」『松山大學構內遺跡』, 松山市文化財調査報告書 20.

서일본 제 I 기의 석검과 석촉   06

번역 : 오창희

1. 머리말

한반도 무문토기·청동기시대의 문화는 일본의 야요이문화에 많은 영향을 끼쳤는데, 그 가운데 하나가 무기형 석제품이다.

이러한 석제품은 시기를 달리하여 선후 두 시기에 관찰된다.

제 I 기는 초기 벼농사 전래기인 죠몽 만기 후반(각목돌대문토기 단순기)~야요이 전기에 해당하는데, 유병식석검을 주로 하는 석검류와 유엽형석촉을 주체로 하는 유경석촉 등이 확인된다. 이 가운데 한반도로부터의 전래품이 많이 포함되어, 그 영향은 직접적이다.

제 II 기는 야요이 전기 종말부터 거의 야요이 중기까지로, 유경식석검·석과·석모·삼각무경촉 등이 출토된다. 석검·석과·석모는 한반도에서 전래된 세형동검·동과·동모를 일본에서 모방한 것이기 때문에 그 영향은 간접적이라고 할 수 있다.

여기서는 I 기의 무기형 석제품에 대해서 서술하겠다.

이 시기의 석검에는 유병식석검(이하 유병식이라 한다), 抉溝莖式石劍(이하 결구경식)과 송국리형 역T자식석검의 세 가지가 있는데, 이 중 유병식이 압도적으로 많다. 결구경식은 全榮來(1987)가 이름 붙인 것으로 한국에서는 석창으로도 불린다. 최근 일본에서도 출토되어 현재 2점의 사례가 알려져 있다. 마제석촉은 長鋒長莖의 유엽형과 短鋒短莖의 두 가지가 있으며, 전자가 압도적으로 많다. 후자는 소수만이 알려져 있을 뿐이다.

2. 석검

유병식은 대부분 채집품이어서 시기가 분명한 것은 소수에 불과하다. 시기를 보여주는 사례는 죠몽 만기 후반에 공반하는 것으로 佐賀縣 唐津市 菜畑遺蹟 8層下(中島直幸 外 1982)·福岡縣 絲島郡 曲り田遺蹟(橋口達也 外 1984)(도 1-1~4)·佐賀縣 島栖市 永吉遺蹟 (小田富士雄 1959)(도 2-4) 등에서 확인된다. 이 시기는 본격적인 벼농사문화의 전래기이므로, 벼농사문화 복합의 일환으로 전해진 것이라 할 수 있다. 다음 시기의 板付 I 식기에 공반된 것으로 福岡市 板付遺蹟 출토품이 있지만, 봉부만이 확인되어 현재로서는 완전한 형태를 알 수 없다. 福岡縣 粕屋郡 鹿部 東町貝塚의 사례(도 2-3)는 板付 IIa식을 주체로 板付 I 식 토기와 공반한다(下條信行 1978). 福岡縣 小郡市 鍋倉遺蹟 출토품(도 2-5)은 42호 저장공에서 板付 IIa식과(中島達也 1985), 菜畑遺蹟에서는 板付 II식과 공반한다. 福岡市 吉武高木의 예는 병부가 결실되었지만 유병식으로 보이는데, 板付 IIb식(김해식)의 옹관에서 유엽형 석촉과 함께 출토된다. 이 석검을 끝으로 유병식석검은 더 이상 출토되지 않는다. 이상의 사례들을 통하여 죠몽 만기 후반부터 야요이 전기 말까지를 유병식석검의 존속기간이었다고 할 수 있다. 다만 시고쿠·간사이 출토의 퇴화 유병식이 어느 시기에 위치하는가는 별도의 검토가 필요하다.

유병식석검은 이제까지 혈구의 유무, 병부 단의 유무를 기준으로 몇 개의 형식으로 분류되어 왔다. 일본에는 유혈구식이 존재하지 않기 때문에 우선 이점은 제외하고 정리하면 다음과 같다. 일찍이 유병식을 분류한 有光敎一(1959)은 유단-이단병(B I)에서 무단-일단병(B II)으로의 변화를 생각하였는데, 甲元眞之(1974)도

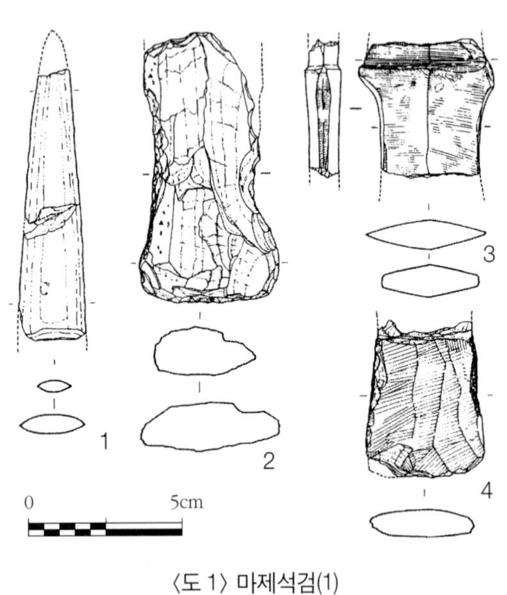

〈도 1〉 마제석검(1)

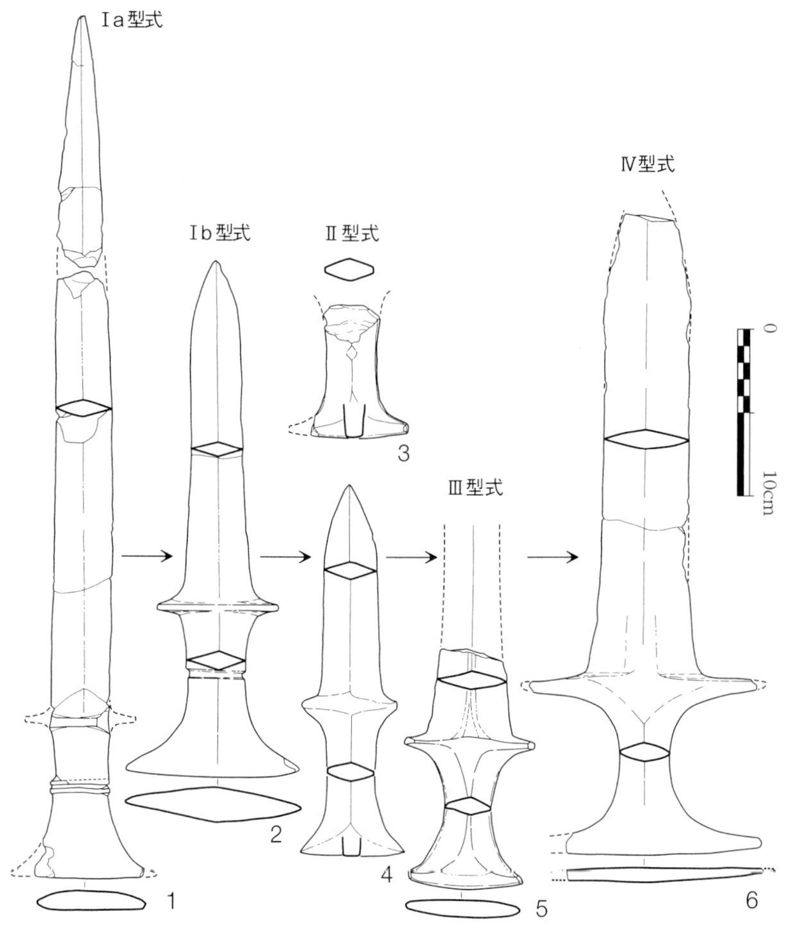

1 泉(죠몽 만기), 2 垣生, 3 鹿部(板付 Ⅰ~Ⅱ식), 4 永吉(죠몽 만기), 5 鍋倉(板付 Ⅱa식), 6 太田原丘(板付 Ⅱb식)

〈도 2〉 유병식석검 변천도

동일한 견해를 피력한 바 있다. 단, 혈구의 유무에 선후 관계가 없다는 점에서는 有光과 견해를 달리한다. 이에 대해 전영래(1982)는 유병식석검의 조형(proto-type)을 중국 先秦時代의 동검에서 구하고, 각종 동검의 병부 형태에 따라 다양한 형식의 석검이 동시적으로 발생한다고 보았다. 따라서 유단→무단으로의 변천설을 취하지 않고 유절, 유구, 무단의 각 석검은 동시 병존하면서 각자가 독자의 형식적 변천 과정을 가진다는, 有光·甲元과 다른 견해를 제시하였다. 위와 같은 분류와 배열에 대한 견해들은 한반도 출토품을 대상으로 한 것이었지만, 武末純一(1982)은 일본 출토의 유병식을 집성하고 토기와의 공반 사례를 기초로 분류·정리하여 죠몽 만기 말부터 板付 Ⅰ식 단계에 유단, 板付 Ⅰ~Ⅱ단계에 무단의 존재를 상정하였다. 한편 下條信行(1982)도 後藤直(1980)의 한반도 적색마연토기 편년안을 기초로 한반도에서 유단→무단으로의 변천을 생각한 후, 일본에서도 공반 토기와의 관계를 통하여 동일한 변화를 추정하였다.

앞서 제시된 토기를 공반한 유병식석검 가운데 永吉·東町貝塚·鍋倉의 사례는 모두 무단식인데, 이르면 죠몽 만기 후반~만기 말(永吉 출토품)이지만 대부분은 板付 I 식기에 무단식으로 변화되었다고 생각한다. 이밖에 만기 후반의 예로는 菜畑·曲り田 출토품이 있지만, 전자는 병부 상단, 후자는 병부 하단이 결실되어 유단과 무단을 구별할 수 없다.

일본 출토의 유단식 가운데 유절식의 사례로는 長崎縣 쓰시마 泉·金幕(사진 1-1)·福岡縣 那珂川町 片繩浦ノ原·甘木市 馬田上原 A(도 3) 등이 있고, 유구식은 쓰시마 가야노키 H(사진 1-2), 福岡縣 中間市 垣生(사진 1-3)·熊本縣 傳 大久保 출토품이 있다. 이들이 반드시 명확한 시기를 나타내는 것은 아니지만, 泉의 사례는 죠몽 만기에 해당할 가능성이 있다(水野清一 1953). 또 垣生 출토품은 武末純一도 지적한 바와 같이 만기 후반~板付 I 식에 동반하는 이른 시기

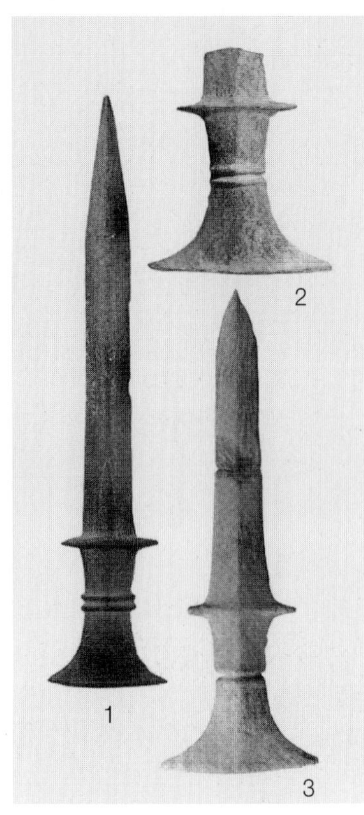

1 金幕遺蹟(長崎縣) 길이 38.0cm,
2 가야노키유적(長崎縣) 잔존길이 14.4cm,
3 垣生遺蹟(福岡縣) 길이 31.3cm
〈사진 1〉 마제석검(2)

의 유경식석촉과 공반되며 후술하겠지만 유단식 중에서도 늦은 형식인 점을 볼 때, 유단식을 무단식에 비하여 상대적으로 이른 시기에 두는 편이 무난하다.

이상과 같이 일본에서 토기와의 공반 관계를 통해서는 우선 유단식에서 무단식으로의 변화가 생각되며, 그 시간적 위치는 유단식이 죠몽 만기 후반을 주체로 板付 I 식까지, 무단식이 야요이 전기를 주체로 일부는 만기에 속하는 것으로 보인다.

지금까지 유병식의 분류 기준은 조형이 된 청동검 병부의 특징과 어느 정도의 친연성을 가지는가에 달려 있었다. 그러나 본래 병부는 손에 잡기 위한 것임에도 불구하고, 이러한 사용의 합리성 여부는 형식 분류에서 그다지 중요하게 다루어지지 않았다. 게다가 일본 출토의 유병식 중에는 확실히 한반도로부터의 전래품이 대다수를 차지하지만, 曲り田이나 菜畑遺蹟의 미완성품과 같이 일본에서 제작된 것도 상당수 확인된다. 뒤에서 언급할 유경식석촉

은 전래·도입 후 독자적으로 일본적인 상황에 따라 변화되며, 유병식석검에서도 동일한 양상의 경향이 검증되어야만 한다. 여기서는 유단·무단이라는 기준은 일단 보류하고, 손에 잡을 때의 편리성을 근거로 하여 일본 출토품만을 대상으로 병부의 분류를 다음과 같이 행하고자 한다. 이에 의하면 유병식은 Ⅰ~Ⅳ형으로 분류되며, 손에 잡기가 어려워지는 방향으로 전개되고 있다.

Ⅰ형(도 2-1·2) : 병부 상단에서 하단 방향으로 크게 벌어지는 나팔형이다. 병부 상단에서부터 양 측면은 평행하면서 수직으로 내려오다가 2/3 정도 지점에서 병부 하단 방향으로 급격하게 내만하며 넓어진다. 병부의 양 측면이 평행하며 직선적이므로 잡기에 적합하다. 심부(검신부와 병부의 중간 부분)와 병부는 각각 독립적으로 표현되는데, 심부가 좌우로 돌출되면서 절의 형태를 이루고 있는 것은 장착 시의 원래 모습을 충실히 표현한 결과라 하겠다. 이러한 심부에 의하여 검신부·심부·병부가 독립적으로 자리하게 된다. 검신부와 병부 상단의 폭은 같다. 병부 중앙에 종방향으로 능을 가지지 않는 Ⅰa(도 2-1)와 능을 가지는 Ⅰb(도 2-2)로 양분할 수 있다. Ⅰa는 단면 렌즈형으로 잡기 편한 이른 형식에 해당한다. Ⅰb는 단면이 납작한 능형으로 손에 잡기 어려운 늦은 형식이다. 유단식은 대부분이 Ⅰ형에 속하는데, 이러한 면에서도 이른 시기에 위치시키는 것이 가능하다. 출토 예는 아래와 같다.

Ⅰa식 : 泉·金幕·가야노키 H·片繩浦ノ原·傳 大久保

Ⅰb식 : 吹上原·垣生

Ⅱ형(도 2-3·4) : 병부의 상단과 하단만이 벌어진 陶枕(자기로 만든 베개) 형태이다. 벌어짐이 그다지 강하지는 않다. 병부 중앙은 Ⅰ형과 유사하게 평행의 직선을 이루기 때문에, 간신히 잡는 것이 가능하다. 심부의 하단과 병부의 상단이 일체형으로 제작되어, 심부와 병부의 독립성은 없어진다. 심부의 표현 또한 띠 형태로 돌출되지 않는다. 병부 중앙의 능은 Ⅰb에 이어서 뚜렷하게 표현된다. 이 때문에 병부의 횡단면이 날카로운 능형을 이루어 잡기에 불편하다. 무단병이 주체가 되지만, 馬田上原의 사례와 같이 유단병식도 잔존한다(도 3). 그러나 上原 출토품의 절은 한쪽 면에만 표현되고 있어 퇴화된 것으로 생각된다. 출토 예는 아래와 같다.

永吉·曲り田·菜畑·東町·치고노하나·加志志 A·舟志·玄界町·鶴三緖·御館·淸和村·大分 千歳

Ⅲ형(도 2-5) : 상하의 벌어짐이 더 커지고 중앙부가 크게 만입하는 장구형을 이룬다. 병부

중앙이 직선적으로 평행하지 않기 때문에 잡기 어렵다. 심부 하단과 병부 상단은 완전히 일체형으로 표현된다. 병부 중앙의 능에는 양측으로부터의 마연에 의하여 구분된 형태가 출현한다. 전체적으로 두께가 약간 얇아지는 무단병식이다. 출토 예는 아래와 같다.

傳 仁位 · 松浦川 바닥 · 福富 · 宇美町 · 上底井野 · 中間中學校 · 垣生猿喰 · 原若狹 · 天生田 · 西都原

IV형(도 2-6) : III형이 좀더 과장되어 상하의 벌어짐이 더욱 강조된 실패 모양이 된다. 심부 · 병부 하단의 돌출이 뚜렷하다. 손에 잡기가 불가능한 말기 형식이다. 두께도 얇아진다. 출토량은 감소하여 새로이 출현하는 세형동검류 모방의 무기형 석제품에 그 위치를 양보한다. 출토 예는 아래와 같다.

쓰시마 太田原丘 · 吉武高木

II형은 曲り田 · 永吉 · 東町貝塚 등의 죠몽 만기 말~板付 II식 이른 시기에 동반하고 III형은 鍋倉에서 板付 IIa식과 공반하며 IV형은 板付 IIb식기로 생각되기 때문에, 공반 토기를 통해서도 II→III→IV형으로의 배열이 성립된다. I형은 형식적으로 이들에 선행하는 시기에 위치하는데, I a는 죠몽 만기 후반, I b는 만기 후반~板付 I 식에 해당되어 I 형에서 IV형 방향으로 전개되었음이 틀림없다.

그 분포를 살펴보면 I a의 단계에는 쓰시마 섬이나 福岡平野 등의 대한해협 연안으로 넓어져, I b 단계에 遠賀川 하류나 福岡 남부 筑後川 상류의 日田盆地 등으로 확대된다. II형 단계가 되면 有名海 연안의 佐賀平野, 嘉穗나 田川 등 福岡縣의 내륙평야, 瀬戸內에 면한 규슈 동부나 熊本의 내륙 산간지역까지 확대되어 넓은 분포 범위를 형성한다. 규슈를 넘어 시고쿠 북쪽의 愛媛縣 松山平野나 香川縣 高松沖으로 확장되는 것도 이 형식이다. 유병식석검 전성기의 하나이다. III형도 II형과 같은 분포 경향으로, 역시 유병식의 전성기를 이룬다. IV형 단계가 되면 급속하게 분포 범위가 좁아져 쓰시마 · 福岡 등의 대한

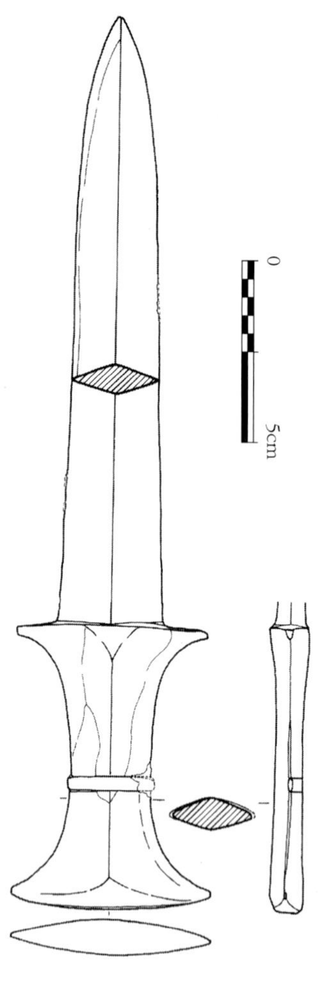

〈도 3〉 마제석검(3)

해협 연안으로 집중되면서 종말을 맞이한다.

유병식은 주로 분묘·취락 내의 포함층 혹은 단독으로 출토되는 경우가 많다. 쓰시마에서는 분묘 부장품으로서 Ⅰ~Ⅲ형 단계에 걸쳐 지속적으로 사용되어, 그 성격의 하나가 한반도와 마찬가지로 분묘 부장품이었다는 점을 보여준다. 규슈에서는 Ⅱ형 단계의 永吉(토광묘), Ⅳ형 단계의 吉武高木(옹관묘), 가능성이 있는 것으로 Ⅰb형 단계의 中間市垣生 출토품이 존재하지만, 비교적 적은 사례에 불과하다. 대부분은 단독이거나 취락 내 폐기물로 출토된다. 이미 지적한 바와 같이 유병식 Ⅰb형 단계 이후에는 손에 잡기가 어려워져, 형식화·의기화가 진행된 비실용품이 된다. 규슈에서 많이 출토되는 Ⅱ·Ⅲ형은 이러한 의기적 특징을 가진 것이기 때문에, 유병식은 제사적 기능이 매우 강하다고 생각된다. 특히 취락에서 떨어진 지점에서 단독으로 출

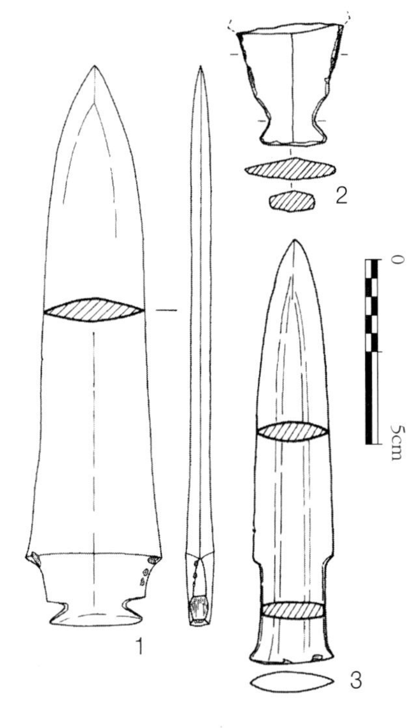

<도 4> 마제석검(4)

토되는 것 등은, 이후의 무기형 청동제기와 마찬가지로 매납되었을 가능성도 생각할 필요가 있다.

결구경식은 한반도 서남부 전라도 등에 주로 분포하는데, 일본에서는 佐賀縣 唐津市 菜畑(도 4-1)·福岡市 有田七田前(山口讓治 外 1953)(도 4-2) 등 대한해협 연안에서 출토된다. 七田前은 죠몽 만기 후반, 菜畑은 板付Ⅰ식에 속하며 유병식의 주요 분포지역·시기와 동일한 특징을 가지고 있어, 양자가 함께 전래되었음을 나타낸다. 출토 상태가 모두 포함층인 점도 유병식과 유사하다. 역T자식은 쓰시마 峰町 가야노키(도 4-3)와 福岡縣 宗像市 大井三倉(板付Ⅱa식)에서 출토된다.

3. 유경식석촉

유경식석촉도 유병식석검과 동시에 출현하여 거의 동시에 소멸한다.

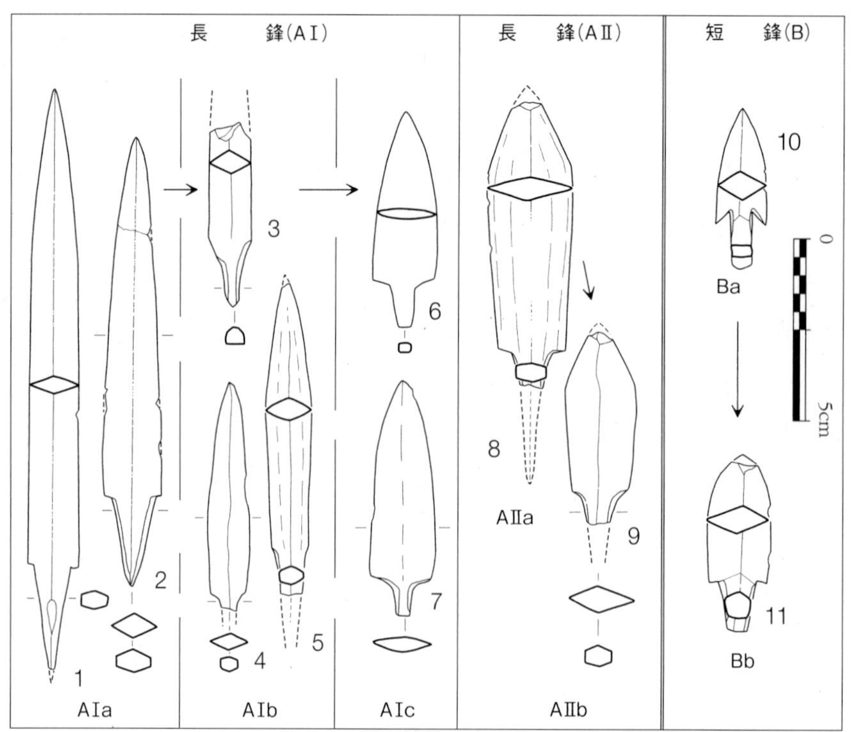

1 三雲 加賀石 지석묘, 2 蒲田 토광묘, 3 十郎川(板付 Ⅰ식), 4 菜畑(板付 Ⅰ식), 5 有田(板付 Ⅰ식), 6 岐宿
(전기 말), 7 下稗田(전기 말), 8 板付, 9 今川(板付 Ⅰ식), 10 宇木汲田(板付 Ⅰ식), 11 吉田

〈도 5〉 유경식석촉의 형식과 변천

　유경식석촉(이하 유경촉이라 한다)에는 長鋒長莖의 A와 短鋒短莖의 B 두 종류가 있다. 전
자가 주체이고 이를 중심으로 전개되어 간다. 후자는 정착이라고 이야기하기 어려울 정도의
소량만이 출토되었다.

　장봉장경에는 두 형식이 있다(下條信行 1977). 첫째(AⅠ)는 좁은 몸통의 긴 형태로 봉부
쪽으로 가면서 폭이 점차 감소하는, 이른바 유엽형이다. 경부도 길다. 유경촉 가운데 중심을
이룬다. 둘째(AⅡ)는 봉부 쪽으로 갈수록 폭이 증가하다가 급격하게 각도를 전환하여 뾰족
한 끝 부분을 형성하는 것이다. AⅠ에 비하여 두께가 얇아 편평하다. 촉신부의 길이는 AⅠ
의 중~소형품과 유사한 크기이며, 경부는 AⅠ보다 짧다. 출토량은 적은 편이다.

　AⅠ은 AⅠa~AⅠc의 세 가지 종류로 세분된다. AⅠa(도 5-1·2)는 전체 길이 10~17cm 정
도이며, 그 중 경부의 길이가 2~3cm를 차지한다. 촉신부는 봉부 방향으로 직선적인 날을 형
성하고 있어, 전체적으로 긴 삼각형을 이룬다. 촉신부의 중앙에는 예리한 능이 형성되어 있
어, 두께 0.5~0.7cm의 능형 단면을 가진다. 신부와 경부의 연결 부위는 수평 또는 가볍게 아

래쪽으로 각을 이루며, 경부의 아래쪽 끝 부분은 뾰족
한 것이 많다. 능은 봉부에서 경부 끝까지 직선으로 연
결되며, 경부의 단면은 편평한 육각형이다. 한반도로
부터의 전래 가능성이 높다.

菜畑(도 6-1)·有田七田前(도 6-2) 등 죠몽 만기 후반
의 각목돌대문토기에 공반하여 처음 출현한다. 유경식
석검과 마찬가지로 초기 농경 당시에 전래된 것으로
보인다. 佐賀縣 唐津市 宇木汲田(賀川光夫 1982)(도 6-
3)·福岡市 板付(森貞次郎·岡崎敬 1962) 등에서는 板
付 I 식에 동반하기 때문에, 죠몽 만기 후반~板付 I 식

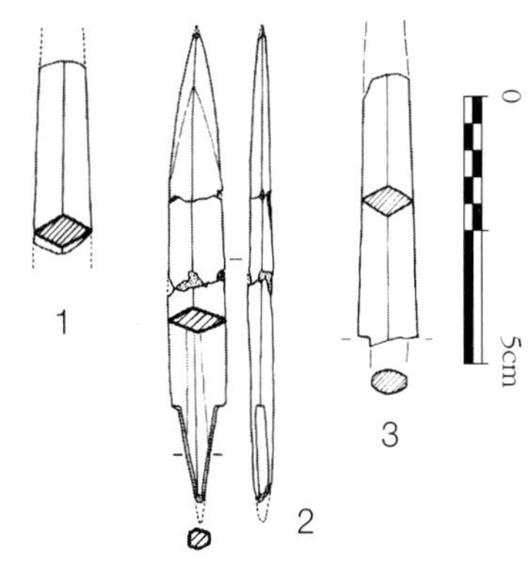

〈도 6〉 유경식석촉

에 성행했던 것으로 판단된다. 板付 II식에 공반한 확실한 사례는 없지만, 경상남도 김해 무
계리 출토품 등은 板付 II식과 병행한다고 생각하기 때문에, 이 시기에도 소수 존재할 가능
성은 있다.

長崎縣 下縣郡 豊玉村 加志志 2(渡部明夫 1974)·佐賀縣 菜畑 2·宇木汲田 2·福岡縣 絲
島郡 曲り田 4·三雲 加賀石 6(柳田康雄 1980)(도 5-1), 高野 1·志登 4(鏡山猛·森貞次郎 外
1956)·福岡市 有田七田前 1·板付 2·蒲田 2(飛高憲雄·二宮忠司 1975)(도 5-2)·福岡縣
粕屋郡 江辻(中山平次郎 1917)·春日市 伯玄社 6(松岡史 外 1968)·中間市 垣生 2·熊本市
健軍町 弘木 1 등 대한해협 연안과 熊本市에서 출토되어, 유병식석검 I 형과 II 형 일부의 분
포 범위와 유사하다.

분묘와 포함층에서 출토되는데, 분묘에 공반된 것으로 志登·加賀石(지석묘), 高野(상자
형 석관), 蒲田·伯玄社(토광묘)가 있고, 加志志, 垣生, 弘木 등은 그 가능성이 인정된다. 이
형식의 복수 부장 사례는 한반도의 지석묘에서 확인되므로, 일본의 출토품은 이러한 규칙을
이어받은 것으로 이해된다. 이 가운데 봉부만 존재하거나 끝 부분이 결실된 사례가 자주 관
찰되는 것은, 석촉의 성격이 실용품보다는 의기적임을 보여준다. 한반도에서 이 형식의 석
촉은 취락 출토품이 거의 없어 분묘 부장 전용의 특수한 제품으로 보는데, 이는 일본의 양상
과 공통되는 성격을 나타내는 것이다.

A I b(도 5-3·4·5)는 촉신부의 길이가 7cm 이하, 일반적으로는 5~6cm로 짧아진다. 신부
의 양 측면은 A I a처럼 직선적이지 않고 배부른 형태를 이룬다. 능은 존재하지만 신부의 폭
이 증가하기 때문에 단면은 편평한 느낌이 강한 능형이다. 신부와 경부의 연결 부위는 완만
한 경사를 이루도록 제작된다. 능은 경부까지 이어져 있지만 능의 마연이 약하기 때문에, 경

부의 단면이 뚜렷한 육각형이 아니라 각이 무딘 편평 다각형 또는 원형에 가까운 형태를 이루게 된다. 이러한 특징은 A I a와 같은 규격적인 것으로부터 벗어난 모습을 보이고 있어, 일종의 퇴화품이라고 할 수 있다. 일본에서 제작된 것이라 해도 좋다. 菜畑(도 5-4)·曲り田 등 만기 후반부터 출현하여, 福岡市 十郎川(吉岡完佑 1982)(도 5-3)·有田(九州大學 1967)(도 5-5) 등 板付 I 식기에 일반화된다.

이 퇴화 경향이 더욱 진행되면(도 5-6·7), 촉신부는 더 얇아지고 능도 불명확해져 단면은 렌즈형이 된다. 신부와 경부의 연결 부위는 구분이 애매해지며, 능은 경부까지 연결되지 않는다. 경부의 아래쪽 끝 부분은 뾰족하지 않고 단면은 방형에 가깝다. A I 의 말기 형식으로 A I c라고 할 수 있다.

A I b는 전래된 A I a를 모델로 죠몽 만기에 출현하여, 대체로 板付 I 이나 板付 IIa 무렵까지 존재한다. A I c는 이것에 후속하여 板付 IIa 무렵부터 전기 말~중기 초두까지 확인된다.

AII는 AIIa와 AIIb로 나눌 수 있다. 출토 예는 적은 편이다. A I a는 板付 논 유적(後藤直 外 1976)에서 전형적인 형태가 확인된다(도 5-8). 전체 길이 10cm, 촉신부 길이 7cm로, A I a 에 비해 짧지만 신부의 폭은 최대 2cm 이상으로 넓다. 이 때문에 신부의 횡단면은 편평한 능형을 이룬다. 신부와 경부의 연결 부위는 직각을 이루지만 약간 무딘 편이다. 능은 경부까지 이어지며, 경부의 단면은 육각형을 이룬다. 경상북도 청도군 송서동에서 유사한 사례가 확인된 바 있지만(有光敎一 1959), 한반도에서도 출토 예는 적다. 中間市 垣生 출토품 가운데 한 점도 이러한 형식의 하나로 생각된다. 신부와 경부의 연결 부위가 직각이며 능은 경부까지 이어지고 경부의 단면이 육각형인 것은 A I a와 공통하는 요소이기 때문에, 거의 동시기의 전래품으로 판단된다. AIIb는 봉부의 뾰족함이 덜하고, 능은 불명확하여 단면은 편평한 렌즈형으로 퇴화되고 있다. 신부와 경부의 연결 부위도 경사져 있어, A I b와 공통적으로 규격에서 벗어난 일본산 제품이라 하겠다. 板付 I ~IIa식에 동반한다.

이상의 A 장봉석촉 가운데 A I a·AIIa는 쓰시마·佐賀·福岡의 대한해협 연안에 주로 분포하여, 유병식석검 I 과 유사한 분포 경향을 보인다. A I b, A I c, AIIb는 분포 범위가 규슈에서부터 福岡·山口縣의 周防灘 연안, 瀨戶內의 愛媛縣, 山陰의 島根縣에서부터 교토까지 확대되어, 유병식석검 II·III과 부분적으로 겹치는 범위를 이룬다.

B 단봉단경은 Ba(도 5-10)와 Bb(도 5-11)로 세분된다. Ba는 전체 길이 4.5cm 가운데 촉신부 길이 3.1cm로 신부가 짧은 편이다. 신부의 중앙에 날카로운 능이 있어, 단면은 예리한 능형을 이룬다. 신부와 경부의 연결 부위는 날카롭게 아래쪽으로 각을 이루며, 능은 이 부근에

<사진 2> 마제석촉 각종

서 마연으로 구분되어 경부까지 연결되지 않는다. 경부는 단면 장방형으로 아래쪽 끝 부분은 뾰족하지 않다. 佐賀縣 宇木汲田에서 板付 I 식에 동반하여 출토된다(賀川光夫 1982). 전래품으로 보아도 좋을 것이다. 쓰시마 峰町 吉田貝塚 출토품은 Ba의 퇴화형으로도 생각되는 Bb이다(坂田邦洋 1975). 이와 같은 Ba·Bb의 단봉 석촉은 현재 각각 하나씩의 출토 사례만이 확인되어, 장봉 석촉에 비하여 출토량은 압도적으로 적다. 따라서 이러한 형태의 한반도 실용 석촉은 거의 일본에 전해지지 않은 것으로 생각되며, 대신 일본의 실용품은 죠몽시대부터 존재하였던 타제석촉이 전통적으로 사용되었다.

위에서 언급한 형식 분류를 기본으로 연대적인 위치(표 1)·분포·용도에 대하여 대략적으로 기술하였다. 유병식을 주로 하는 마제석검, 장봉장경을 주로 하는 마제석촉은 야요이 전기 말~중기 초두에 종말을 맞이한다. 이 시기까지를 일본 무기형 석제품의 제 I 기라 할 수 있다. 전기 말 이후에는 유경식석검·석과·석모를 주체로 하는 제 II 기 무기형 석제품의 시대가 시작되는데, 이에 대해서는 지면 관계상 생략하였다.

〈표 1〉 제 I 기 석검 · 석촉의 전개표

종류	시기	죠몽 만기 후반	板付 I 식	板付 IIa식	板付 IIb식
석검	유병식 I	━━━━	┈┈┈		
	유병식 II	━━	━━━━		
	유병식 III			━━━━	━━
	유병식 IV				━━━━
	결구경식	━━━━	━━━━	┈┈┈	
	역T자식		┈┈┈	━━━━	┈┈┈
유경석촉	장봉(A)				
	장봉A I a	━━━━	━━━━	┈┈┈	
	장봉A I b	━━	━━━━	━━	
	장봉A I c			━━━━	━━━━
	장봉A IIa	━━━━	━━		
	장봉A IIb		┈┈ ━━	━━━━	┈┈┈
	단봉(B)				
	단봉Ba	┈┈ ━━	━━━━		
	단봉Bb			┈┈ ━━━━	┈┈┈

(원전 : 1991, 「西日本 第一期の石劍 · 石鏃」『日韓交涉の考古學-彌生時代編』, 六興出版)

참고문헌

全榮來, 1982, 「韓國 磨製石劍·石鏃에 關한 硏究」『馬韓百濟文化』4·5.

全榮來, 1987, 「東아시아 磨製石器硏究序說」『三佛金元龍敎授停年退任紀念論叢』Ⅰ, 一志社.

全榮來, 1987, 「石器의 比較-日本과의 比較」『韓國史論』17, 國史編纂委員會.

甲元眞之, 1974, 「朝鮮半島の有柄式磨製石劍」『古代文化』24-9.

鏡山猛·森貞次郎 外, 1956, 『志登支石墓』, 文化財保護委員會.

橋口達也 外, 1984, 『石崎曲り田遺跡』Ⅱ, 今宿バイパス關係埋藏文化財調査報告 9.

九州大學 編, 1967, 『福岡市有田古代遺跡調査槪報』, 福岡市敎育委員會.

吉岡完佑, 1982, 『十郎川』, 住宅·都市整備公團.

渡部明夫, 1974, 「唐洲加志々遺跡」『對馬』, 長崎縣文化財調査報告書 17.

柳田康雄, 1980, 『三雲遺跡』Ⅰ, 福岡縣文化財調査報告書 58.

武末純一, 1982, 「有柄式石劍」『末盧國』.

飛高憲雄·二宮忠司, 1975, 『蒲田遺跡』, 福岡縣埋藏文化財調査報告書 33.

山口讓治 外, 1953, 『福岡市有田七田前遺跡』, 福岡市埋藏文化財調査報告書 95.

森貞次郎·岡崎敬, 1962, 「福岡縣板付遺跡」『日本農耕文化の生成』.

小田富士雄, 1959, 「佐賀縣田代發見の石劍と土器」『九州考古學』7·8.

松岡史 外, 1968, 『福岡縣伯玄社遺跡調査槪報』, 福岡縣文化財調査報告書 36.

水野淸一 編, 1953, 『對馬』, 東方考古學叢刊 乙種 6.

有光敎一, 1959, 『朝鮮磨製石劍の硏究』, 京都大學文學部考古學叢書 2.

中島達也 編, 1985, 『橫隈鍋倉遺跡』, 小郡市文化財調査報告 26.

中島直幸 外, 1982, 『菜畑』, 唐津市文化財調査報告 5.

中山平次郎, 1917, 「先史原史兩時代中間期間の遺物に就て」『考古學雜誌』7-10·11.

坂田邦洋, 1975, 『對馬の遺跡』.

下條信行, 1977, 「九州における大陸系磨製石器の生成と展開」『史淵』114.

下條信行, 1978, 「福岡縣古賀町鹿部採集の有柄式磨製石劍」『九州考古學』53.

下條信行, 1982, 「有柄式磨製石劍·磨製石鏃よりみた朝鮮と日本の關係」『日本考古學協會 昭和57年度大會發表要旨』.

賀川光夫, 1982, 「宇木汲田(石器)」『末盧國』.

後藤直, 1980, 「朝鮮南部の丹塗磨硏土器」『鏡山猛先生古稀記念古文化論攷』.

後藤直 外, 1976, 『板付』, 福岡市埋藏文化財調査報告書 35.

석과론

07

번역 : 이기성

1. 머리말

석과는 일본에서 발달한 독특한 무기형 석제품이다.

석과의 조형을 이루는 銅戈의 연원은 먼 중국의 殷代에 있어, 銅矛나 銅鉞과 함께 은대의 청동 무기를 형성하였다. 이 청동 무기들은 실용의 무기로서 실전에 사용되었던 것으로 생각되지만, 동시에 그것을 다른 재료로 대치해 귀중품적인 요소를 가지게 한 것 역시 유행하였다. 이들은 玉戈, 玉援銅戈, 玉鋒銅矛, 玉鉞과 같이 기물의 본체에 옥을 사용하거나 戈·矛의 경부에 옥을 상감하는 등 풍부한 장식으로 본래의 실용성에서는 벗어난 의례용품화된 것들이었다. 이들의 존재를 통하여 귀중품적인 성격을 보다 강하게 살펴볼 수 있다.

은대에 시작된 동과는 형태가 변하면서 戰國에서 漢代까지 계속되는데, 변천의 과정에서 한반도에 동과를 출현시킨다. 비파형동검이나 다뉴경 등 비중원적인 遼寧 청동기문화를 모태로 생성된 한반도 초기 청동기문화 가운데, 河北省·遼寧省 등을 기반으로 패권을 잡은 燕國으로부터 청동기문화가 전파되면서 한반도에 동과가 등장하였다. 이 동과는 한반도 독자의 형식을 가지는데, 胡(몸통 아래쪽이 넓어지는 부분)의 돌출 부분이 짧고 內(경부) 역시 단경화한 소위 '한국형 동과'로서, 일본에서는 細形銅戈라 불리는 것이다. 그런데 한반도에서 마제석검은 마제석촉과 함께 보편적으로 분포하지만, 이 세형동과를 기초로 한 석과라는

〈사진 1〉 석과 각종

것은 거의 확인되지 않는다.

한반도에서 성립한 세형동과는 결국 일본에 세형동검이나 동모와 함께 전파되어, 야요이시대 전기 말경에 해당하는 이때 처음으로 일본의 동기문화가 시작되었다. 大陸系磨製石器로 불리는 반월형석도, 각종의 석부는 전래 초기인 板付 I 식기부터 제작되어 논농사를 주로 하는 새로운 생산 생활에 위력을 발휘하였다. 이와 같은 실용적인 직접 생산용구에 비해 동제 무기의 전래 이후 처음으로 일본에서 제작되기 시작한 석검이나 석과 등은, 동일하게 대륙계마제석기로 불리면서도 독자적 요소가 강하다. 석검은 한반도 출토품에 비하여 형식이 간략화된 것이 일반적으로 관찰되지만, 석과는 한반도에서 보이지 않는 일본열도의 독특한 제작품이다. 죠몽시대 이후의 타제석기 등을 제외하면, 야요이시대의 어느 시기까지 석과는 토기와 함께 일본적 야요이문화의 특징을 나타내는 표지적 유물 가운데 하나라고 할 수 있다.

석과가 처음 고고 유물로서 학술잡지에 등장한 것은 1880년대로 그 후 선학들의 노력에 의해 지명표 등이 만들어졌는데, 1920년대에 5점 내외, 2차 대전 무렵에 5점, 2차 대전 이후의 집성에서는 27점 등 서서히 수가 늘어나고 있다. 이것이 지금에는 규슈 출토 사례만 70점을 넘었으며, 더욱이 關東뿐 아니라 關西·北陸에서도 신출 사례가 등장하여 일본 국내에서 약 80점의 석과 출토를 확인할 수 있다. 또, 수가 적기는 하지만 발굴자료 역시 확인되어 해당 시기의 일면을 파악할 수 있기 때문에, 지금의 시점에서 분류, 편년, 분포 또는 용도에 대해 총괄적인 재정리를 시도하는 것이 요구된다.

석과의 연구는 동과의 모방이라는 직관적 판단이 연구사의 초기부터 존재하여, 동과의 연구 자체, 혹은 동과의 부수적인 형태로 취급되었던 적이 많았다. 따라서 석과의 연구는 동제 무기의 분류로부터 시작되었다. 동제 무기의 분류를 일본에서 최초로 시도한 것은 神田孝平

(1886)으로, 그는 논문 「古銅劍の記」에서 동제 무기를 甲~丁・庚의 5식으로 나누었다. 이를 다시 2종으로 세분하였는데, 제1종은 '筑紫鉾'로 불리어온 矛를 나타내며 제2종은 '손잡이에 짧은 경부'가 있는 종류로 丙・丁・庚이 이에 해당된다. 지금의 시점에서 이야기하면 丙은 세형동검, 丁은 동과, 庚은 平形銅劍이다. 이 중 丁은 보르네오의 검으로서, 丙・庚과 유사한 검의 일종으로 취급되었다. 이에 이어 다음해 江藤正澄(1887)에 의해 소개된 遠賀郡 岡垣町 古木 출토의 동과 거푸집은 '동검 거푸집'으로 人類學雜誌에 소개되었다. 석과가 처음으로 연구 잡지에 등장한 것은 小川敬養(1894)에 의해서인데, 현재의 북부 규슈 小倉區 石田, 鞍手郡 宮田町 大字磯光 출토 사례 2점이 보고되었으나, 당연하게도 모두 석검으로 다루어졌다.

1890년대 중반 이후의 동제 무기 연구는 八木奘三郎(1900; 1902)에 의한 것들이 많다. 그는 분류를 더욱 세밀히 하여 동제 무기를 속이 빈 동모와 습베가 부착된 것으로 구분한 후 전자를 中廣과 廣形의 2종류, 후자를 4종류로 나누었으며, 동과는 세형동검, 평형동검, 변형 세형동검과 함께 검의 일종으로 위치시켰다. 이밖에 그를 높게 평가할 수 있는 것은 동모와 동검의 발견 지명표를 작성한 사실이다. 이렇게 1900년대 초까지의 동제 무기 연구는 형식 분류를 상세히 그리고 더욱 세분하는 것이었으며, 석과에 대해서는 동제 무기 연구의 부수적 입장에 있었다고 이야기할 수 있다.

이를 비약적으로 발전시키고 지금의 동검・동모 연구의 기초를 확립한 획기적 업적을 남긴 이가 高橋健自(1925)이다. 그는 저서 『銅鉾銅劍の研究』에서 동제 무기부터 무기형 석제품 및 이와 관련된 유물 등을 모두 검토하여 형식 분류, 편년, 분포, 출토 상태 등을 총괄적으로 다루었다. 이때 작성된 지명표는 정밀도가 높아 오늘날에도 그 가치를 인정받고 있다. 그는 동제 무기를 크게 동검류와 동모류의 2종으로 구분하였는데, 이는 전통적인 분류법을 따른 것이다. 그의 새로운 점은 동모와 당시 동검류에 포함되어 있던 동과를 狹鋒과 廣鋒으로 나눈 데에 있는데, 이는 현재 이야기하는 細形과 中廣・廣形에 해당하는 것으로 그 형식적 차이를 내용적으로 표현한 훌륭한 명명법이다.

동과는 크리스(칼날이 물결 모양인 말레이시아 사람들의 단도)형 동검으로 불리며, 검에 포함되어 있었다. 즉, 보르네오, 자바, 필리핀 등에서 사용하는 검과 형태가 유사하기 때문에, 검의 일종으로서 다루어지는 것이 일반화되어 있었다. 그러나 高橋健自는 동과의 용도를 그때까지의 연구와 달리 검과 동일하게 생각하지 않았다. 크리스형 동검의 기원을 중국 고대의 戈에서 구하고 동남아시아의 크리스 역시 일본의 크리스형 동검과 함께 동과가 변형된 것으로 보았는데, 따라서 크리스형 동검도 장축방향과 직각을 이루도록 기부의 구멍에 자루를 고정시켜 베는 무기로서의 역할을 상정하였다. 이와 같이 실제 용도를 바탕으로 동모 · 동검 · 동과로 분류되었으며, 이는 현재까지도 동기 분류의 기본이 되고 있다.

또, 그는 무기형 석제품을 언급하면서 석검을 논하고 있는데, 이러한 유물을 정면으로 다룬 논고로는 최초의 본격적인 것이라 할 수 있다. 석검을 철검형, 유병식, 유통식, 크리스형의 4종류로 구분하고, 田川郡 絲田町 출토의 석과를 도면으로 제시하여 크리스형 동검에 대응하는 크리스형 석검임을 주장하였다. 이는 석검 속에서 석과의 위치와 함께 동과와의 관련성을 명확히 밝힌 것이다. 또한 絲田 출토품을 다루면서 '야요이식 토기 및 인골과 함께' 출토되었기 때문에 '석기시대에 속한다' 는 연대관을 피력하였다. 한편, 석검 발견 지명 일람표를 만들어 전국에서 94점의 석검 출토 사례를 들고 있는데, 이 중 5점이 존재하는 석과에 대하여 '크리스형 석검은 … 규슈 북부에 국한되어 있음을 알아야 한다' 며 분포의 중심지를 제시하고 있다. 이렇게 1920년대에는 高橋에 의해 동제 무기와 석검의 학문적 정리가 종합적인 방법으로 이루어지게 되었다.

1920년대 후반이 되면 석과의 출토는 新潟 · 群馬縣과 규슈 이외의 長崎縣 壹岐島 등에서도 알려지게 되어 분포 범위가 확대되었다. 이 자료들에 대해서는 後藤守一(1930), 森本六爾(1943), 松本友雄(1927; 1932)에 의해 보고 · 소개되었다. 松本은 壹岐 原の辻 출토품을 소개하면서, 그때까지 일부 石鉾로 칭해지던 것을 크리스형 석검에 포함시켜 야요이시대의 실용품으로 상정하였다. 後藤은 新潟縣 潟町 출토품을 소개하였는데, 신부에 혈구가 있는 점을 근거로 北九州의 석과가 생략형이며 關東의 것이 조형에 가깝다고 주장하였다. 그러나 森本은 크리스형 석검의 원형이 크리스형 狹鋒銅劍이기 때문에, 동검 분포의 중심인 北九州 출토품이 조형이며 關東의 사례를 변화형으로 보았다. 즉, 세형동검 조형론을 이용해 반론한 것이다. 또한 무기로서 北九州의 출토품은 능이 있지만 關東의 사례에는 없기 때문에, 전자의 석과가 보다 원칙에 입각한 것으로 파악하여 北九州→關東으로의 변천을 강조하였다. 한편, 그는 그 이전에 『日本靑銅器時代地名表』를 발표하여, 7개 유적 8점의 석과를 보고한 바있다(森本六爾 1929).

1930년대 중반 松尾禎作(1935)은 佐賀縣 神埼郡 詫田貝塚 출토 석과를 다루면서 '中山 박사는 부장품용으로서의 모조품이 아니라 동검과 마찬가지로 실용에 사용된 것을 부장하였다고 말하고 계시는데 필자도 동감한다' 며 실용무기설을 주장하였다. 兒島隆人(1934; 1940)은 석과에 대하여 야요이시대에서도 연대가 올라가며, 遠賀川流域에는 청동기가 적었기 때문에 모방품을 많이 만들었고 따라서 이 지역에 편중되어 많은 석과가 분포하는 점을 지적하였다. 한편, 森貞次郎(1942)은 遠賀川 중류역의 立岩文化를 연구하면서 석검(석과)을 다

루고 있는데, 여러 종류의 석과 가운데 신부가 아주 짧거나 경부가 없어 실용 무기로서의 기
능이 의심되는 것들도 존재하는 점을 지적하면서 용도론에 이의를 제기하였다.

2차 대전 이후 얼마간은 동과의 모방설, 제사용품설(大場磐雄 1948; 松尾禎作 1957) 등이
때에 따라 부분적으로 이야기되었으나, 논지로서 정리된 것은 有光敎一(1959)의 저서가 유
일하다. 그는 석과를 석검과 동격으로 판단하였는데, 석과는 한반도에서 발견되지 않는 일
본 특유의 유물이지만 그 형식적 특징은 충분히 동과를 반영한 것으로 보았다. 遠賀川流域
에 많이 분포하기 때문에 발생지 역시 이 지역에서 구하여지며, 關東 출토품 등은 형식화가
눈에 띄는 퇴행형으로 이해하였다. 또한 석검과는 시대, 성격, 취급 방식이 서로 비슷하다는
점을 제시하였다.

2. 규슈 출토 석과[1]의 특징과 출토 실상

지금 필자에게는 규슈에서 출토된 석과 37점이 있다. 이미 실물은 사라져 출토 지명만 남
아 있는 것, 도면만 남아 있는 것, 실제 유물이 잔존하여도 작은 파편인 것이 많아, 자료의 실
상에 대해서는 각각 제멋대로인 상태이다. 일부분만 잔존하는 경우 석검과 구분되지 않는
자료도 있지만, 다음의 특징을 갖춘 것을 규슈 출토의 석과로서 포괄적으로 규정하였다.

1) 외형은 援(신부)과 胡(몸통 아래쪽이 넓어지는 부분), 內(경부)로 구성되어 있다.
2) 援의 중앙에는 鎬가 있어 단면 능형을 이룬다. 胡에 접하는 援 부분에 鎬를 사이에 두
고 구멍이 각 1개씩 뚫려 있다.
3) 援에 혈구가 새겨져 있는 경우는 없다.

이 세 가지 점을 규슈 출토 석과의 일반적 특징이라 할 수 있지만, 이것만으로는 충분하지
않아 더욱 세밀하게 그 특징을 파악할 필요가 있다. 단, 이 세 가지 특징 중 內의 형식이나 鎬
의 유무에 관련해서는 시기나 형식에 따라 변동의 폭이 심한 편이다. 특히 퇴화형으로 여겨

---

1) 有光敎一(1959)의 저서에 서일본 출토 석과의 특징이 제시되어 있다.

지는 자료 중에는 內가 형식적으로 표현되는 것도 확인되지만, 대충이라도 의식적으로 제작한 흔적이 관찰되기 때문에 이 범주에 넣어도 무방하다. 세부적인 특징은 다음과 같다.

1) 뾰족한 끝에서 內의 아래쪽까지 전체 길이를 측정해 보면, 최대 27cm부터 최소 3cm 전후의 소형까지 확인된다. 27cm는 예외적인 대형으로 보통 16~22cm 정도이며, 20~22cm의 석과가 가장 많다. 16cm보다 작은 것은 수량이 줄어들면서 존재하지만, 23cm를 넘는 것은 거의 예외적이라 할 수 있다.

2) 援의 두께는 0.8~2.3cm로 그 사이에 각각의 두께가 존재하는데, 1.6~1.2cm가 보통이다.

3) 胡의 길이는 짧은 것이 6cm, 긴 것은 12.5cm에 달하지만 이는 예외적인 사례이다. 대개 10.5cm 이하로 한정되는데, 그 중에서도 6cm, 8cm, 9.5~10cm가 많다.

4) 胡 길이에 대한 援 길이의 비율은 1.2~2.9배이다. 보통 2.5배보다 낮고 다양한 수치를 보이지만, 대체로 1.4배, 2.3배 전후에 집중된다.

5) 援 중앙의 鎬와 胡가 교차하는 지점의 각도는, 폭이 넓어 직각에 가까운 것부터 크게 기울어진 것까지 확인된다. 胡가 뻗어나가는 방향의 각도는 100~79°인데, 주로 82~87°, 90~92°, 95~98° 부근에 집중되어 있다.

6) 援의 형태는 胡 부근에서 심하게 좌우로 돌출된 것과 그렇지 않은 것이 존재하는데, 전자가 대부분으로 일본 동과의 특징에 잘 부합된다. 이 경우 援의 하부 1/4~1/5 지점에서 돌출된 것이 많다.

7) 內의 형태는 방형, 사다리꼴, 또는 얕은 U자형 등 여러 종류가 있고, 크기 역시 두꺼우면서 긴 것에서 짧은 것까지 다양하다. 有光敎一(1959)은 일본 출토 석검의 미늘이 직선적이지 않은 점을 특징으로 지적하였는데, 이는 석과의 경우에도 해당된다.

출토된 석과를 정리한 것이 〈표 1〉인데, 이를 보면 대부분이 채집에 의한 자료로 정식 발굴조사에 의해 얻어진 것은 北九州市 原遺蹟, 直方市 感田上原遺蹟, 宇佐市 臺の原遺蹟 등 소수에 불과하다. 더욱이 앞의 두 사례는 플라스크형 저장혈의 내부나 그 주변에서 채집된 것으로, 저장혈 내부 출토품은 석과 미제품이다. 즉, 제작 도중의 유물이기 때문에 완성된 석과가 아니며, 또 원래 어떠한 용도의 결과로서 놓여진 것이 아니므로 석과의 본질적 의미를 이야기하기에는 불충분한 자료라 하겠다. 그러나 제작 방법이나 제작 시 다른 석기와의 관계, 또는 시간적 위치를 파악하는 데에는 중요한 자료가 된다. 臺の原 출토품은 조사 당시에 확인된 것이기는 하지만, 지표채집에 가까운 출토 상태를 보인다.

<표 1> 출토 석과 일람

번호	출토지	형식	援胡 각도	전체 길이	援 길이 胡 길이	援 두께	비고	문헌
1	長崎縣 壹岐郡 芦邊町 原の辻(1)	BII	100°	10.9+		1.6(복원)	선단 결실	松本友雄 1927; 1932
2	壹岐郡 芦邊町 原の辻(2)	BI?		9.5+		1.3	援 일부	松本友雄 1932
3	壹岐郡 芦邊町 原の辻(3)			4.8+		1.3	援 일부	松本友雄 1932
4	佐賀縣 唐津市 半田 河内	BIa	91°				선단 결실	松尾禎作 1957
5	唐津市 鬼塚 石志 蓮和							松尾禎作 1957
6	三養基郡 三根町 南茂安 持丸							松尾禎作 1957
7	神埼郡 千代田町 詫田						援의 중앙/패총 출토	松尾禎作 1935
8	福岡縣 絲島郡 二丈町 松末		84°		1.8		거의 완형	原田大六 1968
9	福岡市 西區 入部	BIb	96.5°	20.3	2.3	1.05	거의 완형	
10	福岡市 東區 多多羅	C						森貞次郎 교시
11	福岡市 東區 和白 平山	BII	87°	14.6	1.4	1.7	거의 완형	福岡市立歷史資料館 1973
12	福岡市 東區 志賀島	C	85°	14.8	2.5	1.4	거의 완형	森貞次郎 外 1969
13	筑紫野市 筑紫 隈		96°	11.7+	1.4	1.9	선단 결실	岡崎敬 1959
14	筑紫野市 原田 筑紫神社 부근	BIb	79°	18.5	2.5		기부 일부 결실	福岡市立歷史資料館 1973
15	朝倉郡 夜須町 松延(1)	C	89°	7.9+		0.8	선단 결실/점판암	
16	朝倉郡 夜須町 松延(2)	BII	97°	16.0+	1.2	1.6	선단 · 말단 결실/점판암	
17	三潴郡 高三潴 塚崎 西畑						패총 출토	高橋健自 1925
18	浮羽郡 吉井町 法華原	BIb	87°	15.2	2.3	1.1	기부 일부 결실/점판암	
19	浮羽郡 浮羽町 山北	BIa	95°	16.0+		1.3	선단 결실/점판암	
20	大分縣 日田市 光岡 吹上臺(1)	C		7.0+		1.2	기부 부근	京都大學文學部 1960
21	日田市 光岡 吹上臺(2)	BIb?				1.2	부분/결정편암	後藤宗俊 · 清水宗昭 교시
22	日田市 光岡 吹上臺(3)	BI					內 부근/혈암	後藤宗俊 · 清水宗昭 교시
23	日田市 光岡 吹上臺(4)					1.1	기부 일부/사암	後藤宗俊 · 清水宗昭 교시
24	日田市 光岡 吹上臺(5)	A(?)					內만 존재	後藤宗俊 1961
25	日田市 北友田	C	90°	8.9	1.2	1.0	완형/점판암	森貞次郎 교시
26	福岡縣 遠賀郡 岡垣町 吉木	BIa	82°	27.3	2.4	1.2	완형	
27	遠賀郡 水卷町 伊佐座	BI	98.5°	22	2.1		완형	
28	北九州市 八幡區 原	A	93°	15.3	1.5	1.5	완형/저장혈 출토	小田富士雄 外 1973
29	北九州市 八幡區 原	A	90°	6.8+		2.2	선단 결실/지표채집	小田富士雄 外 1973
30	北九州市 八幡區 古槻					1.4	기부 · 선단 결실/연질	
31	直方市 鴨生田	BIa	85°	22.5	1.9	1.3	기부 일부 결실	
32	直方市 上境 泉の山							高橋健自 1925
33	鞍水郡 宮田町 磯光	BIa	84.5°	20.8	2.5	1.1	완형	小川敬養 1894; 福岡市立歷史資料館 1980
34	飯塚市 潤野 가코히	A	86.5°	14.4+		1.4	선단 결실	兒島隆人 1934
35	飯塚市 彼岸原 大門	BIb	79°	19		1.0	완형	酒井仁夫 · 浜田信也 1971
36	飯塚市 立岩〈도 9-11〉	BI		19		1.5	기부 결실	森貞次郎 1942
37	飯塚市 立岩〈도 9-12〉	BIb					선단 결실	森貞次郎 1942
38	飯塚市 立岩〈도 9-13〉	C					기부 결실	森貞次郎 1942
39	飯塚市 立岩〈노 9-14〉	BIa	80°				선단 결실	森貞次郎 1942

번호	출토지	형식	각도	길이	너비	두께	상태·비고	참고문헌
40	飯塚市 立岩〈도 9-15〉	BIa					선단 결실	森貞次郎 1942
41	飯塚市 立岩〈도 9-16〉	C	75.5°				완형	森貞次郎 1942
42	飯塚市 立岩〈도 9-17〉	C	92°		1.4		완형	森貞次郎 1942
43	飯塚市 立岩(규슈대학 소장)	BII					援 상부 결실	
44	飯塚市 立岩〈도 67-1〉	BIa	100°			1.5	선단 결실	兒島隆人·藤田等 1973
45	飯塚市 立岩〈도 67-2〉							兒島隆人·藤田等 1973
46	飯塚市 立岩〈도 67-3〉	BIa	93°				기부	兒島隆人·藤田等 1973
47	飯塚市 立岩(川島)〈도 67-4〉	BI	93°				선단 결실	兒島隆人·藤田等 1973
48	飯塚市 立岩〈도 67-5〉							兒島隆人·藤田等 1973
49	飯塚市 立岩(熊野神社)〈도 67-6〉	BIa	92°	22.9	2.0	1.5	완형	兒島隆人·藤田等 1973
50	飯塚市 立岩〈도 67-7〉	BIa					援 상부 결실	兒島隆人·藤田等 1973
51	飯塚市 立岩(測候所)〈도 67-11〉	BI					援·기부 일부 결실	兒島隆人·藤田等 1973
52	飯塚市 立岩	BIb						飯塚地方誌編纂委員會 1975
53	嘉穗郡 穎田町 佐與南	A/BII					선단 결실	
54	嘉穗郡 穎田町 佐與南〈도 67-10〉						援 일부	兒島隆人·藤田等 1973
55	田川市 伊田 上の原	C						花村利彦 1974
56	田川市 猪國	A					선단 결실	花村利彦 1974
57	田川郡 宮原 原						하부만 잔존	玉泉大梁 1962
58	田川郡 絲田町 絲田 松ケ迫	BIb	82.5°	20	2.9	1.7	완형	高橋健自 1925; 島田寅次郎 1939
59	田川郡 方城町 寶珠(1)	A	90°	21	2.1		완형	黑野肇 1969
60	田川郡 方城町 寶珠(2)	BIa	81.5°	19	2.3		완형	黑野肇 1969
61	田川郡 赤池町 草場		89.9°		2.0	1.2	內 결실	
62	北九州市 小倉區 石田	A	83°				선단 결실	福岡市立歷史資料館 1980
63	京都郡 勝山町敎委 소장	BIa	97°	22.9	1.9	1.4	완형	福岡市立歷史資料館 1980
64	불명 (豊前地區?)	BIa	94.5°	20.7	2.3		완형	福岡市立歷史資料館 1980
65	(豊前地區?)	BIa	98°	20.6	2.2		완형	福岡市立歷史資料館 1980
66	大分縣 宇佐市 絲口 猿渡	BIa					기부	
67	宇佐市 臺ノ原	BIa	91.5°			1.5	기부와 援 일부	後藤宗俊·小倉正五 外 1975
68	宇佐市 臺ノ原					1.5	援 중앙	後藤宗俊·小倉正五 外 1975
69	宇佐市 大路芝原	C	92°	12.5+		1.3	사문암(?)	
70	熊本縣 宇土市 境目 西原	BIa	83°	14	1.8	2.0	阿蘇 용암/유적지대	富樫卯三郎 1961
71	阿蘇郡 波野	C					사문암	富田紘一 교시
72	宮崎縣 宮崎市 石神	C		10.6	1.4	1.5	無鎬/유적지대	鈴木重治 1961
101	兵庫縣 神戶市 垂水區 青谷	혈구·內 無	99°	19.5	3.0	1.0~1.2		赤松啓介 1973
102	福井縣 大飯郡 高浜町 小和田	혈구·內·구멍 無	95°	26.8	3.8		매납(?)	森本六爾 1943
103	奈良縣 御所市 鴨都波	유혈구	95°	13.15	1.37		사누카이트/溝 상부 출토	菅谷文則 外 1973
104	長野縣 松本市 澤村	유혈구		8.5+				信濃史料刊行會 1956; 杉原莊介 1960
105	群馬縣 富岡市 鏑川川底遺蹟	유혈구						森本六爾 1943
106	新潟縣 中頸城郡 潟町	유혈구		10.15				後藤守一 1930

　田川郡 絲田 松ヶ迫 출토 사례는 보고문에 의하면, 인골이나 제사용 토기와 함께 발견되어 부장품으로서 사용되었을 가능성도 있다. 飯塚市 熊野神社에서 확인된 석과는 매납된 상태로 출토되었다고 하지만, 단정하기에는 증거가 부족하다.

　출토된 석과는 단품 채집인 것이 많아, 그 시기나 출토 양상을 파악할 수 있는 사례는 매우 적다. 그러나 그 대부분은 壹岐郡 原の辻, 北九州市 高槻, 飯塚市 潤, 飯塚市 立岩, 三潴郡 高三潴 塚崎, 日田市 吹上臺, 神埼郡 詫田, 宇土市 境目, 宇佐市 臺の原, 宮崎市 石神 등의 사례에서 확인되는 바와 같이 유적 밀집 지대에서 출토되고 있다. 패총이나 주거지 등 생활 유적의 분포와 중복되기도 하지만, 분묘와 완전히 무관한 것인지는 단언할 수 없다. 70여 점의 사례 가운데 완형에 가까운 것이 20점으로 거의 30% 가까이를 차지하고 있지만, 이들의 출토 양상은 대부분 명확하지 않다. 絲田이나 熊野神社 출토품도 완형에 해당되는데, 이것이 부장 또는 매납의 출토 상태와 관련되는가는 앞으로 밝혀야 할 과제이다. 유적에서 출토된 석과 가운데 상당수는 부분적으로 파손되어 있다. 이 파손이 당시의 사용에 의한 것인지, 나중에 부러진 것인지는 판단할 수 없지만, 부러진 양상의 통일성은 없다. 뾰족한 끝이 부러진 석과가 가장 많으며, 다음으로 신부 또는 뾰족한 끝과 內의 양쪽이 결손된 것, 그리고 內만 파손된 것이 가장 적다. 이밖에 신부가 결손된 석과 중에는 세로로 깨진 것도 5점 확인된다. 이렇게 결손품이 많기 때문에, 그 중 일정량의 석과는 실제로 무엇에 부딪혀 부러졌다고 생각해 볼 수 있다. 파손 양상이 일정하지 않은 것을 보면, 부러질 때의 충격이 항상 일정한 방향이 아니라 불특정한 방향으로부터 가해졌음이 짐작된다.

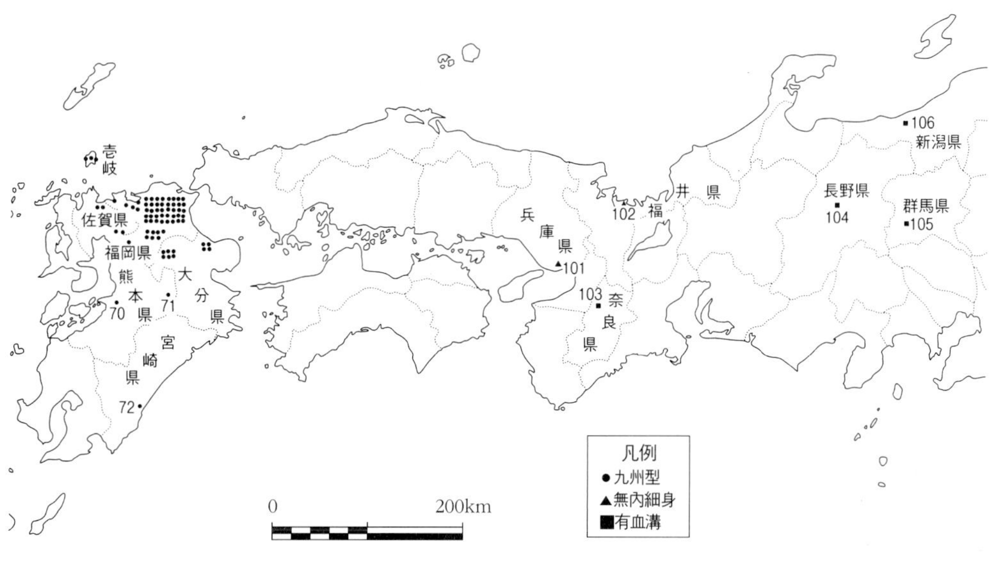

〈도 1〉 일본 출토 석과의 분포 (숫자는 석과 일람표와 대응)

3. 석과의 분류

1) 분류의 기준

지금까지의 석과에 대한 형식학적 연구는 동과와 대비하여 그 유사성을 강조하는 것에 주된 초점이 맞추어져 있었다. 석과 자체의 분류를 정면에서 다룬 경우도 없어, 다른 대상에 비하여 상대적으로 지체된 연구 분야라 할 수 있다. 이러한 가운데 森貞次郎(1942)은 立岩 출토 석과 중 짧고 작은 형식이 있고 경부가 부착되지 않은 퇴화 형식이 존재한다고 하였는데, 이는 하나의 분류 기준을 제시하는 것으로서 중요한 의미를 갖는다.

분류에 있어서의 핵심 요소는 다음의 두 가지이다.

첫 번째는 전체적인 형식, 특히 援의 형식으로, 援의 길이, 胡가 벌어지는 방식, 援과 胡의 각도 등이 기준이 된다.

두 번째는 胡와 內의 관계로, 평면과 단면의 두 가지 측면이 있다. 이때 기준이 되는 것은 동과이며, 첫 번째 요소 역시 동과가 형식 분류의 전제가 된다. 즉, 조형으로 동과가 존재하기 때문에, 동과 형식과의 비교를 통하여 석과의 분류가 가능하다. 胡와 內의 관계는 자루 장착의 강약 또는 장착 여부와 관련된 문제로, 핵심 요소는 장착에 보다 적합한가 그렇지 않은가이다.

이상의 요소를 기준으로 분류하면, A · B · C의 3형식과 좀더 세분된 세부 형식으로 구분할 수 있다.

2) 분류

(1) A형식

이 형식의 대표적 사례는 아래와 같다.

北九州市 八幡西區 大字香月字原　　2점

飯塚市 潤野 가코히　　　　　　　　1점

田川市 猪國　　　　　　　　　　　　1점

田川郡 方城町 寶珠　　　　　　　　1점

이들은 다음과 같은 특징을 갖고 있다. 우선 援에서 胡에 걸쳐 심하게 돌출된 것은 없다. 따라서 鎬를 중심으로 좌우가 대칭에 가까우며, 전체가 짤막한 형태를 이루게 된다. 援의 길이는 14~20cm로, 아래의 B형식과 비교하면 약간 短鋒이다.

胡의 길이는 6~8cm로, 胡가 펼쳐져 있지 않은 짧은 부류에 속한다. 援과 胡의 각도는 직각에 가까운 것이 많다.

胡는 직선을 이루며, 胡의 중앙에 가로·세로 모두 대형 또는 중형이면서 방형이나 장방형의 직선적인 內가 붙어있다. 胡와 內의 단면을 보면 두꺼운 신부에 두꺼운 內가 붙어있지만, 內가 약간 얇아 胡와 內가 연결된 부분은 직각의 단을 이룬다. 이 형식에 해당하는 유물은 5개 유적 6점이 알려져 있는데, 北九州市 石田 출토품의 경우 이 형식 중에서도 늦은 시기에 속할 가능성이 있다.

(2) B형식

이 형식의 일반적 특징은 A식에 비해 대형화된 점에 있다. 援이 길어 長鋒化되고 그 하부가 넓어지면서 胡로 이어지는 형식을 BⅠ식으로 하며, 길이보다는 胡 좌우로의 돌출이 강조된 것을 BⅡ식으로 상정하였다. 신부와 內의 연결은 A식처럼 직각의 유단 형식이 아니라, 점차 얇아지거나 援 끝에서 胡 끝까지 비스듬하게 마연되어 있는 형태로 변화한다. 또, 미늘은 직선으로 이어지지 않는다. BⅠ식 중에도 胡의 돌출, 內의 형태, 胡의 援에 대한 경사 정도의 차이에 따라 BⅠa식과 BⅠb식의 두 형식으로 구분된다.

BⅠa식 : 장봉화되며 胡가 돌출되기는 하지만 극단적이지 않고, 좌우는 대칭에 가깝다. 미늘은 직선적이지 않고 內 역시 胡와 둥그런 느낌을 주는 곡선을 이루어 사다리꼴을 형성한다. 신부와 內의 두께는 아래쪽 끝으로 갈수록 줄어들며, 단을 이루지 않는다. 이 형식의 일반적 특징으로 이러한 점을 들 수 있지만, A식에 가까운 것들도 있어 매우 다양하다. 대표적인 사례로는 다음과 같은 것들이 있다.

唐津市 半田 河內, 飯塚市 立岩 熊野神社, 熊本縣 宇土市 境目 西原貝塚 출토품은, 이 중에서도 A식에 가까운 특징이 남아 있는 이른 형식이다. 福岡縣 浮羽郡 北原, 遠賀川 吉本, 鞍手郡 宮田町 磯光, 直方市 鴨生田, 田川郡 方城町 寶珠 두 번째 에, 京都郡 勝山町 役場 소징품

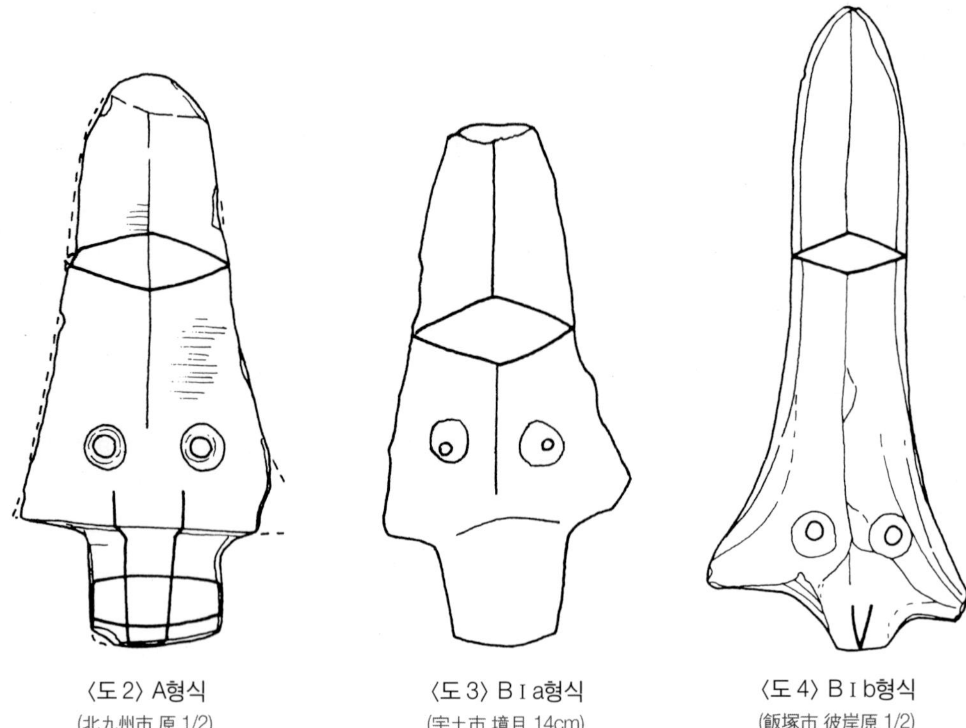

〈도 2〉 A형식
(北九州市 原 1/2)

〈도 3〉 BⅠa형식
(宇土市 境目 14cm)

〈도 4〉 BⅠb형식
(飯塚市 彼岸原 1/2)

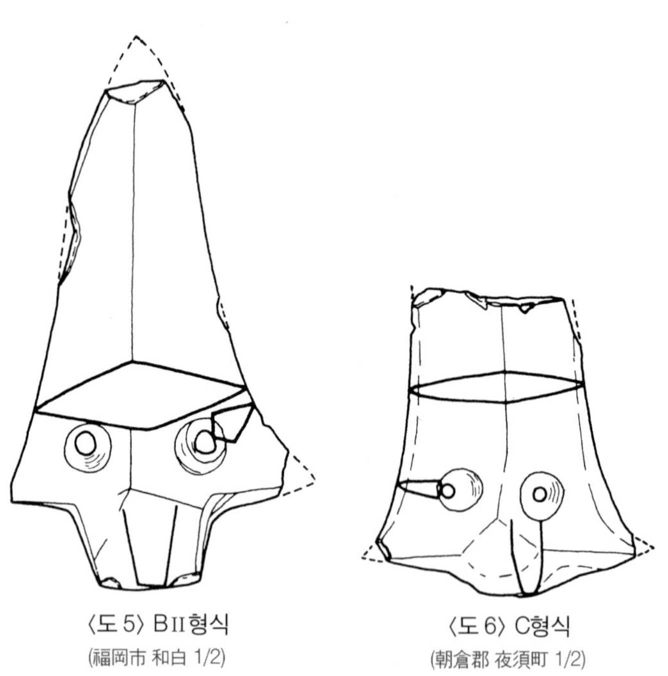

〈도 5〉 BⅡ형식
(福岡市 和白 1/2)

〈도 6〉 C형식
(朝倉郡 夜須町 1/2)

등이 ＢⅠa식의 전형적인 사례라 할 수 있다.

ＢⅠb식 : 기본 형태는 좁은 몸통의 장봉형이지만, 다음과 같은 점에서 ＢⅠa식과는 다른 특징을 보여준다. 援의 하부 1/4 내지 1/5 지점에서 좌우로 胡가 넓어지는 점은 동일하지만, 이 형식은 한쪽으로의 돌출이 강조된다. 그렇기 때문에 미늘은 직선을 이루지 않거나, 內를 사이에 둔 좌우의 미늘이 방향이나 위치가 어긋나는 경향을 보이게 된다. 內의 위치는 중앙이 아니라, 한쪽으로 치우쳐 있다. 內는 ＢⅠa식보다 더욱 작아지면서 짧아진다. 형태 역시 방형이나 사다리꼴을 이루지 않고 U자상에 가까워지며, 內 끝이 직선을 이루지 않는 것도 등장한다. 단면에 있어서도 신부와 內의 두께가 점차 줄어들며, 內의 아래쪽이 둔각을 이루면서 뾰족해지는 것 등도 출현한다. 이 형식의 대표적 사례는 福岡市 西區 入部, 筑紫野市 原田 筑紫神社 鳥居 부근, 浮羽郡 吉井町 法華原, 遠賀郡 水卷町 大字伊佐座, 飯塚市 立岩·彼岸原, 田川郡 絲田町 松ヶ迫 출토품 등이 있다.

ＢⅡ식 : B식 중에서 단봉이라는 점이 이 형식의 가장 큰 특징이라 할 수 있다. 胡가 펼쳐진 정도, 內의 형태, 胡와 內의 접합 형태 등은 ＢⅠa식과 유사하다. 援이 짧아 胡의 1.5배 정도에 불과하지만(ＢⅠa식은 2배 정도), 절대적인 길이에 있어서는 긴 것도 존재한다. 이 형식의 사례로는 福岡市 東區 和白平山, 福岡縣 朝倉郡 夜須町 松延, 飯塚市 立岩, 福岡縣 嘉穗郡 穎田町 佐與字南 출토품 등이 있다.

(3) C형식

길이가 짧아지고 援의 끝 부분은 날카로움이 결여되어 둔각을 이루는 석과가 출현한다. 신부의 두께도 얇아진 것이 등장하며, 鎬 역시 명료하지 않은 경우가 있다. 두드러지는 특징은 內에 있는데, 內의 길이가 극단적으로 짧아진다. 폭이 넓어지며 胡의 양단에서 바로 얕은 U자형으로 연결되기 때문에 胡와 內가 일체화되어 있다. 이 형식 중에는 內가 부착되지 않은 것도 있어, 內가 적극적인 기능을 갖지 않고 장식화되어 있음을 보여준다.

또한 재질에 있어서도 사문암 등 무기에 적합하지 않은 연질이 사용되어, 이러한 형식적 퇴화에 대응하는 석재의 선택을 살펴볼 수 있다. 대표적인 사례로는 福岡市 東區 志賀島, 福岡市 東區 多多羅 부근, 福岡縣 朝倉郡 夜須町 松延の山, 大分縣 日田市 光岡 吹上臺, 飯塚市 立岩, 宇佐市 大字芝原, 熊本縣 阿蘇郡 彼野, 宮崎市 石神 출토품 등이 있다.

3) 계통

A식은 단봉에 두껍고 직선으로 꺾어진, 직각 유단식의 경부가 붙어있다.

이들의 여러 특징은 일본의 세형동과 이상으로 이른 형식의 요소를 가지고 있어, 동과 전파 전후 세형동과의 특징을 충실하게 모방한 것이라 할 수 있다. 따라서 자루의 장착에 있어서도 胡에 밀착시켜 이를 두꺼운 경부로 지지하면서 구멍을 통과시킨 끈으로 묶는다면, 동과의 자루 장착과 동일한 기능을 담당하는 것이 가능하다. 이것이 B식이 되면 길이가 장봉화되지만, 이를 단지 戈의 기능 강화로 단순하게 받아들여서는 안 된다. 후술하겠지만 이러한 변화는 동과의 형식적 팽창 과정과 대응하며, 이를 모방하여 援의 과장을 강조하였기 때문에 반대로 장착 부분은 미늘이 직선을 이루지 않아 자루를 胡에 충분히 결합시키기 곤란하다. 또한 內가 작고 신부와 두께가 다르지 않거나 경사지게 줄어들기 때문에, 胡와 內의 역할이 약화된다고 할 수 있다. 즉, 장착력이 점차 약해지는 것이다. 이것이 B I a식의 특징이며, B I b식이 되면 한층 그러한 경향이 뚜렷해져 좌우의 胡와 內가 직선을 이루지 않고 內역시 소형화되므로 장착의 의미는 사라진다. 다음 C식이 되면 內 자체가 없어지거나 內가 둥글게 넓어져, 장착한다고 하여도 內가 자루를 직접 지지하게 되어 胡의 역할은 무의미하게 된다. 그리고 이 경우 內의 역할도 실질적으로는 없어진다.

동모의 형태 변화(실전용 세형동모에서 제사용 광형동모로의 변화)에 따라 기부가 유공에서 무공으로 변하여 장착용 기부에서 외형적인 형식적 잔존물로 바뀌는 것과 마찬가지로(近藤喬一 1969), 착병을 위한 실제적·합리적인 이른 형태에서 단순한 형식적 제작으로 변해가는 胡와 內의 다각적 관계를 중심으로 생각할 때, 위에서 언급한 분류는 계통적으로도 잘들어맞는다고 할 수 있다.

<pre>
       ╱ BII ·········
A→B I a→B I b→C
</pre>

4. 석과의 편년

석과의 상한에 대해서는, 세형동과의 상한을 파악함으로써 짐작할 수 있다. 앞에서 언급

한 바와 같이 석과는 동과의 모방품으로 과거 한반도에는 존재하지 않았던 무기형 석제품이
기 때문에 세형동검이 일본에 유입되기 이전에는 전파되지 않았으며, 정확히 세형동과가 일
본에 전래된 이후 제작되기 시작하였다. 세형동과의 가장 이른 출토 사례는 福岡市 西區 有
田遺蹟 출토품인데, 야요이시대 전기 말의 옹관 내에서 부장품으로 확인되었다(森貞次郎
1968a). 한반도에서 동과보다 빨리 출현하는 세형동검이나 동모도 일본열도에서는 동과와
마찬가지로 전기 말에 등장하기 시작하여(森貞次郎 1968b), 이보다 시기적으로 올라가는 사
례는 있을 수 없다. 이러한 점에서 볼 때, 석과의 출현 역시 전기 말보다 올라가지는 않을 것
이다.

北九州市 八幡西區 香月原遺蹟은 야요이시대의 플라스크형 저장혈군이 확인된 유적으로
(小田富士雄 外 1973), 저장혈 내에서 다량의 석기 미제품이 확인되어 야요이시대 석기 연구
에 중요한 자료를 제공하고 있다. 이 유적의 제30호 저장혈에서 석과가 출토되었다. 시기는
야요이 중기 초두에 해당한다. 이밖에도 유적 내에서 완제품의 석과 1점과 미제품 3점이 채
집되었는데, 전부 동일한 형식인 A식에 속한다.

飯塚市 潤野 가코히 출토 석과는 채집품이지만, 유적은 전기 말에서 중기 초의 토기를 다
수 포함하고 있다(兒島隆人 1934). 동일한 지역에서 채집된 반월형석도 중에는 전기의 형식
도 포함되어 있다(兒島隆人 1935). 이 석과 역시 A식에 속한다.

일반적으로 이러한 무기형 석제품의 제작이 성행하게 된 것은 전기 말부터로, 석검의 제
작 역시 이 시기부터 활발해진다(下條信行 1975a). 이러한 점으로 추정해 보면 석과 제작의
시작이 전기 말까지 거슬러 올라갈 가능성이 있어, A식의 석과는 전기 말에서 중기 초두 사
이에 위치시킬 수 있다고 생각된다.

ＢⅠa식의 경우 뚜렷하게 토기와 공반하여 출토된 사례는 없다. 단, 大分縣 宇佐市 臺の原
의 트렌치에서 이 형식의 석과와 함께 중기 초두~중엽에 해당하는 다량의 토기가 출토되었
다는 보고서 내용이 있어(後藤宗俊·小倉正五 外 1975), 거의 이 무렵 전후한 시점에 해당한
다고 보아도 틀리지 않을 것이다.

ＢⅠb식에 대해서도 명확한 공반 토기의 출토 예는 없지만, 福岡縣 田川郡 絲田 松ヶ迫 출
토품이 참고가 된다. 공반 출토되었다고 여겨지는 토기는 福岡縣報(島田寅次郎 1939)의 대
략적인 보고를 볼 때 丹塗라는 점에서 제사용 공헌 토기로 추정되는데, 긴 경부에 중심이 낮
은 부푼 동체와 평저로 이루어진 높이 약 22cm의 장경호이다. 遠賀川流域 동쪽에서는 주머
니형 구연부가 없어지는데, 이 토기의 구연부는 주머니형이 아니기 때문에 장경호의 종류로
생각한다면 板付Ⅳ식에 병행하는 중기 후엽으로 상정할 수 있다.

C식에 대해서는 시기 확정이 가능한 확실한 자료가 전혀 없다. 따라서 정황적으로 판단할 수밖에 없다. 북부 규슈에서 석기 사용의 시기는 거의 중기를 끝으로 종말을 맞이하며, 후기가 되면 특수한 사례밖에 남지 않는다(下條信行 1975b). 반월형석도가 이에 해당되는데, 이밖에 석부 등이 잔존하지만 규격을 벗어난 제품이며 특히 무기형 석제품으로 판단되는 잔존품은 없다. 전반적인 흐름으로 볼 때 중기에는 무기형 석기의 제작이 종언을 맞이했다고 보아도 좋을 것이다.

飯塚市 立岩遺蹟 일대는 석기 제작이 번성한 곳으로 생각되며, 번영의 최전성기는 중기 후엽이다. 휘록응회암을 사용한 석기의 제작은 전기부터 시작되지만, 이때에는 반월형석도나 석겸이 많고 무기형 석제품의 확실한 제작품은 없다. 석겸이나 석과는 중기에 다수 제작되며, 그 종말은 중기 말로 생각해도 틀리지 않는다. 立岩 출토의 석과 중에는 C식에 속하는 것도 수 점 확인되는데(森貞次郎 1942), 형식적으로 늦다고 생각한다면 立岩遺蹟의 최전성기와 병행하는 시기부터 중기의 마지막까지에 해당하는 것으로 추정할 수 있다.

불충분한 자료지만, 분류 계통에 편년관을 더하여 나타내면 〈표 2〉와 같다.

〈표 2〉 석과의 형식별 편년

형식	A	BⅠa	BⅠb	C
전기 말	│			
중기 초	│	│		
중기 중엽		│	│	
중기 후엽		│	│	│
중기 말			│	│

5. 석과의 분포

불확실한 사례나 미제품을 제외한 규슈 출토의 석과는 총 73점에 달한다. 이를 각 현별로 구분한 것이 〈표 3〉이다.

석과는 鹿兒島를 제외한 長崎, 佐賀, 福岡, 大分, 熊本, 宮崎의 규슈 6현에서 확인되고 있다. 그 중에서도 가장 양적으로 많아 분포의 중심을 이루는 곳이 福岡縣이며, 大分縣이 큰 폭으로 수량이 줄어들면서 다음을 차지하고 뒤를 이어 佐賀, 長崎, 熊本, 宮崎에서 각각 1~4점이 출토되었다. 福岡縣이 전체의 70%를 넘고 인접한 현에서 약간 확인되지만, 멀리 떨어질수록 수량이 감소한다. 이러한 점을 통하여 분포의 중심과 이를 둘러싼 주변 지역 간의 관계를 대략적으로 파악할 수 있다. 분포 범위의 한계에 대해서 좀더 상세히 살펴보도록 하자. 福岡縣 다음으로 다수가 확인된 大分縣에서는 현 내 각지에 산재되어 있지 않고, 宇佐地方과 日田地方에 집중되어 있다. 전자에서 4점, 후자에서 6점이 확인되었는데, 宇佐地方에서는 田川－豊前(京都平野)과 이어지는 루트를 찾을 수 있고 이들이 모두 豊前地域에 포함되어 北九州와 직접 연결 가능한 범위 내에 존재한다. 또, 日田地方은 筑後川의 상류로 하류역에도 석과가 분포하고 있어, 그 연장을 생각한다면 현을 넘어서 실제로는 北九州의 문화권으로 볼 수 있는 지역이다. 阿蘇郡 彼野 출토품 역시 日田을 경유하여 전해진 것으로 생각된다. 한편, 서쪽으로는 長崎縣에서 확인되지만, 현재의 현 본토에서는 출토되지 않고 壹岐島에서만 발견되고 있다. 이 섬은 대륙문화 교류의 중요 루트로서 北九州의 입장에서는 長崎縣 본토보다 더욱 교류관계가 강한 지역이다. 또한 옹관문화 역시 소유하고 있으며 토기 형식도 완전히 福岡 방면과 동일하기 때문에, 福岡地方과 긴밀한 유대관계로 연결되었을 것이라 추정된다. 이상과 같이 석과의 출토 지대라고 하는 곳은 北九州와 어떠한 문화관계로 맺어진 지역이라 할 수 있다. 지리적·하천적 또는 교통로적 연결만을 의미하는 것은 아니다. 예를 들어 豊前에서 宇佐地方은 立岩産 반월형석도 분포의 동남 경계를 형성하는 지역이며, 熊本市 宇土 境目 부근은 今山産 현무암 석부 분포의 남방 한계에 해당된다. 또, 須久式 대형 옹관 분포의 남방 한계 지역이기도 하여, 단순히 토기문화뿐만 아니라 그 이상의 생산품이나 매장 풍습의 관계로도 연결된 지역이다. 宮崎縣 石神 출토의 석과는 C형식으로 중기 후반 이후의 것이라 생각되며 福岡에서 본다면 지리적·문화적으로 약간 격리된 원격지라는 느낌이 들지만, 최근 北九州와 직접 연결된 야요이식 丹塗 장경호 등의 출토가 보고되면서(田中茂 1975) 瀬戸內系 문화의 도달점이라는 것과 함께 北九州 문화 유입의 사실이 알려진 바 있어, 이러한 문화 계통로상에 연결되었을 가능성도 존재한다. 이렇게 석과의 분포 범위는 北九州 연안에 펼쳐진 북부 규슈형 문화가 전개되는 영역 내 혹은 인접 지역에 보다 다수가 확산되며, 단순한 토기 형식의 분포를 넘어서 생산·생활 차원에 연결된 범위까지 넓어진다. 따라서 석과를 북부 규슈형 문화의 특성적인 지표로 이야기해도 무방할 것이다.

〈표 3〉 각 현별 석과 출토량

縣 名	수(점)	백분율(%)
長 崎	3	4.1
佐 賀	4	5.5
福 岡	53	72.6
大 分	10	13.7
熊 本	2	2.7
宮 崎	1	1.4
	73	100

지역명	출토수	A	B			C
			BＩa	BＩb	BⅡ	
壹岐	3			1	1	
唐津	2		1			
佐賀平野	2					
絲島	1					
早良	1			1		
福岡	0					
志賀島	1					1
粕屋	2				1	1
小郡	2			1		
朝倉	2				1	1
三潴	1					
浮羽	2		1	1		
日田	6	1				2
遠賀下流 (遠賀郡 北九州市)	5	2	1	1		
直方市	2		1			
鞍水	1		1			
飯塚	2	1		1		
立岩	17		7	2	1	3
穎田	2				1	
田川 (一市三町)	7	2	1	1		1
北九州市 (小倉區)	1	1				
京都平野	1		1			
宇佐市	4		1			1
熊本宇土	1		1			
熊本阿蘇	1					1
宮崎市	1					1

그러나 이러한 석과가 반드시 선진적 문물이라고 말할 수는 없다. 가장 출토량이 많은 福岡縣의 출토 양상을 살펴보도록 하자. 福岡 역시 山郡山塊보다 서쪽인 絲島, 早良, 福岡, 朝倉, 粕屋 등의 지역에서 석과의 출토량이 많지 않다. 이 지역들에는 기껏해야 1~2점씩 확인되는 것에 불과하여, 이보다 더 서쪽의 唐津이나 壹岐 등과 마찬가지의 양상을 보여주고 있다. 그러나 遠賀川流域에 도달하면 그 수는 급격히 증가하는데, 가장 다수를 차지하는 飯塚市 立岩과 함께 상류의 田川 방면에서부터 중류의 鞍手, 하류의 遠賀郡, 北九州市 八幡西區에 걸쳐 점차 석과가 늘어나 출토 밀도가 높아진다. 비율로 보면 福岡縣 내에서 70%를 점하고 있다. 이러한 양상의 원인으로는 이 지역이 당시 청동제 戈를 보유하지 못했기 때문에 그 모조품으로서 석과가 만들어졌다는 점이 지적된 바 있으며(兒島隆人 1940), 有光敎一(1959)은 이 지방에 석과가 많은 점을 근거로 석과의 발생지로 상정하고 있다. 필자 역시 그 가능성이 높다는 점을 다음과 같은 이유에서 인정한다.

앞에서 제시한 〈표 1〉을 보면 석과의 출토량이 매우 다량에 달한다고 생각할 수도 있지만, 평야·분지 등 당시의 지리적 환경에 의해 만들어진 생활권을 단위로 하여 실제 생활에 석과의 출토량을 대입해 보면 매우 희소한 유물이라고 할 수 있다. 이를 나타내기 위하여 작성한 것이 〈표 4〉이다.

이 표를 보면 한 유적이 아니라 한 지역에서 1~3점 정도만 출토되며, 이러한 지역이 다수를 차지하고 있음이 확인된다. 遠賀川流域의 몇 개 지역과 석과 분포의 인접 지역을 제외하면, 단위 지역에 있어서 많으면 3점, 적은 경우는 奴國과 같이 1점도 출토되지 않는 지역이 80%에 이른다. 뒤에서 설명하겠지만 일반적으로 세형동과의 출토 지역에서 석과와 동과의 출토량은 거의 동일한 수준인데, 이는 석과의 성격이 동과와 마찬가지로 원래부터 다량이 요구되지는 않았기 때문일 것이다.

그런데 4점 이상 출토된 지역이 실제로 그 정도의 수량만을 가지고 있었을까? 해당 지역은 遠賀川 하류지대, 立岩, 田川郡과 日田, 宇佐이다. 이 가운데 遠賀川 하류지대나 田川郡은 복수의 지역으로, 遠賀 하류 출토 5점의 내역은 1개 市, 2개 町에서 확인된 것이며 하나의 유적에서는 최고 2점에 불과하다. 田川郡에서도 그러하여 1개 市 3개 町 출토 사례를 모두 합한 것이 7점으로 한 유적에서는 역시 2점이 확인되었다. 또, 동일 형식이 아니라 遠賀 하류에서는 A · BIa · BIb의 3형식, 田川郡에서는 A · BIa · BIb · C의 4형식으로 구분되기 때문에, 결국 동일 시기에 해당하는 수량은 여러 개의 町에 걸쳐 최고 2점에 불과하여 실제의 수량은 매우 적은 편이다. 宇佐市의 4점 중 2점이 동일 유적 출토품이지만, 다른 2점은 서로 떨어진 지역에서 출토되었다. 형식은 BIb와 C의 두 형식이다. 日田市 吹上臺 출토 석과는 立岩 다음으로 많다. 이미 5~6점이 알려져 있는데, A · BI · C의 3형식으로 분류되어 동일 시기에 2점 정도가 해당하는 것으로 생각된다. 飯塚市 立岩은 양적으로 가장 많은 수량을 차지하여 17점이 알려져 있는데, 이 또한 하나의 유적에서 출토된 것은 아니다. 立岩遺蹟이라는 것은 군을 이루며 성립된 몇 개 유적의 총칭이다. 그 중 석과가 출토된 곳은 熊野神社 · 燒の正 · 市營 운동장 · 下方 · 坂木 · 川島甘木 · 殿ヶ浦 등 적어도 7개 유적으로 구분된다. 이를 단순하게 출토 점수로 나누어도 한 유적에 3점 정도이며, 여기에 한 유적에서 복수 형식이 확인되는 점을 감안하면 동일 시기에 해당하는 수량은 더욱 감소한다. 당연히 앞으로 출토량이 많아지겠지만 동시에 유적의 발견 사례 역시 증가하기 때문에, 그 비율에 있어서는 석과의 출토량보다 증가된 유적의 수가 더 많을 것이라 생각된다.

이렇게 본다면 석과의 출토량이 상대적으로 많은 지역에서도 동일 시기의 보유량은 극히 한정되며, 단지 약간만을 소유한 유적의 수가 조금 많은 것뿐이다. 그리고 다른 소수 출토 지역의 경우 유적 단위가 아니라 지역을 단위로 하여 매우 한정된 수량만을 가지고 있었을 것이다.

다음으로 석과 각 형식의 분포 상황을 살펴보자. 가장 이른 형식인 A식은 原 · 潤野 가코히 · 寶珠 등 遠賀川流域에서 제일 많이 출토된다. 동과가 출토되지 않는 지역으로, 한 형식에 제한되지 않고 석과가 가장 번성한 곳이다. 여기서 이른 형식이 다수 확인된다는 점은, 이 일대를 석과의 발생지로 보는 견해를 지지하는 사실이다. 이밖에 北九州 중에서도 후출하는 사례(石田)와 日田 출토품이 있는데, 日田의 석과는 內만 잔존하여 실제의 형식은 정확히 파악할 수 없지만 B식에 속할 가능성이 높다.

ＢⅠa식의 시기부터 석과의 보급기에 들어서, 우선 遠賀川流域의 범위를 넘어 다음으로 동과 출토 지대에서도 확인된다. 遠賀川流域을 시작으로 서쪽으로는 唐津平野, 남쪽으로는 熊本의 宇土市까지 확산되며, 동쪽으로는 宇佐地方까지 이른다. 筑後川流域에서도 출현한다. 立岩 출토품은 이 형식부터의 사례가 많다.

ＢⅠb식은 기본적으로 ＢⅠa식이 발달한 형식으로, 분포에 있어서도 거의 ＢⅠa식과 다르지 않게 넓은 범위로 보급되었다.

ＢⅡ식은 和白, 朝倉, 壹岐와 같이 遠賀川 서쪽의 석과 출토 소량지대에서 주로 확인되며, 瀨戶內에 접한 지역에서는 별로 출토되지 않는다.

Ｃ식은 가장 넓은 분포 범위를 보이는 석과 형식이다. 遠賀川流域은 물론 阿蘇 산이나 멀리 宮崎市까지 이르는 최대 영역을 보여주게 된다. 단지 지역적으로 확산되었을 뿐만 아니라 각 지역에서 빈번하게 출토되어, 퇴화 형식이기는 하지만 보급 정도는 평범하지 않다. 그리고 이 퇴화 단계가 되어 처음으로 석과를 알게 된 지역이 새롭게 출현한다.

6. 석과의 제작

지역이나 유적에 따라 석과 소유량의 편차가 있다고 해도, 한 시기에 해당하는 유적 또는 지역에서 보유한 석과의 수량은 1~2점이었다. 그 원인으로 석과의 제작에 어떤 특수한 기술상의 문제가 존재하였을 가능성이 생각되기 때문에, 이에 대하여 다루어보고자 한다. 우선 처음으로 석과는 어디에서 만들어졌는가에 대하여 살펴보자. 석과의 미제품이 출토된 유적은 아래와 같다.

北九州市 八幡西區 香月　1점
北九州市 八幡西區 原　　3점

直方市 感田上原	3점
飯塚市 彼岸原 大門	1점
飯塚市 立岩	4점

모두 遠賀川流域에 자리한 유적으로, 타격에 의한 성형 시의 미제품이 확인되었다. 이 유적들은 거의 석과의 주요한 완성품 출토 지대와 겹치고 있다. 따라서 석과의 제작은 각 석과 출토 유적 또는 지역 단위로 이루어졌을 가능성이 매우 높다. 완성품에 대한 미제품의 유적별 출토 비율이 당연히 적어진다는 점을 고려하면, 이러한 견해는 타당한 것으로 생각된다. 遠賀川流域 이외의 지역에서 미제품의 출토 사례는 듣지 못했지만, 이는 완성품 자체의 양이 적기 때문이며 기본적으로는 각지에서 현지 제작되었을 것이다. 이에 대해서는 다음에 설명하는 바와 같이 재질이나 기술에 있어서 다른 석기와의 친연성, 그리고 석검 미제품의 출토 분포를 통하여 이야기할 수 있다.

제시한 석과 미제품 유적 가운데 原과 感田上原 출토품은 발굴조사에 의한 것으로, 이 조

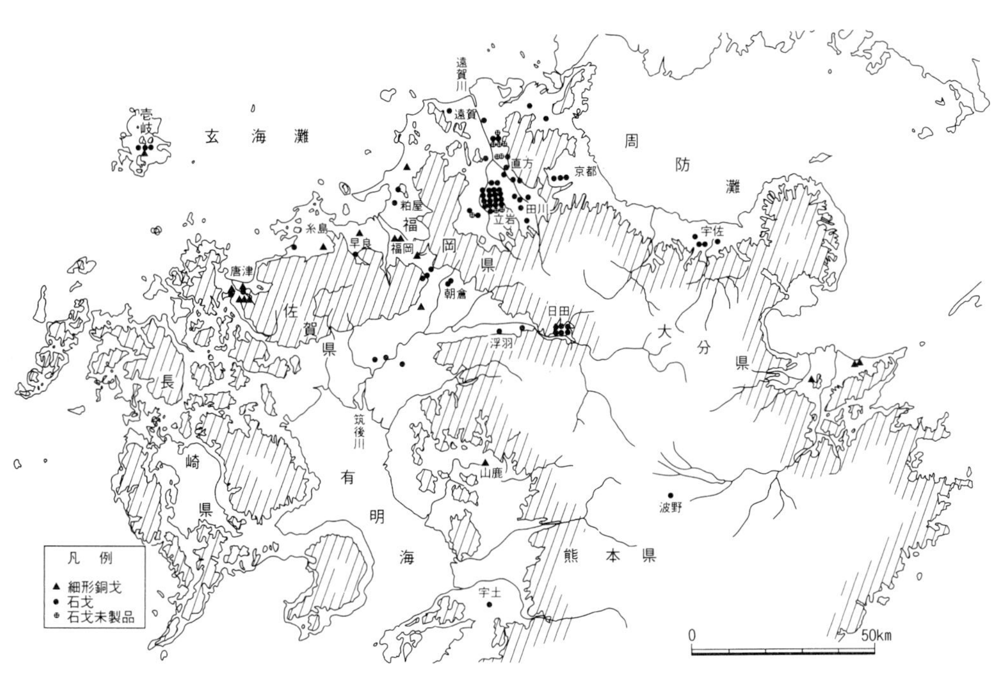

〈도 7〉 규슈 북부의 석과 · 세형동과 출토 분포도

<표 5> 제작 석기와 재질

유적명	반월형 석도	석겸	석검	석과	재질
原遺蹟	○	○	○	○	응회질 혈암
感田上原遺蹟	○	○	○	○	응회질 혈암
立岩遺蹟	○	○	○	○	휘록응회암

사로부터 다양한 사실이 판명되었다.

석과는 기술상 특수하게 제작된 것이 아니라 다른 석기와 유사한 석재·공방·기술로 만들어졌다. 여기서 다른 석기란 반월형석도, 석겸, 석검 등의 비교적 가벼워 예리하지만 중량감이 없는 것들인데, 원칙적으로 이 석기들은 취락 단위로 필요에 따라 자가 제작되며 (下條信行 1975a), 이를 통하여 본다면 석과가 동일한 제작상의 취급을 받았다고 추측할 수 있다. 또한 재질도 4종의 석기가 모두 같아, 原과 感田上原遺蹟에서는 응회질혈암, 立岩遺蹟에서는 휘록응회암이 사용된다(표 5). 이밖에 해당 지역의 석재를 사용한 것으로 추정되어, 筑後川流域에서는 결정편암 등이 확인된다. 반월형석도에는 일반적으로 점판암 등이 사용되며, 석과도 역시 점판암 등의 퇴적암 계통이 자주 이용된다.

도구로서의 공통성, 재질의 동질성이 석과와 다른 석기 사이에 존재하는 것을 알 수 있는데, 이뿐만 아니라 제작지에 있어서도 각각의 석기들이 유적의 동일 장소에서 만들어졌으며 취급 방식도 공통된다.

제작기법에 있어서도 적당한 석재를 원재료로 하여 계단상 박리를 가해 정형한 후 內의 뿌리 부근에 고타를 행하는 방법은 다른 석기의 제작에도 공통적으로 이용되기 때문에, 특수한 기술적 어려움은 없다. 즉, 다른 석기를 만들 수 있다면 석과의 제작 역시 기술적으로 가능하다.

그러나 미제품 단계에 해당하는 석과의 출토량이 많다고 할 수 없으며, 오히려 다른 석기에 비해 적은 편으로 석검에 비해서도 적다.

석과는 당시 보편적인 석기였던 반월형석도나 석겸과 동일한 재질·공방·기술로 제작되어, 필요하다면 언제라도 양산 가능한 체제에 놓여 있었다. 그럼에도 불구하고 결과적으로 다수가 제작되지 않고 소수인 상태로 종언을 고하게 된 것은, 원래부터 다량을 필요로 하지 않았거나 혹은 제한된 경우에 소수만으로도 충분한 역할을 담당하였음을 나타내고 있다. 태생적으로 특수한 사용 방식에 한정되어 있는 물건으로 보는 편이 좋다.

7. 세형동과와의 관련

1) 세형동과의 형식

석과가 세형동과의 모방품이라는 것은 앞에서 이야기한 바와 같다. 규슈의 석과에 혈구가 표현되지 않는 부분적 차이는 있어도, 특히 이른 형식일수록 형태와 기능 양면에서 세형동과의 충실한 모방품이었다는 사실에 변함은 없다.

최근 동과에 대한 형식학적 연구의 진전에 따라, 석과의 형식적 변천 역시 세형동과의 형식 변화에 의해 설명할 수 있는 부분이 적지 않게 되었다. 한반도 측의 세형동과를 정리한 것으로 岡內三眞(1973)의 연구가 있고, 일본 측의 사례에 대해서는 森貞次郎(1968b)의 논문이 있다. 岡內는 한반도 출토의 동과를 5형식으로 나누어, Ⅰ~Ⅳ형식은 한반도에서의 제작품이며 Ⅲ식 이후의 형식은 찌르거나 베는 용도의 병기로서 이용하기 어렵다고 보았다. 이는 Ⅲ식부터 援이 얇아지며 기부 근처에서 돌출되고 內가 소형화되기 때문이다. 한편, 森貞次郎은 그 이전에 일본 출토 세형동과의 분류와 편년을 시도하여, A·B·C의 3형식으로 구분하였다. A식은 일본에서 출토된 가장 이른 형식으로, 전기 말에서 중기 초두에 걸쳐 출토된다. 이것은 岡內의 Ⅱa2식을 조형으로 하며, 한반도에서는 경상북도 경주시 평리 출토 동과를 지표로 한다. 일본에서는 唐津市 宇木汲田에서 출토된 2점의 동과와 福岡市 有田 출토품을 동일한 범주로 생각하고 있다. 그러나 일본 출토품은 판처럼 얇게 만든 것으로 실전성이 부족하여, 이미 戈 본래의 역할을 상실하고 있다.

C식은 岡內의 Ⅲb2식과 유사하며, 일본에서는 야요이시대 중기 중엽 전후에 출토된다. 이 형식은 A식에 비해 援의 선단 부분이 길게 뻗어있는 것이 특징이며, 전체적으로 몸통이 좁고 날카롭기는 하지만 중후함은 없다. 한편, 기부의 胡가 넓어지기 때문에 援의 하단에서 급격히 돌출된다. 內는 A식 이후로 계속 소형이다. 이러한 특징들은 후에 中細 또는 中廣 형식으로 변해가는데, 그 선구적 특징이 이 단계에 나타난다고 볼 수 있다.

A·C식 동과와 석과의 형식을 비교해 보면, 우선 동과 A식은 석과 A식과 유사하여 서로 대응 관계에 있다. 동과 쪽이 크지만 胡의 돌출이 적고 援도 단봉에 가깝다. 內는 석과에서 비교적 대형과 중형의 두 가지가 확인되는데, 후자는 동과의 內와 연결되어 시기적으로 늦을 가능성도 있다. 전자는 일본의 동과에서는 발견되지 않고, 한반도 이른 형식의 실용적 동과에 부착된 內와 유사하다. 일본에서 동과는 內의 형태가 변화한 직후에 등장하여, 遠賀地方의 사람들이 가진 정보 또는 샘플 중에 이른 형식이 남아 있었을지도 모른다.

〈표 6〉 동과 · 철과 · 석과의 변천

	세형동과	철과	석과
전기 말 ~ 중기 초	A		A
			BⅠa
중기 중엽	C		
			BⅠb
중기 후엽	中細銅戈		C

세형동과 C식은 석과 BⅠ식에 대응한다. 첫 번째의 특징은 장봉화하여 援이 좁고 길어지는 것이며, 두 번째의 공통점은 援 하단 근처에서 胡가 넓어지는 것이다. 세 번째로는 內의 소형화를 지적할 수 있다. 실제 크기는 동과 쪽이 크지만 그 형태적 특징은 이 세 가지 점에서 공통되므로, 동과의 형식 변천에 대응하여 석과의 형식 역시 동과처럼 변했다고 보아도 틀리지 않는다.

세형동과 C식은 그 후 中細 · 中廣 · 廣形으로 길이, 폭 모두 대형화되며, 옹관 내에 부장되지 않고 무기형 제사용품으로서 비실용품화되어 간다. 옹관에는 동과 C식의 뒤를 이어 철과가 부장되는데, 철과는 세형동과 C식을 보다 강하게 강조한 형태로 만들어진다. 즉, 봉부는 더욱 길어지고 胡의 길이 역시 넓어지기 때문에 援 하부에서의 돌출이 강해지지만, 內의 크기는 변함이 없어 胡를 포함한 신부가 커짐에 따라 상대적으로 더욱 작아지는 등 형태의 크기만이 강조되어 실용적인 기능은 거의 강화되지 않는다. 이에 대응하는 형식은 석과 BⅠb식과 C식으로, 형식적으로는 BⅠb식에 대응하지만 형식적인 강조 즉 기능성이 약해지는 흐름은 C식에 잘 나타나 있다고 생각된다. 전체적으로 〈표 6〉과 같이 정리할 수 있다.

2) 세형동과의 분포

세형동과는 長崎 · 佐賀 · 福岡 · 大分 · 熊本縣에 분포하며, 16점에 달하고 있다. 長崎 1점, 佐賀 6점, 福岡 5점, 大分 3점, 熊本 1점으로, 佐賀 · 福岡에 가장 많고, 大分 · 長崎 · 熊本이 그 다음을 잇는다. 지리적으로는 壹岐 · 松浦 · 伊都 · 奴國 등 邪馬臺國으로의 루트에 대부분 자리하며, 나머지는 약간 떨어진 大分市와 山鹿市로 동과의 출토 중심지가 한정된다. 석과와 현 별로 비교하면 福岡 · 大分에 다수 존재하는 점이 유사하지만 그다지 큰 의미는 없다. 크게 보아 倭人傳에 기록된 邪馬臺國에 이르는 루트와 그 이외의 지역으로 구분하는 것이 편리하다. 이를 위해 석과의 분포에 이용한 소지역 구분을 필요한 형태로 재정리하여

	동과	석과		동과	석과		동과	석과
壹岐	1	3	朝倉	0	2	京都平野	0	1
唐津	5	2	三瀦	0	1	宇佐市	0	4
佐賀平野	1	2	浮羽	0	2	大分市	3	0
絲島	1	1	日田	0	6	山鹿	1	0
早良	1	1	遠賀下流	0	5	宇土	0	1
福岡	3	0	鞍水	0	3	阿蘇	0	1
志賀島	0	1	嘉穂平野	0	21	宮崎	0	1
粕屋	0	2	田川	0	7			
小郡	0	2	北九州	0	1			

다시 한번 사용하였다.

〈표 7〉을 통하여 다음의 사실을 파악할 수 있다.

우선, 동과 출토지에서 석과의 출토량은 최저 단위에 가까운 0~3점 사이로, 결코 석과가 다량 출토된다고 할 수 없다. 唐津 · 福岡에는 동과의 출토량이 많고, 絲島 · 早良에서는 같은 출토량, 壹岐에서 석과가 양적으로 약간 다수일 뿐이다. 또한 大分이나 山鹿 등에서 석과는 거의 알려져 있지 않다. 반대로 동과가 출토되지 않는 遠賀川流域, 日田, 宇佐 등에서 다수의 석과가 출토되었다. 기술적 능력으로 본다면 석과의 자가 제작이 가능한 동과 출토 지역에서 석과가 확인되지 않는 것은, 분명히 동과가 의식되었기 때문이다. 즉, 동과 출토 지역에서는 동과의 존재가 석과의 존재를 규제하고 있다.

그렇다면 동일한 지역 내에서 동과와 석과의 출토 방식은 어떨까? 壹岐島에서는 우연히 일치한 듯하지만, 唐津에서는 동과 출토지가 宇木汲田, 鶴崎地區인 것에 반해 석과는 半田에서, 伊都國에서는 三雲의 동과에 비해 서쪽으로 떨어진 二丈町 松末에서 석과가 확인되고 있다. 早良에서는 早良平野 중앙의 有田에서 동과가 출토되는 데 반해 남단의 入部에서 석과가 확인되며, 福岡平野에는 존재하지 않지만 가장 가까운 남쪽의 小郡이나 동쪽의 志賀島, 多多羅 부근 동과 출토지에서 석과는 확인되지 않는다. 따라서 동과와 석과는 서로 대치 관계에 있는 위치에서 출토되는 경우가 많다. 이러한 양상을 통하여 동일 단위 지역 내에서도 석과가 있는 장소는 동과에 의해 규제되어 있었다고 말할 수 있다. 이 규제는 석과의 보유량과 지역에만 한정되지 않고, 사용 방법에도 영향을 끼쳤을 가능성이 있다.

이렇게 석과는 동과 출토 지역에서는 동과의 보완물이었으며, 동과 비출토 지역에 있어서는 동과와 대조적으로 다량의 번성을 보여주고 있음을 알 수 있다.

8. 석과의 용도론을 위한 정리

석과의 용도에 대해서는 연구사를 다루면서 언급한 바와 같이 실용품설과 비실용 귀중품의 모방설, 제사용품설 등이 존재하는데, 어느 설이나 적극적인 고찰 대상으로서 제대로 논의된 적은 없다. 또한 모든 설의 결론이 감각 차원의 근거에 의한 경우가 많아, 더 이상 진전된 연구는 이루어지지 못하고 있다. 필자 역시 결정적인 근거를 가지고 결론을 내릴 수는 없지만, 지금까지 기술한 내용을 포함하여 가능성이 있는 방향으로 정리해 보고자 한다.

무기설에 대해서는 최근 邪馬臺國에 대한 관심의 증가와 함께 倭國大亂 이전 역사에서 전쟁론의 근거로 석제 무기 문제가 새롭게 등장하고 있다. 이에 대한 약간의 의문으로부터 이야기를 시작하고자 한다. 그 전에 석과의 조형인 일본 출토 세형동과에 대해 검토해 보자.

일본 출토 세형동과는 한반도 출토품이 실용적→의례적으로 바뀌는 시점에 처음으로 전파 또는 한반도 도래인에 의해 제작되어, 이미 형식화가 진행된 상태였다. 이러한 특징은 일본에서 가장 이른 형식인 唐津 宇木汲田, 福岡市 有田 세형동과에서 관찰되는데, 內가 소형화되어 착병이 약해지며 汲田의 출토품은 얇은 판과 같은 상태로 胡 부분 등이 약간 부풀어 오른 정도에 불과하다. 대체로 실용성과는 거리가 먼 동과로, 빈약함만이 두드러진 형식이다. 그 이후의 동과들도 援이나 內의 강화는 이루어지지 않고 신부의 길이와 胡의 넓이만 강조되어, 자루 장착 부분은 그대로이다. 이러한 점을 볼 때 세형동과는 일본에 등장한 시점부터 이미 실전용 무기라는 성격을 버렸다는 느낌이 강하게 든다.

다음으로 그 취급에 대해서도 의문이 있다. 당연히 戈는 긴 자루를 붙여 사용하며, 자루가 장착된 상태에서만 무기로서의 효력이 발휘된다. 따라서 중국 등지에서는 간혹 착병된 채로 부장되기도 하는데, 일본에서의 동과 출토 상태를 보면 장착되었다고 할 수 있는 것은 없다. 예를 들어 宇木汲田의 동과는 합구식 옹관의 옹과 옹의 맞붙는 부분에 끼어진 상태로 확인되어, 상식적으로 착병해서 삽입되었다고 생각할 수는 없다. 須久岡本 출토 동과 역시 援이 합구옹의 장축과 평행하고 있어, 자루가 아무리 길어도 옹관의 동체 직경 이상을 넘지 않는다. 그렇다면 긴 자루를 무리하게 자르거나 짧은 자루를 부장한 것인데, 어떤 경우라도 戈가 가진 장병이라는 이점을 살리지 않고 있어 무기로서의 역할이 의심된다. 물론 佐賀縣 鳥栖市 抽比 安永田의 사례처럼 착병 시의 흔적이 구멍에서 胡에 걸쳐 남아 있는 경우도 확인되어 자루가 전혀 붙어있지 않았다고 말할 수는 없지만, 자루를 장착하여 무기로서의 기능을 강화하기보다는 금속으로서의 戈를 귀중하게 여기는 경향이 강했다는 점을 생각할 수 있다. 福岡市 有田遺蹟 출토 동과는 천을 감아서 부장하고 있는데, 이 또한 이러한 취급을 보여주는 사례로 생각해도 좋다.

다음으로 석과에 대해서 살펴보자.

먼저 첫 번째로 석과의 형태를 보면, 그 형식의 변천은 착병부에 있어서 장착 기능의 약화 과정으로 설명할 수 있다. 일본에 동과가 등장한 초기의 단계에는 석과 역시 동과의 형식을 따라 단단한 단봉의 신부에 미늘도 동과와 마찬가지로 직선을 이루며 여기에 두꺼운 방형의 內를 붙여 미늘과 內의 두께가 다른, 內의 기능을 명확히 한 제작을 보여주고 있지만(A형식), 다음의 ＢＩａ식 이후 援은 장봉화되고 內는 부풀은 사다리꼴로 변하며 미늘 역시 직선을 이루지 않게 되어 착병 시의 밀착도가 불안정해진다. 또, ＢＩｂ식이 되면 內를 사이에 둔 胡의 좌우 각도가 달라지고 內 역시 짧고 작아져 더욱 착병이 곤란해지며, C식이 되면 內와 胡가 일체화되어 각각이 본래의 역할을 못하는 상태까지 변화하기 때문에 戈는 기능이 강화되지 않고 점차 약화될 뿐이다. 점점 사회적 모순이 격화되고 있는 시대에 석과라는 무기형 석제품은 이와 반비례적인 흐름을 보여주고 있다.

두 번째로 석과의 출토량이 적은 점이 문제가 된다. 규슈 전체에서 73점의 출토 예가 알려져 있지만, 5장에서 논한 바와 같이 이를 생활의 유기성이 강한 지역 단위로 나눌 경우 동과 출토지에서는 0~3점 정도, 동과와 합쳐도 많은 지방에서 7점, 적은 지방에서는 2점 전후가 되며, 다시 시기별로 구분하면 1~2점만이 해당될 뿐이다. 이것도 하나의 취락이 아니라 한 단위 지역의 수치이기 때문에, 무기로서의 적극적 역할을 담당하기에는 거리가 멀다고 할 수 있다. 동과 비출토 지역에서도 대부분은 이와 다르지 않은데, 遠賀川流域 특히 立岩 등지에서는 약간 양이 증대해 한 유적 한 시기에 1점 가까이 보유하였을지도 모르겠지만 이것이 최대였다고 생각된다. 취락 구성원의 무장화와는 거리가 먼 이야기이다.

戈는 자루를 붙인 장병의 무기이므로 전투에 사용한다면 그 길이에 의해 석검 등의 다른 무기보다 유리하여, 모든 병사에게 지급될 만한 장점을 가지고 있다. 그런데 현재의 출토량으로 보면 완전히 반대의 결과가 나오고 있다. 壹岐國을 포함하여 末盧, 伊都, 奴國 등에 거주하던 당시의 정확한 인구는 알 수 없다. 이 중 奴國에서는 옹관의 출토 수량만 보아도 대략 1000명을 넘을 것이 분명하다. 이에 비해 석과를 시작으로 무기의 출토량은 매우 적은 편이다. 기술적으로는 전체 인원의 무장이 가능하지만 무장하지 않은 것은 그럴 필요가 없었기 때문이 아닐까?

마지막으로 석과의 용도에 대해 재정리하면, 필요한 경우 대량 생산이 가능하지만 다량을 요하는 목적에 사용할 필요가 없었기 때문에 한정적으로만 제작되었다고 할 수 있다. 그 사용 정도는 하나의 평야나 분지에서 한 시기에 1점 정도, 많은 곳에서도 한 유적에 1점 미만만 갖추어져 있으면 충분하였다. 따라서 석과의 사용은 생산자인 개인에 관계되지 않고, 한정된 사람만이 직접적으로 관련되어 있었을 것이다. 한편, 석과에 착병이 이루어졌는지는 의문이며, 착병되었다 하더라도 사용 시의 효과보다는 자루가 붙어있기만 하여도 용도적으로 만족하였을 가능성이 높다.

처음부터 착병을 고려하지 않은 미니어처에 가까운 석과는, 의례적 용도를 생각할 수밖에 없다.

이번의 자료 집성에는 파편으로 남아 있는 경우가 많다. 언제 부러졌는지는 알 수 없지만, 석과를 사용한 시점에 부러진 사례도 있을 것이다. 착병 내지는 자루가 장착되지 않은 상태로 이러한 일이 벌어졌다면, 살상력의 효능을 추구하지 않는 도구인 이상 의례 무기적 용도만 남게 된다. 샤먼의 의식에 관련되거나 수확 또는 중대한 결정을 위한 의식 시 실용적 사용에 의한 파손의 결과로 생각할 수 있다는 점은 주의할 필요가 있다. 이러한 제사는 취락 근처에서 이루어지기 때문에, 석과는 취락 내에서 출토되는 경우가 많다. 다수는 이와 같은 용도에 사용되었겠지만, 매장 시 부장품으로 이용된 것이 없었는지는 絲田의 사례도 있어 앞으로 좀더 확실한 증거가 나오기를 기다리고 싶다.

최근 동과를 시작으로 동제 무기의 의례용품설이 강하지만, 이것이 제작 후 혹은 한반도로부터 입수한 이후 부장되기까지의 사이에 어떻게 다루어졌는가에 대하여 아무것도 알지 못하며 그 증명은 고고학적으로 어렵다. 과연 동과의 사용 방식이 석과와 동일하였을까? 양자는 출토 지역이 다르며 출토 유구 역시 다르다. 또, 완형품과 파손품이라는 잔존 상태의 차이도 있다. 이는 금속을 최고의 가치로 여기는 동기의 소유 방식과 석기라는 소모성이 강한 도구 사이의 차이와 관련된 문제이지만, 이번 연구에서는 이에 대한 결론에까지 이르지 못하였다.

9. 關西, 關東 출토의 석과

앞에서 규슈형 석과의 출토 범위가 북부 규슈에서 생성된 생산, 풍습 등과 직접 관련된 지역임을 밝힌 바 있다. 따라서 關西, 關東의 석과는 개별 동과를 모방하면서도 규슈형 석과와 다른 형식적 특징을 보이고 있다.

그 중 하나는 유혈구, 단봉의 형식으로, 1930년대부터 알려져 있었다. 新潟縣 潟町遺蹟(後

藤守一 1930)이나 群馬縣 富岡市 鏑川川底遺蹟(森本六爾 1943) 출토품이 주로 關東 석과의 특징으로 여겨지는데, 戈의 하반부만 남아 있어 전체 형태는 알 수 없지만 長野縣 松本市 澤村(信濃史料刊行會 1956)의 사례나 최근 확인된 奈良縣 御所市 鴨波遺蹟(菅谷文則 外 1973) 출토품 역시 이 형식에 포함된다. 鴨波 출토품은 유혈구, 단봉에 명료한 鎬는 가지고 있지 않다. 關東 출토품 2점과 유사한 편이다. 미늘 끝의 돌출된 아래쪽에는 인부가 붙어있지 않고, 대형의 內 양측은 정형 시의 타격흔이 그대로 남겨져 있다. 인부에는 날을 따라 鎬가 형성되어 있으며, 신부와 內는 동일한 두께로 한 장의 판을 잘라낸 것처럼 같은 두께를 이룬다. 2개의 혈구 중 한쪽은 內까지 이어져 있다. 이와 같이 戈의 개별적 특징은 부분적으로 표현되지만, 표현의 사실성이 많이 줄어들어 실용성이라는 의미에서 규슈의 A · B식과 비교해도 상당히 떨어진다. 戈로서 퇴화 형식에 해당하며, 규슈의 C식과 병행 혹은 후출의 가능성이 높다. 보고서에는 畿內 제4 · 5양식의 흑색 점토층 상부에서 확인되었다고 하였으나, 시기를 단정하기에는 무리가 있다. 그러나 이 형식이 해당 시기에 동반할 가능성은 충분하다. 규슈의 석과는 세형동과의 모방에 의한 것이지만, 畿內의 사례는 어떠할까? 최근 大阪府 茨城市 東奈良遺蹟에서 銅鐸, 곡옥 거푸집과 함께 토제의 동과 거푸집이 출토되었다(田代克巳 外 1975). 제사용의 倣製銅戈로 거푸집의 시기는 명확하지 않지만, 이러한 방제동과가 동쪽으로 전파됨에 따라 석과가 출현하였을지도 모른다. 출토 시에는 '특별한 유구와 공반되지 않았다'고 하였으나, 그 용도는 형식과 전파 시의 사정을 볼 때 무기보다는 제사와 관련된 유물일 가능성이 높다. 동쪽의 長野 · 群馬 · 新潟 출토 석과 역시 이 연장선상에서 생각해도 틀리지 않는다.

한편, 神戶市 垂水區 靑谷(赤松啓介 1973)이나 福井縣 大飯郡 高浜町 小和田(森川昌和 · 大森宏 1971)에서 출토된 석과는 이들과는 별개의 형식이다. 무혈구에 鎬가 있는 장봉 형식으로, 상반되는 특징을 보이고 있다. 胡가 짧아 援 길이와 胡 길이의 비율이 3:1, 小和田 출토품은 3.8:1이 되어, 규슈의 석과보다도 장봉을 이루며 길이가 강조된다. 명확한 內가 만들어지지 않았으며, 小和田의 사례는 2개의 구멍도 없다. 戈로서는 후출 형식일 것이다. 모두 시기는 불명이지만, 규슈의 중기 후엽보다 올라가지는 않는다. 小和田의 보고문에는 '중기 후반~후기에 비정된다'고 하였는데, 타당한 견해라 할 수 있다. 小和田의 석과는 출토 상태도 주목되는데, 해발 15~20m의 구릉 선단에 깊이 50~60cm의 붉은색 토층 속에서 석검을 위, 석과를 아래로 하여 수평으로 겹쳐져 확인되었다. 이러한 매장의 방식은 中廣 · 廣形 동과의 매장 방식과 동일한 것으로, 이 종류 석과의 용도와 시기를 짐작케 한다.

關東型에서 미니어처로 만들고 關西型에서 길이를 강조해 제작하였지만, 양쪽 모두 형식적 퇴화를 보여주고 있는 점에서 공통된다. 특히 후자는 방제동과와 마찬가지의 용도를 생각할 수 있으며 전자는 용도가 명확하지 않지만, 하나의 용도를 지역에 따라 다른 2개의 현상으로 나타낸 것일 수도 있다. 이러한 종류의 석과는 長野 출토품을 제외하면 완형으로 남는 경우가 많다.

원고 작성 이후 鞍手郡 鞍手町 中屋敷遺蹟, 北九州市 高槻遺蹟, 飯塚市 立岩遺蹟에서 모두 3점의 석과가 출토되었다는 사실을 알게 되었다. 특히 立岩遺蹟 출토품은 길이 3cm의 초소형품이며 활석으로 제작되어, 석과의 용도를 상징적으로 나타내고 있다.

(원전 : 1976, 「石戈論」『史淵』113, 九州大學文學部)

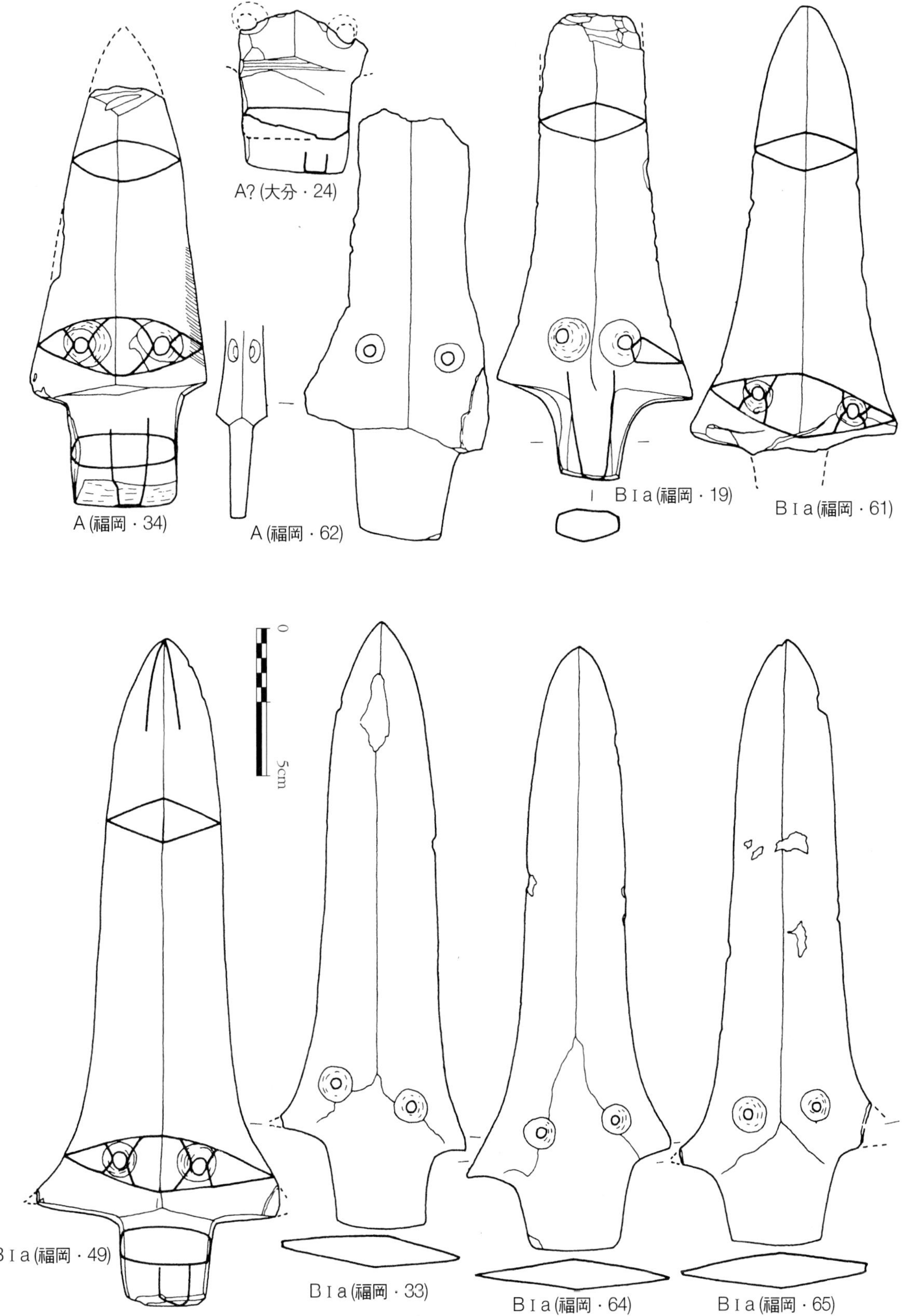

A? (大分・24)
A (福岡・34)
A (福岡・62)
ＢＩa (福岡・19)
ＢＩa (福岡・61)
ＢＩa (福岡・49)
ＢＩa (福岡・33)
ＢＩa (福岡・64)
ＢＩa (福岡・65)
0
5cm

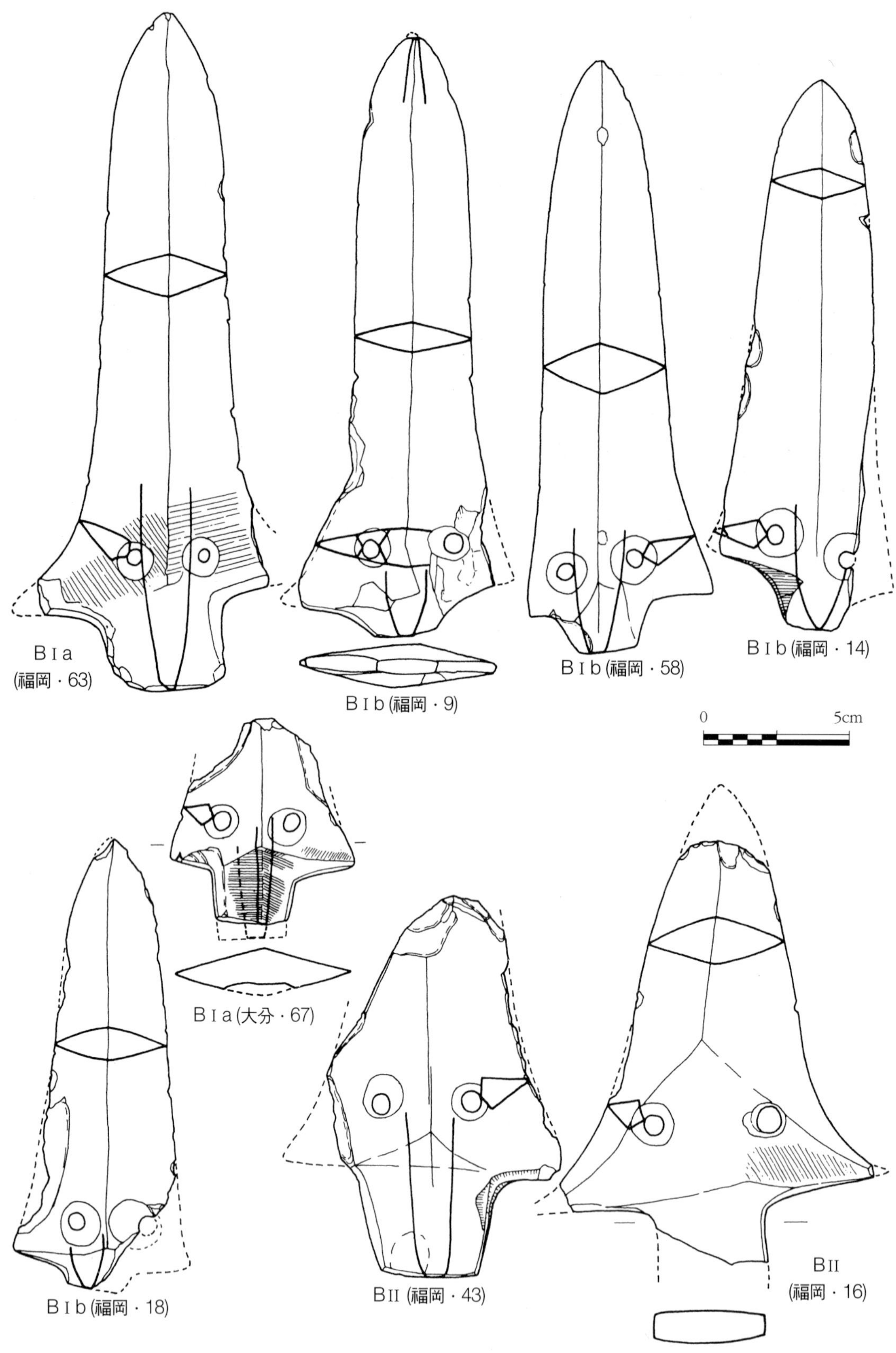

ＢⅠa
(福岡・63)
ＢⅠb(福岡・9)
ＢⅠb(福岡・58)
ＢⅠb(福岡・14)
0   5cm
ＢⅠa(大分・67)
ＢⅠb(福岡・18)
ＢⅡ(福岡・43)
ＢⅡ
(福岡・16)

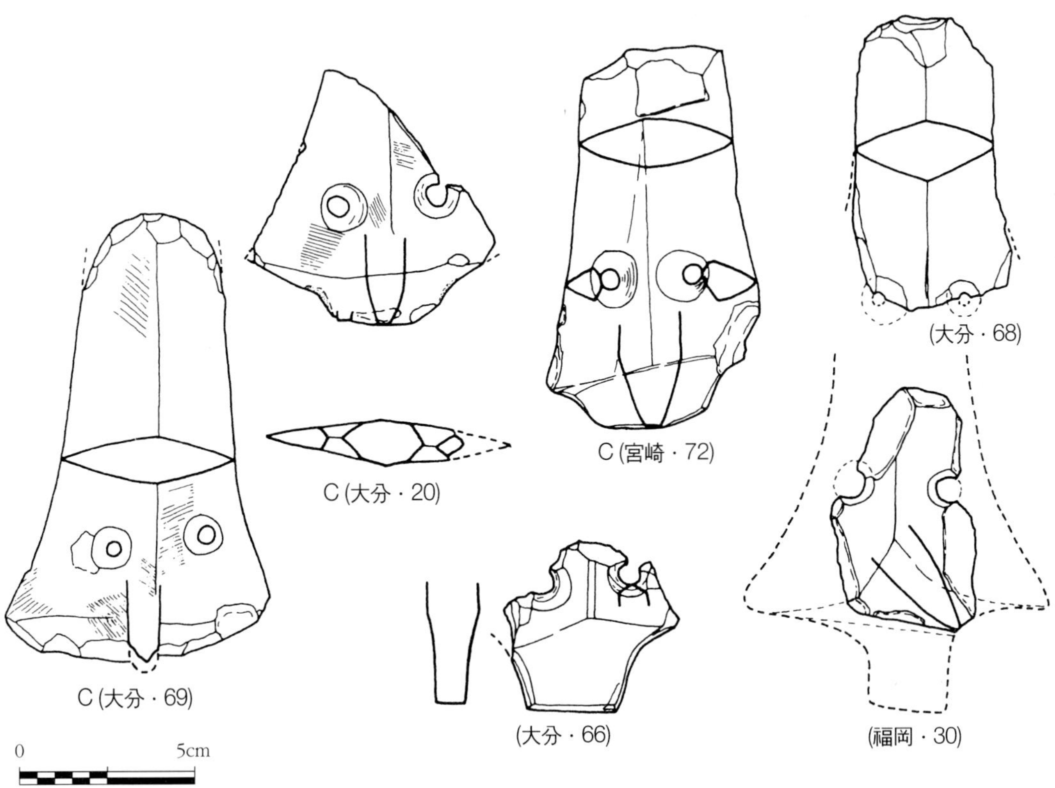

C (大分 · 69)
C (大分 · 20)
C (宮崎 · 72)
(大分 · 66)
(大分 · 68)
(福岡 · 30)
0
5cm

참고문헌

岡崎敬, 1959,「銅劍·銅矛·銅戈」『日本考古學講座』4.

岡內三眞, 1973,「朝鮮出土の銅戈」『古代文化』25-9.

江藤正澄, 1887,「銅劍の鑄型」『東京人類學會雜誌』19.

京都大學文學部, 1960,『考古學資料目錄』1.

高橋健自, 1925,『銅鉾銅劍の硏究』.

菅谷文則 外, 1973,「奈良縣御所市鴨都波遺跡出土の石戈」『考古學雜誌』59-3.

近藤喬一, 1969,「朝鮮·日本における初期金屬器文化の系譜と展開」『史林』52-1.

大場磐雄, 1948,『日本考古學新講』.

島田寅次郎, 1939,「石器と土器·古墳と副葬品」『福岡縣史蹟名勝天然記念物調査報告』13.

鈴木重治, 1961,「宮崎市石神遺跡出土の彌生期の資料」『宮崎縣立博物館館報』7.

飯塚地方誌編纂委員會, 1975,『地圖と繪でみる嘉穂地方誌』.

福岡市立歷史資料館, 1973,『展示品圖錄』1.

福岡市立歷史資料館, 1980,『豊前·筑前其他出土考古品圖譜』.

富樫卯三郎, 1961,「境目出土の石戈」『熊本史學』21·22.

森本六爾, 1929,『日本靑銅器時代地名表』.

森本六爾, 1943,「東國發見のクリス形石劍」『日本考古學硏究』.

杉原莊介 編, 1960,『世界考古學大系』2.

森貞次郎, 1942,「古期彌生式文化期における立岩文化期の意義」『古代文化』13-7.

森貞次郎, 1968a,「有田甕棺遺跡の甕棺と銅戈」『有田遺跡』.

森貞次郎, 1968b,「彌生時代における細形銅劍の流入について」『日本民族と南方文化』.

森貞次郎·乙益重隆·渡辺正氣, 1969,「福岡縣志賀島彌生遺跡」『考古學雜誌』46-2.

森川昌和·大森宏, 1971,「若狭高浜出土の石劍·石戈」『若狭考古學硏究會硏究報告』.

小田富士雄 外, 1973,『原遺跡』, 北九州香月地區埋藏文化財調査會.

小川敬養, 1894,「豊前小倉近傍の石劍」『東京人類學會雜誌』98.

松尾禎作, 1935,『東肥前の先史遺跡』.

松尾禎作, 1957,『佐賀縣考古大觀』.

松本友雄, 1927,「壹岐國考古通信(1)」『考古學雜誌』17-2.

松本友雄, 1932,「クリス形石劍の新例」『考古學』3-6.

信濃史料刊行會 編, 1956,『信濃考古總覽』上.

神田孝平, 1886,「古銅劍の記」『人類學會報告』3.

兒島隆人, 1934,「遠賀川上流の彌生式遺跡地について」『上代文化』11·12.

兒島隆人, 1935,「北九州市に於ける石庖丁の一異例」『上代文化』13.

兒島隆人, 1940,「遠賀川流域における靑銅器文化」『考古學』11-11.

兒島隆人・藤田等 編, 1973,『嘉穂地方誌－先史編』.

玉泉大梁 編, 1962,「上世」『福岡縣史』1.

原田大六, 1968,『伊都國王墓展』.

有光敎一, 1959,『朝鮮磨製石劍の研究』, 京都大學文學部考古學叢書 2.

赤松啓介, 1973,「神戸市垂水區青谷遺跡出土の石戈」『考古學雜誌』59-3.

田代克巳 外, 1975,「東奈良遺跡出土の銅鐸鎔范について」『考古學雜誌』61-1.

田中茂, 1975,「宮崎縣出土の丹彩袋狀口緣壺形土器について」『宮崎縣綜合博物館研究紀要』3.

酒井仁夫・浜田信也, 1971,『日上遺跡』, 福岡縣埋藏文化財調査報告 48.

八木奘三郎, 1900,「九州地方遺跡調査報告」『東京人類學會雜誌』173.

八木奘三郎, 1902,『考古便覽』.

下條信行, 1975a,「未製石器よりみた彌生時代前期の生産體制」『九州考古學の諸問題』.

下條信行, 1975b,「石器の技術と製作」『古代史發掘』4.

花村利彦, 1974,「先史編」『田川市史』.

後藤守一, 1930,「上古時代における上越地方(1)」『考古學雜誌』20-9.

後藤宗俊, 1961,『筑後川上流彌生式文化の性格』.

後藤宗俊・小倉正五 外, 1975,『臺ノ原遺跡』, 大分縣文化財調査報告 33.

黑野肇, 1969,「原始時代」『方城町誌』.

무기형 석제품의 성격
—석과 재론—

번역 : 이기성

1. 머리말

필자는 1976년에 당시까지 출토된 79점의 석과를 집성하여 「석과론」이란 논문을 작성한 바 있다(下條信行 1976). 그 후 각지에서 출토 사례가 증가해 지금은 총 130점 이상을 헤아리고 있다.

이러한 자료의 대다수는 발굴조사에 의한 것이기 때문에, 이전의 논문에서는 생각할 수 없었던 새로운 인식을 갖게 되었다. 석과 각 형식의 연대관에 대해서는 기본적으로 예전의 논문과 다르지 않지만, 보다 상세하고 정확한 시간적 위치 부여가 가능하며 분류에 있어서도 약간의 수정과 새로운 형식의 설정이 필요하다.

그리고 출토지 역시 기존의 발견 범위를 넘어서는 지역까지 확대되어, 이를 형식·시간에 따라 정리하면 일본 전체의 석과를 규슈형과 긴키형으로 나눌 수 있다. 따라서 이전과 같이 석과를 단순하게 규슈에 한정하지 않고, 동일본 서쪽까지 보다 광범위한 지역을 대상으로 해야 한다는 점을 알게 되었다.

또, 정밀 조사에 의한 새로운 자료의 증가는 석과의 본질적인 부분—용도·기능—에도 새로운 인식을 가능케 하여, 석과가 단순히 동과의 형식적 모방품에 불과한 것이 아니라 그 본질에 있어서 木戈, 細形銅戈, 鐵戈, 倣製銅戈와 연결되는 무기형 제사용기라는 사실을 알게 되었다. 이와 같은 결과는 여러 무기형 제사용기를 종합적인 시각으로 파악할 수 있게 하며, 이러한 시각이 앞으로 새로운 야요이 시대론을 전개하는 데에 중요한 열쇠가 될 것이라는 점을 확신하게 되었다.

2. 규슈형 석과 형식의 재검토

이전의 「석과론」에서 일본 출토 석과 중, 혈구를 갖지 않은 석과를 규슈 석과의 특징으로 보고 이를 '규슈형 석과'로 명명하였다. 그리고 이 규슈형 석과를 A, B, C의 3형식으로 분류하고, B형식을 다시 BⅠa, BⅠb, BⅡ로 세분하였다.

가장 이른 형식인 A식은 短鋒에 미늘의 돌출 부분이 약하며, 경부의 폭과 길이가 크고 단단하게 만들어져 초기의 세형동과와 유사하다. 미늘이 두텁고 이곳에서 단을 이루며 대형의 경부가 부착되는 것 역시 동과와 유사한 점으로서, 자루의 장착에 효과적이다(도 1-1).

BⅠ형식은 A에 비해 長鋒이며, 역시 세형동과의 새로운 형식에 대응하는 특징을 가지고 있다.

이 중 BⅠa형식은 미늘이 직선적이며 조금 큰 듯한 경부가 붙어 있어 이전 형식의 특징을 잇고 있지만, 미늘과 경부가 동일한 두께를 가져 단을 이루지 않고 경사를 이루면서 이어지고 있어 자루 장착의 효율이 떨어지는 제품이 등장한다(도 1-2). 이는 새로운 세형동과 형식의 경부가 소형화되어 자루 장착에 어려움을 보여주기 시작한다는 점과 대응한다. 또한 재질에서도 연질의 활석을 사용한 제품이 등장하여(도 4-4),[1] 제사용기로서의 특징을 보이게 된다.

BⅠb형식은 BⅠa형식을 계승하여 장봉이면서 착병 기능은 더욱 퇴화한다(도 1-3). 경부는 소형화되는데 특히 길이가 뚜렷하게 짧아진다. 미늘 아래쪽은 깎아내면서 만들어졌기 때문에, 경부가 신부에 비해 얇아지고 그 끝이 뾰족한 형태를 이루는 것까지 등장한다. 자루 장착의 강약은 미늘과 경부가 어떻게 제작되는가에 따라 결정되는데, 이렇게 착병을 염두에 두지 않게 됨으로써 미늘과 경부의 좌우를 별개로 만들게 된다. 미늘이 직선적이면 자루와 잘

---

1) 福岡縣 立岩, 高槻遺蹟 출토품 가운데 이러한 사례가 있다.

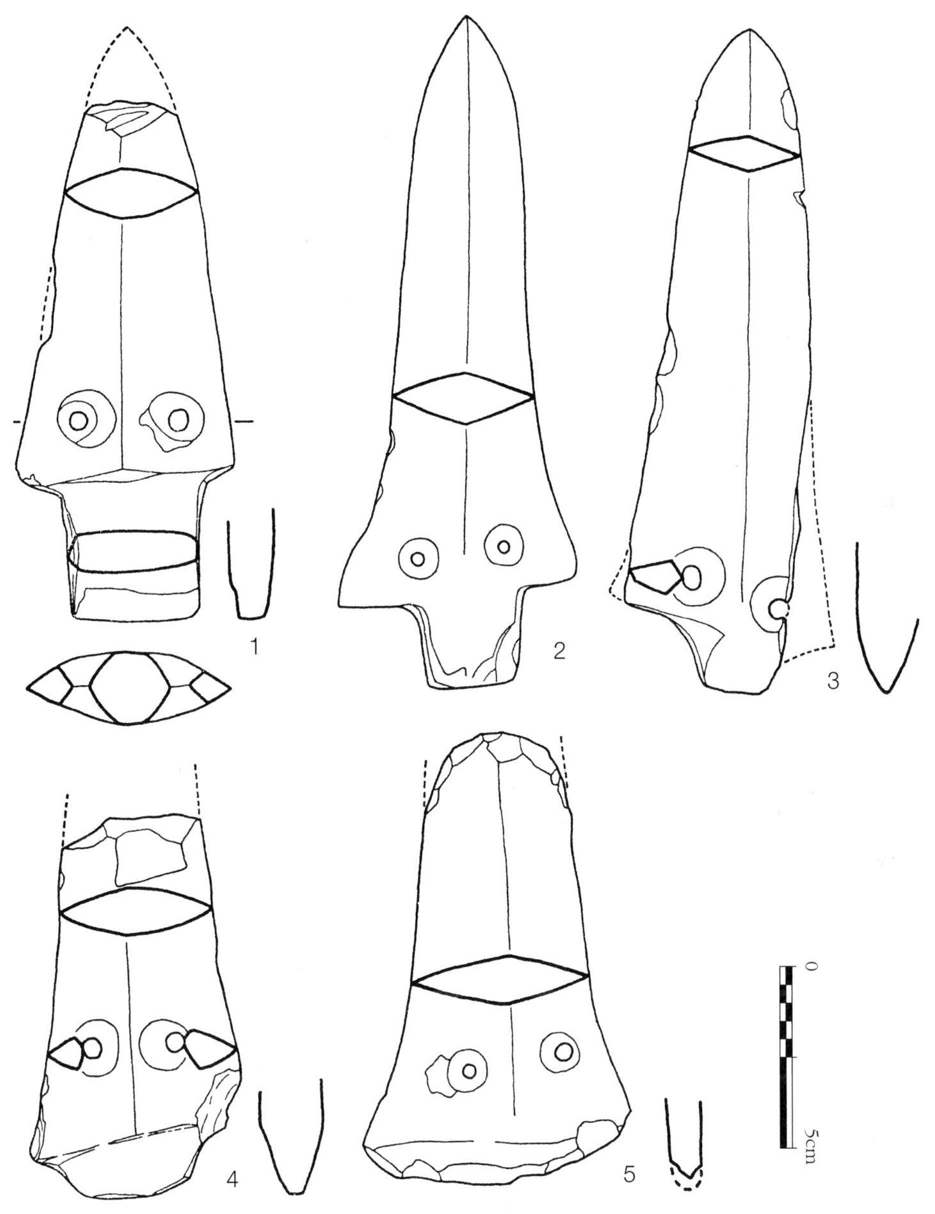

1 A형식(飯塚市 潤野), 2 Ba형식(田川郡 寶見), 3 Bb형식(筑紫野市 原田), 4 Ca형식(宮崎市 石神), 5 Cb형식(宇佐市 芝原)

〈도 1〉 규슈형 석과의 여러 형식

밀착되지만, 이 형식에서는 상기한 이유 때문에 좌우에 차이가 생겨난다. 경부를 사이에 두고 미늘의 좌우가 구분되어, 미늘의 통일적 사용이 불가능하게 된다. 석과의 신부는 A식부터 이 형식까지 비교적 튼튼하게 만들어져 단면이 두터운 능형을 이루는 것이 일반적이지만, ＢＩb형식 중에도 신부가 얇은 것(도 2-7)이 출현하여 다음 형식의 특징을 관찰할 수 있다.

이러한 미늘과 경부의 퇴화, 그리고 신부의 편평화는 C형식이 되면서 한층 뚜렷해진다. 경부의 폭은 변하지 않지만 길이가 극단적으로 짧아져 옆으로 긴 경부를 이루게 되어, 착병이 점차 어려워진다(도 1-4). 또한 경부 끝의 형태 역시 직선이 아닌 곡선이 되며, 두께도 신부에 비해 얇아진다. 미늘의 형태 역시 착병에 부적합한 곡선을 이루어, 자루의 장착은 더욱 곤란해진다. 대부분 연질의 사문암이 사용되어, 무기로서의 강도가 전혀 고려되지 않는다.

이상이 이전의 글에서 설명한 석과 형식에 관한 개요이지만, 이후 새롭게 확인된 석과를 볼 때 약간의 수정과 추가가 필요하게 되었다.

먼저 이전 논문에서 BII식으로 설정한 석과의 존재에 대하여 언급하겠다. 이 형식은 좌우 미늘의 돌출이 비교적 강조된 형식으로, 이것 이외의 특징은 예전에 지적한 바와 같이 ＢＩa식과 유사하다(福岡縣 立岩, 福岡市 和白 출토). 이후의 출토품을 보아도 이 형식의 새로운 사례는 거의 존재하지 않고 또한 후속하는 형식을 계기적으로 연결하기에도 무리가 있어, Ｂ Ｉa형식의 다양성으로 파악하는 편이 무난할 것 같다. A형식에서 ＢＩa형식으로의 전환은 신부와 경부 사이의 관계 변화와 함께 기형의 변화에서도 확인할 수 있다. 즉, A형식은 뾰족한 끝에서 미늘까지 거의 직선으로 뻗어나가지만(北九州市 原), ＢＩa형식이 되면 신부의 하단 부근(신부 전체 길이의 1/4 정도 되는 지점)에서 급격하게 좌우로 벌어져 미늘의 양 끝으로 넓어짐이 강조된다. BII식으로 설정한 석과는 이러한 돌출이 강하게 표현되어 ＢＩa형식과 상대적인 차이를 보이는 것에 불과하기 때문에, 여기서는 BII형식을 ＢＩ형식에 포함하고자 한다.

신부의 형태, 두께, 미늘과 경부의 관계 등 그 밖의 다른 특징은 양자가 공통되기 때문에 굳이 분리할 필요는 없다.

다음으로 C형식 석과의 재분류가 필요하게 되었다. C형식 석과는 앞에서 지적한 바와 같이 형태, 재질이 가장 퇴화되어 실용 기능에서 멀어진 것이다. 그러나 그렇다 하더라도 어쨌든 미늘과 경부는 만들어져 있으며, 석과로서의 주요 부위는 모두 갖추어져 있다. 그런데 이보다 더 퇴화된 석과가 출토된다. 佐賀縣 鳥栖市 安永田 287지구 출토품이 그 좋은 예로(藤瀨禎博·石橋新次 1980), 신부의 중앙이 부러져 잔존 길이 15.7cm이며 복원하면 26.3cm 정도인 장봉 석과이다(도 9-3). 좁은 신부가 미늘 근처에서 급격하게 좌우로 돌출되어 미늘의 폭은 8.0cm로 넓어진다.

이 석과의 특징은 경부를 제작하지 않은 것으로, 미늘의 연장선이 아래쪽 끝을 이루고 있다. 미늘은 곡선을 이루는데, 이러한 형태는 C형식의 미늘 형태와 공통되어 C형식의 경부를 잘라낸 듯한 모습을 보이고 있다. 따라서 安永田 출토품은 C형식의 퇴화·생략형이라 생각되어, C형식으로부터 발생한 형식이라 할 수 있다(森貞次郎 1942: 22).[2] 양자가 연질의 활석으로 제작되었다는 것도 공통되는 점이다.

安永田 출토품과 유사한 형태의 석과는 福井縣 小和田(森川昌和·大森宏 1971)·神戶市 靑谷(赤松啓介 1973) 등의 사례가 있으며(도 10-2, 5-4), 福岡縣 春日市 九州大學 筑紫 캠퍼스 출토품[3] 역시 윗부분이 결실되었으나(도 2-10) 동일한 형식에 속하는 것이다.

한편, 佐賀縣 中原町에서 출토된 같은 형식의 석과는 완형품이지만 길이가 13.0cm에 불과하여 단봉을 이루고 있다. 이 석과는 신부의 폭이나 경부 형태가 장봉의 사례와 동일하지만, 인부의 윗부분이 급격하게 안쪽으로 휘어지는 특이한 형태를 보인다. 따라서 한번 결실된 석과를 다시 마연하여 인부를 제작한 것으로 볼 수 있으며, 원래는 장봉이었을 가능성이 높다.[4] 飯塚市 立岩 下の方 출토품(도 4-5) 역시 이러한 사례일지도 모른다(森貞次郎 1942). 이상의 새로운 형식은 모두 원래 장봉이었던 석과로 생각해도 좋을 것이다.

이전 글에서 C형식에 단봉이 많다고 지적하였으나, 이 또한 개별적으로 검토해보면 福岡縣 隗 출토품(도 3-2)을 岡崎敬(1959: 207)이 이야기한 바와 같이 파손 후 재마연된 것으로 볼 수 있고, 宮崎縣 石神 출토품(도 1-4) 역시 동일하게 해석할 수 있다(鈴木重治 1961: 9).[5] 따라서 C형식도 원래는 선행 형식인 BIb식의 특징을 받아 장봉이었다고 해야만 한다.

이상과 같이 C형식과 이로부터 형성된 새로운 형식은 경부의 유무를 제외하면 형태, 재질 모두 공통되기 때문에 동일 범주로 파악할 수 있다. 여기서는 종래의 형식명을 살려 이들을

---

2) 森貞次郎은 이 논문에서 飯塚市 立岩 下の方 출토품을 근거로, 무경식의 퇴화 형식이 존재하는 점을 지적하고 있다.

3) 본 유적에서는 2점의 석과가 출토되었는데, 橫山浩一 교수의 허가를 받아 도면을 사용하였다. 실측도는 西健一郎·赤崎敏男에 의하여 작성되었다.

4) 1980년 5월 농협연구센터 건설공사현장에서 채집된 유물로, 부근에는 적갈색의 불을 맞은 토기가 다량 분포하고 있었다고 한다. 戈는 사문암으로 제작되어 연질이며, 둥근 미늘에 경부가 없는 전형적인 Cb식 석과이다. 미늘 폭은 8.0cm로 安永田 출토품과 동일하다. 이 자료에 대해서는 筑後考古學研究會 堤諭吉의 가르침을 받았다.

5) 파손 후 정밀한 재마연이 이루어지지 않았기 때문에, 뾰족한 끝 부분이 날카롭지 않다. 이러한 형태적 특징을 바탕으로 鈴木重治는 석부 형태의 석과로 부르고 있지만, 이것을 복원하면 분명한 장봉이 된다.

일괄적으로 C형식이라 부르겠다. 그리고 경부를 가진 것은 Ca형식, 둥근 미늘과 경부가 없는 것을 Cb형식으로 세분하여, Ca형식이 퇴화(의례용품화)하면서 Cb형식이 새롭게 등장한 것으로 파악하였다.

Cb형식 출토품으로 아래와 같은 사례들을 들 수 있는데 佐賀, 福岡, 大分의 규슈에서 山口, 兵庫, 福井 등 여러 지역으로 확산되어 가장 광범위한 분포를 형성하고 있다.

福岡市 西區 拾六町 츠이지

福岡縣 春日市 九州大學 筑紫 캠퍼스(도 2-10)

福岡縣 飯塚市 立岩 下の方(도 4-5)

佐賀縣 鳥栖市 柚比 安永田(도 9-3)

佐賀縣 三養基郡 中原町

大分縣 宇佐市 芝原(下條信行 1976)(도 1-5)

山口縣 阿武郡 阿東町 宮ケ久保(中村哲也 1977)[6](도 9-2)

福井縣 大飯郡 高浜町 小和田(도 10-2)

兵庫縣 神戸市 青谷(도 5-4)

Cb형식은 경부가 생략된 퇴화 형식이라 할 수 있지만, 경부 근처에 2개의 구멍을 뚫는 석과의 특징은 잘 남아 있다. 그러나 福井縣 小和田 출토품의 경우 구멍조차 생략되어 석과로서의 최후 형태를 보여준다.

이상과 같이 BII형식은 BIa형식에 포함되어 B형식에 I · II의 구분은 불필요하게 되었다. 따라서 BIa는 Ba, BIb는 Bb형식으로 변경하였으며, 이를 반영하여 석과 형식의 흐름을 다시 한번 정리하면 A→Ba→Bb→Ca→Cb 순서의 변천을 상정할 수 있다.[7]

---

6) 宮ケ久保遺蹟의 석과와 출토 상태에 대해서는 山口縣立博物館의 村岡和雄에게 가르침을 받았다.
7) 이전 논문과 본고의 형식을 비교하면 다음과 같다.

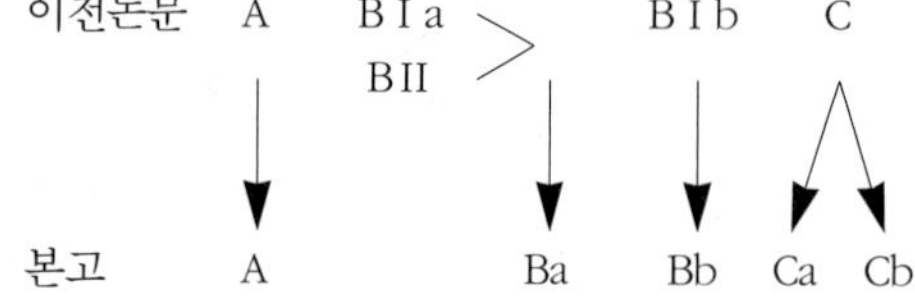

3. 규슈형 석과 각 형식의 시기

이전의 논고에서 A형식은 전기 말~중기 초, BⅠa형식은 중기 초~중엽, BⅠb형식은 중기 후엽, C형식은 중기 후엽~말엽이라는 연대관을 설정한 바 있다.

이 중 A형식은 北九州市 原遺蹟 30호 저장수혈 출토 석과가 중기 초두의 토기와 공반하는 점을 근거로 그 시기를 상정하였다.

또, Bb형식(이전 형식명은 BⅠb)은 福岡縣 田川郡 松ヶ迫 출토품을 통하여 중기 후엽에 위치시켰다.

C형식은 석과의 하한을 나타내는 것으로 그 시기를 명확하게 나타내는 사례는 없지만, 석기의 일반적인 성쇠 과정과 福岡縣 立岩遺蹟에서의 석기 소멸시기를 바탕으로 해당 시기를 추정하였다.[8]

여기서 다시 예전 논문 이후에 출토된 석과들을 살펴보면, 출토 시기를 명확하게 나타내거나 혹은 추측 가능케 하는 자료들이 어느 정도 확인된다.

이러한 새로운 자료들을 받아들여도 이전 논문의 편년관이 크게 변동하는 일은 없지만, 그래도 보다 상세하게 각 형식의 시기를 결정할 수 있기 때문에 아래에서 설명해두고자 한다.

北九州市 八幡西區 馬場山遺蹟의 A-2호 주머니형 저장수혈에서 A형식 석과가 1점 출토되었다(栗山伸司·川上秀秋 1980). 이와 공반하는 토기는 전기 말에 해당하는 것이 약간 포함되어 있지만 대부분이 중기 초두의 토기로, 原遺蹟과 동일한 결과를 보여주고 있다.

이 석과는 앞서 기술한 바와 같이 한반도나 일본 출토의 이른 형식 세형동과를 모방하였는데, 이 세형동과는 일본에서 전기 말에 출현하기 때문에 석과의 상한 역시 여기에 둘 수 있다.[9]

馬場山 辻田遺蹟 1호 토광에서는 대형 석편 2점, 석과 미제품 8점, 석검 미제품 10점이 출토되었다. 이 중 미제 석과 7점, 미제 석검 8점, 대형 석편 2점은 '규칙성을 이루며 놓여 있는

---

8) 立岩 구릉의 유적군은 중기 종말에 거의 막을 내리게 된다. 여기서 만들어진 석기 역시 이 시기에 모습을 감추게 되는데, 이는 다른 여러 유적에서도 확인된다. 立岩遺蹟의 석과는 BⅠa식에서 C식까지 존재하기 때문에, C형식은 시간적으로 立岩遺蹟의 종말기에 해당하는 것으로 생각할 수 있다. 이러한 시기의 상정은 새로운 자료들에 의하여 틀리지 않았음이 확인되었다.

9) 佐賀縣 宇木汲田 출토 동과와 신부 형태가 유사하지만, 경부가 더욱 튼튼한 점은 한반도 출토 동과에 가까워 이를 모델로 제작되었을 가능성이 있다.

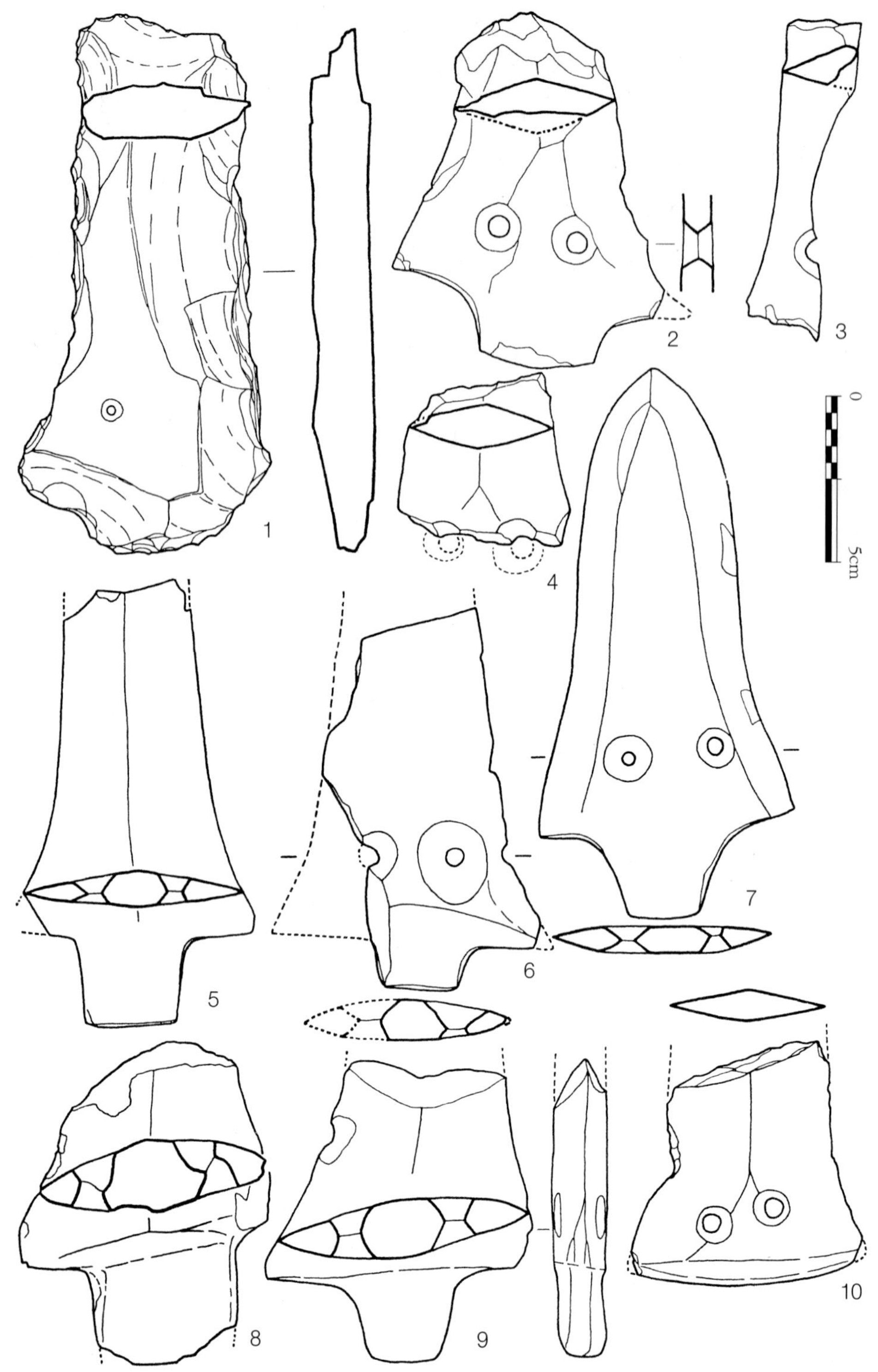

1 長崎・對馬, 2~4 長崎・原の辻, 5 佐賀・半田, 6 佐賀・柏崎, 7 福岡・二丈, 8・9 福岡・板付, 10 福岡・筑紫 캠퍼스

〈도 2〉 규슈형 석과(1)

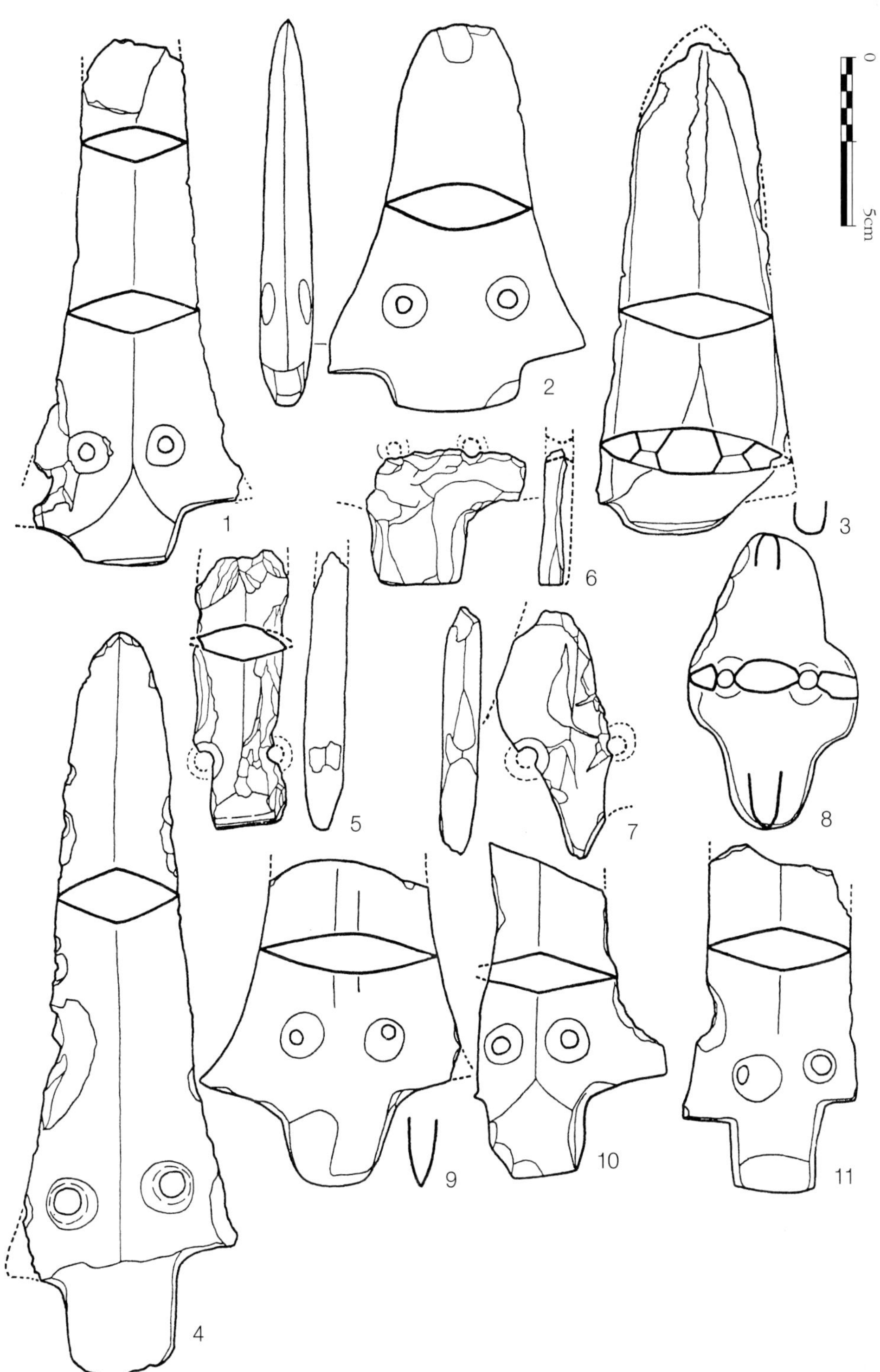

1 福岡·筑紫 캠퍼스, 2 福岡·隈, 3 福岡·志賀島, 4 福岡·久留米, 5~7 大分·吹上, 8 大分·北友田, 9 福岡·高槻,
10 福岡·九郎丸, 11 福岡·立岩

〈도 3〉 규슈형 석과(2)

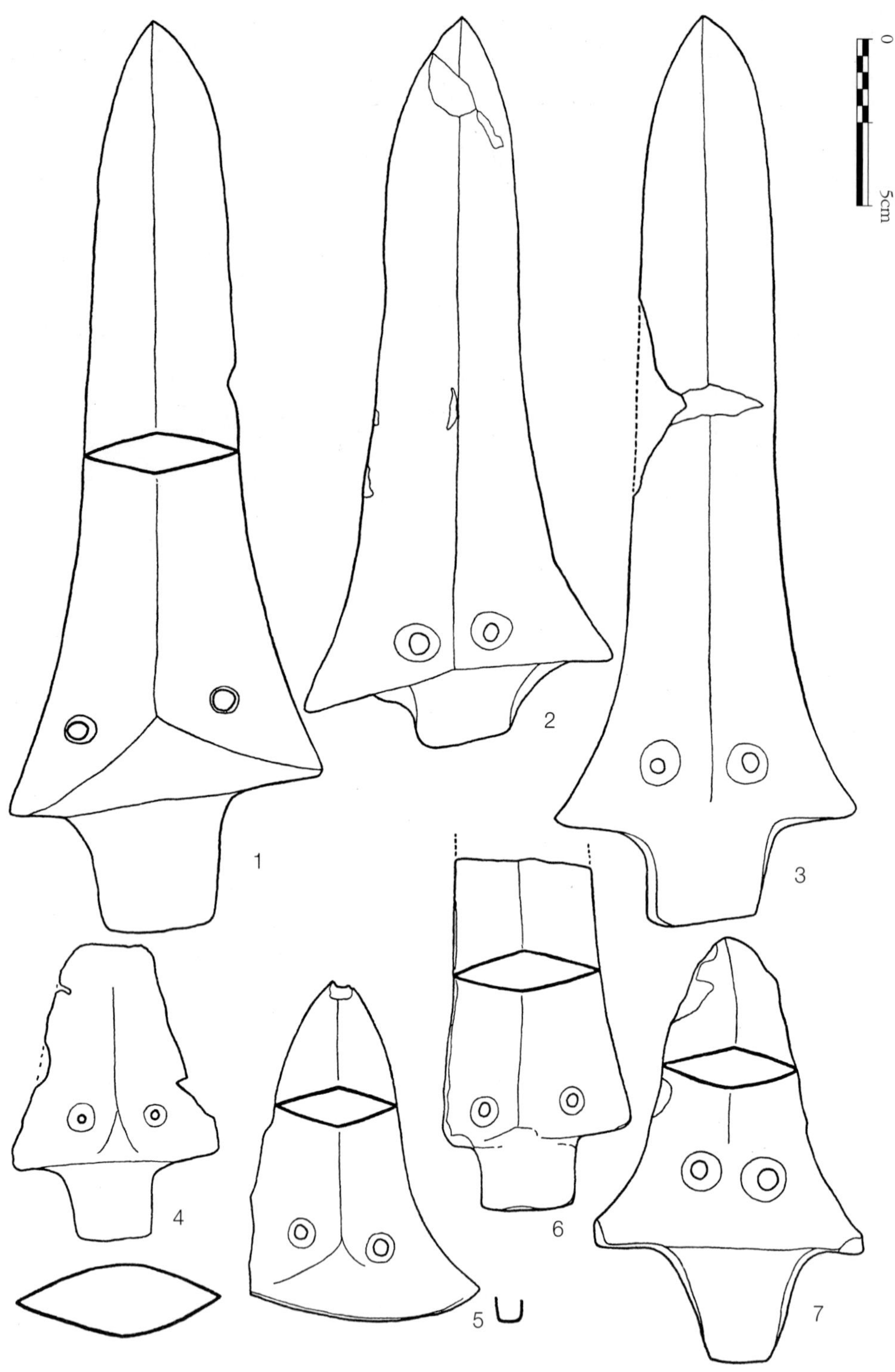

1 福岡・吉木, 2 福岡・伊佐座, 3 福岡・上境, 4・5 福岡・立岩, 6 福岡・糒, 7 福岡・田川

〈도 4〉 규슈형 석과(3)

일괄 자료'로 출토되었다(中村修身 外 1980: 46). 이 일괄 자료 가운데 석과는 타격 성형이 완료된 단계의 것으로, 기본 형태는 거의 만들어져 있다. 미늘 좌우의 돌출에 약간의 차이가 있지만 직선을 이루며, 미늘과 직각 방향으로 방형의 경부가 제대로 제작되어 있다. 이러한 특징들은 석과 미제품이 Ba형식에 속하는 것임을 보여준다. 출토된 7점의 석과는 전부가 동일한 형식이다. 이들에 공반하는 토기는 중기 전반에 해당하기 때문에, 이전 논문의 추정 시기와 일치하며 A형식에 후출하는 것임을 알 수 있다.

福岡縣 春日市 九州大學 筑紫 캠퍼스에서는 Bb형식과 Cb형식에 해당하는 2점의 석과가 출토되었다. Bb형식은 위쪽 끝 부분과 미늘 일부가 결실되어 있지만, 장봉이며 경부가 옆으로 긴, 이 형식의 특징을 잘 보여준다(도 3-1). 이 석과는 중기 중엽에서 중기 말의 토기를 포

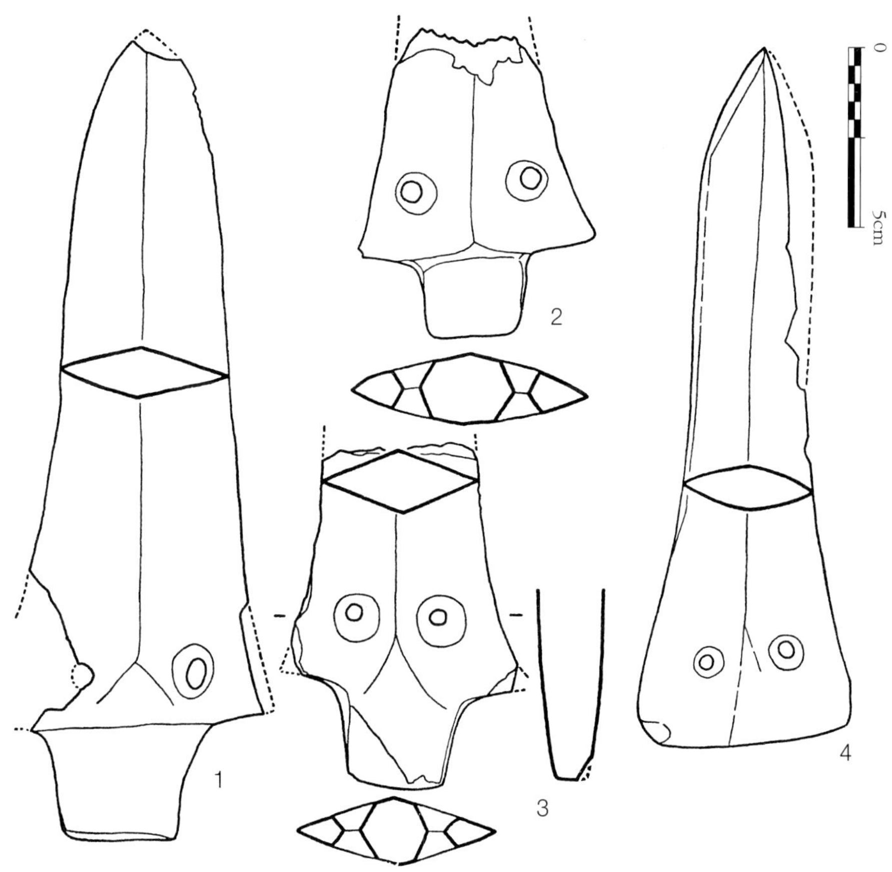

1 福岡 · 鴨生田, 2 · 3 山口 · 井上山, 4 兵庫 · 靑谷

〈도 5〉 규슈형 석과(4)

함한 층에서 출토되었다. 이 시기는 어느 정도의 시간 폭이 존재하지만 Ba형식보다 형태적으로 후출하며, 이전 논고에서 시기 추정의 근거로 삼았던 松ヶ迫 출토품을 통해 볼 때에도 중기 후반에 해당하는 것임이 틀림없다. Ba형식의 辻田 1호 토광묘 출토품보다 나중에 출현하기 때문에, 이 형식의 상한은 중기 중엽에서 구할 수 있다.

C형식의 시기를 결정할 만한 자료는 현재까지 확인되지 않았으나, 최근 Cb형식으로 시기 판명이 가능한 자료가 2점 출토되었다.

첫 번째는 鳥栖市 安永田 출토품으로, 2장의 형식 분류에서 언급하였던 것이다. 제사용 토기가 토광에 이차적으로 쌓여 있으며, 그 사이에 낀 상태로 출토되었다. 이 유물들은 일괄적으로 집적된 양상을 보여주며, 석과 역시 그 일부로서 토기와 공반한다. 토기에는 제사용 옹, 주머니형 구연 호, 고배, 대형 기대, 발 등이 있는데, 옹은 약간 꺾인 구연 형태를 이루며 소형 호의 구연도 동일하다. 호의 구연은 내외면 모두에 돌대가 부착된 형태와 주머니형이 존재하며, 고배에는 돌대 부착 형태 이외에 구연의 바깥쪽 끝이 아래로 내려오는 새로운 형식이 등장한다. 이 토기들은 중기 종말의 특징을 보여주는 것으로, Cb형식이 이 시기에 공반되는 사실을 분명하게 나타내고 있다. 후기에 공반하는 석과는 아직까지 출토되지 않기 때문에, 이 시기에 석과는 종말을 맞이했다고 보아도 좋다.[10]

두 번째는 山口縣 阿東町 德佐 宮ヶ久保遺蹟 출토품이다(中村哲也 1977). 유적은 주거지와 환호로 이루어진 취락으로, 溝에서 목기, 석기, 토기 등 대량의 유물이 출토되었다. 溝는 상하 2시기로 나눌 수 있는데, 석과는 상층에서 출토되었다. 하층은 중기 중엽, 상층은 중기 후반의 토기가 반출되기 때문에 석과 역시 중기 후반의 것으로 보아도 좋다. 安永田의 사례를 통해 본다면 후반 중에서도 늦은 시기에 해당할 가능성이 높다.

宮ヶ久保의 석과(도 9-2)는 아래쪽 절반만 남아 있다. 미늘 좌우의 돌출이 강한데, 특히 한쪽의 돌출이 심한 편이다. 미늘의 아랫부분에 경부가 붙어있지 않다. 석재는 연질의 사문암으로, 형태와 재질 모두 安永田 출토품과 유사하다.

이상의 연대관을 정리하면 A형식은 전기 말·중기 초두, Ba형식은 중기 전반, Bb형식은 중기 중엽~후반, Ca형식은 중기 후반, Cb형식은 중기 말이라는 시간적 위치를 상정할 수 있다.

---

10) 이 시기와 병행하여 일본산 청동과의 제작이 시작되었기 때문에, 일정 시기에 양자가 공존하다가 결국에는 청동과로의 전면적인 대체가 이루어진 것으로 볼 수 있다.

4. 규슈형 석과의 분포

규슈형 석과[11]는 長崎, 佐賀, 福岡, 熊本, 大分, 宮崎 등 규슈지역 내 각 현과 시코쿠의 愛媛, 혼슈의 山口, 兵庫, 福井縣에서 출토된다(도 6).

이 중 福岡縣 출토품이 86점으로 가장 많고, 佐賀, 大分의 인접 현이 그 뒤를 잇고 있다. 다른 현들에서는 1~4점이 출토되어, 福岡縣에서 멀어질수록 출토량도 줄어든다. 이러한 점에서 석과의 중심지가 福岡이었음을 짐작할 수 있다. 福岡 중에서도 주요 분포 지대는 嘉穗郡, 北九州市, 鞍手郡, 田川郡 등 遠賀川流域으로, 현의 동쪽 부분에 집중되어 있다.

세형동과의 분포와 관련하여 비교하면, 세형동과의 출토가 희박하거나 공백인 지대에 주로 분포하여 세형동과의 대체품으로 만들어졌다는 사실을 나타낸다. 세형동과와의 관련은 이밖에도 앞에서 설명한 형식, 연대 그리고 후술할 기능으로부터 볼 때에도 공통되는 것이라 할 수 있다. 각 형식에 따른 분포를 살펴보면 다음과 같다.

A형식 : 가장 이른 형식인 A식은 세형동과의 출토가 드문 遠賀川流域에서 출토되는 경우가 많다. 이전 논고에서 제시한 原, 潤野, 寶珠 외에 北九州市 馬場山 A-2 저장수혈, 田川郡 糒, 宮の馬場(赤池町史編纂委員會 1977) 등 遠賀川 연안의 유적이 많지만, 周防灘을 넘어 山口縣 防府市 井上山(防府考古學研究會 1975)(도 5-2)까지 확산되고 있다. 한편, 세형동과의 주요 출토 지대인 福岡平野 板付遺蹟(도 2-8)에서도 출토되어(山口讓治 1981), 遠賀川을 중심으로 서로는 대한해협 연안, 동으로는 西瀨戶內까지 분포를 넓히고 있다.

Ba형식 : 이 형식의 석과는 遠賀川流域, 福岡平野라는 테두리를 넘어 광범위한 지역에서 출토된다. 이전 시기의 중심지였던 遠賀川 일대를 중심으로 서쪽으로는 長崎縣 壹岐郡 原の辻(도 2-2), 佐賀縣 북부의 唐津市 半田(松尾禎作 1957)(도 2-5), 唐津市 大深田(木下巧・堀川義央 1980)(도 2-6)에까지 퍼져, 일단 대한해협 연안지역이 이 형식의 분포 범위가 된다. 규슈 서쪽 연안에는 筑前에서부터 筑後 久留米市(橫尾義明 1979)(도 3-4), 肥前 동부(藤瀬楨博 1978)(鳥栖市 大久保)를 경유하여, 肥後 宇土半島 基部(富樫卯三郎 1961)(宇土市 境目)에까

---

11) 이전 논문을 작성하는 시점에 畿內型石戈의 출토 사례는 奈良縣 鴨都波의 1점에 불과하여, 규슈형과 명확하게 대비하고 구분하기에는 무리가 있었다. 또한 Cb형식의 인정이 충분하지 못했기 때문에, 兵庫縣 靑谷이나 福井縣 小和田 출토품 역시 규슈와의 관련을 통해 계보를 밝히지 못한 상태로 방치해 두었다.

지 이른다. 동쪽으로는 豊前 勝山(京都平野)에서부터 宇佐平野까지 확산되며, 이상의 여러 지역에 둘러싸인 내륙부 朝倉平野나 筑後川 연안[12]에서도 출토되어 규슈 북쪽 절반 정도가 이 형식의 분포 범위라 할 수 있다. 또, 동쪽으로는 바다를 넘어 A형식의 동쪽 한계인 山口縣 防府市 井上山에서도 확인되어(乘安和二三 1979)(도 5-3), 西瀨戶內까지 이 형식의 분포 범위에 포함된다.

Bb형식 : 이 형식의 분포는 기본적으로는 Ba형식과 다르지 않다. 筑前, 豊前, 豊後의 분포와 함께 쓰시마에서도 출토되어[13](도 2-1), Ba형식의 북쪽 한계였던 壹岐보다 더욱 위로 올라가 한반도와의 항로상 요충지까지 석과의 분포권에 포함된다. 이밖에 동쪽으로는 이전 시기와 마찬가지로 西瀨戶內에서도 확인된다. 구체적인 사례로는 愛媛縣 松山市 小野 출토품이 있다(松山市史料集編輯委員會 1980). 小野 출토품은 원래의 형태를 알 수 없지만, 잔존 상태는 단봉이며 경부는 아래쪽이 좁은 사다리꼴을 이루고 있다. 미늘의 한쪽 끝은 직선을 이루지만, 다른 쪽은 한번 꺾이면서 경부와 이어진다. 경부의 길이가 긴 점은 Ba형식과 연결되지만, 평면 사다리꼴에 급한 경사를 이루는 것은 Bb형식의 특징이기 때문에 이 형식으로 보았다.

松山市에서는 한반도·규슈의 전형적 마제석검이라 할 수 있는 유병식 석검이 여러 점 출토되고 있어, 규슈 계통 제사용기의 영향이 직접적으로 퍼져있음을 짐작케 한다. 해당 석검의 시기는 명확하지 않지만, 규슈 출토품을 볼 때 중기 이하로 크게 내려가지 않아 Bb형식의 상한인 중기 중엽보다 선행한다. 따라서 小野의 석과는 이전 시기에 형성된 무기형 제사용기의 확산 위에 출현하였을 것으로 생각된다. B형식의 석과는 현재 愛媛 중부를 동쪽 한계로 하고 있지만, 유병식 마제석검과 석과는 공통된 성격을 갖기 때문에 B형식이 보다 동쪽인 香川縣 부근까지 분포할 가능성은 충분하다.

Ca형식 : 이 석과는 B형식에 비해 출토량이 적다. 현재까지 福岡市 東區 志賀島(森貞次郎 外 1969)(도 3-3), 福岡縣 朝倉郡 夜須町(下條信行 1976), 大分縣 日田市 光岡(京都大學文學部 1960), 宮崎市 石神의 4점이 알려져 있다. 출토량이 적기 때문에 각지에서 보편적으로 출

---

12) 筑後川 연안에서는 하류인 福岡縣 三瀦郡 塚崎와, 福岡縣 浮羽町 山北, 大分縣 日田市 吹上臺 등의 중·상류 유역에 산발적으로 분포하고 있다.

13) 미제품이지만 미늘과 경부의 형태는 Bb형식의 특징을 보이고 있다. 위쪽 끝 부분이 부러져 있지만, 장봉 형식에 해당한다. 미제품으로 파손되어 있는 점을 보면, 쓰시마에서 제작되었을 가능성이 있다.

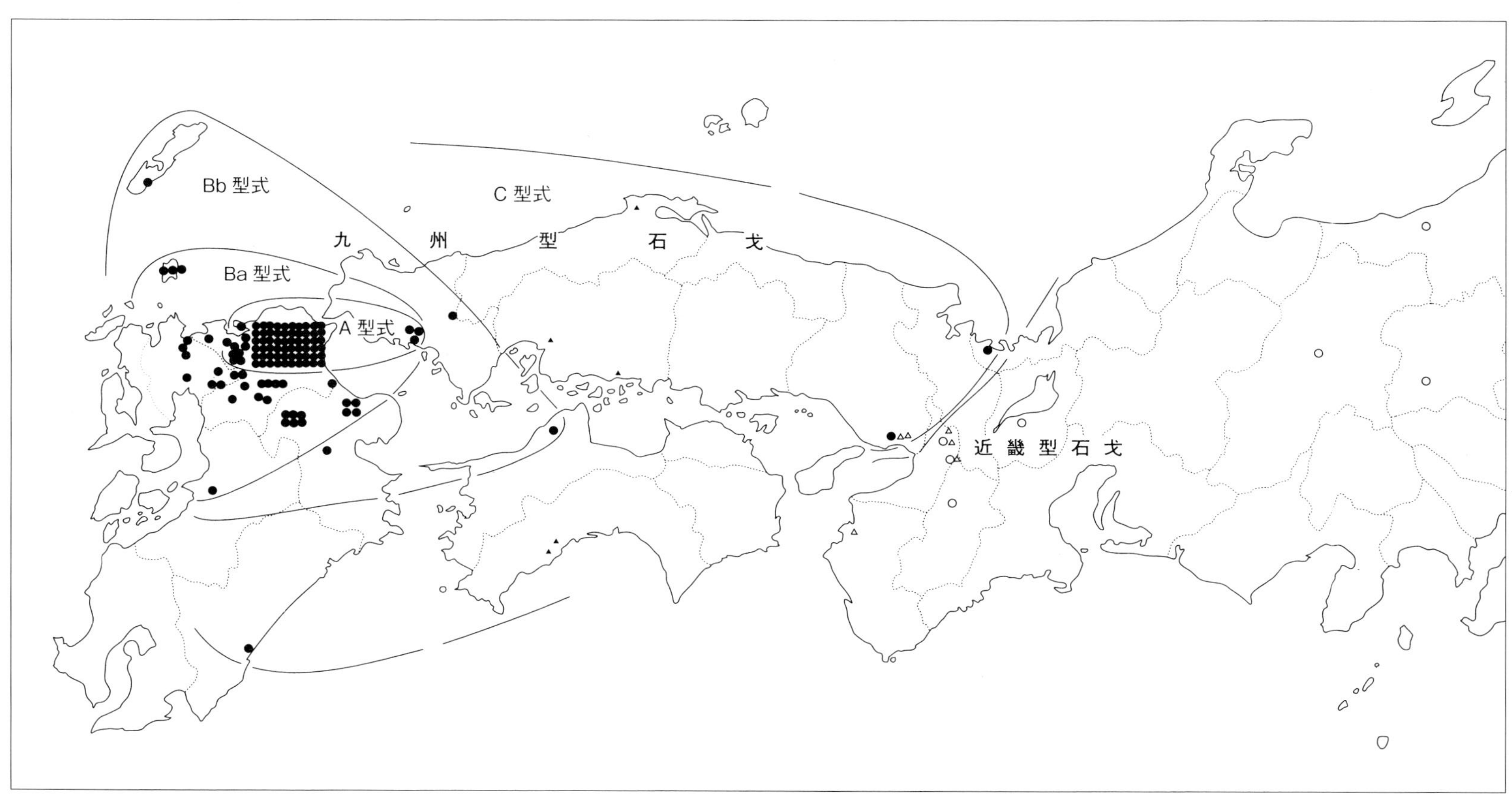

●규슈형 석과 ○긴키형 석과 ▲C형식 병행 규슈형 동과(中·四國만) △오사카만형 동과

〈도 6〉 석과의 형식별 분포

토되는 상태라고는 할 수 없지만, 筑前, 豊後, 日向에서 확인되어 광역의 분포를 보여주고 있다. 石神 출토품은 분포권의 남쪽 한계를 나타내고 있는데, 이후 각지에서의 출토가 예상된다.

Cb형식 : 이 형식은 佐賀, 福岡, 大分, 山口, 兵庫, 福井에서 확인되어, 가장 광범위한 분포를 형성하고 있다. 각 현에서의 자세한 출토지와 개수는 앞에서 설명한 바와 같은데, 그 최종 단계에 급속도로 분포 범위를 넓히고 있다. 확장의 방향은 규슈 동쪽으로 바다 건너 혼슈까지 확산되어, 서일본의 대부분을 분포권으로 한다. 瀬戸内海 항로를 따라 山陽道, 동해 연안을 따라 山陰道의 양쪽에서 모두 확인된다.

佐賀縣 中原, 安永田, 福岡縣 春日市 九州大學 筑紫 캠퍼스, 飯塚市 立岩 등 우선 규슈 중심부에 분포하며, 다음으로 동쪽의 宇佐市 芝原(下條信行 1976)에 등장한다. 宇佐는 瀬戸内海 서쪽 끝에 해당되어 항상 瀬戸内海 문화의 영향을 받는 지역으로, 이곳에서부터 동쪽으로 나아가면 항로를 통해 쉽게 긴키에 접근할 수 있다. Ba형식이 출토되는 防府市 井上山 사례, Bb형식인 松山市 小野 출토품이 보여주듯이 이미 석과는 C형식에 선행하여 瀬戸内海 지역 동쪽으로 나아갔으며, Cb형식 역시 이를 따라 더욱 동쪽으로 확산되어 神戸市 青谷까지 이르게 된다. 青谷 출토품은 규슈나 山口의 석과와 비교할 때 미늘의 돌출이 조금 약하지만 규슈에도 筑紫 캠퍼스 출토품처럼 미늘이 돌출되지 않은 것도 있고, 또 2개의 구멍이 미늘과 평행하지 않게 뚫려있는 점도 공통되기 때문에 규슈형 석과로 보아도 좋다. 이렇게 瀬戸内海 연안에는 긴키 문화권의 입구인 神戸까지 규슈형 석과가 도달하고 있다.[14]

Cb형식 석과가 출토된 山口縣 阿武郡 阿東町 宮ケ久保遺蹟은 山口縣에서 내륙으로 들어가 島根縣과의 경계에 위치한 유적이다. 이곳을 벗어나면 바로 島根縣 津和野로, 조금만 북쪽으로 올라가면 곧 동해에 접한 島根縣 益田市에 도달한다.

동해를 따라 동쪽에 자리한 福井縣(若狹)에서도 규슈형 석과가 출토된다. 大飯郡 高浜町 小和田 출토품이 이에 해당하는데,[15] 미늘의 돌출은 약하지만 아래쪽을 향해 순차적으로 신

---

14) 규슈와 兵庫의 중간에 위치한 廣島縣 安藝 福田 출토 동과는 규슈의 中細銅戈이며 같은 현 三原의 동과는 철과를 모방한 것으로, 규슈의 동과가 瀬戸内海 북쪽에 도달했다는 사실을 나타낸다. 青谷에서 출토된 석과는 그 바깥 지역에 위치하고 있다. 福田의 동과는 중기 후반을 중심으로 후기 초두 이전의 유물이며, 三原의 동과는 조형이 된 철과를 볼 때 중기 후반에 해당한다. 모두 青谷 출토 석과와 시간적으로 병행하여, 戈가 瀬戸内海 북쪽에 산발적으로 분포하고 있음을 보여준다.

15) 이 석과와 출토 지점이 가장 가까운 山口縣 宮ケ久保 사례는, 규슈의 동일 형식 석과와 유사한 청록색의 연질재로 만들어졌다. 그러나 小和田 출토품은 이들과 확실히 재질이 달라, 규슈에서 제작된 것이라 하기에는 무리가

부의 폭이 증가하며 약하긴 하지만 규슈 출토품과 유사한 둥그런 느낌의 기부를 갖는다. 능은 신부 아랫부분에서 미늘 양 끝 방향으로의 마연에 의하여 형성되어 있다. 둥그런 미늘에 경부가 없는 Cb형식의 특징을 보여준다. 단, 이 석과에는 구멍이 뚫려있지 않아 자루의 장착을 처음부터 고려하지 않은 것으로 판단된다. 석과의 형식 변천은 앞에서 언급한 바와 같이 기능적으로 자루 장착 능력이 약해지는 과정이며 이에 따라 의례적 성격이 강조되기 때문에, 이 석과는 최종적인 형태를 보여주는 것이라 할 수 있다. 山口縣과 福井縣 사이에 존재하는 島根과 鳥取縣에서 아직까지 석과의 출토는 보고되지 않았지만, 가까운 장래에 석과가 발견될 가능성은 충분하다고 생각한다.[16]

현재는 이와 같이 석과가 발견되지 않은 지역도 존재하지만, 규슈형 석과는 Cb형식의 단계에 若狹, 播磨를 동쪽 한계로 하여 서일본 지역까지 확산된다.

〈표 1〉 규슈형 석과 출토 지명표

출토 지역	출토지	형식	길이	비고	도면 · 실측자	참고문헌
對馬	長崎縣 下縣郡 嚴原町 시카노	Bb	16.4+	미제품, 혈암	도 2-1 · 武末純一	
壹岐	長崎縣 壹岐郡 芦邊町 原の辻 1	Ba	10.9+		도 2-2 · 塩屋勝利	松本友雄 1927; 1932
	長崎縣 壹岐郡 芦邊町 原の辻 2	B	9.5+		도 2-3 · 塩屋勝利	松本友雄 1932
	長崎縣 壹岐郡 芦邊町 原の辻 3	B	4.8+		도 2-4 · 塩屋勝利	松本友雄 1932
唐津	佐賀縣 唐津市 半田河内	Ba	13.5+		도 2-5 · 岡崎敬	松尾禎作 1957
	佐賀縣 唐津市 柏崎大深田	Ba	11.6+	36호 토광	도 2-6	木下巧 · 堀川義央 1980
	佐賀縣 唐津市 石志蓮和					松尾禎作 1935
絲島	福岡縣 二丈町 深江松末	Bb	16.6, 완형	편평	도 2-7 · 岡崎敬	原田大六 1968
早良	福岡市 西區 拾六町 츠이지	Cb		활석		
	福岡市 西區 拾六町 飯盛	Ba	12.4+			
	福岡市 西區 入部	Bb	20.3, 완형			下條信行 1976
福岡	福岡市 博多區 板付 1	A	9.6+	E 5 · 6지점	도 2-8 · 山口讓治	山口讓治 1981
	福岡市 博多區 板付 2	Ba	10.1+	E 5 · 6지점	도 2-9 · 山口讓治	山口讓治 1981
	福岡縣 春日市 大谷	Bb	완형	B-5호 주거지, 중기 중~후반		春日市敎育委員會 1979
	福岡縣 春日市 九州大學 캠퍼스 1	Bb	16.8+	포함층 중기 중~후반	도 3-1 · 赤崎敏男	
	福岡縣 春日市 九州大學 캠퍼스 2	Cb	7.2+	사문암, 편평	도 2-10 · 赤崎敏男	
	福岡縣 那珂川町 井水ノ原			지석으로 용도 전환		福岡縣敎育委員會 1976

있다. 若狹 부근이나 동해 연안의 어떤 지역에서 만들어진 재지적 석과로 생각하고 싶다. 구멍이 없는 점도 이러한 추정의 가능성을 높이고 있다.

16) 山陰에는 瀨戸內海에서 관찰되지 않는 규슈 계통의 석기가 일찍부터 확산되었다. 유경식 마제석촉, 석겸, 유혈구 석겸, 대형 바퀴형석도 등이 이에 해당하는데, 山陰地方의 마제석기는 의외로 규슈와 깊은 관계를 가지고 있으며 석과도 그 흐름에 따라 전파된 것이다. 이 점에 대해서는 별고를 통하여 다루고자 한다.

지역	위치					
	福岡縣 筑紫野町 原田 筑紫神社 부근	Bb	18.5, 완형			下條信行 1976
	福岡縣 筑紫野町 筑紫隈	Ca	10.1, 완형	선단 재마연	도 3-2·森貞次郎	岡崎敬 1959
粕屋	福岡市 東區 平山	Ba	14.6, 완형			下條信行 1976
	福岡市 東區 志賀島	Ca	14.8, 완형		도 3-3·森貞次郎	森貞次郎 外 1969
	福岡市 東區 多多羅	C				
宗像	福岡縣 宗像市 東郷田熊					
朝倉	福岡縣 朝倉郡 夜須町 松延 1	Ba	16.0+	점판암		下條信行 1976
	福岡縣 朝倉郡 夜須町 松延 2	Ca	7.9+	점판암		下條信行 1976
筑後	福岡縣 久留米市 筑後川 바닥	Ba	22.0, 완형		도 3-4·橫尾義明	橫尾義明 1979
	福岡縣 三瀦郡 高三瀦 塚崎			패총		高橋健自 1925
浮羽	福岡縣 浮羽郡 浮羽町 山北	Ba	16.0+	점판암		下條信行 1976
	福岡縣 浮羽郡 吉井町 法華原	Bb	15.2	점판암		下條信行 1976
日田	大分縣 日田市 光岡吹上臺 1	Ca	7.0+			京都大學文學部 1960
	大分縣 日田市 光岡吹上臺 2	B	8.3+		도 3-5·清水宗昭	
	大分縣 日田市 光岡吹上臺 3	Ba	4+		도 3-6·清水宗昭	
	大分縣 日田市 光岡吹上臺 4	Bb(?)	7.4+		도 3-7·清水宗昭	
	大分縣 日田市 光岡吹上臺 5	A(?)		경부 편		
	大分縣 日田市 北友田	C	8.9, 완형	異形, 礫 가공, 점판암	도 3-8·清水宗昭	
佐賀	佐賀縣 小城郡 三カ月村 久米					佐賀縣教育廳文化課 1973
	佐賀縣 神埼郡 千代田町 託田 1			패총, 신부 중앙		松尾禎作 1935
	佐賀縣 神埼郡 千代田町 託田 2		5.5+			
	佐賀縣 三養基郡 三根町 南茂安					松尾禎作 1957
	佐賀縣 三養基郡 中原町	Cb	13, 완형	사문암		堤諭吉 교시
	佐賀縣 鳥栖市 柚比 大久保	Ba	6.9+			藤瀨禎博 1978
	佐賀縣 鳥栖市 柚比 安永田	Cb	13+	사문암, 제사토기 공반, 중기 후반	도 9-3·石橋新次	藤瀨禎博·石橋新次 1980
熊本	熊本縣 宇土市 境目 西原	Ba	14, 완형			富樫卯三郎 1961
遠賀 중하류	福岡縣 遠賀郡 岡垣町 吉木	Ba	27.3, 완형		도 4-1	
	福岡縣 遠賀郡 水卷町 伊佐座	B	22.0, 완형		도 4-2·岡崎敬	
	福岡縣 北九州市 八幡西區 原 1	A	15.3, 완형	저장수혈, 전기 말~중기 초		小田富士雄 外 1973
	福岡縣 北九州市 八幡西區 原 2	A	6.8+	저장수혈, 전기 말~중기 초		小田富士雄 外 1973
	福岡縣 北九州市 八幡西區 馬場山 1	A	12+	A-2 저장수혈, 전기 말~중기 초		栗山伸司·川上秀秋 1980
	福岡縣 北九州市 八幡西區 馬場山 2	A	12.2+	A-2 저장수혈, 전기 말~중기 초		栗山伸司·川上秀秋 1980
	福岡縣 北九州市 八幡西區 馬場山 3	Ba	21.2, 완형	N-25 토광묘 부장품	도 8-1·栗山伸司	栗山伸司·川上秀秋 1980
	福岡縣 北九州市 八幡西區 馬場山 4	Ba	22.6, 완형	N-42 토광묘 부장품	도 8-2·栗山伸司	栗山伸司·川上秀秋 1980
	福岡縣 北九州市 八幡西區 馬場山 5	Ba		1호 토광, 미제품 8, 검미제품 10, 중기 전반		中村修身 外 1980
	福岡縣 北九州市 八幡西區 馬場山 6	Ba		20호 토광, 미제품		中村修身 外 1980
	福岡縣 北九州市 八幡西區 馬場山 7	Ba		3호 구, 미제품		中村修身 外 1980
	福岡縣 北九州市 八幡西區 馬場山 8	A/B		17호 토광		中村修身 外 1980
	福岡縣 北九州市 八幡西區 西山	Ba				北九州市立歷史博物館 1976
	福岡縣 直方市 鴨生田	Ba	22.5, 완형		도 5-1	
	福岡縣 直方市 上境 泉の山	Ba	27.1, 완형		도 4-3·岡崎敬	

군	유적	형식	크기	비고	도판·참고문헌	출전
	福岡縣 直方市 感田 上の原			저장수혈, 미제품 3		中島豊 外 1969
鞍手	福岡縣 鞍手郡 宮田町 芹田	A/B				宮田町誌編纂委員會 1978
	福岡縣 鞍手郡 宮田町 磯光	Ba	20.8, 완형			小川敬養 1894
	福岡縣 鞍手郡 鞍手町 中屋敷	Ba	6.1+			福岡縣教育委員會 1979
	福岡縣 鞍手郡 鞍手町 八尋 古江					福岡縣教育委員會 1963
	福岡縣 鞍手郡 若宮町 小金原			미제품		福岡縣教育委員會 1977
嘉穂	福岡縣 飯塚市 潤野 가코히	A	14.4+		도 1-1	兒島隆人 1934
	福岡縣 飯塚市 彼岸原 大門 1	Bb	19			酒井仁夫·浜田信也 1971
	福岡縣 飯塚市 彼岸原 大門 2	Bb		미제품		酒井仁夫·浜田信也 1971
	福岡縣 飯塚市 立岩 1	B	19+		참고문헌 도 11	森貞次郎 1942
	福岡縣 飯塚市 立岩 2	Bb	16+		참고문헌 도 12	森貞次郎 1942
	福岡縣 飯塚市 立岩 3	C			참고문헌 도 13	森貞次郎 1942
	福岡縣 飯塚市 立岩 4	Ba	9.9+		참고문헌 도 14	森貞次郎 1942
	福岡縣 飯塚市 立岩 5	Ba	8.7+	활석	도 4-4, 참고문헌 도 15	森貞次郎 1942
	福岡縣 飯塚市 立岩 6	Ca	완형		참고문헌 도 16	森貞次郎 1942
	福岡縣 飯塚市 立岩 下の方 7	Cb	10.0, 완형		도 4-5, 참고문헌 도 17	森貞次郎 1942
	福岡縣 飯塚市 立岩 下の方 8	Ba			참고문헌 도 1	兒島隆人·藤田 等 1973
	福岡縣 飯塚市 立岩 下の方 9				참고문헌 도 2	兒島隆人·藤田 等 1973
	福岡縣 飯塚市 立岩 下の方 10	Ba			참고문헌 도 3	兒島隆人·藤田 等 1973
	福岡縣 飯塚市 立岩 川島 11	B			참고문헌 도 4	兒島隆人·藤田 等 1973
	福岡縣 飯塚市 立岩 川島 12				참고문헌 도 5	兒島隆人·藤田 等 1973
	福岡縣 飯塚市 立岩 熊野神社 13	Ba	22.9, 완형	매납	도 10-1, 참고문헌 도 6	兒島隆人·藤田 等 1973
	福岡縣 飯塚市 立岩 熊野神社 14	Ba			참고문헌 도 7	兒島隆人·藤田 等 1973
	福岡縣 飯塚市 立岩 測候所 15	B			참고문헌 도 11	兒島隆人·藤田 等 1973
	福岡縣 飯塚市 立岩 測候所 16	Bb				飯塚地方誌編算委員會 1975
	福岡縣 飯塚市 立岩 九大藏 17	Ba				下條信行 1976
	福岡縣 飯塚市 立岩 九大藏 18	Ba	10.2+		도 3-11 · 岡崎敬	
	福岡縣 飯塚市 立岩 下の方	Ba				飯塚市教育委員會 1982
		Ba		미제품		
	福岡縣 飯塚市 立岩 燒の正	Ba		미제품 4점		飯塚市教育委員會 1980
	福岡縣 嘉穂郡 九郎丸挑山	Ba	10+		도 3-10 · 森貞次郎	
	福岡縣 嘉穂郡 千手					
	福岡縣 嘉穂郡 穎田町 佐與南	A/Ba				
	福岡縣 嘉穂郡 穎田町 佐與南				참고문헌 도 10	兒島隆人·藤田 等 1973
田川	福岡縣 田川市 猪國	A				花村利彦 1974
	福岡縣 田川市 伊田上の原	C				花村利彦 1974
	福岡縣 田川市 糒 1	A/Ba	10.4+		도 4-6 · 岡崎敬	
	福岡縣 田川市 糒 2	A(?)	7.0+			
	福岡縣 田川郡 宮原原					玉泉大梁 1962
	福岡縣 田川郡 絲田町 松ケ迫	Ba	20, 완형	제사유구	도 9-1	島田寅次郎 1939
	福岡縣 田川郡 方城町 寶珠 1	A	21, 완형			黑野肇 1969
	福岡縣 田川郡 方城町 寶珠 2	Ba	19, 완형			黑野肇 1969

	福岡縣 田川郡 方城町 寶見	Ba	18.7,완형		도 1-2·岡崎敬	
	福岡縣 田川郡 方城町 迫					
	福岡縣 田川郡 赤池町 草場	Ba	15.6+			赤池町史編纂委員會 1977
	福岡縣 田川郡 宮の馬場 1	A				赤池町史編纂委員會 1977
	福岡縣 田川郡 宮の馬場 2	A				赤池町史編纂委員會 1977
	福岡縣 田川	B	12.6,완형		도 4-7·岡崎敬	
北九州	北九州市 八幡東區 高槻 1	B	9.7+		도 3-9·岡崎敬	
	北九州市 八幡東區 高槻 2(九大藏)			연질재		下條信行 1976
	北九州市 小倉區 石田	A	14.8+			福岡市立歷史資料館 1980
京都	福岡縣 京都郡 勝山町	Ba	22.9,완형			下條信行 1976
	福岡縣 築上郡 南吉富村 垂水					
	福岡縣 豊前地方(?) 1	Ba	20.7,완형			下條信行 1976
	福岡縣 豊前地方(?) 2	Ba	20.6,완형			下條信行 1976
大分	大分縣 宇佐市 絲口猿渡	Ba				下條信行 1976
	大分縣 宇佐市 臺の原 1	Ba				後藤宗俊 外 1975
	大分縣 宇佐市 臺の原 2					後藤宗俊 外 1975
	大分縣 宇佐市 芝原	Cb	12.5+	사문암	도 1-5	下條信行 1976
	大分縣 直入郡 直入町 新田					
宮崎	宮崎市 石神	Ca	10.6,완형		도 1-4·澤皇臣	鈴木重治 1961
瀬戸內海	山口縣 防府市 井上山 1	A	8.2+		도 5-2	防府考古學研究會 1975
	山口縣 防府市 井上山 2					防府考古學研究會 1975
	山口縣 防府市 井上山 3	Ba	9.3+		도 5-3·乘安和二三	乘安和二三 1979
	愛媛縣 松山市 小野	Bb		녹니편암		松山市史料集編輯委員會 1980
	神戸市 垂水區 青谷	Cb	19.5,완형		도 5-4	赤松啓介 1973
동해	山口縣 阿武郡 阿東町 宮ケ久保	Cb	6.6+	사문암, 구 출토, 중기 후반	도 9-2·村岡和雄	
	福井縣 大飯郡 高浜町 小和田	Cb	26.8,완형	구멍 없음, 매납, 석검 공반	도 10-2·3	森川昌和·大森宏 1971

〈표 2〉 긴키형 석과 출토 지명표

출토지	길이	비 고	도면·실측자	참고문헌
大阪府 茨城市 東奈良	14.0+	혈구, 경부 존재	도 6-1	奧井哲秀 1977
大阪府 東大阪市 瓜生堂	6.7+	혈구 존재	도 6-3	岩崎二郎 外 1980
奈良縣 御所市 鴨都波	13.2,완형	혈구, 경부 존재, 사누카이트	도 6-2·炭田知子	菅谷文則 外 1973
滋賀縣 守山市 服部		혈구 존재		
長野縣 松本市 澤村	8.5+	혈구, 경부 존재		信濃史料刊行會 1956
長野縣 松本市				
群馬縣 富岡市 鏑川 바닥	8.2,완형	혈구, 경부 존재	도 6-4	森本六爾 1943
新潟縣 中頸城郡 潟町	10.2,완형	혈구, 경부 존재		後藤守一 1930

5. 긴키형 석과와 분포

세형동과를 모방해 만든 규슈의 석과는 당연히 세형동과의 형태를 잘 표현하고 있다. 두터운 신부, 2개의 구멍, 경부 등이 그 전형적인 요소이지만, 그럼에도 불구하고 세형동과와 다른 점이 두 가지 있다. 하나는 능으로 이는 인부를 만들기 위해 신부 중앙을 두껍게 하여 이곳에서부터 인부 방향으로 마연한 결과 발생한 것으로서, 석검과 동일한 석제 무기의 속성이다. 따라서 모든 석과에 공통된다.

두 번째는 세형동과에 반드시 표현되는 신부 중앙 양측의 혈구가 규슈 출토의 석과에는 없다는 점이다. 이것이 규슈형 석과의 가장 큰 특징이다. 현재까지 규슈 및 瀨戶內 출토의 석과 가운데 혈구가 만들어진 것은 단 1점도 출토되지 않고 있다.

이와 함께 덧붙여 이야기하면 석과의 퇴화 형식(C형식)에서 경부가 생략되는 것 또한 규슈형 석과의 특징이라 할 수 있다.

이에 반해 긴키의 석과는 형태에 있어서 동과의 여러 특징을 비교적 충실히 표현하고 있다. 특히 신부 능의 좌우에 혈구가 만들어진 것이 가장 전형적인 사례로, 이 점에서 규슈형 석과와 뚜렷한 차이를 보인다.

즉, 규슈형 석과는 혈구가 없는 석과(경부가 있는 것과 없는 것이 존재)이며, 긴키형 석과는 혈구와 경부가 존재하는 석과이다.

지금까지 알려진 긴키형 석과는 다음과 같다.

大阪府 茨城市 東奈良遺蹟(奧井哲秀 1997) : 절반 결실

大阪府 東大阪市 瓜生堂遺蹟(岩崎二郞 外 1980) : 신부 파편

奈良縣 御所市 鴨都波遺蹟(堤菅賢 外 1973) : 완형

滋賀縣 守山市 服部遺蹟[17] : 신부 파편

필자가 알고 있기로 이상의 4유적에서 각 1점씩 확인되었는데, 瓜生堂, 服部 출토품은 신부 파편에 불과하여 전체 형태를 알 수 없다.

東奈良 출토품은 위쪽 끝 부분과 경부 및 미늘 중앙부가 결실되었는데, 신부의 한쪽이 잘

---

17) 服部遺蹟 출토품에 대해서는 福岡澄男에게 가르침을 받았다.

남아 있어 어느 정도 전체 형태를 추정할 수 있다(도 7-1). 양측에 평행하는 인부가 미늘 쪽으로 완만하게 돌출되면서 석과의 외형을 형성하고 있다. 신부 중앙에는 능이 있어 단면은 능형을 이룬다. 기부에는 2개의 구멍이 뚫려있다. 능의 양측에는 구멍과 연결된 혈구가 있어 긴키형 석과의 특징을 보이는데, 특이하게도 구멍을 통과해 미늘까지 이어져 있다. 경부는 결실되었지만, 미늘이 경부 방향으로 완만한 곡선을 이루고 있어 원래 경부가 존재하였던 것으로 추정된다.

瓜生堂 출토품은 신부 중앙부의 파편인데, 능 양측에 조금 넓은 혈구가 있어 긴키형 석과의 특징을 보여준다(도 7-3). 신부 폭 역시 東奈良 출토품과 유사하여, 다른 여러 특징을 합하여 보면 東奈良 사례와 동일한 제품으로 생각해도 좋다.

이와 달리 鴨都波 출토품은 전형적 형태를 잃어버린 퇴화 형식이다(도 7-2). 짧은 신부에 미늘과 거의 동일한 크기의, 이상할 정도로 큰 경부가 붙어있다. 신부에는 2줄의 혈구가 있어 긴키형 석과임을 보여주는데, 혈구의 방향이 나란하여 東奈良 출토품처럼 인부의 형태에

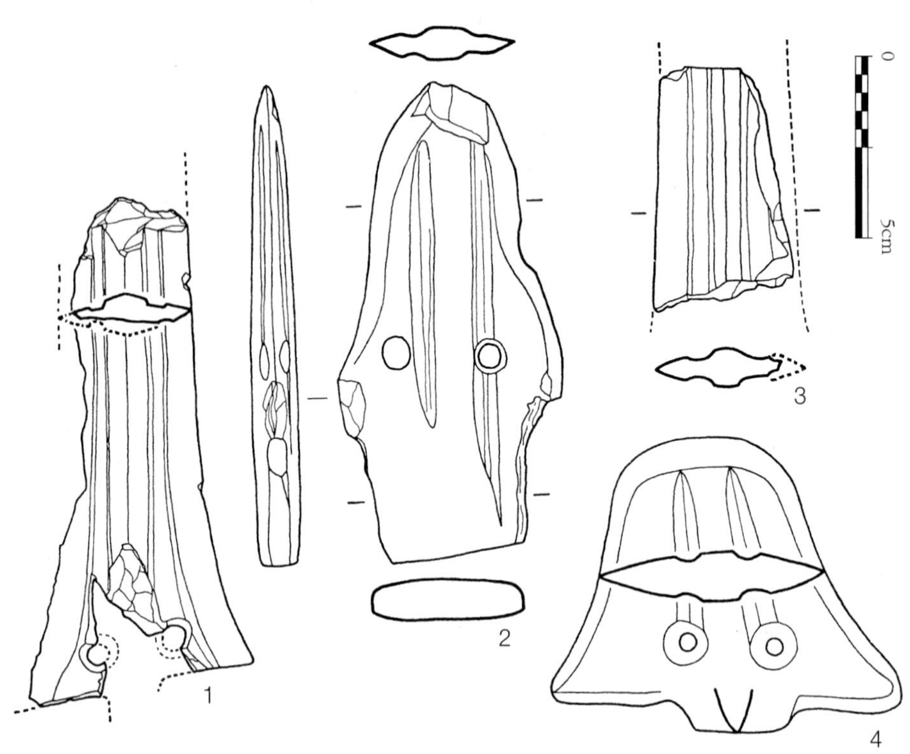

1 大阪·東奈良, 2 奈良·鴨都波, 3 大阪·瓜生堂, 4 群馬·富岡

〈도 7〉 긴키형 석과

대응하지 않는다. 이 혈구 역시 구멍을 지나 경부 아래쪽까지 이어진다. 대형의 경부는 양측에 타격흔이 그대로 남아 있어, 다른 사례에서 관찰되는 연마 정형이 행하여지지 않았다. 또한 편평한 판상으로 제작되어 날카로움이나 기복이 없기 때문에, 戈의 특징은 갖추고 있지만 본래의 기능성은 소멸되어 단순히 형식적으로만 표현된 퇴화 형식이다.

이 석과들은 토기와 공반되지 않아 시간적 위치를 정하기에는 무리가 있지만, 東奈良 출토품은 원래의 형태에 가깝고 鴨都波 사례는 퇴화형이기 때문에 긴키형 석과에서도 형식의 변화가 발생하였음을 보여주고 있다.

東奈良 출토품의 원래 형태는 혈구가 없는 규슈형 석과보다 오히려 동과에서 구해야 하겠지만, 규슈와 긴키 양 석과의 시간적 상호 관계가 명확하지 않아 문제가 남아 있다.

이 긴키형 석과는 大阪·奈良·滋賀縣에서 출토되어 거의 긴키 중심부에만 분포가 한정되기 때문에, 긴키를 중심으로 발생하여 확산된, 지역적 석과라 할 수 있다(도 6).

한편, 석과는 긴키보다 더욱 동쪽인 中部, 北陸, 北關東에까지 확산된다.

구체적인 사례로는

長野縣 松本市 澤村(信濃史料刊行會 1956)

群馬縣 富岡市 鏑川 바닥(森本六爾 1943)(도 7-4)

新潟縣 中頸城郡 潟町(後藤守一 1930)

출토품을 들 수 있는데, 수량이 적고 산발적인 분포를 보이고 있다. 하지만 이 석과들은 혈구와 경부가 존재하여 명확한 석과의 형태를 갖추고 있다. 특히 혈구가 존재한다는 점은 규슈가 아닌 긴키의 석과와 통하기 때문에, 긴키 석과의 영향이 있었음을 추측케 한다. 구체적 영향 관계는 제시할 수 없지만 긴키 계통의 석과라 할 수 있다.

그러나 이 석과들은 모두 짧고 작은 형식이라는 점에서 긴키 출토품과 다른 측면도 가지고 있다. 이 중에는 경부와 미늘의 접점에 홈을 돌린 사례도 있어, 긴키의 석과 가운데 이른 형식인 東奈良 출토품과 비교할 때 확실히 퇴화된 것이다. 鴨都波 사례와도 다르기 때문에 어느 시점에 긴키형 석과의 영향을 받아 이 지방에서 독자적으로 제작되었을 가능성이 높다. 석과들의 시기는 모두 명확하지 않지만, 퇴화된 형태로 볼 때 마지막 단계에 가까운 시기로 추정된다.

마지막으로 긴키지방 고유 형식인 오사카만형 동과의 분포를 보면, 神戶를 서쪽 한계로 하여(神戶市 櫻ヶ丘, 保久良), 오사카(東大阪市 瓜生堂, 高槻市 淀川 하천 부근, 茨城市 東奈

良 … 용범), 和歌山(有田市 산지)에서 확인된다. 이는 긴키형 석과와 동일한 분포 양상이기 때문에, 양자 사이에 밀접한 관계가 존재함을 짐작할 수 있다. 결국 이러한 사실은 긴키형 석과와 동과가 모두 함께 神戸 동쪽 지역에서 독자적인 세계를 성립하고 있었음을 보여주는 것이다.

6. 석과의 본질

이전의 논고에서 석과는 동과의 대체품이며 실전용 무기보다는 의례용기에 가깝다고 추측한 바 있다. 당시 검토된 석과 대부분이 지표채집된 것이었기 때문에, 그 용도를 직접 나타내는 자료가 없어 어느 정도 느낌에 의존하여 결론을 내릴 수밖에 없었다.

그러나 최근 유구에서 다른 유물과 공반된 석과의 출토 사례가 확인되어, 석과의 성격, 용도에 대한 구체적인 추측이 가능하게 되었다.

여기서는 이러한 석과들의 출토 양상을 검토함으로써 석과의 사용 방식과 용도를 파악해 보고자 한다.

1) 부장품으로서

北九州市 八幡西區 大字 馬場山 25호 토광묘에서 석과가 출토되었다(栗山伸司·川上秀秋 1980: 134-136)(도 8-1·2). 토광묘는 2단 굴광이며, 하단 굴광은 말각장방형을 이루고 있다. 장축은 동서 방향에 길이 185cm, 서쪽 단벽 70cm, 동쪽 단벽 54cm로 서쪽이 넓은데, 인골은 남아 있지 않지만 넓은 쪽에 머리가 있었다고 생각된다. 이 토광묘에서는 완형의 석과 1점과 석검 봉부편 1점이 부장되어 있는데, 모두 서쪽, 즉 피장자의 머리 근처에 놓여 있다. 석과는 서쪽으로부터 52cm 떨어진 중앙에서 약간 장벽 쪽으로 치우친 지점에서 피장자와 직각 방향으로 수평을 이루며 확인되었는데, 거의 원위치에 가까운 출토 상태를 보인다. 이 석과가 장착되었다면 자루의 길이로 볼 때 적합한 위치라 할 수 있다. 바닥면에서 12~13cm 정도 뜬 상태로 출토되었는데, 원래는 피장자의 몸통 위에 놓여 있었을 가능성이 높다.

飯塚市 立岩 34호 옹관묘에서 확인된 철과는 양호한 출토 상태를 보이고 있다(立岩遺跡編

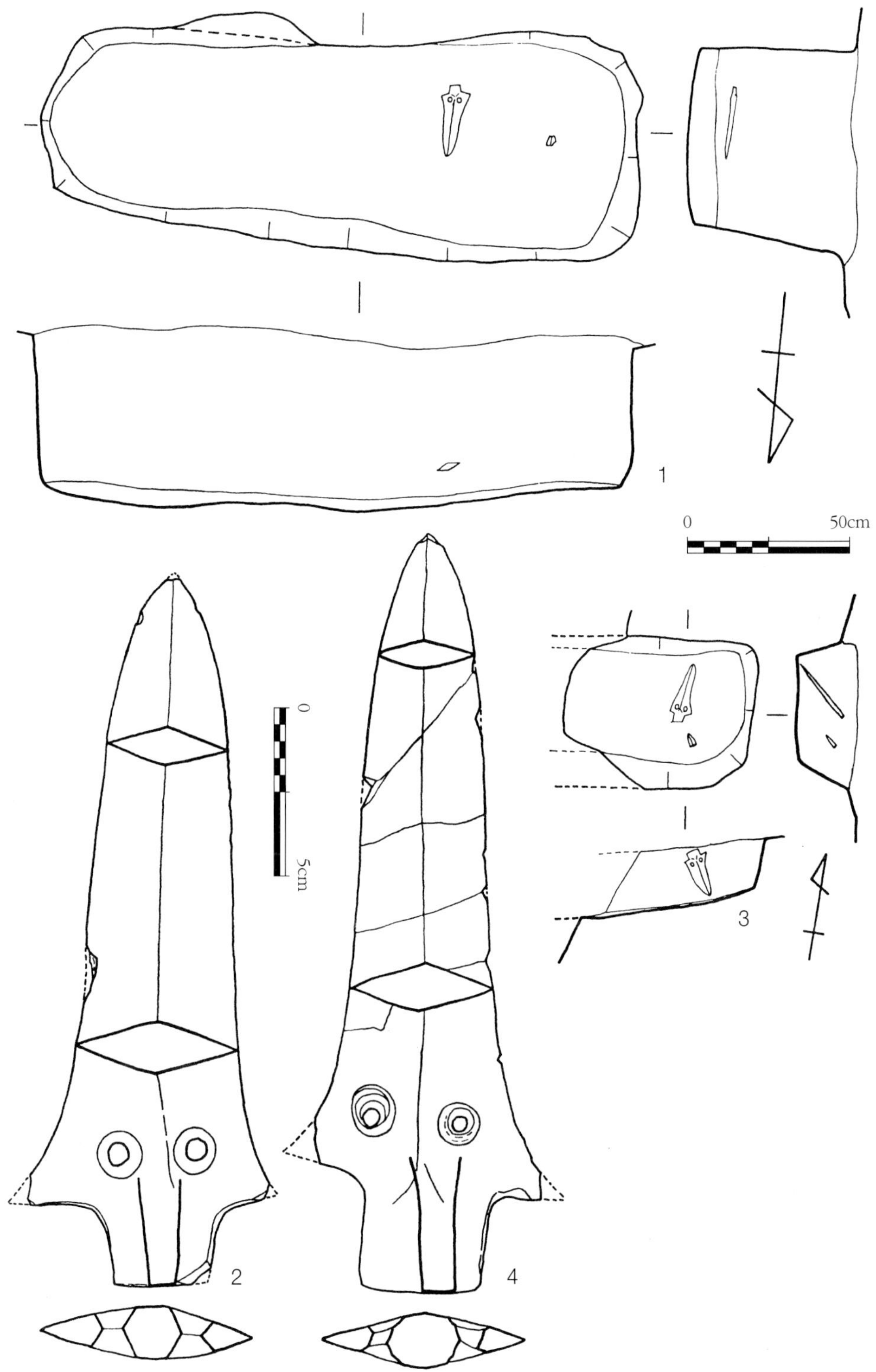

1 · 2 福岡縣 馬場山 N-25 토광묘와 출토 석과, 3 · 4 福岡縣 馬場山 N-42 토광묘와 출토 석과

〈도 8〉 부장품으로 사용된 석과

輯委員會 1977). 이 옹관에는 남성 인골이 잘 남아 있으며, 철과는 이 인골의 복부 위에 피장자와 직각 방향으로 놓여 있다. 그리고 골반과 유입된 흙이 이 철과를 수평으로 받치고 있다. 옹관의 시기는 야요이 중기 후반으로 馬場山 25호 토광묘보다 시기적으로 약간 내려오지만, 완전히 동일한 출토 상태를 보이고 있어 석과가 부장품으로서 사용되었음을 나타내고 있다.

석과는 Ba형식으로 중기 전반에 해당한다. 이 시기의 동과는 세형동과로 피장자의 부장품으로 사용되어, 석과의 성격 일부가 동과와 공통되고 있음을 보여준다.

같은 馬場山遺蹟의 42호 토광묘에서도 완형 석과 1점과 석과 혹은 석검으로 추정되는 봉부편 1점이 출토되었다(도 8-3 · 4). 말각장방형 토광묘의 한쪽 단벽에 치우쳐 확인되었는데, 장축 절반 정도가 삭평되었으나 석과가 놓여 있는 쪽이 넓어 25호 토광묘와 동일한 배치 관계였다고 생각된다. 석과는 무덤의 장축과 직각을 이루고 있지만, 수평이 아니라 약 45° 정도 기울어진 상태로 출토되었다. 뾰족한 끝 부분이 바닥면에 닿아 있고 기부를 위로 향하는 불안정한 상태는, 외부 압력에 의한 이차적인 모습이라 할 수 있다. 무덤 내부에 수평으로 안치된 석과가 나무 덮개의 낙하로 윗부분에 충격이 가해지면서 기부가 위로 올라가게 되고, 이때 매립된 흙이 유입되거나 후에 순차적으로 퇴적이 이루어져 이러한 상태로 고정되었을 가능성이 생각된다. 이러한 입장에서 본다면 원래는 25호 토광묘와 동일한 출토 상태였다고 할 수 있다. 그러나 나무 덮개 위에 부장되었던 것이 덮개의 부식과 함께 떨어져 그대로 고정된 경우도 상정 가능하다. 함께 출토된 석검 봉부가 바닥면에서 20cm 정도 떠서 기울어진 상태로 출토된 것을 보면 후자의 가능성이 좀더 높다.

佐賀縣 唐津市 宇木汲田 58호 삽입식 옹관의 덮여 있는 흙에서 세형동과가 출토되었고(唐津灣周邊遺跡調查委員會 1982), 福岡縣 絲島郡 三雲遺蹟에서는 옹관 위에서 유병식 세형동검과 함께 세형동과가 확인되어(靑柳種信 1976), 戈의 관외 부장이 행하여졌음을 나타내고 있다. 본 사례도 이러한 경우로 생각할 수 있어, 동과와 공통된 성격을 보이고 있다. 석과의 형식은 Ba식으로 중기 후반에 해당하며, 25호 토광묘와 같은 시기이다.

이상의 두 가지 사례를 통하여 석과가 동과와 마찬가지로 부장품으로서 사용되었음을 알 수 있다.

2) 제사용기로서

佐賀縣 鳥栖市 柚比 安永田遺蹟 5호 트렌치의 타원형(혹은 구상) 구덩이에서 석과가 출토

되었다(藤瀬禎博·石橋新次 1980). 이 구덩이에는 석과와 함께 유입된 토기가 가득 차 있었
다. 옹, 호, 발, 고배, 통형기대 등이 존재하는데, 대부분이 丹塗된 제사용 토기이다. 주머니
형 구연 호, 받침이 높은 고배, 통형기대 등은 북부 규슈에서 제사용 토기의 전형적인 것들이
다. 그 대부분은 구덩이 윗부분에서 중심부 쪽으로 쓰러진 상태로 출토되어, 인위적인 2차
퇴적을 보여주고 있다. 제사용 토기는 무덤 등에서 그 역할을 종료한 시점에 치워지는데, 福

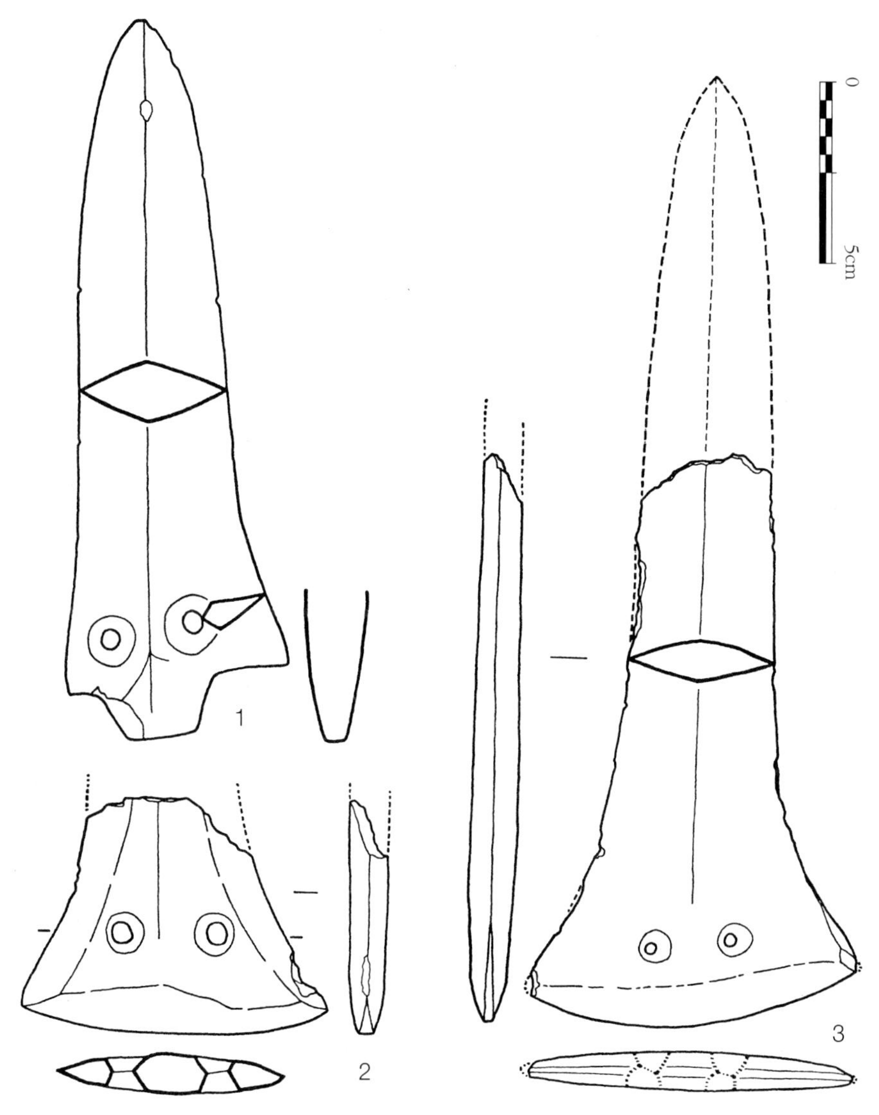

1 福岡·松ケ迫, 2 山口·宮ケ久保, 3 佐賀·安永田

〈도 9〉 제사용기로 사용된 석과

岡縣 栗田遺蹟의 경우 연속된 제사 구덩이 중 최종 단계의 유구에만 토기가 남아 있고 그 이전 단계의 구덩이에서는 모두 정리되어 확인되지 않는다(三輪町敎育委員會 1975). 이렇게 처리된 토기는 일괄적으로 구덩이에 폐기된 것으로 추정되며, 본 安永田遺蹟의 사례 또한 이러한 경우에 해당된다. 福岡縣 春日市 九州大學 筑紫 캠퍼스에서도 폐기된 제사용 토기가 일괄 집적된 사례가 있는데, 이들은 모두 제사의 역할을 끝낸 토기가 모아져 버려진 것이다.

이 丹塗 토기가 쌓여 있는 가운데에 석과가 사이에 낀 상태로 출토되었다(도 9-3). 이러한 출토 상태는 제사 토기와 석과의 밀접한 관계를 나타내며, 제사가 이루어진 장소에서 함께 운반된 것이라 할 수 있다. 토기와 함께 제사에 사용된 석과가 그 임무를 마치고 이 단계에 토기와 함께 모아져 폐기된 것이다. 제사용기로서 석과의 자세한 사용법은 추측하기 어렵지만 제사용 토기가 무덤 앞 제사, 논 제사, 우물 제사 등에 이용된다는 점에서 석과 역시 이 제사들에 소도구로서 사용되었을 가능성이 생각된다. 따라서 석과의 제사용기로서의 성격을 인정할 수 있다. 이 석과는 최종 형식인 Cb식이며, 공반 토기는 일부 중기 중엽~후엽에 속하지만 대부분이 후엽에서 말엽에 해당하여 석과의 형식과 일치하는 시기를 나타낸다.

석과에 이와 같은 제사용기로서의 성격이 인정된다고 할 때 간과할 수 없는 자료가 있다. 그것은 이전의 논고에서도 다루었던 福岡縣 田川郡 絲島 松ヶ迫 출토품(島田寅次郎 1939: 13-14)(도 9-1)으로, 安永田의 사례와 동일한 경우로 보아도 좋을 것 같다. 1916년 '발굴자가 처음 괭이로 토기 파편을 파낼 때 그 부근에 시신이 있었고 남쪽으로 약 3.6m 떨어진 지점에서 돌로 만든 칼끝을 발견' 하여, '시신과 토기를 안치하고 그 앞쪽에 돌 칼끝과 화병형 토기 등을 둔 것' 으로 보면서 유물의 도면과 함께 인골의 출토 사실을 기록하고 있다. 여기서 돌로 만든 칼끝은 분명한 석과로 현재 도쿄국립박물관에 소장되어 있으며, 화병형 토기는 야요이 중기 후반의 제사용 丹塗 장경호이다. 시신과 토기, 석과가 조금 떨어져 있는 점을 볼 때, 양자는 별개의 유구로 분묘와 제사 유구가 약간 떨어져서 함께 존재하였던 것이라 생각된다. 시신과 관련된 유구의 기술이 없어 옹관은 아닌 것으로 판단되며, 실제로 이 지역에 옹관이 분포하지 않기 때문에 토광묘로 추정된다. 주변에 '토기 파편 수십 개' 가 출토되는 유구가 있고 제사용 장경호도 확인되어, 공동 제사 유구의 존재를 짐작할 수 있다. 이 시기는

---

18) 석과가 부장이나 매납된 경우, 馬場山, 立岩, 小和田에서 관찰되는 바와 같이 완형품으로 남게 된다. 그런데 석과 중에는 위쪽 끝 부분이 결실된 것이 많고, 또 이를 재마연한 사례도 있다. 제사에 사용되었을 경우 松ヶ迫 출토품과 같이 완형으로 남은 것도 존재하지만 安永田 출토품처럼 파손된 것도 확인되어, 끝 부분의 결손 사례가 많다는 점을 중시하면 제사의 중간 또는 종료 후에 무언가로 때려 의도적으로 파괴하였을 가능성도 생각할 수 있다.

분묘군에 공반된 제사 유구의 등장이 뚜렷해지는 단계이며, 출토된 토기와 보고된 내용을 볼 때에도 이것 이외에는 생각할 수 없다. 그리고 이러한 성격의 유구에서 석과가 함께 출토된다는 사실은 분묘 제사의 제사용기로서 석과가 이용되었음을 나타내는 것이라 하겠다.[18]

이 석과는 Bb형식으로, 중기 중엽~후엽의 시기에 해당한다. 安永田 출토품을 합하여 생각하면 Bb형식, Cb형식의 석과에서 제사용기로서의 용도를 인정할 수 있다.

3) 매납품으로서

야요이시대에는 제사 행위가 각각의 수준에서 행하여졌다고 생각되는데, 이때 사용된 제사용기 역시 그 역할이 끝난 시점에 다양한 운명을 맞이했을 것이다. 그 하나의 운명이 위에서 언급한 폐기이며, 이밖에 지하에 매납되는 사례도 있었을 것이다. 이 경우 양자 사이에는 제사의 내용에 차이가 있다고 생각된다.

후자의 사례로 福岡縣 飯塚市 立岩 熊野神社 출토품을 들 수 있다(도 10-1). 立岩의 구릉 말단에 자리한 熊野神社에서 매납되었다고 생각되는 석과가 출토되었다.[19] 매납품이기 때문에 석과는 완형의 상태로 남아 있다. 이 석과는 휘록응회암질의 立岩에서 제작된 것이며, Ba형식에 속하여 중기 전반에 제사가 끝난 후 지하 매납이 이루어졌음을 나타내고 있다.

이와 동일한 사례는 福井縣 大飯郡 高浜町 小和田 출토 석과에서도 확인된다(森川昌和·大森宏 1971). 나코우지 산으로 불리는 낮은 구릉 말단의 '사면 표토 아래 약 50~60cm의 붉은 토층에서 석검이 위, 석과를 밑에 두고 포개어 … 평면을 수평으로 하여' 출토되었다고 한다(도 10-2·3). 주변에 유물이 포함된 층이 없어 이들만의 단독 출토이며, 채취를 목적으로 하는 붉은 흙에서 확인되고 있어 의도적으로 수혈을 파고 그 안에 매납한 것으로 볼 수 있

---

19) 이 점에 대해서 관계자인 兒島隆人에게 문서로 여러 가르침을 받았다. 兒島隆人에 의하면 熊野神社 뒤편에서 북쪽을 향하는 구릉 말단의 작은 도로를 확장할 때 절토된 벽면에서 발견되었다고 한다. 그 위치는 구릉의 가장 말단인데, 석과가 세로 상태로 발견되어 일반적인 사례와 다른 출토 정황을 보이고 있다. 주변에서 유물이 확인되지 않은 완전한 단독 출토로, 그 후의 답사에서도 유물은 발견되지 않았다. 단독 출토의 경우 우연히 떨어진 것으로 생각할 수도 있지만, 확인된 구릉의 표토가 얇아 유물이 출토된 깊이를 볼 때 그 가능성은 희박하다. 또, 立岩 구릉이 유구 인지가 용이한 화강암 풍화암반토로 이루어져 만약 유구가 존재했다면 알아차리지 못할 리 없기 때문에, 토광묘 등의 유구가 있었다고 보기도 어렵다. 그렇다면 생각할 수 있는 여러 가능성(우연적인 낙하, 토광묘, 저장수혈)은 모두 상정하기 어렵고, 남은 것은 주로 수혈이 불명확한 상태로 확인되는 매납밖에 없다. 구릉 말단의 단독 출토라는 양상은 매납에 가장 적합한 것이다.

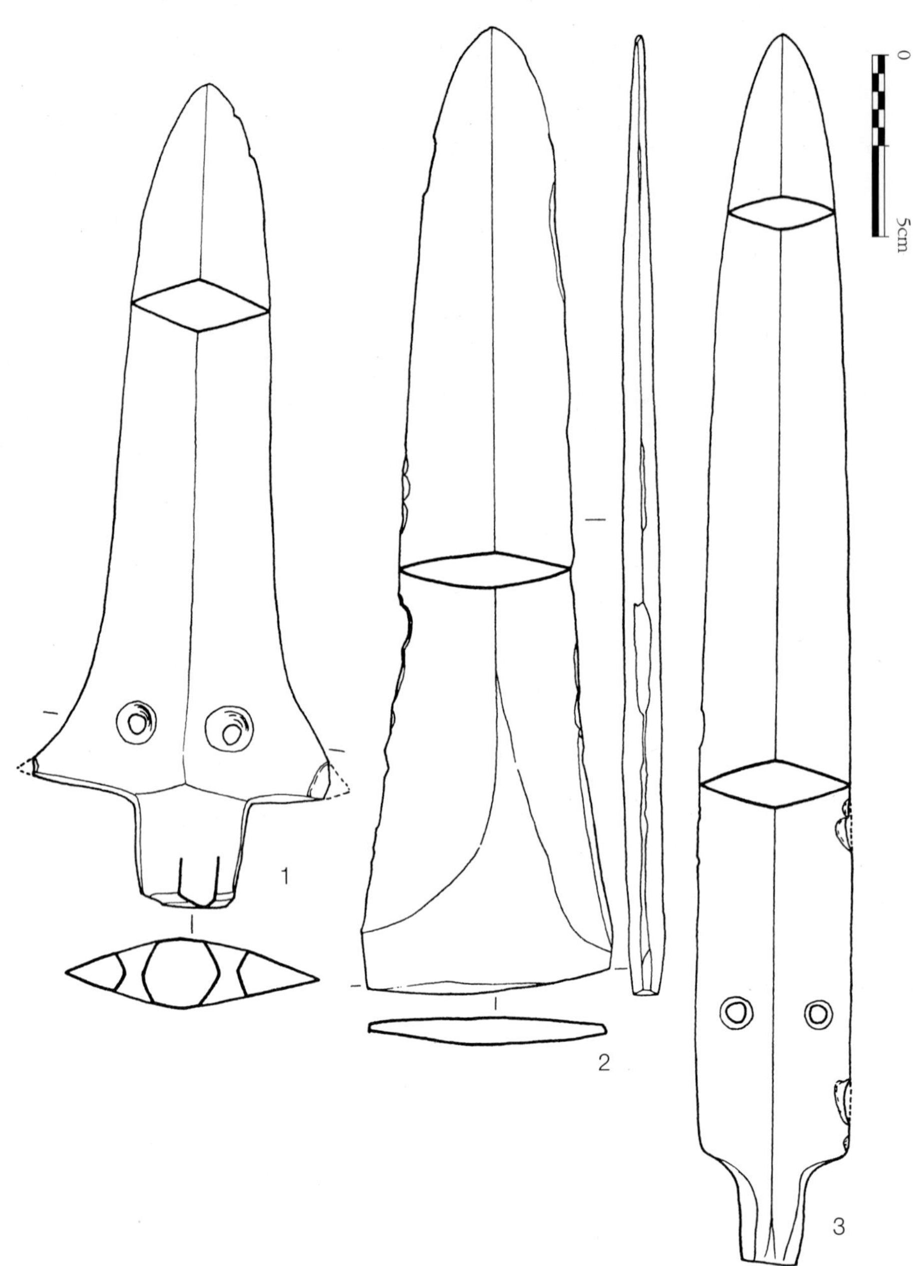

1 福岡・立岩 熊野神社, 2・3 福井・高浜 小和田

〈도 10〉 매납된 석과

다. 또한 석과와 석검이 완형이며 겹쳐져 수평으로 눕힌 상태로 출토된 점도, 인위적인 매납이었을 가능성을 높이고 있다.

한편, 보고자는 동탁 입지와의 유사성을 강조하였는데, 이는 석과와 동일한 성격을 갖는 무기형 청동 제사용기의 매납 위치와도 일치하기 때문에 무기형 제사용기의 매납지로서 적합한 입지라 할 수 있다.

이 석과는 Cb형식에 포함되는데, 구멍이 없어진 말기 형태에 해당한다. 이렇게 규슈에서 이미 Ba형식의 시기에 시작된 제사용기의 매납은 중기 말, 후기 초두에는 동해 연안의 若狹까지 전해지게 된다.

종래 동과의 매납은 중기 후반 이후 倣製銅戈가 제작되면서 시작한 것으로 생각되어 왔으나, 이미 중기 전반에 석과의 매납 사례가 존재하였음을 알 수 있다. 이후 일본에서 자체적으로 中細·中廣銅戈(도 11-3·5)의 제작이 이루어지면서, 이러한 석과 매납의 풍습이 동과형 제사용기로 이어져 지하 매납이 두드러지게 된다. 즉, 동일한 무기형 제사용기로서 석과에서 일본산 동과로 재질을 교체하면서 매납 풍습은 계승된 것이다.

7. 무기형 제사용기의 계보

앞에서 석과에 부장품과 제사용기라는 두 가지 성격이 존재함을 이야기하였는데, 원래부터 무기형 석제품은 이러한 성격들을 가지고 있었던 것 같다.

석과에 앞서 야요이시대 초두에 등장한 유병식 석검(도 11-1)이나 유엽형 마제석촉(도 11-2)에서도 그 성격을 확인할 수 있다. 福岡縣 中間市 遠賀川 바닥에서 유병식 석검 1점과 유엽형 마제석촉 4점이 공반 출토되었다(小田富士雄 外 1978). 福岡市 宇田川原의 상자식 석관에도 유병식 석검이 부장되어 있다(原田大六 1968).

유엽형 마제석촉은 福岡縣 前原町 高野 상자식 석관(1점), 加賀石 지석묘(柳田康雄 外 1980)(6점), 志登 8호 지석묘(文化財保護委員會 1956)(5점), 春日市 伯玄社 24호 토광묘(柳田康雄 外 1968)(6점), 福岡市 東區 蒲田 2호 토광묘(飛高憲雄·二宮忠司 1975)(2점)에 부장되어 있다.

제사용기로서의 사용을 알려주는 사례는 명확하지 않지만 溝나 포함층에 간혹 반으로 잘려져 출토되는 경우가 있는데, 이는 제사용기로서 사용한 후 佐賀縣 安永田 출토품과 마찬

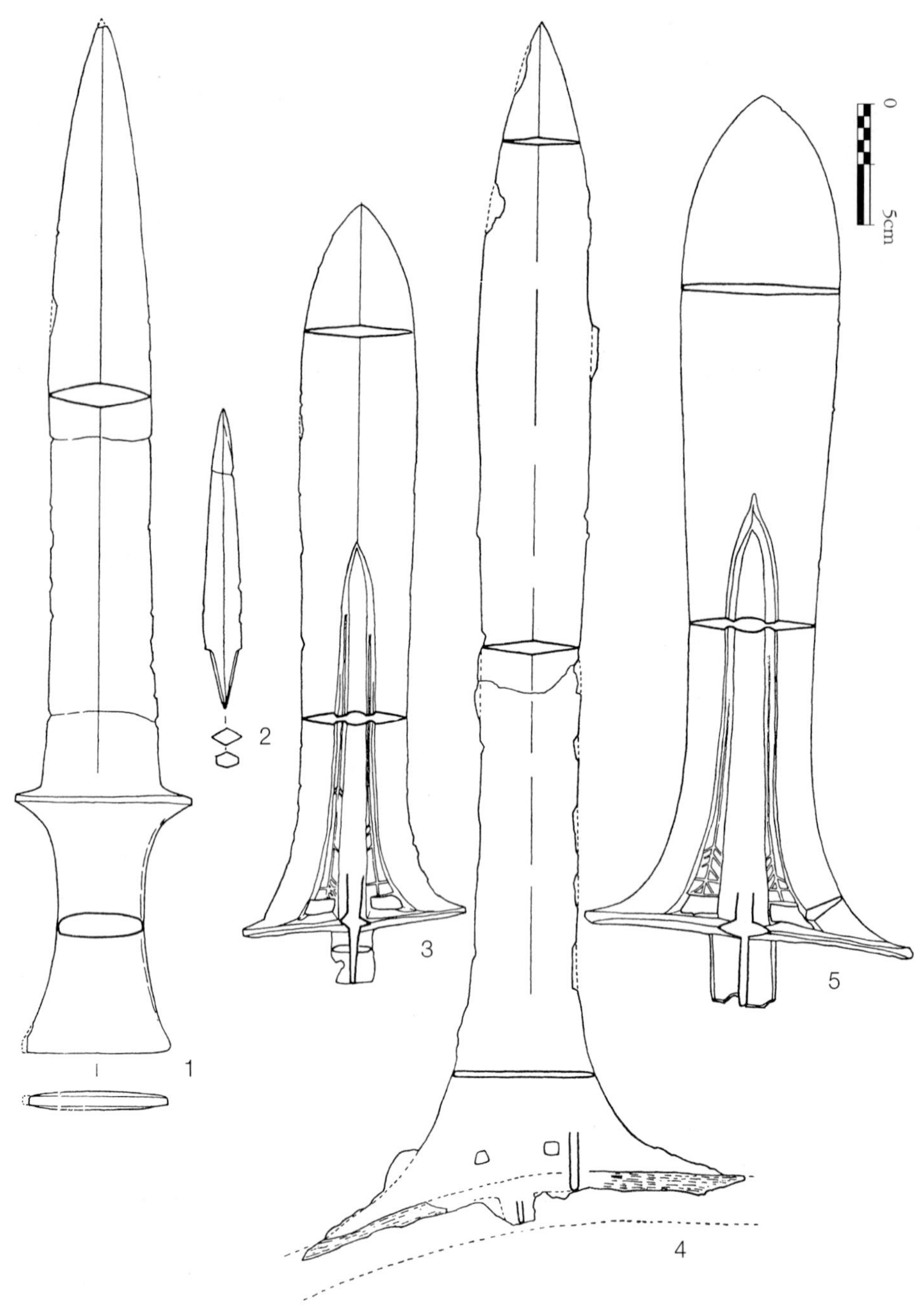

1 유병식석검(對馬 · 치고노하나), 2 유엽형석촉(福岡 · 浦田), 3 中細銅戈(福岡 · 住吉), 4 철과(福岡 · 立岩), 5 中廣銅戈(福岡 · 絲田)

〈도 11〉 무기형 제사용기 각종

가지로 폐기된 것일지도 모른다.

원래 이러한 종류의 석검과 석촉은 한반도 남부에서 형태가 과장되면서 의례도구로서 완성된 것이며, 이상할 정도의 크기로 볼 때 실용성은 없다. 한반도에서도 의례도구로 인정되기 때문에, 일본에서도 그러한 사용 방법을 받아들인 것으로 생각하는 편이 합리적이다.

유병식 석검, 유엽형 석촉은 전기에 한정되지만, 석과는 이들의 성격을 계승하여 그 후까지 전개되었을 가능성이 높다. 전기 말~중기 초두의 A형식 단계에는 아직 제사용기로서 확증을 보여주는 양호한 자료가 확인되지 않았으나, 중기 전반의 Ba형식이 되면 뚜렷하게 그 성격을 보여주게 된다.

첫 번째 성격은 北九州市 馬場山의 토광묘 출토품에서 관찰되는 바와 같이 부장품으로 사용된 경우이다. 전기 말 이후 세형동과는 간혹 부장품으로서 주로 옹관에 묻히게 된다. 佐賀縣 宇木汲田 17 · 58호 옹관(唐津灣周邊遺跡調査委員會 1982), 福岡縣 三雲 1호 옹관(靑柳種信 1976), 福岡市 有田 2호 옹관(森貞次郎 外 1968), 春日市 須久岡本 D지점 큰 돌 아래에서 발견된 옹관(島田貞彦 1930), 日下部地區 13호 옹관(鏡山猛 外 1963), 粕屋郡 鹿部 옹관(森貞次郎 外 1973), 佐賀縣 安永田 옹관(藤瀬禎博 · 石橋新次 1980), 熊本縣 下原 옹관, 下關市 吉母ケ浜 토광묘 출토 세형동과 등이 주요 부장 사례인데, 석과는 이들과 동일한 성격을 갖고 있다. 이것이 遠賀川 하류역의 馬場山에서 발견된 것은, 세형동과의 분포권 내에 있지만 다량 출토 지대인 대한해협 연안과 거리를 두고 있는 지역에서 동과의 입수가 충분하게 이루어지지 못했기 때문이다. 이와 같이 동과의 공백 지대에서 석과는 세형동과의 대체품 역할을 담당하였다.

세형동과는 중기 중엽 전후에 일본 자체 제작의 금속제 戈로 대체된다. 하나는 中細形의 동과이며, 또 다른 하나는 철과이다. 모두 세형동과보다 한층 과대화되며 착병 기능이 약해 의례용기의 특징이 강조되었는데, 중세형동과도 佐賀縣 唐津市 久里大牟田 옹관 출토품에서 확인되는 바와 같이(立岩遺跡編輯委員會 1977) 세형동과의 부장이라는 성격을 계승하고 있다. 또, 한편으로는 석과와 마찬가지로 지하 매납품으로서도 사용된다. 철과 역시 서쪽은 長崎縣 諫早(稻富裕和 1981), 동쪽은 遠賀川流域까지의 넓은 범위에서 부장품으로 사용되어(立岩遺跡編輯委員會 1977)(도 11-4), 석과, 일본 제작 동과와 동일한 성격을 보이고 있다. 이 시기에 해당하는 석과는 동과, 철과와 동일하게 퇴화된 말기 형식인 C식이며, 이때부터 서서히 모습을 감추게 된다.

후기가 되면 여러 종류의 戈는 북부 규슈 문화권의 주변 지역을 제외하고 부장되는 사례가 없어지며, 이후 새로운 한반도 수입품이 철검, 소환두대도, 철모 등의 철제 무기가 부장품의 주류로서 계속된다.

석과의 두 번째 역할로는 제사용기로서의 사용을 들 수 있다. 제사가 종료된 후, 폐기되거나 그 장소에 그대로 두는 경우와 지하에 매납되는 경우로 구분된다. 전자에는 松ヶ迫 제사 유구에 놓여진 Bb형식과 安永田의 제사 토기와 함께 폐기된 Cb형식이 있다. 山口縣 宮ヶ久保 출토품 역시 이러한 경우에 포함해도 좋을 것 같다. 이 사례는 溝에서 확인되었는데, 그 하층에는 확실한 제사용 의례도구인 木戟, 木戈, 木劍이 폐기되어 있다(中村哲也 1977). 宮ヶ久保의 석과는 Cb형식으로 경부가 없어 연질의 사문암으로 제작된 安永田 출토품과 재질, 형태에 있어서 동일하며, 무기형 목제품과 그 용도가 연결된다. 즉, 宮ヶ久保遺蹟에서는 중기 전반에 무기형 목제품으로 제사가 이루어지고, 중엽 이후에는 석과로 제사를 지낸 것이다. 이 양자는 우연하게 출토되었기 때문에, 두 시기 모두 양자가 함께 사용되었을 가능성도 배제할 수 없다.

이상과 같이 제사용기로 사용된 사례는 松ヶ迫의 Bb형식과 安永田, 宮ヶ久保의 Cb형식이기 때문에 중기 중엽 이후에 해당되지만, 매납 석과를 보면 Ba형식부터 확인되어 석과의 이른 형식(중기 전반 이전)의 단계부터 제사용기로서의 성격을 발휘하고 있었다고 생각된다.

제사가 끝난 후 매납된 석과로는 立岩 熊野神社 출토품과 福井縣 小和田 사례 등이 있다.

〈표 3〉 戈의 용도와 추이

용도 \ 시기	전기 말~중기 중엽	중기 후반	후기
부장품	세형동과 ———	중세형동과 —————— (중세형동모) → 철 과 ———— (철검 · 철모)	(철검 · 철도 · 철모)
		馬場山 Ba	
	석 과 - - - - - - - - - - -		
제사용기 1 (매납)	立岩 Ba 석 과 ———	若狹小和田 Cb → 중세형동과 ———— (중세형동모)	→ 중광 · 광형동과 (중광 · 광형동모)
	목 과 - - - - - - - - - - -		
제사용기 2 (폐기 · 존치)	석 과 ——— 목과 · 木戟 - - - - - - - (목 검)	松ヶ迫 Bb　　宮ヶ久保 Cb 安永田 Cb	

전자는 Ba형식이고 후자는 Cb형식이므로, 늦어도 중기 전반에는 매납이 시작되었음을 보여주고 있다. 이것이 중기 후반까지 연결되는데, 중기 후반에는 방제동과로 이어진다. 세형동과를 이어받아 중기 후반에는 일본산 중세형동과가 북부 규슈의 각 평야에서 제작되며(下條 信行 1982), 해당 제품은 앞에서 언급한 바와 같이 옹관의 부장품으로 사용되거나 혹은 석과에 이어 매납품으로 이용된다. 福岡縣 住吉神社 소장품(도 11-3)은 중세형동모 5점, 중세형동과 5점이 일괄 출토된 것인데, 매납품으로서 중세형동과의 확실한 사례이다. 시기는 중기 후반으로 석과의 존속 기간과 중복되어, 이와 같은 방제동과의 매납이 선행한 석과의 매납을 계승하였음을 보여주고 있다. 종래 세형동과에서 中細·中廣의 일본산 동과로의 발전을 이야기할 때, 형식적 추이는 이해할 수 있었지만 부장품에서 매납품으로의 성격적 차이는 비약이 너무 커서 설명에 애매한 부분이 있었다. 이 문제를 해결하는 열쇠는 분묘(옹관)에 감춰져 있는 것이 아니라, 석과의 제사용기라는 성격 속에 포함되어 있는 것이다.[20]

이상의 내용을 정리하면 〈표 3〉과 같다.

8. 맺음말

석과에는 1) 세형동과 대체품으로서 부장품의 역할과 2) 세형동과에는 없지만 木戈 등과 성격을 공유하는 제사용기로서의 역할이 있다.

이러한 성격을 가진 석과(특히 규슈형)는 세형동과 분포권의 주변 지역에서 시작되어, 이후 형식이 변화함에 따라 분포권을 확대해간다. A형식의 단계에는 福岡縣 동부와 西瀬戸內에 한정되어있었으나, B형식이 되면 쓰시마, 壹岐로부터 규슈 북부에 퍼지며 동쪽으로는 愛媛 중부까지 이르게 된다. 그리고 의례용 성격이 강조된 C형식이 되면 규슈는 물론이고 동쪽 瀬戸內海 연안의 兵庫縣, 동해 연안의 福井縣까지 퍼져, 규슈형 제사용기를 사용한 지역이 한꺼번에 확대된다.

이상이 본고의 대략적인 내용이다. 그런데 석과의 성격은 단순히 석과에 머무르지 않고,

---

20) 무기형 제사용기는 석과 이전부터 존재했을 것으로 예상된다. 유병식 석검이나 목제검이 그 후보로, 이들이 제사가 끝난 후 매납되었을 것이다. 석과는 이를 받아들여 동일한 전개를 보여주었음에 불과하며, 석과가 매납 풍습의 효시가 된 것은 아니다.

그 이전의 석검과 석과를 계승한 방제동과로 이어진다. 이들은 각각 독자의 시간과 분포를 가지고 있는데, 그 연결 고리 역할을 하는 것이 석과이다. 따라서 앞으로 석과를 중심에 두고 다른 제사 관련 도구를 검토함으로써, 규슈형 제사용기의 전반적인 양상을 살펴보는 것이 가능하게 되었다. 가까운 시기에 이 점에 대해 다루어보고 싶다.

(원전 : 1982, 「武器形石製品の性格－石戈再論」 『平安博物館研究紀要』 7, 古代學協會)

岡崎敬, 1959,「銅劍・銅矛・銅戈」『日本考古學講座』4.

京都大學文學部, 1960,『京都大學考古學資料目錄』1.

鏡山猛 外, 1963,『福岡縣須玖・岡本遺跡調査概報』, 福岡縣文化財調査報告 29.

高橋健自, 1925,『銅鉾銅劍の研究』.

菅谷文則 外, 1973,「奈良縣御所市鴨都波遺跡出土の石戈」『考古學雜誌』59-3.

宮田町誌編纂委員會 編, 1978,『宮田町誌』, 宮田町.

唐津灣周邊遺跡調査委員會 編, 1982,『末盧國』.

稻富裕和, 1981,『富の原常盤遺跡發掘調査報告書』.

島田寅次郎, 1939,『石器と土器・古墳と副葬品』, 福岡縣史蹟名勝天然記念物調査報告 13.

島田貞彦, 1930,『筑前須玖史前遺跡の研究』, 京都帝國大學文學部考古學研究報告 11.

藤瀨禎博, 1978,『大久保遺跡』, 鳥栖市文化財調査報告書 3.

藤瀨禎博・石橋新次, 1980,『柚比遺跡郡範圍確認調査第3次槪要報告書』, 鳥栖市文化財調査報告書 7.

鈴木重治, 1961,「宮崎市石神遺跡出土の彌生期の資料」『宮崎縣立博物館館報』7.

柳田康雄 外, 1968,『福岡縣伯玄社遺跡調査概報』, 福岡縣文化財調査報告 36.

柳田康雄 外, 1980,『三雲遺跡』Ⅰ, 福岡縣文化財調査報告 58.

木下巧・堀川義央, 1980,『大深田遺跡』, 佐賀縣文化財調査報告書.

文化財保護委員會, 1956,『志登支石墓群』.

飯塚市教育委員會, 1980,『燒ノ正遺跡』, 立岩周邊遺跡發掘調査報告書 1.

飯塚市教育委員會, 1982,『下ノ方遺跡』, 立岩周邊遺跡發掘調査報告書 3.

飯塚地方誌編纂委員會, 1975,『地圖と繪でみる嘉穂地方誌』.

防府考古學研究會, 1975,『防府古代文化』.

福岡市立歷史資料館, 1980,『豊前・筑前其他出土考古品圖譜』.

福岡縣教育委員會, 1963,『銀冠塚』, 福岡文化財調査報告書 28.

福岡縣教育委員會, 1976,『山陽新幹線關係埋藏文化財調査報告』, 春日市・筑紫郡那賀川町所在遺跡群の調査 2.

福岡縣教育委員會, 1977,『福岡縣鞍手郡若宮町・宮田町所在遺跡群の調査』, 九州縱貫自動車道關係埋藏文財調査報告書 8.

福岡縣教育委員會, 1979,『福岡縣鞍手郡鞍手町所在中屋敷遺跡の調査』, 九州縱貫自動車道關係埋藏文化財調査報告書 29.

富樫卯三郎, 1961,「境目出土の石戈」『熊本史學』21・22.

北九州市立歷史博物館, 1976,『洞海灣の歷史展』, 北九州市立歷史博物館.

飛高憲雄・二宮忠司, 1975,『蒲田遺跡』, 福岡市埋藏文化財調査報告 33.

山口讓治, 1981,『板付』, 福岡市埋藏文化財調查報告書 73.

三輪町教育委員會, 1975, 『栗田遺跡』, 三輪町文化財調査報告書 2.

森本六爾, 1943, 「東國發見のクリス形石劍」『日本考古學研究』.

森貞次郎, 1942, 「古期彌生式文化期における立岩文化期の意義」『古代文化』 13-7.

森貞次郎 外, 1968, 『有田遺跡』.

森貞次郎・乙益重隆・渡辺正氣, 1969, 「福岡縣志賀島の彌生遺跡」『考古學雜誌』 46-2.

森貞次郎 外, 1973, 『鹿部山遺跡』.

森川昌和・大森宏, 1971, 『若狹高浜出土の石劍・石戈』.

小田富士雄 外, 1973, 『原遺跡』, 北九州香月地區埋藏文化財調査會.

小田富士雄 外, 1978, 『中間市史』 上.

小川敬養, 1894, 「豊前小倉近傍の石劍」『東京人類學會雜誌』 98.

松尾禎作, 1935, 『東肥前の先史遺跡』.

松尾禎作, 1957, 『佐賀縣考古大觀』.

松本友雄, 1927, 「壹岐國考古通信(1)」『考古學雜誌』 17-2.

松本友雄, 1932, 「クリス形石劍の新例」『考古學』 3-6.

松山市史料集編輯委員會, 1980, 『松山市史料集』 1.

乘安和二三, 1979, 『井上山』.

信濃史料刊行會 編, 1956, 『信濃考古總覽』 上.

兒島隆人, 1934, 「遠賀川上流の彌生式遺跡地について」『上代文化』 11・12.

兒島隆人・藤田等 編, 1973, 『嘉穂地方誌－先史編』.

岩崎二郎・藤田雅子 外, 1980, 『瓜生堂』.

奥井哲秀, 1997, 「東奈良遺跡出土の石戈について」『考古學雜誌』 63-2.

玉泉大梁 編, 1962, 「上世」『福岡縣史』 1.

原田大六, 1968, 『伊都國王墓展』.

栗山伸司・川上秀秋, 1980, 『馬場山遺跡』, 北九州市文化財調査報告 36.

立岩遺跡編輯委員會 編, 1977, 『立岩遺跡』.

赤松啓介, 1973, 「神戸市垂水區青谷遺跡出土の石戈」『考古學雜誌』 59-3.

赤池町史編纂委員會, 1977, 『赤池町史』.

堤菅賢・谷昭文則・吉村雅博・吉田二郎, 1973, 「奈良縣御所市鴨都波遺跡出土の石戈」『考古學雜誌』 59-3.

佐賀縣教育廳文化課 編, 1973, 『土生・久蘇遺跡』, 佐賀縣文化財調査報告書 25.

酒井仁夫・浜田信也, 1971, 『日上遺跡』, 福岡縣埋藏文化財調査報告 48.

中島豊 外, 1969, 『感田上原遺跡發掘調査概報』, 直方市敎育委員會.

中村修身 外, 1980, 『辻田遺跡』, 北九州市文化財調査報告 35.

中村哲也, 1977, 「宮ケ久保遺跡出土の木製武器形祭器」『考古學雜誌』 63-2.

青柳種信, 1976, 『柳園古器略考』.

春日市教育委員會, 1979,『大谷遺跡』, 春日市文化財調査報告書 5.

下條信行, 1976,「石戈論」『史淵』113.

下條信行, 1982,「銅矛形祭器の生産と波及」『森貞次郎博士古稀記念古文化論集』.

花村利彦, 1974,「先史編」『田川市史』.

横尾義明, 1979,「筑後川川底出土の石戈」『久留米郷土研究會誌』8.

後藤守一, 1930,「上古時代における上越地方」『考古學雜誌』20-9.

後藤宗俊・小倉正五 外, 1975,『臺ノ原遺跡』, 大分縣文化財調査報告 33.

黒野肇, 1969,「原始時代」『方城町誌』.

石矛의 제창
─나뭇잎 모양 석제 무기에 대해서─

번역 : 손준호

1. 머리말

한반도에서 벼농사와 함께 일본으로 전래된 마제석기는, 죠몽시대의 한계를 뛰어넘는 새로운 것이었다. 이러한 석기들을 大陸系磨製石器라 부르는데, 반월형석도, 석겸, 합인석부, 유구석부, 편평편인석부 등의 실용 도구부터 유병식석검, 유엽형석촉 등 일종의 의례 도구에 이르기까지 다종다양하며 모두 그 기원을 중국과 한반도에 두고 있다.

이렇게 야요이시대의 석기는 벼농사의 시작 단계에 첫 페이지를 열었지만, 두 번째의 변혁은 야요이시대 전기 말~중기 초두에 일어난다(下條信行 1977). 먼저 실용적 농기구와 공구는 내재적 자기 혁신을 통하여 형태나 재질이 강화되었으며, 그 다음 유병식석검이나 유엽형석촉은 한반도에서 細形銅劍, 細形銅矛, 細形銅戈 등이 도착함에 따라 모습을 감추게 된다. 그리고 이러한 동제 무기의 영향에 의하여 새로운 무기형 석제품이 등장한다.

구체적인 사례로 세형동검을 모방한 유경식석검(소위 철검형석검)과 세형동과의 규제를 받은 石戈가 있는데(下條信行 1976), 이들은 야요이시대의 보편적인 무기형 석제품으로서 대표적인 것이 된다. 이 두 가지의 석기 중에는 부분적으로 변형을 이룬 것도 존재하지만, 대부분 일정한 형식을 벗어나지 않고 있어 형태를 통한 확인에 오해의 여지는 없다.

그런데 최근 이러한 석기들과 형태적인 특징을 달리하는 한 무리의 무기형 석제품이 확인되고 있다. 2차 대전 이전부터 알려진 것들이 있지만, 출토 사례가 소수에 불과하기 때문에 특별하게 다루어진 적은 없었다. 그러나 최근의 발굴조사에 의하여 유사한 사례가 증가하고 있는데, 필자가 아는 한 10개 정도 확인되었다. 또한 출토 지역도 규슈를 중심으로 하면서 주고쿠지방에서 관찰되는 등 공간적인 확산까지 확인되기 때문에, 새로운 형식의 무기형 석제품으로서 새롭게 다루어 보고자 한다.

2. 출토 사례

1) 福岡市 西區 片江 淨泉寺遺蹟(村岡和雄 · 松村道博 1974)(도 1-1)

福岡市 西郊 宇神松寺의 해발 26m 구릉에 자리잡은 야요이시대 취락 유적에서 출토되었다. 취락은 시기를 달리하는 저장공, 주거지 등으로 구성되는데, 전자는 야요이시대 전기 말, 후자는 중기에 해당한다. 유적은 유구의 분포를 바탕으로 서쪽 · 가운데 · 동쪽으로 나누어지며, 무기형 석제품은 가운데의 Ⅱ구역에서 채집되었다.

이 유물은 윗부분이 결실되어 있다. 남은 길이는 16.3cm이지만, 복원하면 20cm 정도가 된다. 윗부분부터 서서히 폭이 넓어져, 전체 길이의 2/3 지점에서 최대 폭을 이룬다. 최대 폭은 6.5cm이다. 이곳으로부터 밑으로 갈수록 폭이 점차 줄어드는데, 가장 아래쪽의 폭은 4.7cm이다.

최대 폭 바로 아래에 길이 1.3cm, 폭 0.6cm의 결입부가 있으며, 이보다 아래쪽이 자루 연결의 기능을 담당한 基部이다. 따라서 기부 양쪽 측면에는 날이 형성되어 있지 않다.

가장 아래쪽은 몸통의 중심선을 기준으로 직각을 이루지 않고, 결입부의 반대쪽이 약간 올라가 있다.

능은 윗부분 근처에서만 약하게 관찰되어, 단면은 렌즈형을 이루고 있다.

전체적으로 결입부보다 위쪽을 정밀하게 제작하였으며, 아래쪽으로 갈수록 타격이나 고타 흔적이 남아 있는데 마연하기 어려울 정도로 요철이 심한 편이다. 몸통의 두께는 석검보다 두껍고 석과와 비슷하다.

석재는 휘록응회암으로 立岩에서 생산된 것이다. 시기는 토기와의 공반 관계를 알 수 없지만, 立岩에서 석기 제작의 동향을 볼 때 중기라고 생각된다.

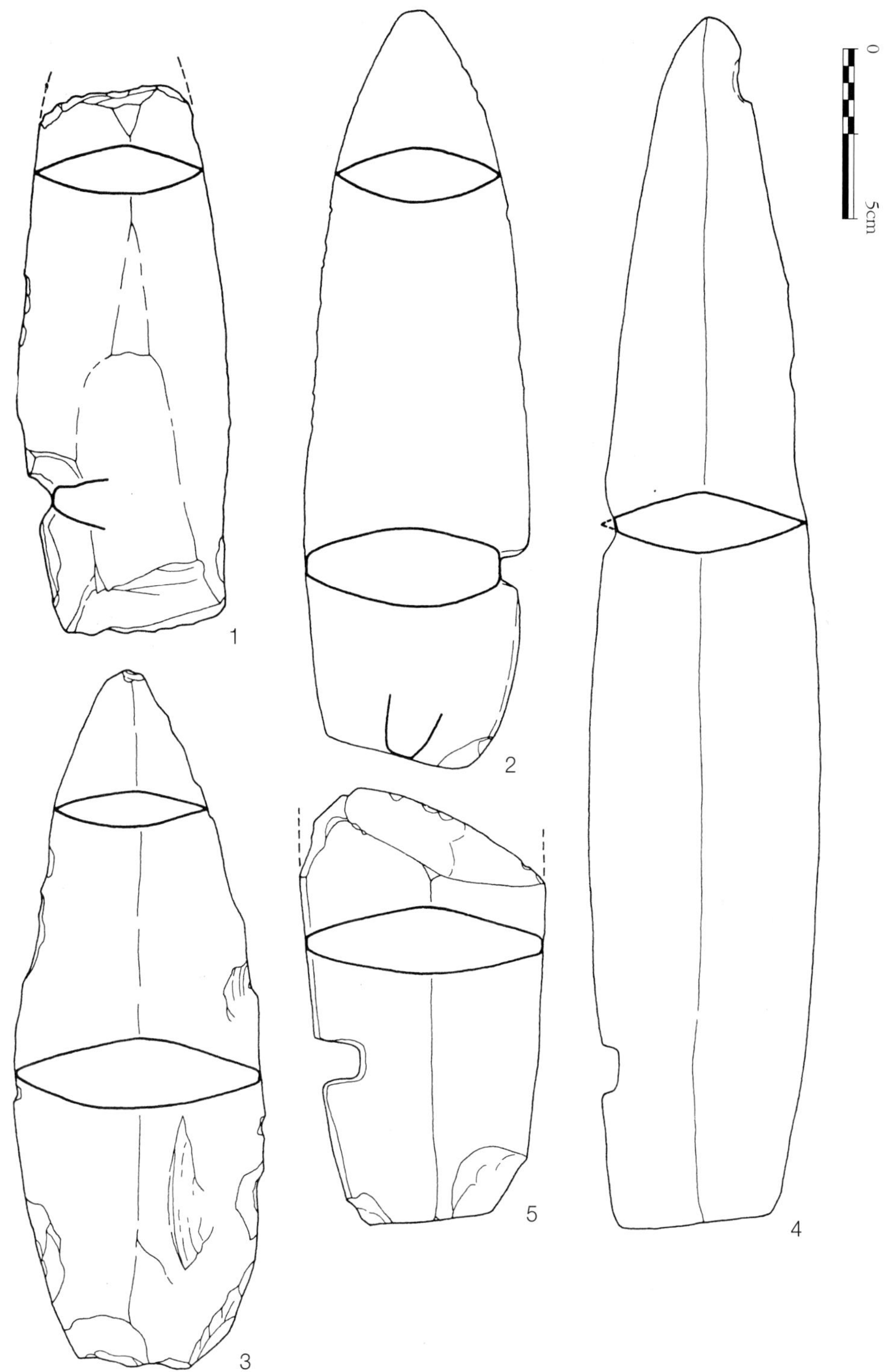

1 福岡 淨泉寺, 2 福岡 種畜場, 3 福岡 橫隈山, 4 福岡 大井, 5 福岡 立岩

〈도 1〉 석모 사례 1

2) 福岡縣 小郡市 三澤 種畜場 내부 유적(福岡縣敎育委員會 1977)(도 1-2)

1972년 규슈 관통 자동차 도로 공사의 사전 발굴조사에서 확인된 것이다.

유적은 저장공, 토광묘 등으로 구성된 야요이시대 취락인데, 이 중 1구역 1호 저장공에서 무기형 석제품이 출토되었다.

조사를 담당한 福岡縣 교육위원회의 森田勉 씨에 의하면, 이 석제품은 저장공의 중간층에서 출토되었으며 공반된 토기는 층위 간 차이가 없다고 하였다. 조사 당시 실제로 관찰한 필자의 메모에는, 아래층이 전기 말에 해당하며 일부 중기 초두의 토기를 포함한다고 적혀 있다.

이 유적의 개략적인 보고에도 '저장공에서 출토된 석과는 공반된 유물에 의해 전기 마지막~중기 초두에 속하는 것으로 생각된다'고 기록되어 있어, 필자가 관찰한 결과와 일치한다. 따라서 석기의 시기는 전기 말·중기 초두에 해당하는 것으로 볼 수 있다.

이 석기는 완전한 형태를 갖추고 있으며, 전체 길이는 22.5cm이다. 표면에는 날과 평행하게 석재의 층리가 관찰된다. 윗부분에서부터 완만하게 곡선을 이루며 폭이 넓어진다. 전체 길이의 2/3 지점에서 최대 폭이 형성되는데 7.6cm이다.

이곳으로부터 밑으로 갈수록 점차 폭이 좁아져 가장 아래쪽은 4.5cm가 된다. 날은 최대 폭의 위치까지 형성되어 있으며, 그 바로 아래에서 1개의 방형 결입부가 확인된다. 가장 아래쪽은 결입부 방향으로 기울어져 내려간다. 결입부 위쪽부터 가장 아래쪽까지의 길이는 6.5cm이다.

능은 거의 없어 인부의 단면은 렌즈형이며, 몸통은 두꺼운 편이다. 두께는 윗부분 근처가 1.7cm, 결입부 부근이 2.4cm이다.

〈표 1〉 석모 출토지 일람 (단위 cm)

번호	소재지·유적명	전체 길이	결입부	시기	비고
1	福岡縣 福岡市 西區 淨泉寺	16.3+	1개	중기	福岡市敎育委員會 소장
2	小郡市 三澤 種畜場	22.5	1개	전기 말~중기 초	저장공-福岡市敎育委員會 소장
3	小郡市 三澤 橫隈山	20.8	없음		저장공-福岡市敎育委員會 소장
4	小郡市 三澤	14.0+	1개		石井忠 씨 소장
5	宗像市 東鄕 大井	35.7	1개		
6	飯塚市 立岩	12.9+	1개		
7	熊本縣 玉名市 菊池川 바닥	20.9	1개		田辺哲夫 씨 소장
8	宮崎縣 兒湯郡 高鍋町 持田 中尾	18.9	2개	전기 말~중기 초	宮崎縣敎育委員會 소장
9	山口縣 下關市 綾羅木	8.7+	1개	전기 말~중기 초	저장공-下關市敎育委員會 소장
10	島根縣 松江市 西川津 다테쵸	10.8+		전기 말~중기 초	포함층-島根縣敎育委員會 소장

3) 福岡縣 小郡市 三澤 橫隈山遺蹟(小郡市敎育委員會 1974)(도 1-3)

1973년 橫隈山遺蹟 제2지점의 트렌치 안에서 출토된 것이다.

제2지점은 주거지, 저장공, 토광묘 등 야요이시대의 유구가 주체를 이루고 있다. 시기적으로는 일부 후기 후반의 주거지를 제외하면 저장공과 주거지 모두 전기의 마지막~중기 초두에 해당되어, 앞서 언급한 種畜場 출토 사례와 같은 시기로 생각된다.

전체 길이 20.8cm의 완전한 형태를 갖춘 석기로, 種畜場 출토품과 나란히 전형적인 나뭇잎 형태를 이루고 있다.

윗부분에서부터 곡선을 이루며 폭이 넓어지는데, 12.3cm 내려온 지점에서 최대 폭을 형성한다. 최대 폭은 7.6cm로 특히 넓다. 이러한 종류의 석기 중에서도 폭이 넓은 형식에 속한다.

최대 폭의 위치에서 밑으로 갈수록 조금씩 완만하게 좁아져 가장 아래쪽은 3.5cm가 된다.

날은 최대 폭의 위쪽에서만 확인되며, 그 아래쪽은 날이 부착되지 않은 기부를 이루고 있다. 기부와 인부의 경계에 일반적으로 존재하는 결입부가 형성되어 있지 않다.

윗부분에서 기부까지 약한 능이 관찰되지만, 횡단면은 렌즈형에 가깝다. 두께는 윗부분 근처가 1.7cm, 최대 폭 부근이 2.0cm이다.

4) 福岡縣 小郡市 三澤

채집품이기 때문에 출토 정황을 자세히 알 수 없다. 인부가 전반적으로 파괴되어 있어, 전체 형태를 파악하기 어렵다. 단, 단면 렌즈형의 몸통은 상당히 두꺼워 중앙이 1.8cm인데, 이를 근거로 폭을 복원하면 6.4cm가 되어 다른 유사 석기와 동일하게 넓은 폭을 가진다. 기부는 완전하게 남아있으며 두께 2.1cm로 두껍지만, 폭 3.5cm, 길이 2.5cm로 다른 무기형 석제품과 비교할 때 좁고 짧은 편이다. 이러한 기부가 넓은 폭의 몸통에 부착되어 단을 형성하기 때문에, 일반적인 사례들과는 형태를 달리한다. 현재 남아있는 길이는 14cm이다.

5) 福岡縣 宗像市 東鄕 大井(有光敎一 1959)(도 1-4)

전체 길이 35.7cm에 달하는 큰 무기형 석제품이다. 곡선을 형성하면서 역시 전체 길이의

2/3 지점에서 최대 폭을 이룬다. 최대 폭은 7.1cm로 넓은 편이다. 결입부가 한쪽 측면에 설치되어 있으며, 기부의 길이는 5.3cm로 다른 사례와 유사하다. 기부 폭은 6.4cm로 약간 넓다.

몸통 중앙에 능이 형성되어 있어, 능형에 가까운 단면형을 가진다. 비슷한 종류의 석기 중에서 가장 길다.

6) 福岡縣 飯塚市 立岩遺蹟(兒島隆人 外 1973; 有光敎一 1959)(도 1-5)

몸통이 파손되어 기부와 그 상단 일부만 남아있다. 잔존 길이는 12.9cm이다. 결손 부분이 거의 최대 폭을 이루는데 7.45cm이다. 이곳에서부터 밑으로 갈수록 점차 폭이 줄어들어, 가장 아래쪽은 3.7cm(복원 길이 5.0cm)가 된다. 결입부는 가장 아래쪽으로부터 4.3cm 올라간 지점에서 1개가 관찰된다.

약한 능이 아래쪽 끝까지 이어져 있지만, 기부의 단면은 렌즈형에 가깝다. 기부의 크기와 형태가 大井 출토품과 비슷하기 때문에, 대형이었을 가능성이 있다.

7) 熊本縣 玉名市 菊池川 바닥(朝日新聞西部本社企劃部 1980)(도 2-1)

전체 길이 20.9cm로 완전한 형태를 갖추고 있다. 윗부분에서 급격하게 날이 모아진다. 윗부분에서 결입부까지 서서히 폭이 증가하는데, 다른 사례만큼 휘어지는 정도가 크지 않다.

결입부 위쪽이 최대 폭으로 5.6cm이다. 결입부 아래쪽은 밑으로 갈수록 약간씩 폭이 줄어드는데, 가장 아래쪽이 4.9cm이다. 기부의 길이는 5.6cm이다.

몸통 중앙에는 약한 능이 있지만, 단면은 렌즈형을 이룬다. 두께는 2.4cm로 두꺼운 편이다.

결입부에는 나무 자루의 흔적이 남아있다.

8) 宮崎縣 兒湯郡 高鍋町 持田 中尾遺蹟(北鄕泰道 1982)

전체적인 형태는 福岡縣 種畜場 출토품, 橫隈山 출토품과 같은 나뭇잎 모양을 이루고 있다. 전체 길이는 18.9cm로 약간 소형이다. 기부 양측에 결입부가 설치되어 있는데, 야요이시대 전기 말~중기 초두에 해당하는 토기와 공반 출토되고 있다.

9) 山口縣 下關市 綾羅木遺蹟(도 2-2)

몸통은 파손되어 기부만 남아있다. 한쪽 측면에 결입부가 설치되어 있으며, 결입부의 위쪽이 최대 폭이 된다. 가장 아래쪽은 약간 좁지만, 양 측면이 서로 평행하며 넓은 편이다. 결입부 위쪽은 폭 6.9cm, 가장 아래쪽은 폭 5.8cm이다. 기부의 길이는 6.1cm로, 다른 사례와 같은 크기이다. 형태나 크기는 大井 출토품, 立岩 출토품과 유사하여 대형품일 가능성이 있다.

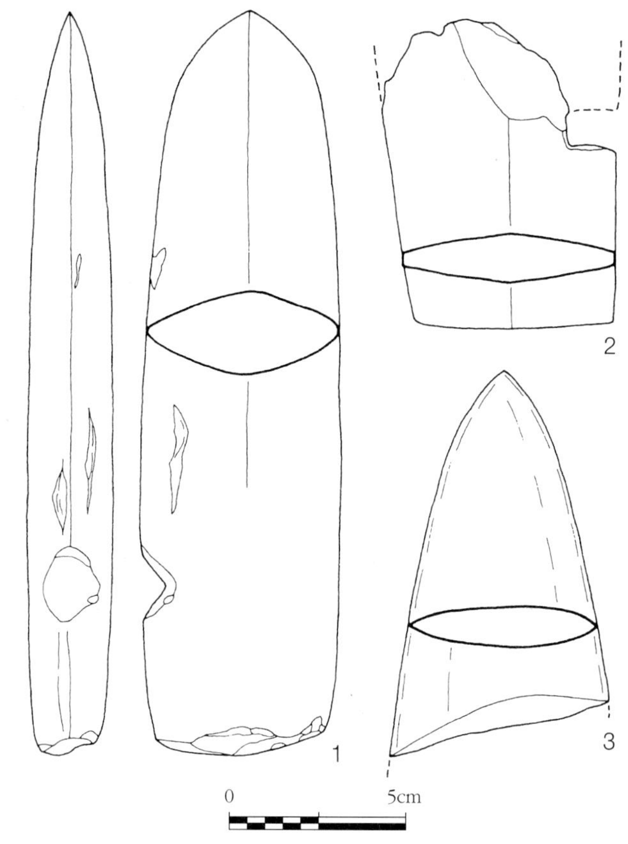

1 熊本 菊池川 바닥, 2 山口 綾羅木, 3 島根 다테쵸

〈도 2〉 석모 사례 2

몸통의 중앙에서 아래쪽까지 이어진 능이 확인되며, 단면은 납작한 육각형을 이루고 있다. 기부의 두께는 1.4cm이다.

EI-4810 저장공에서 출토되었는데, 이 저장공에서는 綾羅木 III식 단계의 토기가 출토되었기 때문에 해당 석기가 전기 말 전후에 사용된 것임을 짐작할 수 있다.

10) 島根縣 松江市 西川津 다테쵸유적(前島己基 外 1979)(도 2-3)

기부가 파손되고 몸통 상반부만 남아있다. 윗부분에서 나뭇잎 모양으로 폭이 넓어지는데,

남아있는 부분의 최대 폭은 6.5cm이다. 실제 최대 폭은 이보다 아래쪽에 있었으나 결실되었다.

몸통에는 능이 관찰되지 않고, 단면은 납작한 렌즈형을 이루고 있다. 몸통 중앙의 두께는 1.2cm로, 다른 사례에 비하여 얇은 편이다. 흑색혈암으로 제작되었다.

공반된 토기는 전기 말~중기에 해당하지만, 포함층에서 출토되었기 때문에 어느 시기에 속하는지 확정할 수 없다.

3. 특징과 용도

이상의 관찰을 통하여 이러한 종류의 석기가 가진 특징을 정리하면 다음과 같다.

1) 날의 끝 부분이 예리하며 이로부터 몸통 쪽으로 갈수록 약간 둥글게 부풀다가 전체 길이의 중간 아래쪽에 최대 폭이 형성된다.

2) 길이는 완전한 형태를 갖춘 것을 보면, 種畜場 출토품 22.5cm, 橫隈山 출토품 20.8cm, 菊池川 바닥 출토품 20.9cm로 20cm를 넘는 것이 많다.

한편, 大井 출토품과 같이 35.7cm에 달하는 대형품도 확인된다. 立岩이나 綾羅木 출토품은 기부만 존재하지만, 형태나 크기가 大井 출토품과 유사하기 때문에 이러한 대형의 부류에 포함될 가능성이 있다.

몸통의 폭은 최대 폭의 위치에서 보면 5.6~7.6cm 정도로, 7cm 전후에 해당하는 것이 가장 많다. 이러한 폭은 철검형석검이나 석과에 비하여 1.5~2배 정도의 크기이기 때문에, 넓은 폭을 특징의 하나로 지적할 수 있다.

몸통의 두께는 2.0cm 전후로, 다른 무기형 석제품에 비하여 두꺼운 편이다.

인부는 두터운 단면 렌즈형으로 마무리되어 날카롭지 못하다. 윗부분이 가장 예리하여 용도상의 핵심 요소가 이곳에 집중되기 때문에, 베는 것보다는 찌르는 데에 적합한 도구임을 알 수 있다.

3) 인부와 기부가 만나는 지점에는 일반적으로 한쪽 측면에, 간혹 양쪽 측면에 결입부가 형성되어 있다.[1] 이 결입부를 경계로 위쪽에는 날이 부착되어 있지만, 아래쪽은 날이 형성되지 않아 자루의 장착을 위한 기부가 된다. 간혹 결입부가 존재하지 않는 경우도 있다.

4) 인부에서 기부로 완만하게 이어지며, 단이나 莖部가 형성되어 있지 않다.

이상이 이 석기의 특징인데, 이러한 특징을 바탕으로 그 사용법을 추정하여 보자.

특별한 고찰에 의한 것은 아니지만, 보고서 등에서 '석과'라 명명하는 경우가 있다. 이는 아마도 일반적으로 접촉하기 쉬운 석검에 비하여 몸통과 자루가 크기 때문이라 생각되지만, 석과와 비교하여도 몸통의 폭과 크기가 그 이상의 압도적 차이를 보인다. 또, 석과의 특징인 胡(몸통 아래쪽이 넓어지는 부분)·內(경부)·穿(구멍)이 전혀 표현되어 있지 않은 것이나, 석과가 임의의 형태를 허락하지 않을 정도로 형식적으로 완성되어 있다는 점도 석과라 부르기를 주저하게 만든다.

석과는 세형동과의 출현을 계기로 일본에서 새로 만들어졌기 때문에, 처음 등장한 것일수록 세형동과를 충실히 모방하고 있다. 세부적인 부분까지 모방되고 있어(下條信行 1976), 동과의 형식이 완전하게 석과의 형식을 규제하였음을 알 수 있다. 따라서 규격을 벗어나는 '석과'가 발생할 가능성은 거의 없었다고 생각된다. 석과도 시기가 내려옴에 따라 부분적인 형태 변화가 관찰되지만, 본고의 무기형 석제품과 같은 형태가 발생하는 과정을 상정하기에는 무리가 있다(下條信行 1982a).

이와 같이 석과는 형식적으로 확정되어 있으며 본고의 검토 대상 석기와 분포 지역 또한 중복되기 때문에, 이러한 석기를 적극적으로 석과에 포함시키는 것은 곤란하다.

두 번째는 尖頭器로 보는 견해이다.

中村友博(1979)은 중국의 東北地域과 한반도 북부에서 남부를 거쳐 규슈~기나이에 이르는 동일 계통상의 첨두기 문화가 존재하며, 북부 규슈에서는 본고의 무기형 석제품이 이 형

〈표 2〉 석모 기부의 크기 (단위 cm)
(기부 길이는 결입부 상부에서 가장 아래쪽까지, 기부 폭(위쪽)은 결입부 상부에서의 값이다.)

번호	유적명	기부 길이	기부 폭 (위쪽)	기부 폭 (아래쪽)
1	淨泉寺	4.8	6.0	4.7
2	種畜場	6.5	6.6	4.5
3	橫隈山			3.5
4	三澤	2.5	3.5+	3.2
5	大井	5.3	6.4	4.7
6	立岩	5.5	6.8	3.7+
7	菊池川	5.6	5.6	4.9
8	中尾	5.6	6.4	
9	綾羅木	6.1	6.9	5.8
10	다테쵸			

---

1) 석검의 손잡이에 결입부를 설치하는 방법은 대형품과 소형품 모두에서 관찰된다. 소형품의 경우 양 측면에 설치되어 연결 고리의 역할을 담당하였다. 대형품은 莖의 한쪽 측면에서 확인되는데, 이는 본고의 무기형 석제품과 공통하는 점이다. 대형으로 무겁기 때문에 자루의 장착을 보다 강력하게 하기 위한 고안이 아닐까 생각된다.

〈사진 1〉 타제석창 각종

식에 해당하는 것이라 주장하였다. 계보 관계를 통하여 본다면 필자도 이러한 첨두기 설에 찬성한다. 단, 中村은 이 석기가 첨두기로 어떻게 사용되었는가에 대해서 언급하지 않았다.

中村이 설명한 것은 이러한 종류의 석기가 가진 특징 중 3), 4)와 공통하는 '기나이식 마제 첨두기'에 대해서이며, 그 사용법은 기나이식 마제첨두기의 측면에 나무껍질이 감겨있는 사례(茨木市 東奈良)를 근거로 '한쪽 손에 잡고 뾰족한 부분으로 찌르는 비수'라 하였다.

또한 이제까지 타제석창이라 불리던 첨두기 중에서도 동일하게 나무껍질이 감긴 흔적이 관찰되며(八尾市 恩智), 이를 통하여 타제품에서도 같은 역할이 확인되기 때문에 넓은 의미에서 비수 형태의 첨두기 문화가 한반도로부터 기나이에 전래된 것이라 생각하였다(사진 1).

양쪽에 날이 있기 때문에 그 사용법을 비수로만 한정할 수 없지만, 직접 석기를 잡고 단검으로 사용하였을 가능성은 인정할 수 있다.[2] '기나이식 첨두기'는 손잡이 부분이 8cm로 길고 그 폭은 3cm 전후로 얇아, 한 손으로 잡아서 가격하는 것이 충분히 가능하다.

---

2) 기나이식 타제첨두기는 이렇게 짧은 무기로서의 사용법도 있지만, 東大阪市 鬼虎川遺蹟 출토품과 같이 날이 굽은 형태로 이용한 경우도 존재하기 때문에 기존에 언급되어온 석과로서의 사용법 또한 무시할 수 없다.

하지만 본고의 석제품은 기나이식과 동일한 사용법으로 파악하기에 무리가 있다. 그 이유는 3), 4)의 특징 이외에 1), 2)의 특징이 더해지기 때문이다. 기나이식 첨두기와의 차이는 인부 형태뿐만 아니라 결정적으로 기부의 크기에 있는데, 이것이 사용법상에서도 차이가 있었음을 보여주는 증거라 할 수 있다.

기나이식은 손잡이 부분의 크기가 위에서 언급한 바와 같은 값을 가지지만, 본고의 무기형 석제품은 기부 폭 5.6~8cm로 6cm대가 가장 많아 기나이식보다 약 2배 정도 넓다. 또, 두께는 1.5~2.2cm로 카세트테이프 정도의 크기가 되기 때문에, 직접 손 안에 잡아 쥐기는 어려움이 있다. 한편, 아래쪽 끝까지 능이 형성되어 있는 것도 손에 잡기에 불편하다. 그리고 기부의 길이가 4.8~6.5cm밖에 되지 않아 손바닥의 폭보다 상당히 짧기 때문에, 단단히 쥐는 것을 어렵게 한다.

기나이식에 비하여 손잡이 부분의 길이가 짧고 폭은 2배 정도 넓어 직접 잡기 위한 조건을 만족시키지 못하기 때문에, 이 석기는 장착 장치를 덧붙이지 않으면 잡는 것이 불가능하다.

이러한 이유로 본고의 석제품은 자루에 장착하지 않으면 사용할 수 없음이 판명되었는데, 기부에 나무 흔적이 일부 부착된 사례가 熊本縣 菊池川 바닥에서 출토되었다.

高木正文 씨에 의하면 나무 흔적은 결입부의 좌우에 약 4.5cm 정도 대칭을 이루며 돌출되어 있는데, 마치 석검의 심부(신부와 병부의 연결 부분)를 연상시킨다고 하였다. 이를 통하여 석기의 장축과 자루의 방향이 일치하는 장착 방식을 추정할 수 있어, 결입부로 몸통과 기부가 구분되며 날이 굽은 형태가 아니라 찌르는 무기로 사용되었음을 짐작할 수 있다.

이 석기에 나무 자루가 장착되기 때문에 상당히 넓은 자루의 폭이 요구되며, 따라서 한 손이 아니라 양손을 사용해야지만 확실하게 잡는 것이 가능하다.

또, 양쪽의 날이 무디기 때문에 뾰족한 끝에 사용 시의 핵심 요소가 집중되는데, 이러한 요소가 효과적으로 발휘되는 작업이 찌르기이다. 양손에 자루를 잡고 찌르는 행위에서 그 효율성을 생각하면, 긴 자루에 장착하는 것이 가장 적절한 방법이다.

4. 시기와 분포

이 석기의 가장 오래된 사례로는 三澤 種畜場 출토품과 綾羅木 출토품을 들 수 있다. 전자는 전기 말을 주체로 중기 초두의 토기를 약간 포함한 저장공에서 출토되었기 때문에, 전기 말~중기 초두 무렵에 최초로 등장하였다고 생각할 수 있다. 후자도 저장공에서 출토된 것인데, 綾羅木 Ⅲ식기에 해당하고 있어 전자와 거의 같은 시기의 유물로 생각해도 좋다.

淨泉寺 출토품은 채집품이지만, 휘록응회암으로 만들어졌기 때문에 그 시기를 추정하는 것이 가능하다. 말할 것도 없이 이러한 재질의 석재는 福岡縣 飯塚市 立岩遺蹟에서 제작된 것이며, 立岩에서는 전기의 마지막에 이 석재를 이용한 석기의 제작이 시작된다. 그러나 이 단계에 생산된 제품은 立岩을 중심으로 嘉穗平野에서만 사용되고 있으며, 평야를 넘어서 福岡平野 등에 반출된 것은 중기가 되면서부터이다(立岩遺跡調査委員會 1977). 따라서 淨泉寺 출토품은 중기의 것으로 생각할 수 있다.

中尾나 다테쵸의 사례는 전기 말~중기의 토기와 공반하여 출토된다.

이러한 사례들로부터 본고의 무기형 석제품은 전기 말 무렵에 출현하여 중기까지 계속하여 사용되었음이 짐작된다. 소멸 시기는 정확하게 파악할 수 없지만, 북부 규슈에서 야요이 시대 석제 무기의 일반적인 동향을 볼 때 중기에 그 생명을 다하였다고 생각된다.

다음으로 분포를 살펴보면 10개의 사례 가운데 절반을 넘는 6개가 福岡縣에 집중되어 있

〈도 3〉 석모 분포도 (유적의 이름은 〈표 1〉에 제시)

어, 그 중심이 이 지역이었음을 알 수 있다. 6개의 사례 중에서 淨泉寺 출토품을 제외하면, 筑前 남부(小郡 출토품)와 동부(大井 출토품), 遠賀川流域(立岩 출토품)과 福岡平野를 중심으로 하는 북부 규슈 선진 지대의 주변에 분포하고 있다.

규슈의 사례로는 이밖에 熊本縣 출토품 1개(菊池川 바다), 宮崎縣 출토품 1개(持田 中尾)로 소수이지만, 규슈 전 지역으로의 확산을 짐작할 수 있다.

혼슈에는 山口縣 출토품 1개(綾羅木), 島根縣 출토품 1개(다테쵸)로 동해 연안에서 관찰된다.

동해 연안에 규슈 계통의 마제석기가 분포하는 것은 이밖에 유엽형석촉, 유혈구 세형동검, 석겸 등에서도 확인되어, 이들과 궤를 같이하여 전개되었다고 볼 수 있다.

현재 이러한 종류의 석기가 확인된 사례는 겨우 10개에 불과하지만, 福岡縣 三雲에서 출토된 소형품(柳田康雄 外 1982) 등을 포함하여 자세하게 집성이 이루어진다면 앞으로 각지에서 출토 사례는 더욱 증가할 것이다.

5. 맺음말

앞에서 이러한 종류의 석기를 무거운 대형품이면서 기부의 폭도 넓어 양손에 잡고 사용하는 긴 무기로 추정하였는데, 이 석기가 출현한 시대적 배경을 고려하면 구체적으로는 石矛였을 가능성이 생각된다.

야요이시대 전기 말은 석기가 크게 변화되는 시기로, 실용 농공구도 그러하지만 무기형 석제품 또한 뚜렷한 전환기를 맞이하게 된다.

야요이시대 초기 이후 전기의 마지막까지 무기형 석제품은 유병식석검이나 유엽형석촉 등 한반도 계통의 수입품과 관련된 것들로 한정되어 있었다.

그러나 전기 종말기가 되면 유병식석검은 모습을 감추고 철검형석검으로 대체되어 버린다. 이는 해당 시기에 새롭게 전래된 세형동검의 영향을 받았기 때문이다. 그리고 동검과 함께 들어온 세형동과는 석과를 발생시켰다. 석과는 한반도에서 관찰되지 않아, 일본에서 독자적으로 창출된 것이라 할 수 있다.

이렇게 한반도에서 수입된 동제 무기는 일본 석제 무기의 발생을 크게 촉진시켰는데, 동검·동과와 동시에 전래된 세형동모 역시 긴 자루에 장착하는 석제 무기의 탄생으로 이어졌다. 일본에서 전기 말 이전에는 긴 자루의 무기가 거의 없지만,[3] 동모가 전래된 단계가 되면서 갑작스럽게 등장하기 시작한다. 따라서 그 배경에 동모의 존재를 생각하지 않을 수 없다.

동모는 상기한 3가지의 청동기 가운데 가장 권위가 있는 것이며(下條信行 1982b), 그 분포는 대한해협 연안의 선진 지대에 한정된다. 이러한 종류의 석기가 동모의 분포 지역 주변에서 확인되는 것도 양자의 인과 관계를 보여주는 하나의 간접적인 증거라 할 수 있다. 세형동과가 드문 곳이나 존재하지 않는 곳에 석과가 주로 분포하는데(下條信行 1976; 1982a), 이와 동일한 관계가 본고의 검토 대상 석기와 세형동모 사이에서도 확인되고 있는 것이다.

기부에 결입부를 가진 석검 형태의 석기가 한반도에 존재하는 것은 일찍이 有光教一(1959)에 의하여 지적된 바 있다. 그러나 이들은 평안도나 함경도 등의 한반도 북부에 한정된 자료이기 때문에, 中村이 언급하였듯이 중국 東北地域 출토 사례와 친척 관계를 가진 것이라 할 수 있다.

하지만 이러한 형태의 석기가 한반도 남부에서는 거의 관찰되지 않는다. 단, 1점이 경주에서 출토되었는데,[4] 기부 폭이나 길이가 유사하여 같은 사용법을 가진 것으로 추정할 수도 있다. 그러나 이 유물에는 결입부가 없어 실제 장착 시의 양상을 알기 어렵고, 또 출토 사례가 너무 적기 때문에 적극적으로 일본 출토품과의 관련을 말하기에는 자료가 충분치 않다는 것이 현재의 상황이라 하겠다.[5]

(원전 : 1982, 「石矛の提唱－木葉形磨製石製武器について」

『賀川光夫先生還曆記念論文集』, 賀川光夫先生還曆記念會)

---

3) 야요이시대 초기에 석창이라고 생각되는 첨두기가 소량이지만 출토되고 있다(福岡縣 板付遺蹟). 그러나 이는 초소형으로 확실히 석창인지 의문이 들며 동일 시기의 유적이 최근 다수 조사되었음에도 불구하고 출토 사례가 없는 것을 볼 때, 본고에서 다룬 석제 무기의 앞선 형식으로 보기에는 무리가 있다.

4) 有光教一(1959)의 책 〈도판 13-8〉이 형태상 비교적 가깝지만, 석기 아래쪽의 조정 양상이나 출토 시기 등이 분명하지 않다. 中村友博(1979)은 같은 책의 〈도판 9-1〉 부여 은산면 신대리 출토 예를 한반도 북부－남부－기타큐슈를 연결하는 첨두기로 지적하였지만, 이는 석검에 해당하여 북부 규슈의 사례로 들고 있는 본고의 무기형 석제품과는 형태적으로 연결되지 않는다.

5) 필자가 아는 한 기나이에서는 이러한 형태의 석기가 확인된 바 없다. 대형의 기부에 하나의 결입부를 가진 사례가 존재하지만, 기부만 남아있기 때문에 본고의 검토 대상과 동일한 부류에 속하는 것인지 속단하기 어렵다. 京都府 龜岡市 吉川遺蹟 출토품도 비교적 유사하지만, 자루의 연결 부분이 파손되어 원래의 형태를 정확히 알 수 없다. 앞으로의 과제라 생각하며, 그 존재 여부에 대해서 일단은 신중을 기하고 싶다.

참고문헌

柳田康雄・小池史哲 外, 1982,『三雲遺跡』III, 福岡縣文化財調査報告書 63.

福岡縣敎育委員會, 1977,『九州縱貫自動車道關係埋藏文化財調査槪報(總集編)』.

北鄕泰道, 1982,『持田中尾遺跡』, 高鍋町敎育委員會.

小郡市敎育委員會, 1974,『橫隈山遺跡』.

兒島隆人 外, 1973,『嘉穗地方史』先史編.

有光敎一, 1959,『朝鮮磨製石劍の硏究』, 京都大學文學部考古學叢書 2.

立岩遺跡調査委員會, 1977,『立岩遺跡』.

前島己基・平野芳英・松本岩雄, 1979,『タテチョウ遺跡發掘調査報告書』1, 島根縣敎育委員會.

朝日新聞西部本社企劃部 編, 1980,『邪馬臺國への道展』.

中村友博, 1979,「彌生時代の武器形木製品」『東大阪市遺跡保護調査會年報』.

村岡和雄・松村道博, 1974,『淨泉寺遺跡』.

下條信行, 1976,「石戈論」『史淵』113.

下條信行, 1977,「九州における大陸系磨製石器の生成と展開」『史淵』114.

下條信行, 1982a,「武器形石製品の性格」『平安博物館硏究紀要』7.

下條信行, 1982b,「銅矛形祭器の生産と波及」『森貞次郎博士古稀記念論文－古文化論集』.

찾아보기

ㄱ

가공부　80, 98, 221, 222
가락동　18, 19
가락동식토기　19
가야노키　282, 283, 285
加志志　17, 283, 287
가코히　302, 307, 311
각목돌대문토기　80, 256, 287
葛川　134, 142, 233, 235, 257
感田　29, 36, 298, 313, 314
江辻　17, 171, 232, 256, 287
검단리　118, 134, 136, 168
결입편인석부　225, 245, 246
경옥　73
高橋　33
高橋高田　254
高槻　36, 276, 301, 322
古大間池　222
古木　295

고석　182
高野　17, 287, 359
古月　36, 276
高田　135, 145
高津尾　145, 235, 254, 273, 276
고타혼　77, 116, 117
谷頭　39
曲り田　64, 142, 170~172, 175, 232, 253, 256, 280, 282~284, 287, 288
공구　13, 14, 28, 210, 226, 232, 243, 245, 246
공귀리　62, 86, 87, 90, 95~99, 161
공렬문토기　18, 19, 23, 63, 68, 80~83, 85, 114, 256
瓜生堂　349~351
鍋倉　280, 282, 284
郭家村　156
관산리　118, 167
菅生　221, 255
관창리　118, 129
廣木　17
廣田　171, 210, 219

괴정동　18~20

교하리　18~20

九大캠퍼스　221, 333, 334, 339, 344, 356

久里大牟田　361

國母山　94

菊池　33

菊池川川底　374, 376, 379, 381

宮の馬場　341

궁산　86, 95, 98, 162, 174, 227

宮ケ久保　340, 344, 362

鬼虎川　217

龜井　273, 276

긁개(스크레이퍼)　35, 197, 200, 210

今山　25, 34, 195, 208, 214, 220, 221

今川　171, 230, 232, 253, 257

금탄리　62, 162

岐宿　17, 33

吉母ケ浜　361

吉武高木　280, 284, 285

吉本　303

吉野ケ里　134

吉田　17, 289

奈カリ與　222, 255

남경　63, 162, 164, 165, 175

南方　145, 241

南山里　92

南庄　273, 275, 276

魯家口　114

鹿部　233, 280, 282~284, 361

농경문화　127, 168, 181, 212, 246

농경사회　11

綾羅木　26, 33, 36, 38, 79, 254, 276, 375, 376, 379, 381

다뉴경　293

多多羅　305, 317

다두석부　19

다테쵸　79, 254, 261, 375, 380, 381

단조철부　141, 221, 222

唐古　246

大開　134, 257

大久保　282, 283

大宮　254

大崎　273, 276

臺の原　34, 39, 298, 301, 307

大門　305, 313

大汶口　92~94

大藩家村　158

大分千歳　283

大深田　341

대야리　129, 134, 136

大渕　142, 232, 236, 256

大字磯光　295, 303

大字伊佐座　305

大井　373~376, 381

大井三倉　233, 253, 257

大仲家　155

대청　131

大嘴子　159

大砣子　158

대평리　63, 83, 129, 136, 205, 256

大浦浜　142, 233, 238

大荷村　94

대형반월형석도　26, 28, 34, 35, 37~39, 41, 173, 259, 265~268, 270, 271, 273, 275, 277

대흥리　129

德須惠　36, 276

덕오　83, 85, 98

도자　79, 87

돌대문토기 75, 184, 186~189, 205
돌송곳 184, 200
돌작살 200, 210
동검 281, 295, 296
동과 38, 279, 293~297, 302, 306, 307, 311, 312,
　　315~320, 329, 330, 349, 351, 352, 354, 359, 361,
　　377, 381
東奈良 321, 349~351
동모 279, 293~296, 306, 307
東松原 21
동월 293
동탁 321
두정리 82, 85, 98, 99

ㄹ

柳灣 94
柳田 241
里田原 29, 217
林·坊城 142, 233, 238, 256
립석리 63

ㅁ

馬場山 273, 276, 341, 352, 354, 355, 361
馬田上原 282, 283
매납품 357, 361, 363
매정(jet stone) 90, 91
명동 83, 85, 98
모방품 18, 24, 29, 209
목검 362
목과 329, 362, 363
목극 362
苗代津 33
廟底溝 21, 94

무계리 287
무기형목제품 362
무기형석제품 16, 29, 34, 279, 284, 289, 293,
　　295, 296, 307, 308, 319, 329, 359, 369, 370, 372,
　　373, 376, 377, 379~381
무문토기 18~20, 63, 82, 83, 85, 98, 109, 114, 256
무문토기문화 165, 167, 173, 175, 182, 210, 213
무문토기시대 18, 20, 25, 81, 160, 164, 165, 167,
　　173~175, 220, 279
文家屯 92
文京 255
文化屯 156
門田 17
미림리 63, 165
미사리 118, 167
미완성품·미제품 18, 24, 29, 42, 75~80, 86, 87,
　　129, 131, 165, 190, 194, 201, 233, 272, 282, 307,
　　308, 312~314
美園 233

ㅂ

박리기법 106
박편석기 197
飯野 34, 41
반제품 21
半坡 92, 93
발렌틴페레쉭 120
방제동과 321, 322, 329, 359, 363, 364
柏崎 17, 230, 233, 257
白石村 153, 154
伯玄社 17, 287, 359
벌채부 79, 80, 86, 90, 104, 107, 111, 114, 118,
　　121, 122, 124, 127, 149, 150, 152~156, 159~162,
　　164, 165, 168, 171~176, 182, 189, 192, 193, 195,
　　197, 200, 201, 208, 210~212, 214, 215, 221, 222

法華原　305

寶珠　302, 303, 311

福富　284

服部　349

본촌리　167

봉계리　129, 136

峰の前　21

부장품　11, 17, 18, 42, 209, 301, 307, 320, 353,
　　354, 359, 361, 363

北溝頭　155

北欄格　155

北牟田　273

北松尾口　254

北首嶺　93

北原　303

糒　341

비파형동검　293

比惠　134, 233, 253, 257

浜町　267

빗살무늬토기　162, 173

빗살무늬토기시대　160, 165, 227

氷長　134

人

四箇　219

사릉부　87, 114, 116, 163, 164

邪馬臺國　316, 318

사월리　129, 136

獅子行　114

砂田臺　226, 232, 255

山東龍山文化　92~97, 113, 114, 155, 159

山田原　36

山中　233, 241, 254, 257, 261

산포　129

山賀　142, 233

삼각형석도　63, 85

삼각형점토대토기　135

삼거리　18, 19

三堂村　156

三道壕　112

三笠　36, 276

三雲　287, 354, 359, 361, 381

三澤　273, 372~374, 376, 379

상자포리　63

上底井野　284

西都原　284

西松原　76, 77, 80, 99

西原　301, 303

西川津　78, 79, 217, 254, 259, 261, 275, 276

서포동　86, 98

西蒲池　36

西夏候　155

西鄕　34, 41

瑞惠　134

석검　11, 13, 17~19, 29, 31, 87, 89, 97, 127, 193,
　　201, 220, 279~281, 289, 293, 295~298, 307, 308,
　　313, 314, 319, 321, 342, 349, 357, 359, 364

석겸　26, 28, 31, 34, 37, 38, 76, 79, 86~89, 97, 99,
　　127, 142, 149, 173, 176, 190~193, 195, 200, 201,
　　210, 214, 369, 381

석과　29, 31, 34, 38, 39, 79, 215, 279, 289,
　　293~298, 301, 302, 305~322, 329, 330, 332~335,
　　339~342, 344, 345, 349~352, 354~357, 359,
　　361~364, 369, 370, 372, 376, 377, 381, 382

석관묘　19, 85

석도　11, 13, 14, 18, 19, 21, 23, 25, 26, 31~35, 37,
　　41, 43, 47~52, 60~70, 76~79, 82, 85~91, 94~98,
　　103, 104, 113, 127, 142, 149, 162, 165, 173~176,
　　182, 184, 189~191, 193, 195, 197, 200~202,
　　204~208, 210, 213, 214, 220, 229, 236, 265~270,
　　275, 277, 294, 307~309, 314, 369

석모　279, 289, 296, 369, 381

석부   16, 18, 19, 23, 24, 28, 31, 33, 73, 80, 90, 91, 94, 97, 99, 105~107, 109~111, 114, 118~122, 124, 153, 225, 294, 308
석분   69, 229
석산   93, 94, 99
석시   182, 189, 200, 201, 210
石神   301, 305, 309, 333, 342, 344
석인석기   90
석인촉   90
석장동   168
石田   295, 303, 312
潟町   296, 320, 351
석착   94, 176, 193, 221
석창   192, 279
석촉   11, 13, 16~18, 21, 23, 29, 31, 39, 41~43, 75, 79, 81, 84, 85, 87, 89~92, 94~98, 127, 187, 192, 194~197, 199, 201, 209, 210, 220, 279, 287, 289, 293
석탄리   63, 66, 164
선유리   18, 19
城ノ越   26, 36, 273, 276
城子崖   155
세석기   91
세석인   90
세장유경촉   17, 79, 80, 83~85, 87
세죽리   62
세형동검   279, 294, 295, 307, 354, 369, 381
세형동검문화   248
세형동과   31, 293, 294, 306, 307, 311, 315, 316, 318, 329, 330, 335, 341, 349, 354, 361, 363, 369, 377, 381, 382
세형동모   369, 381, 382
燒の正   311
小路   142, 233, 238
소릉동   81, 85, 98
小野   342, 344
小和田   321, 333, 334, 344, 357, 362

小黑石砣子   158
송국리   63, 82, 129, 136, 139, 168, 208, 211, 220
송국리문화   248
송국리식토기   131
송서동   17, 288
松延   305, 342
송죽리   129, 134, 136, 168
松ヶ迫   296, 301, 305, 307, 335, 340, 356, 362
松浦川川底   284
守岡   39
須久岡本   361
壽命   36
수석리   18~20, 23
수확구   13, 14, 25, 97, 210
新樂   89
신석기문화   94, 97, 110
신석기시대   49, 64, 73, 87, 89, 91~93, 96, 103, 105, 106, 109, 122, 124, 153, 162~166, 168, 173~175, 229
신암리   62, 160, 161
신촌리   84, 85, 131
신흥동   62, 63, 164, 175
심귀리   161
심촌리   62, 63, 164
辻   36
十郎川   64, 142, 170, 193, 195, 201, 205, 208, 210, 232, 253, 256, 288
辻田   335, 340
쌍공석산   93
雙陀子   92, 111, 159

ㅇ

阿彌陀寺   241, 255, 261
阿方   254
아차산   18, 20, 23

阿波岐ケ原　34, 38

鰐石　275, 276

岳石文化　68, 113

安永田　318, 332~334, 340, 344, 354, 356, 357, 359, 361, 362

岩崎　144

암사동　165

岩田　26, 29, 34

鴨都波　349~351

鴨部川田　145, 238, 254

鴨生田　303

鴨波　321

야요이문화　12, 25, 128, 245, 279, 294

야요이시대　11~13, 18, 20, 23~25, 31, 34, 39, 41, 43, 73, 74, 79, 80, 99, 128, 149, 171, 193, 206, 209, 217, 218, 220, 221, 225, 226, 228, 232, 241, 246, 262, 265, 294, 296, 307, 357, 369, 370, 372, 373, 380

野黑坂　17

揚家圏　154, 155

羊頭窪　111, 113

양인편평석부　23

御館　283

御床松原　36

偃師灰嘴　93

역삼동　18~20, 23, 167

역삼동유형　128

役場　303

연암산　19, 24, 131

永吉　280, 282~285

五代　33

오테카타유적　134

옥과　293

玉里　21, 34, 39, 41~43

옥봉동모　293

옥산리　136

옥석리　18, 19, 82, 85, 86

옥원동과　293

옥월　293

올레니　120

옹관묘　19, 246, 285, 352

옹형토기　76

와산동　63, 165

완성품 · 완제품　79, 85, 153, 188, 192, 193, 197, 307, 313, 333

王家三崗　154

王灣　93

王因　153

隗　333

외하리　87

姚官庄　155

遼東形石斧　105~107, 109~122, 127, 150, 156, 174, 176

요석　182, 188

욕지도　268, 272

用木山　255

龍門寺　146

龍山　113, 114

于家村　96, 159

宇木汲田　12, 13, 15, 16, 33, 139, 142, 170, 173, 181, 182, 190, 192, 193, 204, 205, 207, 209, 230, 232, 272, 273, 287, 289, 315, 317, 318, 354, 361

宇美町　284

宇田川原　359

雄城臺　39

原　29, 298, 312, 332, 335

原の辻　296, 301, 341

垣生　17, 282~285, 287, 288

원암리　63

原若狹　284

遠賀川川底　359

원형점토대토기　131, 134

월성동　128, 129, 131, 136

유견석부　104, 105

유견유단부 69

유경식석검 279, 287, 289, 369, 376, 381

유경촉 18~20, 33, 42, 75, 79, 83, 194, 195, 197,
   200, 201, 209, 210, 214, 229, 282, 285, 286

유공석부 16

유구석부 11, 13, 14, 16, 18, 19, 24, 28, 31, 33,
   34, 47, 82, 86, 98, 127~129, 131~136, 140~142,
   144, 145, 173, 182, 185, 189, 192, 193, 195, 197,
   200, 208, 210, 213, 214, 217, 229, 245, 247, 253,
   256, 262, 369

유단석부 18, 24, 69, 94, 113

유단석분 229

유병식석검 17~19, 24, 29, 33, 47, 200, 201, 210,
   214, 229, 279~285, 287~289, 342, 359, 361, 369,
   381

유엽형촉 47, 84, 85, 93, 182, 279, 280, 359, 361,
   369, 381

有田 12, 13, 16, 171, 193, 195, 196, 200, 210,
   288, 307, 315, 317, 318, 361

有田七田前 142, 170, 171, 193, 195, 200, 201,
   205, 208, 210, 218, 232, 256, 285, 287

六丁場 145, 241, 255, 275

栗田 29, 356

응봉 A지점 18~20, 24

의례구 214, 361, 369

二本黑木 29

인기 182, 184, 189, 192, 193, 197, 200, 201, 210

日下部地區 361

入部 305, 317

立岩 16, 25, 26, 31, 34, 36, 38, 77, 99, 207, 208,
   214, 265, 273, 275, 301~303, 305, 308, 310, 311,
   313, 322, 332~335, 344, 352, 357, 362, 374~376,
   380, 381

立屋敷 17

紫荊山 155

雀居 142, 171, 232, 256

庄 232, 233, 239

長尾 79

장전리 29

재배복합 11

猪國 302

저포리 136

적색마연소호 84, 85

적색마연토기 19, 83, 282

鏑川川底 321, 351

田能 254, 259

田舍館 241

田村 134, 142, 232, 233, 239, 254, 255, 257

殿ケ浦 311

점토대토기 18~20, 23, 24, 117

점토대토기문화 248

井上山 341, 342, 344

淨泉寺 370, 380, 381

諸岡 12, 20

제사용기 329, 330, 342, 354, 356, 357, 359,
   361~363

제월리 82, 85, 98

제작기법 21, 73, 75, 80, 96, 99, 241

鳥居 305

朝日 226, 232, 234, 241, 275, 276

佐與字南 305

죠몽시대 26, 35, 73, 74, 79, 80, 99, 149, 165,
   209, 214, 217, 220, 227, 232, 235, 289, 369

住吉 36, 38, 363

주상편인석부 28, 127, 128, 165, 174, 176, 199,
   217, 221, 222, 226, 230, 241, 245~248, 253, 254,
   256, 257, 259, 262

주조철부   141, 144, 221
舟志   283
中間中學校   284
중광동과   359
중도   81, 85
中道   33
中尾   374, 380, 381
中寺洲尾   237
中桑野   275, 276
중세동과   359
中屋敷   322
中原町   333, 334, 344
中村   273
池島   233
志登   17, 36, 287, 359
池上   77, 99, 226, 231, 255, 276
지석   81, 84, 182, 189
지석묘   17~19, 127, 287
芝原   305, 334, 344
志賀島   305, 317, 342
津古内畑   17, 134, 253, 257
津丸   36

ㅊ

찰절구   87, 90
찰절기법   21, 23, 73~76, 78~82, 85~99, 182, 241
찰절석기   73, 74, 85, 86, 89, 92~95, 97, 98
찰절흔   77~80, 82, 83, 85, 87~89, 91~94, 98
菜畑   64, 74~76, 80, 85, 98, 134, 139, 142, 170,
    173, 181, 182, 189, 194, 197, 204, 205, 207~210,
    213, 218, 221, 229, 230, 232, 253, 256, 267, 271,
    273, 280, 282, 283, 285, 287, 288
泉・金幕   282
川島甘木   311
天生田   284

川合   145
철검   361
철겸   38
철과   316, 329, 352, 354, 361
철모   361
철부   141, 221, 222, 232
철울말   81
첨두기   377, 378
青谷   321, 333, 334, 344
청동과   38
청동기문화   215, 293
청동기시대   103, 164, 175, 279
青野   275, 276
清和村   33, 283
초기철기시대   63
초포리   21, 205
塚崎   301
吹上臺   301, 305, 311, 342
吹上原   283
츠이지   334
치고노하나   283

ㅋ

크리스형동검   295, 296
크리스형석검   296

ㅌ

타격기법   74, 78, 86, 99
타기   189
詫田   296, 301
타제괭이   39, 42, 43
타제석도   39
타제석창   378

타제석촉　29, 42, 182, 187, 189, 192, 194, 196,
　197, 199~201, 209, 210, 212, 214
湯納　17
太田原丘　284
澤村　321, 351
토광묘　17, 19, 182, 187, 285, 287, 340, 352, 354,
　356, 359, 361, 372, 373
토성리　161
樋口　145

ㅍ

坂木　311
板付　12, 13, 16~18, 24, 33, 64, 142, 190, 193,
　205, 208, 221, 230, 232, 280, 287, 288, 341
貝殼山　241
패포정　12
팽이형토기　62, 68, 164
片繩浦ノ原　282
편인석부　79, 80, 87, 89, 92~95, 97, 99, 127, 128,
　131, 141, 142, 145, 146, 149, 159, 163, 166, 185,
　187, 193, 217, 220, 225~227, 229, 230, 232, 235,
　236, 239, 241, 245, 247, 256, 272
편인철부　141, 235
편평무경촉　20, 29, 41, 75, 80, 81, 83, 85, 86, 92,
　94~98, 209, 279
편평타제석부　182, 188
편평편인석부　11~13, 16, 19, 24, 28, 31, 34, 78,
　80, 86, 98, 99, 127, 135~137, 140~142, 144~146,
　163, 165, 173, 174, 176, 182, 185, 186, 192, 195,
　201, 208, 210, 213, 214, 217, 221, 222, 225~233,
　235~237, 241~243, 245, 369
평리　315
平原　254
平田　36, 41
蒲田　17, 287, 359

彼野　305, 309

ㅎ

下郡　235, 254
河內　303, 341
河姆渡　227
下方　311
下城　34
夏井浜　12
下七見　236, 254, 273, 276
下稗田　77, 99, 254, 257, 273, 276
河合　234
鶴三緖　283
한계리　83, 85, 98
합인석부　11~14, 19, 23, 25, 28, 31, 33, 34, 105,
　106, 114, 117, 118, 149, 150, 175, 182, 184, 217,
　241, 369
香月　307, 312
玄界町　283
혈구　280, 281, 296, 297, 315, 321, 330, 349, 350,
　351
弘木　287
和白平山　305, 332
환상석부　19, 87
荒樫目　29
橫隈山　17, 373, 374, 376
휴암리　136, 168
흑도　18, 113, 159
흑색마연토기　19
흑요석　187
흔암리　19, 20, 23, 63, 80, 81, 85, 98, 118, 167,
　211, 220, 256
흔암리유형　128
興・觀音寺　241

지은이

_ 시모죠 노부유키(下條信行)

1942년 후쿠오카(福岡)현 하카타(博多)시 출생
1968년 규슈(九州)대학 대학원 문학연구과 문학석사
1969년 규슈대학 대학원 문학연구과 박사과정 중퇴
1969년 후쿠오카시 교육위원회 입사
1975년 규슈대학 문학부 조수
1979년 고대학협회, 교토(京都) 헤이안(平安)박물관 강사 · 조교수
1983년 후쿠오카 세이난(西南)대학 조교수
1985년 에히메(愛媛)대학 조교수
1986년 에히메대학 교수로 승임
2007년 에히메대학 고대동아시아철문화연구센터 교수
2008년 에히메대학 퇴임
현재 에히메대학 명예교수 겸 문화재 관련 각종 위원회 위원

대표논저
1989,『彌生農村の誕生 · 古代史復元』4
1998,『日本における石器から鐵器への轉換形態の研究』
2000,「靑銅製武器の傳播と展開」『考古學による日本歷史』6
2002,「稻作の傳播と農業技術の發達」『古代を考える－稻 · 金屬 · 戰爭』
2002,「瀨戶內における石庖丁の型式展開と文化交流」『四國とその周邊の考古學』
2006,「瀨戶內世界の社會と交通」『日本考古學協會2006年度愛媛大學硏究發表資料集』

옮긴이(가나다순)

_ 김성욱

1977년 경남 통영 출생
2008년 구마모토(熊本)대학 사회문화과학연구과 문학박사
현재 울산발전연구원 부연구위원

대표논저
2006,「韓半島新石器時代の初期農耕の檢討」『熊本大學社
　　會文化研究』4
2008,「사용흔 분석을 통한 신석기시대 수확구 시론」『한국
　　신석기연구』16
2008,「청동기시대의 어로활동」『한국청동기학보』3

_ 류지환

1982년 대구 출생
2010년 경북대학교 대학원 고고인류학과 문학석사

대표논저
2010,『대구 진천천 일대 청동기시대 취락 연구』, 경북대학
　　교 석사학위논문
2011,「대구 연암산유적 출토 석부」『경북대학교 고고인류
　　학과 30주년 기념 고고학논총』(공저)

_ 박준범

1968년 서울 출생
2001년 상명대학교 대학원 사학과 박사과정 수료
현재 서울문화유산연구원 원장

대표논저
2005,「우리나라 선사시대 간돌화살촉의 형식과 그 변화에
　　대한 연구」『사학지』37
2008,「신석기시대 서울 · 경기 · 인천지역 출토 간석기에 대
　　한 연구」『한국신석기연구』15
2010,「신석기시대 중부지방의 시 · 공간적 정체성」『중부고
　　고학회 학술대회 자료집』

_ 배진성

1972년 부산 출생
2007년 부산대학교 대학원 고고학과 문학박사
현재 부산대학교 고고학과 교수

대표논저

2001, 「주상편인석부의 변화와 획기」『한국고고학보』 44
2007, 「동북형석도에 대한 소고」『영남고고학』 40
2007, 『무문토기문화의 성립과 계층사회』, 서경문화사

_ 손준호

1972년 서울 출생
2006년 고려대학교 대학원 문화재학과 고고학전공 문학박사
현재 한국고고환경연구소 책임연구원

대표논저

2006, 『청동기시대 마제석기 연구』, 서경
2007, 『야요이시대의 석기』, 서경 (번역)
2010, 「청동기시대 석기 생산 체계에 대한 초보적 검토」『호
    남고고학보』 36

_ 오창희

1982년 서울 출생
2008년 세종대학교 대학원 역사학과 고고학전공 석사과정
    수료

대표논저

2006, 『하남 덕풍골유적』, 세종대학교박물관 (공저)

_ 유병록

1971년 경북 봉화 출생
2010년 부산대학교 대학원 고고학과 문학석사
현재 우리문화재연구원 기획연구부장

대표논저

2006, 「일명 '부리형석기' 용도에 대한 소고」『석헌 정징원
    교수 정년퇴임기념논총』
2009, 「취락입지 연구에 대한 현황과 과제」『취락연구』 1
2010, 「경상 남해안 송국리문화의 특징과 교류」『한국청동
    기학보』 6

_ 이기성

1970년 인천 출생
2007년 리쓰메이칸(立命館)대학 문학연구과 문학박사
현재 한신대학교박물관 특별연구원

대표논저

2006, 「석기 석재의 선택적 사용과 유통」『호서고고학』 15
2008, 「일본 죠몽·야요이 전환기의 석기 변화」『한국상고
    사학보』 59
2008, 「서울경기지역 무문토기시대 전·중기의 석기 양상」
    『서울경기고고학회 학술대회 자료집』

_ 이인학

1980년 서울 출생
2010년 고려대학교 대학원 문화재학과 고고학전공 문학석사
현재 한국고고환경연구소 연구원

대표논저

2010, 「청동기시대 취락 내 석기 제작 양상 검토」『한국청동
    기학보』 6

_ 장용준

1972년 부산 출생
2006년 부산대학교 대학원 고고학과 문학박사
현재 국립중앙박물관 학예연구사

대표논저

2007, 『한국 후기구석기의 제작기법과 편년 연구』, 학연문화사
2007, 「선사시대 석기의 분별과 제작기법」『고고광장』 1
2010, 「일본 나이프형 석기의 비판적 검토」『한국고고학보』
    74

_ 황창한

1969년 경기 안성 출생
2000년 부산대학교 대학원 지질학과 석사과정 수료
현재 울산문화재연구원 조사연구과장

대표논저

2004, 「무문토기시대 마제석촉의 제작기법 연구」『호남고고
    학보』 20
2009, 「청동기시대 석기 제작의 양극기법 연구」『한국상고
    사학보』 63
2010, 「울산지역 청동기시대 편마암류 석기의 산지연구」
    『야외고고학』 9

한국고고환경연구소학술총서 10

동아시아 마제석기론

초판인쇄일 2011년 05월 24일
초판발행일 2011년 05월 25일
지 은 이 시모죠 노부유키
발 행 인 김선경
책 임 편 집 김윤희, 김소라
발 행 처 도서출판 서경문화사
　　　　　　주소 : 서울 종로구 동숭동 199 - 15 (105호)
　　　　　　전화 : 743 - 8203, 8205 / 팩스 : 743 - 8210
　　　　　　메일 : sk8203@chollian.net
등 록 번 호 제 1 - 1664호

ISBN 978-89-6062-075-9 　94900

* 파본은 본사나 구입처에서 교환하여 드립니다.

정가 32,000원